Social Media and Publicness: Social Capital in Risk Society

ソーシャルメディアと公共性

リスク社会のソーシャル・キャピタル

遠藤 薫——［編］

東京大学出版会

Social Media and Publicness: Social Capital in Risk Society
Kaoru ENDO, Editor
University of Tokyo Press, 2018
ISBN 978-4-13-056113-6

ソーシャルメディアと公共性————目　次

序章 間メディア社会における「公共性」と「社会関係資本」―遠藤　薫　1
　　問題の所在と分析の方法論

　　1　はじめに―― Society 5.0 と Community 5.0　1
　　2　産業革命と社会変動　2
　　3　現代社会の課題とは何か？　4
　　4　社会と科学技術をどのように結ぶか　12
　　5　Community 5.0 はどこを目指すか　13
　　6　本書の構成　14

1章　間メディア社会におけるポスト・トゥルース政治と社会関係資本
　　――――――――――――――――――――――――遠藤　薫　19

　　1　メディア進化は公共性を衰退させたのか　19
　　2　メディアと公共性――議論の系譜　21
　　3　Post-truth 政治の時代　25
　　4　Post-truth 時代の社会関係資本　28
　　5　間メディア社会と社会関係資本・社会的価値観　35
　　6　トランプ的メディア戦略と社会的価値観　39
　　7　おわりに――間メディア環境でいかにコミュニケーション合理性を可能とするか　41

2章　間メディア環境における公共性――――――――――佐藤　嘉倫　47
　　ネット住民は公共性の夢を見るか？

　　1　問題設定――間メディア環境と公共性　47
　　2　ソーシャルメディアと社会関係資本　48
　　3　ソーシャルメディアと公共性　51
　　4　島々をつなぐ橋渡し型社会関係資本　55
　　5　幕の内弁当としてのマスメディア　57
　　6　間メディア環境における公共性構築に向けて　59

3章 ソーシャルメディアにおける公共圏の成立可能性―――瀧川　裕貴　63
公共圏の関係論的定式化の提唱と Twitter 政治場の経験的分析

1　はじめに　63
2　公共圏に関する新たな理論的定式化―――関係論的アプローチ　64
3　公共圏の経験的分析に向けて　68
4　Twitter における政治場と公共圏の成立可能性の検討　73
5　結　論　89

4章 信頼の革新，間メディア・クラック，およびリアルな共同の萌芽
―――――――――――――――――――――――――与謝野　有紀　97

1　はじめに　97
2　「信頼の革新」の構造　100
3　ソーシャルメディアの信頼醸成機能とその限定性　105
4　間メディア・クラック　110
5　間メディア社会のクラックを埋める親密圏の成長　116
6　おわりに　118

5章 なぜ，日本人は市場原理を支持するのか ―――――数土　直紀　125
社会関係資本が帰結するものの功罪

1　市場原理支持と再分配政策支持の奇妙な関係　125
2　2015 年社会階層と社会移動に関する全国調査　130
3　信頼と寛容，そして権威主義　135
4　誰のための社会関係資本なのか　143

6章 三つ巴の「正義」―――――――――――――――遠藤　薫　151
トランプ現象に見る反－新自由主義の行方

1　はじめに　151

iii

2 彼を支持したのは誰か——「分断」とは何か 153

3 〈ポピュリズム〉と〈反既成政治〉 158

4 新自由主義・オバマ主義・トランプ主義——分断の構図 166

5 日本における調査からの分析 169

6 おわりに 175

7章 「ポリティカル・ヒーロー」を演じる————————遠藤 薫 179
トランプのプロレス的〈公正〉

1 はじめに 179

2 メディアとトランプの post-truth 戦略 180

3 トランプのプロレス的自己呈示と post-truth 187

4 中間層を突き動かす〈公正性〉の希求とプロレス的正義 194

5 トランプのツイートによる〈プロレス〉——彼は何をどのように訴えたか 198

6 おわりに 200

8章 ポスト・トゥルース時代のフェイクニュース ————————遠藤 薫 205

1 はじめに 205

2 大統領選挙とフェイクニュース 206

3 ピザゲート事件 208

4 フェイクニュースとソーシャルメディア 212

5 トランプ大統領のオルタナティブ・ファクト 215

6 メディア不信とフェイクニュース 222

7 おわりに——世界の何が変わったのか 229

9章 農村地域における学際的参加型研究プロジェクトの試み

――――――――――――――――――帯谷博明・水垣源太郎　237

「らくらく農法」の事例から

1　はじめに　237
2　学際的参加型研究プロジェクトの構成と展開　238
3　「集落点検」の設計と実施　243
4　考察――プロジェクトの意義　247
5　まとめ　250

あとがき　257

序章
間メディア社会における「公共性」と「社会関係資本」
問題の所在と分析の方法論

遠藤　薫

1　はじめに——Society 5.0 と Community 5.0

　2016 年 5 月 13 日，内閣府により「科学技術イノベーション総合戦略 2016」が策定された．「総合戦略 2016」では「Society 5.0（超スマート社会）」の実現というテーマが打ち出された．

　「Society 5.0（超スマート社会）」は，現在世界各国が展望する未来戦略，とくにドイツが掲げる "INDUSTRIE 4.0: Smart Manufacturing for the Future"（Germany Trade and Invest）を意識したものである．

　「Society 5.0（超スマート社会）」が "INDUSTRIE 4.0: Smart Manufacturing for the Future" を超えているのは，後者が，「製造分野」（ものづくり）に限定した視野しかもたないのに対して，前者はより広く，社会全体を射程に捉えている点にある．後述するように，「後期近代」としての現代においては，「科学技術」の社会的評価に関して——より正確に言えば「科学技術」と社会の相互関係と人類の未来について，しっかりと見据える必要がある．その意味で，「Society 5.0（超スマート社会）」は "INDUSTRIE 4.0: Smart Manufacturing for the Future" を超える意義を持っている．そして，この立場において，「文理融合型学際研究」の真価が発揮される．

　とはいえ，現状の「Society 5.0」構想に，「社会」（人びとの関係性としてのコミュニティのあり方）に関する事柄が十分に書き込まれているとは言えない．現状の「Society 5.0」構想[1]は，経産省による「第 4 次産業革命」（2016 年）に「社会に関する若干の言及」を付加したものである．これでは，未来の社会戦略

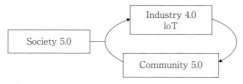

図 0-1 ソサエティ 5.0 はインダストリ 4.0 とコミュニティ 5.0 のシナジー

としては不十分である．われわれはいま，むしろ，「人びとが共に生きる社会（共同体：Community）」の側から，「科学技術」を考えるべき時期に来ているのである．

本章では，Society 5.0 を，第 4 次産業革命（Industry 4.0）と Community 5.0（将来の社会展望）のシナジー（相乗作用）として捉え（図 0-1），間メディア社会における公共性と社会関係資本の観点から，その条件を考察する．

2 産業革命と社会変動

2.1 第 1 次産業革命と近代化

「第 4 次」という呼称からも明らかなように，「産業革命」の歴史は 19 世紀の第 1 次産業革命から始まる．さらにそれは 17 世紀の科学革命（Butterfield, 1949=1978）を起点としている．

科学革命，産業革命は，当然のことながら，西欧における社会・経済の変化と連動したものだった．その概念図を図 0-2 に示す．これにより，社会の権力構造，経済システム，そして人びとの生きる意味（宗教）に大きな変化がおこり，「近代社会」と呼ばれる現代に続く新たな社会の仕組みが西欧社会のデフォルト・スタンダードとでもいうべき地位を占めることになった．これが「近代化」と呼ばれる人類史的な社会変動である．

ドイツの社会学者テンニースは，人間の思考を実在的・自然的な本質意思（Wesenwille）と観念的・作為的な選択意思（Kürwille）とに分類し，前者にもとづく集団をゲマインシャフト（Gemeinschaft：共同社会），後者による集団をゲゼルシャフト（Gesellschaft：利益社会）と類型化した（Tönnies, 1887=1957）．そして，社会は，ゲマインシャフトからゲゼルシャフトへと発展すると考えられ，その重要な契機が産業革命であるとされた．

2.2 産業革命の展開と社会

19世紀頃からの産業革命は,その後,さらにいくつかの段階を経て,現代に至っている(図0-3).

図 0-2 17世紀科学革命と共振する社会変動

第2の産業革命は,19世紀末から20世紀初頭に始まるもので,新たなエネルギーとして電気がひろまり,組み立てラインによる大量生産によって自動車なども一般消費財となった.また,ベンヤミンが「複製技術の時代」(Benjamin, 1935=1995)と呼んだように,映画,レコード,写真などの産業化も進み,大衆娯楽消費の時代が到来した.その一方,国際関係の緊密化とともに世界恐慌や世界大戦も勃発した.

第3の産業革命は,20世紀後半(1980年代以降)からはっきりとした姿を見せるようになった.コンピュータ化が進み,自動制御による多品種少量生産が一般化した.POSや銀行ATMなどのコンピュータ・ネットワーク化,さらにインターネットの普及などにより,物理的な制約を超えて生活領域が拡大し,グローバル化も進行した.その潮流のなかで,第2次世界大戦後の冷戦体制が崩壊し,世界秩序の構造転換が起こった.

そして現在進行中の第4次産業革命では,AI,ロボット,仮想現実,IoT,ビッグデータなどの新技術を用いて,サイバー空間と物理空間を一体化するサイバー・フィジカル・システムが,生産のベースとなる.一方,社会の側を見るならば,インターネットによって世界のすみずみまで接続された世界は,あたかも「グローバル・ビレッジ」(McLuhan, 1962=1986)を実現したかのようだが,それは必ずしも理想的な世界ではない.ポスト冷戦の時代は「歴史の終わり」(Fukuyama, 1992=2005)ではなく,テロの時代の始まりであり,環境問題や人口問題などのリスクにさらされ,経済的な格差の拡大による社会の分断が進行する社会なのである.

なぜこんなことになったのか.解決は可能なのか?

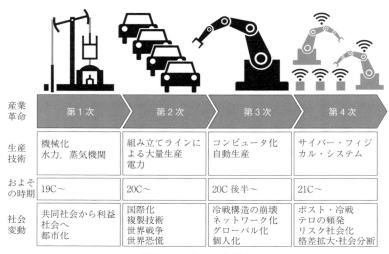

図 0-3 4度の産業革命

注:"Christoph Roser at AllAboutLean.com" の図に遠藤が大幅に加筆修正.

3 現代社会の課題とは何か?

3.1 オートポイエーシスとしての社会と産業

「産業革命」が第1次から第4次まで段階づけられるのは,それぞれの時期に「技術的跳躍」が起こったと考えられると同時に,その「跳躍」は,それ以前の技術が自ら生み出したとも考えられるからである.このような「変化するシステム」を,社会システム論では,「オートポイエティック(再帰的自己創出)」システムと呼ぶ.

そもそも,オートポイエティック・システムとは,生物学者であるマトゥラーナとヴァレラが有機体システムを理解するために提示したシステム構造のモデルである.彼らは,生命システムだといえるような機械(オートポイエティック・マシン)の特徴を「オートポイエティック・マシンとは,構成素が構成素を産出するという産出(変形および破壊)過程のネットワークとして,有機的に構成(単位体として既定)された機械である.このとき構成素は,次のような特徴をもつ.(i) 変換と相互作用をつうじて,自己を産出するプロセス(関

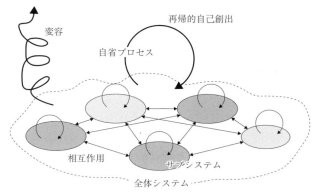

図 0-4　オートポイエティック・システム
出所：遠藤（2000: 32）．

係）のネットワークを，絶えず再生産し実現する，(ii) ネットワーク（機械）を空間に具体的な単位体として構成し，またその空間内において構成素は，ネットワークが実現する位相的領域を特定することによって自らが存在する」(Maturana and Varela, 1980=1991: 70-71) と述べている．

　マトゥラーナとヴァレラは，このモデルを生命システムとして考えたが，社会システム論では，社会のさまざまな（サブ）システムもまたオートポイエーシスであると考える．産業システムも，（狭義の）社会システムもオートポイエーシスである．

　そしてこれらのサブシステムは相互に作用を及ぼし合い，干渉し合って，共進化し，そのダイナミズムの総体が，全体社会の変動をもたらすのである．

　その意味で，産業システムのシフトとしての第1次から第4次産業革命は，それと共振する社会の様相と対応する．このように変化してきた社会の様相を，（これまであたかも1つのもののように考えられてきた近代という時代を）第1次近代，第2次近代，第3次近代，第4次近代と分けて考えることは有効である．

　本章で検討するSociety5.0，あるいはCommunity 5.0とは，まさにこの第4次近代の諸問題のソリューションとして展望されるべきものなのである．

3.2 第4次近代の諸問題

　歴史上，科学技術が良き社会をもたらすという期待は繰り返し語られてきた．17世紀科学革命前後に書かれた，トマス・モア『ユートピア』（More, 1516），カンパネッラ『太陽の都』（Campanella, 1602）などもそうした期待から生み出された理想社会のビジョンであった．

　しかしながら，第1次から第4次にいたる産業と社会（近代）の共進化は，必ずしもその理想を全面的に実現するものではなかった．

　現代社会学の第一人者であり，イギリスのブレア政権のブレーンを務めた経験も持つアンソニー・ギデンズは，現代を次のように分析する．

　　二十世紀の経済発展は，十七世紀から十八世紀にかけて，近代西欧ではぐくまれた科学，技術，そして合理的思考によってもたらされた．

　　宗教やドグマの影響から逃れて，それらを日常的な合理主義におきかえることを願う思想家，すなわち啓蒙主義者の著作が，近代西欧の文明をはぐくんだのである．

　　啓蒙主義者たちは，素朴ではあるけれど確固たる，次のようなものの見方を共有していた．すなわち，合理的な世界認識がきわまれば，私たちは，歴史を望ましい方向へと自在に導くことができる．未来を制御するために，旧来の慣行や偏見を打破すべきである，と（Giddens, 1999=2001: 2）．

　　しかしながら，今日，私たちの住む社会は，社会思想家たちの予言どおりになったわけではない．私たちの制御可能性が高まったというよりは，むしろ制御しうる範囲がせばまった，すなわち，私たちはいま「暴走する世界（runaway world）」に直面しているのである（Giddens, 1999=2001: 4）．

　近代科学や産業革命，そして近代社会は，共進化の過程で，確かに自然に対する制御の技術を高度に発展させ，因習や束縛に囚われない自由で民主主義的な社会の実現に寄与してきた．しかし，それは，反面，環境や社会の不確実性を増大する方向にも働いてきたのである（なお，これまでの現代社会学では，第1次〜第3次までの近代社会を「近代」あるいは「前期近代」とよび，「第4次近

代」を「後期近代」「ポスト・モダン」などと呼んできた.「第4次近代」とは筆者の造語である).

3.3 リスク社会化

　現代ドイツの社会学者であり，つい最近亡くなったウルリッヒ・ベックもまた，現代社会における科学技術の高度化に伴う不確実性の増大に着目した．彼は，現代社会を「リスク社会」という概念で表現した（以下の引用文中では，訳者が「Risk」を「危険」と訳している）.

　　もはや，自然の利用や伝統的束縛からの人間の解放が問題なのではない．それだけが問題なのでもない．技術と経済の発展そのものの帰結も，重要な問題となるのである．近代化の過程はその課題と問題に対して，「自己内省的」となる．諸技術を（自然や社会や人格の領域において）いかにして発展させ応用させていくかという問題に代わって新たな問題が生じる．それは重要な領域でテクノロジーが危険を生み出す，あるいは生み出す可能性があるが，その危険を政治的また科学的にどのように「処理」するかという問題である．すなわち危険をどのように管理，暴露，包容，回避，隠蔽するかという問題である．安全を保証する必要性は危険の増大と共に高まる．用心深く批判的な大衆に対しては，技術と経済における発展に対して表面上あるいは実質的にも介入することにより，安全性を繰り返し約束しなければならない（Beck, 1986=1998: 24-25）.

　ベックのこの著書は，（偶然ではあるが）1986年4月26日に起きたチェルノブイリ原子力発電所事故の直後に刊行されたことで，一層大きな世界的注目を集めた.
　ベックのいう「リスク」は，一般的な意味での「リスク（危険）」ではない．このため，彼の議論の重要性が，特に他分野の人びとから，理解されにくいのは残念である.

　　社会の歴史からみて危険という概念には，ここで想定されているような意

味が含まれているのであろうか．危険とは，人間の行為の中に初めからあった現象ではないだろう．といっても危険はかならずしも産業社会時代の特徴ではないのではないか．本来，危険は産業社会の時代のものとは区別されるのではないか．そのとおり．危険は決して近代の産物ではない．なるほど新しい陸地や大陸を発見しようと——コロンブスのように——出かけていった者は，「危険」を甘受しなければならなかった．だが，これは個人的な危険であり，核分裂や核廃棄物の貯蔵によって発生する危険のように，人類全体に対する包括的な危険状況ではない．「危険」という言葉は，大航海時代には勇気と冒険という意味合いをもっていたのであり，地上の生命が自分で自分を抹殺してしまうかもしれないというニュアンスは持っていなかった (Beck, 1986=1998: 26-27)．

3.4 社会の絆の弱体化と格差拡大

そして，アメリカの現代社会学者であるロバート・パットナムは，現代社会における社会関係と公共性の衰退について論じた（Putnam, 2000=2006）．

彼は，朝日新聞のインタビューに答えて，次のように述べている（『朝日新聞』2016 年 9 月 6 日朝刊）．

　私は以前，『孤独なボウリング』という本で，米社会で様々な階層や人種を結びつけてきた宗教関連団体やボウリングクラブといった社会的組織が弱体化し，（人々のつながり度合いを示す）「社会関係資本」が低下している現象を分析しました．

　社会的なつながりがなくなると，人は孤立します．すると他人への寛大さや，他人と自分が平等だという意識，さらには政治的に協力する姿勢が低下します．これは米国に特有ではありません．

　この国では現在，経済格差が広がっています．それだけでも重要なのですが，米国人は結果の均等よりも機会の均等を重視し，経済格差をあまり気にしてきませんでした．ところが，今はその機会の均等が失われています．

　貧しい子供を助けると，裕福な子供が損をするという，ゼロサムゲームではありません．むしろ逆です．優秀であるにもかかわらず，貧しい家庭で育

ったため，十分な教育を受けない子供が多くいると，労働人口の質も下がり，社会の生産性が低下してしまいます．米国の経済はあらゆる人の才能を必要としています．裕福な人が「彼らの問題だから」といって無視できるわけではないのです．

　格差の拡大がこのまま進むと，米国は格差が固定されたカースト社会になってしまいます．そうなると，全国民が平等であるという米国の根幹を揺るがし，政治システムの倫理性が問われます．

　アメリカでは，こうした事態に対抗するため，「オキュパイ・ウォール・ストリート（Occupy Wall Street）」（2011 年 9 月）のような社会運動が活発化する一方で，トランプ大統領のように社会の分断を助長するような発言を繰り返す政治家が人気を集める現象も見られる．

　格差の拡大は，グローバル世界でも顕著に見られるようになっており，それが頻発するテロの原因であるとも考えられている．

　反対に，「社会関係資本」の多寡が地域のレジリエンスに重大な影響を及ぼすという議論もある．パデュー大学政治学部のダニエル・アルドリッチは，ソーシャル・キャピタル（社会関係資本）の力について，次のように述べている．

　高い水準のソーシャル・キャピタルを有する地域では，それを必要とする人々に対してより効果的に物資を供給するために，人々が連携することを示す．また，地域外の組織や政策決定者とのつながりを持つ個人は，地域が危機的な状況に遭ってもそれらのネットワークを強固に維持することによって，レジリエンスがより高くなることを証明する．つまり，被災者たちは互いに必要な物を分かち合うし，政府による新規の支援に関する要件や手続きを知るためにつながりを使うし，コミュニティで助け合う組織を形成するために連携する（Aldrich, 2012=2015: vii）．

　ただし，社会関係資本は万能でないだけでなく，逆機能をもっていることも忘れてはならない．「近代」が，ゲマインシャフトを離脱し，伝統や因習から解放された世界認識を求めたのは，決して理由のないことではなかったのである．

3.5　公共圏とサイバー空間

　近代的合理主義の進展は，ゲマインシャフトからゲゼルシャフトへの移行を
もたらし，科学技術による自然の驚異の超克，人間の能力拡張が，社会の持続
の基本要件ともなった．ところが，その結果としての不確実性の拡大は，一面
で，リスク社会化をもたらした．

　リスク社会への対処は，現代社会の喫緊の課題であるが，低確率だが壊滅的
な被害をもたらすリスクの発現という「最悪のシナリオ（worst-case scenarios）」
（Sunstein, 2007=2012）をどこまで予防しようとするのかは，それ自体，リスク
社会化のフィードバックループの一環となる．あまつさえそれは，リスクの発
現を促進する方向に作動する場合さえあり得る（Klein, 2007=2011）．

　これらのジレンマに対応するには，リスクを低減する科学技術だけではなく，
社会関係資本を（適切に）構成したり，リスク対応のマネジメントに関する社
会的意思決定を調達する公共圏の再構築が必要である．しかしながら，まさに
近代の進行が，社会関係資本の弱体化や公共圏の衰退をもたらしているとの指
摘も多い．

　さて，第 4 次産業革命，そして第 4 次近代を特徴付けるのは，コンピュータ
科学，ネットワーク技術の驚異的な発展と産業界のみならず，日常生活への浸
透である．とくにソーシャルメディアと呼ばれるインターネット上のコミュニ
ケーション・サービスは，2000 年代から広く一般に浸透し，いまやマスメディ
アをもしのぐ影響力を持ち始めている（遠藤編著，2016）．

　ソーシャルメディアは，(1)国境を無効化するグローバルなコミュニケーショ
ン空間を開く，(2)誰もがグローバル空間の不特定多数に対して情報発信できる，
(3)誰もがあらゆる情報へのアクセス可能性を潜在的にもっている，(4)ソーシャ
ルメディア上のあらゆるコミュニケーションは捕捉可能である，などの重要な
特徴をもつ．そのため，公共圏の構造に重大な変化が生じている．

　ソーシャルメディア上でのコミュニケーションについては，問題点も多く指
摘されている．たとえば，サンスティーンは，ソーシャルメディアを媒介にし
たコミュニケーションが，自分用にカスタマイズした情報空間を個々人に提供
することにより，類似した考えをもつ人びとの間で議論が極端化し，社会の分
裂やサイバー・カスケード（付和雷同現象）が起こると警鐘を鳴らしている

（Sunstein, 2001=2003）.

　その一方，熟議型民主主義を提唱するフィシュキン（Fishkiin, 2009=2011）は，分極化や集団思考の危険性を認めつつも，オンラインでの熟議型世論調査（deliberative poll: DP）の可能性に期待を寄せる（日本学術会議，2016；遠藤編著，2016）.

　サイバー空間が，反民主主義的な監視の空間になるのか，あるいは民主主義を再生させる公共空間として再構築できるのかは，まさにそれをいかに設計するかにかかっている.

3.6　間メディア社会ということ

　本書を特徴付けるキーワードの1つが，「間メディア環境／社会」である.

　従来，メディアと公共性を論ずる研究においては，社会的メディアが，対面→マス・コミュニケーション（印刷→電波）→ソーシャルメディア（インターネット）に「移行」するというフレームに則って論ずることが当たり前のように行われてきた. 現在もそれは続いており，「マスメディアからソーシャルメディアへの移行」として社会変容を説明しようとする議論が大勢を占めている. しかしながら，ハバーマスの公共圏論に対する批判（J. B. トンプソンなど）でもすでに指摘されているように，公共圏を媒介するメディアは，新たな技術によって「移行する」のではなく「重層化」すると考えるべきである. 印刷技術が登場したからといって，対面コミュニケーションが消滅するわけもなく，ラジオやテレビが普及したからといって，対面メディアも印刷メディアもそれなりの影響力を持ち続けている.

　さらに，そうした「新しく登場したメディア」以外の「既存メディア」は，単に残存しているだけではなく，他のメディアと相互作用し，単純に「新しいメディア」の性質として論じられるよりももっと複雑な「情報環境」のアクターとなるのである. この点を考慮しなければ，「アラブ民主化運動」も「イスラム過激派の運動」も「トランプ現象」も説明することはできない. また近年日常的に頻発している「炎上」「デマ拡散」などの問題も説明できない.

　以上の視座から，本書では「間メディア社会／環境」という概念を重視する.

　ちなみに，「間メディア（多様なメディアの対抗と共振の運動）」と，「マルチ

メディア（テキスト，静止画，動画などを同一のプラットフォームで伝える技術）」
や「クロスメディア（小説，映画，コミックなど複数の媒体で同じコンテンツを
発信することにより，注目（売上）を増そうとする戦略）」とはまったく異なる概
念である．

4　社会と科学技術をどのように結ぶか

4.1　科学技術への隷従

前節では，近代の進行とともに顕著に現れてきた諸問題の代表的なものを概
観してきた．これらの問題は，社会のためのものであったはずの科学技術の発
展が，それ自体自己目的化し，社会を科学技術に適合させようとするかのよう
な風潮から生じていると言える．このことを，社会思想家のハンナ・アーレン
トは，次のように要約している．

　　科学の大勝利がもたらすブーメラン的効果は，すでに自然科学そのものの
　内部に危機を生みだしている．……（中略）……私たちは今，地球に拘束さ
　れていながら，まるで宇宙の住人であるかのように活動し始めており，……
　（中略）……私たちの思考の肉体的・物質的条件となっている脳は，私たちの
　していることを理解できず，したがって，今後は私たちが考えたり話したり
　することを代行してくれる人工的機械が実際に必要となるだろう．技術的知
　識という現代的意味での知識と思考とが，真実，永遠に分離してしまうなら，
　私たちは機械の奴隷というよりはむしろ技術的知識の救いがたい奴隷となる
　だろう．そして，それがどれほど恐るべきものであるにしても，技術的に可
　能なあらゆるからくりに左右される思考なき被造物となるであろう（Arendt,
　1958=1994: 12-13）.

アーレントは20世紀初頭，近代の機械文明を賛美し，ファシズムと結びつ
いた未来派の台頭をまざまざと目撃することによって，機械への一方的な礼讃
に対して深い危機感を抱いたのである．

4.2 希望の科学技術

　しかし，アーレントと同じ時代を眼前に見ながら，そしてまさにその悲劇の犠牲となった 20 世紀初頭のドイツの思想家ワルター・ベンヤミンは，むしろ，新たな科学技術のあり方に期待を寄せつつ，次のようにいう．

　第一の技術，原始時代の技術ができるだけ多く人間を投入したのに対し，第二の技術，現代の技術はできるだけ少なく人間を投入する．第一の技術がなしとげた技術上の偉業は，いわば人間を犠牲にしたと言うことであり，第二の技術のそれは，乗務員を必要としない遠隔操縦の飛行機という方向にある．第一の技術は，「一回こっきり」の世界である．（そこには，一度したら取り返しが付かない失敗だとか，未来永劫にわたって代理の意味をもち続ける犠牲死だとかがある．）第二の技術には，「一度は数のうちに入らない」ということわざが当てはまる．（これは，いろいろなやり方を倦むことなく試してゆくものである実験に関係が深い．）第二の技術の根源は，人間がはじめて，そして無意識の狡智をもって，自然から距離をとりはじめたところに求められる．別の言葉で言えば，この根源は遊戯（シュピール）にある（Benjamin, 1935=1995: 598）．

　第 4 次産業革命のコアとも言うべきロボットや AI は，第 1 の技術にもなり得るが，第 2 の技術にもなり得る．社会の幸福と，サステイナビリティ（あるいはレジリエンス）の増大のために，科学技術をいかに使いこなしていくか，今問われているのはこの問いなのである．

5　Community 5.0 はどこを目指すか

　では，具体的に何を行い，どこを目指すべきなのか．

　端的にいうならば，社会の側から，科学技術を含む社会状況を評価することである．これまで，社会の状況や，科学技術の評価は，効率性や経済性の最大化を目指す方向で行われてきた．社会規範や社会的幸福という視点は，おまけのように付け加えられていたに過ぎない．あるいは，世論動向などによって，

曖昧で不透明な形で算入されてきたに過ぎない.

このような現状に対して，上記第4次近代の諸問題を解決し，社会幸福の側からいくつかの評価軸をおいて，来たるべき未来へ向かう道筋を考えていくことが今重要である.

本書では，現代社会の秩序形成の可能性と問題状況を，「公共性の構造転換」という視点から，シミュレーションやビッグデータ分析などの新しい文理融合技法（計算社会科学）を積極的に取り込んで，解明する.

とくに，「ソーシャル・キャピタル」および「公共性」の概念の再検討，再構築を行うとともに，ソーシャルメディアと既存メディアが重層的に相互作用する現代のメディア環境を「間メディア社会」ととらえ，対面コミュニケーション，マスメディア，ソーシャルメディアが相互作用，相互融合していくなかで，社会的コミュニケーションすなわちソーシャル・キャピタルのあり方や公共性の現れがいかに変化していくかを，これまで多年にわたって蓄積してきた様々な社会意識調査データや報道データ，またソーシャルメディアのデータなどを利用するとともに，新たな各種データを収集し，分析する. その結果を理論モデル化し，それを先行する社会理論と接続しつつ発展させ，より包括的かつ革新的な議論を行うこととする.

6　本書の構成

以上を踏まえて，本書は次のように構成される.

まず，本章（序章（遠藤薫））では，現代のメディア社会の背景にある技術とリスクの動向について述べ，なぜいま，「公共性」問題が問われねばならないのかの問題提起を行う.

これを受けて「1章　間メディア社会におけるポスト・トゥルース政治と社会関係資本」（遠藤薫）では，先行する議論を比較検討しつつ，「公共性」概念の問い直しを行い，間メディア社会の可能性とリスクを明らかにするとともに，筆者等が行った社会調査の結果から，最近のトランプ現象についても論じることとする.

「2章　間メディア環境における公共性——ネット住民は公共性の夢を見る

か？」（佐藤嘉倫）では，さまざまなメディアが混在する間メディア環境における人びとのメディア接触の特徴が，どれか特定のメディアにのみ依存するのではなく，さまざまなメディアに接触していることであると指摘し，2017年3月に行った「メディア社会における社会関係資本に関する調査」データからその一端を紹介する．

「3章　ソーシャルメディアと公共圏——公共圏の関係論的定式化の提唱とTwitter政治場の経験的分析」（瀧川裕貴）では，前半でソーシャルメディアと公共圏を論じるための新たな理論的定式化の必要性とその具体的構想について議論し，後半ではこれに基づいて1つの経験的分析の例示としてソーシャルメディアの1つであるTwitterにおける公共圏の成立可能性について検討する．

「4章　信頼の革新，間メディア・クラック，およびリアルな共同の萌芽」（与謝野有紀）では，間メディア社会における信頼感の爆発的拡大，すなわち，「信頼の革新」の構造を明らかにし，その背後で，リアルな社会における組織への信頼感，人びとが作る社会イメージにおいて間メディア・クラック（メディアの利用者，受容者間の裂け目）が出現しつつあることを明らかにする一方で，これを埋め合わせるリアルな共同の萌芽が，ソーシャルメディア利用者によって生み出されつつあることをデータから明らかにしていく．

「5章　なぜ，日本人は市場原理を支持するのか——社会関係資本が帰結するものの功罪」（数土直紀）では，日本人の政治的態度と社会関係資本の関係を明らかにすることを目的としている．ここでいう政治的態度とは，“どのような人びとが市場原理を支持するのか”および“どのような人びとが再分配政策を支持するのか”という問いを指す．

第6章から第8章は，第1章と同様，トランプ現象を参照しつつ，間メディア環境における公共性の様相を分析する．

「6章　三つ巴の『正義』——トランプ現象に見る反—新自由主義の行方」（遠藤薫）では，①グローバリゼーションの進行による移民流入，経済悪化，失業率の増大，②格差の拡大，③〈既存政治〉への不満に乗じた過激な主張，④ソーシャルメディアを利用した情報選挙，などを特徴とする現代世界の「分断」の背後にある「正義の対立」について，「トランプ現象」を典型的な事例として参照しつつ，分析する．

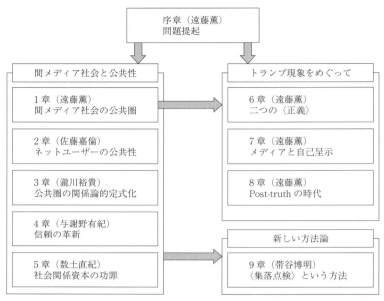

図 0-5　本書の構成

「7章　『ポリティカル・ヒーロー』を演じる――トランプのプロレス的〈公正〉」（遠藤薫）では，間メディア社会においては，政治家の自己呈示スタイルが影響力に大きく関わることから，オバマ前大統領とトランプ大統領の自己呈示スタイルの差とその意味を分析する．

「8章　ポスト・トゥルース時代のフェイクニュース」（遠藤薫）では，間メディア空間がグローバル政治による言説戦争の場ともなり，われわれはその銃弾としてのフェイクニュースに日常的に曝されていることを指摘し，フェイクニュースに関する考察を行う．

そして，「9章　農村地域における学際的参加型研究プロジェクトの試み――『らくらく農法』の事例から」（帯谷博明・水垣源太郎）は，「らくらく農法」プロジェクトを事例として，学際型かつ参加型アクション・リサーチの意義と課題を，社会関係資本および公共社会学の議論を踏まえつつ検討する．

各章の間の関係を図 0-5 に示す．

本書が現代社会の公共性を考える一助となれば幸いである．

【註】

1) 『科学技術基本計画』（平成28年1月22日閣議決定）（http://www8.cao.go.jp/cstp/kihonkeikaku/5honbun.pdf）.

【文献】

Aldrich, Daniel P., 2012, *Building Resilience: Social Capital in Post-Disaster Recovery*, The University of Chicago Press（石田祐・藤澤由和訳，2015，『災害復興におけるソーシャル・キャピタルの役割とは何か——地域再建とレジリエンスの構築』ミネルヴァ書房）.

Arendt, Hannah, 1958, *The Human Condition*（志水速雄訳，1994，『人間の条件』筑摩書房）.

Beck, Ulrich, 1986, *Risikogesellschaft: Auf dem Weg in eine andere Moderne*（Risk Society）（東廉・伊藤美登里訳，1998，『危険社会——新しい近代への道』法政大学出版局）.

Benjamin, Walter, 1935, "Das Krunstwerk im Zeitalter seiner technischen Reproduzierbarkeit"（浅井健二郎訳，1995，「複製技術時代の芸術作品」浅井健二郎編訳『ベンヤミン・コレクション1』筑摩書房）.

Butterfield, Herbert, 1949, *The Origins of Modern Science: 1300-1800*, Bell and Sons（渡辺正雄訳，1978，『近代科学の誕生』（上・下）講談社）.

Campanella, Tommaso, 1602, *La città del Sole*（近藤恒一訳，1992，『太陽の都』岩波書店）.

遠藤薫，2000，『電子社会論——電子的想像力のリアリティと社会変容』実教出版.

遠藤薫編著，2016，『ソーシャルメディアと〈世論〉形成——間メディアが世界を揺るがす』東京電機大学出版局.

Fishkiin, James S., 2009, *When the People Speak: Deliberative Democracy and Public Consultation*, Oxford University Press（曽根泰教監修，2011，『人々の声が響き合うとき——熟議空間と民主主義』早川書房）.

Fukuyama, Francis, 1992, *The End of History and the Last Man*（渡部昇一訳，2005，『歴史の終わり——歴史の「終点」に立つ最後の人間』[新装新版]（上・下）三笠書房）.

Giddens, Anthony, 1999, *Runaway World*, London: Profile Books, Ltd.（佐和隆光訳，2001，『暴走する世界——グローバリゼーションは何をどう変えるのか』ダイヤモンド社）.

Klein, Naomi, 2007, *The Shock Doctrine: The Rise of Disaster Capitalism*, New York: Metropolitan Books（幾島幸子・村上由見子訳，2011，『ショック・ドクトリン——惨事便乗型資本主義の正体を暴く』（上・下）岩波書店）.

Maturana, H. R. and F. J. Varela, 1980, *Autopoieses and Cognition: The Realization of The Living*, D. Reidel Publishing Company（河本英夫訳，1991，『オートポイエーシス——生命システムとは何か』国文社）.

序章——間メディア社会における「公共性」と「社会関係資本」　17

McLuhan, Marshall, 1962, *The Gutenberg Galaxy: The Making of Typographic Man*, University of Tronto Press（森常治訳，1986，『グーテンベルクの銀河系――活字人間の形成』みすず書房）.

More, Thomas, 1516, Libellus vere aureus, nec minus salutaris quam festivus, de optimo rei publicae statu deque nova insula Utopia（沢田昭夫訳，1993，『ユートピア』［改版］中央公論社）.

日本学術会議，2016，「高レベル放射性廃棄物の処分をテーマとした Web 上の討論型世論調査」（http://www.scj.go.jp/ja/info/kohyo/pdf/kohyo-23-h160824-2.pdf）.

Putnam, Robert David, 2000, *Bowling Alone: the Collapse and Revival of American Community*, Simon & Schuster（柴内康文訳，2006，『孤独なボウリング――米国コミュニティの崩壊と再生』柏書房）.

Sunstein, Cass, 2001, *Republic.Com*, Princeton University Press（石川幸憲訳，2003，『インターネットは民主主義の敵か』毎日新聞社）.

Sunstein, Cass, 2007, *Worst-Case Scenarios*, Harvard University Press（田沢恭子訳，2012，『最悪のシナリオ――巨大リスクにどこまで備えるのか』みすず書房）.

Tönnies, Ferdinand, 1887, *Gemeinschaft und Gesellschaft*, Leipzig: Fues（杉之原寿一訳，1957，『ゲマインシャフトとゲゼルシャフト』岩波文庫）.

1章
間メディア社会におけるポスト・トゥルース政治と社会関係資本

遠藤 薫

1 メディア進化は公共性を衰退させたのか

「現代はしばしば，ローマ帝国が衰退の道をたどった時期にたとえられる．道徳的頹廃がローマの西欧支配の力を弱らせたと考えられているように，同じく道徳的頹廃が西欧現代の世界支配の力を弱らせたと言われる．この考えはいかにもばかげているとはいえ，そこにはなにがしかの真理はふくまれている．大ざっぱに見て，アウグストゥス死後のローマ社会の危機と，現代の生活の間には，似たところがある．それは，公的（パブリック）な生活と私的（プライヴエイト）な生活の均衡にかかわるものである」(Sennett, 1977=1991: 15)．かつて，アメリカの社会学者リチャード・セネットはこう書いた．

社会構成員たちが，集合的に公的な意思決定を行う場としての「公共圏」についていち早く問題化したのが，ユルゲン・ハバーマスであることはあえていうまでもない．ハバーマスはまた，メディア環境の変化が社会における「公共性」のあり方を左右する，という視座を早い時期に提示した研究者でもある．彼によれば，印刷技術の一般化によって，人びとが公共的な問題について論じ合う公共圏が生まれ，民主主義の発展に貢献した．しかしながら，その後，メディアが産業化されるにつれて，公共圏は衰弱し，人びとは私圏に閉じこもるようになった．いかに公共圏を再構築するか，というのがハバーマスの問題意識であった．

1990年代，新たな社会的コミュニケーション空間としてインターネットが登場した．ハバーマスは，インターネットについては明示的な議論は行っていな

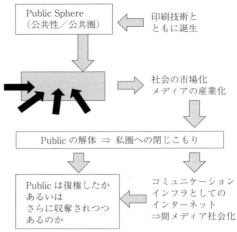

図 1-1　メディアの展開と公共圏

い．一方，インターネットの開発に携わった人びとや初期ユーザーたちは，ここに，「新たな公共圏」としての期待を寄せた．しかし，現実には期待と異なる様々な問題が発生した．トッド・ギトリン（Gitlin, 1998）や遠藤（2000）は，そもそも大文字の「公共圏」という仮定に無理があり，インターネット空間／間メディア環境は，小文字の「小公共圏」群が相互に対抗し合う場であるとの見解を提示した．

だが一方，キャス・サンスティーン（Sunstein, 2001=2003）やイーライ・パリサー（Pariser, 2011）らは，インターネット空間（ソーシャルメディア）における選択的情報接触やサイバーカスケードによる社会的分断を論じている．このような状況は，人びとが理性よりも情動に身を任せ，付和雷同的な集合現象を引き起こす「post-truth（ポスト・トゥルース：脱真実）政治の時代」と，悲観的に呼ばれることもある．

なぜ，コミュニケーション・ネットワークの進化が，公共性の進化ではなく，むしろコミュニケーション的理性の障害をもたらすのか．本章では，先行する議論をふまえつつ，メディアが高度に進化した現代社会（間メディア社会）における公共性と社会関係資本のあり方を，筆者らが行った社会調査の分析にもとづいて論じることとする．

2 メディアと公共性——議論の系譜

2.1 「世論」から「民意」/〈世論〉へ

　民主主義は，社会構成員の総意に基づいて運営されることを基本とする．この「社会構成員の総意」を一般に「世論」と呼ぶ．その意味で，「世論」はわれわれの社会を考える上で最も重要な概念と言える．

　とはいえ，では「世論」はどこに表出されるのか，あるいはどのような条件を満たしたときにある意見が「世論」と見なしうるのか，といった疑問について，必ずしも明快な答えはない．「世論」を規範的概念と扱うか，記述的概念として分析するかも，人によって異なる．さらに，「世論」の形成が，社会コミュニケーションの1つのプロセスである限り，それはその時代の情報環境に影響される．

　一方，近年，「世論」という言葉よりも「民意」という言葉の方が多く使われるようになりつつある．たとえば，前田（2014）も，主要新聞の見出しに「民意」が出現する頻度が，1990年前後から格段に高くなっていると指摘している．

　ただし一般に，「世論」と「民意」の使い分けは明確でなく，「世論」と同様，「民意」も曖昧なままに使われている．萱野・森の対談で萱野は「民意と世論では言葉のあたえる感覚が違いますよね．意見の表出という点では同じでも，民意のほうは意思をもった民衆の意見をあらわしているのに対し，世論というのはむしろ調査の結果としてでてきたような人びとの意見をあらわしてい」る（萱野・森，2008: 56-57）と述べている．

　また木下は，「『世論』はバラバラな個人の総和であり，無機的であり，数字的である．『民意』は集合であり，有機的であり，物語的である．かりにこのように捉えると，現在は『世論』の時代であり，『民意』は不在である．『民意』という言葉が無秩序，無規定にやたら多用されることは，かえってその所在なさを露呈している」（木下，2008: 98）と論じている．

　結局，「世論」と「民意」とは異なる概念として定義されるわけではないが，「世論」が客観的記述概念として従来分析されてきたのに対して，「民意」はその情動性に着目して議論するために近年使われるようになった用語であるとま

とめられる．遠藤は，「世論」を静態的な規範概念あるいは記述概念として捉えることを問題化し，社会構成員の多様な意識（情動）あるいはそれを表現する言説間の連鎖と構想のダイナミズムとしての〈世論〉を分析することを提案した（遠藤編著，2004）．本章でも，上記の意味での〈世論〉について考察を行うものとする．

2.2　背景にある変化――世界の構造変動

このように〈情動〉あるいはそれを表現する言説間の連鎖と構想のダイナミズムとしての〈世論〉あるいは〈民意〉分析が近年特に注目されるようになったことには，いくつかの社会的要因が作用している．

その理由の1つとして，1980年代末から1990年代に起こった「冷戦の終焉」が挙げられる．たとえば，ムフは，このとき，「『自由世界』は共産主義に勝利し，そして，集合的アイデンティティの弱体化にともない，『敵なき』世界がいまや実現可能になる．党派的な対立は過去のことになり，いまでは対話を介した合意が可能だ．グローバリゼーションやリベラル民主主義の普遍化のおかげで，平和，繁栄，そして人権の保障を世界規模でもたらしてくれるコスモポリタンな未来を期待できる」（Mouffe, 2005=2008: 11-12）と多くの論者たちが考えた，と指摘する．

しかしながら，このような「ポスト政治的」ビジョンは必ずしも実現された（実現されつつある）とは言えない．むしろ，極端化したポピュリズムや，グローバルに展開するテロリズム，排他的ナショナリズムなどの世界を不安定化する動きが目に付く．

パットナム（Putnam, ed., 2002=2013: 1）も，20世紀末，「アリストテレスからトクヴィルに至るまで，政治と社会について論じる理論家たちは，政治文化と市民社会の重要性を強調してきた．近年，これらのテーマが再び関心を呼んでいるが，その理由の一端は，旧社会主義圏諸国が一様に市場指向型民主社会の形成の困難性に直面したことによって，民主的な社会制度にとっての文化的・社会学的な前提条件の重要性が浮き彫りになったことにある．皮肉なことであるが――リベラルな民主主義が空前絶後の勝利を達成したというまさにその時に――西欧，北米，東アジアの既存の民主主義諸国における，代議政体の様々

な制度をはじめとする主要な社会制度も，機能障害の様相を露呈している．少なくとも米国の場合について言えば，この数十年間に，市民の政治離れ現象が徐々にではあるが広範に進行した結果，実効性を持った民主主義を存続させるためのいくつかの基本的な社会的・文化的な前提が風化してきたと疑うに足る根拠がある」と述べている．

2.3　背景にある変化──メディア環境の変動

このような社会潮流は，われわれがその中で生きるメディア環境の変動とも共振している．すなわち，1980年代までのメディアは，ほぼ1つの国の中に閉じたナショナル・メディアだった（いいかえれば，アンダーソン（Anderson, 1983=1997）が指摘したように，ナショナル・メディアの登場が近代国民国家を可能とした）．しかし，80年代後半から衛星放送が国境を超えた情報送信を可能にし，「冷戦の終焉」を引き起こす一因となったとも考えられる（遠藤，1998）．メディアのグローバル化はそれにとどまらなかった．80年代に急速に発展したコンピュータ・ネットワークは，1993年に誕生したアメリカのクリントン＝ゴア政権により，より汎用的なインターネットとしてグローバルな情報インフラストラクチャを一気に構築した．

「冷戦の終焉」と重なるように登場したこの新しいメディアは，誰にでもリアルタイム・双方向のコミュニケーションを可能にした．専門家からマスに向けての一方向コミュニケーションであった従来のマスメディアと対比して，インターネット上のサービスは「ソーシャルメディア」とも呼ばれるようになった．共同体の再生や草の根運動の媒介として機能するとの期待も大きかった．実際，2010年代に入っても，2010年末のジャスミン革命やそれに続く2011年の「アラブの春」をはじめとして，オキュパイ・ウォール・ストリート（Occupy Wall Street）運動（アメリカ，2011年9月），ひまわり学生運動（台湾，2014年3月18日），雨傘革命（香港，2014年9月26日）など，ソーシャルメディアの利用が，草の根社会運動の盛り上がりの基盤となったとされる例は多い．

その一方，ソーシャルメディアが，デマや誹謗中傷，炎上，ヘイト・スピーチ，過激派集団によるプロパガンダなど，前項に述べた極端化したポピュリズムや，グローバルに展開するテロリズム，排他的ナショナリズムなどを促進す

るかのような事例も多い.

2.4 間メディア環境における〈世論〉

しかし，注意しなければならないのは，現在起こっている問題をソーシャルメディアの影響のみによって論じることはできないということである．確かに，従来のマスメディアを介したコミュニケーションと，ネットメディアあるいはソーシャルメディアを介したコミュニケーションは，異なる特性を持っている．しかし，今日，多くの人がインターネットを日常的に使うようになっているとしても，多くの人はマスメディアも利用しているし，マスメディアの情報がネットを介して伝わったり，ネットの情報がマスメディアを介して伝わったり，様々な新たな様相が現れている．この点を考慮せずに現代メディア環境を論ずることはきわめて奇妙と言わざるを得ない.

従来の研究では，一般のメディア（と政治（社会運動））研究においては，人間社会のメディア環境が，(1)口承（対面）メディア，(2)マスメディア，(3)コンピュータ・メディア（インターネット／ソーシャルメディア）と「変遷」してきたという認識をベースとして，その「変遷」と「社会変化」の関係を示そうとしてきた.

しかし，筆者がこうした先行する認識に異議を唱え，主張してきたのは，以下の視点の必要性である.

(a) メディアの発達は，メディアの「変遷」ではなく「重層化」である．すなわち，メディアが発達した現在においても，対面メディアが消滅したわけではなく，対面メディア，マスメディア，ソーシャルメディアが重層的複合的に併存するようになったということを無視するべきではない

(b) 対面メディア，マスメディア，ソーシャルメディアは，異なるコミュニケーションのダイナミズムを実現するが，だからといって，それぞれが孤立して存在しているわけではない．それぞれのメディアで流れた情報は，他のメディアにも流れ，メディア間での複雑なフィードバック現象を引き起こす．今日の「メディアと社会」を考えるためには，この複雑でダイナミックなメディア間相互作用の考察を省くことはできない．この複雑でダイナミックなメディア

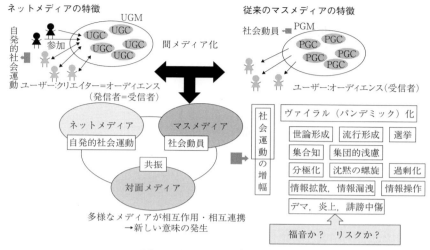

図 1-2　間メディア空間の構成

間相互作用が埋め込まれた社会を，筆者は「間メディア社会」と呼ぶ．

　今日の社会運動とソーシャルメディアの関係を考えるにあたっても，「間メディア社会」を前提として考える必要がある．

3　Post-truth 政治の時代

3.1　間メディア化と Post-truth 政治

　間メディア化の進展によって〈世論〉形成過程とともに政治的指導者の決定にも大きな変化が現れてきた．

　無名のアフリカ系弁護士であったバラク・オバマが，マスメディア・セレブリティたちの支持と，ソーシャルメディアを駆使した支持者の組織化によって，あっという間に第 44 代アメリカ大統領の座に就いたのもこの変化を印象づけるものであった．

　しかし，それよりも世界を驚かせたのは，当初泡沫候補と見なされていた不動産王ドナルド・トランプが，ソーシャルメディアを介したマスメディア批判

と，ポリティカル・コレクトネスに反する暴言や過激なパフォーマンスによっ
て，大統領の座についたことであった．選挙当日まで，大方のメディアがヒラ
リーの勝利を確信していたにもかかわらず，トランプはヒラリーに圧倒的な差
をつけて勝利したのだった．

さらに驚くべきことは，この現象——トランプ的な政治家たちが各国で支持
を集め，トップの座に着いたり，近づいたりする現象——が，世界全体を覆う
潮流となっていることである（第6章表6-6参照）．

こうした，良かれ悪しかれ，劇場型政治家たちの台頭や，ブレグジット
（Brexit：2016年6月の国民投票におけるイギリスのEU離脱賛成多数），スペイ
ン・カタルーニャ自治州の住民投票における独立賛成多数などについて，
「post-truth（ポスト・トゥルース：脱真実）政治」という言葉が使われ，オック
スフォード英語辞書は2016年の「Word of the Year」を「post-truth」に決定
した（第8章参照）．その意味は，端的に，「客観的な真実よりも情動的な信念
によって動かされる政治の時代」ということであり，その背景には，間メディ
ア的なコミュニケーション環境がある．

3.2 post-truth政治の源流

post-truth政治の始点へ遡れば，1990年前後に起こった構造転換にたどりつ
く（遠藤，2013）．いみじくも，「post-truth」という言葉が初めて現在の意味
で使われたのは1992年の湾岸戦争に関連した論文の中であった（https://
en.oxforddictionaries.com/word-of-the-year/word-of-the-year-2016）．

このとき，『シミュラークルとシミュレーション』（Baudrillard, 1981=1984）
で「シミュラークルが現実に対して先行する」というまさにpost-truth的事態
を論じたフランスの社会評論家ボードリヤールは，『湾岸戦争は起こらなかっ
た』で，「湾岸戦争は無性生殖的で，外科手術的な戦争，ウォー・プロセッシ
ングであり，そこでは，敵はコンピュータ画面上の標的としてしか姿をあらわ
さない」（Baudrillard, 1991=1991: 94）と書いた．

同じ年，「情報スーパーハイウェイ構想」（すなわちインターネットの一般利
用）を公約としたビル・クリントンがアメリカ大統領選挙で勝利した．こうし
て誕生したクリントン＝ゴア政権によって，世界中がインターネットに覆われ

る時代がやってきた.

それから約 10 年後の 2001 年, アメリカでは「9・11 アメリカ同時多発テロ」が勃発した. ボードリヤールは同テロについて, パニック映画「タワーリング・インフェルノ」(1974) をもじった『パワー・インフェルノ』を発表した. その中で彼は, 「問題なのは現実そのものである.〔スラヴォイ・〕ジジェク〔スロヴェニアの現代思想家. 9・11 に関して『「テロル」と戦争——〈現実界〉の砂漠へようこそ』(邦訳＝長原豊訳, 青土社, 2003 年) を発表〕によれば, 二〇世紀と二一世紀の情熱は現実に関する終末論的情熱であり, すでに失われたか, 失われようとしている〔現実という〕対象への, ノスタルジックな情熱である. そして, テロリストも, 結局, 現実へのこの悲壮な欲求に対応しているだけだということになる」(Baudrillard, 2002=2003: 90) と論じている.

3.3 日本における post-truth 政治

日本ももちろんこの流れのなかにいる. 2001 年,「小泉劇場」とよばれた, まさに post-truth 政治のさきがけとも言うべき小泉純一郎が日本の首相の座に着いた (遠藤, 2007; 2008).

2008 年, TV のバラエティ番組で人気を集めていた弁護士の橋下徹が, 大阪府知事選挙で 183 万 2857 票を獲得し当選した. 政治家になってからも物議を醸す発言で耳目を集め,「橋下劇場」と呼ばれた.

2012 年 12 月, 与党の座を民主党に譲っていた自民党が, 衆院選に圧勝した. 再度首相の座についた安倍晋三のパフォーマンスや自民党の広報戦略が, 第 1 次安倍内閣の時と比べて格段に技巧的なものとなったことは衆目の一致するところだった.

そして 2016 年, 日本では年初から大小取りまぜてさまざまなスキャンダルが世の中を騒がせた. なかでも, 東京都知事だった舛添要一がスキャンダルによって辞職に追い込まれ, その後の都知事選では, 当初の予想を裏切って小池百合子が圧勝した (遠藤, 2016a; 2016b). 彼女の政治手法もまた「小池劇場」と呼ばれる. 彼女が掲げた「都民ファースト」のフレーズが, トランプの「アメリカ・ファースト」に倣ったものであることは明らかである (2017 年 9 月, 総選挙が近く行われることが判明すると, 小池は「希望の党」を結党し, またもプ

ームを巻き起こした. しかしその後, ブームはあっけなく去り, post-truth 政治の
基盤の脆弱性が露呈した).

3.4　メディア進化による社会の不安定化と社会関係資本(ソーシャル・キャピタル)

　post-truth 社会の不安定性の原因として, ウェイン・ベーカーは, 社会関係
資本（ソーシャル・キャピタル）の不十分さを挙げている. 彼によれば, 「ネッ
トワーク社会という新たな発展段階が確実に進行しつつあ」（Baker, 2000: vii）
り, 「Eメール, グループウエア, インターネット, ウェブなど電子的なネッ
トワーク技術の利用が急激に増加し, コンピュータでの共同作業, サイバース
ペース・コミュニティ, 情報網が整備された街などが現れた」（Baker, 2000: ix）.
その結果, 「ネットワーク社会におけるソーシャル・キャピタルの必要性, 個
人や組織が備えている構築・活用能力との間で, 徐々にギャップが拡大してい
る」（Baker, 2000: ix）と指摘している. すなわち, ベーカーは, メディア進化
によって人びとの公共性（社会的繋がり, 社会関係資本）が衰退したのではなく,
メディア進化によってこれまで以上に公共性に対する意識や, 社会的繋がりを
活用する能力の高さが必要とされている. にもかかわらず, 人びとがそれを十
分に認識していないために問題が起こると考えている.

　先に筆者が提示した「間メディア性」の概念（認識枠組み）も, まさに, こ
のことを訴えるものである. 新しいメディアの日常化は, 私たちの社会関係や
人間関係をデジタル空間のなかに閉じ込めるものではない, リアルな空間で紡
がれた関係はソーシャルメディア上でも有効であり, ソーシャルメディア上で
の繋がりはリアル空間にも影響を及ぼすはずである. このことを十分に認識し
た上で, 対面空間－マスメディア空間－ソーシャルメディア空間を, 豊かな公
共性の場とする（もちろん, 苛酷な競争の場とも）ことができるはずである.

　この観点から, 以下では, 現代における社会関係資本のあり方を見ていく.

4　Post-truth 時代の社会関係資本

4.1　社会関係資本とは何か

　「社会関係資本」という概念の重要性を早くから提唱した1人が, ロバート・

パットナムである．彼は，「過去五〇年間に市民社会の性格はどのように変貌したのか，また，その理由は何か」(Putnam, ed., 2002=2013: 1) という問いを立て，「社会関係資本——すなわち，様々な社会的ネットワークと，それらに関わる相互依存の規範——に焦点を合わせ，現代の脱工業化社会において社会関係資本のプロフィールがどのように変容しつつあるかを論じることによって，これらの問題を解明する」(Putnam, ed., 2002=2013: 1) としている．

　パットナムは続けて，社会関係資本について次のように説明する（Putnum, ed., 2002=2013: 2）．

　一九一六年に書いた，民主主義と社会の発展を支えるためには，地域社会との関わり合いを再活性化することが重要だと力説した文章の中で，ハニファンはその理由を説明するために「社会関係資本」という新しい表現をつくり出した．

　「社会関係資本」という言葉を用いる場合，私は，「資本」という用語の通常の意味を念頭に置いているわけではなく，比喩的に念頭に置いているにすぎない．不動産とか，動産とか，現金ではなく，世の中でこれらの有形の物質を人々の日常の生活で最も意義あらしめるようなもの，すなわち，社会的な単位を構成する個々人や家族間の善意，仲間意識，同情，社会的交わりを指す言葉として用いる．……個人は，もしも一人で放っておかれたならば，社会的に無力な存在である……ある個人が隣人たちと接触を持ち，その隣人たちがさらに別の隣人たちと接触を持つならば，そこには，個々人の社会的ニーズを直ちに満たしうる，そしてまた地域社会全体の生活条件を大幅に改善するのに十分な社会的な可能性を生み出しうる，社会関係資本が蓄積されるだろう．

　ハニファンはさらに続けて，社会関係資本がもたらす私的，公的な利点について次のように指摘した．

　地域社会は，そのすべての構成員が協力することによって恩恵を受ける

はずであり，一方個人は，様々な交流・関わりのなかに，隣人たちの助け，同情，仲間意識が持つ利点を見出すはずである……ある特定の地域社会の住民たちが互いに懇意になり，娯楽，社会的な交流，個人的な楽しみのために時折寄り集まる習慣を形成するようになれば，この社会関係資本を，熟達した指導者の導きによって，地域社会の生活状態の全体的な向上を目指す方向に向かわせることが簡単に可能となるだろう．

4.2　現代日本社会における社会関係資本の様相—— 2017 年 3 月調査の結果から

では，社会関係資本は具体的にどのように捉えられるだろうか．

筆者らのグループは，2017 年 3 月，「メディア社会における社会関係資本に関する調査」（以下，2017 年 3 月調査とよぶ）[1]を行った．本章では，この調査の中の図 1-3 に示した回答から「社会関係資本 F」という変数を構成し，これを社会関係資本の指標とする．社会関係資本 F とは，結局，「人生の節目において頼りにすることのできるカテゴリーの数」をカテゴリー数で割った値である．表 1-1 に，その記述統計量を示す．1 人あたり平均して 2 つ弱のカテゴリーにしか頼ることができないということで，現代日本人の社会関係資本は豊かとはいえないようである．

社会関係資本とデモグラフィック属性との関係を見るために，重回帰分析を行った．デモグラフィック属性を表す変数は，教育年数（学歴），組織化指数（仕事），世帯年収，性別，年齢とした．

結果を表 1-2 に示す．これによれば，社会関係資本 F と有意な関係があるのは性別，世帯年収，教育年数である．女性の方が，世帯年収と学歴が高い方が，社会関係資本が豊かである傾向がある．性別はさておき，世帯年収と学歴の高さによる格差が社会関係資本 F にも及んでいることが日本においても実証されたといえる．

4.3　われわれは他者を信頼しているか——社会関係資本と一般的信頼

社会関係資本と関係の深い因子として，「一般的信頼」がある．一般的信頼とは，「人々が他者一般に対してもつ」（山岸，1998: 17）信頼を言う．山岸によれば，「閉鎖的な集団主義社会からより開かれた社会への転換に際して，一

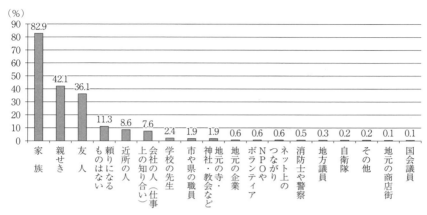

図 1-3 「社会関係資本 F」に関する質問項目（「進学，就職，結婚，葬儀など人生の節目で，あなたにとって頼りになる人や組織は次のうちどれですか．（複数選択可）」，N=7,321）

表 1-1 「社会関係資本 F」変数の記述的統計

変　数	度数	最小値	最大値	平均値	標準偏差
社会関係資本 F	7,231	0.00	.94	.1098	.07502

表 1-2 社会関係資本 F のデモグラフィック属性による重回帰分析

	標準化されていない係数 B	標準誤差	標準化係数 ベータ	t 値	有意確率
（定数）	.062	.010		6.037	.000
教育年数	.001	.000	.028△	1.913	.056
組織化指数	.001	.001	.018	1.060	.289
世帯年収	1.185E-05	.000	.053***	3.608	.000
性　別	.014	.002	.094***	6.616	.000
年　齢	.000	.000	.026	1.593	.111

注：従属変数：社会関係資本 F，***：$p<0.001$，△：<0.1．

般的信頼がきわめて重要な役割を果た」し，これまで「信頼は人々の間の結束を強める働きをするという，信頼による関係強化の側面に目が向けられてきた」が，「信頼にはそれと同時に，人々を固定した関係から解き放ち，新しい相手との間の自発的な関係の形成に向かわせるという，関係拡張の側面」もあると主張している（山岸，1998: 4）．

ここでは，2017 年 3 月調査における，**表 1-3** に示した質問項目から「一般

表 1-3　一般的信頼を構成する質問項目（N=7,231）

(%)

	まったくそうである(5)	まあそうである(4)	どちらともいえない(3)	あまりそうではない(2)	まったくそうではない(1)
Q8-1. ほとんどの人は基本的に正直である	3.6	32.4	42.8	16.3	4.9
Q8-2. ほとんどの人は信頼できる	2.4	27.8	46.1	17.6	6.2
Q8-3. ほとんどの人は基本的に善良である	3.0	34.6	43.8	13.6	5.0
Q8-4. ほとんどの人は他人を信頼している	2.4	25.1	49.8	17.4	5.4
Q8-5. 私は，人を信頼するほうである	5.7	41.4	37.1	10.8	5.1
Q8-6. たいていの人は，人から信頼された場合，同じようにその相手を信頼する	6.2	41.6	41.3	7.7	3.2

注：N=7,321，（　）内は，尺度化に用いた数値．

的信頼」を変数として構成した．

　「一般的信頼」変数の記述統計は**表 1-4** である．「どちらともいえない」よりやや高めであるが，現代日本では，「一般的信頼」はそれほど高いとはいえないようである．

　また，「一般的信頼」変数をデモグラフィック因子で重回帰分析した結果が**表 1-5** である．これによれば，一般的信頼は，年齢，学歴，世帯年収と正の相関をしている．すなわち，高年齢であること，教育年数が長いこと，世帯年収が多いことと，一般的信頼の高さとが関係しているということであり，端的にいうなら，社会のなかで良い位置にある人は一般的信頼も高いという現実がここに示されている．

4.4　われわれは何を重視して生きているか──現代日本人の価値観

　社会関係資本の持ち方は，その人の価値観とも関係があると考えられる．現代人の価値観について考えよう．

　2017 年 3 月調査では，価値観について質問を行った．その結果を**図 1-4** に示す．「自分らしい生き方」を答える人が最も多く，「家族」「健康」「友人・仲間」と続く．

　次に，これら項目群について，因子分析を行った（**表 1-6**）．2 つの成分が抽

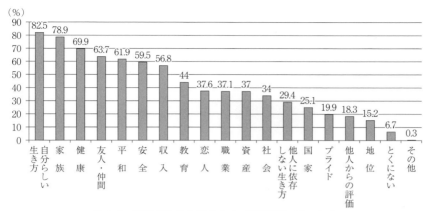

図 1-4　価値があると思うもの（複数回答．$N=7,231$）

表 1-4　「一般的信頼」変数の記述統計

	度数	最小値	最大値	平均値	標準偏差
一般的信頼	7,231	1.00	5.00	3.1776	.73213

注：$N=7,231$．

表 1-5　「一般的信頼」変数の重回帰分析

	標準化されていない係数 B	標準誤差	標準化係数 ベータ	t 値	有意確率
（定数）	2.090	.099		21.092	.000
性　別	.029	.020	.020	1.459	.145
年　齢	.013	.001	.276***	17.738	.000
教育年数	.023	.005	.066***	4.740	.000
組織化指数	.000	.011	.000	−.024	.981
世帯年収	.000	.000	.079***	5.586	.000

注：従属変数：一般的信頼．$N=7,231$．***：0.1％有意．

表 1-6　説明された分散の合計

成分	初期の固有値 合計	分散の%	累積%	抽出後の負荷量平方和 合計	分散の%	累積%	回転後の負荷量平方和 合計	分散の%	累積%
1	7.019	41.286	41.286	7.019	41.286	41.286	4.580	26.940	26.940
2	1.666	9.799	51.084	1.666	9.799	51.084	4.104	24.144	51.084
3	.958	5.634	56.719						
	以下略								

表 1-7　価値観に関する因子分析結果

	成　分	
	社会関係重視	自己責任（努力）重視
自分らしい生き方	.493	.119
家　　族	.711	.060
友人・仲間	.706	.200
恋　　人	.435	.386
社　　会	.467	.525
国　　家	.343	.583
平　　和	.787	.224
安　　全	.777	.269
健　　康	.777	.201
教　　育	.583	.472
職　　業	.441	.589
収　　入	.519	.454
資　　産	.295	.635
地　　位	.039	.786
他人からの評価	.085	.753
プライド	.120	.706
他人に依存しない生き方	.258	.507

注：因子抽出法：主成分分析.
　　回転法：Kaiser の正規化を伴うバリマックス法.
　　3 回の反復で回転が収束した.

出され，その成分（**表 1-7**）から，第 1 成分を社会関係重視因子，第 2 成分を自己責任重視因子と名付けよう．

4.5　社会関係資本をめぐる要因

　以上の準備をした上で，人びとがもつ社会関係資本が，どのような因子と関係が深いかを考えてみる．

　表 1-8 は，社会関係資本 F を，上記 2 つの因子およびデモグラフィック諸因子で重回帰分析した結果である．社会関係重視因子および一般的信頼と最も関係が深い．自己努力重視因子とも関係が強いことが興味深い．

　また**表 1-9** は，社会意識に係わる質問の答えを数値尺度化した変数と，社会関係 F との相関をとったものである．これによれば，社会関係資本 F は，いずれの社会意識関連変数についても，ポジティブな関係をもっている．すなわち，自己評価（階層帰属意識）の高さや，社会や生活に対する満足度，将来予測，現在の幸福度などと，社会関係資本 F は正の関係を持っているのである．

表1-8 社会関係資本 F の重回帰分析結果

	標準化されていない係数		標準化係数 ベータ	t 値	有意確率
	B	標準誤差			
（定数）	.062	.010		6.240	.000
社会関係重視	.025	.001	**.338***	26.001	.000
自己努力重視	.009	.001	**.122***	9.730	.000
一般的信頼	.014	.001	**.144***	10.921	.000
教育年数	−4.526E-05	.000	−.001	−.100	.921
組織化指数	.002	.001	**.036***	2.284	.022
世帯年収	6.872E-06	.000	**.031***	2.269	.023
性　別	.007	.002	**.046***	3.450	.001
年　齢	.000	.000	**−.071***	−4.601	.000

注：従属変数：社会関係資本 F. ***：0.1％有意, **：1％有意, *：5％有意.

表1-9 社会関係資本 F と社会意識の相関

		階層帰属意識	生活満足	社会満足	10 年後の日本	幸福度
社会関係 資本 F	Pearson の相関係数	−.161**	−.176**	−.105**	−.104**	−.244**
	有意確率（両側）	.000	.000	.000	.000	.000
	N	7231	7231	7231	7231	7231

注：社会意識に関する各変数は，正負が逆となっている. ***：0.1％有意, **：1％有意, *：5％有意.

生きていることの充足感と社会関係資本 F の間に緊密な関係があることがわかる.

5　間メディア社会と社会関係資本・社会的価値観

5.1　ソーシャルメディアの利用

　では次に，ソーシャルメディアの利用と社会関係資本との関係について考えよう.

　最初に，「ソーシャルメディア」の定義を確認しておく.「ソーシャルメディア」とは，2000 年代以降，注目を集めるようになったインターネット上のサービスで，総務省『平成 27 年版 情報通信白書』によれば，「インターネットを利用して誰でも手軽に情報を発信し，相互のやりとりができる双方向のメディア」（p. 199）と定義され，ブログ，電子掲示板，SNS，動画共有サイトなど多様なサービスを含む. 主なソーシャルメディアの概要を**表1-10**に示す.「ソーシャルメディア」と一口に言っても，サービスによって特徴は異なることがわ

表 1-10　主なソーシャルメディアの概要

サービス	サービス開始	サービス概要	利用者数
2ちゃんねる	1999 年 5 月	多数のスレッドフロート型電子掲示板の集合	1 日の発言数：2,586,209（2018 年 7 月平均 http://merge.geo.jp/history/count7r/）
Facebook	2004 年 2 月 4 日	登録制のソーシャルネットワーキングサービス	国内月間アクティブユーザー数：2,800 万人（2017.9）月間アクティブ率：56.1 %（2015.6）（http://www.statista.com/statistics/）
Twitter	2006 年 3 月 21 日	「ツイート」と呼ばれる 140 文字以内の投稿を共有する情報サービス	国内月間アクティブユーザー数：4,500 万人（2017.10）月間アクティブ率：70.2 %（2015.6）（http://www.statista.com/statistics/）
LINE	2011 年 6 月 23 日	通信端末やキャリアにかかわらず，複数人のグループ通話を含む音声通話やチャットを可能とする可能	国内月間アクティブユーザー数：7,600 万人（2018 年 Q2 決算書）月間アクティブ率：77 %（同上）（http://www.statista.com/statistics/）
Instagram	2010 年 10 月 6 日	無料の画像共有アプリ	国内月間アクティブユーザー数：2,000 万人（2017.10）月間アクティブ率：84.7（2015.6）（http://www.statista.com/statistics/）
YouTube	2005 年 2 月 14 日	動画共有サービス	ログインして利用する視聴者数：世界で月間 15 億人超（2017 年 6 月 https://youtube-creators.googleblog.com/2018/07/mid-year-update-on-our-five-creator.html）
Wikipedia	2001 年 1 月 15 日	誰もが無料で自由に編集に参加できるインターネット百科事典	日本語版記事数：1,082,002（2017 年 11 月 1 日 https://ja.wikipedia.org/wiki/Wikipedia 日本語版の統計）

かるだろう．

　表 1-11 は，主なソーシャルメディアの利用率を，筆者が行った 2016 年 3 月調査と 2017 年 3 月調査で比較したものである．この 1 年では，とくに LINE と Instagram の利用率が大きくのびていることがわかる．

　また**図 1-5** は，遠藤（2016）で示した「主なソーシャルメディアの特徴の相互関係」である．

5.2　ソーシャルメディアを介した社会関係資本

　では，ソーシャルメディアを介して何らかの具体的な社会関係をつくっている人はどのくらいいるだろうか．

　2017 年 3 月調査における関連質問項目の結果を**図 1-6**，**表 1-12** に示す．明らかに，ソーシャルメディア利用とリアルな社会関係資本とを結びつける志向性は，現在の日本では高いとはいえない．この志向性の低さは，諸外国と比べ

表 1-11 主なソーシャルメディアの利用率の変化（2016 年 3 月調査，2017 年 3 月調査）

	利用（閲読）率		利用（投稿）率	
	2017 年 3 月	2016 年 3 月	2017 年 3 月	2016 年 3 月
Facebook	45.9	43.4	31.4	28.6
Twitter	43.7	40.9	26.8	24.3
LINE	54.7	38.8	46.8	32.7
Instagram	28.8	17.2	12.8	7.6
ブログ	59.1	27.2	25.0	26.4
2 ちゃんねる	42.5	41.5	9.8	11.1
YouTube	76.4	73.8	9.8	10.1

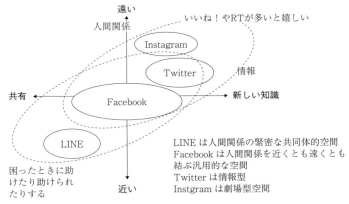

図 1-5 主なソーシャルメディアの特徴の相互関係
出所：遠藤（2016）．

ても顕著であり，従来からソーシャルメディア研究で問題となっている論点でもある．ただし，本章ではその点には深く論究しない．

ソーシャルメディアを介した社会関係資本形成の志向性にどのような因子が影響を及ぼしているかを見たのが，**表 1-13** である．これによれば，「社会関係重視」価値観，「年齢」が強く関係しているが，「自己責任重視」価値観および「教育年数」も，統計学的に有意な関連を有している．

また，社会関係資本 F とソーシャルメディアを介した社会関係資本形成の志向性は，統計学的に有意な相関を示している（**表 1-14**）．ソーシャルメディアを介した社会関係資本形成の志向性が高いことと，社会関係資本が実際に豊か

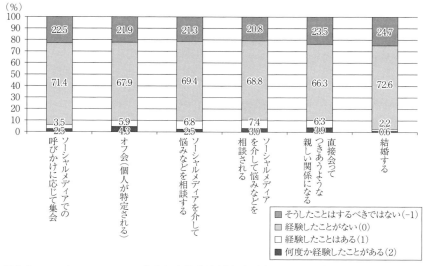

図 1-6 ソーシャルメディアを介した社会関係資本形成に関する質問(あなたはソーシャルメディアを介して次のような経験をしたことがありますか?(それぞれ1つずつ選択),N=4,650,( )内は,尺度化に用いた数値)

表 1-12 ソーシャルメディア社会関係資本形成(変数)の記述統計

	度数	最小値	最大値	平均値	標準偏差
ソーシャルメディア社会関係資本(変数)	4,650	−1.50	3.00	−.2018	.71284

表 1-13 ソーシャルメディア社会関係資本形成(変数)の重回帰分析結果

	標準化されていない係数 B	標準誤差	標準化係数 ベータ	t値	有意確率
(定数)	.077	.090		.855	.393
社会関係重視	.081	.009	.158***	9.291	.000
自己責任重視	.032	.008	.070***	4.230	.000
一般的信頼	−.011	.011	−.017	−.980	.327
教育年数	.008	.004	.037*	2.082	.037
組織化指数	−.004	.009	−.010	−.470	.638
世帯年収	3.490E−06	.000	.002	.136	.892
性　別	−.013	.017	−.014	−.764	.445
年　齢	−.005	.001	−.151***	−7.607	.000

注:***:0.1%有意,*:5%有意.

表 1-14　社会関係資本 F とソーシャルメディア社会関係資本の相関

		社会関係資本 F	ソーシャルメディア社会関係資本
社会関係資本 F	Pearson の相関係数	1	.107**
	有意確率（両側）		.000
	N	7,231	4,650
ソーシャルメディア社会関係資本	Pearson の相関係数	.107**	1
	有意確率（両側）	.000	
	N	4,650	4,650

注：**. 相関係数は 1 ％水準で有意（両側）.

であることとは，関連しているといえる.

6　トランプ的メディア戦略と社会的価値観

6.1　ソーシャルメディアと post-truth 政治

　第 45 代アメリカ大統領ドナルド・トランプは，選挙期間中も大統領就任後も，既存の大手マスメディアと敵対し，ソーシャルメディアを媒介として自分の主張を人びとに直接伝えるという戦略をとり続けた.

　ソーシャルメディアは，「誰でも」不特定多数の人びとに自分自身の主張を伝えることができるという特性をもつ. このことを利用して，ソーシャルメディアでの情報発信によって不特定多数の人びとの注目を集め，無名の一般人から一躍世界的な有名人の地位を獲得する人も少なくない. 例えば，2012 年以来 Forbes 誌の世界のセレブ Top100 の常連となっているカナダ人の歌手・ジャスティン・ビーバーは，13 歳の時に YouTube に楽曲を投稿したことで，一気に世界的なアイドルとなった.

　第 44 代大統領オバマも無名の弁護士からソーシャルメディアを活用して大統領への階段を駆け上った. ただし，オバマのソーシャルメディア利用は，むしろ支持者の「組織化」を目指したものであった. これに対して，トランプは，ソーシャルメディアを自分自身の一方向的な情報発信媒体として利用している. マスメディアが備えている権力批判機能を排除して，自らの主張のみを無前提に人びとに訴えようとする態度である. かつて日本で，7 年 8 カ月という在任期間の最長記録を持つ佐藤栄作首相は，1972 年，退陣時の記者会見で「新聞記

表 1-15　トランプ的メディア利用の評価

2016 年 11 月，アメリカ大統領選挙で，大方の予想を裏切って，ドナルド・トランプ氏が当選し ました．トランプ氏がソーシャルメディアを介して自らの主張を発信したことが勝因の 1 つと考 える意見もあるようです．政治家がソーシャルメディアから発信したメッセージが大きな反響を 呼び起こし，政治を動かす可能性について，あなたはどのように考えますか？　以下のそれぞれ について，あなたの考えにもっとも近いものを 1 つ選んでください．（それぞれ 1 つずつ選択）	
1	%
歓迎すべき動向である（1）	6.0
どちらともいえない（0）	48.7
危うい動向である（−1）	45.3
3	%
個人の発言力が高まる（1）	24.7
どちらともいえない（0）	45.3
衆愚政治に陥る（−1）	30.0
4	%
世論が政治に反映される民主主義の理想（1）	7.4
どちらともいえない（0）	49.4
政治が不安定化する（−1）	43.2

注：（　）内は，尺度化に用いた数値．

表 1-16　トランプ的ソーシャルメディア政治評価（変数）の記述統計

	度数	最小値	最大値	平均値	標準偏差
トランプ流 SM 民主主義評価	7,321	−1.00	1.00	−.2680	.51585

表 1-17　トランプ的ソーシャルメディア政治評価の重回帰分析結果

	標準化されていない係数		標準化係数 ベータ	t 値	有意確率
	B	標準誤差			
（定数）	.091	.075		1.213	.225
社会関係重視	−.033	.007	**−.061*****	−4.418	.000
自己責任重視	.009	.007	.017	1.263	.207
一般的信頼	.024	.010	**.033***	2.389	.017
教育年数	−.002	.003	−.008	−.565	.572
組織化指数	.011	.008	.023	1.413	.158
世帯年収	−4.705E-05	.000	**−.030***	−2.056	.040
性　別	−.024	.015	−.023	−1.645	.100
年　齢	−.007	.001	**−.220*****	−13.494	.000

注：従属変数：トランプ流民主主義．***：0.1％有意，*：5％有意．

者は出て行け，偏向している新聞は嫌いだ，私は直接国民に語りかけたいんだ」と主張し，記者たちをその場から去らせた．トランプは，まさに佐藤栄作の理想を実現したといえるかもしれない．

6.2 トランプ的メディア戦略を評価するのは誰か――2017 年 3 月調査より

筆者らは 2017 年 3 月調査で，このようなトランプ的メディア利用について質問し，結果を数値尺度化した．結果を**表 1-15**，**表 1-16** に示す．これらからも分かるように，現代の日本人は，トランプ的ソーシャルメディアの政治利用には，相対的に否定的な意見が勝っているようである．

こうしたトランプ的ソーシャルメディア政治評価には，どのような因子が影響を及ぼしているのかを見るために，重回帰分析を行った．結果を**表 1-17** に示す．これによれば，「社会関係重視」ではないこと，一般的信頼が高いこと，世帯年収が低いこと，年齢が若いこと，などが統計的に有意に，トランプ的ソーシャルメディア政治について高い評価をすることと関係していると考えられる．このうち，「社会関係重視」ではないこと，世帯年収が低いこと，年齢が若いことなどは，経験に照らして納得しやすい．一方，一般的信頼が高いこととトランプ評価が正の相関にあるというのは，一般的信頼が誰にでも理解を示すという傾向を表しているからと解釈できるのだろうか．

7 おわりに
――間メディア環境でいかにコミュニケーション合理性を可能とするか

ソーシャルメディアは，一般の人びとが，場所や時間の制約なく，自由に意見を述べ，論じ合う場を提供する．そのことから，直接民主主義におけるアゴラ（市民が意見を述べあう場）として機能するのではないか，との期待が寄せられてきた．この期待は，「集団知性」という考え方によって補強される．J. スロウィッキー（Surowiecki, 2004）によれば，少数の専門家よりも，多様な意見を持った人びとの意見を総合することによって正しい判断が得られるという．これを「集団知性」と呼ぶ．

しかし，心理学者の I. ジャニス（Janis, 1982）は，多くの人間による意思決

定では，欠陥のある判断が生じやすい（集団浅慮）と論じている．またアメリカの憲法学者である C. サンスティーンは，集団分極化の危険を指摘している．ソーシャルメディアでは，「友だち」関係でつながっていくために，似た考え方を持つ人が集まりやすい．このような集団では，共通の考え方を過激化し，ほかの考え方を持つ人を排斥，攻撃する傾向がある．これを「集団分極化」という．

　ただし，これらの見方は相互に相対立するものではない．多様な意見を受け入れ個々のメンバーが自律的に判断するようなオープンな環境では集団知性が創発し，偏狭でバイアスのかかった集団では集団浅慮や分極化が起こりやすい．

　間メディア社会において，弊害を避け，コミュニケーション的合理性を可能とするには，人びとの集うコミュニケーション空間を（実空間であれ、サイバー空間であれ）閉鎖的なものとせず，つねに外部に開き，多様な社会関係資本の交差する場とすることが肝要であろう．

【註】

1)　調査概要などは，章末に挙げる．

【文献】

Anderson, Benedict, 1983, *Imagined Communities: Reflections on the Origin and Spread of Nationalism*, Verso（2nd edition, 1991, Revised edition, 2006）（白石隆・白石さや訳，1997，『想像の共同体――ナショナリズムの起源と流行』[増補] NTT 出版）．

Baker, Wayne, 2000, *Achiving Success Through Social Capital*, San Francisco: Jossey-Bass Inc.（中島豊訳，2001，『ソーシャル・キャピタル――人と組織の間にある「見えざる資産」を活用する』ダイヤモンド社）．

Baudrillard, Jean, 1981, *Simulacres et simulation*, Editions Galilee（竹原あき子訳，1984，『シミュラークルとシミュレーション』法政大学出版局）．

Baudrillard, Jean, 1991, *la Guerre du Golfe n'a pas eu lieu*, Paris: Galilee（塚原史訳，1991，『湾岸戦争は起こらなかった』紀伊國屋書店）．

Baudrillard, Jean, 2002, "Power Inferno," Paris: Galilee（塚原史訳，2003，『パワー・インフェルノ――グローバル・パワーとテロリズム』NTT 出版）．

Bauman, Zygmunt, 2007, *Liquid Times: Living in an Age of Uncertainty*, Polity Press.

Beck, Ulrich, 1997, *Was ist Globalisierung?: Irrtumer des Globalismus—Antworten auf Globalisierung*, Frankfurt am Main: Suhrkamp Verlag（木前利秋・中村健吾監訳，2005，『グローバル化の社会学――グローバリズムの誤謬―グローバル化へ

の応答』国文社).

Beck, Ulrich, 2011, "Varieties of Second Modernity and the Cosmopolitan Vision,"（油井清光訳, 2011,「第二の近代の多様性とコスモポリタン的構想」ウルリッヒ・ベック, 鈴木宗徳, 伊藤美登里編『リスク化する日本社会——ウルリッヒ・ベックとの対話』岩波書店).

Benjamin, Walter, 1935, *WERKE band 2*, Frankfurt: Suhrkamp Verlag KG.（佐々木基一編訳, 1970,『ヴァルター・ベンヤミン著作集2　複製技術時代の芸術』晶文社).

遠藤薫, 1998,「インターネットと国際関係——グローバル世界の力学」高田和夫編『国際関係論とは何か——多様化する「場」と「主体」』法律文化社, pp. 25-46.

遠藤薫, 2000,『電子社会論——電子的想像力のリアリティと社会変容』実教出版.

遠藤薫, 2007,「情報化と国際社会——東アジアにおける情報グローバリゼーションの進展とそのジレンマ」高田和夫編『新時代の国際関係論——グローバル化のなかの「場」と「主体」』法律文化社.

遠藤薫, 2008,「メディア変動と世論過程——〈私〉としての〈コイズミ〉,〈世論〉としての〈コイズミ〉」NHK放送文化研究所編『現代社会とメディア・家族・世代』新曜社, pp. 156-180.

遠藤薫, 2009,『メタ複製技術時代の文化と政治——社会変動をどう捉えるか2』勁草書房.

遠藤薫, 2010,『三層モラルコンフリクトとオルトエリート——社会変動をどう捉えるか3』勁草書房.

遠藤薫, 2011a,『間メディア社会における〈世論〉と〈選挙〉——日米政権交代に見るメディア・ポリティクス』東京電機大学出版局.

遠藤薫, 2011b,「グローバル都市としての上海」遠藤薫編著『グローバリゼーションと都市変容』世界思想社.

遠藤薫, 2012,『メディアは大震災・原発事故をどう語ったか——報道・ネット・ドキュメンタリーを検証する』東京電機大学出版局.

遠藤薫, 2013,「モダニティ・グローバリティ・メディアリティ——グーテンベルクから『アラブの春』までの社会変動を新たな視座から捉える」宮島喬・舩橋晴俊・友枝敏雄・遠藤薫編著『グローバリゼーションと社会学——モダニティ・グローバリティ・社会的公正』ミネルヴァ書房, pp. 230-248.

遠藤薫, 2016a,「ソーシャルメディアと公共圏——間メディア空間における合意形成は可能か？」公開シンポジウム「リスク社会における公共性の構造転換と社会関係資本——計算社会科学からの挑戦　第2回」報告資料.

遠藤薫, 2016b,「〈マツリのあと〉と〈あとのマツリ〉——選挙はスキャンダル・ポリティクスを超えられるか？」『politas 参院選・都知事選 2016』（http://politas.jp/features/10/article/491).

遠藤薫, 2016c,「間メディア・ムーブメントの拡大と収束——『保育園落ちた』運動を事例として」『学習院大学法学会雑誌』第52巻1号.

遠藤薫, 2017a,「トランプ現象と post-truth ポリティクス——2016 年アメリカ大統領選における間メディア・イベント」『学習院大学法学会雑誌』第 52 巻 2 号：203-234.

遠藤薫, 2017b,「大震災後社会における社会関係資本を考える——人口流出と孤立貧」『横幹』第 11 巻第 2 号.

遠藤薫編著, 2004,『インターネットと〈世論〉形成——間メディア的言説の連鎖と抗争』東京電機大学出版局.

遠藤薫編著, 2011,『大震災後の社会学』講談社現代新書.

Giddens, Anthony, 1994, *Beyond Left and Right: the Future of Radical Politics*, Polity Press（松尾精文・立松隆介訳, 2002,『左派右派を超えて——ラディカルな政治の未来像』而立書房）.

Gitlin, T., 1998, "Publicsphere or publicsphericales?" T. Liebes and J. Curran, eds., *Media, ritual, identity*, London: Routledge, pp. 168-175.

Held, David, ed., 2000, *A Globalizing World?*, Routledge（中谷義和監訳, 2002,『グローバル化とは何か——文化・経済・政治』法律文化社）.

Janis, Irving L., 1982, *Groupthink: psychological studies of policy decisions and fiascoes*, Boston: Houghton Mifflin.

萱野稔人・森達也, 2008,「討議 民意の時代」『現代思想』2008 年 1 月号：56-73.

木下ちがや, 2008,「現代のコンフォーミズム——『民意』の政治学」『現代思想』2008 年 1 月号：98-110.

厚東洋輔, 2006,『モダニティの社会学——ポストモダンからグローバリゼーションへ』ミネルヴァ書房.

前田幸男, 2014,「『民意』の語られ方」『年報政治学』2014-I, 日本政治学会：12-36.

McLuhan, Marshall, 1964, *Understanding Media: The Extensions of Man*（栗原裕・河本仲聖訳, 1987,『メディア論——人間の拡張の諸相』みすず書房）.

Mouffe, Chantal, 2005, *On The Political*, Routledge（酒井隆史監訳, 2008,『政治的なものについて——闘技的民主主義と多元主義的グローバル秩序の構築』明石書店）.

長尾真・遠藤薫・吉見俊哉編著, 2010,『書物と映像の未来』岩波書店.

Pariser, Eli, 2011, *The Filter Bubble: What the Internet Is Hiding from You*, New York: Penguin Press.

Putnam, Robert D., ed., 2002, *Democracies in Flux*, First published under the German title 2001, First published in English by Oxford University Press, Inc. 2002（猪口孝訳, 2013,『流動化する民主主義——先進 8 カ国におけるソーシャル・キャピタル』ミネルヴァ書房）.

Sennett, Richard, 1977, *The Fall of Public Man*, Cambridge University Press（北山克彦・高階悟訳, 1991,『公共性の喪失』晶文社）.

Sunstein, Cass, 2001, *Republic.Com*, Princeton University Press（石川幸憲訳, 2003,

『インターネットは民主主義の敵か』毎日新聞社).

Surowiecki, James, 2004, *The Wisdom of Crowds: Why the Many Are Smarter Than the Few and How Collective Wisdom Shapes Business, Economies, Societies and Nations*, Doubleday（小髙尚子訳, 2009, 『「みんなの意見」は案外正しい』角川書店).

Thompson, John B., 2000, *Political Scandal: Power and Visibility in The Media Age*, Polity Press.

山岸俊男, 1998, 『信頼の構造――こころと社会の進化ゲーム』東京大学出版会.

安野智子編, 2016, 『民意と社会』中央大学出版部.

吉原直樹・斎藤日出治編, 2011, 『モダニティと空間の物語』東信堂.

Core indicators on access to and use of ICT by households and individuals（http://www.itu.int/ITU-D/ict/statistics/).

The World in 2011: ICT Facts and Figures（http://www.itu.int/ITU-D/ict/facts/2011/index.html).

【「メディア社会における社会関係資本に関する調査」の概要】

調査タイトル：メディア社会における社会関係資本に関する調査

調査主体：先導的人社事業「リスク社会におけるメディアの発達と公共性の構造転換」社会学グループ（代表：遠藤薫）

調査対象：全国の 20 代～ 70 代の男女

調査方法：インターネット・モニター調査（2010 年国勢調査に基づく, 県別・性別・年代別割当. ただし 70 代が若干不足）

回収サンプル数：7231

調査機関：2017 年 3 月 3 日～ 12 日

調査委託社：（株）マーシュ社

割当表

	男 性						女 性						男女
	20 代	30 代	40 代	50 代	60 代	70 代	20 代	30 代	40 代	50 代	60 代	70 代	合計
北海道	18	25	25	24	28	21	21	28	31	25	31	24	304
青森県	4	7	7	4	7	4	4	7	7	7	7	4	74
岩手県	10	14	14	10	14	10	10	14	14	14	14	10	144
宮城県	18	24	24	18	24	18	18	24	24	24	24	18	256
秋田県	4	4	4	4	4	4	4	4	4	4	7	4	59
山形県	4	4	4	4	7	4	4	7	7	4	7	4	63
福島県	14	18	18	18	18	14	14	18	18	18	24	14	220
茨城県	11	14	14	14	17	11	11	14	14	14	17	11	161
栃木県	7	10	10	10	10	7	7	10	10	10	11	7	109
群馬県	7	10	10	10	10	7	7	10	10	10	11	7	109
埼玉県	28	35	38	32	38	28	28	35	38	32	38	28	396

千葉県	24	31	31	28	32	24	24	31	31	28	32	24	340
東京都	49	63	66	59	67	52	52	66	67	59	70	52	718
神奈川県	35	45	46	39	49	35	35	45	46	39	46	35	497
新潟県	10	11	11	10	11	10	10	11	11	11	14	10	130
富山県	4	4	4	4	4	4	4	4	4	4	7	4	60
石川県	4	4	4	4	7	4	4	7	7	4	7	4	63
福井県	3	4	4	3	4	3	3	4	4	4	4	3	45
山梨県	3	4	4	4	4	3	3	4	4	4	4	3	46
長野県	7	10	10	10	11	7	10	11	11	10	11	10	116
岐阜県	7	10	10	10	11	7	7	10	11	10	11	10	112
静岡県	14	18	18	17	18	14	14	18	18	17	21	14	206
愛知県	28	38	38	32	39	28	28	38	38	32	39	28	403
三重県	7	10	10	7	10	7	7	10	10	10	10	7	101
滋賀県	4	7	7	7	7	4	4	7	7	7	7	4	77
京都府	10	11	11	11	14	10	10	14	14	11	14	11	144
大阪府	32	42	42	38	45	32	35	45	46	39	49	35	483
兵庫県	21	25	28	24	28	21	21	28	31	25	31	24	305
奈良県	4	7	7	7	7	4	4	7	7	7	7	4	77
和歌山県	4	4	4	4	4	4	4	4	4	4	4	4	53
鳥取県	3	3	3	3	3	3	3	3	3	3	3	3	32
島根県	3	3	3	3	4	3	3	4	4	3	4	3	39
岡山県	7	10	10	10	10	7	7	10	10	10	11	7	108
広島県	10	14	14	11	14	11	11	14	14	14	17	11	157
山口県	4	7	7	7	7	4	4	7	7	7	7	7	80
徳島県	3	4	4	3	4	3	3	4	4	4	4	3	42
香川県	4	4	4	4	4	4	4	4	4	4	4	4	53
愛媛県	4	7	7	7	7	4	4	7	7	7	7	7	80
高知県	3	4	4	3	4	3	3	4	4	4	4	3	42
福岡県	18	24	24	21	25	18	21	25	28	24	28	21	280
佐賀県	3	4	4	4	4	3	3	4	4	4	4	4	46
長崎県	4	7	7	7	7	4	4	7	7	7	7	7	77
熊本県	7	10	10	7	10	7	7	10	10	10	10	7	101
大分県	4	4	4	4	7	4	4	7	7	4	7	4	66
宮崎県	4	4	4	4	4	4	4	7	7	4	7	4	63
鹿児島県	7	7	7	7	10	7	7	10	10	7	10	7	94
沖縄県	4	7	7	7	7	4	4	7	7	7	7	4	77

注：各カテゴリーの人数が整数になるよう四捨五入しているので，男女合計の数が合わない場合がある.

2章
間メディア環境における公共性
ネット住民は公共性の夢を見るか?

佐藤　嘉倫

1 問題設定——間メディア環境と公共性

　現代社会はさまざまなメディアが混在する間メディア環境にある（遠藤編，
2016）．新聞や雑誌といった印刷媒体だけがマスメディアだった時代から，映
画，ラジオ，テレビが出現し，現在ではインターネットやそれをプラットホー
ムとするソーシャルメディア（ブログやSNSなど）が存在する．そしてそれら
のメディアが共存しているのが間メディア環境である．間メディア環境におけ
る人びとのメディア接触の特徴は，どれか特定のメディアにのみ依存するので
はなく，さまざまなメディアに接触していることである．本書の基盤となるプ
ロジェクトが2017年3月に行った「メディア社会における社会関係資本に関
する調査」データからその一端を紹介しよう[1]．
　調査対象者数は7231人で，新聞を毎日講読している人は3690人（51.0%），
テレビを毎日見ている人は6093人（84.3%）であり，毎日，新聞を購読してテ
レビを見ている人は3399人（47.0%）である．約半数の人は新聞とテレビとい
う複数のマスメディアに接触していることになる．
　ソーシャルメディアになると，毎日利用している人は少なくなる．Facebook
を毎日読む人は1100人（15.2%），Twitterを毎日読む人は1076人（14.9%），
LINEを毎日読む人は2589人（35.8%）である．それでも，新聞を毎日講読し
Facebookを毎日読む人は479人（6.62%）いるし，新聞を毎日講読しTwitter
を毎日読む人も438人（6.06%）いる．そして新聞を毎日講読しLINEを毎日
読む人は1044人（14.44%）に上る．このようにマスメディアとソーシャルメ

ディアは必ずしも分断されているわけではない．そして後で述べるが，このことは社会を覆う公共性の構築に貢献しうる．

　本章の基本的な問いは，このような間メディア環境において公共性を構築することが可能か否か，である．これについては大きく2つの議論がある．第1は，間メディア環境においては，人びとは自分の好みのメディアを選択するので，そのメディアを超えた公的なものを構想することはできない，という悲観的な議論である．第2は，間メディア環境では，人びとはメディア間を自由に移動して，旧来とは異なった新しい公共性を構築する，という楽観的な議論である．遠藤（2016a）は，この2つの議論の背景に「大衆」に対する評価の違いがあることを指摘している．第1の議論の背景は大衆を群衆としてみる大衆社会論であり，第2の議論の背景は大衆を公衆としてみる大衆社会論である．群衆はばらばらの個人であり，人の意見に流され，自分たちのことにしか関心がないので，自分たちを超えた公共性を構築することはできない．これに対して，公衆は自律した個人であり，自分の利益を越えて社会の利益を考慮するので，適切なコミュニケーションによって公共性を構築することができる．

　遠藤（2016b）は，ネットワーク空間が流動性を帯びた小公共圏であり，流動性と個人の多重帰属（1人の個人がさまざまな社会集団や組織に属すること）により，これらの小公共圏が連結する可能性を示唆している．なおここでいう小公共圏とは，ハーバーマスの想定する社会を覆う公共圏ではなく，社会の中に存在する多様な圏のことである．

　確かに遠藤が示唆するように，小公共圏が連結すれば，公共性を構築することは可能であろう．しかしどのように連結すればよいのか．本章では社会関係資本論の視点からこの問題にアプローチする．

2　ソーシャルメディアと社会関係資本

　ソーシャルメディアと社会関係資本の関係も，間メディア環境と公共性の関係のように，複雑である．ソーシャルメディアが（現実空間の）社会関係資本を高める可能性がまず考えられる．ソーシャルメディアで知り合った人びとが「オフ会」などで現実に出会って関係を構築する場合である．逆に，ソーシャ

ルメディアが社会関係資本を低減させる可能性もある．ソーシャルメディアに時間を使いすぎて，現実の人間関係がおろそかになるような場合である．また社会関係資本の種類によってもソーシャルメディアの影響は異なる．Pew Research Center の調査データを分析したヨウ（Ye 2017）によれば，ソーシャルメディア利用は情緒的な社会関係資本は高めるが，社会経済的な社会関係資本は低めるという効果を持つ．

　「メディア社会における社会関係資本に関する調査」データを見ると，ソーシャルメディアは必ずしも社会関係資本の構築には寄与していないと考えられる．たとえば，ソーシャルメディアを介して「オフ会」に参加したことがある人は 10.2％で，参加したことがない人と，そうしたことはすべきではないという人を合わせると 89.8％にのぼる．またソーシャルメディアを介して直接会ってつきあうような親しい関係になることを経験した人はやはり 10.2％で，経験したことがない人とそうしたことはすべきではないという人を合わせると 89.8％である．

　むしろソーシャルメディアは既存の社会関係資本を強めると考えられる．今まで社会関係資本概念を粗く使ってきたが，ここからは結束型社会関係資本と橋渡し型社会関係資本に分けて議論を進めよう．結束型社会関係資本は比較的同質な人びとの閉鎖的な社会ネットワークを基盤として生まれる．親族同士や親しい友人同士の社会関係資本が典型例である．他方，橋渡し型社会関係資本は複数の閉鎖的な社会ネットワークをまさに橋渡しするようにつなげるネットワークを基盤として生まれる．したがって開放的な社会ネットワークを基盤とし，ネットワークを構成する人びとも比較的異質である．大災害が起きたときに外部から支援に来たボランティアと被災地域をつなぐ人びとの社会関係資本が典型例である．たとえば松井（2012）は 2007 年に発生した中越沖地震の際，ある地域でボランティアが直接被災者の家を訪ねたが被災者に断られたという事例を紹介している．被災者が県外から来た見知らぬ他人を家に入れることに抵抗感があったからである．そこで町内会の役員がボランティアを被災者に紹介することでボランティアと被災者をつないでいった．この事例では，町内会役員が橋渡し型社会関係資本を作り出したと言えよう．

　このように社会関係資本を 2 種類に分けると，ソーシャルメディアは結束型

社会関係資本を強化すると考えられる．なぜならソーシャルメディアは新しい人びととつながるというよりも，既に現実空間でつながっている人とネット上でつながる傾向があるからである．「メディア社会における社会関係資本に関する調査」ではソーシャルメディアを介して初めて知り合って友人になった人の人数を尋ねているが，67.5％の人が0人と答えている．このことはソーシャルメディアでつながっている人びとの大半は既にオフラインでつながっていることを意味する．また実際に会ったことはないがネットでよく交流している人を「信頼できる」「まあ信頼できる」と答えた人はわずか6.0％であり，「それほど信頼できない」「まったく信頼できない」と答えた人は45.6％にのぼる．これらの数値は，ソーシャルメディアは結束型社会関係資本を強化するという主張の証左である．

　そうすると，ソーシャルメディアはユーザーを同じ嗜好や趣味，価値観などに基づいて（すなわち同類原理に基づいて）グループ化する傾向があると言えよう．その結果として，インターネット空間に多くの同類原理に基づいた集団が存在することになる．島宇宙化と言ってもいいだろう．瀧川（本書第3章）は，Twitterのビッグデータを用いて，政党の党首フォロワーが同類原理によってグループ分けされることを示している．これも同類原理に基づいた島宇宙化の証左である．

　「メディア社会における社会関係資本に関する調査」データからもこのことは明らかである．調査対象者にソーシャルメディアについて感じる項目を選んでもらったところ（複数回答可），Facebookの場合，友人・知人と話題を共有できると答えた人が14.1％いるのに対し，様々な人と議論できると答えた人は3.9％，自分とは異なる価値観があることを知ることができると答えた人は7.7％と低い．Twitterの場合は，それぞれ9.0％，4.6％，7.9％，LINEの場合は，それぞれ20.3％，3.7％，3.7％である．これらの数値は異質性よりも同質性が強いことを示唆する．Twitterはやや性格が異なるが，FacebookとLINEは話題の共有という同質化機能が強く，意見の異なる人と議論を交わしたり，異なる価値観と接触したりするという異質化機能が弱い．

　上述した遠藤（2016b）にしたがって，島宇宙化したインターネット空間の島々を小公共圏と呼ぶこともできよう．しかしそれでは社会全体を覆うような

公共性を構築することはできないかもしれない．このことについて，次節では
「メディア社会における社会関係資本に関する調査」データを見ながら検討し
よう．

3 ソーシャルメディアと公共性

ここでは「メディア社会における社会関係資本に関する調査」の中から公共
性に関係するとみられる質問項目とソーシャルメディア利用頻度との関係を見
ることにする．前者として，「あなたは政治に関心がありますか？」，「選挙に
はできるだけ行くようにしている」，「1人1人が議論に参加することで社会が
よくなる」の3つである．後者は Facebook, Twitter, LINE という3種類の
ソーシャルメディアを読む頻度である．

Facebook から検討しよう．図2-1, 図2-2, 図2-3 がそれぞれ上記3つの公
共性に関する質問に対する回答分布を示している．図2-1 で「非常にある」と
「どちらからといえばある」を合わせた割合を見ると，Facebook を適度に閲覧し
ている層が毎日閲覧している層や閲覧したことがない層に比べてやや大きい割
合を示している．図2-2 で「非常にあてはまる」と「どちらかといえばあては
まる」を合わせた割合を見ると，各層で大きな違いはない．図2-3 で「まった
くそうである」と「まあそうである」を合わせた割合を見ると，Facebook を
適度に閲覧している層がやや大きい割合を示している．これらのことから，
Facebook の適度な閲覧は公共性を促進する可能性があるが，ヘビーユーザー
は Facebook を閲覧しない層と同じ程度の公共性を有すると推測できる．

次に Twitter について検討しよう．図2-4, 図2-5, 図2-6 が3つの公共性
に関する質問に対する回答分布を示している．Twitter でも Facebook の場合
と同じような傾向がみられる．図2-4 は図2-1 と，図2-6 は図2-3 と類似した
パターンを見せている．ただし図2-5 では毎日閲覧している層が低い選挙参加
率を見せている．これらのことから，Twitter の場合，ヘビーな利用は公共性
を損ねると考えられる．

最後に LINE について見てみよう．図2-7, 図2-8, 図2-9 が3つの公共性
に関する質問に対する回答分布を示している．図2-7 と図2-8 から，毎日閲覧

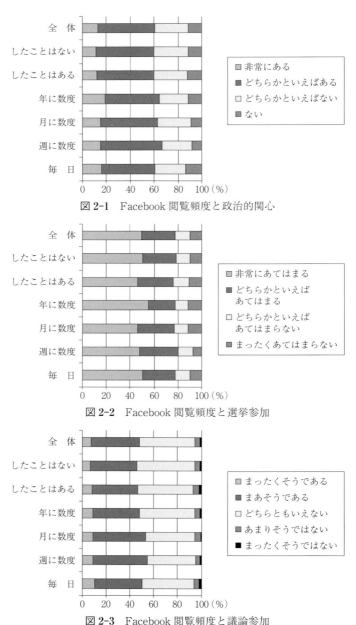

図 2-1　Facebook 閲覧頻度と政治的関心

図 2-2　Facebook 閲覧頻度と選挙参加

図 2-3　Facebook 閲覧頻度と議論参加

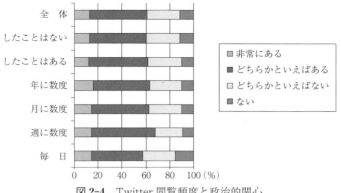

図 2-4　Twitter 閲覧頻度と政治的関心

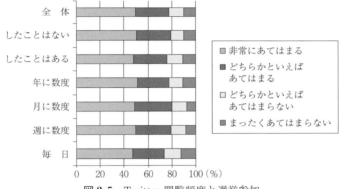

図 2-5　Twitter 閲覧頻度と選挙参加

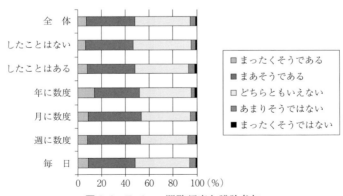

図 2-6　Twitter 閲覧頻度と議論参加

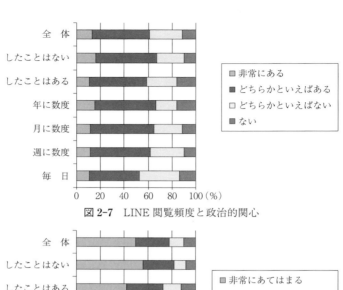

図 2-7　LINE 閲覧頻度と政治的関心

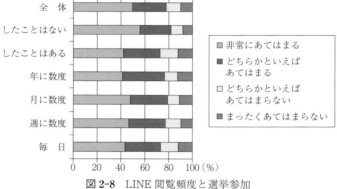

図 2-8　LINE 閲覧頻度と選挙参加

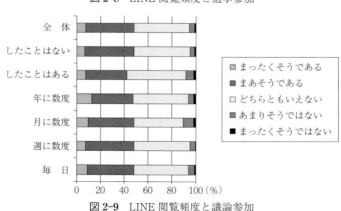

図 2-9　LINE 閲覧頻度と議論参加

している層は（したことはあるという層を除いて）政治的関心も投票行動も低調であることが分かる．ただし**図 2-9** を見ると，議論参加については他の層とあまり変わりはない．

年齢や収入など他の変数の影響を統制していない粗い分析だが，以上のことからソーシャルメディアを使いすぎると公的なものに対する関心が低下する可能性が示唆される[2]．これは第 2 節で検討した島宇宙化の議論とつながるものである．それではそのような島宇宙化を防いで社会を覆うような公共性を構築できないものだろうか．次節と第 5 節では社会関係資本の視点からマスメディアに着目してこの問題を検討する．

4　島々をつなぐ橋渡し型社会関係資本

島宇宙化したインターネット空間ではさまざまな島が孤立して存在している．社会を覆う公共性を構築するためには，それらの島の間に橋を架ける必要がある．これはまさに橋渡し型社会関係資本の役割である．このことを確認するために，社会関係資本概念の提唱者の 1 人であるパットナム（Putnam, 1993=2001）の議論を振り返ろう．

彼は，1970 年代にイタリアで地方分権化が実施されたが，なぜ，おおむね北部では成功し，南部では失敗しているのか，という問いを立てた．南部に比べて北部は政治的パフォーマンスが高いだけでなく，経済的にも成功している．なぜこのような違いが生じているのか．パットナムは北部の方が南部に比べて社会関係資本の水準が高いという解答を提示している．彼は社会関係資本をネットワーク，互酬性，信頼という 3 要因によって定義する．彼の議論を踏まえると，互酬性は二者間の直接的互酬性ではなく，多くの人びとの間の間接的互酬性だと考えられる．直接的互酬性は，A さんが B さんに親切にしたら，B さんは（その場で，または後で）A さんに親切にするという互酬性である．これに対して，間接的互酬性は，A さんが B さんに親切にしたら，B さんは直接的に A さんに親切を返すのではなく，別の C さんに親切にする，という互酬性である．このような間接的互酬性が社会に存在すると，人びとは「人に親切にすると，めぐりめぐっていつかは誰かが親切にしてくれる」という期待を持つ

2 章——間メディア環境における公共性　55

ことができる.「情けは人のためならず」ということわざが実現している社会である.信頼も,特定の人に対するもの(個別的信頼)ではなく,一般的な他者に対するもの(一般的信頼)である[3].人びとの間で一般的信頼が存在する社会では,見知らぬ人に裏切られる不安が低いので,見知らぬ人同士の交流が盛んになる.これをイタリア北部で見られる市民的な交流と考えることができる.

このように見てくると,彼がここで注目しているのは橋渡し型社会関係資本であることが分かる.イタリア北部にはこの橋渡し型社会関係資本が豊かなので,親族のような集団を越えた市民的共同体が出来上がり,それが高い政治的,経済的パフォーマンスを生み出している.これがパットナムが自ら立てた問いに対する解答である.

彼の議論を踏まえれば,インターネット空間に公共性を構築するためには,島宇宙の島々に橋渡し型社会関係資本を構築すればよいことになる.しかしこの論理は問題を先送りしているだけで,橋渡し型社会関係資本を構築するための方策を考えなければならない.パットナムが研究対象としたイタリア北部の場合は,市民共同体の歴史があるので,橋渡し型社会関係資本が自然に出来上がっている.しかしそのような歴史がないインターネット空間の場合,意図的に作り上げるしかない.しかしここに問題がある.

結束型社会関係資本の場合,多くは同類原理によって生み出される.家族・親族関係,近隣関係,(趣味や好みを同じくする)友人関係など,同類原理に基づいた関係は人々の意図があまり介入することなく作られる.しかし橋渡し型社会関係資本の場合は,異業種交流会や名刺交換会などに典型的に見られるように,意図的に構築されることが多い.

しかし島宇宙の島々に住んでいるネット住民にとって,橋渡し型社会関係資本を意図的に構築するメリットはあまりないと考えられる.第2節で見たように,同類原理に基づいて作られた島でソーシャルメディアによって友人・知人と話題を共有している人びとは,様々な人と議論したり,自分とは異なる価値観があることを知るために,橋渡し型社会関係資本を意図的に構築する必要性を感じないだろう.

ここで注意してもらいたいのは,私はこのことが悪いことだと価値判断を下

しているわけではない，ということである．人間の本性として，同類原理に基づいた集団形成はごく自然なことである．そして，その集団の中で欲求が充足されるならば，わざわざ他の集団とつながる必要はない．しかし社会全体を覆う公共性を構築するという視点から見ると，島々を結ぶ橋が必要である．その橋は自然にできないので，意図的に作る必要がある．私はそのための方策としてマスメディアの役割があると考える．次節ではこのことについて考察する．

5　幕の内弁当としてのマスメディア

マスメディアの最大の特徴は1つの媒体が多種多様な情報を人びとに伝えるということである．たとえば2017年5月17日付の朝日新聞（13版）の第1面は，「眞子さま婚約へ」，「『共謀罪』採決ずれ込み」，「センター後継 実施案公表」（この「センター」は大学入試センター試験のことである），コラム「折々の言葉」，受動喫煙を扱った「天声人語」というまったく関係のない記事が掲載されている．テレビニュースも相互に関係のないニュースを放送している．

これはあたかも幕の内弁当のようである．幕の内弁当では，弁当箱の中にさまざまなおかずが入っている．ふだんは食べない料理でも「せっかく買ったんだから食べてみよう」と口にすることになる．マスメディアもさまざまな記事やニュース，情報を伝えている．そうすると，読者や視聴者は目当ての情報だけでなく，別の情報にも接触する．彼ら・彼女らがその情報に今まで関心を持っていなかったとしても，興味を持つようになることもある．島宇宙の1つの島に生息していたネット住民がマスメディアに接触することで，その島には存在しなかった情報にアクセスし，その情報が存在する別の島とつながることになる．このようにして，ネット住民はより広い世界を知り，公共性の構築につながっていく．

このシナリオは楽観的だと思われるかもしれない．なぜなら，インターネットの普及とそれに伴うソーシャルメディアの浸透によって，旧来型のマスメディアに対する人びとの関心が低下していると考えられるからである．もしそうならば，マスメディアに橋渡し型社会関係資本の役割を期待することは不可能である．

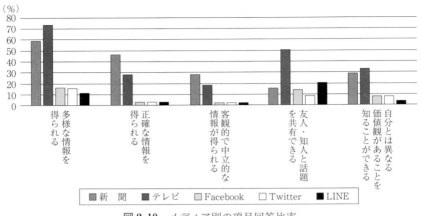

図 2-10　メディア別の項目回答比率

　しかし「メディア社会における社会関係資本に関する調査」データを見ると，必ずしもこの考えは正しいわけではない．第1節で見たように，新聞を毎日講読している人は51.0%いるし，テレビを毎日視聴している人は84.3%にのぼる．逆に，ネット調査にもかかわらず，電子版の新聞を毎日講読している人は8.6%しかいない．ネットテレビでも毎日視聴している人は16.0%である．

　さらに重要なことは，この調査では，第2節で紹介したソーシャルメディアについて感じる項目と同じ項目をマスメディアについても尋ねていて，その項目の1つである「多様な情報を得られる」が新聞で58.8%，テレビで73.9%にのぼっていることである．これに対して，Facebookでは16.5%，Twitterでは15.9%，LINEでは11.3%と，ソーシャルメディアはマスメディアよりもかなり低い割合になっている．

　ここで議論を整理するために，調査で尋ねた，それぞれのメディアについて感じている項目の中で「多様な情報を得られる」，「正確な情報を得られる」，「客観的で中立的な情報を得られる」，「友人・知人と話題を共有できる」，「自分とは異なる価値観があることを知ることができる」の割合をメディア別にグラフ化しよう[4]．図2-10がそれである．今まで数字で述べてきたものをグラフ化したものだが，このようにまとめるとメディア間の違いが明確になる．

　「多様な情報を得られる」，「正確な情報を得られる」，「客観的で中立的な情

報を得られる」,「自分とは異なる価値観があることを知ることができる」という公共性に関わる項目では従来型のマスメディアである新聞とテレビがソーシャルメディアを圧倒している．しかし「友人・知人と話題を共有できる」では，テレビが高いパーセントを示しているが，新聞はソーシャルメディアと同じぐらいであり，LINE と比較すると明らかに低い．このことから，多くの回答者はマスメディアが正確で多様な情報を提供していると判断していることが分かる．

また「現在，あなたにとって社会に関する重要な情報源は何ですか？」という質問（複数選択可）に対する回答では，NHK テレビと民放テレビが 60％台，全国紙が 41.3％であるのに対し，ソーシャルメディアはパソコンで見る場合で 11.6％，携帯電話やスマートフォンで見る場合で 8.9％である．これらの数値は，現代でもマスメディアが信頼されていることを示唆している．

6　間メディア環境における公共性構築に向けて

ここまで，ソーシャルメディアは島宇宙を形成する傾向があること，そしてマスメディアには橋渡し型社会関係資本として島々をつなぐ可能性があること，そしてこのことによって公共性が構築される可能性があることを示してきた．ただしこのことを可能にするのは間メディア環境である．人びとがソーシャルメディアとマスメディアを往還することで公共性の構築が可能になる．第 1 節で新聞とソーシャルメディアに毎日接触する人の割合を示したが，条件を少し緩めて，毎日，週に数度，月に数度にまで対象者を広げ，テレビも入れると，次のような数字が得られる．

新聞と Facebook	17.7％
新聞と Twitter	16.1％
新聞と LINE	26.2％
テレビと Facebook	29.9％
テレビと Twitter	27.5％
テレビと LINE	46.9％

これらの数字は現代日本の間メディア環境の一端を示している．全般的にま
だ高い数字とは言えないが，テレビと LINE では約 5 割の人がこのカテゴリー
に入る．間メディア環境がさらに進展すれば，人びとはマスメディアとソーシ
ャルメディアの間を往還して，一方でマスメディアを通じて多様な情報や意見
に接触し，他方でソーシャルメディアによってそれらを友人や知人と議論する
ようになると期待できる．このような往還過程が進むにつれて社会を覆う公共
性が構築されていくと考えられる．

　このことは一見すると逆説的である．ソーシャルメディアはネットワーク空
間を島宇宙化する傾向にある．したがって従来のマスメディアにソーシャルメ
ディアが侵入して作られた間メディア環境では公共性が弱体化する可能性があ
る．しかしマスメディアはソーシャルメディアに取って代わられたわけではな
く，ソーシャルメディアと共存している．この間メディア環境こそが公共性の
構築のためのカギである．

　本書第 3 章で瀧川はジンメルの社会圏概念に着目して，社会圏のつながりが
公共性の構築につながるという議論を展開している．ジンメルの時代にはもち
ろんインターネットやソーシャルメディアはなかったが，間メディア環境は新
しい社会圏とそのつながりの可能性を秘めている．

【註】

1)　本調査の概要は次のようになっている．
　　調査タイトル：メディア社会における社会関係資本に関する調査
　　調査主体：課題設定による先導的人文・社会科学研究推進事業・領域開拓プロ
　　グラム「リスク社会におけるメディアの発達と公共性の構造転換」社会学グルー
　　プ（代表：遠藤薫）
　　調査対象：全国の 20 代～ 70 代の男女
　　調査方法：インターネット・モニター調査（2010 年国勢調査に基づく，県別・
　　性別・年代別割当．ただし 70 代が若干不足）
　　回収サンプル数：7231
　　調査機関：2017 年 3 月 3 日～ 12 日
　　調査委託会社：（株）マーシュ社

2)　公的なものに対する関心が低いからソーシャルメディアを使いすぎる，という
　　逆の因果関係もありうる．ただし「メディア社会における社会関係資本に関する
　　調査」は一時点の調査なので，因果性の確立は難しい．

3)　個別的信頼と一般的信頼の区別については山岸（1998）を参照されたい．

4) 「様々な人と議論できる」は新聞とテレビについては尋ねていないので，ここで
はこの項目は含めないことにする．

【文献】

遠藤薫，2016a，「インターネットと〈公共性〉論の系譜」遠藤薫編『ソーシャル・
　メディアと〈世論〉形成――間メディアが世界を揺るがす』東京電機大学出版局．

遠藤薫，2016b，「〈群衆〉と〈公共〉」遠藤薫編『ソーシャル・メディアと〈世論〉
　形成――間メディアが世界を揺るがす』東京電機大学出版局．

遠藤薫編，2016，『ソーシャル・メディアと〈世論〉形成――間メディアが世界を揺
　るがす』東京電機大学出版局．

松井克裕，2012，「防災コミュニティと町内会・自主防災組織」吉原直樹編『防災の
　社会学――防災コミュニティの社会設計に向けて』東信堂．

Putnam, Robert D., 1993, *Making Democracy Work: Civic Traditions in Modern
　Italy*, Princeton: Princeton University Press（河田潤一訳，2001，『哲学する民主
　主義――伝統と改革の市民的構造』NTT 出版）．

山岸俊男，1998，『信頼の構造――こころと社会の進化ゲーム』東京大学出版会．

Ye, Maoxin, 2017, *A Study of the Relationship between Social Network Sites Usage
　and Social Capital*（東北大学大学院文学研究科修士学位論文）．

3章
ソーシャルメディアにおける公共圏の成立可能性
公共圏の関係論的定式化の提唱と Twitter 政治場の経験的分析

瀧川　裕貴

1　はじめに

　ソーシャルメディア，あるいはより一般にインターネットと公共圏というテーマをめぐっては 2 つの対立する見解が争われている．1 つは，インターネットによって，多くの人々が物理的・経済的・時間的障壁を越えて公共的論議に参加することが可能になり，それゆえ公共圏の可能性を広げるという見解である（Dahlgren, 2005; Castells, 2008）．他方で，インターネットでは，似たような人々が自分と類似の意見を交わしあうだけであって，断片化や分極化，社会的分断を引き起こし，公共空間を毀損する危険性がある，と指摘する論者も多い（Galston, 2003; Sunstein, 2001=2003; 2017）．

　はたしてどちらの見解がより説得的といえるだろうか．本章では，ソーシャルメディアにおける公共圏の成立可能性を経験的な分析に基づいて評価することを試みる．ただし，そのためには公共圏に関する新たな理論的定式が必要である．というのは，既存の理論的提案の多くは，ソーシャルメディアを対象とした経験的分析に必要な性能を備えていないからである．特に，既存の理論的定式化には，公共圏についての規範的概念化とその経験的分析が乖離する傾向が存在する[1]．これに対して，本章では，公共圏を「開いて dissect」（Hedström, 2005）考えること，つまりその内的作動のメカニズムを分析することの必要性を強調したい．本章では，特にいわゆる関係論的アプローチによって公共圏の内的メカニズムを分析するという立場をとる．このようにすることで，公共圏の規範的意味づけを参照しつつ，かつ経験的な分析に基づいて，ソーシャルメ

ディアにおける公共圏の成立可能性を連続的に評価すること，これが本章の目的である．

2 公共圏に関する新たな理論的定式化——関係論的アプローチ

2.1 公共圏の関係論的定式化の理論的源泉

　ここで提案する公共圏の関係論的定式化についての理論的源泉は，G. ジンメルに由来する社会圏の交差としての公共圏というアイデアである．よく知られているように，ジンメルは，近代社会における社会分化を個人の個性の発達と関連づけて議論している（Simmel, 1908=1994）．彼は，人々が家族や地域などの一次的集団を脱して，さまざまな集団に所属するようになる傾向を歴史の趨勢とみなし，そこに 1 人ひとりが多様な集団に属すること，つまり行動や生活様式，思考の異なるさまざまな社会的領域，社会圏が交差することで近代個人主義の特徴としての個性という考えが発展すると考えた．しかし実は，それと同時に，ジンメルがこの社会圏の交差を公共圏の成立条件としても把握している点をここでは強調しておきたい[2]．つまり，社会圏が交差することにより，個別的な生活様式，社会圏を超えた共通なるものへの関心が高まり，（今日的な言葉でいえば）公共性についての意識も同時に生みだされる．これがジンメルの着目する社会分化のもう 1 つの帰結である．

　ジンメルの社会学は，その基本的単位を，個人や集団ではなく，諸個人の相互作用においていた．したがって，彼のいう社会圏も相互作用のレベルで定式化される必要がある．そこで本章では，このジンメルの「相互作用」に相当する契機を関係 Relation という用語で指し示し，この概念から出発して公共圏の関係論的概念化を行うこととする．

　詳細な説明に入る前に，理解を容易にするため，関係論的定式化の特徴をあらかじめ列挙しておきたい[3]．

　⑴　関係論的定式化では，社会構造を，人々の関係の連結として捉える（Boorman and White, 1976; Martin, 2009）．後述するように，公共圏という一種の社会構造も複数の質的に異なる関係の連結として理解することができる．

(2) 関係論的定式化では，狭義の関係構造と意味や規範とが双対的に成り立つと考える（Breiger, 1974; Martin, 2009）．人々が関係の意味づけにしたがって行為することで一定の関係構造が実現していくというのが双対性というアイデアの基本原理である．ただ同時に，意味づけとそこから生じる関係の構造とのずれも許容する定式化となっている（Gould, 1995）．

(3) 関係論的定式化では，関係やそれらの連結としての構造が生成する背景となる社会空間の全体的構造が重要となる．それゆえ，経験的分析のためには，こうした社会空間の全体的構造についての経験的データが入手できるかどうかが決定的となる．

2.2 公共圏の関係論的理論

　一般に，社会的関係を，関係の双方の側にそれぞれ，ある規範的原理にそった特定の行為可能性集合を与える持続的な関係，として定義することができる（瀧川, forthcoming. cf. Martin, 2009）．関係には，家族関係，友人関係，地域での関係，職業上の関係等々が含まれる．それぞれの関係には独自の規範的意味づけが存在し，それが行為を方向づける．例えば，親子関係には子をケアするという親の義務と，それを要求する子の権利が伴う．すでに述べたように，規範的意味づけ，より一般に文化と人々の関係の構造とが同時に成立するとする考えを双対性の原理という（Breiger, 1974; Takikawa and Parigi, 2017）．

　ここで，二者間のダイアド的な関係を超えた「マクロな」構造を考察するためには，関係の連結 concatenation に着目することが重要である．一般に，関係の連結については，2つのタイプに区別することができる．1つは，同一種類の関係が複数個人を含む形で連結していくプロセスが含まれるタイプであり，もう1つは，異なる種類の関係が連結するタイプである[4]．

　前者については，例えば，親子関係がそれぞれ連結していけば，祖父母と孫のような一連の系譜関係が出来上がるし，きょうだい関係との連結によって親族関係が成立する．このような関係の連結の結果としてできる関係のまとまりを構造という．むろん，関係にはそれぞれ独自の意味づけがあるから，任意に連結できるわけではない．われわれは誰とでも家族関係を結べるわけではない．つまり，関係には連結の仕方を指示する一連の規則が存在する．このように考

えると，連結の成立に関する規定規則とそこから生じる関係の連結をあわせて構造とよぶほうが都合がよい．ジンメルが社会圏と名指した一連の相互作用のまとまりはこのような構造をもった相互行為の空間として再定式化することができる．

　ここで重要なのは，関係の規範的意味づけは人々の行為を方向づけるが，必ずしも人々の行為を完全に決定づけるわけではない，ということである（Martin, 2009: 17）．例えば，関係構造の基本的分析の例として，交差いとこ婚の規則とそれの生みだす双分外婚半族制という親族構造がある．古典的な構造主義では，人々が完全な規則遵守的行動をとることによって，構造が生みだされるとされたが，これは経験的に正しいとはいえない．人々は，さまざまな機会でより柔軟に，戦略的に行為し，それがときに新たな関係，構造を生みだしうる（Bourdieu, 1977）．後で議論するように，このような見方は，経験的分析のための指針であるだけでなく，経験的事象と規範的理念との関係を考察する際にも重要となる．

　以上をふまえて，公共圏はどのような関係構造として概念化できるか．そのために，もう1つの連結タイプ，つまり質的に異なる関係が連結する場合を考えてみよう．例えば，地域での関係と職業上の関係の連結，家族関係と友人関係の連結等々である．これこそが，ジンメルが社会圏の交差として名指した社会現象にほかならない．かくして，関係論的な定式化においては，質的に異なる関係構造が交差し連結した複雑な構造のことを公共圏と定義する．

　一例として都市空間を考えてみよう．適切な計画の下に設計された都市空間は，都市での物理的共在という都市的関係を介して，異なる職業や生活環境にある人々を互いに出会わせる公共空間の機能を果たす（Jacobs, 1961=2010）．ここでの概念化に従えば，都市的関係が職業的関係と交差することにより，人々の間に新たな相互行為，関係性が創出されるのが都市の公共空間だということになる．

　公共圏における関係の規範的意味づけはどのようなものだろうか．これについては，ハバーマス，N. フレイザー，A. ホネット（Fraser, 1992=1999; Fraser and Honneth, 2003=2012），討議民主主義等（Sunstein, 2001=2003; 2017; Fishkin, 2009=2011）による規範理論的概念化をも参考にして，おおむね次の3点にまと

めることができる.

公開性　公共圏はさまざまな社会圏の交差する空間として理解できる以上，原則的にいかなる社会的背景の持ち主にも開かれていることがその意味づけに含まれる．この点で，例えば特定の生物学的つながり，あるいは法的・制度的取り決めによって関係の構成員たる資格が限定される家族関係や，ある特定の経済活動に従事していたり，特定の組織に属していることが要件となるような職業上の関係とは事情が異なる．さらに公開性の条件は，次で述べる変化可能性の確保のための前提ともなっている．

変化可能性　公共圏における人々の関係は，言語的その他の相互行為を通じた立場や信念の変化可能性に開かれている必要がある．これは単に，他者の意見に寛容であり耳を傾け，ときには意見を修正する余地をもっているべきだというような個人レベルの道徳的な要請の次元で理解するべきではない．公共圏という社会空間が，個々の社会圏の論理を超えた一種独特の空間として，自律的ないし自己組織的に作動しているというための必要条件として位置づけられなければならない（cf. Luhmann, 2000=2013）．つまり，もし公共圏で成立する意見の帰趨が，特定の社会的立場の数やあらかじめ定まった意見によって決まるのであれば，そもそも公共圏において独自の関係や相互行為が行われているということはできないのである．共和主義の政治構想や討議民主主義（Sunstein, 2001=2003; 2017; Fishkin, 2009=2011）が選好集計的な民主主義構想を否定するのは，ここで指摘した変化可能性の担保による公共圏の自律性の要請を直観的に表現したものと解釈することができる．

共通の関心　ジンメルが指摘するとおり，さまざまな社会的背景に由来する人々が持続的な関係形成を行うためには，やはりそこに共通の関心事が存在する必要がある．公共圏の成立が，近代国民国家という単一の集合的決定の宛先の出現や家計を超えた経済活動の調整必要性の認識と相即したというハーバーマスの洞察は，この点において依然として正しい．C. サンステイン（Sunstein, 2001=2003; 2017）もまた，体験の共有が社会の接着剤として果たす役割を論じ

ている．一種の集合的記憶や共通のイベントなども共通の体験，共通の関心の媒体となりうる．

　すでに述べたように，社会的関係の規範的意味づけは行為を完全に決定づけるわけではない．言い換えると，関係の規範的意味とその実際の具体的な構造との間には一定のずれが生じる可能性がつねに存在する．それは，ここでまとめた公共圏の3つの規範的原理（公開性，変化可能性，共通の関心）とそれに対応する関係的構造，にもあてはまる．こうして，経験的分析の関心は，これらの規範的特徴が，いかなる条件の下で，どの程度実際の関係的構造において実現されているか，という点に焦点づけられることになる．

　ここまでの議論をまとめよう．公共圏とは，質的に異なるさまざまな社会的関係（社会圏）に従事する人々が，対面的メディア，印刷メディア，デジタルメディア等を介してつながることにより，それぞれの関係性が交差する可能性をもつ開放された空間であり，かつ人々はそこにおいて何らかの共通経験，共通の関心に基づいて言語的相互行為に従事し，そうすることで結果としてこれまでの意見や関係性を組み替える可能性をもった社会空間のことである[5]．ただし，公開性，変化可能性，共通の関心による統合という特徴づけは，それを支える関係の構造に応じて可変的である．このように，関係論的定式化のメリットは，公共圏の内的作動メカニズムの経験的分析を可能にすると同時に，規範的機能の作動条件や実現程度を，連続的に，程度の問題として評価しうる点にある．

3　公共圏の経験的分析に向けて

3.1　ソーシャルメディアと計算社会科学

　前節の議論では，公共圏が複数の関係構造の交差としてそれ自体，関係構造をもった社会空間として概念化できること，そうすることでその内的作動のメカニズムを経験的に分析する可能性が開けることを論じた．ここから明らかなように，この定式化では，複数の社会圏が並立・交差する背景となるような社会空間全体の構造を経験的に把握する必要がある．

よく知られているように，一般的には社会空間全体の構造を経験的に明らか
にすることはきわめて難しい．そもそも関係論的定式化を提唱したジンメル自
身の社会学も，今日的な基準からすれば，実証的な分析というよりも，いくつ
かの歴史的事例や寓話で魅力的なアイデアを例示したエッセイ風の議論にみえ
る面もある．ハバーマスやその他の論者の議論がともすれば，公共圏の内的作
動メカニズムの分析を欠き，類型論的アプローチに依拠したのも，部分的には
社会空間の構造を経験的に明らかにすることの難しさが原因だといえるかもし
れない．

　しかし，われわれの公共的な議論の多くがソーシャルメディアを媒介とする
ものに変化するにつれて，こうした状況は急速に変化しつつある．なぜなら，
ソーシャルメディア上での議論や相互行為については，他のメディアを介した
それに比して，はるかに経験的分析の可能性に開かれているからである．公共
圏の経験的分析にとって特に重要なのは，ソーシャルメディアが，デジタルト
レースないしデジタルフットプリントと呼ばれるデータ，つまりメディア上で
の言語的なやりとりや人々のつながりに関する直接観察可能なデータを自動的
に生みだすという点にある．このようなデジタルデータに基づいて，さまざま
な社会現象の実態やメカニズムを解明しようとする学問領域を計算社会科学と
よぶ[6]．

　計算社会科学の最大の特徴は，デジタルフットプリントを用いることによっ
て，人々の相互行為や関係性を直接分析できる，つまり関係論的アイデアを経
験的に実装できるという点にある．社会科学の伝統的手法である，ランダムサ
ンプリングと行為の事後報告に依拠する質問紙調査では，相互行為や関係性，
社会空間全体の構造を経験的に分析することは難しかった．これに対して，計
算社会科学の手法は，社会的世界を理解するための新たな可能性を提供してい
る．D. ワッツは，これを望遠鏡になぞらえてこう述べている．「望遠鏡の発明
が天空の研究に革命をもたらしたように，携帯電話やウェブやインターネット
を介したコミュニケーションなどの技術革命も，測定不能なものを測定可能に
することで，われわれの自分自身についての理解や交流の仕方に革命をもたら
す力がある……われわれはようやく自分たちの望遠鏡を手に入れたのである．
さあ革命をはじめるとしよう」（Watts, 2011=2012: 292）．

もちろん，計算社会科学的手法は，特に，ソーシャルメディア上のデジタルフットプリントにのみ依拠する場合，データの代表性の問題や社会経済的属性についての情報の欠如など，多くの限界を抱えている．にもかかわらず，この手法を用いることによって，われわれは，いかにして社会空間上で，さまざまな社会関係が成立し，社会圏を構成していくのか，そうした社会圏がどのような形で相互に交渉し，公共的言論空間を作り出していくのか，といった問題に対してより直接的に取り組むことができる．つまり，公共圏における関係メカニズムの解明に接近する足がかりを得ることができるのである．

　ところで，先ほど公共的な議論がソーシャルメディアを介して行われるようになりつつあると指摘したが，公共圏でのやりとりのすべてがソーシャルメディア上で交わされるわけでは，当然ない．本書の基本的視角にあるように，むしろ現代の公共圏は，対面メディア，印刷メディア，ラジオやテレビなどの電波メディア，そしてデジタルメディアのおりなす間メディア環境におかれている．それでもなお，ソーシャルメディア分析には，例えば従来のマスメディア分析とは異なる利点がある．つまり，広義のソーシャルメディアは，他のメディアとの密接なつながりをもつ間メディア的性格をそれ自体としてもっているのである．例えば，ソーシャルメディアが対面的メディアに基づく友人関係を反映し補完する側面をもつことはよく知られている（Rainie and Wellman, 2012）．さらに，ソーシャルメディア上では，従来のマスメディアの主体の多くがそれ自体アカウントをもち各種の情報を流通させているし，また一般の人々もマスメディアの提供するサイトにリンクを貼ることで，マスメディアの情報や見解をさらに流通させ，コメントを付与することも可能である．かくして，ソーシャルメディアを戦略的拠点として公共圏について経験的な分析を行うことは，部分的には狭義のソーシャルメディアを超えた間メディア環境における公共圏の内的作動について理解することにも一定程度寄与すると考えられる．

3.2　社会圏における関係形成メカニズム

　では，具体的に公共圏，あるいはその構成要素としての社会圏における関係形成についていかなる内的メカニズムを想定できるだろうか．その基本原理は，ホモフィリー（同類選好）である．ホモフィリーとは，社会学者の P. ラザース

フェルトと R. K. マートンの造語で，「特定の点において似ている者同士が友人関係を形成する傾向」（Lazarsfeld and Merton, 1954）のことをいう．ホモフィリーはジェンダー，人種，エスニシティ，社会階層，学歴といった帰属的属性についても，文化的趣味や政治的志向，逸脱的行動様式などの獲得的属性についてもみられる．

　ホモフィリーは，過去数十年，ネットワーク形成の基本原理として研究対象となっている（McPherson *et al.*, 2001）．初期のホモフィリー研究は，小集団や小規模コミュニティにおける友人形成を対象としていたが，1970 年代以降は，サーベイ技術の発達とともに，より大規模な母集団を想定したサンプル調査を用いて研究が進められてきた（Burt, 1985; Marsden, 1987）．とはいえ，ランダムサンプリングに基づく質問紙調査の場合，サンプル対象となった特定の回答者のもつネットワーク（エゴセントリックネットワーク）の性質を明らかにすることしかできず，ホモフィリーによる関係形成がより広い社会空間の形成にもたらす影響を経験的に分析することは不可能だった．これに対して，ソーシャルメディアにおける関係形成については，デジタルトレースをもとにして，社会圏が形成され，交差するところの社会空間全体を調査することが可能となる．

　ホモフィリーと密接に関連する概念に社会的影響がある（Easley and Kleinberg, 2010=2013）．ホモフィリーはあらかじめ自らと類似している人々を友人に選ぶという選択の文脈で機能するが，これに対して社会的影響は，何らかの理由で友人となった人々の影響を受けることで時間を通じて徐々に友人同士の嗜好や考え方，行動様式が似てくることをいう．もちろん，社会的影響を直接受けるのは，可変的属性，つまり文化的趣味や政治的志向であるが，帰属的属性についての選択的ホモフィリーを介して，同じ帰属的属性をもつ人々が同様の文化的嗜好を発達させるという形で機能することもある．このように類似の意見や考え方をもつ人々が互いの意見に影響を受け，当初の傾向性をますます強化し高めていく現象をエコーチェンバーという．このように，ホモフィリーは社会的影響によるエコーチェンバーを引き起こす潜在的な構造でもある（Boutyline and Willer, 2016）．

　ホモフィリーが関係形成の基本的原理としてはたらくためには，人々が自らの意志に基づいて，誰と交際するかを決める自由が存在することが前提となる．

極端な例で考えれば，生物学的な親と子の間には，両者がどれだけ似ているにせよ，固有の意味でのホモフィリーは存在しない．そこには選択の余地が一切ないからである．逆に，「自由な」配偶者選択に基づいて形成される夫婦間には強いホモフィリー（婚姻関係についてはこれをホモガミーという）がはたらく（もっとも配偶者選択が実際にどの程度「自由」になされているかはまた別の問題である）．

　以上の準備に基づいて，ホモフィリーのダイナミクスが，ソーシャルメディア（あるいはより広くデジタルメディア）と公共圏という問題系にとってなぜ重要となるのかを説明しよう．

　まず楽観論者が述べるように，デジタルメディアはさまざまな水準で選択可能性を高め，ある意味でわれわれにより多くの自由や機会を与える．Amazonを用いれば，いかなるオフラインの書店よりも豊富な品揃えから望みの本を選ぶことができるし，Facebook では，遠く離れたそれほど親しくもない知人の動向を随時知ることができ，Messenger で瞬時に連絡をとることもできる．また Twitter がつくり出す言論空間は，少なくとも潜在的には，多様なバックグラウンドの人々と接触する機会を与えている．こうして，デジタルメディアはコミュニケーションコストや共有空間への参加のさまざまな障壁を減らし，多様な意見への原理的な接近可能性を高めるという意味で，公共圏を形成する性能を潜在的に有している．

　他方で，デジタルメディアによる選択可能性の増大は同時に，人々がホモフィリーに基づいた関係形成を行うチャンスを高めうることをも意味する．従来は地理的，時間的その他さまざまな制約によって限定されていた関係形成の選択肢の幅が，デジタルメディアにより爆発的に増大しつつある．これはホモフィリーのはたらく前提としての自由の拡大を意味する．自由に選択できるからこそ，人々はホモフィリーに基づいて自分たちと類似の人々との関係形成を選択していく蓋然性が高くなる．もしそうであるとしたら，異なる属性，異なる意見，異なる考えの人々と出会うチャンスは限定的となる．さらにエコーチェンバーが機能し，人々が自分たちに似た人々と交際することで，その社会的影響を受け，ますます類似の見解や意見を形成していくとしたらなおさらである．

　したがって，この悲観的シナリオでは，デジタルメディアによる選択可能性，

その意味での自由の増大は，かえって公共圏の成立条件を掘り崩していく．ホモフィリーの程度が強いほど，互いに異なる社会圏が交差する程度も低くなり，公共圏の基本条件の1つである公開性は限定されていく．さらに，異なる意見にさらされることなく，自らと類似の考え方や意見に触れ続けることで，公共圏における意見の変化可能性も保たれなくなる．こうして，自らの帰属する社会圏，交際関係を超えて共通の関心を形成するチャンスは低下することになる．

このような自由と多様性のジレンマ，あるいはより正確には2つの異なる自由，つまり「自らの選好に基づく選択の自由」と「多様な環境において意見を自己形成する自由」の間のジレンマが，ソーシャルメディアと公共圏の問題系を特色づけているのである（cf. Sunstein, 2017）．とはいえ，この悲観的シナリオと楽観的シナリオを二者択一的に捉えて，思弁的に闘わせるのは生産的ではない．そのような類型論的思考を排して，計算社会科学的手法を援用した経験的分析に基づいて，ソーシャルメディア上での公共圏について，その成立可能性の程度を見積もることが重要である．次節では，Twitter をソーシャルメディアの例として取り上げ，公共圏の成立可能性についての経験的分析の試みを例示したい．

4　Twitter における政治場と公共圏の成立可能性の検討

本章では，ソーシャルメディア上の公共圏を経験的に分析するための1つの戦略的拠点として Twitter を取り上げる．より具体的には，現代日本における公共圏の成立可能性を検討するために，日本の政治家をフォローする Twitter ユーザーたちからなる言論空間を対象とする．もちろん，ソーシャルメディアには Twitter のほかにも Facebook や Instagram など複数あり，それぞれ相互行為の空間として異なる特徴をもっている．ここで，Twitter を選択した理由は，2つある．

1つは，Twitter はその特性上，Facebook などのソーシャルメディアに比べて公開性が高い．ツイートはデフォルトでは公開設定になっており，他のアカウントをフォローする場合も相手の許可を必要としない．こうした特性により，Twitter は，ニュースなどの情報獲得を目的としても，また他者との交流のツ

ールとしても用いられる（北村ほか，2016）．それゆえ，他のソーシャルメディアよりもさまざまな事件や出来事について情報を得，意見を交換し，論議を行うことに適していると考えられる．例えば，「アラブの春」においては，Twitterを通じた抗議運動の情報伝播が大きな役割を果たしたとされている（Weber *et al.*, 2013）．また，Twitter での選挙候補者に関する言及度合いと選挙結果との関連が指摘されるなど（DiGrazia *et al.*, 2013; 田中・笹原，2015），さまざまな機会で公共的議論の場としても用いられている．

　もう1つは，データの入手しやすさである．他のソーシャルメディア，例えばFacebook は世界最大のソーシャルメディアであり，それが公共圏的な役割を果たしていることは否定できない．他方で，Facebook で交わされる会話や議論についてのデータを，Facebook 社に所属しない一般の研究者が入手することはほぼ不可能である．これに対して，Twitter はデフォルトが公開設定であることと関連して，API とよばれる仕組みを通じて，誰でもかなり大規模で包括的なデータを入手可能である．これを通じて，Twitter 上での詳細な言語的相互行為とユーザーたちのネットワーク構造を観察することが可能となる．こうして，Twitter は「デジタル社会望遠鏡」（Mejova *et al.*, eds., 2015）と呼ばれ，計算社会科学のもっとも基本的なツールの1つとなっている．

　Twitter に関する基本的情報を簡単に確認しておこう．Twitter とはユーザーが 140 文字のツイートを送受信することのできるマイクロブログサービスである．公式ホームページによると，Twitter のミッションは，「言語や文化などの障壁をなくして，思いついたアイデアや見つけた情報を一瞬にして共有する力をすべての人に提供すること」とされている．過去1カ月以内に Twitter にログインした月間アクティブユーザー数は，全世界では，3 億 1300 万人（2016年6月時点），日本では 3500 万人（2015 年 12 月時点），となっている．アメリカの調査では，アメリカの約 24％のインターネットユーザーが Twitter を利用し，どちらかというと若年層がより利用している．また高学歴者の利用率も高い（Pew Research Center, 2016）．日本の総務省の調査では，Twitter の利用者は回答者の 31％で，アメリカと同様，若年層の利用率が高い（20 代以下で 52.8％）．

　基本的仕様の特徴としては，まず承認を得ることなく，他者をフォローする

ことができるという点が挙げられる．ユーザーはフォローした他のユーザーの
ツイートを自らのタイムラインで読むことができる．他のソーシャルメディア
と同様，関心のあるユーザーをフォローすることで，情報をフィルターし，自
らの情報環境をカスタマイズできるというわけである．さらに，ユーザーは自
らコンテンツを生みだし情報発信できる．そのツイートは自らのアカウントを
フォローしているユーザー（フォロワー）のタイムラインに表示されることに
なる．また，リツイート（RT）という機能があり，他のアカウントのツイート
をそのままコピーして（あるいはコメントをつけて），フォロワーに伝えること
ができる．さらに，メンション機能（@マークで表示される）を用いれば，他
者のツイートに対して言及したり，コメントすることが可能である（より詳細
な Twitter の情報については北村ほか（2016）を参照）．

4.1　Twitter 政治場の同定

前節で述べたように，ここで採用する公共圏の関係論的分析にとっては，公
共圏成立の背景となる社会的ないし言論的空間の全体構造に照準することが不
可欠である．では，Twitter を用いてこれをどのように同定することができる
だろうか．

ここで重要なのは，⑴複数の社会的背景の人々からなる複数の社会圏を経験
的に同定すること，⑵それらの社会圏の交差可能性の程度を経験的に同定し，
公共圏の成立可能性を見積もること，である．順次，説明していこう．

第 1 点についていえば，Twitter が有する，自らの関心に基づいて他のアカ
ウントをフォローするというインタレストグラフの特徴を利用することが有益
である．つまり，ユーザーがどのアカウントをフォローしているかを検討する
ことで当該ユーザーの関心や志向，社会的背景を同定することがある程度可能
である．もっとも，Twitter データでは，社会経済的属性を得ることが難しい
ため，多様な社会的背景によって成り立つさまざまな社会圏のすべてを包括的
に扱うことはできない．その代替案として，ここでは，特定の政治的志向によ
って成り立つ社会圏とその交差可能性に分析を限定することとする．このこと
で，公共圏の包括的分析は断念されることになるが，他方で，さまざまな政治
的立場の人々が，政治的言論空間において，どの程度互いに議論をすることが

可能になっているか，を経験的に明らかにすることができる．

　より具体的には本章では，特定の政治的アカウントをフォローするユーザーたちからなる言論空間を分析対象とする．この言論空間を以後，Twitter 政治場とよぶことにしよう．実のところ，この分析戦略は，本章と関心を共有する先行研究に準じたものである．例えば，Halberstam and Knight（2016）は，2012 年アメリカ下院選挙の候補者をフォローするユーザーを分析対象として選択している．また，Barberá（2015）はアメリカ，イギリス，スペイン，ドイツ，イタリア，オランダの 6 カ国の国会議員，政党，政治についてツイートするメディアやジャーナリストをフォローするユーザーを対象としている．Boutyline and Willer（2016）も類似の仕方で，アメリカの国会議員と政策 NPO のアカウントをフォローするユーザーを対象としている．本章でもこの方法に準拠して，日本の政治家アカウントをフォローするユーザーからなる Twitter 政治場を対象とする．

　さて，このようにして同定された Twitter 政治場上において，どの程度公共圏の成立可能性を見積もることができるか，というのが第 2 のポイントである．前節で議論したように，このためには，ホモフィリーのメカニズムを分析することが不可欠である．Twitter 政治場におけるホモフィリーは，人々がどの程度，同じ政治的志向の人々と相互作用する傾向を有するか，によって定義できる．もし人々の議論が特定の政治的立場を背景とした人々の間で閉じており，その意見が他の立場との接触によって変化するチャンスに乏しく，そもそも関心を共有していないとしたら，そのような政治場は，たとえ複数の社会圏が存在しようとも，公共圏として機能していない，といえる．

　経験的な分析において，ホモフィリーは以下のように定義できる．いま，自らの属する集団や同じ属性をもつ人々を便宜的に内集団とし，それ以外の人々を外集団とする．そこで人々のもつ紐帯に注目し，特に自分と同じ集団に属する人々との紐帯を内集団紐帯，そうでない場合を外集団紐帯とよぶとしよう．すると，ホモフィリーの程度は，ある人の有する全紐帯における内集団紐帯の比率として定義できる．例えば，ある人が仮に 100 人の人と紐帯をもっているとして，そのうちの 80 が内集団紐帯とすると，その人のホモフィリー度は，80％ということになる．

ところが，少し考えれば気づくように，ここで定義されたホモフィリー度は，人々が類似の人々との関係形成を選択する傾向があるという意味での選択傾向のみを反映しているわけではない．というのは，この意味でのホモフィリーは社会空間全体における内集団・外集団比率に依存するからである．つまり，実際に観察されるホモフィリーの度合いは，空間全体における内集団比率の影響と類似の人々を選択する傾向の2つが混在している．

　ここで，選択傾向としてのホモフィリーを特定するための工夫が必要となる．そのために，ベースラインホモフィリーとインブリーディングホモフィリーという区別を導入する（McPherson *et al.*, 2001）．ベースラインホモフィリーとは，もしある社会空間に住まう人々がランダムに紐帯を形成したとしたら出現するはずの内集団紐帯比率のことである．つまり，人々がランダムに紐帯を形成した場合のベースラインホモフィリーの期待値は，社会空間全体における内集団比率となる．例えば，100人からなる社会集団においてある人の内集団が70人いるとしたら，ベースラインホモフィリーは70％となる．そこで，選択傾向としてのホモフィリーを特定するためには，このベースラインホモフィリーから実際の内集団比率がどの程度離れているかを確認すればよい．こうして，インブリーディングホモフィリーとは，人々の現実の紐帯がベースラインホモフィリーから有意に離れているかどうかで定義できる．もし人々の紐帯における内集団比率が，ランダムな関係形成を仮定した場合よりも，正の方向に乖離しているならば，実際に人々が自らに似ている人々との紐帯を選択する傾向があるということができるだろう．

　ベースラインホモフィリーとインブリーディングホモフィリーの区別は，公共圏の成立可能性を考える上でどのような意味をもつだろうか．確かに，ベースラインホモフィリーが存在するだけで，異なる立場の人々と接触するチャンスは限定されるといえる．しかし，インブリーディングホモフィリーは自ら選択的に自分と同じ立場の人に接触を限定しようとする傾向を表しているので，公共圏の成立可能性にとってより深刻な影響を及ぼすだろう．したがって，ここでは，現代日本のTwitter政治場において，インブリーディングの意味でのホモフィリーがどの程度存在するかに着目して分析することを通じて，公共圏の成立可能性の程度を検討することにしたい．

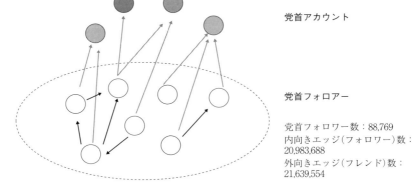

図 3-1 党首フォロワーからなる Twitter 場の概念図
注：点線で囲まれた党首フォロワーが分析の対象となる．

4.2 データと方法

　本研究の対象は，現代日本における Twitter 政治場である[7]．具体的には，現代日本における Twitter 政治場として，2017 年 4 月現在の，自民，民進，維新（党首は国会議員ではない），公明，社民（知名度を優先して副党首のアカウントを利用），共産，日本のこころ（党首アカウントが存在しないため，政党公式アカウントを利用），自由（2 人の共同代表の 2 つのアカウントを利用）の各党首アカウントをフォローするユーザー（党首フォロワーとよぶ）からなる言論空間を対象とする[8]．ただし，ここではさらにユーザーをしぼって，中程度のオピニオンリーダーに限定する．適用した基準は，フォロワー数が 500 以上，ツイート数 1000 以上で，2017 年 1 月以降にツイートをしているという条件である．このような条件を満たしたユーザーからなる言論空間を，現代日本における Twitter 政治場として考えることができる（図 3-1）．

　本章での問題関心にしたがえば，主たる検討対象は，Twitter 政治場におけるユーザー同士の関係構造である．ユーザー同士はこの場において，フォローしたり，フォローされたりする．このような方向性をもったネットワークを有向ネットワークという．Twitter 政治場はこのような有向ネットワークとして考えることができる．あるユーザーからみて，自分がフォローしている人をフレンド，フォローされている人をフォロワーという．ネットワーク分析の用語

でいえば，フレンド数が，自分から相手に向けた一方向の矢印である外向きエッジの数，フォロワー数が，相手から自分に向かう内向きエッジの数ということになる．さらに，自分が相手をフォローし，相手もまた自分をフォローしている場合を相互紐帯とし，またこの紐帯がつくり出す全体の構造を相互ネットワークとしよう．相互ネットワークでは，より双方向的なやりとりが行われる可能性が高い．そのため，相互ネットワークは，Twitter の狭義の「ソーシャルメディア」的側面，つまり一方向の情報収集よりも，相互交流を目的とした Twitter 利用の側面を反映していると考えられることもある．公共圏が相互のやりとりから成り立つことを考えると，相互ネットワークを取り出して分析することも重要である．

　図 3-1 にあるように，Twitter 政治場の基本的構造については，ユーザー数 8 万 8769 であり，内向きエッジ（フォロワー）数 2098 万 3688，外向きエッジ（フレンド）数 2163 万 9554 ということになっている．ここで注意したいのは，各ユーザーのフォロー数やフォロワー数は，Twitter 全体におけるフォロー，フォロワーではなく，あくまでここで定義された Twitter 政治場のユーザー間のフォローやフォロワーに限定されるということである[9]．例えば，あるユーザー A が Twitter 全体で 2000 人をフォローしていたとしても，その 2000 人のうちで，特定の党首アカウントをフォローしており，かつフォロワー数 500 以上などの基準を満たすユーザーが 500 人だとしたら，Twitter 政治場におけるユーザー A のフォロー数は 500 人となる．この手続きにより，ある種の「選択性」が生じることは避けられない．例えば，Twitter 全体に比して，Twitter 政治場では，「活発な」フォロワーを多くもつ人のフォロワー数が大きくなる．例として「日本のこころ」党首アカウントをみると，Twitter 全体でのフォロワー数は 2 万 9453 であるのに対し，Twitter 政治場のフォロワー数は 6506 である．これに対して，山口なつお公明党党首アカウントのフォロワーは全体では 2 万 4487 であるのに対して，Twitter 政治場では 1255 となっている．以下の分析結果を検討する際には，この選択性に留意しておく必要がある．

　さて，次の課題は，有向ネットワークで表現された Twitter 政治場におけるホモフィリーを分析することである．ホモフィリーを定義づける基本的属性は，各ユーザーの政治的志向・立場であるが，これは，先述のように，どの政党の

党首アカウントをフォローしているかによって同定しうる．例えば，自民党党首である安倍晋三のアカウントをフォローしていればその政治的志向は「自民党的」となる．ところで，一般に複数の党首のフォローは相互に排他的ではなく，複数の党首を同時にフォローしているユーザーも当然存在する．この現象は，政治的立場の交差可能性を考える上で重要となるため，後ほどあらためて取り上げるが，ホモフィリーの分析の文脈では次のように考えることができる．例えば，安倍晋三アカウントと民進党党首である蓮舫アカウントを同時にフォローしているユーザーAのホモフィリー度はどうなるか．こここでは，ホモフィリー度を，政治的志向ごとに個別に定義して分析することとする．したがって，あるユーザーAの自民党政治志向に関するホモフィリーは，Aの紐帯における自民党党首アカウントフォローの比率で定義でき，ユーザーAの民進党政治志向に関するホモフィリーは，Aの紐帯における民進党党首アカウントフォローの比率で定義できると考える．

　Twitter 政治場におけるベースラインホモフィリーは次のように定義できる (cf. Colleoni *et al.*, 2014; Boutyline and Willer, 2016; Halberstam and Kinght, 2016)．すなわち，Twitter 政治場における特定党首アカウントのフォロワー数を総ユーザー数で除したものをその政治的志向についてのベースラインホモフィリーとするのである．例えば，安倍晋三アカウントの総フォロワー数は 4 万 3588 であり，Twitter 政治場の総ユーザー数は 8 万 8769 であるので，49.1% が，自民党に政治的志向をもつユーザーのベースラインホモフィリーとなる [10]．このベースラインホモフィリーを基準として，ユーザーたちのある政治的志向に関するホモフィリー度がこのベースラインホモフィリーからどの程度乖離しているかどうかを検討する．

　ところで，Twitter の場合，ネットワークが方向性をもつため，それに応じて，ホモフィリーの定義も複数存在することになる．先述のように，あるユーザー（エゴ）のフォローするユーザーをフレンドといい，エゴをフォローするユーザーをエゴのフォロワーという．すると，エゴのネットワークのホモフィリーは，フレンドホモフィリーとフォロワーホモフィリーに区別できる．フレンドホモフィリーでは，エゴのフレンドたちがどの程度エゴと同じ政治的志向をもつかを問題にする．エゴはフレンドたちのツイートを閲覧することになる

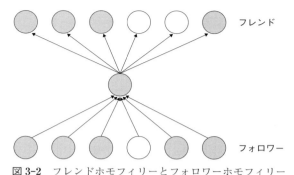

図 3-2 フレンドホモフィリーとフォロワーホモフィリー
注：いまエゴの政治的志向をグレーで表示すると，この図の状況では，フレンドホモフィリーが 4/6=66.7%，フォロワーホモフィリーが 5/6=83% となる．

ので，フレンドホモフィリーが高ければ高いほど，エゴの情報環境は画一的になるといえる．これに対して，フォロワーホモフィリーでは，エゴのフォロワーたちがどの程度エゴと同じ政治的志向をもつかが問題となる．フォロワーたちはエゴのツイートを受信するので，フォロワーホモフィリーが高ければ高いほど，エゴの情報発信は同じ志向をもつ人々に限定されることになる（以上図3-2 を参照）．

同様にして，相互紐帯を用いてホモフィリーを定義できる（これを相互ホモフィリーとよぶ）．この場合，両者のツイートを互いに送信し，受信しあっている状態なので，もし相互ネットワークにおけるホモフィリーの度合いが高ければ，よりエコーチェンバーに近い状況が生まれていると考えることができる．

4.3 結　果

まず Twitter 政治場におけるベースラインホモフィリーを計算しよう（結果は表3-1 を参照）．すでに述べたように，安倍晋三アカウントをフォローする自民党的志向のベースラインホモフィリーは，49.1％である．つまり，この場におけるあるユーザーがランダムに他のユーザーたちをフォローした場合，その約半分が安倍晋三フォロワーだということになる．その他のアカウントについてもいくつかみてみよう．この政治場において，2番目にフォローが多いのは，民進党党首・蓮舫アカウントの3万158 である．比率で計算すれば，30158/

表 3-1　Twitter 政治場における政治アカウント総フォロワー数とベースラインホモフィリー

	安倍晋三	松井一郎	福島みずほ	日本のこころ	小沢一郎	蓮舫	志位和夫	山口なつお	山本太郎
党首フォロー数	43,588	6,690	17,898	6,506	13,791	30,158	9,891	1,255	24,035
ベースラインホモフィリー	49.1%	7.5%	20.2%	7.3%	15.5%	34.0%	11.1%	1.4%	27.1%

注：党首フォロー数を Twitter 場のユーザー総数 8 万 8769 で除した数字がベースラインホモフィリーとなる.

88769＝34.0％が民進党的志向のベースラインホモフィリーとなる. 当然ながら, Twitter 政治場でのフォロワー数の多さは議会政治の政党支持率を反映したものとは限らない. 例えば, 自由党共同代表である山本太郎アカウントのフォロワー数／全ユーザー数（ベースラインホモフィリー）は 27.1％であるのに対して, 自由党支持率は 0.5％にすぎない（NHK 政治意識月例調査 2017 年 4 月現在）.

　さて次に, このベースラインホモフィリーを基準として, 実際のホモフィリー度がどのくらいここから乖離しているか, つまりインブリーディングホモフィリーの度合いを検討しよう. 表 3-2 は, ユーザーが特定の政治的志向をもつ（もたない）ときに, そのネットワークのユーザー（フレンドネットワーク, フォロワーネットワーク, 相互ネットワーク）にどのくらい同じ政治的志向のユーザーがいるかについての比率を表している. 例えば, ユーザーが自民党的志向, 安倍晋三アカウントフォロワーである場合は, そのフレンドのうち, 平均して 59.4％が安倍晋三アカウントフォロワーである. ベースラインホモフィリーからの乖離は, 比率で表すと, 59.4/49.1 で 1.21 倍程度である（表 3-2 の 3 行目を参照）. また, 安倍晋三アカウントをフォローしていないユーザーの, フレンドネットワークにおける安倍晋三アカウントフォロワー率は, 30.7％である. そこで, 安倍晋三アカウントをフォローすることによるホモフィリーの上昇の程度を比率で表す（これを以後「ホモフィリー度上昇比率」とよぶ）と, 59.4/30.7 で約 1.93 倍となる（表 3-2 の 4 行目を参照）.

　もう 1 人, 福島みずほ社民党副党首のフォロワーについてもみてみると, フレンドネットワークにおける福島みずほアカウントフォロワー比率は 42.9％で, ベースラインホモフィリーからの乖離率は, 約 2.13 倍である. また, 同アカウントをフォローすることによるホモフィリー度の上昇比率は, 約 1.85 倍となっている.

表 3-2 フォロワーネットワーク，フレンドネットワーク，相互ネットワークにおけるホモフィリー

		安倍晋三	松井一郎	福島みずほ	日本のこころ	小沢一郎	蓮舫	志位和夫	山口なつお	山本太郎
フレンドネットワーク	フォローしていない	30.7%	11.0%	23.2%	12.6%	22.8%	26.4%	13.3%	2.1%	22.3%
	フォローしている	59.4%	19.3%	42.9%	53.4%	40.7%	39.2%	39.4%	6.3%	51.1%
	ベースラインからの乖離率	1.21	2.56	2.13	7.29	2.62	1.15	3.54	4.45	1.89
	ホモフィリー上昇率	1.93	1.74	1.85	4.24	1.79	1.49	2.97	2.94	2.29
フォロワーネットワーク	フォローしていない	31.2%	11.2%	25.7%	14.6%	26.0%	29.2%	14.7%	2.4%	24.4%
	フォローしている	60.1%	19.7%	46.3%	57.0%	44.9%	42.6%	42.5%	7.2%	54.4%
	ベースラインからの乖離率	1.22	2.62	2.30	7.78	2.89	1.25	3.82	5.12	2.01
	ホモフィリー上昇率	1.93	1.76	1.80	3.91	1.73	1.46	2.89	3.00	2.23
相互ネットワーク	フォローしていない	30.7%	10.7%	21.5%	16.2%	22.1%	24.2%	11.6%	1.8%	20.1%
	フォローしている	62.7%	19.0%	42.4%	58.6%	43.5%	37.9%	42.0%	6.6%	50.3%
	ベースラインからの乖離率	1.28	2.53	2.10	7.99	2.80	1.11	3.77	4.69	1.86
	ホモフィリー上昇率	2.04	1.77	1.97	3.62	1.97	1.56	3.61	3.70	2.50
	党首フォロー数	43,588	6,690	17,898	6,506	13,791	30,158	9,891	1,255	24,035
	ベースラインホモフィリー	49.1%	7.5%	20.2%	7.3%	15.5%	34.0%	11.1%	1.4%	27.1%

注：ネットワークの種類ごとに4行ずつ，全12行の表となっている．それぞれのネットワークについて，列に記した党首名（ないし政党名）のアカウントをフォローしていない場合のネットワーク内の同アカウントのフォロワー比率が上段，フォローしている場合の比率が上2段，ベースラインとの乖離率が下2段，両者の比がホモフィリー上昇率として下段に記載してある．

　以上の検討によってまず明らかになったのは，すべての政治的志向において明らかなインブリーディングホモフィリーが存在していること，つまり，どの政治的志向についてもベースラインホモフィリーからの十分な乖離が存在するということ，である．こうして，例えば，自民党的志向のユーザーはやはり自民党的志向のユーザーをフォローし，そこから情報を収集しようとする傾向があり，社民党志向のユーザーにも同様の傾向が存在することは明らかである．

3章——ソーシャルメディアにおける公共圏の成立可能性　83

もっとも一定程度のホモフィリーは，そもそも特定の政治的志向の共有によって一定の社会圏が成立しているといえるための前提条件であるとも考えられる．特定の政治的志向をもつことが関係選択に影響をまったく与えないとしたら，そこに固有の社会圏が存在する余地は存在しないからである．

　そこで問題になるのは，ここで観察されたインブリーディングホモフィリーの「強度」である．ところがここでひとつの困難に突き当たる．ホモフィリーの強度を単純に比較するための共通尺度は現在のところ存在しないのである．以下では，この点に留意しつつ，いくつかの数字を検討することで，日本のTwitter 政治場におけるホモフィリーと公共圏の成立可能性について立体的な把握に努めることとする．

　まず，参考までに本研究と比較的近い方法によってアメリカの Twitter 政治ネットワークを調べた研究（Halberstam and Knight, 2016）の数字を紹介しよう．ここでは，現職の政治家ではなく，アメリカ下院選挙の候補者アカウントのフォロワーが対象となる．それによると，保守派（共和党）アカウントをフォローするユーザーは全体の 63.9％で，そのユーザーの 79.8％が保守派アカウントをフォローするユーザーをフォローしている．ベースラインからは乖離しており，その乖離率は 79.8/63.9 で約 1.24 倍である．これに対して，リベラル派（民主党）の場合は全体で 36.1％，そのユーザーの 67.1％がリベラル派アカウントのフォロワーなので，ベースラインホモフィリーからの乖離率は約 1.85 倍である．ベースラインホモフィリーの数字がアメリカにおける保守／リベラルと比較的近い，自民党／社民党党首アカウントと比較すると，先に紹介したように，これらのベースラインからの乖離率はそれぞれ 1.21 倍と 2.24 倍となっている．この点についていえば，アメリカと日本のホモフィリーの構造はそこまでかけ離れてはいない，といえる[11]．

　次に，ネットワークの性質の相違によってホモフィリーの度合いに違いがみられるかどうかを確認しよう．例えば，フレンドネットワークと相互ネットワークでフォローの動機が異なるとすれば，それに応じてホモフィリーの度合いに差が生じるかもしれない．1 つの考え方として，一方的なフォローは「インタレスト的」（情報収集的）な動機に基づくフォロー行動を，相互フォローはより「ソーシャル」（相互交流的）な動機に基づくフォロー行動を反映していると

考えられる．このような考えに基づいて両者を比較した先行研究（Colleoni *et al.*, 2014）では，相互ネットワークの方がよりホモフィリーの度合いが高いと報告されている．**表3-2**を用いて，フレンドネットワーク，フォロワーネットワーク，相互ネットワークにおけるホモフィリー度について比較できる．それによると，例えば安倍晋三アカウントのホモフィリー上昇率は順に1.93, 1.93, 2.04, 福島みずほアカウントは，1.85, 1.80, 1.97となっており，若干ながら相互ネットワークにおいてホモフィリー度が上昇する傾向にある[12]．このように，相互交流的な相互ネットワークにおいてはよりエコーチェンバー的状況が出現しやすいといえそうである．

　次に興味深いのは，政治的志向によるホモフィリー度のちがいである．先行研究では，イデオロギーの極端度が高いほどホモフィリー度が高いこと，またリベラル派より保守派の方がホモフィリー度が高いことが報告されている（Boutyline and Willer, 2016）[13]．日本のTwitter政治場ではどうなっているだろうか．ここでは，ある政治アカウントをフォローした場合のホモフィリー上昇率を比較してみよう（相互ネットワークのみを取り上げる）[14]．それによると，そもそもの比率が低くて参考外の山口なつお公明党党首アカウントを別にすると，日本のこころアカウントと志位和夫共産党党首アカウントのホモフィリー上昇率が最も高い（それぞれ，3.62と3.61）．以後，山本太郎自由党共同代表アカウント，安倍晋三自民党党首アカウント，福島みずほ社民党副党首アカウントと続く（**表3-2**の12行目を参照）．この上昇率は，ベースラインホモフィリー等にも依存するため，単純な比較はできないが，それを勘案しても，日本のこころと共産党については，ホモフィリー度が高いといえそうである．日本のこころや共産党は自民党や民進党よりも，右あるいは左においてより「極端」であるとすると[15]，日本のTwitter政治場においても，イデオロギー的に「極端」な立場ほど，ホモフィリー度が高い，ということがいえるかもしれない．では，リベラル派より保守派の方がホモフィリー度が高いといえるかどうか．ここで，仮に自民党や日本のこころを保守寄り，社民党や共産党をリベラル寄りとしよう．データをみる限り，左右のイデオロギーの相違によるホモフィリー度については，はっきりとした傾向はみられないようである．

　以上では，政治的志向ごとに個別にホモフィリー度を分析してきた．しかし，

表3-3 相互ネットワーク上で定義された各党首間の親和性／反発性の程度 (%)

		安倍晋三	松井一郎	福島みずほ	日本のこころ	小沢一郎	蓮舫	志位和夫	山口なつお	山本太郎
安倍晋三	フォローしていない	30.7	8.3	35.5	13.6	36.8	34.5	23.1	1.8	39.9
	フォローしている	62.7	15.8	17.1	45.5	17.6	20.2	9.0	1.9	15.4
松井一郎	フォローしていない	43.1	10.7	28.3	25.9	29.3	29.0	17.6	1.8	30.4
	フォローしている	61.1	19.0	18.8	44.2	19.3	21.1	10.2	2.2	17.1
福島みずほ	フォローしていない	51.4	13.1	21.5	33.5	22.9	26.0	12.2	1.8	22.4
	フォローしている	28.4	8.1	42.4	13.6	42.2	33.4	28.9	2.1	46.1
日本のこころ	フォローしていない	34.2	9.1	32.6	16.2	34.3	33.4	20.8	2.0	36.2
	フォローしている	73.3	18.5	13.1	58.6	12.3	14.2	6.4	1.7	10.0
小沢一郎	フォローしていない	51.8	13.2	21.9	34.3	22.1	25.6	12.7	1.8	22.3
	フォローしている	28.3	8.0	40.7	12.2	43.5	34.2	27.0	2.0	45.4
蓮舫	フォローしていない	50.1	12.8	25.1	33.5	25.8	24.2	15.8	1.8	26.5
	フォローしている	32.5	8.8	32.4	14.2	34.3	37.9	19.1	2.1	34.7
志位和夫	フォローしていない	49.4	12.6	23.2	31.5	24.7	27.2	11.6	1.8	24.4
	フォローしている	24.2	7.1	47.0	10.7	45.5	32.1	42.0	2.2	51.0
山口なつお	フォローしていない	45.1	11.7	27.1	28.1	28.1	28.0	16.7	1.8	28.8
	フォローしている	46.2	13.6	30.4	25.1	30.6	30.9	19.9	6.6	29.9
山本太郎	フォローしていない	53.7	13.6	20.6	35.5	21.6	25.7	11.5	1.9	20.1
	フォローしている	24.1	6.9	43.5	9.7	44.4	33.8	29.6	1.9	50.3

注：行に記した党首アカウントをフォローしているかしていないかに応じて，相互ネットワーク内において列に記した党首アカウントをフォローするユーザーの比率がいかにして変化するかを示している．

社会圏の交差の程度をもって公共圏の成立度合いと考える立場からすれば，異なる政治的立場の間でどの程度，相互作用やコミュニケーションがもたれているかを直接検討することも必要である．そこで，最後に次のような分析を試みた．すなわち，ある特定の政治アカウントをフォローすることによって，他の政治アカウントをフォローするユーザーのネットワーク出現率がどの程度変化するか，を検討した（結果は**表 3-3**）．これを各政治的志向間の親和性／反発性の分析ということができる．いま，ある政治アカウントＡとＢについて，仮に，政治的志向間の親和性が高ければ，ＡをフォローするユーザーのネットワークにはＢをフォローするユーザーが多いという関係がみられるだろう．逆に，両者が反発的関係にあるならば，ＡをフォローしているユーザーのネットワークにはＢをフォローするユーザーが少なくなるはずである．このような親近性や反発性によって，異なる政治的志向の間のコミュニケーションが少なければ，それだけ公共圏としての機能は損なわれているということになる．

　安倍晋三アカウントのフォロワーについてみてみよう（以下**図 3-3** も参照）．同アカウントをフォローしている場合，相互ネットワークにおける同アカウントのフォロー率は 62.7％となる．親和的なアカウントとしては，日本のこころアカウントのフォロー率は 45.5％で，安倍晋三アカウントをフォローしていない場合と比較した上昇率は，３倍以上となっている．他方で，福島みずほアカウントのフォロー率は 17.1％でこの場合，安倍晋三アカウントをフォローしていると，フォロー率は半分以下に下がる．同様に，志位和夫アカウントや山本太郎アカウントでも，半分以下のフォロー率になる．全体としては，安倍晋三アカウントと親和的なのは，松井一郎アカウント，日本のこころアカウントであり，反発的なのは，福島みずほアカウント，小沢一郎アカウント，蓮舫アカウント，志位和夫アカウント，山本太郎アカウント，となっていて現代日本におけるイデオロギー布置，ある種の「分断線」をよく反映しているといえる．

　よりイデオロギーの「極端度」の高いアカウントの反発性をみてみよう．例えば，日本のこころアカウントのフォロワーについていえば，そのネットワークにおける志位和夫アカウントのフォロワーは 6.4％程度で，日本のこころフォロワーでない場合に比べて，１／３以上の減少率である．他方で，志位和夫アカウントのフォロワーのネットワークにおける日本のこころフォロワーは 10.7

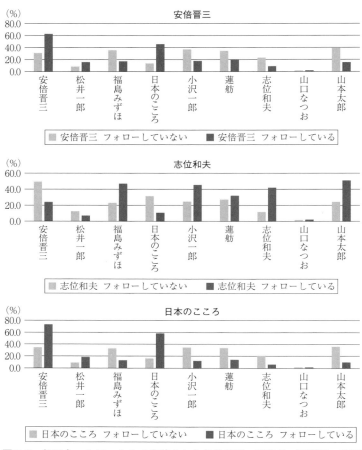

図 3-3 相互ネットワーク上で定義された各党首間の親和性／反発性の程度

％程度で，やはり志位和夫アカウントをフォローしていない場合に比べて 1／3 以上の減少率となっている．このように，イデオロギーの「極端な」人々の間では，そうでない場合に比べて，他の政治的立場の意見に触れる機会が低くなっている可能性は高いと考えられる．

5 結 論

　本章では，ソーシャルメディアにおける公共圏の成立可能性を経験的に分析するために，公共圏の関係論的定式化を新たに提唱した．これに基づいて，ソーシャルメディアの一例として Twitter を取り上げ，Twitter 政治場を構成した上で，同場における公共圏の成立可能性を検討した．本研究の主たる貢献は，公共圏に関係論的定式化を与えることで，その成立可能性を連続的に評価するための枠組みを設定し，計算社会科学の手法を用いることにより，Twitter 政治場の全体構造を経験的に分析することを可能とした点にある．

　では，実際のところ，Twitter 政治場はどの程度「公共圏」的といえるだろうか．

　まず，Twitter 政治場において政治的志向による（インブリーディング）ホモフィリーは確実に存在する．つまり，政治的志向に基づく関係形成が行われ，類似の人々の間で関係が閉じていく傾向が存在する．そしてこの傾向は相互ネットワークになると若干ではあるが，より大きくなる．さらに明らかになったのは，イデオロギー的に「極端」な立場の方が，ホモフィリー度が高い傾向があるということである．また，さまざまな政治的立場の「交差性」を検討するために，各立場にはたらく親和性／反発性を検討した結果，あるイデオロギー的なラインにそった一定の「分断線」が存在することが明らかになった．この結果から，Twitter 政治場において，特に「極端な」政治的志向をもつ人々同士については，公共的な議論の可能性が少なからず阻害されるリスクが存在することが示唆される[16]．

　とはいえ，今回の分析は多くの点で限界があり，さらなる本格的な分析によって補完される必要がある．

　第 1 に，今回の調査対象は，多くの点で限定的である．今回はデータ取得上の制約から，ある政党党首のフォロワーしか対象としなかったが，Twitter に限ってみても，公共的な論議の担い手がこうした人々に限られないのは明らかであろう．逆に，党首フォロワーについてみても，その内部に異質性は存在する．ある人は単に情報収集目的で特定の政党党首をフォローしているかもしれ

3章——ソーシャルメディアにおける公共圏の成立可能性　89

ないし，別の人は政治的な支持の表明のためにフォローしているかもしれない．このような内部の異質性に応じて，分析をさらに進める必要がある．それによって，例えば，どのような人々からなる社会圏において特にホモフィリー度が高いのか，あるいは異なる社会圏を橋渡しするのはどのような人々なのかが明らかになる可能性がある．

第2に，今回の研究では，フォロー行動から生じる形式的なネットワーク構造しか検討していない．すでに述べたように，ホモフィリーは社会的影響によるエコーチェンバーを引き起こす潜在的構造であるが，この構造が公共圏の成立可能性に実際にどの程度具体的に影響しているかを検討するためには，さらなる分析が必要である．例えば，言語的やりとりと結果として生じる社会的影響の程度，つまり同類の意見によって意見がますます偏ったり，あるいは異なる立場の議論にふれて見解を変更する可能性の度合いについて，ツイート内容の言語分析や時系列分析によってさらに明らかにする必要がある[17]．

以上複数の限界はあるものの，本章では，公共圏の成立可能性という規範的問題を経験的な分析に基づいて追究する1つの可能性を提示した．上記したさまざまな問題をふまえたさらなる本格的分析については，今後の課題としたい．

【註】

1) この傾向がもっとも顕著なのは，J. ハバーマスの公共圏の理論である（Habermas, 1990=1994）．だがここで詳論はできないが，多かれ少なかれ既存の公共圏理論にはこうした傾向が存在するといえる．公共性をめぐる議論全般については齋藤（2000）の整理が参考になる．ハバーマスの『公共性の構造転換』をめぐる論争についてはキャルホーン編（Calhoun, ed., 1992=1999）所収の各論文が古典的である．また，より新しい議論については，例えば，Crossley and Roberts（2004）を参照．日本における公共圏については東島（2000），池上（2005），メディアと公共圏については花田（1996），インターネットと公共圏については吉田（2000），遠藤編（2016）の一連の諸論考を参照．

2) ただし管見の限りでは，ジンメルはこの文脈で公共圏 Öffentlichkeit という言葉そのものは用いていない．彼が用いるのは例えば公共精神 öffentlichen Geistes 等である．

3) 関係社会学と称する立場はいくつかあるが（例えば，Crossley（2010）や Donati（2010）など），ここでの議論は，多かれ少なかれ H. ホワイトの影響下にある論者の立論を参照している．包括的なレビューとしては Mische（2011）を参照．

4) J. マーチンは前者から帰結する構造を単純な構造，後者から帰結する構造を複

雑な構造とよんで区別している（Martin, 2009: 30）．マーチンの議論は主として単純な構造の分析に向けられている．

5）　この定式化は H. ホワイトの公共の定式化に多く負っている（White, 2008; Mische and White, 1998）．また池上（2005）は類似の概念化に基づいて，徳川期の日本における公共圏について歴史社会学的に分析している．

6）　今日的な意味での計算社会科学という語の用法は Lazer *et al.*（2009）に始まるというのが定説である．この分野のレビューは Golder and Macy（2014）を参照．

7）　Twitter データの収集は公式の REST API を用いた．なおデータ収集・整理について，永吉希久子氏の助力を得た．

8）　具体的な党首名については**表 3-1** を参照．

9）　Twitter 政治場におけるフレンド数とフォロワー数，および相互紐帯の平均は，順に 233，244，154，標準偏差は 663，520，449 となっている．

10）　ベースラインホモフィリーをランダムマッチングによって形成される紐帯の内集団比率の期待値として考えると，定式においては，安倍晋三アカウントの総フォロワー数から 1 を引いた数を考えるべきだが，母集団サイズが大きいため，ここでは単純に全体における内集団比率を利用している．

11）　むろん，アメリカの研究では，そもそも保守派（共和党）とリベラル派（民主党）という 2 つの政治的志向のみを扱い，かつ政治的志向は相互に排他的になるように定義されているなど，多くの点で手続きが異なるため，比較はあくまで参考程度となる．

12）　ただし日本のこころアカウントにおいては例外的に，4.24, 3.91, 3.62 と低下傾向にある．

13）　ただし，後者については，別の結果，すなわち保守派よりリベラル派の方がホモフィリー度が高いとする結果もある（Colleoni *et al.*, 2014）．

14）　ホモフィリーの上昇率を用いて，異なる政治的志向間の比較をするアイデアは数土直紀氏から示唆を得た．

15）　谷口（2015）の分析によると，共産党議員は民主党（当時）よりも左寄りであり，支持者層も分散は大きいけれどもより左寄りである．日本のこころについてはデータは存在しないが，政策主張の点からみて，自民党よりも右寄りであるとみて差し支えないだろう．

16）　もっとも，特定の先鋭的な主張をもつ人々による密な社会圏が大きな動員力をもち，社会運動によって社会正義を実現していく可能性もまた否定できない（Sunstein, 2017; Boutyline and Willer, 2016）．したがって，Twitter 政治場の構造を総合的に評価するためには，こうした側面もふまえて，さらなる多角的な検討が必要である．

17）　同じデータを用いて，大規模社会ネットワーク分析と自然言語処理技術により，政治的分極化メカニズムを分析した Takikawa and Nagayoshi（2017）を参照．

【文献】

Anderson, D. M. and M. Cornfield, eds., 2003, *The Civic Web: Online politics and Democratic Values*, Rowman & Littlefield.

Arendt, H., 1958, *The Human Condition*, University of Chicago Press（志水速雄訳, 1994, 『人間の条件』筑摩書房）.

Barberá, P., 2015, "Birds of the Same Feather Tweet Together: Bayesian Ideal Point Estimation Using Twitter Data," *Political Analysis*, 23(1): 76-91.

Berger, M., ed., 1954, *Freedom and Control in Modern Society*, Van Nostrand.

Boorman, S. A. and H. C. White, 1976, "Social Structure from Multiple Networks. II. Role structures," *American Journal of Sociology*, 81(6): 1384-1446.

Bourdieu, P., 1977, *Outline of a Theory of Practice*, Cambridge University Press.

Boutyline, A. and R. Willer, 2016, "The Social Structure of Political Echo Chambers: Variation in Ideological Homophily in Online Networks," *Political Psychology*.

Breiger, R. L., 1974, "The Duality of Persons and Groups," *Social Forces*, 53(2): 181-190.

Burt, R. S., 1985, "General Social Survey Network Items," *Connections*, 8: 119-123.

Calhoun, C. J., 1992, "Introduction: Habermas and the Public Sphere," C. J. Calhoun, ed., *Habermas and the Public Sphere*（山本啓訳, 1999, 「序論：ハーバマスと公共圏」山本啓・新田滋訳『ハーバマスと公共圏』未來社）.

Calhoun, C. J., ed., 1992, *Habermas and the Public Sphere*, MIT Press（山本啓・新田滋訳, 1999, 『ハーバマスと公共圏』未來社）.

Castells, M., 2008, "The New Public Sphere: Global Civil Society, Communication Networks, and Global Governance," *The Annals of the American Academy of Political and Social Science*, 616(1): 78-93.

Colleoni, E., A. Rozza and A. Arvidsson, 2014, "Echo Chamber or Public Sphere? Predicting Political Orientation and Measuring Political Homophily in Twitter Using Big Data," *Journal of Communication*, 64(2): 317-332.

Crossley, N., 2010, *Towards Relational Sociology*, Routledge.

Crossley, N. and J. M. Roberts, 2004, *After Habermas: New Perspectives on the Public Sphere*, Sociological Review Monograph.

Dahlgren, P., 2005, "The Internet, Public Spheres, and Political Communication: Dispersion and Deliberation," *Political Communication*, 22: 147-162.

DiGrazia, J., K. McKelvey, J. Bollen and F. Rojas, 2013, "More Tweets, More Votes: Social Media as a Quantitative Indicator of Political Behavior," *PloS one*, 8(11): e79449.

Donati, P., 2010, *Relational Sociology: a New Paradigm for the Social Sciences*, Routledge.

Easley, D. and J. Kleinberg, 2010, *Networks, Crowds, and Markets: Reasoning about a Highly Connected World*, Cambridge University Press（浅野孝夫・浅野泰仁訳,

2013, 『ネットワーク・大衆・マーケット——現代社会の複雑な連結性についての推論』共立出版).

遠藤薫編, 2016, 『ソーシャルメディアと〈世論〉形成』東京電機大学出版局.

Fishkin, J. S., 2009, *When the People Speak: Deliberative Democracy and Public Consultation*, Oxford University Press(岩木貴子訳, 曽根泰教監修, 2011, 『人々の声が響き合うとき——熟議空間と民主主義』早川書房).

Fraser, N., 1992, "Rethinking the Public Sphere: A Contribution to the Critique of Actually Existing Democracy," C. J. Calhoun, ed., *Habermas and the Public Sphere*(山本啓・新田滋訳, 1999, 「公共圏の再考——既存の民主主義の批判のために」山本啓・新田滋訳『ハーバマスと公共圏』未來社).

Fraser, N. and A. Honneth, 2003, *Umverteilung oder Anerkennung?: eine politisch-philosophische Kontroverse*, Suhrkamp(加藤泰史ほか訳, 2012, 『再配分か承認か?——政治・哲学論争』法政大学出版局).

Galston, W. A., 2003, "If Political Fragmentation is the Problem, is the Internet the Solution?" in D. M. Anderson and M. Cornfield, eds., *The Civic Web: Online politics and Democratic Values*, Rowman & Littlefield.

Golder, S. A. and M. W. Macy, 2014, "Digital Footprints: Opportunities and Challenges for Online Social Research," *Annual Review of Sociology*, 40: 129-152.

Gould, R. V., 1995, *Insurgent identities: Class, Community, and Protest in Paris from 1848 to the Commune*, University of Chicago Press.

Habermas, J., 1990, *Strukturwandel der Öffentlichkeit: Untersuchungen zu einer Kategorie der Bürgelichen Gesellschaft, Neuauflage*, Suhrkamp Verlag(細谷貞雄・山田正行訳, 1994, 『公共性の構造転換』[第 2 版] 未來社).

Halberstam, Y. and B. Knight, 2016, "Homophily, Group Size, and the Diffusion of Political Information in Social Networks: Evidence from Twitter," *Journal of Public Economics*, 143: 73-88.

花田達則, 1996, 『公共圏という名の社会空間——公共圏, メディア, 市民社会』木鐸社.

Hedström, P., 2005, *Dissecting the Social: On the Principles of Analytical Sociology*, Cambridge University Press.

東島誠, 2000, 『公共圏の歴史的創造——江湖の思想へ』東京大学出版会.

池上英子, 2005, 『美と礼節の絆——日本における交際文化の政治的起源』NTT 出版.

Jacobs, J., 1961, *The Death and Life of Great American Cities*, Vintage(山形浩生訳, 2010, 『アメリカ大都市の死と生』[新版] 鹿島出版会).

北村智・佐々木裕一・河井大介, 2016, 『ツイッターの心理学——情報環境と利用者行動』誠信書房.

Lazarsfeld, P. F. and R. K. Merton, 1954, "Friendship as a Social Process: a Substantive and Methodological Analysis," in M. Berger, ed., *Freedom and Control in Modern Society*, Van Nostrand.

Lazer, D. *et al.*, 2009, "Life in the Network: the Coming Age of Computational Social Science," *Science*, 323(5915): 721.

Luhmann, N., 2000, *Die Politik der Gesellschaft*, Suhrkamp（小松丈晃訳，2013，『社会の政治』法政大学出版局）.

Marsden, P. V., 1987, "Core Discussion Networks of Americans," *American Sociological Review*, 52: 122-313.

Martin, J. L., 2009, *Social Structures*, Princeton University Press.

McPherson, M., L. Smith-Lovin and J. M. Cook, 2001, "Birds of a Feather: Homophily in Social Networks," *Annual Review of Sociology*, 27(1): 415-444.

Mejova, Y., I. Weber and M. W. Macy, eds., 2015, *Twitter: a Digital Socioscope*, Cambridge University Press.

Mische, A., 2011, "Relational Sociology, Culture, and Agency," in J. Scott and P. J. Carrington, eds., *The SAGE Handbook of Social Network Analysis*, SAGE Publications.

Mische, A. and H. C. White, 1998, "Between Conversation and Situation: Public Switching Dynamics Across Network Domains," *Social Research*, 65: 695-724.

Pew Research Center 2016, http://www.pewinternet.org/2016/11/11/social-media-update-2016/.

Rainie, L. and B. Wellman, 2012, *Networked: The New Social Operating System*, Mit Press.

齋藤純一，2000，『公共性』岩波書店.

Scott, J. and P. J. Carrington, eds., 2011, *The SAGE Handbook of Social Network Analysis*, SAGE Publications.

Simmel, G., 1908, *Soziologie: Untersuchungen über die Formen der Vergesellschaftung*, Duncker & Humblot（居安正訳，1994，『社会学——社会化の諸形式についての研究』白水社）.

Sunstein, C. R., 2001, *Republic.com*, Princeton University Press（石川幸憲訳，2003，『インターネットは民主主義の敵か』毎日新聞社）.

Sunstein, C. R., 2017, *#Republic: Divided Democracy in the Age of Social Media*, Princeton University Press.

瀧川裕貴，forthcoming，「社会秩序とソーシャル・キャピタル」佐藤嘉倫編『ソーシャル・キャピタルと社会』ミネルヴァ書房.

Takikawa, H. and P. Parigi, 2017, Duality Revisited: A New Methodology for Bipartite Networks, Available at SSRN（https://ssrn.com/abstract=2803062 or http://dx.doi.org/10.2139/ssrn.2803062）.

Takikawa, H. and K. Nagayoshi, 2017, "Political Polarization in Social Media: Analysis of the "Twitter Political Field" in Japan," the Proceedings of the 2017 IEEE International Conference on Big Data.

田中一輝・笹原和俊，2015，「都知事選2014における"More Tweets, More Votes"

仮説の検証」『インタラクション 2015』: 21-27.

谷口将紀, 2015, 「日本における左右対立（2003〜2014 年）——政治家・有権者調査を基に（特集 日本における『左右対立』の現在）」『レヴァイアサン』57：1343-8166.

Watts, D. J., 2011, *Everything is Obvious: Once You Know the Answer*, Crown Business（青木創訳, 2012, 『偶然の科学』早川書房）.

Weber, I., V. R. K. Garimella and A. Batayneh, 2013, "Secular vs. Islamist Polarization in Egypt on Twitter," *Proceedings of the 2013 IEEE/ACM International Conference on Advances in Social Networks Analysis and Mining*: 290-297.

White, H. C., 2008, *Identity and Control: How Social Formations Emerge*, Princeton University Press.

吉田純, 2000, 『インターネット空間の社会学——情報ネットワーク社会と公共圏』世界思想社.

4章
信頼の革新，間メディア・クラック，およびリアルな共同の萌芽

与謝野　有紀

1　はじめに

　本章では，間メディア社会における信頼感の爆発的拡大，すなわち，「信頼の革新」の構造を明らかにし，こうしたネット空間上の信頼の拡大の背後で，リアルな社会における組織への信頼感，人々が作る社会イメージにおいて間メディア・クラック（メディアの利用者，受容者間の裂け目）が出現しつつあることを実証的に明らかにする．また，ソーシャルメディア利用者とマスメディア受容者の間でのクラックが広がりつつある一方で，間メディア・クラックを埋め合わせるリアルな共同の萌芽が，ソーシャルメディア利用者によって生み出されつつあることをデータから明らかにしていく．

　また，本章では，公共空間，公共圏，親密圏，そして，社会関係資本としての信頼がキーワードとなるが，社会関係資本のうち，以下の理由から，とくに信頼に焦点を絞って議論を進める．社会関係資本の定義は現在のところきわめて多様であり，広範な要素を含みこんでしまっている．こうした状態は，学際的な共同と多様な要素を視野に含む議論のプラットフォームを形成する可能性がある一方で，社会関係資本の概念を利用した分析の焦点を不明確にさせつつある．たとえば経営学分野では，「情報，アイディア，指示方向，ビジネス・チャンス，富，権力や影響力，精神的なサポート，さらには善意，信頼，協力」（Baker, 2000）が社会関係資本とみなされているが，社会関係に関わり何らかの価値を生むと想定されるすべてがここに投げこまれてしまい，概念が分析的な意味を喪失しつつある．また，ネットワークから社会関係資本を捉えようと

する立場からは，コールマン（Coleman, 1990）の社会関係資本概念に対する強い批判があるなど，社会関係資本の語が意味する内容は分析者の立場によって大きく異なっている（Lin, 2001）．こうしたなかで，信頼が社会関係資本の中心的な要素，あるいは，社会関係資本の本質であるとする見方についてはほぼ合意が取れているといってよい（与謝野・林，2007）．そこで，ここでは社会関係資本の主要素である信頼に焦点を定め，概念間の相互関係を明確にするという分析戦略をとる．

　ところで，信頼は，信頼性と信頼感の2つの概念に分けられる．信頼性はJIS（日本工業規格）の信頼性項目[1]と類比的に「他の人が期待する社会的機能を期待通りに遂行する程度」と定義できる（与謝野，2015b）．また，信頼感は，信頼性の概念を参照しながら「他者の信頼性についての推定値」として定義される．社会関係資本の議論においては，パットナム（Putnam, 1993）を先駆けとし世界銀行が追随する形で，後者（＝信頼感）を中心にその社会的機能が議論されてきた．特に，見知らぬ他人に対する信頼感——一般的信頼（general trust）——は，市場が効率的に運営されるための必要条件として重視されてきている．ここでは，ソーシャルメディアを伴ったネット上の市場，およびシェアリングエコノミーを参照しながら，ソーシャルメディアが信頼感をめぐっていかなる状況を出現させているのかを見ていく．特に，「信頼の革新」（Botsman, 2016）と呼ばれる状況は，どのようにして，なにを生み出したのかを，コロック（Kollock, 1999a; 1999b）の議論を参照しながら整理する．

　また，本章では，公共性に関わる社会状況について，齋藤（2000）の整理にしたがい，(1)公共圏，(2)公共的空間，(3)親密圏の3者に分けて整理する．(1)の公共圏は「特定の場所をもった」「特定の人たちの言説空間」であり，伝統的な共同，合意の場ともなっている．この場では，全体の意見と異なるものの排除，意見の統一，地域などのシンボルに対する愛着がもとめられるなど，統合が強い状況にあるとされる．このため，多様性よりは統一性が目指されやすく，また，意見の大きな差異が解消されるよう働きかけが生じ，差異が解消されない場合，差異を無視しながら妥協が図られることもある．一方，(2)の公共的空間は，このような内的統合の強い公共圏をも内部に多数含みこみながら対話が行われる場である．公共圏を多数含みこむということは，意見の異なる多数の

集団が同時に参加する場となることを意味する．なぜならば，公共圏の内部では意見の統一が目指されるが，一般的に言って，その内容は異なる公共圏の間で異なるはずだからである．結果，公共的空間は多数の異なる意見（たとえば，政治的立場）が集まる場となる．また，公共的空間では，意見の差異をなくすことが目指されるのではなく，多数の異なる意見があることを相互に認め合い，それぞれの意見の違いを前提に客観的真実性，社会的正当性，及び主観的誠実性をもとに対話を継続することが求められる（Arendt, 1958; Habermas, 1987）．

　ソーシャルメディアの出現は，公共的空間を生む新しい契機として期待される一方，客観的真実性，社会的正当性，主観的誠実性が，匿名性の高い場では実現しがたく，逆に，公共圏間の分断，価値観の分裂をより促進しかねないことも指摘されている（遠藤ほか，2016）．また，アーレント（Arendt, 1968）は，現代社会の病巣は，このような公共的空間がうまれず，相互を尊重した議論がなされることもなしに「空論」によって私的領域が侵食され，人々の政治性，すなわち，相互の了解ある発話が制限されてしまうことだとしている．そして，このようなマスの「空論」による私的領域の侵略から独立して存在するために，親密圏が公共的空間の代替的機能を担うことになるとする．ここで，親密圏は相互に共感し，互いの意見を尊重し信頼できる少数の人々によるやりとりの場として描かれる．そして，公共圏と異なり，特定の問題の解決ではなく，相互の意見をよく理解しあえるような関係がそこでは大切にされる．伝統的には異性間の結びつきを核とした人間関係（家族）が親密圏の基礎として想定されていたが，異性間の結びつきは親密圏の必要条件ではない．この概念の核心は，共感しあい，相互に意見を尊重する，感情的な結びつきの強い人々によって形成される場であるというところにある．

　以下の論考では，間メディア社会において，この親密圏が生成される萌芽がみられることを以下の4点を順に追いながら示していく．まず，(1)ICT（information and communication technology）によって実現したとされる「信頼の革新」の構造を明らかにする．次に，(2)「信頼の革新」が公共的空間の出現に必ずしもつながらないことを議論する．さらに，(3)社会イメージや社会制度への信頼感に，間メディア・クラックが生じていることを実証的に明らかにする．最後に，(4)間メディア・クラックを埋め合わせる親密圏の萌芽がみられること

をデータで提示し，アーレント（Arendt, 1968）が想定した親密圏の成長が間メ
ディア社会において現実になりつつあることを示していく．

2 「信頼の革新」の構造

2.1 信頼感の爆発的拡大としての「信頼の革新」

ICT が信頼の爆発的な拡大を起こした例として，R. ボツマンは BlaBlaCar,
Uber, AirBnB を引用し，このような現象を「信頼の革新」（the trust shift）と
呼んでいる（Botsman, 2016）．まず，BlaBlaCar というシステムで何が生じてい
るのかから見てみよう．BlaBlaCar は，ある場所Aからある場所Bへ移動をし
たい人と，同じくAからBへ移動する運転者をマッチングするシステムであり，
同乗者は，同乗させてくれた車の運転者にお金を支払う．このシステムは，イ
ギリス，イタリア，セルヴィア，インドなど，世界 22 カ国で展開しており，
利用者の平均の移動距離は 300 キロを超え，毎月の利用者数は 400 万人を超え
ているという．基本的に見知らぬ人同士が出会い同乗するこのシステムは，ア
メリカを発祥とする Uber と類似しているが，Uber よりもさらに人間同士の
付き合いを重視する傾向がある．同乗を希望するものは，Bla から BlaBlaBla
まで自分がどのくらい話好きかについても登録する．BlaBlaBla ならば「話が
とまらない」，BlaBla なら「そこそこ話す」，Bla なら「それほど話すわけでは
ない」という具合であり，どのくらい話し相手になれるかも重要な条件になっ
ている．Uber については，移動距離の長さ，標準の値段設定などから，タク
シーと競合するシステムと見なせるのに対し，BlaBlaCar はよりインフォーマ
ルなヒッチハイクに近いマッチングシステムといってよいだろう．いずれもシ
ェアリングエコノミーと呼ばれるもので，各国で大きな経済効果を生んでいる
が，日本では Uber については規制によって運用が限定されており，BlaBlaCar
については現在のところ運用されていない．

ところで，見知らぬ人の車に何時間も同乗するというヒッチハイク自体が，
日本では欧米ほど一般的ではないが，毎月 400 万人がこのシステムを利用し，
平均で 300 キロ以上の移動をしていることは，利用者数が延べ人数であること
を考えてもかなり強烈な印象を与える．また，Uber の利用者数は全世界で毎

日100万件を超えるという．さらに，宿の提供を中心とするAirBnBも利用を広げ，日本だけでも昨年に300万人がこのサービスを利用している．これまでは，政府の認可や団体の推薦のあるようなサービス提供者（タクシー，ホテルなど）の利用が前提になっていた分野に，個人と個人をマッチングさせるシェアリングエコノミーが展開し始めている．こうしたシェアリングエコノミーには，それぞれの運営者ごとに特徴があるけれども，「信頼の革新」という点でもっともシンボリックなのは，ボツマンも引用している先述のBlaBlaCarであろう．そして，このシェアリングエコノミーのサイトでは，「信頼をどれだけつくることができるか」といった文言がサービスの特徴として明示的に述べられている．また，ネット上のマッチングからリアルなサービスの供給と需要，さらには，当初のサービスの供給—需要関係を超えた社会的な付き合いの創造への展開——BlaBlaCarの利用をきっかけに雇用関係が生まれたなど——が事例としてウェブサイト上に喧伝される．これまで話したことも会ったこともない他人の車に長時間同乗することは，その運転者の信頼性に対する高い推定，すなわち，高い信頼感がなければ生じ難いだろう．また，見知らぬ他人を同乗させる車の運転者も，同乗を希望する人が悪意をもっていないと考えなければ，安価で車を運転していくことはしないはずだ．こうした相互に信頼感を持ち合う関係が爆発的に拡大した状態を「信頼の革新」とボツマンは呼んでおり，これがICTによって実現したと指摘する．ただし，ボツマン（Botsman, 2016）の議論は学問的なものではなく，信頼をめぐる議論は理論的に不十分なものとなっている．そこで，以下では，「信頼の革新」の構造を，誰に対する信頼が，どのようにして生成されたのかという点から理論的に整理する．そののち，オンラインマーケットやネットを用いたシェアリングエコノミーが成功するための必要条件を，コロック（Kollock, 1999a; 1999b）の議論を参考に概観し，ソーシャルメディアを用いた合意形成の困難さを浮き彫りにしていく．

2.2　2つの信頼感

まず，「信頼の革新」と呼ばれる現象において，誰に対する信頼が，どのようにして形成されたのかを整理しよう．BlaBlaCarを利用する人々は，これまで会ったことも，話したこともない人を信頼して車に乗ったり，人を車に乗せ

たりするのだから，見知らぬ他人を信頼していることになる．すると，これまで一般的信頼と呼ばれてきたものが量的に拡大し，これがシェアリングエコノミーの隆盛をもたらしているようにも見える．一般的信頼は，「人間という情報しかない場合の他者に対する信頼性のデフォルト推定値」（山岸，1998）と定義される．この概念には各種の問題があるけれども，世界銀行を中心として，一般的信頼が市場の効率性と関係していることが盛んに議論されており，一般的信頼は市場が成功する基礎条件の1つと考えられている[2]．世界銀行の議論を単純化すると，「相手がどんな人か分からない場面でも，相手が裏切らずに支払いや商品の送付をしてくれると信じることが，市場への参加者との取引量を増やし，結果，経済効率が上昇する」ということになる．では，「信頼の革新」と呼ばれる現象，すなわち，シェアリングエコノミーの拡大も一般的信頼の爆発的な拡大としてみなしてよいのだろうか？

　結果から先にいえば，「信頼の革新」は一般的信頼の拡大ではなく，一般的信頼と対照的に議論される個別的信頼の拡大が爆発的に生じたものとみなすことが正しい．このことを理解するために，一般的信頼と個別的信頼の概念についてまず手短に整理しよう．一般的信頼は，厳密には「相手がどのような人かを推測することが困難なほど情報が少ない」場合の信頼感といえる．そして，この信頼感は「他者は一般的にいってどの程度信じられるか？」に対応するものとみなされてきた．山岸（1998）の「信頼の解き放ち理論」は，こうした信頼感がなければ過去の取引関係に人は縛られてしまい，より良い取引機会を失ってしまうとし，一般的信頼が新たな人との出会いに向けたブースターになると論じる[3]．一方，学習理論を主軸とする信頼研究は，個別的信頼，すなわち，家族，友人など特定の他者に対する信頼感が育つときに，知らない人々への信頼感も醸成されていくとする．個別的信頼が一般的信頼を阻害するのか，あるいは，醸成するのかが，解き放ち理論と学習理論の対立軸となってきた．

　ところで，個別的信頼は，家族，友人，知人に限定されるのだろうか．この点をはっきりとさせておくことがのちの議論で重要となるため，少し詳しく説明しておきたい．実は，個別的信頼は，家族などの密な関係性を持つ他者に対する信頼に限定されない．個別的信頼は，「名前は知らないが特定の個人として識別できる誰か」に対しても同様に適用される概念である．毎朝，駅で見か

ける人，話したことはないが地域で何回も会ったことのある人も個別的信頼の
対象になるし，ネット上のハンドルネームしか知らないような人も個別的信頼
の対象となる．重要なのは，どれだけ密な関係性を持っているかではなく，
「個として識別された人」について，信頼性の推定にかかわるような行為に関
する情報をどれだけ有しているかである．この行為に関する情報はポジティブ
な場合，ネガティブな場合の両者があり，あるＡさんが「誰か困っている人の
ために手を貸していたのを見た」ようなときポジティブ情報を入手したといい，
あるＢさんが「自分の利益のために，他人の被害になる嘘をついていることを
知った」ようなときネガティブ情報を入手したという．ポジティブ，ネガティ
ブの違いはあるが，いずれも，ある「個として識別された人」の信頼性に関わ
る行為の履歴から，その人に対する信頼感が推定されている．すなわち，「個
として識別された人」の行為の履歴を把握していることが個別的信頼の基礎に
なっており，その履歴からの信頼性の推定値が個別的信頼と呼ばれる．

2.3　誰に対する信頼の革新か？

　上記をもとに，BlaBlaCar，Uber，AirBnB のマッチングのシステムがどん
な信頼を生み出しているのかを見てみよう．これらすべてに共通しているのは，
人間以外の情報がないような人同士をマッチングさせているのではなく，特定
の個人のプロフィール，行為の履歴を開示し，それを基礎として人々をマッチ
ングさせていることである．BlaBlaCar を例にとると，「このシステムを今回
利用するかどうか」，また，複数の選択肢があるとき（出発地と行先が合致する
人が複数ある）「誰の車に乗るか」を決めるとき，その基礎になるのは，BlaBla
Car という媒介者が提供する以下の情報である．

・メールアドレスの確認が取れているかどうか
・携帯番号の確認が取れているかどうか
・写真
・Facebook の友達の数
・いつから BlaBlaCar に参加しているか
・嗜好（どのくらいおしゃべり好きか，煙草を吸うか，ペットは同乗しているか）

4章——信頼の革新，間メディア・クラック，およびリアルな共同の萌芽　　103

・車の種類
・どれだけオファーをだしているか
・他の人たちのレビュー
・平均レイティング，レイティングされた数
・電話，メールアドレス，プロフィール情報などの入力の程度とこれまでの同
　乗者のレイティングを総合した経験値（5段階で，ニューカマーからアンバサ
　ダーまで）

　この中で特に重要とされるのはレビューとレイティングであり，利用者はこ
の入力を強く求められる．そして，このレビューとレイティングこそが，ある
運転者の行為履歴であり，同乗しようとする人が運転者を信頼するかどうかの
基礎になっている．すなわち，BlaBlaCar を 1 つの典型として，「信頼の革新」
では個別的信頼を醸成できるかが鍵となっており，個別的信頼の爆発的，量的
拡大が ICT を通じて実現したものと考えることができる．「信頼の革新」は相
手の情報がないようなときの信頼，すなわち，一般的信頼の拡大では決してな
い．
　BlaBlaCar は，個人間の信頼関係が形成されることを明示的に意図しており，
そのことが BlaBla（日本語の「ぺちゃくちゃ」）という語にも現れている．タク
シーは，運転者と乗車者の間の旅客運送契約に基づいて運行されており，目的
地への乗客の輸送の対価として料金が払われる．そのため，運転者と乗客は必
ずしも会話する必要がない．それどころか，現在では，運転者から乗客に話し
かけないことを売りにしたタクシーも出現している[4]．つまり，タクシーの運
行において，運転者と乗客の間にはサービスの販売，購入の契約関係以外は必
要とされていない．一方，BlaBlaCar が目指しているのは，ネットが紡いだ個
別的信頼を契機として，リアルな信頼関係が醸成されることである．
　ところで，個別的信頼は，個として識別できる人の行為履歴に基づく信頼で
あるから，リアルな社会では他者からの情報（噂話など）を利用したとしても，
その人数は物理的に限られる．一方，ICT は，評判のシステム（カスタマー・
レビューなど）を利用することでこの状況を突破し，多くの人々が個別的信頼
を相互に抱きうる状況を生み出している．個別的信頼の拡大は，マクロな視点

から見て，社会関係資本の充実とみなすことができるから，ICT は「信頼の革新」という社会関係資本の拡充を実現しつつあるといってよいだろう．そして，このシステムの核は，レビュー，レイティングという仕組みを構築しているところにある．次節では，ソーシャルメディアがシェアリングエコノミーやオンラインマーケットの基礎となる信頼を生み出すプロセスについて整理する．

3　ソーシャルメディアの信頼醸成機能とその限定性

3.1　「信頼の革新」を生み出すレビュー，レイティングシステムの進化

ソーシャルメディアにはさまざまな種類があるが，Wikipedia（2017）は，

> ソーシャルメディアは，電子掲示板や，ブログ，ウィキ，ポッドキャスト，ソーシャルブックマーク，ソーシャル・ネットワーキング・サービス，画像や動画の共有サイト，アマゾンなどの通販サイトのカスタマーレビューなど多彩な形態を取る．

としている．また総務省もシェアリングエコノミーに関する説明に際して

> 貸し借りが成立するためには信頼関係の担保が必要であるが，そのためにソーシャルメディアの特性である情報交換に基づく緩やかなコミュニティの機能を活用することができる（総務省，2015）．

としている．いずれも，インターネットショッピングサイトや，BlaBlaCar を含むシェアリングエコノミーのサイトで用意されているカスタマーレビューをソーシャルメディアの1つとして考えている．本節では，ソーシャルメディアとしてのカスタマーレビューが成功するための既存の議論を振り返りながら，ソーシャルメディアが社会関係資本としての信頼感をどのように生み出すように進化してきたのかについて整理する．また，その進化の道筋をたどりながら，ソーシャルメディアが公共的空間の提供という点で大きな課題を有していることについても議論したい．

P. コロックは，信頼の研究において，きわめて重要な成果を残した社会学，社会心理学者であるが，ネット空間での信頼の醸成といった視点から，1990 年代にはすでに評判のシステムの研究を始めている．そして，その研究のなかで，ネット上の取引を活性化させるような様々な工夫の進化を整理している．評判のシステム（カスタマーレビュー）は，オークションの商品を送らなかったり，カードの交換にあたって，前もって告げていたようなスペックを持たないカード（折れていたり，古かったりなど）を送ったりといった事案に対する不満を公開することから始まったとされる．そのため，コメント機能がインターネットオークションのサイトなどに装備される以前は，出品者の不誠実な行動や詐欺的行動をソーシャルメディアに記載し，そのリストを共有することで，悪い出品者との取引を抑止しようとすることが始まっている．しかしながら，カスタマーレビュー用に設計されていないソーシャルメディアのコメントを検索することは，書き込み数が多くなるほど利用者に負担の多いものとなり，効率性が低下していく．そこで，レイティングのシステムをともなったサイトが出現し，利用者に出品者の評価をさせることで信頼できない取引相手を容易に排除できるようなシステムが運用される．さらに，さまざまなサイトが競合するなかで，システムは徐々に変化を遂げ，信頼できない出品者ではなく，信頼できる出品者を見つけやすいシステムへと全体にシフトしていく．

　ここで極めて興味深いのは，レイティングという情報の縮約の仕組みができたことと，ネガティブ情報（悪評）ではなくポジティブ情報（好評）が重視されたシステムとなっていったことの 2 つであろう．前者については，ソーシャルメディアのテキスト情報の中に埋め込まれたある A さんの評判を，だれもが簡単に見つけ出し，評価できるための必要性に対応している．当然の工夫でもあり，また必然的な進化の帰結とも思えるが，これは，後にソーシャルメディアが公共的空間を提供できるかを考える際に重要な観点を提供してくれる．この点については次節で議論する．また，後者の「ネガティブ情報からポジティブ情報へのシフト」もきわめて重要な視点を提供してくれる．なぜ，ネガティブ情報からポジティブ情報へのシフトが生じたのかは，競合する出品者を想定することで理解できる．競合する出品者は，購入者として（あるいは，購入者のふりをして），他の出品者の足を引っ張るような行動が合理的になる．すなわ

ち，スパイト行動（いやがらせ行動）として，ゲーム理論でモデル化されているる行動形態が合理的に予想できる．さらには，こうした経済的動機とは別の愉快犯的行動もありうる．ところで，悪評の影響は強く，一度，悪評が立つとそれを塗り替えることは難しいとされる．そのため，スパイト行動は効果的となり，その応酬はオンラインマーケットの機能を損なってしまう．一方，好評を中心としたシステムではこのようなことが生じにくく，ポジティブ情報を開示する形にシフトしていったという．もちろん，ポジティブ情報開示のシステムにしても，最低点をつけるといったスパイト行動は起こり得るし，購入者に成りすまして自分の評価を高くつけるといったことも可能であるから，同様の構造は本質的には維持されたままともいえる．それでも，ネガティブな評価が多いことと，ポジティブな評価が少ないことは対称ではなく，ポジティブな評価を多く獲得する動機付けのあるシステムが生き残っている．

ここで，スパイト行動の被害を避けるシステムでなければマーケットが維持できないことに注目しておきたい．これは，不正直，不誠実でもありうるという人間モデルを前提にして，信頼できる人をできる限り容易に探せるような工夫がなければ，取引が拡大しないことを意味している．人間が正直でも，誠実でもないことを前提にしたシステムを考えるということは，公共的空間を考える際のハバーマスの前提（客観的真実性，社会的正当性，主観的誠実性）との関係で重要に思われる．

3.2　相互評価による個別的信頼性情報の蓄積

ところで，スパイト行動やなりすましを排除するためには，評価者（購入者，サービス利用者）についても同じく評価がなされる必要がある．「購入者→出品者」という一方向ばかりでなく，「出品者→購入者」という逆の評価関係があることで，誠実に支払いを行わない詐欺的な購入者を排除できるばかりでなく，出品者を評価している購入者のレビューとレイティングの誠実さも評価を受けることになる．こうして，オンラインマーケットやシェアリングエコノミーのサイトを利用するすべての人々は，互いが互いを評価するという関係になっていく．また，このようなシステムが運用されるためには本名である必要はないが，IDやハンドルネームなど，エージェント（個人や商店など）の同一性を識

別する記号があることが必須である．このようなシステムでは，他者の評価として，同一性が識別されたエージェントの販売，購入などの行為の履歴が誰にでも閲覧できる形で残ることになり，その行為の履歴が，レイティングというシステムをともなって情報縮約的に人々に提示される．こうしたシステムへの進化は，コロック（Kollock, 1999a; 1999b）によって20世紀末には整理されているが，これらは，BlaBlaCar をはじめとする現在のシェアリングエコノミー，オンラインマーケットサイトの標準の方式となっている．そして，いくつかのバリエーションはあるとはいえ，下記の3点はほぼ共通しているものと考えてよい．

1．ID などで参加者は経時的に識別される
2．カスタマーレビューに加えて，ポジティブな信頼性情報を中心としたレイティングシステムがある
3．2はすべての参加者に対称（シンメトリー）に行われる

　これらの条件は，ある特定の個人に対してリアルな社会で形成される信頼感，すなわち，個別的信頼と相似のものとなっている．すなわち，「信頼の革新」の最も重要な要素は，きわめて大きな人数にも対応できる「個別的信頼生成装置の設計」にあったといえる．BlaBlaCar が，レビューとレイティングを重要視し，このレイティングを基礎として高い経験値をもつドライバーにアンバサダー級などの称号を付与し，彼女／彼らを Web 画面で前面に押し出して顕彰するのは，個別的信頼を抱かせるに足るドライバーとなることを動機づけようとする意図と見なすことができる[5]．

3.3　「信頼の革新」が示唆するネット上の公共的空間への否定的見通し

　「信頼の革新」を成し遂げたシステムが仮定していた人間像を再度振り返ってみよう．そこでは，人々が誠実でも，正直でもなく，スパイト行動（いやがらせ行動）をとりうる存在であることが前提にされていた．そして，そのような不誠実，不正直な人々を，相互の評価システムで排除できるような仕組みが導入されたとき，「信頼の革新」が実現している．ハバーマス（Habermas, 1987）

の客観的真実性，社会的正当性，及び主観的誠実性のうち，少なくとも最後の一点が確実に欠けている世界観を前提にシステム設計をすることが，「信頼の革新」には必須であった．さらには，膨大な数のエージェントが互いに個別的信頼を抱きあえるよう，評価情報を縮約するレイティングのシステムもまた必須となっている．こうしたレイティングの単純化とは別に，レビューは多様な発言が可能なソーシャルメディアとなっているけれども，現実には，その内容も単純化されつつある[6]．こうして考えてみると，「信頼の革新」を成し遂げたシステムは，不誠実でありうる人々の中から，レイティングで情報縮約しながら，個別的信頼をいだける人を探し出せるシステムとして成功しており，逆に言えば，「不誠実な人々の想定」「情報の縮約」の両者を伴わないシステムは成功していない．さらに，成功しているオンラインマーケットもシェアリングエコノミーのサイトも，単一の目標すなわち，「商品の販売・購入関係の構築」「車，宿などの供給と需要関係」などの実現に向けて設計されており，各自の政治的見解などはここではやり取りされない．また，誠実な出品者—購入者，サービス供給者—需要者であるような動機付けがなされている．

　ばらばらに述べた以上の条件をまとめてみると，「信頼の革新」のシステムの必要条件が見えてくる．すなわち，「きわめて限定された同一の課題」に対して，「不誠実な人々がいることを前提に，それらを排除」し，「信頼できる供給者，受容者としてふるまう動機付け，価値の一元化」が参加者に要求され，「情報を縮約」して対処する設計がなされる必要がある．言い換えれば，「信頼の革新」は「同一の課題を解く」「不誠実な人を排除する」「価値を一元化する」「情報を縮約する」を成功の必要条件としているように見えるのだが，このいずれも，公共的空間が持つべき性格に反している．公共的空間では，さまざまな課題について工夫ある適切な発話によって豊富な情報が交換され，誠実な人々が他者を排除せずに互いの違いを受け入れ，価値の多様性を認めるものであるけれども，「信頼の革新」はそれとは異なる条件のもとでのみ，ネットでの共同が成功することを示唆する．そして，「信頼の革新」の場の条件は，公共的空間ではなく，公共圏の持つ特性に近いものであり，「信頼の革新」は目的ごとに分離した巨大な公共圏を生み出したものとみることもできよう．そして，このことは，様々な公共圏を含みこむような，多くの人々の自由で，誠実

な意見交換の場は，客観的真実性，社会的正当性，及び主観的誠実性がネット空間で確保されない状況で，実現の可能性が低いという見通しにつながっていく．こうした，ネット空間における公共的空間の実現に対する否定的見方は，「信頼の革新」の成功の構造から逆照射されるかたちで，浮き上がってきている．

　もしも，上記の見通しが正しいとするならば，間メディア社会は，イシューとして孤立した巨大な公共圏を生む一方で，公共的空間を生むことはなく，アーレント（Arendt, 1968）のいうマスメディアによる「空論」に私的領域，私的意見が侵食される「暗い時代」というべきなのだろうか？　そして，「暗い時代」のなかで，ソーシャルメディアの利用者とマスメディアの受容者の間には，どのような裂け目が生まれているのだろうか？　次節では，この課題について，データを参照しながら検討する．

4　間メディア・クラック

　前節まで，ソーシャルメディアがオンラインマーケット，シェアリングエコノミーなどの分野で，個別的信頼の爆発的な拡大を実現したこと，その一方，公共的空間の創出には否定的な見方が導出されることを概観してきた．ただし，議論はあくまで，ソーシャルメディアのうちのカスタマーレビューを中心としたもので，きわめて周辺的であり，その他の多数のソーシャルメディアの利用が，間メディア社会にどのような差異を生み出しているのかは明らかではない．以下では，「ソーシャルメディアを利用するものと，マスメディアを受容するものとの間の意識，態度，社会イメージの間の裂け目」を間メディア・クラックと呼び，このクラックが，社会的信頼，社会イメージ，社会的態度について生じているかどうかを，データから順に検討していくことにしよう[7]．

4.1　ソーシャルメディアはリアルな社会的信頼を促進するか？

　まず，リアルな社会での信頼感について，ソーシャルメディアの利用者とそうでないものの間に差がでるかどうかから確認していこう．利用するデータセットは，大阪府下の団地を対象とした配布式調査データ，および大阪府に居住

する人々を対象としたインターネット調査のデータである[8]．前者の調査は，2016年3月に実施され，全戸数約5000世帯からなる大阪府下の団地（戸建，集合住宅の両者を含む）から1000世帯を系統抽出によりランダムに抽出している．調査方法は，調査票を郵送し，後日，調査員が回収するという方式をとり，73％の回収率を達成している．後者は，2014年12月に「防災意識に関する調査」として，インターネット調査で実施したものである．対象者は，大阪府在住の30-60代の男女であり，男女各年代均等割り当てがされている[9]．大阪市内に在住の30-60代までの男女200人を，年代・性別で同数となるよう委託業者の回答者プールから収集したものである．以下，前者を「団地調査」，後者を「防災意識調査」と呼ぶことにする．両者は地域，調査方法の違いがあり，以下の議論については「ある地域について，この調査では○○が確認できる」といった保留がつくことを許されたい．

　まず，まず団地調査のデータを利用して，ソーシャルメディアの利用と，地域の人々に対する信頼感（＝協力の期待），地域の人々に対する信頼性（＝自らの協力性向）の間の関係を検討しよう．グルータートとバステラー（Grootaert and Bastelaer, eds., 2002）は，一般的信頼を地域社会に対する信頼感として限定し，ヴィネット式測定による測定を行っている．グルータートとバステラーの測定は，アジアの農村部を対象にしており，「お宅の豚が逃げてしまったとき，近所の人々はその豚をいっしょに探してくれると思いますか」というものであるが，この測定を援用する形で，筆者らは地域に対する信頼の測定をこれまでも試みてきた（林，2015）．今回利用する調査でも，同様の形で，信頼感と信頼性を測定している．

【信頼感】あなたが自宅にいるときに，自宅に侵入しようとする見知らぬ人影をみつけ，大声をだしたとします．この声が聞こえたときに，近所の人々は，あなたを助けるためにすぐに行動してくれると思いますか．

【信頼性】見知らぬ子供が，暗くなっても子供だけで外で遊んでいるのを見かけたとき，あなたは早く帰るように声掛けしますか．

この質問に対して，リッカート尺度の5件法で回答を求めている．ところで，この団地調査は，世帯サンプリングで行われているため，階層変数は主たる家計支持者に限定されており，回答者自身の階層が必ずしも明らかではないという限界がある．そこで，ここでは，年齢，性別の基本的な人口学的変数，居住年数のみをコントロールし，さらに，住居形態を階層を表す変数として扱う[10]．また，信頼感，信頼性とSNSの利用には，因果順序として双方向が考えられるから，この点に配慮し，偏相関係数をもちいて分析する[11]．

分析の結果，近隣への信頼感については，ソーシャルメディアの利用も，ネット通販の利用もまったく有意な効果をもたなかった．ネット通販の利用は，前述の通り，ネット上で信頼できる他者の量的な拡大をもたらしていると想定できるが，こうした信頼感が地域の一般的信頼を生み出す効果は認められない．一方，近隣に対して自らが示す信頼性については，SNSの利用のみが正の有意な効果を有している（相関係数は0.090，5％水準で有意）．信頼性地域志向性，協力性と読み替えられるから，SNS利用者にこれらがより強いといえる．相関関係が小さいためさらなる検討が必要ではあるが，SNSが距離を超えたやりとりや連携のツールとしての性格を持つことを考えると，この結果は興味深い．SNSが地域を超えた公共的空間の創出というより，より小さな集団の協力の創出に向けて作用しうる点については，地域活動との関連を検討することで次節において再度議論する．

4.2　ソーシャルメディアが侵食する制度への信頼感

ところで，前述のボツマンは，「信頼の革新」において，制度や組織に対する信頼から離れた新たな信頼が生まれつつあるとしている．確かに，ネット上の個別的信頼が量的に急速に拡大するとき，個人や特定の識別できる企業に対する信頼が増していく一方で，制度全般への信頼は落ちていく可能性がある．そこで，次に，制度への信頼とソーシャルメディアの利用の間の関係を見てみる．先ほどの分析と同様に，人口学的変数，居住年数，階層変数をコントロールして偏相関係数を計算する（**表4-1**）．結果，マスコミ，行政，企業への信頼感について，SNS，ネット通販の利用頻度の両者で統計的に有意な低下傾向が確認できる．間メディア社会において，リアルな社会の各種制度への信頼感の

表 4-1　SNS，ネット通販の利用頻度と制度への信頼感の偏相関

		警　察	司　法	マスコミ	行　政	学　校	企　業
SNS	偏相関係数	−.034	−.047	−.091	−.081	−.046	−.117
		(.385)	(.237)	(.021)	(.040)	(.245)	(.003)
ネット通販	偏相関係数	−.012	−.061	−.095	−.077	−.022	−.095
		(.759)	(.122)	(.016)	(.050)	(.571)	(.016)

注：アミカケ部分は 5% 水準で有意．（　）内の数値は有意確率．

低さがネットの展開を促し，さらにソーシャルメディアの利用が各種制度への信頼感を低下させるというスパイラルが存在しうる．リアルな社会の制度を信頼し，そうした制度の中にとどまる人々と，リアルな社会制度への信頼感を低下させながら，ネット空間に新たな現実を求めていく人々の間に，社会に向ける態度，視線のクラックが生まれる可能性がここに示されている．

　ところで，上記の質問では，一般的な，漠然とした各種制度への信頼感を聞いているが，より場面を具体的に限定した「巨大災害が生じたとき」の行政への信頼感についても別途聞いている．これは，過去の分析において，巨大災害時の行政への信頼が，共助を支える基礎になるという分析結果があるためである（髙坂ほか，2010）．同様の偏相関分析を行うと，SNS 利用頻度が行政への信頼感に対して，前の分析と同じく負の有意な効果を示している（偏相関係数は −.117，有意確率は .003）[12]．巨大災害時には，インフラの回復など行政が機能することが必須であるにもかかわらず，SNS の利用者たちはそれが適切に行われるとは信じていない．つまり，ソーシャルメディアの利用は，行政に対する信頼と関連しており，さらには，リスクへの対応とも関連をもつ可能性も見えてきた．ここでさらに災害に伴う社会のイメージ構築の差について踏み込んでいきたい．

4.3　間メディア社会で生まれる社会イメージの差異

　次に，「防災意識調査」をもちいて分析を行う．この調査では，テレビ，ラジオ，SNS の利用など各メディアの利用について聞いている．まず SNS の利用の有無と被災地に関するイメージとの関係を見てみよう．被災地のイメージとしては，「被災地では，パニックや略奪は全く起きず，治安が守られていた」「避難所では，常に全員が協力し助け合っていた」に関して，5 件法でどの程度

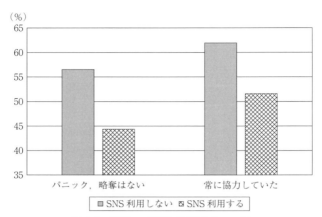

図 4-1 SNS の利用と被災地イメージ

「そう思うか」を聞いている．図 4-1 のように SNS 利用者は，「そう思わない」と回答する率が高く，この差は年齢，性別，学歴をコントロールしても 5％水準で有意となっている．ところで，筆者らは，東日本大震災の被災地を訪問しながら，地元の方々に聞き取りを続けるとともに，その支援策としての雇用創出，産業創出についての実践研究を展開してきた[13]．筆者たちの聞き取りでは，全体としての協力性は高いとも言えるが，避難所での子供の声をめぐる軋轢，水汲みなどの作業分担の不満，補助金の利用についての非難などが聞こえることがあり，すべてが協力的，協調的であったとはやはりいいがたい．もちろん，未曾有の非常事態において，この程度の軋轢に収まっていたことは驚くべきことではあるが，避難所において人々がただひたすらに協力的であったとすることは難しい．多くの人々が，日常的に非協力行動を経験していながらも，「被災地だからこそ，協力的な社会関係が生まれた」というイメージが一部の人々に構築されている．構築とここで呼んだのは，「ラジオの聴取時間」，「東日本大震災を題材にしたドラマの視聴の頻度」と，このようなイメージの間に正の因果関係があり，SNS の利用者のイメージとは逆のイメージ，すなわち，「被災者はつねに協力的である」というイメージがメディアによって構築された面が見られるためである[14]．そして，ここにも，先述のとおりの社会イメージをめぐる間メディア・クラックが見て取れる．

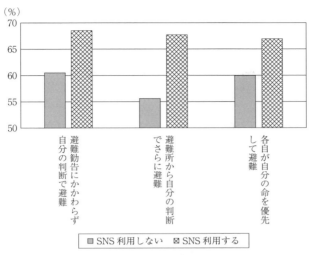

図 4-2 SNS の利用と自主防災意識

　また,「テレビやラジオの放送は,被災地の真実を伝えようとしていると思うか」という質問に関しても,SNS の利用者は,「そう思わない」と答えやすい傾向がみられる．ちなみに,3 割以上の人が,この問いに対して「そう思う」「ややそう思う」と答えていることを考えると,間メディア社会は,マスメディアを信奉する人々と,SNS を利用し,そこから距離をとりつつある人々に分割されつつあるといえるだろう．

4.4　ソーシャルメディアの利用と自立的判断——自立的リスク対応意識の生成

　次に,リスクに対する対応意識についても見てみよう．ここでは,自分で判断し,まず自分の安全をまもるという自主防災意識についてみることにする（図 4-2）．自主防災意識は,各自が自らの命を守ることを最優先し,自分の判断で避難する意識であり,この意識の啓発は,釜石において,当日在校していた小中学生徒の死亡者 0 という成果を生んでいる[15]．この意識項目についてみると,すべてにおいて SNS 利用者が高い自主防災意識を有していることが分かる．印象的なのは,マスメディアのイメージに流されず,自分の判断を優先しようとする態度が SNS の利用者に顕著に一貫して見られることである[16]．

こうして，SNS 利用者とそれ以外の間には，意識，態度で異なる間メディア・クラックが生まれつつあるように見えるが，このクラックを埋め合わせることは可能なのだろうか？　筆者は次節で述べる分析結果から，このクラックを埋める動きが親密圏の形成によって進みつつあると考えている．次節では，SNS 利用者が，地域の中間集団に積極的に参加する人々であり，年齢層を超えた連携を実現している姿を見ていきたい．

5　間メディア社会のクラックを埋める親密圏の成長

5.1　ソーシャルメディアの利用と中間集団への参加

　社会関係資本の議論の嚆矢ともいえるパットナム（Putnam, 1993）の議論では，中間集団への帰属が，社会の信頼の醸成に大きく寄与していた．SNS を利用する人々のリアルな中間集団への帰属はどのような状況であろうか？　団地調査では，「町内会の行事」，「地元のお祭り」，「文化サークル」，「スポーツサークル」，「ボランティア活動」への参加というかたちで中間集団への参加の程度を測定している．ここでも偏相関係数で，年齢などの影響を排除し，SNS の利用と中間集団への参加の関係を見てみよう．値は小さいけれども，「文化サークル」，「スポーツサークル」，「ボランティア」といった比較的新しく形成された中間集団への参加と SNS の利用頻度の間に正の相関が見られる（偏相関係数は .110，.106，.093．いずれも 5％水準で有意）．また，伝統的ともいえる町内会，お祭りへの参加と SNS の利用は全く関係を持っていない．さらに，近隣との付き合い関係でも同様に関連性を検討してみる．わずかではあるが，SNS の利用が多いほど，お茶・食事，趣味活動を一緒にする傾向がみられる（それぞれの偏相関係数は .081，.102．いずれも 5％水準で有意）．また，ここでも，伝統的な近隣付き合いの「もののやりとり」，「立ち話」は有意な関係を持っていない．

　これらの小さな相関からは，「SNS の利用が中間集団や近隣とのやりとりのいくつかの形態との積極的な関係がある」と結論付けることは到底できない．しかしながら，ネット上で，SNS が人々を小さな集団に分割していく傾向があることが指摘されるなかで，地域とのリアルな関わりについて，マイナスの関係を示さないばかりか，小さいながらも有意なプラスの関係を示したことは

表 4-2　SNS の利用と世代間の交流

	趣味活動	ボランティア活動	私的な頼みごと	家の仕事	旅行のお土産	もののやりとり	立ち話	総　数
SNS を毎日利用	23 30.7%	14 18.7%	39 52.0%	18 24.0%	55 73.3%	47 62.7%	62 82.7%	75
それ以外	145 31.1%	85 18.2%	171 36.7%	75 16.1%	329 70.6%	279 59.9%	421 90.3%	466

注：アミカケ部は「SNS 利用者」と「それ以外」の間に統計的な有意差．％は，SNS の利用の有無ごとの世代間交流の発生比率．

特筆すべきことに思われる．

5.2　ソーシャルメディアが生む親密圏の萌芽

「団地調査」では，実践的な研究視点から「世代の異なる人々との交流」に着目してきたが，これまでの分析ではこうした交流を生む契機は分析的に明らかにされていない．本書の主題である間メディア社会という問題意識からこれを再検討すると，どのような姿が見て取れるだろうか．世代間を超えた相互活動をしているかどうかについては，「趣味活動」「ボランティア」「私的頼みごと」「家の仕事の手伝い」「旅行のお土産」「もののやりとり」「立ち話」について，「ある」，「なし」の二分法で聞いている．関係を明確にするために，SNSの利用についても二分し，「ほぼ毎日する」SNS のヘビーユーザー（全体の約1割に当たる）とそれ以外の人々の間で比較してみよう（表 4-2）．

「私的な頼みごとをしたりされたりする」，「家の仕事を助けあう」という，かなり踏み込んだ世代間の付き合いにおいて，SNS を毎日利用する人の方が大きく比率を上げている．この差は，人口学的要因，居住年数，階層的要因をコントロールしても統計的にも有意なものである[17]．また，他の項目をみると，立ち話をするといった点でいくぶん割合が低くなっているが，全体として SNS のヘビーユーザーとそれ以外では差が見られない．

「私的な頼みごと」，「家の仕事」の二項目は，表 4-1 の一般的な近隣との付き合いに関する分析では，SNS の利用との間に関連が見出されなかった．その一方，SNS のヘビーユーザーにおいて，世代を超えた私的な協同が活発なことは極めて印象的な結果となっている．当該の団地では，世代間の交流が，団地の抱える各種の問題を解く鍵とみなされてきたが，この結果は，その鍵を握っ

ている人々として SNS ユーザーが焦点となる可能性を示唆している．すなわち，SNS の利用者はネット上の公共圏の住民としてのみ存在しているのではなく，逆に，地域の中で密接な関係を築きつつある人々となる可能性を秘めている．先述の通り，ここで用いたデータは 1970 年代に開発された一団地のものであり，この結果を全国に外挿して論じることはできない．しかしながら，団地内の世代間の分断が問題となっており，その協力をどのように紡ぎだすかという点で行政，自治会が苦慮していたことを前提に考えると，SNS の利用者に「親密圏の構築」，「新たな協同の萌芽」の可能性がみられることは極めて興味深いものと考えている．

6　おわりに

最後に，これまでの議論を振り返ってみよう．

第 1 に，「信頼の革新」と呼ばれている現象は，理論的には，見知らぬ他者一般に対する信頼の爆発的な拡大ではなく，多数の「識別された個」に対する個別的信頼である．Uber や BlaBlaCar は，これまで出会ったことのない人同士が車に同乗することがあるという点で，まったく情報のない見知らぬ他人への信頼をあたかも上昇させたかのような印象を与えるが，実際に起こっているのはそのようなことではない．シェアリングエコノミー，オンラインマーケットのサイトが，個別的信頼を醸成するような仕組みを組み込むことによって，この「革新」は実現している．世界銀行の議論など，一般的信頼を重視した議論がこれまで展開されてきたが，現在より重要なのは，個別的信頼を発達させ，拡大させる仕組みだといってよい．「信頼の革新」という事実は，これまでの信頼感の社会的機能をめぐる議論の枠組みに大きな変更を迫るものとなっている．

第 2 に，「信頼の革新」を成し遂げたシステムは，人々がスパイト行動をとりうることを前提に設計され，成功を遂げている．また，シェアリングエコノミーの場合，それぞれに単一の目的が設定されており，こうした単一の目的達成においてのみ「信頼の革新」が実現している．すなわち，同一の問題を，同一の価値観の共有を推進する形で解いているという点で，「信頼の革新」は「新

たな公共圏」の出現をもたらしたということができるだろう．不誠実な行為者の排除，単一の目的，共通の価値観の推進をもとに設計されたシステムのみが成功しているということは，逆に言えば，「客観的真実性，社会的正当性，及び主観的誠実性を前提とし，多様な目的，意見が並列するような公共的空間を形成するシステム」はネット上で実現しがたいことを示唆する．

　第3に，ネット上の「信頼の革新」は，BlaBlaCar に見られるように，リアルな社会での個別的信頼の創出につながりうるが，リアルな一般的信頼を生み出してはいない．この点で，「信頼の革新」は「マーケットの成功が一般的信頼感の充溢を必要条件とする」という前提を切り崩しつつある．いわば，「信頼の革新」の時代は，一般的信頼ではなく，個別的信頼の重要性を増している時代ともいえる．「特定の人々との取引」は，これまでの議論では，少数の人々とのコミットメント関係として位置づけられてきたが，「信頼の革新」の時代において，「特定の人々」は膨大な数の人々を意味しうるようになってきている．

　第4に，「信頼の革新」の背後で，ソーシャルメディアの利用者において社会制度に対する信頼感が侵食されつつあり，社会制度に対する態度において間メディア・クラックが生まれつつある．さらに，マスメディアによって構築されるものとは異なる社会イメージをソーシャルメディア利用者は抱きつつあり，社会イメージにおいても，間メディア・クラックが生まれている．また，判断の自立性という点でも，間メディア・クラックを見て取ることができ，意識，態度，社会イメージのすべてにおいて，間メディア・クラックが進行している．

　最後に，このような間メディア・クラックは，リアルな地域への協同志向，中間集団への所属志向の高いソーシャルメディア利用者によって埋められようとしている．ソーシャルメディア利用者は，マスメディア受容者との間に，意識，態度，社会イメージのクラックを作りだしつつある一方で，リアルな地域の人々と関わろうという積極性を見せている．これは，リスク状況における自立的な判断性向と一貫したものであり，マスによって作り出される「空論」から独立に，自分の判断で新たな人間関係を作りだしつつある．特に，世代を超えた協力関係がソーシャルメディア利用者により強く見られることは，地域の中に親密圏を新たに作りながら，多様な問題に柔軟に対応する新たな動向が生

まれつつあるものとして期待できる．また，この現象は，公共的空間が失われた「暗い時代」において，親密圏が公共的空間の機能を代替するというアーレント（Arendt, 1968）の議論とも対応をもっている．

　以上を手短にまとめると次のようになろう．間メディア社会において，ネット上に複数の巨大な公共圏が構築される一方，リアルな社会では間メディア・クラックが広がりつつある．そして，このクラックを生み出しつつある人々は，同時に，リアルな場でそのクラックを埋め合わせる親密圏を成長させようとしている人々でもある．間メディア社会は，意識・態度・イメージのクラックとリアルな協同の両者を含みながら，ソーシャルメディア利用者の親密圏の醸成によって「暗い時代」を乗り越えようとする時代として見ることができる．

【註】
1) 「日本工業規格 JIS Z 8115：2000 信頼性用語」における信頼性（reliability）の定義は，「アイテムが与えられた条件で規定の期間中，要求された機能を果たすことができる性質」である．
2) 厳密には，このような信頼感を想定することは理論的にも現実的にも困難であり，カテゴリー的信頼の一部とみなすのが正しい（与謝野・林，2015）．ただし，ここでは議論の煩雑さを避け，慣例的に用いられてきたこの語をそのまま用いる．
3) やみくもに見知らぬ他人を信じるのでは，騙されやすいお人好しとなるため，この理論では，他者を見極める社会的知性が同時に進化すると仮定している．
4) 2017 年 3 月から京都のタクシー会社で「サイレンス車両」として実験的に実施されており，乗務員は，挨拶，ルート案内，緊急時対応以外は客に話しかけない．
5) 誰も利用したことのないドライバーがいたときの信頼性の推定の問題が残される．この点については，学歴，職業などのプロフィールから推測する「カテゴリー的信頼」を生成するシステムが構築されている．そのため，正確には，前述の2 つの信頼に加えて，カテゴリー的信頼を含む 3 つの信頼感が関わっているのだが，この点については，紙幅の関係で割愛した．また，電話番号，メールアドレスが認証済みであったり，カード番号を確認済みであったりと，山岸（1998）のいう安心（assurance）が作動するようにもなっているが，BlaBlaCar では信頼が中心的な役割を果たしているといえる．
6) レビューをすると料金が割引になるなどの特典を設けている業者もあり，高評価のレビューが「よい対応でした」，「予定通りに届きました」という定型に近いものに収束していたり，「まだ届きませんが，楽しみです」といった信頼できないレビューも含まれたりしている．ちなみに，このような信頼できないレビュアーでも，業者に被害を及ぼさないため，業者によって低評価が付けられることがない．この点はレビュー，レイティングシステムの有効性を脅かすものとなっている．

7) ソーシャルメディアの利用者の間の分断といった問題が当然生じてくるが，それらの議論については，遠藤ほか（2016）の議論が示唆的である．

8) 本調査は，科学研究費基盤（B）「階層問題としての団地高齢化」（2014-2017年度，代表：与謝野有紀）の研究の一環として行われたものであり，このデータを用いての本章の分析は，この研究助成の研究成果の一部である．

9) 関西大学・社会的信頼システム創生センター（2010-2014年度・文部科学省・私立大学戦略的研究基盤形成支援事業，代表：与謝野有紀）によって企画されたものであり，当該センターが東日本大震災被災地と大阪の企業を結び付ける実践研究の基礎資料として収集された．また，今回の分析に当たっては，関西大学「研究拠点形成支援事業」（2016-2017年度，代表：与謝野有紀）の助成を受けて再分析を行っている．

10) 当該地域は，同時期に入居募集が始まった戸建て，URの集合住宅から主に構成されている．また，一部，民営の集合住宅がある．戸建て住宅は面積規定があり，土地を分割して分譲できないため高所得層が多い．また，URは空き部屋の増加に対応して各種の優遇措置があり，相対的に所得が低い層が多い．

11) 同時方程式モデルを構築するには有効なインストルメント変数が少ないため，人口学的変数，階層変数を独立変数として，SNS利用，信頼感などを従属変数とした回帰モデルを設定し，その残差項の相関を取る形で偏相関を計算している．計算にはAMOSを利用し，ダミー変数間に相関が仮定できない部分については相関を0に固定するといったモデル構成をしている．以降の偏相関係数の計算は，すべて同様の操作で求めている．こうした形での偏相関係数の導出に関しては，中山（2005）から示唆を得ている．

12) ネット通販の利用の偏相関係数は.009であり，ほぼ全く関係をもたない．

13) この聞き取りは，関西大学「研究拠点形成支援事業」（2016-2017年度，代表：与謝野有紀）の助成を受けた研究成果の一部である．

14) 「パニック，略奪はない」「常に協力していた」のそれぞれを従属変数として，年齢，性別，学歴をコントロールした回帰分析を行うと，ラジオの聴取時間は両者に対して5%水準で有意な正の効果を持っており，震災ドキュメンタリーの視聴頻度は，後者と，5%水準で有意な効果を示した．

15) 東北地域に伝統的な「津波てんでんこ」の教えをシステマティックに整理したものともいえる自主防災意識の啓発活動は，避難勧告，ハザードマップなどの外部の示唆に盲従することのない自立的態度の内面化教育といえる．片田（2012）に，この実践の立案，経過，成果が詳細に記述されている．

16) こうした自立性は，かならずしも正確な知識を前提にしているわけではない．調査では災害に対する知識の正確さを測定しているが，いくつかの点についてSNS利用者は誤った認識をより強く持つ傾向がある．

17) 二項ロジットモデルで，年齢，性別，居住年数，階層をコントロールしてもこの差は有意である．

【文献】

Arendt, Hannah, 1958, *The Human Condition*, Chicago: University of Chicago Press（志水速雄訳，1994，『人間の条件』筑摩書房）.

Arendt, Hannah, 1968, *Men in Dark Times*, New York: Harcourt, Brace & World（阿部齊訳，2005，『暗い時代の人々』筑摩書房）.

Baker, Wayne E., 2000, *Achieving Success Through Social Capital: Tapping the Hidden Resources in Your Personal and Business Networks*, San Francisco: Jossey-Bass（中島豊訳，2001，『ミシガン大学ビジネススクール ソーシャル・キャピタル——人と組織の間にある「見えざる資産」を活用する』ダイヤモンド社）.

Botsman, Rachel, 2016,「機関よりも赤の他人——現代人に広がる新しい『信頼』とは」TED Ideas Worth Spreading（2017 年 5 月 1 日取得 https://www.ted.com/talks/rachel_botsman_we_ve_stopped_trusting_institutions_and_started_trusting_strangers/transcript?language=ja）.

Coleman, James, 1990, *Foundation of Social Theory*, Cambridge: Harvard University Press.

遠藤薫・佐藤嘉倫・数土直紀・鳥海不二夫，2016,「座談会 公共性再構築の可能性を模索する——学際的な試みによる挑戦」『放送メディア研究 13　特集 世論をめぐる困難』NHK 出版：231-252.

Grootaert, Christiaan and Thierry van Bastelaer, eds., 2002, *Understanding and Measuring Social Capital: A Multidisciplinary Tool for Practitioners*, Washington, D.C.: The World Bank.

Habermas, Jürgen, 1987, *Strukturwandel der Öffentlichkeit: Untersuchungen zu einer Kategorie der bürgerlichen Gesellschaft*, Darmstadt: Luchterhand（細谷貞雄訳，1973,『公共性の構造転換』未來社）.

林直保子，2015,「信頼の測定」与謝野有紀・林直保子・草郷孝好『社会的信頼学』ナカニシヤ出版，pp. 35-58.

片田敏孝，2012,『人が死なない防災』集英社.

Knack, Stephen and Philip Keefer, 1997, "Does Social Capital Have an Economic Payoff? A Cross-Country Investigation," *The Quarterly Journal of Economics*, 112(4): 1251-1288.

Kollock, Peter, 1999a, "The Production of Trust in Online Markets," *Advances in Group Processes*, 16: 99-123.

Kollock, Peter, 1999b, "The Economics of Online Cooperation: Gifts and Public Goods in Cyberspace," Smith, Marc A. and Peter Kollock, eds., *Communities in Cyberspace*, London: Routledge, pp. 220-239.

髙坂健次・阿部潔・草郷孝好・渋谷和久・林敏彦・与謝野有紀・石田祐・林万平，2010,「安全安心の意識を支える社会的信頼システムのあり方」『ひょうご震災記念 21 世紀研究機構研究年報』公益財団法人ひょうご震災記念 21 世紀研究機構，15/16：1-20.

Lin, Nan, 2001, *Social Capital: A Theory of Social Structure and Action*, Cambridge: Cambridge University Press.

中山功, 2005, 「数量化理論Ⅰ類における偏相関係数」『NUCB journal of economics and information science』名古屋商科大学, 49(2): 265-271.

Putnam, Robert D., 1993, *Making Democracy Work: Civic Traditions in Modern Italy*, Princeton, N.J.: Princeton University Press (河田潤一訳, 2001, 『哲学する民主主義——伝統と改革の市民的構造』NTT 出版).

齋藤純一, 2000, 『思考のフロンティア 公共性』岩波書店.

総務省, 2015, 「第二部 ICT が開く未来社会」『平成 27 年版 情報通信白書』.

Wikipedia, 2017, 「ソーシャルメディア」(2017 年 5 月 1 日取得 https://ja.wikipedia.org/wiki/%E3%82%BD%E3%83%BC%E3%82%B7%E3%83%A3%E3%83%AB%E3%83%A1%E3%83%87%E3%82%A3%E3%82%A2).

山岸俊男, 1998, 『信頼の構造——こころと社会の進化ゲーム』東京大学出版会.

与謝野有紀, 2015a, 「社会的信頼のある社会関係を創生する——PONET システムの定式化と適用」『社会的信頼学』社会的信頼システム創生センター, 3: 1-21.

与謝野有紀, 2015b, 「社会的信頼学とは何か?」与謝野有紀・林直保子・草郷孝好『社会的信頼学』ナカニシヤ出版, pp. 1-23.

Yosano, Arinori and Nahoko Hayashi, 2005, "Social Stratification, Intermediary Groups and Creation of Trustfulness," *Sociological Theory and Methods*, 20(1): 27-44.

与謝野有紀・林直保子, 2007, 「格差, 信頼, および協力」『社会変動と関西活性化』関西大学経済・政治研究所, 144: 89-112.

与謝野有紀・林直保子, 2015, 「一般的信頼の社会的機能と概念・測定上の問題」与謝野有紀・林直保子・草郷孝好『社会的信頼学』ナカニシヤ出版, pp. 25-34.

5章
なぜ，日本人は市場原理を支持するのか
社会関係資本が帰結するものの功罪

数土　直紀

1　市場原理支持と再分配政策支持の奇妙な関係

　本章では，日本人の政治的態度と社会関係資本の関係を明らかにすることを目的としている．ただし政治的態度といっても，本章で扱われるのは政治的態度一般ではなく，"どのような人びとが市場原理を支持するのか（あるいは支持しないのか）"ということと，それに関連付ける形で"どのような人びとが再分配政策を支持するのか（あるいは支持しないのか）"ということである．特に，この2つを取り上げる理由は，21世紀以降の日本社会の変化（それは，総中流社会から格差社会への変化として要約することができるだろう）を考えるうえで，とりわけ大きな意味をもっていると考えられるからである（数土，2010; 数土編，2015; 吉川，2014）．また同じように，本章で社会関係資本に注目するといっても，扱われるのは社会関係資本一般ではなく，社会関係資本を構成する要素のひとつである信頼に限られる．また残念ながら，本章では新しいメディアの出現による社会関係資本の役割について直接的に議論することはできていない．それについては，別稿（Sudo, 2017）に委ねるほかないが，しかし21世紀の日本社会における社会関係資本の役割を論じることで，間接的にはソーシャルメディアの現れがもたらす（公共性を軸とした）社会変動について新しい知見を加えることができていると考えている．

　日本社会において市場原理を支持する人びとの特徴，そして再分配政策を支持する人びとの特徴を明らかにすると述べたが，まずこの2つについて日本社会全体の意見分布がどのようなものになっているかを確認することにしよう．

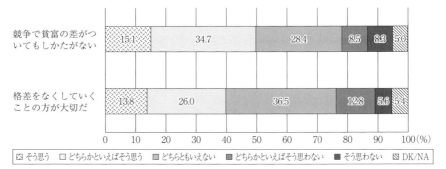

図 5-1 市場原理と再分配政策に対する意見分布
注：$N=7,817$.
出所：2015 年 SSM 調査.

　図 5-1 は，2015 年 SSM 調査データの結果を示したグラフである（2015 年 SSM 調査データの詳細については，次節を参照のこと）．図 5-1 の上側のグラフは，"チャンスが平等にあたえられるなら，競争で貧富の差がついてもしかたがない" という意見に対する賛否の分布を示したものである．グラフをみてみると，"そう思う" ＋ "どちらかといえばそう思う" と答えた割合が全体のほぼ 5 割を占めており，回答者の多くが市場原理を支持していることがうかがわれる．一方，図 5-1 の下側のグラフは，"競争の自由をまもるよりも，格差をなくしていくことの方が大切だ" という意見に対する賛否の分布を示したものである．下側のグラフについても，"そう思う" ＋ "どちらかといえばそう思う" と答えた割合が全体のほぼ 4 割を占めており，"そう思わない" ＋ "どちらかといえばそう思わない" と答えた割合と比較すると，多くの回答者が再分配政策を支持していることがわかる．

　それぞれの質問に対する賛否の分布を個別に検討すれば，このような結果が得られたこと自体に不思議はない．図 5-1 から得られた結果にしたがえば，多くの日本人が市場原理を支持していることを予測できる．実際に，21 世紀にはいってから日本政治において相対的に安定した政権運営を実現できたのは小泉純一郎と安倍晋三のただ 2 人であるが，この 2 人は格差の是正よりも経済成長を重視した点が共通している．そして，経済成長を重視した 2 人のみが国民から高い支持率を獲得・維持することに成功し，相対的に安定した政権を実現で

きたということは，潜在的には多くの日本人が格差を是正することよりも経済を成長させることの方を望んでおり，それを可能にするものとして，市場原理を支持してきたことを示しているだろう．**図5-1**で示されている結果はあくまでも2015年に実施された特定の社会調査の結果でしかないが，大きな政治の流れを考えたとき，そのような結果が得られたこと自体はきわめて自然なものとして受け入れることができる．

　一方，多くの回答者が再分配政策を支持していることについてはどうだろうか．21世紀になって，多くの論者が，さまざまな社会的場面において格差が拡大していることを指摘するようになった（橘木，1998; 佐藤，2000; 苅谷，2001; 山田，2004; 大竹，2005）．しかも，そうした指摘は広く社会的にも受け入れられ，日本社会においてもさまざまな社会的格差が拡大していることを問題視する傾向も強まっているといえるだろう．格差拡大をめぐる議論の状況を考えるならば，多くの人が"競争の自由をまもることよりも，格差を是正することを優先すべきだ"と考えるようになったこと自体は，きわめて自然なことだといえるだろう．したがって，2015年SSM調査の結果が，"多くの人が再分配政策を支持している"ことを示していたとしても不思議はない．にもかかわらず，**図5-1**のふたつのグラフを並べ，同時にみると，何か違和感が生じることを避けえない．

　確かに，日本人は市場原理を支持しており，そのことが21世紀の政治の動向に大きな影響を与えてきたと考えることができる．また，多くの日本人が社会的な格差が拡大していることを問題視しており，格差を是正すべきだと考えるようになってきたといえるかもしれない．しかし，市場原理を支持する一方で，同時に再分配政策も支持しているというのは，いったいどういうことだろうか．結果をそのまま受け入れれば，日本人は"競争で貧富の差がついてもしかたがない"と考える一方で，"格差をなくしていくことの方が大切だ"とも考えていることになるが，これはどうしても矛盾しているようにみえる．結局のところ，日本人は，格差はあってよいと考えているのだろうか，それとも格差はなくしていくべきだと考えているのだろうか．本章では，いっけんすると矛盾しているようにみえる日本人の政治的態度の背後にどのような問題が隠されているのかを明らかにしようとするものである．

5章――なぜ，日本人は市場原理を支持するのか　　127

このとき，注意しなければならないことは，確かに多くの日本人によって市場原理が支持されており，そして同時に再分配政策も支持されているのだが，両者は同じ程度に支持されているわけではないことである．市場原理についていえば支持するものの割合だけで50％近くになっているが，再分配政策についていえば支持するものの割合は40％程度とやや低くなっており，かつ選ばれた選択肢でもっとも多かったものは"どちらともいえない"という中間選択肢であった．したがって，市場原理と再分配政策のどちらがより支持されているのかといえば，やはり市場原理の方だといえるだろう．そこで本章では，再分配政策に対する支持の多さに対しても目配りしつつ，分析の焦点は"なぜ，格差が拡大しつつある現状を認識しているにもかかわらず，これほど多くの日本人が市場原理を支持し続けるのか"におくことにしよう．

　では，どのようにすればこの問いに対して答えを与えることができるのだろうか．本章では，市場原理を支持する人びとを1つの均質な集団として見なすのではなく，いくつかの異質な集団によって構成されている（Sato, 2013）とみなすことで，この問いに答えを与えていくことができると考えている．ここで市場原理を支持する人びとを大きく2つに分けて考えることができる．ひとつは，市場を介した自由競争が帰結するものを十分に理解し，確信的に市場原理を支持している人たちである．もう1つは，市場を介した自由競争が帰結するものを十分に理解しておらず，ただ何となく市場原理を支持している人たちである．このように市場原理を支持している人びとを，確信的に支持している人びとと，何となく支持している人びとに区別して考えることで，以下のような推論をえることができる．

　まず，確信的に支持している人たちについて考えることにする．確信的に支持している人たちは，市場を介した自由競争が帰結するものを理解しているわけだから，自由競争がもたらす帰結が自分たちにとって望ましいと判断していることになる．いいかえれば，確信的に支持している人たちは，市場における自由競争において相対的に有利なポジションを占めていると考えることができる．このとき注意しなければならないことは，かりに市場における自由競争を支持しているとしても，彼らは無条件に市場原理を支持しているわけではないということである．SSM調査の質問文にも"チャンスが平等にあたえられる

なら"とあったように，市場原理を受け入れるためには，競争の公正性に対する信頼がなければならない．したがって，確信的に市場原理を支持する人が増えるために必要とされることは，市場と市場に参与している人たちへの信頼が確立されていることである（数土，2008）．

　次に，何となく支持している人たちについて考えることにしよう．何となく支持している人たちは，市場を介した自由競争が帰結するものを十分に理解しているわけではないから，自由競争がもたらす帰結が自分たちにとって望ましいかどうか，正しく判断できているわけではない．にもかかわらず，市場原理を支持するのは，"経済成長のためには，市場における自由競争を活性化させなければいけない"といった主張をする指導者や専門家の意見に同調しているからにすぎない．このとき注意しなければならないことは，もし彼らが"格差が拡大し，かつそれが固定されると，社会全体が停滞してしまう"といった主張をする指導者や専門家にあえば，今度はその意見に同調し，再分配政策を支持することになるということである．したがって，何となく市場原理を支持する人が増えるために必要とされることは，社会の不透明さが増し，自身の判断に自信をもつことが難しくなると同時に，多くの指導者や専門家が"市場原理を推し進めることが重要だ"と主張するようになることである．そのとき，彼らは安心をもとめて専門家や指導者に依存するようになり，市場原理を支持する専門家や指導者の意見に同調することになる．

　最後に，この2つのグループが社会の多数派を形成する過程を考えることにしよう．まず確信的に市場原理を支持する人が増える．その後，それに引きずられる形で今度は何となく市場原理を支持する人が増えていく．最終的に社会の大半の人が市場原理を支持するようになったとき，そのなかには少なからず"何となく"市場原理を支持する人たちが含まれることになる．しかし，"何となく"市場原理を支持する人たちは，専門家や指導者のもっともらしく聞こえる意見に同調しているにすぎないので，もっともらしく再分配政策の必要性を説明されれば（さほど矛盾を感じずに）再分配政策も支持するようになる．結果として，多くの人が市場原理を支持する一方で，同時に少なくない人が再分配政策も支持するようになる．このように考えれば，**図5-1**で示された2つのグラフの結果を整合的に理解することができるようになる．

ちなみに，“確信的に”市場原理を支持する人が増えるために必要とされる
のは信頼だが，“何となく”市場原理を支持する人が増えるために必要とされ
るのは安心である．ただし，このときの信頼は社会一般の人びとへの信用を意
味しており，安心は自集団内の人びとへの信用を意味している．なお，この区
別は山岸俊男の解き放ち理論にもとづいている（山岸，1998; 1999）．
　すると奇妙にも，社会的格差と社会関係資本の関係について次のような関係
が成り立つことがわかる．
　人を信頼する能力の高いものは，積極的に市場にコミットし，そして市場を
介した自由競争によって利益を得られる可能性が高い．とうぜん，自由競争に
よって生じる格差は，彼らに利するような格差であるから，彼らはそれを否定
しないだろう．結果として，信頼が高まることによって，格差は是正されるの
ではなく，拡大する．そして，もし信頼を社会関係資本の一部だと考えるなら，
社会関係資本は格差の拡大をむしろ加速させることになる．
　一方，安心を得ようとする人びとは，身近な周囲に信用できる人を探し出し，
その人に依存し，そしてその人の意見に追随することになる可能性が高い．と
うぜん，弱者同士でつながっても共倒れになってしまうので，彼らは安心をえ
るためにできるだけ社会的地位の高い人に依存しようとし，彼らの意見に追随
することになるだろう．しかし，社会的地位の高い人の意見は弱者の顔に向い
た意見ではなく，強者の顔に向いた意見になりがちである．結果として，安心
を高めることでは格差を是正することはできず，格差拡大の歯止めをかけるこ
とはできない．したがって，かりに安心を社会関係資本の一部だと考えても，
社会関係資本に格差拡大の抑制を期待することはできない．
　21世紀になって，社会関係資本はさまざまな社会問題を解決しうる重要なツ
ールとして評価されてきた（Putnam *et al.*, 1994=2001; Putnam, 1995; 2001=2006）．
しかし，日本人の政治的な態度が示していることは，むしろ社会関係資本によ
って社会問題を解決することの限界なのではないだろうか．

2　2015年社会階層と社会移動に関する全国調査

　前節の議論は，あくまでも仮説の域をでないものである．とうぜん，前節で

提示した仮説が実証的にみて十分に妥当なものであるかどうか，このことを検証する必要がある．そこで本節以降，前節の議論を踏まえたうえで，日本人の市場原理支持がどのように説明されるのかを，実証的に分析することにしよう．

2.1 データ

本章で分析にもちいられる社会調査データは，2015 年社会階層と社会移動調査研究会（代表：白波瀬佐和子）によって実施された 2015 年社会階層と社会移動全国調査（2015 年 SSM）のデータである．ちなみに社会階層と社会移動全国調査（SSM）は，1955 年から 10 年ごとに実施されている，人びとの職歴に注目した大規模な全国調査である．SSM は 1955 年からすでに 7 回実施されているが，本章で用いる 2015 年 SSM 調査はそのなかの最新のデータとなる．

SSM 調査は人びとの職歴に注目した社会調査であり，日本社会の社会移動研究の発展に大きく貢献してきた．しかし実際は，職歴以外にも多くの質問項目を含んでおり，そのなかには階層帰属意識など過去に研究者や一般の人びとから注目を浴びてきた質問項目も含まれている．本章では，2015 年 SSM 調査で採用されているいくつかの質問項目をもちい，多くの日本人が市場原理を支持してきた背景を明らかにし，社会関係資本が抱え込むことになる問題を指摘しようと思う．

分析の前提となる 2015 年 SSM 調査データの基本的な特徴について，簡単に確認することにしよう．2015 年 SSM 調査データは，多くの学術調査がそうであるように，層化多段無作為抽出法にもとづいてサンプリングがおこなわれている．具体的には，人口規模を配慮しつつ調査地点が選び出され，選出された地点からさらに調査対象者が住民基本台帳をもとに無作為に抽出されている．また 2015 年 SSM 調査では，調査対象者は 20 歳から 80 歳までの日本人に限定されている点に注意する必要がある．なぜならば，調査対象者が日本人に限定されているのは従来の SSM 調査の通りだが，従来の SSM 調査では調査対象者の年齢は 70 歳までで打ち切られているからである．いわば，少子高齢化による変化を明らかにすることを目的に調査対象者の年齢を 80 歳までに伸ばした点が，これまでの SSM 調査とは異なる 2015 年 SSM 調査の特徴だといえるだろう．

2015 年 SSM 調査は，2015 年 2 月から 2015 年 8 月にかけて 3 期に分けて実施されている．2015 年 SSM 調査では，（とりわけ SSM 調査の主要調査項目である職歴を中心として）主要項目は訪問面接法にしたがって情報が得られているが，すべての質問項目に関する情報が訪問面接法で得られているわけではない．それは職歴に関する質問が膨大になるため，すべての質問項目を訪問面接法でえることが難しかったからである．2015 年 SSM 調査は，訪問面接調査と留置き調査を組合せる形で実施されており（この方法は，2005 年 SSM 調査から採用された），本章の分析でもちいられる意識項目は訪問面接調査と組み合わせて実施された留置き調査によって情報が得られたものである．したがって，本章の分析でもちいられる変数のうち，回答者の基本属性（年齢・性別・学歴など）は訪問面接調査によるものであり，ターゲットとされる質問項目への反応（政策志向，信頼傾向など）は留置き調査によるものであることに留意してほしい．ちなみに，2015 年 SSM 調査の回答数（回収率）は，7817（50.1％）である．

2.2　従属変数

本章の分析で取り上げられる最終的な従属変数は，政策に対する志向性である．具体的には，以下のふたつの質問項目を取り上げ，それぞれを "市場原理支持" と "再分配政策支持" とした．ちなみに，この 2 つの質問項目は，2005 年 SSM 調査からの継続項目である．

・チャンスが平等に与えられているなら，競争で貧富の差がついてもしかたがない（市場原理支持）
・競争の自由をまもるよりも，格差をなくしていくことの方が大切だ（再分配政策支持）

いずれの項目も 5 段階で評定されている．本章では，回答者によって与えられた評定を，「そう思う」= 5，「どちらかといえばそう思う」= 4，「どちらともいえない」= 3，「どちらかといえばそう思わない」= 2，「そう思わない」= 1 というように得点化し，量的変数とみなして分析をおこなった．

2.3 独立変数

本章の分析で取り上げられる独立変数は，山岸俊男の解き放ち理論にもとづく安心と信頼である．まず安心については，「困っているとき，近所の人たちは手助けしてくれる」（個別信頼），「権威のある人々にはつねに敬意をはらわなければならない」（権威への敬意），「以前からなされてきたやり方を守ることが最上の結果を生む」（従来のやり方を尊重），「この複雑な世の中で何をなすべきか知るべきいちばんよい方法は，指導者や専門家にたよることである」（指導者・専門家への委任）の4つの質問項目をもちいて求めることにした．次に信頼については，「違った考えかたをもった人がたくさんいる方が社会にとって望ましい」（寛容），「たいていの人は信用できる」（一般的信頼）の2つの質問項目をもちいて求めることにした．先の2つの従属変数と同じように，これらの変数も回答者によってやはり5段階で評定されている．したがって，先ほどと同じように，回答者によって与えられた評定を，「そう思う」＝5，「どちらかといえばそう思う」＝4，「どちらともいえない」＝3，「どちらかといえばそう思わない」＝2，「そう思わない」＝1というように得点化し，各質問項目への回答を量的変数とみなして分析をおこなった．

2.4 統制変数

分析をおこなう際，回答者の基本的な属性を統制するためにもちいられる統制変数は，年齢，性別，そして学歴である．すでに述べたように，回答者の年齢は20歳以上，80歳以下である．本章の分析では，年齢をそのまま量的変数とみなして分析をおこなった．また性別については，男性＝0，女性＝1とするダミー変数を作成し，ダミー変数を分析モデルに投入することで性別の影響を統制した．最後に学歴については，大卒未満＝0，大卒以上＝1とするダミー変数を作成し，ダミー変数を分析モデルに投入することで高等教育の影響を統制した．学歴についてはより細かく弁別することも可能であったが，学歴を分析する際にもっとも意味をもつ境界が"大学教育を受けているかいないか"であることが先行研究によって明らかにされており，本章の分析では高等教育の経験の有無に特に注目した．

2.5 分析戦略

本章の分析では，2015年SSM調査データをもちいても，人びとの他者に対する信用を山岸によって概念化された信頼と安心に区別して概念化することができるかどうかを確認する．そして，2015年SSM調査データをもちいて信頼と安心を区別したとき，信頼と安心に対して年齢，性別，学歴がそれぞれどのような影響を及ぼしているのかを明らかにする．本章の仮説が正しいのであれば，信頼に対する学歴の影響は，ポジティブなものになるはずである．いいかえれば，高等教育を体験しているものは他者を信頼にもとづいて信用する傾向が強くなり，逆に高等教育を体験しないものは他者を信頼にもとづいて信用する傾向が弱くなるはずである．一方，安心については，年齢の影響がポジティブになることが予想される．いいかえれば，年齢の高いものほど他者を安心にもとづいて信用する傾向が強くなり，逆に年齢が低いものほど他者を安心にもとづいて信用する傾向が弱くなるはずである．

2015年SSM調査データにもとづいて回答者による他者への信用を信頼と安心に区別できることを確認した後，今度は信頼と安心が市場原理支持と再分配政策支持のそれぞれに対してどのような影響を及ぼしているかを検討する．本章の仮説が正しいのであれば，信頼は市場原理に対する支持を強めるように作用すると同時に，安心も同じように市場原理に対する支持を強めるよう作用するはずである．いいかえれば，市場原理を支持する理由は，信頼にも求められるし，安心にも求められるということである．しかし再分配政策をみると，信頼が再分配政策に対する支持を弱めるように作用する一方で，安心は再分配政策支持を強めるように作用するであろう．いいかえれば，再分配政策を支持しない理由は信頼に求められ，支持する理由は安心に求められる．したがって，信頼と安心が回答者の政治的態度に及ぼす影響の違いは，市場原理支持については明確にならないが，再分配政策支持についてははっきりとしたものになるはずである．

このように，本章が想定している回答者の政治的態度をめぐるメカニズムはかなり複雑なものとなっており，想定されているメカニズムを適切に分析するためには，適切な分析手法を選択することが必要になる．このことを前提に，

本章では，分析モデルとして構造方程式モデルを採用することにした．構造方程式モデルを採用することで，得られた質問項目から仮説の検証に必要とされる概念を構成することが可能になり，さらには概念間の因果関係を特定することも可能になるからである．ちなみに，本章の分析のためにもちいられた統計ソフトウェアはRであり，構造方程式モデルの推定をおこなうためにsemパッケージを利用した．また，分析にもちいた変数について欠損値をもつ回答者は分析の対象から外したため，実際に分析にもちいることのできたケース数は，6717である．

3 信頼と寛容，そして権威主義

3.1 記述統計

分析に先立ち，分析にもちいた変数の基本的な特徴を確認することにしよう．表5-1は，分析にもちいた変数の記述統計量を示したものである．量的変数については，平均，標準偏差，最小値，最大値が示されている．また質的変数については，全体に占める割合のみが示されている．

表5-1をみると，市場原理支持の平均が3.44となっている．最小値が1で最大値が5なので，全体として市場原理が支持されることがわかる．一方，再分配政策支持の平均点が3.30となっており，やはり3.0を大きく上回っている．したがって，市場原理支持と同様に，全体として再分配政策が支持されていることもわかる．つまり，社会全体をみてみると，少なくない回答者が市場原理と再分配政策を同時に支持しており，両者は必ずしも矛盾するものとなっていない．社会全体で格差の拡大が問題になり，人びとの間には再分配政策を支持する傾向が観察されるのにもかかわらず，"多くの日本人が市場原理を強く支持している"という本章の指摘する問題がはっきりと確認できる．

一方，安心に関係する変数の平均をみてみると，権威への敬意は2.35，従来のやり方を尊重は2.19，指導者・専門家への委任は2.56となっており，いずれも3.0を下回っている．したがって，多くの回答者は権威主義的な意見に対しては否定的な考えをもっていることがわかる．むしろ，寛容の平均が3.54となっており，3.0を大きく上回っている．少なくとも2015年SSM調査データの

表 5-1　記述統計

	平　均	SD	Min	Max
権威への敬意	2.35	1.14	1	5
従来のやり方を尊重	2.19	1.02	1	5
指導者・専門家への委任	2.56	1.09	1	5
寛　容	3.54	1.07	1	5
一般的信頼	3.05	1.04	1	5
個別信頼	3.62	0.96	1	5
市場原理支持	3.44	1.12	1	5
再分配政策支持	3.30	1.06	1	5
年　齢	52.5	16.1	20	80
性別（女性＝1）	.525		0	1
高等学歴（大卒以上＝1）	.266		0	1

注：$N=6,717$.

質問項目に対する反応をみる限り，権威主義的な傾向よりは民主主義的な傾向の方が回答者の間には強いといえる．信用についてみてみると，一般的信頼の平均が3.05となっており，個別信頼の平均は3.62となっている．一般的信頼の平均が3.0付近にあることから，"たいていの人は信用できる"と思うかどうかについて，日本人の間に明確な傾向が存在しないことがわかる．それに対して，個別信頼の方は大きく3.0を上回っており，回答者の間には近隣の人であれば信用できると考える傾向をもつものが多いことがわかる．この結果は，日本社会においては一般的信頼よりも個別信頼の方が優位になっていることを，したがって安心社会に近いことを示唆しており，山岸の主張を裏付けるものといえるだろう（山岸，1999）．

　回答者の基本的な属性についても確認しておこう．回答者の平均年齢は52.5歳である．また，回答者全体のうち，女性の占める割合は52.5％である．これは性別による回収率の差を反映したものであり（女性に限った方が回収率は高くなる），2015年SSM調査データは女性の回答者をやや多く含んだデータになっているといえる．大学以上の高等教育をうけたものの割合は，26.6％である．すでに日本では大学進学率が50％を超えているが，大学進学率が急伸したのは1990年代以降のことであり，日本社会全体をみれば依然として大学教育を受けていないものの方が多いことがわかる．

　これらの結果を前提にして，以下，構造方程式モデルによる分析結果をみて

いくことにしよう．

3.2 信頼と安心

　まず，人びとの他者に対する信用を信頼と安心に区別して考えることができ
るかどうかについて検討することにしよう．**図5-2**は，回答者の政治的態度は
考慮せず，一般的信頼と個別信頼，権威主義的態度と寛容がそれぞれ信頼と安
心に区別できることを前提にしたモデルで分析したときの結果を示している．
モデルのデータに対する適合度をみてみると，AGFIが0.980，CFIが0.948と
なっており，いずれも0.9を上回っている．したがって，想定されたモデルは
2015年SSM調査データときわめてよく適合していることがわかる．さらに，
RMSEAをみてみるとこちらは0.05を下回っており，やはり想定されたモデル
がデータとよく適合していることを示している．これらの結果から，**図5-2**で
示されているモデルはデータとの整合性がきわめて高いと結論できる．

　図5-2で示されているモデルでは，信頼は寛容と一般的信頼のふたつの変数
によって構成されている．まず寛容へのパスの係数をみてみると，統計的に有
意な値を示しており，かつその符号はプラスになっている（0.392, $p<0.001$）．ま
た同様に，一般的信頼へのパスの係数をみてみると，やはり統計的に有意な値
を示しており，かつその符号はプラスになっている（0.226, $p<0.001$）．この結
果は，多様な考え方・生き方を許容する態度と人びとを一般的に信用する態度
の背後にひとつの特定の因子を仮定することの妥当性を示唆している．いいか
えれば，多様な考え方・生き方を許容する態度と人びとを一般的に信用する態
度は，共に信頼から導かれているといえる．

　一方，安心は，権威主義的態度にかかわる3つの変数（権威への敬意，従来
のやり方を尊重，指導者・専門家への委任）と個別信頼によって構成されている．
まず，権威への敬意の係数をみてみると，統計的に有意な値を示しており，か
つその符号はプラスになっている（0.495, $p<0.001$）．権威主義的態度にかかわ
る残り2つの変数も同様であり，それぞれの係数をみてみると，やはり統計的
に有意な値が示され，かつその符号はプラスになっている（従来のやり方を尊
重 0.701, $p<0.001$; 指導者・専門家への委任　0.593, $p<0.001$）．最後に個別信頼の
係数をみてみると，権威主義とはやや異質なことがらを質問しているために係

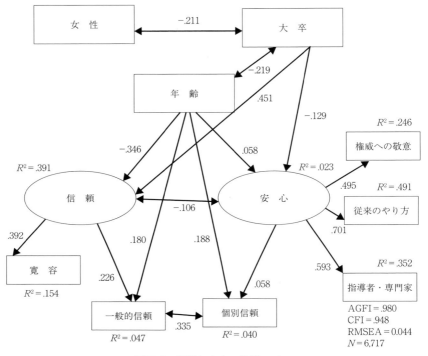

図 5-2 信頼と安心の分析モデル

注：すべての係数と共分散は標準化されており，0.1％水準で有意な値となっている．

数の絶対値はさほど大きくはなっていないが，やはり統計的に有意な値が示されており，かつその符号はプラスになっている（0.058, $p<0.001$）．これらを総合して考えれば，権威主義的な態度と近隣の人びとを信用する態度の背後にひとつの特定の因子を仮定することの妥当性が明らかにされたといえるだろう．安心は，近隣の人びとへの信用を生むと同時に，権威主義的な態度をも帰結するのである．

このとき注意したいのは，信頼と安心の相関である．実は図 5-2 の分析結果は，信頼と安心という 2 つの潜在変数が統計的にみて互いに独立であるわけではなく，統計的には有意な関係をもっていることを明らかにしている．しかし，その両者の相関はマイナスになっている（−0.106, $p<0.01$）．直感的にいえば，

信頼が高まると安心が低下し，逆に安心が高まると信頼が低下することになる．確かに信頼は一般的信頼を帰結し，安心は個別信頼を帰結するかもしれない．そして一般的信頼と個別信頼の間には確かに何らかの共通する要因が影響しているのかもしれない．しかしそれでも信頼と安心はまったく別ものであり，両者は相反してさえいるのである．人びとの間に何らかの信頼を導いている点で両者が機能的には等価であるようにみえたとしても，やはり2つは正しく区別されなければいけないのである．

　次に，年齢，教育，性別といった回答者の属性が抽出された安心と信頼に対してどのような影響を及ぼしているかを確認することにしよう．まず，年齢が安心や信頼に対して及ぼしている影響をみてみると，安心に対する影響も信頼に対する影響もともに統計的に有意になっていることがわかる．このとき，年齢の安心に対するパス係数は0.058となっており，その符号はプラスになっている．逆に，年齢の信頼に対するパス係数は−0.346となっており，その符号はマイナスになっている．したがって，年齢が上がるにつれて，回答者の信頼は弱まり，逆に安心が強まるといえる．今度は，高等教育が安心と信頼に対して及ぼしている影響をみてみると，やはり安心に対する影響も信頼に対する影響もともに統計的に有意になっている．しかし高等教育が信頼と安心の両者に及ぼす影響の方向は，年齢とは逆になっている点に注意する必要がある．大卒であることを示すダミー変数から安心へのパス係数は−0.129となっており，その符号はマイナスになっている．逆に，大卒であることを示すダミー変数から信頼へのパス係数は0.451となっており，その符号はプラスになっている．したがって高等教育をうけた回答者は，高等教育をうけていない回答者と比較すると，信頼が強くなっており，逆に安心は弱まっているといえる．一方，性別についていえば，年齢や高等教育において見出されたような統計的な有意な影響を安心や信頼に対して及ぼしているわけではなかった．

　以上の結果をまとめると，"安心は年齢が高く，高等教育を受けていないものに特徴的な信用のあり方"であり，"信頼は年齢が低く，高等教育を受けているものに特徴的な信用のあり方"であるといえる．これは，本章の仮説に合致する結果といっていい．では，このことを前提に，回答者の属性に規定される安心と信頼が今度は回答者の政治的態度にどのような影響を与えているのか

を確認することにしよう.

　図 5-2 で示された分析モデルでは回答者の政治的態度は考慮されていなかっ
たが, 図 5-3 で示されている分析モデルでは回答者の政治的態度が考慮されて
いる. 具体的には, 安心から市場原理支持と再分配政策支持へのパスが引かれ
ており, 同じように信頼からも市場原理支持と再分配政策支持へのパスが引か
れている. まず, 回答者の政治的態度を考慮した分析モデルの, 2015 年 SSM
調査データに対する適合度を確認することにしよう. AGFI をみてみると 0.974
になっており, 0.9 を上回っている. 次に CFI をみてみると 0.923 となっており,
やはり 0.9 を上回っている. 最後に, RMSEA をみてみると 0.046 となっており,
0.05 を下回っている. これらの結果はいずれも想定された分析モデルが 2015 年
SSM 調査データとよく適合していることを示している. したがって, これらの
結果から, 安心と信頼という 2 つの潜在因子によって回答者の政治的態度 (市
場原理支持, および再分配政策支持) を説明するモデルは経験的データとの整合
性が高いと結論できる.

　では, 回答者の政治的態度が安心と信頼によってどのように説明されている
のかを確認することにしよう. まず, 信頼から市場原理支持へのパスをみてみ
ると, 係数の値は 0.221 ($p<0.001$) となっている. 統計的に有意な値となって
おり, かつその符号はプラスになっているので, 信頼が高まると市場原理を支
持する傾向が強まるといえる. しかし, 信頼から再分配政策支持へのパスをみ
てみると, 係数の値は−0.239 ($p<0.001$) となっている. やはり統計的に有意な
値となっているが, 今度は符号がマイナスになっている. したがって, 信頼が
高まると再分配政策に対する支持傾向が弱まるといえるだろう. まとめると,
少なくとも信頼についていえば, 市場原理支持と再分配政策支持が相反してお
り, 一方を強める場合はもう一方は弱めてしまうことがわかる. 市場原理と再
分配政策のそれぞれが志向するものを考慮すれば, この結果は自然に受け入れ
ることができる.

　しかし, 安心についていえば, 信頼について観察することのできた自然な結
果は得られていない. まず, 安心から市場原理支持へのパスをみてみると, 係
数の値は 0.110 ($p<0.001$) となっている. これは統計的に有意な値となってお
り, かつその符号はプラスになっているので, 安心が高まると市場原理を支持

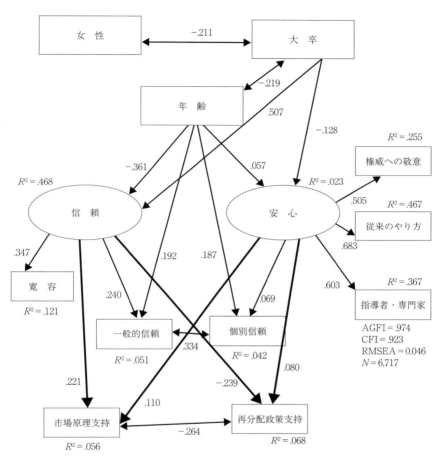

図 5-3 市場原理支持と再分配政策支持の分析モデル
注：すべての係数と共分散は標準化されており，0.1％水準で有意な値となっている．

する傾向が強まることになる．一方，安心から再分配政策支持へのパスをみてみると，係数の値は 0.080（$p<0.001$）となっている．やはり統計的に有意な値となっており，しかも符号はプラスになっている．いいかえれば，安心が高まると再分配政策に対する支持傾向も高まるといえるだろう．まとめると，安心についていえば，市場原理支持と再分配政策支持は矛盾しており，安心が高まると一方だけが強まるのではなく，もう一方も強まってしまうのである．市場

原理と再分配政策のそれぞれが志向するものを考慮すると，この結果は不自然と言わざるをえない．

この結果は，安心を経由した市場原理支持は回答者による熟慮によって導かれたものではなく，いわば指導者・専門家の意見への追従によるものでしかないことを示唆している．では，政治的態度が安心と信頼に規定されていると考えたとき，回答者の基本属性は安心と信頼を経由することでどのような影響を政治的態度に与えることになるのだろうか．このことについても，検討することにしよう．

まず，学歴は信頼に対して統計的に有意でポジティブな効果をもっている（Coef.=0.507, $p<0.001$）．信頼が市場原理支持を強める効果をもっているのだとするならば，学歴は信頼を経由して市場原理支持を強める効果をもっているといえるだろう．一方，学歴は安心に対して統計的に有意でネガティブな効果をもっている（Coef.=−0.128, $p<0.001$）．したがって，安心が市場原理支持を強める効果をもっているのだとするならば，学歴は安心を経由して逆に市場原理を弱める効果をもっているといえる．つまり，学歴の市場原理に対する効果は，信頼を経由したポジティブな効果と安心を経由したネガティブな効果に分割することができる．

同じように，今度は年齢が安心と信頼を介して再分配政策支持に対して，どのような効果をもっているのかを確認しよう．年齢は信頼に対して統計的に有意でネガティブな効果をもっている（Coef.=−0.361, $p<0.001$）．信頼が再分配政策支持を弱める効果をもっているのだとするならば，年齢は信頼を経由して逆に再分配政策支持を強める効果をもっていることになるはずである．一方，年齢は安心に対して統計的に有意でポジティブな効果をもっている（Coef.=0.057, $p<0.001$）．したがって，安心が再分配政策支持を強める効果をもっているのだとするならば，年齢は安心を経由して逆に再分配政策支持を強める効果をもっているといえる．つまり，年齢の再分配政策支持に対する効果は，信頼を経由したネガティブな効果と安心を経由したポジティブな効果に分割できることになる．ちなみに，性別については，学歴と年齢にみられる政治的態度に対するこのような複雑な因果関係を見出すことはできなかった．

年齢や学歴が回答者の政治的態度に影響を及ぼすとしても，その影響の仕方

は単純なものではなく，政治的態度に対する影響を，安心を経由したものと信頼を経由したものとに分割して考えることで，互いに矛盾すらしていることが判明した．高学歴者のあるものは一般的信頼を高め，結果として市場原理に対しても好意的になる．しかし，すべての高学歴者がそうであるわけではなく，別のものは反権威主義的な態度を強めることで，市場原理に対しても懐疑的な意見をもつようになる．また高齢者のあるものは他者を一般的に信用することに躊躇し，結果として再分配政策を支持することになる（おそらくそれは，弱い人々を社会が積極的に保護することを含意している）．しかし，すべての高齢者がそうであるわけではなく，別のものは権威主義的な態度を強めることで，市場原理に傾斜した自民党政権の政策を支持するようになる．とうぜん，このような複雑な因果関係は，それぞれの効果を正確に識別する分析モデルをもちいなければとうてい明らかにされないものである．

4　誰のための社会関係資本なのか

　前節の分析結果をもとに，本章の知見をまとめることにしよう．本章の基本的な問題意識は，21世紀になって格差をめぐる議論が盛んになったにもかかわらず，なぜ多くの日本人が市場原理を支持してきたのかを明らかにすることであった．本章では，この問いを明らかにするために，市場原理を支持する理由を2つにわけて分析をおこなった．

　市場原理を支持する1つの理由は，信頼である．社会において市場が適切に機能するためには，市場を中心とした経済システムが正しく整備され，市場と市場に参入している人びとを適切に信頼することができなければならない．そのような信頼を欠いた社会では，市場は不正の温床となり，市場原理を支持する人びとが増えないことは当然のことであろう．

　市場原理を支持するもう1つの理由は，安心である．経済のグローバル化が進み，国際競争力が重視される時代では，多くの指導者や専門家が市場原理を介した国際競争力の強化を主張するようになる．社会が大きく変動し，将来が不透明になればなるほど，人びとが安心を求めて指導者や専門家に依存するようになる．市場原理を主張する指導者や専門家の意見への黙従が強まれば，市

場原理を支持する人びとが増えることは当然のことであろう.

では,信頼にもとづいて市場原理を支持するような人びととは,いったいどのような人たちであるのだろうか.分析結果が明らかにすることにしたがえば,信頼にもとづいて市場原理を支持する人びとは,学歴が高い傾向があり,そして年齢は若い傾向がある.いってしまえば,競争に重きをおく社会ではより多くの機会に恵まれた人たちといえるだろう.一方,安心にもとづいて市場原理を支持する人びとは,必ずしも学歴は高くなく,そして高齢者が多い.いってしまえば,競争に重きをおく社会ではあまり多くの機会を期待することのできない人たちといえるだろう.つまり,きわめて対照的な人たちが,異なる理由でもって,同時に市場原理を支持しているのである.

多くの日本人が市場原理を支持し,少なからずそのことがかつての小泉純一郎政権や現在の安倍晋三政権への高い支持率に反映しているのだとしても,市場原理を支持する人たちが同じ理由で市場原理を支持しているわけではないことに注意する必要がある.もし市場原理を支持する理由の多様性を見逃せば,必要以上に日本人の市場原理支持を堅固なものとして捉えてしまうことになるだろう.確かに,信頼にもとづいて市場原理を支持する人びとは,市場原理を支持することが自己利益に合致しているという意味で,確信的に市場原理を支持していると推測できる.しかし,安心にもとづいて市場原理を支持する人びとは,市場原理を支持することが必ずしも自己利益に合致しているわけではなく,いわば指導者や専門家の考え方次第でどのようにも変わりうる可能性が高いと推測できる.したがって,信頼にもとづいた市場原理支持に対して,安心にもとづいた市場原理支持はその基盤が脆弱であるといってよい.

また,信頼に市場原理を支持する理由が求められると同時に,安心にも市場原理を支持する理由が求められるために,回答者の間に存在するはずの利益対立が見えにくくなっている点にも注意する必要があるかもしれない.たとえば,少子高齢化が急速に進んだために世代間の対立が先鋭している日本では,年齢は政治的態度に影響を与える重要な変数である.しかし,人びとの政治的態度が信頼と安心という(単に異なるだけでなく,対立すらしている)2つの概念によって説明されるために,年齢が政治的態度に対してもっている影響が見えにくくなっている.それは,年齢が信頼を介して政治的態度に与えている影響と,

安心を介して政治的態度に与えている影響とが異なっており，2つの影響が重なってしまうと年齢が政治的態度に対してもっているポテンシャルが過小に評価されてしまうためである．

　具体的にいえば，"年齢が上がると信頼が弱まり，信頼が弱まると市場原理支持が弱まる"という因果関係は，年齢が市場原理支持に対してマイナスの効果をもっていることを意味している．しかし，"年齢が上がると安心が強まり，安心が強まると市場原理支持が強まる"という因果関係は，年齢が市場原理支持に対してプラスの効果をもっていることを意味している．このとき，結果的には前者の効果が後者の効果を上回っているので，年齢が市場原理支持にもっている効果はトータルではマイナスとなるだろう．しかし，このとき気を付けなければならないことは，このときのマイナス効果は，安心を介したプラスの効果が信頼を介したマイナスな効果によって相殺された後，それでもなお残った（信頼を介した）マイナスの効果だったということである．したがって，検出されたトータルのマイナス効果は，元の信頼を介したマイナス効果と比較すると小さなものになっており，比喩的にいえば本来よりも希薄化されたものになっている．

　たとえば，安心を介したプラスの効果が指導者や専門家の意見への黙従を意味し，必ずしも人びとの自己利益を反映したものになっていないとしよう．このとき，安心を介したプラスの効果は，実は高齢者の自己利益を必ずしも反映したものにはなっていないことになる．それに対して，もし信頼を介した効果が安心を介した効果よりも相対的に自己利益を反映したものになっているとすれば，世代間の利害対立を相対的に反映しているのは，安心を介した効果ではなく，信頼を介した効果でなければならない．にもかかわらず，年齢が信頼を介して政治的態度に与える影響と，年齢が安心を介して政治的態度に与える影響を正しく区分けできていなければ，けっきょく私たちは両者の効果が相殺された後の希薄化された効果しかみることができず，信頼を介した政治的態度への影響を過小評価していることになってしまう．

　同様のことは，年齢について当てはまるだけでなく，とうぜん学歴についてもあてはまる．吉川徹が指摘するように，現代日本社会では，大学を卒業しているか否かで社会全体が大きく分断されている（吉川，2006; 2009）．いわば，

学歴は，社会階層間の対立をもっともよく表す変数だといってよいだろう．しかし先に述べたように，人びとの政治的態度が信頼と安心によって同時に説明されるために，学歴が本来的に政治的態度に対してもっていたはずの影響もやはり見えにくくなっている．実際に，学歴が信頼を介して政治的態度に与えている影響と，学歴が安心を介して政治的態度に与えている影響はまったく異なっており，そのため2つの影響を重ねて評価してしまうと，どうしても学歴が政治的態度に対してもっていたはずのポテンシャルを過小評価せざるをえなくなる．そしてそれは，私たちの社会関係資本に対する評価をも左右してしまうのである．

　具体的にいえば，"高等教育を受けると信頼が強まり，信頼が強まると市場原理支持が強まる"という因果関係は，学歴が市場原理支持に対してプラスの効果をもっていることを意味している．しかし，"高等教育を受けると安心が弱まり，安心が弱まると市場原理に対する反発が強まる"という因果関係は，学歴が市場原理支持に対してマイナスの効果をもっていることを意味している．このとき，結果的には前者の効果が後者の効果を上回っているので，学歴が市場原理支持にもっている効果はトータルではプラスになるかもしれない．しかし，このときもやはり気を付けなければならないことは，このときのプラス効果は，安心を介したマイナス効果を相殺した後に，それでもなお残った信頼を介したところのプラス効果だということである．したがって，検出されたプラス効果は，もともとの信頼を介したプラス効果よりは小さいものにならざるをえない．いいかえれば，安心を介したマイナス効果をきちんと考慮しないと，信頼を介したプラス効果は過小評価されてしまう．

　もし信頼を介した効果が安心を介した効果よりも相対的に自己利益を反映したものになっているとすれば，信頼を介した効果の方が安心を介した効果よりも社会階層間の利害対立を正しく反映していることになる．そして，もし一般的信頼を社会関係資本の重要な構成要素だと考えるならば，社会関係資本が社会の構成員によって偏りなく抱かれているわけではないことに注意しなければならない．実際に，学歴の高いものの方が一般的に他者を信頼し，異なる考え方に対しても寛容性が高く，そしてより多くの社会関係資本を有している．高学歴者の信頼を介したプラスの効果を"社会関係資本を介した効果"だと理解

すれば，実は社会関係資本が（市場原理に対する支持を強化することで）人びとの間に格差を是認する態度を生んでいる．そしてそれは，とりわけ高学歴者に顕著な傾向なのである．しかし，このような傾向を正しく捉えるためには，市場原理支持の背後にある信頼と安心を正しく区分けした分析が必要になる．

パットナムにしたがえば，社会関係資本は，互酬性の規範，インフォーマルなつながり，一般的信頼によって構成されている．したがって，社会関係資本は一般的信頼と同じものではないにしても，社会関係資本を考えるうえで一般的信頼を外すことはできない．また，社会関係資本は，民主主義の達成や，経済的な繁栄や，社会的安全の実現などの公共財と深く関連していることが指摘されており，社会関係資本を強化することでさまざまな社会問題を解決することも期待されてきた．こうした議論にしたがえば，社会全体で一般的信頼が高まれば社会関係資本が強化され，さらにはさまざまな社会問題の解決に寄与することになると予想するのが自然であろう．しかし，本章の分析が明らかにしたことは，信頼と安心を区別したうえで，信頼が政治的態度に与える影響をみると，必ずしもそうとはいえない可能性があるということである．

21世紀になり，日本社会においても格差の拡大がさまざまな場面で議論されるようになってきている．にもかかわらず，日本政治の動向をみると，再分配政策を強化することで格差の是正を図るよりは，むしろ市場原理支持へ傾斜し，格差の拡大を促しているようにみえる．それは，人びとの間のつながりが薄れ，個人主義的な傾向が強まったからだとはいえない．少なくとも，市場原理を確信的に支持する人たちは，安心ではなく，信頼を抱いている人たちなのである．そして，ここでいう信頼を抱いている人たちとは，"他人を一般的に信用する人たち"であり，"多様な考え方を尊重する人たち"なのである．とうぜん，こうした人びとを，社会関係から切り離され，孤立しがちな人たちだとして概念化することは難しいであろう．むしろ，社会関係資本に恵まれ，積極的に社会に参与していく人びとである可能性の方が高い．

しかしそうだとすると，その社会で一般的信頼が強化されることによって，多くの社会問題が自動的に解決されるという無邪気なストーリーは怪しくなってくる．少なくとも一般的信頼が強化されることで市場原理を確信的に支持する人びとが増えたならば，そのような変化は社会全体を格差是正へと向かわせ

5章——なぜ，日本人は市場原理を支持するのか　　147

るものにはならず，むしろ格差拡大を促すものとなりうるだろう．もちろん，だからといって，社会関係資本は格差が拡大しつつある社会にとってはむしろ有害であり，決して強化すべきものではないといっているわけではない．社会関係資本はその社会のさまざまな問題に絡んでおり，社会関係資本の是非は，それらすべての影響をみたうえで総合的になされるべきだと考えている．ただ少なくとも，社会関係資本があたかも私たちが直面しているさまざまな問題を解決してくれる万能薬であるかのように受けとめてしまうことは避けなければならない．社会関係資本がときに望ましくない結果を帰結することがありうることを，私たちは十分に自覚しなければならないのである．

（謝辞）　本研究は JSPS 科研費（課題番号 JP25000001，JP16H02045）に伴う研究成果の１つである．本研究に対する支援についてあらためて謝意を述べたい．2015 年 SSM 調査データ使用にあたっては 2015 年 SSM 調査データ管理委員会の許可を得た．なお，もちいたデータは，2017 年 2 月 27 日版（バージョン 070）である．

【文献】

苅谷剛彦，2001，『階層化日本と教育危機——不平等再生産から意欲格差社会へ』有信堂高文社.

吉川徹，2006，『学歴と格差・不平等——成熟する日本型学歴社会』東京大学出版会.

吉川徹，2009，『学歴分断社会』筑摩書房.

吉川徹，2014，『現代日本の「社会の心」』有斐閣.

大竹文雄，2005，『日本の不平等——格差社会の幻想と未来』日本経済新聞社.

Putnam, R. D., 1995, "Bowling Alone: America's declining social capital," *Journal of Democracy*, 6(1): 65-78.

Putnam, R. D., 2001, *Bowling Alone: The collapse and revival of American community*, Simon and Schuster（柴内康文訳，2006，『孤独なボウリング——米国コミュニティの崩壊と再生』柏書房）.

Putnam, R. D., R. Leonardi and R. Y. Nanetti, 1994, *Making Democracy Work: Civic traditions in modern Italy*, Princeton University Press（河田潤一訳，2001，『哲学する民主主義』NTT 出版）.

佐藤俊樹，2000，『不平等社会日本』中央公論新社.

Sato, Yoshimichi, 2013, "Who Becomes a Liberal? An Empirical Study of the Choice between Liberalism and Libertarianism," 『文化』77(1・2): 65-53，東北大学文学会.

数土直紀，2008，「信頼はどこからやってくるのか」『社会学研究』84: 103-128.

数土直紀，2010，『日本人の階層意識』講談社.

Sudo, Naoki, 2017, "Does the Internet Make People Selfish? Effects of the Internet on Citizens' Political Attitudes," in K. Endo *et al.*,（eds.）*Reconstruction of the Public Sphere in the Socially Mediated Age*, Springer.

数土直紀編，2015，『社会意識からみた日本──階層意識の新次元』有斐閣.

橘木俊詔，1998，『日本の経済格差──所得と資産から考える』岩波書店.

山田昌弘，2004，『希望格差社会──「負け組」の絶望感が日本を引き裂く』筑摩書房.

山岸俊男，1998，『信頼の構造──こころと社会の進化ゲーム』東京大学出版会.

山岸俊男，1999，『安心社会から信頼社会へ──日本型システムの行方』中央公論新社.

6章
三つ巴の「正義」
トランプ現象に見る反—新自由主義の行方

遠藤　薫

1　はじめに

　間メディア社会では，しばしば「炎上」と呼ばれる現象が起こる．マスメディア，ソーシャルメディアを問わず，何らかの発言（投稿）に対して過剰ともいえるほど激しい批判の嵐が起こる現象である．「炎上」のなかには，「炎上」の当事者以外の人びとから，「被炎上者」（炎上の対象となるもの）が批判的に語られる場合と，「炎上者」（炎上行為を行うもの）が批判的に語られる場合とがある．また，「炎上」は時として「バッシング」「いじめ」「人権侵害」という領域に達するが，反対に「炎上」をあえて引き起こすことで何らかの利得を得ようとするものもいる．

　いずれにせよ，「炎上」という現象は一般にネガティブなものとして語られ，このような「炎上」が現代日常化していることについては，社会の「不寛容化」や「感情化」「分断化」などに帰責する議論が多い．しかしながら，そのような説明は，結局のところトートロジーに陥っていることも多い．

　「炎上」という言葉は，一般に日常的なソーシャル・メディア・コミュニケーションにおける突発的紛糾（バースト）に関して用いられる．しかし近年，政治的〈世論〉形成のプロセスでこの現象が頻繁に起きているように見える．それらは，「カスケード効果」（Balkin, 1999）とも呼ばれる．「カスケード」とは階段状に水が落ちる滝のことで，小さな事柄が次々と他に影響を及ぼしていって大事となるような，付和雷同的現象をいう．

　その代表的な例と考えられるのが，2016年米大統領選におけるドナルド・ト

ランプの勝利という驚くべき事態だった．それはアメリカのみならず，世界中を驚かせた．開票日当日まで，ほとんどのメディアはクリントンの勝利を確信し，調査機関の調査による支持率も，その予測を裏付けていたからである．だが，このような事前の予測を裏切る政治の局面は，特に 2016 年，世界中で起きている．たとえば，2016 年 6 月，イギリスの EU 離脱に関する国民投票で，離脱賛成が過半数を超えたことは，世界を驚愕させた．

2016 年 7 月に行われた日本の都知事選での小池百合子氏当選も，従来のセオリーを超えた出来事だった．その意味で，「トランプ現象」とも呼ばれるこの選挙結果は，アメリカ一国の問題ではなく，現代世界全体の問題といえる．

2017 年には世界各地で大きな選挙が予定されており，これらにおいてもトランプ的政党や候補者がドミノ倒し的に勝利し，世界の状況が一変するのではないかとの予想もあった．が，その後も情勢は必ずしも予想に沿ったものとはなっていない．2017 年 5 月現在で，すでにオランダ総選挙（2017 年 3 月 15 日），韓国大統領選挙（2017 年 5 月 9 日），フランス大統領選挙（2017 年 5 月 10 日），ドイツのノルトライン・ウェストファーレン州議会選挙（2017 年 5 月 15 日）などで，いずれも過激な自国優先主義をとる立場が退けられた．ただし，敗退といっても僅差の敗退であり，政治情勢が流動的であることに変わりはない．

その背景には，共通して，①グローバリゼーションの進行による移民流入，経済悪化，失業率の増大，②格差の拡大，③〈既存政治〉への不満に乗じた過激な主張，④ソーシャルメディアを利用した情報選挙，などの要因が存在する．

その意味では，グローバルな「トランプ現象」は収束に向かっているわけではない．むしろグローバルな公共圏問題がますます重要性を増しているといえる．この視座から，本章では，現代世界の「分断」の背後にある「正義の対立」が一般に考えられているような保守―リベラルの二項対立ではなく，新自由主義―多様性包摂主義―復古強権主義の三者の相互対抗関係であるとの仮説を，「トランプ現象」を事例として参照しつつ，分析するものとする．

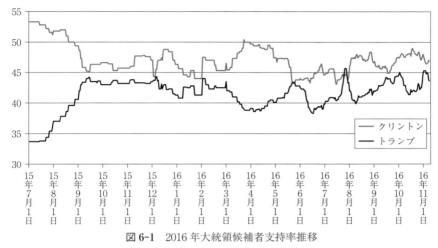

図 6-1 2016 年大統領候補者支持率推移

出所：Real Clear Politics（http://www.realclearpolitics.com/epolls/2016/president/us/general_election_trump_vs_clinton-5491.html）.

2 彼を支持したのは誰か――「分断」とは何か

2.1 支持率の推移

　先にも述べたように，2016年の選挙期間を通じて，優勢と報じられていたのは，ヒラリー・クリントンだった．選挙戦の初期には，トランプは共和党の候補としてさえ泡沫候補扱いだったのである（**図 6-1** 参照）．間歇的にトランプの支持率がクリントンのそれに迫る時期がある．これらは，私用メール問題などクリントンについてのスキャンダルがクローズアップされた時期と重なる．

　こうした世論動向から，多くの報道／調査機関は，最終的な獲得選挙人数は，**表 6-1** に示すように，クリントンが勝利すると予測していた．

　しかし，結果はまさかのトランプの勝利であった．

　この結果により，12月19日の選挙人投票で，トランプが56.9％の票を獲得する見込みとなった．この得票率は，「1804年以降の選挙で大統領に選出された54人の中で44番目となる．それでも接戦となった2000年と2004年の選挙を制したジョージ・W・ブッシュ氏の得票率は上回る」とCNNは伝えている[1]．

6章――三つ巴の「正義」　　153

表 6-1 調査機関による獲得選挙人数予測と実際の結果

候補者	CNN	バージニア大学政治センター	クック・ポリティカル・リポート	最終結果（12月19日時点）
トランプ	204	216	214	304
クリントン	268	322	278	227
不　明	66	0	46	7

注：毎日新聞（2016年11月10日）記事を参考に筆者作成．

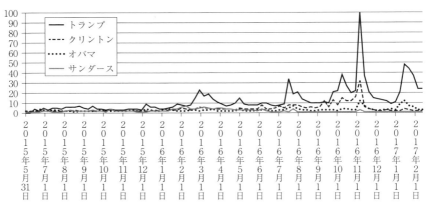

図 6-2　ネット上の検索数推移
出所：Goolge Trends, weekly, U. S. A., 2015. 5. 15-2017. 2. 18, 2017. 2. 20 閲覧．

ただし，総獲得票数ではクリントンが280万票以上[2]上回り，この事実が選挙制度に関する議論や，再集計運動へと接続した．

2.2　ソーシャルメディア上の注目度

一方，ソーシャルメディア上では，大手メディアによる世論調査とはやや異なる状況が観察された．

図 6-2 は，Google Trends による，ネット上での検索数推移である．これによれば，1年近く前から，「トランプ」は「クリントン」を上回っている．

また表 6-2 は，クリントン，トランプ，オバマ3氏の Twitter と Instagram のフォロワー数を比較したものである．トランプは，オバマ大統領には遠く及ばないものの，クリントンを大きく上回っている．

アメリカでネットを使った選挙運動が始まった頃から，ネットでの発信が大

表 6-2　クリントン，トランプ，オバマ 3 氏のフォロワー数（2016.11.9 閲覧）

	Twitter	Instagram
クリントン候補	10.4 million	3.1 million
トランプ候補	13.1 million	2.9 million
オバマ大統領	78.8 million	10.1 million

量のアクセスを集めて話題になった候補は多い．しかし，そうした候補たちは，選挙戦がたけなわになるにつれて，撤退を決めるのが通例だった．

　この通例を破って，ネット上のブーム的人気を最終結果にまでつなげたのがバラク・オバマ第 44 代米大統領だった（オバマ選挙については遠藤（2011）など参照）．

　2016 年米大統領選挙では，バーナード・サンダース上院議員も民主党の予備選挙に立候補し，若者層を中心に支持を集めてクリントン候補と接戦を演じ，「サンダース現象」と呼ばれるような社会現象をおこした．しかし，図 6-2 の検索数推移でも，ソーシャルメディアのフォロワー数でも，サンダースはそれほど目立たない．

　対して，トランプは，選挙運動が進むにつれて，クリントンに関する検索数を圧倒していく様子がわかる．ここからすれば，トランプ当選の蓋然性は，少なくとも 2016 年夏頃からはかなり高く見積もられてしかるべきだったかもしれない．

2.3　「ポピュリズム」が勝利したのか──大統領選の出口調査

　大統領選後，その結果を分析しようと，いち早く公表されたのが，CNN による出口調査であった．これ（表 6-3）によれば，性別では男性，年齢では高年齢層，人種では白人，学歴では相対的に低学歴層で，トランプ支持が高い．この結果は，多くの人が思い描くトランプ像に合致するように見える．

　とはいえ，このような調査結果から直ちに，アメリカ社会の分断を指摘し，トランプ支持者は「白人の，教養のない下層階級」に多く，トランプのポピュリズム（大衆迎合主義）がこの結果をもたらしたと見なすのは，2 つの点でミスリードを生じる恐れがある．

　1 つは，「ポピュリズム」の意味である．たとえば，「トランプ次期米大統領

6 章──三つ巴の「正義」　155

表 6-3　CNN による出口調査（回答数：24,558）

性　別	クリントン	トランプ	その他／回答なし	年　齢	クリントン	トランプ	その他／回答なし
男　性（47%）	41%	52%	7%	18-44 歳（44%）	53%	39%	8%
女　性（53%）	54%	41%	5%	45 歳以上（56%）	44%	52%	4%

人　種	クリントン	トランプ	その他／回答なし	宗　教	クリントン	トランプ	その他／回答なし
白人（71%）	37%	57%	6%	プロテスタント（52%）	39%	56%	5%
黒人（12%）	89%	8%	3%	カソリック（23%）	46%	50%	4%
ラテン系（11%）	66%	28%	6%	ユダヤ教（3%）	71%	23%	6%
アジア系（4%）	65%	27%	8%	その他の宗教（8%）	62%	29%	9%
その他（3%）	56%	36%	8%	無宗教（15%）	67%	25%	8%

学　歴	クリントン	トランプ	その他／回答なし	収　入	クリントン	トランプ	その他／回答なし
高卒以下（18%）	46%	51%	3%	3 万 $ 未満（17%）	53%	40%	7%
大学中退（32%）	43%	51%	6%	3 万 $ 以上 5 万 $ 未満（19%）	52%	41%	7%
大学卒（32%）	49%	44%	7%	5 万 $ 以上 10 万 $ 未満（30%）	46%	49%	5%
大学院卒（18%）	58%	37%	5%	10 万 $ 以上 20 万 $ 未満（24%）	47%	48%	5%
				20 万 $ 以上 25 万 $ 未満（4%）	49%	47%	4%
				25 万 $ 以上（6%）	46%	46%	8%

出所：http://edition.cnn.com/election/results/exit-polls/national/president.

の動向に世界の注目が集まるなか，1 月で退任するオバマ大統領が任期中最後の外遊に向かった．16 日にはギリシャの首都アテネで演説し，グローバル化に伴って生じる『不公正の感覚が民主主義にとって最大の挑戦となっている』と強調．人々の不満につけ込むナショナリズムやポピュリズム（大衆迎合主義）の台頭に警鐘を鳴らした」（2016 年 11 月 17 日日本経済新聞）のような記事でも，うかつに読めば，「『知性よりも感情を重視する貧困層』＝『大衆』」という前提があるかのように誤読しかねない．

　大嶽（2003）によれば，「ポピュリズムとは，『普通の人々』と『エリート』，『善玉』と『悪玉』，『味方』と『敵』の二元論を前提として，リーダーが『普通の人々』の一員であることを強調すると同時に，『普通の人々』の側に立って彼らをリードし『敵』に向かって戦いを挑む『ヒーロー』の役割を演じてみせる，『劇場型』政治スタイルである．それは，社会運動を組織するのでなく，

マスメディアを通じて，上から，政治的支持を調達する政治手法の一つである」と定義される．しかし，ここで言う「普通の人々」が誰なのかについては，十分検討する必要がある．

トランプ支持層は，いかなる意味で「普通の人々」なのか．少なくとも，トランプ支持層が「低所得層」とは限らないことは，CNN の出口調査（**表 6-3**）からも明らかである．**表 6-3** に見られるのは，高所得層では，トランプ支持とクリントン支持の割合は同等であり，クリントンが低所得層で支持が高いのに対して，トランプは中所得層で支持が高い．

その意味では，一般のイメージとは異なり，トランプ支持層は，中流以上の層であり，あえていうなら，これまで民主党を支持していた中間層の中から共和党支持へ流れたものたちがかなりいたと推測される．

また，トランプの支持者は，**表 6-3** からもわかるように，WASP（White Angro-Saxon Protestant：白人でアングロサクソン系のプロテスタント）に多い．WASP は，「Good Old America（古き良きアメリカ）」において「正統的アメリカ人」と考えられていた社会経済的なカテゴリーである．

トランプの指し示す「普通の人びと」とは，結局，「古き良きアメリカ」における「正統的アメリカ人」であり，時代の変化にともなって，そのアイデンティティ・イメージを喪失し，「アメリカンドリーム」はおろか「中間層」という地位からも滑り落ちる不安にさらされている人びとといえるだろう．

2.4 中間層の意識

上記の仮説を裏付けるデータを**図 6-3**，**図 6-4** に示す．これらは，Pew Research Center の報告[3]によるものである．これによれば，本来，共和党を支持するのは富裕層に多く，民主党は各階層から同程度の支持を集めていた（**図 6-3**）．ところが図 6-4 に見られるように，2016 年大統領選では政府の中間層対策に不満を持つものが多く，そうした中間層が共和党へ流れたと考えられる．

同じく Pew Research Center の別の報告書[4]によれば，2016 年の大統領選では，これまで民主党支持者の多かった地域で，民主党支持者が減少した（**表 6-4**）．これらの地域は，収入が中間的な層が多い地域である．

つまり，今回の選挙では，これまで民主党を支持していた中間層の人びとが，

6 章──三つ巴の「正義」　157

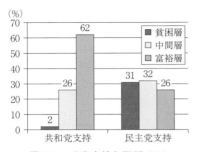

図 6-3 政党支持と階層（％）
出所：Pew Research Center が 2015 年 12 月 8-13 日に行った調査（「支持政党なし」「わからない」は含まない）．

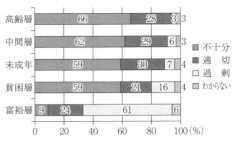

図 6-4 連邦政府は各グループに十分な政策をとっているか（％）
出所：Pew Research Center が 2015 年 12 月 8-13 日に行った調査．

トランプ支持に回ったと考えられる．実際，トランプは 2016 年 12 月 28 日，「The middle-class has worked so hard, are not getting the kind of jobs that they have long dreamed of – and no effective raise in years. BAD（中間層の人びとは懸命に働いても長い間夢見た仕事に就けていない．そして，何年も有効な施策はなされていない．ひどい）」(https://twitter.com/realdonaldtrump/status/681452215614222339) とツイートしている．

3 〈ポピュリズム〉と〈反既成政治〉

3.1 〈ポピュリズム〉とは何か

ここで改めて〈ポピュリズム〉について考えてみよう．

「『世界に幽霊が徘徊している．ポピュリズムという幽霊が』．一九六九年に刊行されたポピュリズムに関する論文集の序文で，ギタ・イオネスクとアーネスト・ゲルナーはこう書いた」と，ドイツ生まれの政治学者ヤン-ヴェルナー・ミュラーは記している（Müller, 2016）．

ミュラーは，先に挙げたような「衆愚に迎合するポピュリズム」とは若干ニュアンスの違う「ポピュリズム」の描写を行っている．ミュラーは，次のように言う．「ポピュリストはみな，『真のアメリカ』や『真のトルコ』といった，『真の○○』の一員ではないと見なした人びとと対決を続けることで，彼の人民――唯一真正な人民――を統一しようと試みる」（Müller, 2016=2017: vii）．

158

表 6-4　民主党支持地域で民主党支持者が減少　(%)

	オバマ 2008	クリントン 2016	民主支持 変化	中間収入層 の割合
全　国	53	48	-5	51
Johnstown, PA	50	30	-20	56
Muskegon, MI	64	48	-16	56
Michigan City-La Porte, IN	60	44	-16	57
Wausau, WI	54	38	-16	67
Monroe, MI	51	36	-15	58
Owensboro, KY	45	30	-15	59
Scranton-Wilkes-Barre-Hazleton, PA	57	43	-14	56
Youngstown-Warren-Boardman, OH-PA	59	45	-14	60
Jackson, MI	50	37	-13	56
Utica-Rome, NY	48	35	-13	57
Eau Claire, WI	58	46	-12	61
Elkhart-Goshen, IN	44	32	-12	61
Canton-Massillon, OH	50	38	-12	59
Janesville-Beloit, WI	64	52	-12	65
Reading, PA	54	43	-11	57
Kankakee, IL	52	41	-11	62
Saginaw, MI	58	47	-11	58
Joplin, MO	32	21	-11	57
Fort Wayne, IN	46	35	-11	59
Sheboygan, WI	49	39	-10	63
Glens Falls, NY	49	39	-10	58
Lebanon, PA	40	30	-10	63
East Stroudsburg, PA	58	48	-10	60
York-Hanover, PA	43	33	-10	57

「エルドァンは，二〇一六年夏のクーデタ［失敗］の余波のなか，死刑制度を再導入するという彼の計画への批判に対して，次のように応じた．『重要なのは，わたしの人民が何を言うかだ』と．実のところ，そもそも『彼の人民』が言うべきことを彼は語ったのであり，彼が人民の声の唯一正統な解釈者であり続けるのだ．必然的に，異論は非民主主義的なものとされる．チェック．アンド・バランスそして，あらゆる抑制と均衡は，民主主義のもとでの権力分立制ではまったく常態のものだが，ポピュリストの手にかかると，人民の意志の実現を阻む障害物とされてしまうのである」(Müller, 2016=2017: vi)．

　確かに，現代のポピュリストたちの言動を観察するならば，「衆愚に迎合する政治家」ではなく，「排除をちらつかせることによって，人びとを自分に迎

6章──三つ巴の「正義」　159

合させる政治家」の像が浮かび上がってくる．そしてこの点において，「復古強権主義」は，「国家主義」と表裏のものとなるのである．

3.2　トランプのポピュリズム

2017 年 1 月 20 日（現地時間），ドナルド・トランプは，第 45 代アメリカ大統領の座に着き，就任演説を行った．彼は次のように語った．

　（前略）

　本日の式典には，とても特別な意味があります．なぜなら，ひとつの政権から別の政権へ，または，ひとつの政党から別の政党へ，単なる政権交代をしているわけではなく，ワシントン D.C. から国民である皆さんへ，政権を取り戻しているからです．

　あまりにも長い間，ワシントンにいる一部の人たちだけが，政府から利益や恩恵を受けてきました．その代償を払ったのは国民です．ワシントンは繁栄しましたが，国民はその富を共有できませんでした．政治家は潤いましたが，職は失われ，工場は閉鎖されました．権力層は自分たちを守りましたが，アメリカ市民を守りませんでした．彼らの勝利は，皆さんの勝利ではありませんでした．彼らは首都ワシントンで祝福しましたが，アメリカ全土で苦しんでいる家族への祝福は，ほとんどありませんでした．

　すべての変革は，この場所から始まります．今，ここで始まっているのです．なぜなら，この瞬間は皆さんの瞬間だからです．皆さんのものです．今日，ここに集まっている皆さん，アメリカ中でこれを見ている皆さんのものです．今日という日は，皆さんの 1 日なのです．これは皆さんの式典です．そして，このアメリカ合衆国は，皆さんの国なのです．

　（後略）

　　トランプ大統領就任演説（The Huffington Post による全訳[5]より抜粋）

「ワシントン，政治家，権力層」だけが利益を受けるアメリカから，それ以

160

外の，受ける権利のある利益を奪われてきた「皆さん」とトランプ自身を同一化するロジックである．

そして，「皆さん」（＝トランプ）の国へとアメリカを変え，「アメリカは再び勝利します．これまでにない勝利です．雇用を取り戻し，国境を回復し，富を取り戻し，そして，夢を取り戻します．このすばらしい国の隅々に新しい道路，橋，空港，トンネル，鉄道を建設します．生活保護を受けている人たちに仕事を与え，アメリカの労働者の手と力で国を再建します」（上記訳），とトランプは主張するのである．

ここで注目すべき言葉は，「取り戻す」という言葉の多用である．「かつてはあった」アメリカが現在失われ，それが「皆さん」（＝トランプ）を苦しめている．だから，「偉大なアメリカを再び取り戻そう（Make America Great Again）」が「皆さん」（＝トランプ）の目標となる．

3.3 〈反既成政治〉という言葉

では，誰が「偉大なアメリカ」を破壊したのか．トランプが攻撃するのは，〈既成政治〉〈エスタブリッシュメント〉〈エリート〉である．しかし，これもいささか不思議なことといわざるを得ない．

なぜなら，トランプは，裕福な家庭に生まれ，「強欲資本主義」を目指してさらに自らの富を増やすために邁進して生きてきた（幼い頃，彼の父親は彼に空き瓶集めや新聞配達をやらせたというエピソードがある．しかし，「雨の日には，自ら運転するキャデラックに子どもを乗せて，配達区域をまわ」（Kranish, 2016=2016: 45）ったという．富裕家庭の帝王学といった方が近い）．

トランプが最も激しく攻撃するオバマは，トランプに比べて，かなり社会的に不利な立場で育った．そしてこれまでの政治的常識を打ち破って「アフリカ系初」の大統領となったのである．

また，トランプの直接の対抗者であり，トランプが「エリート」と烙印をおすヒラリー・クリントンも，ワシントン生活は確かに長いが，中産階級の出身であり，不利なジェンダーを負ってきて，まさに 2016 年の米大統領選挙で，「女性初」の大統領を目指したのである．

むしろ，オバマやヒラリーこそ既成政治に対抗して勝ち上がってきたものた

ちといえる.

　トランプはいわば「反 − 反 − 既成政治」なのである. すなわち, トランプは, まさに自分こそアメリカの「正義」であると主張し, その「正義」への回帰 (戻ること) を主張しているといえる.

　ではトランプの主張するアメリカの「正義」とは何か.

　トランプの知名度を圧倒的なものとした「アプレンティス (見習い)」というリアリティ番組がある.「リアリティ番組」とは, 事前の脚本や演出などがなく, ぶっつけ本番で遂行される, 視聴者参加型のテレビ番組のカテゴリー. 1990 年代以降, 世界で高い人気を博している (詳細については, 遠藤 (2007) など参照). なかでもトランプがホストを務めた「アプレンティス」は, 応募者から選ばれた出演者たちが, 与えられた課題に取り組み, 番組の終わりに失敗者に「おまえはクビだ!」と宣告することで人気を呼んだ. 2004 年 1 月 8 日の初回放送は, 次のようなナレーションで始まる.

　　ニューヨーク. 私の街. グローバル経済の歯車が回り続ける街. ビジネス世界を駆り立てる比類なき力と目的を持った, コンクリートのメトロポリス. マンハッタンはタフな街だ. マンハッタンは弱肉強食の世界だ.

　　注意していなければ, かみ砕かれて吐き出されてしまう (カメラがベンチで寝ているホームレスを映し出す. ビジネス的に敗れた男なのだろう). だが, 懸命に働けば大成功を収めることができる. 桁外れの成功だ (ここでトランプの豪邸が映る).

　　私の名はドナルド・トランプ. ニューヨークで一番の不動産開発業者だ. だが, 常に順風満帆だったわけではない. 13 年前は深刻な状況に陥っていた. 多額の負債を抱えていたのだ. しかし私はその苦境と戦い, 勝った. 大実業家の地位を得た.

　　私はビジネスが何たるかをマスターし,「トランプ」という名を最高級ブランドに仕立て上げた. そして今, ビジネスの名人として, その極意を誰か

に伝えたいと思う．私は探しているのだ．アプレンティス（見習い）を[6]．

　ここに，トランプ（とその支持者たち）の「正義」の原型があるのではないだろうか．すなわち，「懸命に働けば（桁外れの）大成功を収めることができる」一方で，努力を放棄すれば，ホームレスになってしまう．すべては「自己責任」である．トランプ自身，リーマンショックによって一時は苦境に陥ったが，再び勝利を収めた．それが彼の誇りであり，「アメリカ人のやり方だ（アメリカの正義）」と主張しているのだ．そして，支持者たちは，そのような「誇り」を共有しようとしている．

　トランプの支持者は，**表 6-3** からもわかるように，「Good Old America（古き良きアメリカ）」において「正統的アメリカ」と考えられていた WASP（White Angro-Saxon Protestant：白人でアングロサクソン系のプロテスタント）に多い．彼らの敵は，自分で「働く」ことをせずに，器用に立ち回る「ワシントンの連中」や，政府による保証を当てにする「弱者たち」である．彼らは，自分たちの「身体」を使い，「製造」に従事する．トランプが不動産業者であることも，1つのポイントかもしれない．彼らは，まさに彼らを支える「土地」に執着するのである．

3.4　対抗言辞の袋小路

　一方，選挙期間中，トランプが支持者を獲得していくのを目の当たりにした「識者」たちは，眉をひそめた．トランプの暴言や，差別的な発言や，乱暴な振る舞いは，「近代化された人間」にあるまじき野蛮なものと思われ，そのような人間がアメリカのような大国の指導者の資格があるとは，彼らには思えなかったからである．同時に，彼らは，そのようなトランプを支持する人びとを，貧困に慣れすぎて理性を身につけるチャンスを得られなかった愚かな人びとと見なすことが多かった．たとえば，ワシントン・スペクテーター紙のリック・パールスタイン記者は，「アプレンティス」を「番組を見れば分かってもらえると思うが，政治に関心をもつ人たちが見るような番組ではない」と評し，「アプレンティス」を見るような「『6缶パックのジョー（白人労働者）』とも呼ばれる平均的なアメリカ人」が「トランプの選挙集会に集まり，予備選で投票

もしているのだ」との危惧を表明していた[7].

おそらくは，同じ見方にたって，2016 年 9 月 10 日，ヒラリー・クリントンは大きな失敗をしでかした．トランプ支持者をさして，「惨めな人びと」と表現したのである．ヒラリーは激しい批判を浴び，支持率を大きく下げた．それは，単に「不適切な発言」であったからというのではない．トランプ支持者たちの「正義」の中核に対する，あるいは彼らの「誇り」そのものを痛打する無理解であった．

3.5　オバマの〈正義〉

では，トランプの前に圧倒的な大衆人気によって第 44 代大統領の座に就いたオバマはどのような演説をしただろうか．

以下は，2009 年 1 月 20 日，200 万人とも言われた聴衆を前に行われた就任演説の一部である．

　我々が危機の只中にいることは，今や周知の事実である．我が国は，暴力と憎悪の広範なネットワークに対して戦争をしている．我が国の経済は，極めて脆弱になっているが，これは一部の者の強欲と無責任の結果であるのみならず，我々全員が困難な選択を避け，次世代に備えてこなかった結果である．家は失われ，職はなくなり，企業は倒産した．医療費は高過ぎる．余りにも多くの学校が荒廃している．加えて，我々のエネルギー消費のあり方が敵を強化し，我々の惑星を脅かしているという証拠が，日を追うごとに増え続けている．

　これらは，データと統計に基づく危機の指標である．また，測定不能ながらも同様に深刻であること，それは米国全土での自信の喪失——そして，米国の凋落は避け難く，次の世代は下を向いて過ごさねばならないという，拭い難い恐怖である．

　今日，私は諸君に言いたい．我々が直面している試練は本物だ．試練は深刻かつ多数である．これらは容易には，また短期間では克服できまい．しかし米国よ，判ってほしい——試練はいずれ克服されるのである．

トランプの演説とオバマの演説を比較すると，共通点と相違点が見えてくる．共通するのは，以下の点である．

(1)　一部の（必ずしもその資格のない）人びとによる富の独占に対する批判
(2)　アメリカという国家のおかれている苦境
(3)　支援されるべき人びとが苦境の中に放置されていることに対する批判

　反対に異なっているのは，以下の点である．

(1)　トランプが「偉大なアメリカ」の復古を目指すのに対して，オバマは「試練の克服（未来の勝利)」を目指す．
(2)　トランプが環境問題や保険制度に否定的であるのに対して，オバマはこれらを解決すべき課題としている．言い換えれば，トランプが「自己責任」を重視するのに対して，オバマは「社会責任」を重視する．
(3)　トランプが，対象を「アメリカ」に限定するのに対して，オバマは，「多様な世界」を包摂しようとする．

　こうした両者の特性は，2人の印象深いキャッチフレーズにも如実に表れている．トランプは，「MAKE AMERICA GREAT AGAIN」「AMERICA FIRST」と叫び，オバマは，「CHANGE」「YES WE CAN」と訴えたのだった．

　盛山（2006：2-3）は，「『正義』という言葉でもって探求されているのは，『社会を秩序づける基底的な規範的原理』にほかならない．社会はさまざまな制度や法や規範や道徳や倫理によって秩序づけられるのだが，そうしたさまざまな規範的なものを全体として統括するような中核的な規範，それが『正義』という言葉において探求されているのである．
　この意味での『正義』とは，他のいかなる規範にも依拠することなくそれ自体において自立しており，それによって個別的諸規範が正当化されたり導き出されたりするような『究極的規範』だと言っていいだろう」と論じている．一見そうは見えないかもしれないが，トランプの復古的なマッチョイズムも，オ

6章——三つ巴の「正義」　165

バマの理想主義と同様，一種の「究極的規範」と理解することにより，現代の奇妙な政治状況がより明らかになるのではないだろうか．

4　新自由主義・オバマ主義・トランプ主義──分断の構図

4.1　オバマとトランプ

　先にも触れたように，近年，「分断」という言葉が流行語になっている．しかし，「分断」とは何を指すのか．「分断」は今日に限ったことではない．たとえば，2016 年アメリカ大統領選挙に関連して「分断」という言葉がよく使われるが，2000 年大統領選挙，2008 年大統領選挙においても「分断」は大きな問題とされていた．

　前節で見たように，オバマとトランプの演説の共通部分から，大局的にみるならば，オバマ─クリントン陣営とトランプは，共通の敵に対して闘いを挑んでいる．しかし，その戦法と戦法を裏付ける理念，すなわち〈正義〉とが異なっているのだと解釈することができる．

　共通の敵とは，1970 年代に勃興した「新自由主義（ネオリベラリズム）」の結果としての，社会における①格差の拡大，②不平等感の増大，③社会の分断，④グローバル市場による国内（労働）市場の混乱，⑤失業率の増大，⑥国際情勢の不安定化，などである．

　この意味で，今日の「分断」は上記の経済至上主義（新自由主義）の帰結と考えられ，そのように論じられている．しかし，Brexit（イギリスの 2016 年国民投票における EU 離脱賛成多数）やトランプ大統領の誕生は，むしろ，新自由主義の帰結としての「分断」に対する対応についての「分断」として理解されるべきではないだろうか．いいかえれば「分断」という言葉が，しばしば，保守対リベラルといった二項対立的な構図によって語られるのに対して，複数の立場の相互対抗として捉えるべきではないだろうか．「新自由主義」をどのように定義するかは，論者によってばらつきがあり，（他の近年の流行語と同様）その曖昧さや多義性から生じる混乱がある．ここではとりあえず，スタンディング（Standing, 2011=2016: 1）を参照しつつ，①成長や発展は市場での競争に依存するとの前提に立ち，②競争を最大限にして競争力をつけ，生活の隅々にま

で市場原理を行き渡らせるために，あらゆることがなされねばならない，③各国は労働市場のフレキシビリティ（柔軟性）を高めねばならない，④そのために事業を進めるうえでのリスクや不安定性を，労働者とその家族に負わせる，といった性格をもつ政策理念をさすものとする．この新自由主義もまた，1つの〈正義〉と捉えることができる．

　アメリカの現実に即していえば，ブッシュ時代にドミナントな社会運営パラダイムとして定着した新自由主義の弊害に対して，"Change!"を訴え，リーマンショックの直後に「異端の大統領」として誕生したのが，オバマであった．オバマは，リベラルの立場から，「国際協調路線」「多様性の包摂」「再分配による格差の縮小」を主たる政策とした．すなわち，オバマは，新自由主義という〈正義〉に，端的に言うなら多様性包摂主義という〈正義〉によって対抗しようとしたのである．

　だが，オバマケア（全国民に対する医療保険制度）など歴史的な成果も挙げたものの，オバマが自身の公約を堅実に実務的に達成しようとする姿は，一方では，選挙戦時のカリスマ的光輝に比べて地味であり，（おそらくは）過剰な期待を抱く人びとを失望させた．

4.2　オキュパイ・ウォール・ストリートとティー・パーティー運動からトランプの時代へ

　こうした不満や失望は，アメリカにおいては「オキュパイ・ウォール・ストリート（ウォール・ストリートを占拠せよ）」運動などによって露わになる．格差社会を解決しようとするオバマ政権下で，このような運動が活性化するということは，オバマの政策が期待通りの成果を挙げていないという不満の表れでもあったろう．

　オキュパイ・ウォール・ストリートに先駆けて盛り上がってきたのが，ティー・パーティー運動であった．ティー・パーティー運動は，それまでの格差問題に対する異議申し立て運動がリベラルな多様性包摂主義的正義に立つものであったのに対して，保守的な復古強権主義的な正義によるものであった．

　この地点で，トランプ政権誕生の基礎ができたといえるだろう．

　そしてそれは，世界的な潮流でもあった（**表6-5**）．

6章──三つ巴の「正義」　167

表 6-5　世界の強権主義的指導者

指導者	国	時　期	備　考
シルヴィオ・ベルルスコーニ (1936-)	イタリア	1994-2013　首相	「イタリアのメディア王」，メディア統制，汚職疑惑，性的スキャンダル
ウラジーミル・プーチン (1952-)	ロシア	1999 年　首相 2000 年　大統領就任	治安の改善，経済立て直し 「強いロシア」の再建
ウゴ・チャベス (1954-2013)	ベネズエラ	1999-2013　大統領	反富裕層，反ブッシュ政権，親オバマ，親ロシア
ロドリゴ・ドゥテルテ (1945-)	フィリピン	1988-　ダバオ市長 2016-　大統領	経済再建，治安の改善
ファン・エボ・モラレス・アイマ (1959-)	ボリビア	2006-　大統領	反米主義，反新自由主義経済，反グローバリズム，コカイン合法化
ヘルト・ウィルダース (1963-)	オランダ	2006-　自由党党首	反 EU，反イスラム
ナイジェル・ファラージ (1964-)	イギリス	2006-2016　イギリス独立党党首	EU 離脱，イギリスの主権回復
マリーヌ・ル・ペン (1968-)	フランス	2011-　国民戦線党首	反 EU，反イスラム

4.3　〈歴史の終わり〉の後で——〈正義〉の対立

　この状況を改めてマクロな地点から俯瞰してみよう．

　1990 年前後，それまで強固な対立構造と考えられてきた，社会主義陣営と資本主義陣営による世界の分断は，ベルリンの壁崩壊，ソ連邦の消滅をはじめとして，がらがらと崩れていった．フランシス・フクヤマは「歴史の終わり」といい，「パクス・アメリカーナ」「パクス・デモクラティア」「資本主義の最終的勝利」という論者たちもいた．そしてこの楽観主義から，「新自由主義」は，1 つの擬似的〈正義〉となったのである．

　人類が夢見た「対立のない世界」は，しかし，世界を境界のない競技場へと変え，暴走する新自由主義を抑制するすべのない場となったのである．

　このような新自由主義に対抗しようとしたのがオバマ的多様性包摂主義であり，その効果に不満を持ったものたちが望みをかけたのが，トランプ的強権国家主義であったのである．

　すなわち，現在の世界は，この 3 つの〈正義〉が三つ巴の対立状態にあるといえる．

表 6-6　2010 年以降の主な民衆運動

年　月	国（都市）	運動の呼び名	原　因
2009.1	アメリカ	ティー・パーティ運動	「大きな政府」反対運動
2010.12	チュニジア	ジャスミン革命	若年層の失業問題，支配層の利権独占
2011-12	アラブ全域	アラブの春	独裁政治への不満，貧困問題
2011.9-	アメリカ	オキュパイ・ウォール・ストリート	金融機関批判，富裕層優遇，失業問題
2011.11	スペイン	「インディグナドス」（怒れる者）	財政破綻，政府への信頼失墜，EU 政策
2012.10	アテネ	ギリシア暴動	財政危機，「メルケル銀行」への反発
2014.3	台　湾	ひまわり学生運動	台中間のサービス分野の市場開放を目指す「サービス貿易協定」への反対
2014.9	香　港	雨傘革命	香港の普通選挙導入に中国政府からの介入に対する反発
2016.6	イギリス	イギリスの欧州連合離脱是非を問う国民投票	イギリスの欧州連合離脱の是非を問う
2017.10	スペイン	カタルーニャ独立住民投票	スペインからのカタルーニャ州独立の是非を問う住民投票

5　日本における調査からの分析

5.1　2017 年 3 月調査に見る政策に関する意識

　このような社会変動ダイナミズムは，繰り返し指摘しているように，現在，世界的に起こっている．日本もまた，多少の日本固有性はあるとしても，このような潮流の中にいると考えられる．

　そこで，筆者が中心となって 2017 年 3 月に行った「メディア社会における社会関係資本に関する調査」（以下，「2017 年 3 月調査」と略記）の結果から，人びとの意識を考えてみよう．

　まず，2017 年 3 月調査の中の「政策に関する質問項目」（**表 6-7**）は，各項目について，「そう思う」から「そう思わない」まで 5 段階で尋ねたものである．これを 1-5 までの変数として，主成分分析を行った．

5.2　3 つのタイプの社会意識

　上記の結果を基礎として，以下の 3 つのタイプの社会意識を表す変数を新たに構成した．

　その構成は，**表 6-8** に示すとおりである．

6 章——三つ巴の「正義」　169

表 6-7 政策選好に関する主成分分析

質問項目	成分 1	2	3	4	5
防衛力増強	.685	-.293	-.148	-.146	.064
先制攻撃	.573	-.385	-.033	-.082	.358
北朝鮮に圧力	.498	-.237	-.235	-.175	.436
首相の靖国参拝	.602	-.334	-.028	.160	-.038
小さな政府	.225	-.092	.280	.230	.607
公共事業による雇用確保	.559	.188	-.154	.270	-.323
景気対策の財政出動	.605	.017	-.060	.269	-.257
長期的には消費税 10% 超	.327	-.028	.380	-.401	-.022
法人税率引き下げ	.435	-.042	.450	.217	-.034
カジノ解禁	.448	-.217	.440	-.099	.015
個人の権利より治安優先	.581	-.093	.089	.209	-.137
永住外国人の地方参政権	.059	.631	.438	-.040	-.080
外国人労働者の受け入れ	.170	.539	.481	-.190	-.057
道徳教育の充実	.593	.061	-.237	.040	-.123
原発運転再開	.507	-.331	.278	-.035	-.203
選択的夫婦別姓	.148	.520	.133	-.241	.116
女性の指導的地位へのポジティブアクション	.332	.561	.098	.018	.090
大震災復興の予算継続	.347	.548	-.232	-.040	-.144
正規雇用促進	.336	.388	-.483	-.168	.041
大学教育無償化	.233	.514	-.038	.104	.092
保育園入園全員保証	.311	.605	-.292	-.091	.106
米軍沖縄撤退	-.183	.550	.126	.397	.284
親トランプ政権	.565	-.140	.036	-.127	-.116
自動運転技術	.398	.233	-.144	-.292	.130
ロボットは仕事を奪う	.242	.093	-.057	.518	.171

注：因子抽出法：主成分分析.

表 6-8 3つの社会意識変数の構成

	変数の構成	平均	分散
復古強権主義	「防衛力増強」「先制攻撃」「首相の靖国参拝」「公共事業による雇用確保」「景気対策の財政出動」「カジノ解禁」「治安維持のためには個人の権利制限も」「道徳教育の充実」「親トランプ政権」の9項目について「そう思う」を5，「そう思わない」を1とするよう変換し，それらの平均値をとった．	3.2079	.536
多様性包摂主義	「永住外国人の地方参政権」「外国人労働者の受け入れ」「選択的夫婦別姓」「女性の指導的地位へのポジティブアクション」「大震災復興の予算継続」「保育園入園全員保証」の6項目について「そう思う」を5，「そう思わない」を1とするよう変換し，それらの平均値をとった．	3.2531	.386
新自由主義	「長期的には消費税 10% 超」「法人税率引き下げ」「正規雇用抑制」の3項目について「そう思う」を5，「そう思わない」を1とするよう変換し，それらの平均値をとった．	2.6358	.402

注：N = 7,231.

表 6-9 それぞれの〈正義〉とデモグラフィック要因

	復古強権主義		多様性包摂主義		新自由主義	
	標準化係数	有意確率	標準化係数	有意確率	標準化係数	有意確率
性　別	-.095	.000	.126	.000	-.016	.176
年　齢	-.128	.000	-.054	.001	-.059	.000
教育年数	-.087	.000	.013	.354	.038	.002
組織化指数	.067	.000	.017	.318	.045	.001
世帯年収	.050	.001	-.021	.149	.072	.000

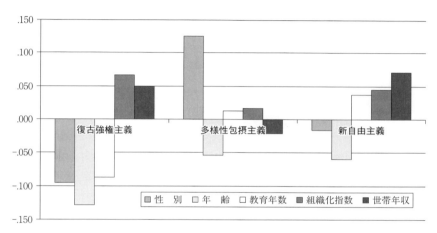

図 6-5 それぞれの〈正義〉とデモグラフィック要因

　これらの変数を，年齢，性別，教育年数（学歴），組織化指数，世帯収入などのデモグラフィック因子によって重回帰分析を行った結果が，**表 6-9** および **図 6-5** である．

　ここから興味深い事実が明らかになる．

(1) 復古強権主義と新自由主義はかなり共通した特性をもっている．年齢が若いほど，組織化度が高いほど，世帯年収が高いほど，その傾向が強くなる．
(2) ただし，復古強権主義は，男性ほどその傾向が強いという統計的に有意な特性をもつが，新自由主義は性別による違いは統計上有意ではない．
(3) 大きな違いは教育年数（学歴）で，新自由主義は学歴と正の相関をもっているが，復興強権主義は，学歴と負の相関関係にある．

6章——三つ巴の「正義」　171

表 6-10 それぞれの〈正義〉とデモグラフィックな特性

		復古強権主義	多様性包摂主義	新自由主義
性 別	男 性		女 性	―
教育年数	低学歴		―	高学歴
組織化指数	組織化		―	組織化（弱）
世帯年収	高収入（弱）		―	高収入

(4) 一方，多様性包摂主義は，年齢が若いほどその傾向が強いことは復古強権主義や新自由主義と共通するが，それらと異なって学歴や組織化度や年収とは関係をもたない．また，性別では，女性ほどその傾向が強い．

(5) ここから，新自由主義と復古強権主義はともに競争社会を自己責任によって勝ち抜くことを〈正義〉とするが，前者は勝利を「知識」に依るものとし，後者は「男性らしさ」に帰するという点で大きく異なる．

(6) また多様性包摂主義は，女性性と強く関連すると考えられるが，よりうがった見方をすれば，女性性もその１つである社会的なマイノリティ性によって，他の２つの〈正義〉では自己肯定することができないという理由によるとも考えられる．

以上の結果は，前節で考察したそれぞれの〈正義〉の特性と一致する．

5.3 それぞれの〈正義〉とあるべき社会

これらの〈正義〉は，どのような〈社会〉を夢見るのだろうか．

2017 年 3 月調査により，実現すべき社会状態を尋ねた結果を**表 6-11** に示す．また，実現すべき社会状態上位 10 種を，3 種の〈正義〉によって重回帰分析した結果を，**表 6-12** に示す．

太字の数字は，絶対値の最も大きいものである．これによれば，復古強権主義と多様性包摂主義が，いずれも目指すべき社会の姿と結びついていることが分かる．他方，新自由主義は，いずれの「目指すべき社会」とも負の関係を持っており，社会性とは反する〈正義〉を意味していると考えられる．

5.4 それぞれの〈正義〉と自己の社会的位置づけ

また，やはり 2017 年 3 月調査を用いて，社会意識項目をそれぞれの〈正義〉

表 6-11　「目指すべき社会」についての選好（N = 7,231）

(%)

	非常に望ましい	望ましい	どちらともいえない	あまり望ましくない	まったく望ましくない	非常に望ましい＋望ましい
世界と協調していく国	24.3	51.4	23.0	0.7	0.5	75.7
福祉を重視する社会	22.7	51.0	24.0	1.7	0.7	73.7
個人の能力が正当に評価される社会	22.8	50.1	25.3	1.2	0.6	72.9
世界の平和や環境保護に貢献する国	23.8	45.9	28.2	1.5	0.6	69.7
道徳や倫理を重視する社会	22.0	47.3	28.4	1.5	0.7	69.3
科学や技術の発展を重んじる社会	20.1	49.0	28.9	1.4	0.6	69.1
経済的な豊かさを追求する社会	16.4	47.6	31.0	3.9	1.1	64.0
多様な文化や価値観を受け入れる社会	16.2	47.8	32.5	2.5	0.9	64.0
文化や芸術を重んじる社会	16.0	47.1	33.5	2.3	1.0	63.1
伝統や歴史を重んじる社会	15.2	45.7	34.7	3.2	1.1	60.9
個人の自由を最大限に尊重する社会	14.5	40.2	40.9	3.6	0.7	54.7
先祖を大事にする社会	13.5	39.5	42.2	3.4	1.5	53.0
世界のなかで競争力の高い国	15.2	36.8	42.0	4.5	1.5	52.0
発展途上国や難民，被災国を支援を重視する国	11.1	40.7	42.7	4.0	1.5	51.8
強いリーダーシップを重視する	9.5	31.7	51.3	6.1	1.4	41.2
集団内の結びつきを重視する社会	7.4	31.2	53.3	6.5	1.6	38.6
エネルギーとして原子力を重視する国	4.2	13.6	45.9	18.0	18.3	17.8

表 6-12　目指すべき社会と〈正義〉

	復古強権主義	多様性包摂主義	新自由主義
世界と協調していく国	-.160	-.280	.205
福祉を重視する社会	-.143	-.323	.221
個人の能力が正当に評価される社会	-.184	-.248	.238
世界の平和や環境保護に貢献する国	-.117	-.265	.133
道徳や倫理を重視する社会	-.362	-.135	.214
科学や技術の発展を重んじる社会	-.246	-.187	.178
経済的な豊かさを追求する社会	-.390	-.080	.128
多様な文化や価値観を受け入れる社会	-.032	-.384	.129
文化や芸術を重んじる社会	-.164	-.250	.160
伝統や歴史を重んじる社会	-.265	-.145	.129

注：うすい網掛け：$p < 0.000$，こい網掛け：$p < 0.01$．

表 6-13 それぞれの〈正義〉と社会意識

	標準化係数			
	階層帰属意識	生活満足	社会満足	幸福度
復古強権主義	-.033	.024	-.081	-.008
多様性包摂主義	-.033	-.056	.016	-.113
新自由主義	-.139	-.134	-.222	-.075

注：数値尺度の取り方によって、表中では正負が逆転している。うすい網掛け：$p<0.000$，こい網掛け：$p<0.01$．

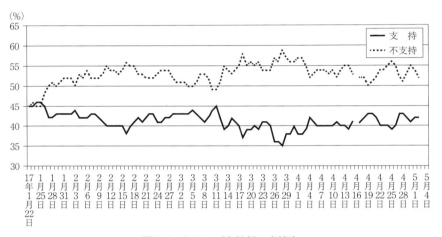

図 6-6 トランプ大統領の支持率

出所：Gallup Daily: Trump Job Approval (http://www.gallup.com/poll/201617/gallup-daily-trump-jpb-approval.aspx).

によって重回帰分析した結果を**表 6-13** に示す．

これによれば，〈新自由主義〉は「階層帰属意識」「生活満足度」「社会満足度」「幸福度」のいずれについても強い正の相関がある．これに対して，復古強権主義は新自由主義ほどではないが「階層帰属意識」と「社会満足」について正の相関があり，多様性包摂主義は「階層帰属意識」「生活満足度」，とくに「幸福度」と強い関係がある．つまり，前項で見たように，新自由主義は反・社会的であったが，個人的には自己肯定感と強く結びついていると考えられる．他方，復古強権主義は，自分が埋め込まれている「社会」を固定する感覚が強く（おそらくそれがナショナリズムや排他主義と結びつく），多様性包摂主義は自分自身の生活を愛し，幸福感と結びついているようである．

もちろん，ここで分析した調査は，日本で行われたものである．他の国でこれがどの程度妥当するかの確認は，今後の課題としたい．

6 おわりに

本章では，現在の世界の〈正義〉を代表する3つの立場について，それらの間の関係とその担い手の特性とを明らかにした．この分析を踏まえた上で，われわれの世界を持続可能とするためには，3つの〈正義〉をどのように評価すべきかを考えねばならない．

ただし，本稿ではすでに紙数も尽きている．そこで最後に，本章執筆中の2017年8月12日，本章で考察してきた〈正義〉をめぐって起きた問題を提示するにとどめることとする．

2017年8月12日，ヴァージニア州シャーロッツビルで，白人至上主義者らによる集会が開かれた．シャーロッツビルは第3代アメリカ大統領であるトマス・ジェファーソンの出身地でもある．「主にリベラル派が多い大学町で，同市のあるアルブマール郡の有権者の86％が昨年の大統領選では民主党のヒラリー・クリントン候補に投票した」[8]という．市議会が南軍の英雄リー将軍の銅像撤去を可決したことへの反対運動として，この日の集会が開かれた．この集会に対して，人種差別反対の立場から抗議する人びとも集会を開いた．この抗議集会に，白人至上主義の立場に立つ人物が自動車で突入して，死者3名と多くの負傷者を出した．犯人は直ちに逮捕された．

この事件に関連して，偏狭で暴力的な差別主義への多くの怒りの声が上がるのに対して，トランプ大統領も直ちにツイートを投稿した．しかしその内容は，「私たちは，肌の色や信条や宗教や支持する政党にかかわらず，誰もが，アメリカ・ファーストであるという真実を忘れてはならない」．トランプのツイートに加害者が共感する集団への批判が含まれていなかったことで，共和党議員や経済界，軍からさえ激しい批判が巻き起こった．それを受けてトランプはいったん加害者側の集団に対して批判を口にしたが，その直後に再び擁護のメッセージを発した．この振る舞いは，トランプにとって白人至上主義が，自身の支持層だからというだけでなく，すべての人を敵に回しても，そして暴力によ

っても護るべき排他的〈規範〉であることを暗示している.

　批判が政権を揺るがすほど高まったためか，8月18日，トランプは自らと〈正義〉を共有する，腹心のバノンを更迭した.とはいうものの，直後の8月22日，アリゾナ州フェニックスで支持者集会を開き，支持者たちの熱狂と，反対者たちからの激しい抗議の両方を受けた.

　一方，この事件に際して，大統領退任以来あまりツイートしていなかったオバマが,「人は誰も，肌の色や素性や信仰を理由として他者を憎むように生まれついてはいない」というネルソン・マンデラの言葉を投稿した.これに対して，5日間で440万以上の賛同が集まった.

　2017年9月24日，トランプ大統領の人種差別的態度に抗議して，アメリカプロフットボール（NFL）の選手たちが試合前の国歌演奏時に，跪いたり，腕を組んで，斉唱することを拒否した.これに対してトランプ大統領は，支持者集会やツイートで，選手たちを激しく罵倒した.

　こうした〈正義〉をめぐる対立は，現状，賛否拮抗しているように見える.

　このような状況は今後どのように進んでいくのだろうか？

　トランプが公約した課題の多くは，必ずしも具体的な成果をあげていない.それでも，トランプ政権の支持率はぐらぐらと上下運動しつつも，不支持率が支持率を大きく引き離したまま推移している.

　欧州の政情が，必ずしも，トランプ的ポピュリズムに雪崩を打たないことも，それを裏付けている.とはいうものの，新自由主義による格差の極大化はさらに進行しつつあり，多様性包摂主義の立場は，理想的ではあるものの，具体的な問題を解決する決め手として作動してはいない.

　多様性包摂主義をいかに現実の問題に対する有効な対応として機能させるか，さらに冷静な分析が必要とされる.

【註】
1)　「19日に選挙人が投票，トランプ氏の勝利確定へ　米大統領選」2016.12.19 Mon posted at 10:50 JST（http://www.cnn.co.jp/usa/35093928.html）.
2)　2016年12月16日時点（CNNによる）.
3)　"Most Americans Say Government Doesn't Do Enough to Help Middle Class"（FEBRUARY 4, 2016）（http://www.pewsocialtrends.org/2016/02/04/most-

americans-say-government-doesnt-do-enough-to-help-middle-class/）.

4）　Pew Research Center, Dec 2016, "GOP gained ground in middle-class communities in 2016"（http://www.pewresearch.org/fact-tank/2016/12/08/gop-gained-ground-in-middle-class-communities-in-2016/）.

5）　「【全文】トランプ大統領就任演説『今日，この日から，アメリカ第一のみ』」The Huffington Post，吉野太一郎（執筆），投稿日：2017 年 1 月 21 日，閲覧日：2017 年 5 月 17 日（http://www.huffingtonpost.jp/2017/01/20/donald-trump-inauguration-speech_n_14292818.html）.

6）　http://www.newsweekjapan.jp/stories/world/2016/04/post-4842_2.php.

7）　http://www.newsweekjapan.jp/stories/world/2016/04/post-4842_3.php.

8）　http://www.bbc.com/japanese/40914856.

【文献】

Balkin, Jack M., 1999, "How Mass Media Simulate Political Transparency," Faculty Scholarship Series, Paper 259.

遠藤薫，2000，『電子社会論──電子的想像力のリアリティと社会変容』実教出版.

遠藤薫，2007，『間メディア社会と〈世論〉形成──TV・ネット・劇場社会』東京電機大学出版局.

遠藤薫，2011，『間メディア社会における〈世論〉と〈選挙〉──日米政権交代に見るメディア・ポリティクス』東京電機大学出版局.

遠藤薫編著，2014，『間メディア社会の〈ジャーナリズム〉』東京電機大学出版局.

遠藤薫編著，2016，『ソーシャルメディアと〈世論〉形成』東京電機大学出版局.

Kranish, Michael and Marc Fisher（Washington Post Company LLC），2016, *Tramp Revealed: An American Journey of Ambition, Ego, Money and Power*, Scribner（野中香方子・池村千秋・鈴木恵・土方奈美・森嶋マリ訳，2016，『トランプ』文藝春秋）.

Müller, Jan-Werner, 2016, *What Is Populism?*, The University of Pennsylvania Press（板橋拓己訳，2017，『ポピュリズムとは何か』岩波書店）.

大嶽秀夫，2003，『日本型ポピュリズム──政治への期待と幻滅』中央公論新社.

盛山和夫，2006，「現代正義論の構図」土場学・盛山和夫編『正義の論理』勁草書房，pp. 1-24.

Standing, Guy, 2011, *The Precariat: The New Dangerous Class*, Bloomsbury Publishing（岡野内正監訳，2016，『プレカリアート──不平等社会が生み出す危険な階級』法律文化社）.

Urry, John, 2003, *Global Complexity*, Cambridge: Polity Press Ltd.（吉原直樹監訳，2014，『グローバルな複雑性』法政大学出版局）.

7章
「ポリティカル・ヒーロー」を演じる
トランプのプロレス的〈公正〉

遠藤　薫

1　はじめに

　2008 年の大統領選，本命視されていたヒラリー・クリントンが敗れ，数年前までまったく無名の弁護士であったバラク・オバマが，多くの人の驚きをよそに，大統領の座に着いた．オバマの当選は，歓呼の声で迎えられた．とくに，リベラル色の強いメディアやハリウッド・セレブたちは，彼を歓迎した．彼はマイノリティとしての出自にもかかわらず，ソーシャルメディアを縦横に使いこなし，美しい語りによって人びとを魅了した．エルトン・ジョンやアース・ウィンド＆ファイヤー，ボブ・ディランなどを愛聴し，選挙運動でも，ブルース・スプリングスティーン，グレイトフル・デッド，ウィル・アイ・アムなど多くのミュージシャンが応援活動を行った．オバマを指して，「ロックスター」のようだと評したミュージシャンもいた．2009 年 1 月 18 日にはオバマの大統領就任を記念したコンサートが開かれ，スティービー・ワンダー，U2，ビヨンセら多数の大物ミュージシャンが集結した．オバマ自身もステージに立った．その姿はまさに「ロックスター」だった．オバマはまた，バスケットボールを好み，自らもプレーを楽しむ．フットボール，野球，ホッケーのファンであり，ゴルフもよくするスポーツマンである．

　2016 年，8 年前と同じくヒラリー・クリントンが絶対的本命と予想された．ほとんどすべての世論調査が，その予想を支持していた．まさに選挙当日の朝でさえ，多くのメディアは彼女の圧倒的勝利を疑わなかった．しかし，開票が進むにつれ，あっけにとられる人びとの眼前で，ドナルド・トランプの勝利と

いう驚くべき事態が起こったのだった．トランプの当選に，メディアやハリウッド・セレブたちから怒りと嘆きの声が上がった．彼は自分を批判するマスメディアを罵倒し，恒例の記者会面も行わず，Twitter や Facebook を通じて自身の主張を一方通行的に述べ立てた．彼の大統領就任に際して，有力なミュージシャンが花を飾ることはなく，就任式に集まった人びとの数をめぐってマスメディアとの間で悶着を起こした．彼の言葉は，激しい悪罵に満ち，あたかも「悪役レスラー」のようでさえあった．実際，トランプは WWE（World Wrestling Entertainment：アメリカのプロレス団体）の会長兼 CEO であるビンス・マクマホン（Vince McMahon）と長年の友人であり，2007 年には「億万長者の闘い」という興行も行ったことは有名である．大統領になってからも，トランプはしばしばプロレスを思い起こさせるパフォーマンスを見せる．

遠藤（2009）は，「ロックスター」としてのバラク・オバマについて分析を行った．本章では，「レスラー」としてのドナルド・トランプについて考える．「ロックスター」と「レスラー」．2 つの自己呈示の間にあるものは何か．アーヴィング・ゴフマンのフレーム分析などをふまえつつ読み解く．

2　メディアとトランプの post-truth 戦略

2.1　トランプの〈ポピュリズム〉

第 6 章にも挙げた大嶽（2003）の定義によれば，ポピュリズム政治家はマスメディアを通じて政治的支持を調達する」とされている．しかし，トランプはそうしなかった．

2016 年大統領選挙では，既存報道機関の多くが，トランプに対して激しい批判を浴びせた．たとえば，J-CAST ニュースは，次のように報じている．

米誌「THE WEEK」（電子版，11 月 7 日）などによると，国内 100 大紙のうち，クリントン氏（民主党）の支持を表明（エンドースメント）した新聞は 57 社なのに対し，トランプ氏（共和党）支持はわずか 2 社．前回 2012 年の大統領選では，現職オバマ氏（民主党）支持 41 社に対し，ロムニー氏（共和党）支持は 35 社で，今回の両候補の差がいかに大きいかが分かる（「トラン

プに『敗北』した米新聞メディア 『偏ったフィルター』だったのか」2016/11/9 18: 55, J-CAST ニュース, http://www.j-cast.com/2016/11/09283036.html?p=all).

しかしトランプは, 既存マスメディアをさらに苛立たせるような, 挑発的な発言を繰り返した. たとえば, 2016 年 10 月 27 日には, オハイオ州トレドで開催された選挙集会で, 民主党のヒラリー・クリントン候補の貿易政策を非難し, 「直ちに選挙をキャンセルし, 直ちにトランプに勝利を与えるべきだ」と訴え, 「彼女（クリントン氏）の政策はひどすぎる」と批判した[1].

こうしたトランプの態度に対して, 「ニューヨーク・タイムズがトランプ氏を『米国近代史上, 最悪の候補』と酷評すれば, ワシントン・ポストは次々に女性スキャンダルを報道」[2] した.

2.2 ソーシャルメディアを通じた支持の調達

既存マスメディアと対立する代わりに, トランプは, Twitter や Facebook などのソーシャルメディアを通して, 自分の声を人びとに直接送った. ソーシャルメディアを選挙に活用した先駆としては, 2008 年の大統領選で劇的勝利をおさめたバラク・オバマがいる. ただし, オバマがソーシャルメディアを, 支援者たちを組織化するために, まさにソーシャル（社会的）に使ったのに対して, トランプはむしろ一人芝居の舞台として用いている. すなわち, 他者の介入を避け, 自分の主張のみを主張するためのマスメディアとしてソーシャルメディアを利用している. この点において, トランプはまさに「ポピュリズム」に依拠しており, また,「ソーシャルメディア」は「ソーシャル」であるよりも,「個人的マスメディア」として使われているのである.

選挙後, トランプのメディアへの態度が, 変化するかにも見えた.「批判にも自説を曲げないトランプ新大統領の誕生は, 米国内だけでなく国際社会を揺さぶるのは確実だ. 世界は視界ゼロの中で漂流する危険すらはらむ. 第 2 次大戦後の世界秩序を変容させかねない『事件』だ. 救いを求めるなら, トランプ氏の側近が口にしていた『過激発言は選挙で注目を集めるため』という言葉だ. 大統領になれば変わる, という解説だ. トランプ氏もインタビューで『私は頭の良い人間だ. 完璧な返事をすることもできる』と語り, 状況次第で本音と建

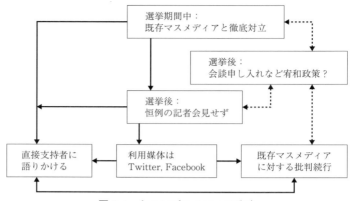

図 7-1　トランプのメディア戦略

前を使い分けるとしている」3) といった意見がメディアの期待を表していた．

しかし当選後，トランプは既存マスメディアとの会談を行ったりしつつも，恒例の記者会見は1カ月以上経過しても行っていない．当選後初めてインタビューを受けた CBS テレビの「60 minutes」(11 月 13 日放送)では，「自分の当選はソーシャルメディアの力によるものであり，ソーシャルメディアはまさに現代の重要なコミュニケーション手段だ．大統領になってもソーシャルメディアを重用していく」(http://www.cbsnews.com/news/60-minutes-donald-trump-family-melania-ivanka-lesley-stahl/) と述べている．

この流れを簡単に図化したのが図 7-1 である．

2.3　トランプのソーシャルメディア外交

このようなやり方は，他国を相手にした外交の面でも発揮されている．

たとえば，日本との関係で見てみよう．

選挙期間中，トランプは盛んに日本との関係見直しについて言及した．

たとえば，次のような発言である．「日本にはもっと金を払わせたい」．「アメリカが守らなくとも，日本は自力で防衛できる」．「かつて日本と自国が結んだ条約がにくらしい．どうしてアメリカが日本を守らなくてはいけないのか？」．「日本はどうしてアメリカを守らないのか？　不公平だ」．「中国やメキシコ，日本に対しては強硬路線で臨む」．

トランプが万が一にも大統領になったらたいへんなことになる，と多くの日本人が感じていた．しかし，トランプは大統領に当選した．

戦々恐々とする日本人の前に，2016年11月16日「トランプ氏の孫がPPAPを熱唱」というニュースが届いた．多くの報道機関がこれを報じた．トランプの娘であるイヴァンカが，ソーシャルメディアで娘がピコ太郎のPPAP[4]を踊っている様子をアップロードしたのである．微笑ましいブログ写真を，日本のメディアはこぞって報じた．

続いて11月18日には，世界の首脳に先駆けてトランプ－安倍会談が実現した．それは，トランプに抱く不安が杞憂だったとの安堵感さえもたらした．そしてその場には，娘のPPAPをInstagramに投稿したイヴァンカも同席した．図7-3は，この会談を報じる新聞に掲載された写真だが，黄金に輝くトランプタワー，トランプ一家の同席の様子が，印象づけられている（日本の新聞やテレビでも繰り返し報じられたこのシーンは，まるで，「王家の謁見」のようにも見える）．後に安倍は，このときPPAPの話題が場を和ませた，と語っている[5]．他方，イヴァンカの同

図7-2 イヴァンカのSNSで紹介されたPPAPとピコ太郎の反応
出所：（上）https://twitter.com/IvankaTrump.
　　　（右）https://www.instagram.com/p/BM1SSaygBUb/?hl=en&taken-by=ivankatrump.
　　　（下）https://twitter.com/pikotaro_ppap/status/798537714010198016.

図7-3 トランプ－安倍会談を報じる新聞記事
出所：（左）http://digital.asahi.com/articles/ASJCL2RVXJCLUTFK005.html.
　　　（右）http://digital.asahi.com/articles/ASJCL3Q4HJCLUTFK00Q.html.

図7-4 FACEBOOKによるTPP離脱宣言
出所：（左）https://www.facebook.com/Transition2017/.
　　　（右）https://www.facebook.com/DonaldTrump.

7章──「ポリティカル・ヒーロー」を演じる　　183

図 7-5　トランプのツイート
出所：https://twitter.com/realDonaldTrump

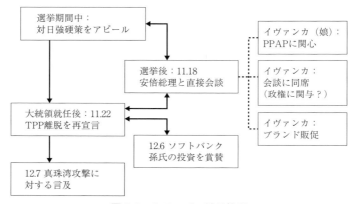

図 7-6　トランプの対日態度

席は「政治の私物化」であるとの批判や，「イヴァンカを駐日大使に任命するのではないか」という憶測にもつながった．

しかし，それから何日もたたない 11 月 22 日，トランプは，安倍政権にとってきわめて都合の悪い「TPP 離脱」を断固として宣言した（図 7-4）．

TPP 問題で日本の国会が紛糾するなか，トランプは 12 月 6 日，また新たな日本関連ツイートを投稿した．そこには，ソフトバンク社の孫正義がトランプタワーを訪れ，「アメリカでのビジネスに 500 億ドル投資し，5 万人の雇用を提供する」と申し出たことが満悦した調子で記されている．

しかし，翌日の 12 月 7 日には，打ってかわって日本批判的な「真珠湾攻撃」に関するツイートを投稿している．ここにも，相手の予期を次々と裏切っていくトランプ流の駆け引きが見て取れるのである（図 7-5）．

同じような振る舞いは，目立たぬながら，2017 年 11 月，日本を訪問した時

184

にも行われた．このときは，北朝鮮問題を抱えつつ，アジア歴訪の最初の地として，トランプは来日した．日本側の歓迎はいうまでもなかった．一方，トランプはといえば，日本に来る直前のハワイ訪問時（2017年11月3-4日）のツイートでは，真珠湾に関して4回も言及している．このとき，イヴァンカが先に日本を訪れており，彼女が日本側のもてなしに感謝するツイートをトランプはリツイートしている．そしていよいよトランプ自身が来日したのだが，その降り立った地は横田基地であり，横田基地でのスピーチをツイートでも強くアピールしている．安倍首相とのゴルフや共同声明に関するツイートの後，日本訪問の締めくくりともいうべきツイートでは，「My visit to Japan and friendship with PM Abe will yield many benefits, for our great Country. Massive military & energy orders happening＋＋＋！（私の日本訪問と安倍首相との親交は，われわれの偉大なアメリカに多大の利益をもたらすだろう．多額の軍事およびエネルギー関連の注文を取り付けた＋＋＋！）」（2017年11月6日）と述べている．まさにトランプは，「アメリカ第一主義」のための「取引」として戦略的に一見一貫性を欠くように見える「手」を繰り出している．そしてそれは，ほぼ1年前に演じられたパフォーマンスの再現でもある．

2.4　トランプ戦略の予測不可能性

前項では，日本に対する駆け引き的ツイートの流れを示したが，このようなやり方は，決して日本に対してだけのものではない．メディア，企業，他国，人物など，あらゆる対抗的プレイヤーに対して，同様の駆け引き的態度を適用する．

彼の，一貫性に乏しい外交パフォーマンスについては，さまざまな見方がある．

これを，高度な戦略と見なす人びともいる．

たとえば，百年コンサルティング代表の鈴木貴博は，トランプの言動が，ボストン・コンサルティングの創始者の1人であるブルース・ヘンダーソンの教訓「いつも合理的にふるまうプレーヤーよりも，ときに予測できない不合理な行動を起こすプレーヤーの方が，相手からより多くの譲歩を引き出せる」に則ったものではないかと述べている[6]．

原典であるヘンダーソンの『経営戦略の核心』（Henderson, 1979）をひもとくと，以下のように書かれている．

有効な戦略とは最良の先手を選んで，相手がなんらこれに手が出せないようにすることです．これこそ基本的な戦略の本質なのですが，よく無視されています．戦略で成功するとは，競争相手に戦いをやめると決定させることです．だから，相手にこの決定を迫る能力こそが決め手になります．相手に圧迫感を与えて，相手の心の中で勝つことがたいせつです．

競争相手の気持をほかへそらせて，反撃をさせないようにする手には，むかしからつぎのようなものがあります．

①注意に値しないほどとるに足らないことだと思わせる．反撃するには市場があまりにも小さすぎると思わせるために，市場の一部を相手から取る．これを繰り返す．

②攻めてもムダだと思わせる．競争相手がわが社のやったとおりをマネして反撃したとしても，同じかそれ以上の市場アクションの用意があるから，ムダな結果になると信じさせる．

③気づかれないようにする．すべてを秘密に運んで，新しい製品や知恵を相手に知らせない．知ったときは時機おくれで，なんら有効な反撃ができないようにする．

④注意をほかへそらさせる．競争相手の注意を，売上げの大きい今までどおりの市場に集中させて，わが社が狙っている将来性の大きい市場に気づかせないようにする．

⑤逆に注意を過度に集中させて，不信感を醸成させる．新製品または新政策の将来性を，過大に宣伝し，誇張しつづけるとこうなる．

⑥理性を失ったように思わせる．感情的で一時の思いつきのように見える手を打って，相手がまともに反撃するまでもないと思わせる．

こういったやり方は，軍事行動でそっくりのものが研究されています．戦争と同様に，企業経営においても，経験からの教えはたいせつです（Henderson, 1979=1981: 25-26）．

確かに，トランプがこの本を読んでいる可能性は高い．彼が大統領就任後に
駐日大使に指名したウィリアム・ハガティも，ボストン・コンサルティング出
身である．

　また，北大西洋条約機構（NATO）のラスムセン前事務総長も毎日新聞のイ
ンタビューに対して，「トランプ米政権による先月のシリア軍基地へのミサイ
ル攻撃を評価した上で，北朝鮮を含む国際社会の『脅威』に対して『トランプ
政権の予測不可能性が抑止力になる』と」[7] の評価を示している．

　もっとも，ヘンダーソンは，同書の別のところでは，「ある会社の行動が合理
的でなく，したがって予測しようがなければそれだけ，その会社は競争で有利
な立場を得られます．しかし，この有利さも，相手方を完全敗北に追い込んだ
り，非合理な行動（こちらも同じだが）をとらせるような感情的対立を起こし
たりすることを避けなければ，現実のものにはなりません」（Henderson, 1979=
1981: 54）とも論じている．

3　トランプのプロレス的自己呈示と post-truth

3.1　コケットリ（媚び）と恫喝

　ただし，上にも書いたように，このような「駆け引き」は，見抜くのに難し
い能力を必要とせず，誰もがその手の内を理解することができものである．と
同時に，そのような「わかりやすさ」は，トランプ側の「意思」をむしろ明確
に示すことで，他者に「服従」を迫るものでもある．

　これを「飴と鞭」の戦略と見ることもできるが，少なくともトランプがまだ
実質的な権力の座に着いていない状態では，ジンメルの分析した「コケットリ
（媚び）」的な態度と見ることもできる．

　ジンメル（Simmel, 1917）によれば，「コケットリの本質は，与えることを灰
めかすかと思えば，拒むことを灰めかすことで刺戟し，一方，男性を惹きつけ
はするものの，決心させるところまで行かず，他方，避けはするものの，すべ
ての望みを奪いはしないという点にある．コケットな女性は，結局は本気でな
いにも拘らず，謂わば男性に完全に与えそうなところまで行くことによって，

7章——「ポリティカル・ヒーロー」を演じる　　187

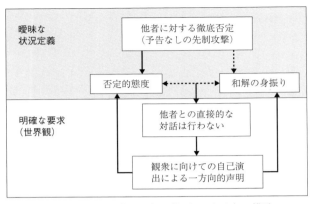

図 7-7　トランプにおける「コケットリ」の構造

彼女の魅力を最高に増す」(Simmel, 1917=1979: 82) ところにある．しかも，この男女間の相互作用は，実は「リアリティの平面を動く二人の人間の私的な問題」(Simmel, 1917=1979: 83) ではなく，「エロティシズムが相互作用の純粋な形式を実質的或いは全く個人的な内容から解き放したとでもいうか，奇妙な，いや，皮肉な遊戯」として，「社交」という開かれた空間の共有遊戯となるのである．

　すなわち，トランプによるコケットの上演は，単に特定の対象との関係性を規定するものではなく，諸外国や企業やその他のアクターたちとの「緊張を伴う遊戯（コケット）」を，大衆を含むグローバルな空間に開示することによって，彼を中心としたゲームに人びとを強く惹きつけていくショーを演じているのである．

　そして，トランプの政治的振る舞いが，「コケット」的遊戯性に則っているならば，そのフレームの中で，「truth（真実）」とは，従来の政治的場面におけるそれとは異なる様相を示さざるをえない．それが「post-truth」である．

3.2　トランプとプロレス・ショー

　一方，トランプのパフォーマンスがジンメルの論じた「コケットリ」と異なるのは，それがフラットな空間における持続的な純粋遊戯としてあるのではなく，空想的な「ヒーロー」を構成し，そのヒーローを中心とした儀礼演劇の上

演が，経済資本と政治資本との獲得へと接続されている点である．その意味で，トランプの対他戦略は，平和な「コケット」であるよりも，「コケットリ」の技術を組み込んだプロレス・ショーに似ている．そして，トランプの「やり方」がプロレス的であることを，トランプは隠そうとするどころか，むしろ〈観衆〉に認識させようとしている．

　トランプの閣僚人事の中でも，人びとを驚かせたのが，2016 年 12 月 7 日，中小企業局長に，リンダ・マクマホンを指名したことである．リンダ・マクマホンは，WWE（World Wrestling Entertainment）の元 CEO であり，現会長で「Evil Owner（邪悪なオーナー）」と通称されるビンス・マクマホンの妻である．

　もっとも，リンダは 2010 年，2012 年に共和党の上院議員候補に選出されている．本選では民主党候補に敗れたものの，政治への意識は高い．また，トランプ陣営はこの指名について，Facebook で長文の説明[8] をしており，政治的に妥当な人選であると強調している．

　とはいうものの，この指名が人びとの注目を集め，興味を持たせるキャッチーなものであることは否めない．Forbes 誌は，「ほとんどの人は WWE の 3 文字は知っているかもしれないが，それほどの関心はない」と冷笑的に述べているが，それでもこの件を写真入りの大きな記事にした．また同誌は，一般の人にとってリンダ・マクマホンの名は聞き慣れないものであるかもしれないが，プロレスファンなら，トランプとマクマホン家の長いつきあいを知っているので，この指名に驚くことはない，とも書いている[9]．

　New York Times 紙は，この人事に関して第一報ではどちらかといえば素っ気ない記事[10] しか掲載していない．しかし実は，まだ選挙戦たけなわだった 2016 年 5 月 27 日には，「何もかもがプロレスなのか？」[11] という，トランプの選挙活動を批判する皮肉な記事を載せている．この記事は，「プロレスの魅力は，半分はシェークスピア劇からあとの半分はパイプ椅子の殴り合いからできており，普遍的に理解されることは決してないだろう．このスポーツのファンたちは，懐疑的に首をかしげ，自問する．『これは，八百長なんだ．そうだろ？』」という文章から始まる．

　この記事は，トランプが 2007 年に，リンダ・マクマホンの夫であり，WWE のオーナーであるビンス・マクマホンとプロレスの（代理）試合を行っ

たことを下敷きにしている。このとき，2人は，彼らにかけられていた「カツラ疑惑」に反論するため，試合に負けた方が髪を剃るという条件で試合を行ったのである。当然ながら，これは「真剣勝負」ではなく，2人の「億万長者」が馬鹿げたことを争って罵り合い，闘うという茶番興業であった。そもそも彼らはこれ以前から親密な関係にあった。

そして，トランプもマクマホンも，大統領選においてさえも，こうした八百長試合の八百長性を隠すどころ

図 7-8 YouTube 上にアップされているトランプとマクマホンの試合
出所：https://www.youtube.com/watch?v=vVeVcVBW_CE（2013.12.08 公開，2016.12.9 閲覧）。

か，むしろもっと宣伝することによって，大衆の関心を惹きつけるという戦略をとったのである。

2007 年のマクマホンとのプロレス試合は，2017 年トランプ自身のツイートでもパロディとして引用されている。この件については，第 8 章で取りあげることとする。

3.3 プロレスの儀礼

それは，プロレスというエンターテインメントに携わる者たちにとっては，「戦略」以前の当たり前の前提であるというべきかもしれない。

だから，トランプの話法を，「プロレス」の話法として考えると，わかりやすい。

プロレスでは，なぜその試合が行われなければならないのかについて前口上がなされるのが常である。それは，ゴフマンが「競争の競争」と名付けた形式に則って行われる。

> 競争の競争において，攻撃する人は，どうあっても相手が見逃しようのない侵害を行なって攻撃を開始するか，ほぼ無実と言える侵害者をむりやりい

さかいに引きずり込むような仕方で，そのささいな侵害ないし極端に小さな
侵害に反応して攻撃を開始するか，のどちらかである．相手が闘いに入るの
にまだ尻込みしているなら，攻撃する人は，相手にとって不快な行為をエス
カレートさせて相手を挑発し，相手の忍耐の限界点を見極めるか，相手にそ
もそも限界点がないかをたしかめるか，いずれにせよ見た目にわかる努力を
重ねる．「えさまき」，「ランクづけ」，「さぐり入れ」，「からかって怒らせる
こと」と言われる努力がそれらに相当する（Goffman, 1967=2002: 255）．

　トランプの無礼きわまる言説も，この文脈においては，当然の，むしろ喝采
を浴びるべき言挙げとして理解される．
　また，マイケル・ボールは，プロレスにおける対立関係が，継続的に観衆を
惹きつけておくための伏線となっていると指摘する．

　　続きもの儀礼は，従来の一幕劇にはない二つの大きな利点をもたらしまし
　た．第一に，長期にわたる動機の誕生．ヒーローと悪役がリングに上がる時，
　ファンは，両者がなぜ反目し合っているのか，その背景を理解し，さらには
　各人のキャラクターを鋭く洞察しています．第二に，続きもの儀礼は，ファ
　ンの長期にわたる参加を約束．それはちょうど，主人公が崖淵にぶら下がっ
　たところで「つづく」となる映画のようなもので，三〇代，四〇代の映画フ
　ァンは，きまって次の週も劇場に足を運んだものです．プロレスでは，永久
　に和解することなく続けられる対立が，必ずアリーナへやって来る観衆を確
　保するのです（Ball, 1990=1993: 182）．

　そして，まさにこのようなプロレスの儀礼が，アメリカにおける伝統的な労
働倫理を象徴的に表現しているというのである．

　　人々は，利益目的で雇用され，労働時間内は，ひたすら勤労に努めさえす
　れば，現金収入と物質的な所有が得られる．これが，アメリカにおける労働
　倫理．この倫理的信条では，働けるのに働かない者，あるいは各自の社会階
　級に「相当する」技能を修得する意志のない者は，嘲笑に値します．プロレ

スでこのテーマは，どちらか一方のレスラーがリングから追放されるという形式をとり，象徴的な表現方法でしばしば演じられます（Ball, 1990=1993: 188）．

ロラン・バルトもまた，レスリングの本質を次のように分析する．

　レスリングがマイムで表わそうとするものはとりわけ，純粋に道徳的な概念，正義，である．仕返しの観念はレスリングに本質的であり，群衆の《苦しめてやれ》は何よりも《仕返しをしてやれ》を意味する．もちろん，問題なのはだから内在的な正義である．《げす野郎》の行為が低劣なら低劣なほど，彼に正当に仕返しされる打撃はますます観客を喜ばせる．もし裏切者——もちろん卑怯者だ——が臆面もない黙劇で彼の権利を不当に主張しながらロープのうしろに逃れると，彼はロープの外で容赦なく追いつかれ，そして群衆は正当な罰のために規則がふみにじられるのを見て喜ぶのだ（Barthes, 1957=1967: 13）．

そしてそれは「儀礼」であるがゆえに，「八百長である」との批判を無効化する．

　観衆は闘争が八百長かどうかを知るなど全くどうでもいいのだ．そして彼等が正しいのだ．観衆はこの見世物の第一の美点に身を委ねる．それは動機も結果もすべて廃絶することにある．大事なのは観衆が信じるものではなく，観衆が見るものなのだ（Barthes, 1957=1967: 6），

3.4　リアリティ・ショー「アプレンティス」とトランプ

　大統領選初期には泡沫候補扱いだったトランプだが，その知名度は初めから抜群だった．上記プロレス・ショーでのパフォーマンスにも彼の自己呈示力は発揮されているが，より一般的には，NBC テレビで放送された「アプレンティス」が，トランプの名をもっと広い層に浸透させた（第 6 章参照）．

　この「アプレンティス」でのトランプのパフォーマンスを下敷きにして，大

図7-9 トランプとシュワルツネッガーのツイッター・バトル
出所：（左）https://twitter.com/realDonaldTrump.
（右）https://twitter.com/schwarzenegger.

統領選におけるパフォーマンスを見るならば，そこには「不誠実な話者としてのトランプ」ではなく，「リアルをわかりやすくショーアップする実力者トランプ」の姿が見える．アメリカの多くの人がそう受け取ったのではないか．

　その下敷きがあればこそ，トランプ支持者たちにとって，誇張され，額面通りに受け取れない発言も，「ネタ」として受け入れられる．リアリティ・ショーにおいて，「真実」は常に「儀礼」化されているのである．だから，トランプは，大統領当選後も，しばしば「アプレンティス」について言及する．

　2017年1月から「ニュー・アプレンティス」のMCに就いたのは，元カリフォルニア州知事で，ハリウッド俳優であるアーノルド・シュワルツネッガーであった．2017年1月6日，トランプは，「ニュー・アプレンティス」が彼ほど視聴率を稼ぐことができていない，と揶揄するツイートを投稿している．それはあたかも，「トランプ大統領」の言説を，リアリティ・ショー（あるいはプロレス・ショー）の儀礼的パフォーマンスとして理解せよ，という示唆である

7章――「ポリティカル・ヒーロー」を演じる　　193

とも考えられる.

　実際，この後，リング上のマイク・パフォーマンスのように，2人の間でツイートの応酬が行われ，メディアを沸かせた.

4　中間層を突き動かす〈公正性〉の希求とプロレス的正義

4.1　誰がプロレスを見ているのか

　「プロレス」というと，知識を持たない下層階級の低俗で野蛮な闘争心を惹きつけるスポーツ（あるいは見世物）と思い込んでいる人はいまも多い．ボールは，次のように述べている.

　　プロレスファンの大半は「社会のクズ」だ，と信じられており（ペセック，1988），実際，下層階級の人々がファンの大部分を占めています．ここに，ストーンとオルデンバーグ（1967：523頁，ストーン，1971）が五六六名を対象に行った，一九五八年ミネアポリス＝セントポール調査の結果があります．スポーツと聞いて思い浮かべるもの，という質問に，上流階級と称される人の六・八％がプロレスを挙げています．これに対し，中流階級では六・〇％，下層階級とみなされる人では，一三％がプロレスと答えました．プロレスは，プロレタリアートのスポーツだった，とは断言できないまでも，当時，下層階級の人々に最も支持されていたことは明らかです.

　　このように，下層階級が観衆の大部分を占めていることからもたらされる効果を，ストーン（1972）は，下層階級の「心理」を用いて論じています．彼らの心理の特徴は，「労働者階級にみられる権威主義」にあり（リプセット，1959），複雑で善悪が曖昧な社会を，ごく単純化して捉えることに起因しています．また，下層階級の人々は，レスラーの外見やプロモーターがよく使う「八百長」行為をさほど問題にしない傾向があります（Ball, 1990=1993: 80-81）.

　　しかし，その後，状況は変化する.

一九八〇年代中頃になると，プロレスにつめかけるファン層に異変がおき
たことに，プロモーターが気づくようになります（フォーカン，1984，ニュー
マン，1985）．以前からの下層階級，労働者階級に混じって，中流階級，中流
の上の階級の人々の姿が見られるようになりました．彼らの職業は，証券ブ
ローカーや弁護士，教師など（ゴメス，1985，310頁）．この仮説は，実際に
は未検証ですが，ケーブルテレビ放送でプロレスの人気は爆発的に上昇（タ
ーフ，1985，318頁，ニューマン，1985，33頁）．ケーブルテレビの契約者の大
部分を占めていたのは，他でもない中流階級ですから，もし調査を行ったと
しても，結論は目に見えています．
　プロレスのファン層が変化したといわれる一方，試合のアクションには，
ほとんど変化はありません．プロレスの観戦者に中流階級の占める割合が過
去最高だとしたら，労働者階級の人々が中流階級の行為に倣うのではなく，
中流階級が労働者階級をまねたことになります（ニューマン，1985：62頁）
（Ball, 1990＝1993: 81-82）．

　そして，こうした上位の階層が下位の階層の嗜好を取り入れる傾向は，遠藤
（2007a）で論じたように，2000年代以降，世界でも日本でも一層顕著となる．
　日本でも，プロレスファンといえば，第2次世界大戦直後，街頭テレビに群
がって，力道山を応援する人びととというイメージを強固に持っている人びとが
現在も多い．しかし，1990年代にプロレスはエンターテインメントショーとし
て大人気を博すようになった．その後異種格闘技ブームによって人気が下落す
るが，2010年代になると，再び，イメージを一新する．現在では，高学歴層や
女性層もプロレスの魅力を語っている．2016年秋にTBS日曜劇場「99.9刑事
専門弁護士」では，ヒロインの女性弁護士がプロレスの熱狂的ファンであると
設定されていた．また，NHK総合の『助けて！きわめびと』の2017年1月
28日，2月4日放送分では，「自信がないなら　プロレスから学べ」と題して，
人気プロレスラーの棚橋弘至が，自己呈示の方法を語っている．
　また，2017年3月調査で，日本において（プロレス的な）トランプ政権との
関係を重視すべきと答える人の割合は25%（**表7-1**）であり，デモグラフィッ
クな属性によって重回帰分析を行うと，男性の方が，若い方が，そして世帯年

表 7-1　トランプ政権との関係について

日本はトランプ政権と親密な関係を構築・維持すべきだ	度　数	％
賛成（2）	467	6.5
どちらかと言えば賛成（1）	1,335	18.5
どちらとも言えない（0）	4,486	62.0
どちらかと言えば反対（−1）	605	8.4
反対（−2）	338	4.7
集計母数（数値尺度平均値）	7,231（0.137）	100.0

注：（　）内は，各回答を数値尺度化する値．

表 7-2　親トランプ政権の重回帰分析

	標準化されていない係数		標準化係数	t 値	有意確率
	B	標準誤差	ベータ		
（定数）	2.636	.118		22.427	.000
性　　別	.144	.024	.085	6.032	.000
年　　齢	.004	.001	.073	4.527	.000
教育年数	−.006	.006	−.015	−1.047	.295
組織化指数	−.004	.012	−.006	−.326	.744
世帯年収	.000	.000	−.084	−5.774	.000

注：従属変数：親トランプ政権（数値尺度が小さいほど親トランプ的）．

収が高い方が親トランプ的であるという傾向が統計的に有意に現れる（**表 7-2**）.

4.2　プロレスと公正性の回復

　以上から導かれるのは，一見奇妙に思われるかもしれないが，人びとがいま政治に求めている重要な要件が，「公正性の回復」であるという仮説である．ビル・クリントン大統領の労務長官も務めた R. ライシュは次のように現状を分析している．

　　第二次世界大戦後三〇年に及ぶ高度成長期には，大企業の CEO の所得は平均的労働者の二〇倍程度であったのが，今や実質的に労働者の二〇〇倍を超えている．往時には富裕層の上位一％の所得が米国総所得に占める割合は九〜一〇％であったが，今では二割以上を占有するようになった．
　　昔は，経済とは，将来への希望を生み出すものだった．きつい勤労は報われ，教育は上昇志向の手段であり，功績の大きいものにはそれにふさわしい報奨が与えられ，経済成長はより多くのより良い仕事を生み出し，現役で働

いている間は，ほとんどの人の生活水準が上がり続け，子どもの世代は自分たちよりも暮らし向きが上がり……，そんな具合に世の中のゲームのルールは基本的には公正に機能していたのだ．

　ところが今や，そんな夢のような仮定は空々しいばかりだ．経済制度への信用はガタ落ちで，あからさまに恣意的な采配や不公正が横行したために，自由経済の基本理念に寄せる人々の信頼感は損なわれてしまった．多くの人々にとって，経済制度も政治制度もいかさまに映り，最初から富裕層にばかり有利に仕組まれているように見えるのだ．

　資本主義を脅かしているのは，今や共産主義でも全体主義でもなく，現代社会の成長と安定に不可欠な「信用」の弱体化である．大多数の人たちが，自分や子どもたちに成功への機会が公平に与えられているとは信じなくなったとき，「人々の自発的な協力」という暗黙の社会契約によって成り立つ現代社会は瓦解し始める．そして「協力」の代わりに出てくるのが，コソ泥，不正，詐欺，キックバック，汚職，といった大小様々な破滅だ．経済資源は徐々に，生産するためのものから，すでにあるものを守るためのものへと変質してしまうだろう（Reich, 2015=2016: v-vi）．

　このような状況に対する反発が，無意識にトランプのプロレス的パフォーマンスに人びとを引き寄せている可能性はある．したがって，トランプを支持する人びとは，トランプの言葉やパフォーマンスを鵜呑みにする人びとではなく，むしろその儀式的意味を理解する階層である可能性を示唆するのである．

　そのような受容においては，トランプの言葉がしばしば不正確であったり，誇大であったり，意味のすり替えが生じることも，最終的な欠陥とは見なされない．ジンメルが言うようにそれは「人々のリアリスティックな相互関係からリアリティを切り離す」（Simmel, 1917=1979: 88）ものであり，バルトのいうように「スリングにおいては，劇場においてと同様，真実という問題はないのだ．どちらの場合でも，期待されているのは，通常は秘密である精神的状況のわかり易い形象化」（Barthes, 1957=1967: 9-10）なのである．

7章──「ポリティカル・ヒーロー」を演じる　197

5 トランプのツイートによる〈プロレス〉——彼は何をどのように訴えたか

　トランプ大統領のプロレス的パフォーマンスは，もちろん，リングの上で行われているわけではない．髪型，身体性，表情，ジェスチャーなども同じ路線で行われているとはいえ，彼のプロレス的身振りは，（とくに頻繁に投稿されるツイートとしての）言葉によって表出されている．

　そこで，2016年2月22日—2017年11月14日の期間について，彼のツイートにどのような語が頻出するかを分析した．その結果を**表7-3**に示す．

　これによれば，全期間でのツイート数は5662であるが，そのうち，選挙前の2016.2.22-11.8の期間（選挙前期間約8カ月半）のツイート数が3126であるのに対して，選挙後の2016.11.9-2017.11.14の期間（選挙後期間約12カ月）のツイート数は2500であり，彼の選挙活動がツイート重視であったことがわかる．

　また，選挙前期間，最も多く使われた言葉は"Trump"（1207回）であり，まさに連呼型選挙活動といえる．選挙の対抗馬であるヒラリー・クリントンの名前も頻出しており，とくに"crooked"（ずるい）という形容詞がヒラリー・クリントンの名前とセットで使われていることが多い．すなわち，「トランプ」対「ずるがしこいヒラリー」というプロレスにおける「善玉（ベビーフェイス）」と「悪玉（ヒール）」の対比を強く打ち出し，このイメージのみによって選挙戦をフレーミングしようとする意図がはっきり見える．

　また，選挙前・選挙後の全期間を通じて，上位3つの頻出語は，「Great」「AMERICA」「Trump」であり，彼の描き出す理想の社会像が，「トランプという強い指導者に率いられた偉大なアメリカ」であることを明確に表している．「強さ」「偉大さ」という単純化された価値観に則るのも，プロレス・ショーの楽しみの1つである．このことは，第6章でトランプ的〈正義〉が「強権的国家主義」であることを明らかにしたが，その分析とまさに一致する．

　ちなみに，「アメリカ」以外に，社会に関連してトランプが頻繁に用いる語としては，「国家（国家の）」「カントリー」「家族」であり，「社会（ソサエティ）」や「コミュニティ」という言葉はほとんど使われない．ここにも，情緒的な繋がりの感覚を「国家意識」と直結し，市民の合意に基づく民主主義的社

198

表7-3　トランプのツイートに頻出する語（2016.2.22-2017.11.14）

全期間		選挙前 (2016.02.22- 11.8)		選挙後 (2016.11.9- 2017.11.14)	
全ツイート	5662	全ツイート	3162	全ツイート	2500
Trump	1490	Trump	1207	Great	495
Great	1160	Great	665	AMERICA	320
AMERICA	971	AMERICA	651	Trump	283
Hillary	617	Hillary	561	job	182
again	496	again	402	fake	175
Clinton	413	Clinton	362	work	173
vote	409	vote	303	nation & national	146
job	321	crooked	281	tax	136
crooked	307	crooked Hillary	253	Obama	135
crooked Hillary	272	Hillary Clinton	234	country	125
Obama	266	job	139	Russia	116
work	264	Obama	131	vote	106
Hillary Clinton	261	poll	129	election	99
nation & national	228	MAGA	112	Democrat	98
country	217	win	110	again	94
win	194	fail	100	win	84
tax	180	country	92	Healthcare	82
fake	179	America First	92	Obamacare	77
MAGA	163	work	91	deal	76
fail	159	nation & national	82	strong	65
poll	157	Campaign	82	fail	59
election	144	deal	61	Hillary	56
deal	137	Terror	48	MAGA	51
Democrat	135	election	45	Clinton	51
Russia	131	tax	44	Terror	43
Obamacare	121	Obamacare	44	family	40
Campaign	121	Democrat	37	Campaign	39
America First	112	strong	34	poll	28
strong	99	family	34	Hillary Clinton	27
Terror	91	Russia	15	crooked	26
Healthcare	88	Healthcare	6	America First	20
family	74	fake	4	crooked Hillary	19

注：網掛けしてあるのは，選挙前・選挙後を比べて頻出のランクに大きな変化のある語である．

会のイメージを排除する，プロレス的「言挙げ」のレトリックが見られる．

　一方，選挙後についてみると，選挙前に比べて上位に上がってきているのは，「仕事（job）」，「仕事（work）」，「税（tax）」，「医療保険（Healthcare）」など，彼の主要政策に係わる語である．「オバマ」という語も上位に上がっており，これは，上記トランプの政策が，オバマに対する対抗的政策であることを表している．トランプのレトリックは，必ず，このような敵—味方の対立という構図に則って表現されるのである．また，「fake（偽）」という言葉も，選挙後急上昇してきている．この語は，ほとんどが「fake news（フェイクニュース）」として使われている．実際には，選挙期間中から，トランプの発言や，よくわからないネット上のフェイクニュースが問題化していた．トランプの当選自体が，そうしたフェイクニュースによるものではないかと選挙後も調査が続けられている．こうした批判に対して，トランプは，選挙後，大手メディアを「フェイクニュース」と罵倒することによって対抗しているのである．まさにプロレスにおける「場外乱闘」というやり方である．ただし，「フェイクニュース」に関しては，第8章で改めて論ずることとする．

6　おわりに

　このようなトランプのプロレス的パフォーマンスは，第5節末に述べたように，「人々のリアリスティックな相互関係からリアリティを切り離す」（Simmel, 1917=1979: 88）ものであり，バルトのいうように「レスリングにおいては，劇場においてと同様，真実という問題はないのだ．どちらの場合でも，期待されているのは，通常は秘密である精神的状況のわかり易い形象化」（Barthes, 1957=1967: 9-10）なのである．

　とはいえ，ではそれが虚妄であってよいかといえば，そうではない．「リアリティの模写と一切縁のない，極めて自由な，極めてファンタスティックな芸術といえども，空虚な虚偽に終らないためには，リアリティとの深く正しい関係から養分を得なければならないのと同じ」（Simmel, 1917=1979: 88）ように，公共空間における身振りは，現実との接合を失ってはならないのである．トランプ政権の成否を今後決定づけるのが，この点にあることはいうまでもない．

同時期，最近頻繁なミサイル発射を行っていた北朝鮮が，8月9日，グアム周辺海域にミサイルを打ち込む計画を検討中であると発表した．これに対してトランプは「米国を脅さない方がいい，炎と怒りを見ることになる」など激しい警告を繰り返した．29日には北朝鮮が日本の上空を通って太平洋にミサイルを撃ち込んだ．9月に入っても，米朝の応酬は続き，アジアの緊張はかつてないほど高まった．

　ところが，2018年3月，世界が驚いたことに，金正恩は韓国を通じてトランプに会談を申し入れ，トランプもまたこれに前向きに応じた．若干の紆余曲折はあったものの，2018年6月12日，2人はシンガポールで首脳会談を行い，北朝鮮の「非核化」を含む共同声明を発表した．ただし，その後も2人の駆け引きは続いている．

　ネット言説の流れに関しては，（とくに日本の2ちゃんねるなどに関連して）「ネタがガチになる」という現象がしばしば指摘されてきた．プロレスのレトリックに「面白さ」を感じる人びとが，「ネタ」としてトランプ的指導者に喝采を送ったとして，それがいつの間にか「ガチ」の現実を構成してしまう危険に，われわれは常に考えておく必要がある．

【註】

1) ニューズウィーク日本版，2016年10月28日「トランプ暴言が頂点に『アメリカは選挙を中止して私を勝者にすべき』」（http://www.newsweekjapan.jp/stories/world/2016/10/post-6152.php）．

2) デイリー新潮，2016年11月30日，「『反トランプ』一色だった米メディアの偏り　支持は100紙中2紙」（http://zasshi.news.yahoo.co.jp/article?a=20161130-00514944-shincho-int）．

3) 毎日新聞2016年11月10日「米大統領選トランプ氏勝利　反既成政治，世界のうねり＝北米総局長・会川晴之」（http://mainichi.jp/articles/20161110/ddm/001/030/097000c?mode=print）．

4) 日本の芸人ピコ太郎が2016年8月にYouTubeにアップロードしたショートビデオ．世界的な人気歌手ジャスティン・ビーバーが紹介したこともあって，海外でも大反響を呼んだ．2018年1月3日現在で約1億2800万回再生されている．

5) 2016年12月18日『Mr.サンデー』．

6) 鈴木貴博，2017年1月13日「トランプの暴言ツイートに仕込まれた『実は巧妙な』交渉術」（http://diamond.jp/articles/-/112742）．

7) 毎日新聞2017年5月13日「NATO前事務総長トランプ氏評価……予測不能が

抑止力に」(https://mainichi.jp/articles/20170514/k00/00m/030/051000c).

8) https://www.facebook.com/DonaldTrump/posts/10158245462455725:0.

9) Forbes, 12/07/2016, "Wrestling Community Reacts To Linda McMahon Joining Donald Trump's Cabinet," (http://www.forbes.com/sites/housemoneystudios/2016/12/07/wrestling-community-reacts-to-linda-mcmahon-joining-donald-trumps-cabinet/print/).

10) New York Times, 12/07/2016, "Trump Choose Former WWE Exec McMahon for Small Business," (http://www.nytimes.com/aponline/2016/12/07/business/ap-us-trump-mcmahon.html).

11) New York Times, 5/27/2016, "Is Everything Wrestling?" (http://www.nytimes.com/2016/05/27/magazine/is-everything-wrestling.html).

【文献】

Ball, Michael R., 1990, *Professional Wrestling as Ritual Drama in American Popular Culture*, The Edwin Mellen Press (江夏健一監訳, 1993, 『プロレス社会学――アメリカの大衆文化と儀礼ドラマ』同文舘).

Barthes, Roland, 1957, "The World of Wrestling," in *Mythologies*, by Roland Barthes, pp. 15-25 (篠沢秀夫訳, 1967, 『神話作用』現代思潮社).

Beekman, Scott M., 2006, *Ringside: A History of Professional Wrestling in America* (鳥見真生訳, 2008, 『リングサイド――プロレスから見えるアメリカ文化の真実』早川書房).

遠藤薫編著, 2007a, 『グローバリゼーションと文化変容――音楽, ファッション, 労働からみる世界』世界思想社.

遠藤薫, 2007b, 『間メディア社会と〈世論〉形成―― TV・ネット・劇場社会』東京電機大学出版局.

遠藤薫, 2009, 「メタ複製技術時代の政治とカリスマ――二〇〇八年アメリカ大統領選挙における集合的沸騰」遠藤薫『メタ複製技術時代の文化と政治――社会変動をどうとらえるか2』勁草書房, pp. 151-212.

遠藤薫, 2013, 「モダニティ・グローバリティ・メディアリティの交差」宮島喬・舩橋晴俊・友枝敏雄・遠藤薫編『グローバリゼーションと社会学――モダニティ・グローバリティ・社会的公正』ミネルヴァ書房, pp. 230-248.

遠藤薫, 2017, 「トランプ現象と post-truth ポリティクス――2016 年アメリカ大統領選挙における間メディア・イベント」『学習院大学法学会雑誌』第 52 巻 2 号.

Goffman, Erving, 1967, *Interaction Ritual: Essays on Face-to-Face Behavior*, New York: Doubleday Anchor (浅野敏夫訳, 2002, 『儀礼としての相互行為――対面行動の社会学』法政大学出版局).

Henderson, Bruce D., 1979, *Henderson on Corporate Strategy*, The Boston Consulting Group (土岐坤訳, 1981, 『経営戦略の核心』ダイヤモンド社).

Kelly, Harold H., 1979, *Personal Relationships: Their structures and processes*, Lawrence Erlbaum Associates, Inc. (黒川正流・藤原武弘訳, 1989, 『親密な二人

についての社会心理学』ナカニシヤ出版).

Kotler, Phillip, 2017, "The "Terrorist" in the White House," (02/20/2017 02: 19 am ET | Updated Feb 21, 2017 http://www.huffingtonpost.com/entry/58aa969fe4b0b 0e1e0e20d50).

大嶽秀夫, 2003, 『日本型ポピュリズム——政治への期待と幻滅』中央公論新社.

Reich, Robert B., 2015, *Saving Capitalism*, Curtis Brown Group Ltd. (雨宮寛・今井章子訳, 2016, 『最後の資本主義』東洋経済新報社).

Simmel, Georg, 1917, *Grundfragen Der Soziologie: Individuum und Gesellschaft*, Berlinund Leipzig, Walterde Gruyter (清水幾太郎訳, 1979, 『社会学の根本問題——個人と社会』岩波文庫).

山岸俊男, 1998, 『信頼の構造——こころと社会の進化ゲーム』東京大学出版会.

山岸俊男, 2015, 『「日本人」という, うそ——武士道精神は日本を復活させるか』筑摩書房.

8章
ポスト・トゥルース時代のフェイクニュース

遠藤　薫

> われわれは，世界で最も幻影に取りつかれた国民である．
> しかし，われわれは幻影から覚めようとは欲しない．な
> ぜなら幻影は，われわれが住んでいる家にほかならない
> し，それは，われわれのニュースであり，われわれの英
> 雄であり，われわれの冒険であり，われわれの芸術形式
> であり，われわれの経験自体であるからである．
>
> D. ブーアスティン『幻影の時代』pp. 252-253

1　はじめに

　2016 年 11 月 16 日，オックスフォード英語辞書は 2016 年の「Word of the Year」を「post-truth（ポスト・トゥルース：脱真実）」に決定したと発表した．その意味は，「世論形成において，客観的な事実よりも，感情や個人的信条に対する訴えが大きな影響力をもつ状況（'relating to or denoting circumstances in which objective facts are less influential in shaping public opinion than appeals to emotion and personal belief)」であるという．

　この決定に際して，主催者たちの念頭に，2016 年に立て続けに起こった Brexit（イギリスの国民投票における EU 離脱賛成多数）やトランプ大統領誕生，そして欧州あるいは全世界的に顕著になったポピュリズム政治家の台頭があったことはいうまでもないだろう．

　ただし，多くの人びとが"post-truth"という言葉から連想したのは，単に「エモーショナルな訴え」というだけでなく，上記の動静において，頻繁に浮上する「フェイクニュース（偽情報）」問題であった．

　改めていうまでもなく，デマや風評，プロパガンダは，社会を不安定化する

要因として，歴史上しばしば問題視されてきた．うわさが特に忌避されるべき
ものとみなされるのは，社会状況が不安定な状態にあるときである．ジャン＝
ノエル・カプフェレは，うわさを取り巻く状況を次のように報告している．

　　噂についての最初の組織的な研究は，アメリカで行なわれた．第二次世界
　大戦中，多くの噂によって軍事遂行が妨げられたことから，噂を研究対象と
　することの重要性が痛感されたのである（Kapferer, 1987=1988）．

　ソーシャルメディアが一般に浸透した現在，ソーシャルメディア空間は，グ
ローバル政治による言説戦争の場ともなり，かつて筒井康隆が「東海道戦争」
や「48億の妄想」などのSF作品で表現したように，われわれはその銃弾とし
てのフェイクニュースに日常的に曝されているといってもよいかもしれない．
　本章では，「フェイクニュース」という言葉に重大な注目が集まる現代の間
メディア社会を，そのきっかけとなった2016年アメリカ大統領選挙との関係
を中心に検討することとする．

2　大統領選挙とフェイクニュース

2.1　フェイクニュースが大統領選を動かした？

　「フェイクニュース」という言葉が急浮上したのは，最近のことである．図
8-1からもわかるように，"Fake news"の検索数は，2016年11月第2週から
急増している．これは，ドナルド・トランプが第45代アメリカ大統領に当選
した直後の週であり，2016年アメリカ大統領選で多くの「フェイクニュース」
（偽情報）が跋扈したことから，このような現象が起きているのは明らかである．

2.2　大統領選をかき回したフェイクニュース

　2016年アメリカ大統領選は，当初，8年前にオバマに大統領の座を奪われた
ヒラリー・クリントンが，今度こそ「ガラスの天井」を突き破って，圧勝する
ものと思われていた．選挙戦が進むにつれてトランプへの支持は高まり，時に
は，クリントンをしのぐことさえあった．そうした現象は，しばしば，真偽の

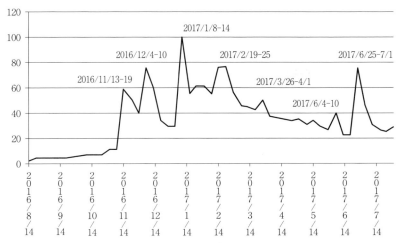

図 8-1 Google Trends による "Fake news" 検索数推移
注：検索日：2017.8.9, 合衆国内1年間.

不確かな情報によって起きた.

　たとえば，2015 年 11 月 15 日アラバマ州での集会で，トランプは，「世界貿易センタービルが崩壊したとき，（イスラム教徒の多い）ニュージャージーでは大勢の人々が喝采していた」と主張した[1]．それは根拠のないものであったが，9.11 同時多発テロ以来の人びとの「イスラムフォビア（イスラム恐怖症）」を煽ることとなった．2016 年 7 月 2 日には，クリントンを中傷する反ユダヤ主義的なリツイートをした（図 8-2）．これはもともと白人至上主義者のサイトにあったものである．このリツイートは炎上し，共和党員さえ，批判した．反ユダヤ主義は許されないものだし，その上，クリントンはユダヤ系ではなく，キリスト教メソジスト派の信徒である．このリツイートはまもなく削除された．

　さらに，2016 年 8 月 10 日には，「フロリダ州フォートローダーデールでの集会で，IS は『オバマ大統領を称賛している』，『ISIS（IS の別称）の創設者は彼（オバマ大統領）だ』と発言した」[2]．そしてこの発言が虚偽であると批判されると，8 月 12 日，上記発言は「皮肉」でいったのだと主張し，「メディアが曲解して報道する」と大手メディアを批判した.

　2016 年 10 月 7 日には，ワシントン・ポストが，2005 年にトランプが「こっ

8 章——ポスト・トゥルース時代のフェイクニュース　　207

図8-2 トランプによるヒラリー批判ツイート（2016年7月2日）
出所：https://twitter.com/realdonaldtrump/status/749261175968436224.

ちがスターだと，向こう（女性）はやらせてくれる．何でもできる」などと卑猥な発言をしているビデオを公開した．この発言に対しては，多くの共和党員からも非難が集まった．しかし，このような発言があっても，支持が大きく下がることはなかった．

クリントンは，2017年9月に発売する回顧録の中で，このトランプの卑猥な発言が報じられた直後の第2回公開討論会では，「小さなステージで私がどこに行ってもトランプ氏がぴったりとつきまとい，凝視してきて不快だった．首に息がかかり身の毛がよだった」と述べている．それは，選挙戦におけるトランプのこれまでの常識を超えた追撃とも重なり合う「不快感」だっただろう．

3 ピザゲート事件

3.1 ピザゲート事件のあらまし

アメリカ大統領の選挙期間中にフェイクニュースが現実に深刻な影響を及ぼした代表的な事例として，「ピザゲート」と呼ばれる事件がある．

各種報道[3]を参考に，事件の概要をまとめると，次のようになる．

* 2016年10月末，クリントンが国務長官時代に私用メールアドレスを公務に使っていた問題で，FBIのジェームズ・コミー長官が，再調査すると発表
* そのメールが「小児性愛者グループと関連しており，その中心にヒラリー・クリントンがいる」という内容を，何者かがツイッターに投稿し，6000回以上リツイートされる
* この噂が匿名掲示版サイトの4chanやRedditで広まる
* Infowarsという名の極右サイトで，クリントンを罵倒する記事や動画が繰り返し掲載された．またこのサイトの番組司会者がクリントンの小児に対する

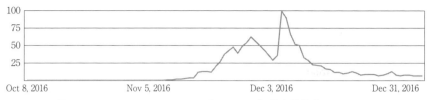

図 8-3　Google Trends による"pizzagate"検索数推移（2017.1.8）

図 8-4　Google Trends による"pizzagate"検索の多い国（2017.1.8）

性的虐待（事実ではない）を告発する動画を YouTube にアップした.

* 同時期，Wikileaks がクリントン陣営の選対責任者ジョン・ポデスタの流出メールを公開していたが，その中に，(たまたま) ワシントンのピザ店「コメット・ピンポン」の名があった.

図 8-5　YouTube にアップされたピザ店主と抗議者との会話

出所："James Alefantis answers questions about Pizzagate,"（2016/11/22 に公開，視聴回数 239,885 回（2017.1.8 時点）https://www.youtube.com/watch?v=gKTiUaloDDA）.

* これらの断片的情報と陰謀論的想像力の混交から，「米ワシントンのピザ店を根城にする小児性愛者の集団があり，そこには民主党最高幹部たちが関わっている」という噂が形成され，「pizzagate（ピザゲート）」という言葉（およびハッシュタグ）とともに，ソーシャルメディア上を駆けめぐった（しかもそのメールは，アメリカ以外の国々からも大量に発信されていた）.

* 「コメット・ピンポン」の前に，抗議集団が集まるようになり，店主のアレファンティス氏は彼らに説明を試みた.

* アレファンティス氏や従業員たちのもとに脅迫メッセージが大量に届くよう

8 章——ポスト・トゥルース時代のフェイクニュース　　209

になった.

＊12 月 4 日午後 3 時頃，ノースカロライナ州に住むエドガー・ウェルチ容疑者
（28）が「コメット・ピンポン」にライフル銃を持って押し入り，少なくと
も 1 度，店内で発砲して，警察に逮捕された．ウェルチ容疑者は警察の調べ
に対し，ネットで広まっていた「ピザゲート」の存在を自ら確かめるつもり
だったと供述した.

幸いにもこの事件で負傷者は出なかったが，フランスの社会学者エドガー
ル・モランが分析した『オルレアンのうわさ』（Morin, 1969）を彷彿とさせる
展開である．しかも，ピザゲート事件は，世界で最も大きな国の大統領選挙の
結果にもつながりかねない影響力を持つ可能性さえあったのである.

3.2 オルレアンのうわさ

フランスの社会学者 E．モランが探求した「オルレアンのうわさ」の概要を
思い出して見よう．モランは 1969 年 5 月にフランスの中都市オルレアンで孵
化し，感染を始めた噂について，次のように書いている（Morin, 1969=1973: 15）.

最初は一軒，次いで二軒とされ，のちには六軒の店とされていくのだが，
このまちの中心街で婦人服の店を所有している商人たちが，女性誘拐をやっ
ているといううわさが，一九六九年の五月に突然に生れ，オルレアンに広ま
っていった．若い女性たちが洋服を試しに試着室に入ると，催眠性の薬物が
うたれる．こうして眠らされたあとで地下室へ移され，夜の間にどこか外国
の売春街へ向け運び出されたというのだ．女性誘拐を行ったとして告発され
た洋服店は，すべてユダヤ人の商人の所有し，経営するものであった.

ところで，女性誘拐はといえば，完全にうわさだけのことであった．完全
にというのは二重の意味でである．この都市で行方不明となっている人物は
だれ一人としていなかったし，また，うわさを出発させるにあずかるような
いかなる事実もなかった．そして，このニュースは，新聞，ビラ，ポスター
などを通じ報じられたことは一度もなく，つねに口から耳へという径路で広
まっていったからである.

210

いかにもうさんくさいこの噂は，しかしその後，急速な展開を遂げていく．

　最初，若い女性たちの間で広まっていったこの噂は，5月20日頃になると，大人たちの世界にも広がっていき，「五月二四日の日曜日は，ちょうどペンテコステの祝いの日で，買物に人々は街に出かけていた．だから，街で買物をする間に，ヴィールスはあらゆる社会的場面へと持ち運ばれたのである」（Morin, 1969=1973: 27）．

　5月末，噂は「いきなり激しい仕方で増殖する」（Morin, 1969=1973: 31）．店の実名を出した告発が始まり，行方不明とされる女性の数も激増していく．警察が動いていないこと，新聞が何も記事にしていないことについては，まさに，それこそが警察や新聞が犯人たちに買収されていることを指し示す証拠であると人びとは考えるのである．5月31日，うわさに憤激した人びとは店の周囲に集まり，激しい憎悪や敵意をむき出しにする．
　危険を感じた店主たちは，反人種主義の運動組織に訴える．ここから流れが変わる．新聞がこのうわさを「反ユダヤ主義」的なものと匂わせつつ報じることによって，人びとはこのうわさから次第に遠ざかるようになっていったのである．6月半ばには，このうわさはすでに過去のものとなりつつあったとモランは書いている（しかし，実際には，この種のうわさはその後もときどき頭をもたげている）．

3.3　2つの事件を繋ぐもの

　この2つの噂は，なぜこんなにも似ているのだろうか．
　『オルレアンのうわさ』では，モランが彼自身の解答を示唆している．
　その1つは，このうわさは古代から人びとの集団意識の深層に潜む神話構造を備えている．そのために，それは伏水流のように，折に触れて，社会の表面に現れてくる．
　その第2は，オルレアンという土地の性格と時代背景である．オルレアンは，大都市と地方の中間にある中都市で，古い伝統をもつ都市でもあるところから，旧式の生活様式が残る土地であった．しかし，1960年代，この静かな町にも現

代的な生活様式が侵入しはじめ，事件の起こったブティックは，そうした新旧の境目に位置する場所だった．このような変化に対する期待と不安のせめぎ合いのなかで，古い神話は目を覚ますと，モランは指摘している．

　おそらく現代という時代状況もまた，第6，7章で論じたように，複数の〈正義〉のせめぎ合いのなかで，人びとが期待と不安に揺れ動いている．それが，古い神話構造を召喚したといえるだろう．

　一方，セネット（Sennett, 1974, 1976）は，このオルレアンのうわさの人種主義的要素について，次のように述べている．

　　一つの奇妙な共謀の理論がルサンチマンに由来している──つまり，社会の最上層と最下層が結託して，中間の者たちを撲滅しようとしている，というのである．かくしてマッカーシー上院議員は，共産主義者・無政府主義者をかくまったことでアメリカのエスタブリッシュメントの砦を攻撃した．スピロ・アグニューは，黒人の抗議への隠れた後援者であるとしてアメリカの裕福な郊外の「おおげさに同情する連中」を攻撃した．第二次世界大戦後のフランスの反ユダヤ主義は，上と下が共謀して包囲された小市民を叩き潰すという，この意味でのほとんど純粋なケースである．なぜか高利貸しの銀行家，中東の帝国主義者としてのユダヤ人が，共産主義者の陰謀家，よそ者，善良なカトリック教徒の家庭を弱体化しようと企んでいる．そればかりか，最近のオルレアンでの反ユダヤ主義の高まりでは，キリスト教徒の家族の子供の殺害を企んでいる犯罪者としてのユダヤ人のイメージと溶け合うのである（Sennett, 1974, 1976=1991: 386）．

このルサンチマン（恨みの感情）も，現代アメリカ（あるいは世界）に蔓延しているものなのである．

4　フェイクニュースとソーシャルメディア

4.1　ソーシャルメディア選挙のネガティブ・キャンペーン
　インターネットを媒介とした選挙活動が当たり前になった今日では，対立す

る候補に対するネガティブ・キャンペーンもネット上で行われることはあたり
まえになった．これまでは，YouTubeなどを媒介とした動画によるネガティ
ブ・キャンペーンが一般的だった．動画によるネガティブ・キャンペーンでは，
（その内容の虚実はあるにしても）批判者による批判という枠組みが明らかであ
る．

　しかし，今回の大統領選挙では，ソーシャルメディアを介して候補者に対す
るネガティブ情報が流通することが多かった．このとき，これまでのように対
立する候補者陣営からのネガティブ・キャンペーンもあっただろうが，それ以
外に，あまり利害関係のない第三者によるフェイクニュースの発信と思われる
ものも多かった．

　フェイクニュース発信の動機の1つは，「アクセス数稼ぎ」であるといわれ
る．すなわち，ネット上で多くのアクセスを獲得するサイトは，そのアクセス
数によって広告を集め，広告料を得るというやり方がある．アクセス数が，そ
のサイトのコンテンツの「質」に連動していれば問題はないが，しばしば起こ
るのは，単に興味本位の，真偽も定かではない，場合によっては全くのでっち
あげによって，オーディエンスを惹きつけようとするケース（後項参照）であ
る．

4.2　サイバー攻撃

　もう1つは，フェイクニュースの出所の問題である．

　2016年12月，オバマ大統領（当時）はCIAの報告書を受けて，大統領選期
間中の大量のフェイクニュースやトランプ支持投稿は，ロシアによるサイバー
攻撃の疑いが濃いとして詳細な調査を命じた．もしこれが真実であるなら，米
ロの首脳が背後で手を結ぶという，前代未聞の事態が起こりつつあるというこ
とになる．現時点でその真偽は不明であり，また，サイバー攻撃の実行主体や
意図が明らかになることはほとんどない．

　また反対に，トランプ側は，大統領当選後も，ヒラリー・クリントンの私用
メール問題や，大統領選挙に不正投票があったことなどを主張し続け，クリン
トンを断罪している．

　そのような曖昧さ，両義性を含めて，情報社会における情報不確実性が人び

8章——ポスト・トゥルース時代のフェイクニュース　　213

とに与える不安をいかに抑えることができるか，考えるべきことは多い．

4.3　フランスにおけるフェイクニュース

　2017 年，フランスでも大統領選挙が行われた．選挙は，極右のルペン候補と中道のマクロン候補の間で戦われた．2016 年アメリカ大統領選挙の流れを受けて，過激な極右思想が支持を受けるのではないかとの予想も流れていた．

　そんななか，2017 年 5 月 6 日，翌日に迫ったフランス大統領選の決選投票を巡って，マクロン前経済相の超党派市民運動「前進」は 5 日夜，大規模なサイバー攻撃を受け，陣営の電子メールや会計データが大量にネット上に流出する被害が出たと抗議する声明を出した．声明によれば，「オンラインに流通している文書は，複数の政治運動の関係者の私的・公的なメールボックスへのハッキングによって数週間前に取得されたもの」であり，すべての文書が「合法」であるという[4]．

　またこの件に関して，内部告発サイト「ウィキリークス（WikiLeaks）」はツイッターに，一連の文書へのリンクを投稿し，これらの文書には「2017 年 4 月 24 日までの膨大な量の電子メール，写真，添付ファイルが含まれている」と述べる一方で，ウィキリークスは流出そのものに関与していないとした[5]．

4.4　ドイツにおけるフェイクニュース

　ドイツを舞台としたフェイクニュース騒動もあった．もっとも，今日では，情報は国境が無化されたグローバル空間を自在に流れているので，「舞台」の所在を一意に定めることはできない．ここに挙げるのは，まさにその好例といえる．

　2017 年 1 月 3 日，ニュースサイト「ブライトバード」は，「暴露：大晦日の夜，1000 人の群衆が警察を襲撃し，ドイツ最古の教会に放火した」という見出しの記事を写真入りで掲載した（**図 8-6**）．

　しかし，この記事は，事実を報じたものではなかった．2016 年 12 月 31 日，写真家のピーター・バンダーマンが，広場に集まって自国の休戦を祝うシリア人たちの姿を写してツイッターに投稿したものだった（**図 8-7**）．いくつかの排他主義的なニュースサイトがそれを転用して，「危険な難民たち」という暗黙

図 8-6 ブライトバードの記事 (2017.1.3 日付)
出所：http://www.breitbart.com/london/2017/01/03/dortmund-mob-attack-police-church-alight/ 2017.8.11 最終閲覧．

図 8-7 元のツイート
出所：https://twitter.com/RN_Bandermann/status/815336699182116864 2017.8.11 最終閲覧．

のメッセージを含む記事を捏造したのである．

このフェイクニュースを流した「ブライトバード」は，トランプの大統領選挙戦に大きく貢献し，2017 年 1 月 20 日から 2017 年 8 月 18 日の間ホワイトハウスの主席戦略官を務めたスティーブン・バノンが創設したサイトである．これまでもこうした排他主義的なサイトは存在したが，それがアンダーグラウンドの存在でなく，表舞台に浮上してきているのが，現在の状況なのである．

5 トランプ大統領のオルタナティブ・ファクト

5.1 大統領就任式の光景

トランプの発するフェイクへの関心が 1 つのピークに達したのが，大統領就任式だった．

そもそも，大手メディアの発表によれば，選挙期間中，メディアが発表するトランプの支持率は高くはなかった．そして，トランプの当選が決まった後も，トランプに対する支持が高いことを明示的に示すものは，選挙結果そのものし

8 章——ポスト・トゥルース時代のフェイクニュース　215

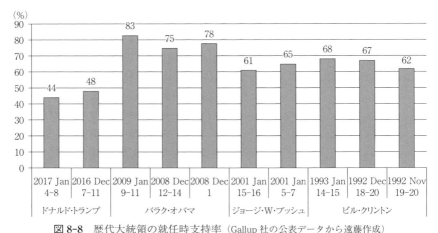

図 8-8 歴代大統領の就任時支持率（Gallup 社の公表データから遠藤作成）
出所：http://www.gallup.com/poll/201833/approval-trump-transition-low-inauguration-nears.aspx.

かなかった（その選挙結果すらも，投票数で言えば，クリントンの勝利だったのである）．

Gallup が発表した歴代大統領の就任時支持率（図 8-8）を見ても，トランプへの支持の低さは歴然としている．

しかも，トランプの大統領就任に対しては，民主党員や民主党支持者だけでなく，共和党員からも反発があった．そのため，栄誉ある大統領就任式への出席を断る議員たちもめだった．また，就任を祝うコンサートへの出演を断るミュージシャンも続出した．

8 年前のオバマ大統領就任式の熱狂，4 年前の再任時の就任式の観衆と比べて，2017 年の就任式が寂しいものになることは予想されもし，また大手メディアもそのように報じた．この流れに対して，トランプは激しく反発し，反論する多数のツイートを投稿した（図 8-9）．

5.2　オルタナティブ・ファクト

2017 年 1 月 21 日，第 45 代アメリカ大統領の宣誓式が行われた．

しかし，この宣誓式への参加者数をめぐって，再びメディアとトランプの間で騒動が起きた．ニューヨークタイムズやロイターなどの大手メディアが，就

- 1月20日にワシントンD.C.で行われる宣誓式は思っていたより盛大なものになりそうだ。お楽しみに！
- ジョン・ルイス下院議員は、やっぱり、犯罪まみれで緊急事態に陥っているアメリカのインナー・シティの問題解決に専心すべきだ。そのための援助は惜しまない。
- 諜報機関の内部の人間によると、トランプ調査報告は、「まるきりのデタラメ」だという。
- （続き）選挙結果について実のない不満を言っている場合じゃないだろ。すべて、愚痴、愚痴、愚痴に、何の行動も結果も残せずに。ひどい！
- ジョン・ルイス下院議員は、おそるべき状況で壊滅状態にある（いうまでもなく犯罪の多発で）彼の地盤を改善するためにもっと時間を使うべきじゃないか。
- ※（速報）：1月13日時点で就任式をボイコットする姿勢を見せているのは、ジョージア州選出のジョン・ルイス下院議員を始め、男女の民主党議員6名。現在76歳のルイス氏は学生時代から人種差別撤廃に対する運動に参加し、1960年代には故マーティン・ルーサー・キング牧師が率いた公民権運動にも中心メンバーとして参加していた（http://www.jiji.com/jc/article?k=2017011500015&g=int）。

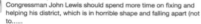

図8-9　トランプの就任式関連ツイート
出所：https://twitter.com/realDonaldTrump.

任式の参加者が、オバマ大統領の時と比べて激減していると報じたのだった（図8-10）。

これに対してトランプは早速，CIAでのスピーチで，「メディアとの戦争続行（Running War）を宣言し，就任式の参加者は150万人くらいいたと述べ，ツイッターでも激しく反論した．またスペンサー報道官も，ホワイトハウスで初の記者会見を開き，集まった記者団に対して，「就任式の観衆としては文句なく過去最大だ．現場でも，世界中でも」と主張した．

しかし，地下鉄乗降者数やNPOのFactCheck.orgによって，トランプ側の主張に根拠がないことが明らかになると，1月22日朝，NBCで放送された報

8章──ポスト・トゥルース時代のフェイクニュース　217

図 8-10　メディアによる就任式参加者数報道

出所：（左）https://twitter.com/nytimes/status/822548522633400321?lang=en.
　　　（右）https://twitter.com/reuterspictures/status/823678427286896649.

図 8-11　トランプのメディアによる就任式参加者数報道批判と，地下鉄公式アカウントの反論

出所：（左）https://twitter.com/realDonaldTrump.
　　　（右）https://twitter.com/wmata/status/822482330346487810?lang=en.

218

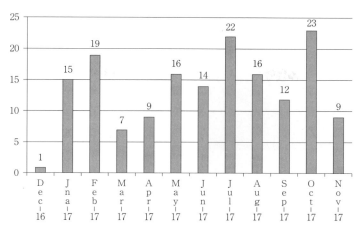

図8-12 トランプのツイッター・アカウントにおける "fake news" という単語を含むツイート数の推移（遠藤によるカウント）

道番組「ミート・ザ・プレス」で，トランプ新政権の大統領顧問，ケリーアン・コンウェイは，キャスターの追求に，「スパイサーは記者団にオルタナティブ・ファクト（代替的な事実，もう1つの事実）を伝えたのだ」と答えた．キャスターは直ちに「それは『嘘』というものだ」と切り返し，「オルタナティブ・ファクト」という言葉はすぐにネット上に拡散していった．

5.3 トランプ大統領のツイート

しかし，大統領に就任した後，トランプ自身が他者，とくに自分を攻撃する大手メディアを批判する言葉として，「フェイクニュース」という言葉を頻発するようになる．

当初から明らかなように，トランプは，ライバルたちに対して，過剰に攻撃的な言葉や，真偽の不確かな情報を流して，選挙戦を戦ってきた．また差別的な発言，ハラスメントと見なされてもよい発言も繰り返してきた．こうした言動がこれまで声を発することのなかった人びとにアピールしたことは事実である（第7章参照）．しかし，そのような「行儀の悪い」発言に対する批判は，彼が大統領ともなれば一層高まることは当然である．さらに彼の発言には，不正確なもの，明らかな誤りなどもしばしば含まれる．大手メディア（とくに反ト

図 8-13 2017年7月2日投稿のトランプのツイート
出所：https://twitter.com/realDonaldTrump/status/881503147168071680．

ランプ的リベラル系メディア）は，こうしたフェイク発言を厳しく断罪する．

これに対してトランプのとった対抗策が，「フェイクニュース！」という罵倒であった．すなわち，彼によれば，彼を批判するメディアこそが，まさに「フェイクニュース（誤った情報源）」であるというのである．これはまさに，第6章で検討した「ポピュリズム」の典型的レトリックといえるだろう．

それは，自分の発言はすべて「真」であり，自分に対抗するものの発言はすべて「偽」であるという，「真偽」の基準自体に対する挑戦である．

しかもトランプは，そのような「真偽の錯乱」をむしろエンターテインメント化して，オーディエンスに受容を迫るのである．たとえば，2017年7月2日投稿のツイート（図 8-13）では，「#FraudNews（いかさまニュース）CNN」というハッシュタグと共に，プロレスの場外乱闘で，CNNというラベルのついた相手をトランプが叩きのめす動画がアップロードされている．この動画は，トランプがかつて盟友ビンス・マクマホンと行ったプロレス試合（第7章参照）の動画を編集加工したものである．このようなツイートを乱発することで，トランプ劇場は「笑えるネタ」に満ちたバラエティ・ショー，であるかのように見える．

5.4 政権と広報の齟齬

先にも述べたように，トランプは，自らの主張を自らツイッターで発信する初めての大統領だといっていい．

第44代大統領のオバマも，ツイッターを政権の広報に活用した．ただし，オバマの場合，ツイートを書いているのは，自身ではなく，「オバマチーム」と呼ばれるスタッフであることは公開されていた（遠藤，2013など参照）．

これに対してトランプは，あくまで自分自身でツイッターを書いているよう

である.

このやり方については，政治権力者が直接一般市民に語りかけると言うことで，評価する向きもある.

その一方，トランプに対抗する側からも，トランプと同じ陣営に属する人びとからも批判があるのも事実である.

どちらの陣営からも批判されているのは，以下の点である.

a）熟考した上での発言でないため，根拠が曖昧な発言が多い

b）個人的な感情によって発言することも多く，品位のない表現も多い

c）個人的な意見の放言である場合も多く，政権運営上，齟齬を来すことも多い

こうした問題が，政権を揺るがしかねないほど噴出したのが，2017年8月12日に起きた白人至上主義者たちのデモにおける事件だった.

この事件に関しては，本書第6章第7節に述べたので繰り返さない.しかし，この事件におけるトランプ発言の責任をとらされる形で更迭された腹心のバノン（当時主席戦略官）は，解任直後は，「トランプ政権を外部から支える」と述べていた.しかし，ジャーナリストのマイケル・ウルフ氏の『Fire and Fury: Inside the Trump White House（炎と激怒——トランプ政権の内側）』（2018年1月9日発売）の中で，「ドナルド・トランプ・ジュニア氏が大統領選中の2016年6月に，ヒラリー・クリントン氏に不利な情報を持つというロシア人弁護士と面会したことについて，『売国的』で『非愛国的』であり，選対幹部はすぐにFBIに通報すべきだった」とトランプ大統領のロシア疑惑について発言した[6].

これに対してトランプ大統領は，「スティーブ・バノンは，首になったとき，仕事だけでなく，正気も喪った」「彼は私の大統領当選に何の役割も果たしていない」との声明を発表し，バノンと対決する姿勢を明らかにした[7].

このような顛末は，トランプの大統領選を有利にしたフェイクニュースの中には，バノンが会長を務めていたニュースサイト「ブライトバード」が関係していたものがあると囁かれていたこと（本章4.4項参照）を考えれば，皮肉としかいいようがない.フェイクとフェイクの抗争は，もはや政治とはいえない.

6 メディア不信とフェイクニュース

6.1 人びとはフェイクニュースをどう見ているか

2016年大統領選の選挙期間中から，フェイクニュースの多さは問題視されていた．上記のようにトランプ自身が，虚実の曖昧な発言を行うことにメディアは神経をとがらせていたが，それだけではなく，出所の不明なニュースも，Facebook などのソーシャルメディアを通じて拡散，増殖し，まさにその増殖によって「真実性」を獲得した．

フェイクニュースに関する Pew Research Center が 2016 年 12 月 1-4 日に行った調査の結果[8] を図 8-14 から図 8-17 に示す．これらによれば，アメリカ人の多くが，①フェイクニュースが社会を混乱させていると考えており，②日常的にフェイクニュースに接しているが，③自分は「真偽を見抜ける」という思い込みの元に，④ほぼ 4 分の 1 の人がフェイクニュースを他者とシェアしている．このような認識が，まさに，フェイクニュースによる社会の混乱を引き起こしているといえよう．

6.2 日本におけるフェイクニュース問題

グローバル化の進んだ現在，アメリカ大統領選挙や欧州の政治動向は日本人にとっても自国の政治情勢に準ずる関心を惹くものである．したがって，海外で流通するフェイクニュースは，マスメディアばかりでなく，ツイッターや Facebook を通じて個々の日本人にも伝えられる．

2011 年の東日本大震災で，ツイッターなどのソーシャルメディアを介したデマの拡散が大きな問題となった（遠藤，2012 など参照）．

2016 年 4 月に起きた熊本大地震では，「地震のせいで熊本の動物園からライオンが逃げ出し，町を徘徊している」という主旨のツイートが拡散された．しかし，まもなく，これは関係のない外国の画像を流用したデマツイートであることがツイッター上で指摘された（図 8-18）．

もちろん，日本国内でも，デマやフェイクニュースの話題には事欠かない．2016 年末には，「まとめサイト」とも呼ばれるインターネット上の新たなサー

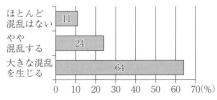

図 8-14 フェイクニュースによる混乱は あるか

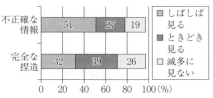

図 8-15 政治的なフェイクニュースを見 ることがあるか

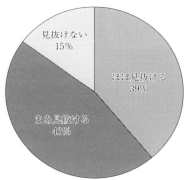

図 8-16 フェイクニュースを見抜け るか

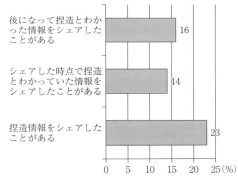

図 8-17 ニュースの拡散

ビスであるキュレーションサイトの記事に，多くの真偽不確かな記事や剽窃記事が含まれていたことが大きな社会問題となった．

6.3 現代日本人は「フェイクニュース」をどう考えているか

では，現代日本人はフェイクニュースについてどのように考えているだろうか？ 図 8-19 は，2017 年 3 月調査でフェイクニュースに関して聞いた質問に対する回答である．

最初の質問は，フェイクニュースを流しているのはソーシャルメディアとマスメディアのどちらだと思うかを尋ねた結果である．「ソーシャルメディア」と答えた人が 20.1％で，「マスメディア」と答えた人 10.0％を上回っているが，「どちらも」と答えた人が約 70％で最も多い．オーディエンスは，ソーシャルメディアにもマスメディアにも厳しい目を光らせている．

8 章——ポスト・トゥルース時代のフェイクニュース　　223

図 8-18　熊本大地震の時に拡散されたデマツイート（左）とそれがフェイクであることを指摘するツイート（右）

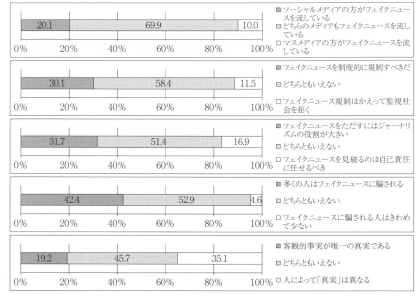

図 8-19　フェイクニュースに関する 2017 年 3 月調査の結果（$N = 7,231$）

ではフェイクニュースを制度的に規制すべきかと尋ねたところ，30.1％が
「規制すべき」と答え，「監視社会化を危惧する」と答えた11.5％を大きく上回
った．ただし，60％近くは「どちらともいえない」と回答しており，問題の難
しさが認識されている．

　また，フェイクニュースに対する対応としては，「ジャーナリズム」の役割
を重視するものが31.7％であるが，「自己責任」と考えるものも16.9％いる．た
だし，「多くの人はフェイクニュースに騙される」と考える人は42.2％に達し
ており，そこから考えると，フェイクニュースへの対応を「自己責任」に任せ
るとはいささか危うい認識であるとも考えられる．

　そして，この調査結果で最も驚くべきものは，5番目の質問に対するもので
ある．この質問は，5.2で述べた大統領就任式参加者数に関する「オルタナテ
ィブ・ファクト」という考え方を念頭に，人びとが「事実性」をどう考えてい
るかを問うたものである．現代においては，「認識の相対性」を多くの人が認
めているところから，「客観的事実が唯一の真実」と回答するものは一般的に
考えるより少ないのではないかと予想はしていたが，結果は予想を超え，「客
観的事実が唯一の真実」との回答が19.2％であるのに対して，「人によって『真
実』は異なる」との回答35.1％を大きく下回った．もちろんこの結果は，日本
でのものという留保付きだが，このような「客観的事実」に対する相対主義が，
トランプ発言を含むフェイクニュース受容を下支えしているとも考えられる．

6.4　マスメディアとフェイクニュース

　ソーシャルメディアを媒介としたフェイクニュースの跋扈は，既存マスメデ
ィアにどのような影響を与えるだろうか．

　大統領選挙に関連してフェイクニュース問題が関心を集めたことから，アメ
リカの名門紙の購読者数が増加しているという報道[9]もある．

　しかし，多くの世論調査では，少なくとも長期的に既存マスメディアへの信
頼は低下している．図8-20は，ギャラップが発表したマスメディアへの信頼
度の推移である．とくに，若年層，共和党支持層で信頼の低下が激しい．

　マスメディアへの信頼低下とソーシャルメディアへの情報依存とはある程度
シンクロする．その結果，たとえソーシャルメディアの情報に誤りがあったと

8章——ポスト・トゥルース時代のフェイクニュース　　225

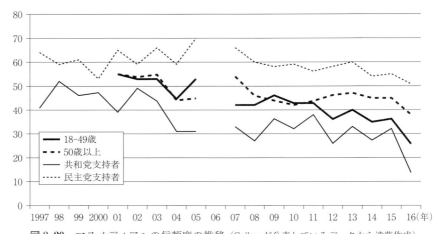

図 8-20 マスメディアへの信頼度の推移（Gallup が公表しているデータから遠藤作成）
出所：Gallup, September 14, 2016, "Americans' Trust in Mass Media Sinks to New Love," (http://www.gallup.com/poll/195542/americans-trust-mass-media-sinks-new-love.aspx).

しても，マスメディアの訂正機能は弱体化の方向にあり，場合によっては訂正報道がさらに陰謀論を煽ることも起こりえる．

ソーシャルメディア側でも，フェイクニュース対策を検討しているが，現時点では効果の高い対策はまだ見いだされていない．

情報にたいする不信は，さらに状況を不安定化する．

6.5 日本におけるメディアへの信頼度

日本でもアメリカと同様，マスメディアへの信頼度は下降傾向にある．

図 8-21 は，2017 年 3 月調査における「情報源として重要と考えるメディア」の回答を性別・年代別にクロス集計したものである．これによれば，特に新聞の重要度の凋落が著しく，若年層ではおよそ 3 分の 1 しか「重要」と回答していない．テレビもまた，若年層では 7 割前後となっている．一方，「ネットが重要」と答えるものは，この調査では，ほとんど年代による差がない．いずれの年代でも，5-6 割という重要度で，ネットの浸透が深まっていることをうかがわせる．

一方，図 8-22 は，ネット上の様々なサービスの比較である．新聞社やテレ

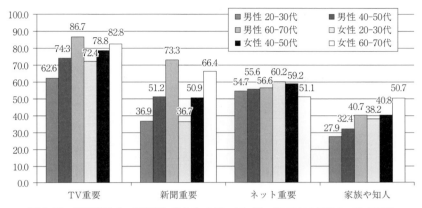

図 8-21 情報源として重要と考えるメディア（1）（2017 年 3 月調査，$N=7,231$）

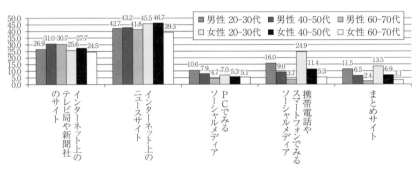

図 8-22 情報源として重要と考えるメディア（2）（2017 年 3 月調査，$N=7,231$）

ビ局のサイトの重要度よりも，ニュースサイトの重要度の方が，多くの人びとに重要と考えられているのが，目を引く（ニュースサイトの情報の多くは，既存報道機関からのニュースによって構成されているのだが）．また，まだ数としてはそれほど大きくはないが，若年層では，スマホなどの携帯通信機器を介したソーシャルメディアや，まとめサイトの重要度が高いことが注目される．

6.6 パロディの死

「フェイクニュース」がここに述べてきたような禍々しい悪意の噴出となった現在，背後で困惑するような事態が進んでいる．すなわち，現実をデフォル

8 章——ポスト・トゥルース時代のフェイクニュース　　227

メして表現することで現実を風刺する，「パロディ」という表現領域が危機に瀕しているのである．

　身近なところで，日本には，「虚構新聞」というパロディ・サイトがある．2004 年に開設された個人サイトで，「当サイトは現実のニュースをパロディにした諷刺・皮肉が開設の目的であり，この記事を通じて元ネタである世の諸事象に関心を抱いていただきたいと思っております」[10]と書かれている．しかし，「まれに弊社の報道を現実のものと誤解される方がいらっしゃるようで」（同前）とあるように，そもそも「虚構」と名乗っているものを「事実」と誤認したユーザーによって拡散され，事実上の「フェイクニュース」となってしまう例もある．例えば，2012 年 5 月 14 日付虚構新聞記事は，「橋下市長，市内の小中学生にツイッターを義務化」[11]という内容（当然，事実ではない）だったが，それが「本当のニュースとして広く拡散するという騒動」[12]が起こったのだった．

　アメリカでは，「フェイクニュース」を名乗る番組がある．今岡（2014）によれば次のようである．

　　『The Daily Show with Jon Stewart（略称 TDS）』は，1999 年から Comedy Central にて放送されている，風刺コメディー番組である．月曜日から木曜日（変則）の深夜 23 時から 30 分間放映され，番組のセットや放映内容の構成が，主要メディアのニュース番組を模しているため，「フェイク・ニュース」とも呼ばれる．メディアの報道を素材とし，主に公権力（大統領や議員・政党，裁判官など）や経済的・社会的な出来事を風刺する．「アンカー」（司会）兼 Executive Producer を務めるのは，コメディアンのジョン・スチュアート（Jon Stewart）である．TDS では「プロのジャーナリストは採用しないこと」「公権力へのアクセスは持たないこと」が明言されている．TDS は自らをあくまでもコメディー番組と位置づけ，TV 報道の世界において，メジャーな存在である既存メディアとは一線を画している（今岡，2014：190-191）．

　スティーブン・コルベアは，TDS からスピンアウトした『ザ・コルベア・レポー（The Colbert Report）[13]』で人気を博した．2014 年からは「ザ・レイト・ショー・ウィズ・スティーヴン・コルベア」に移った．

図 8-23 虚構新聞サイト

出所：2017 年 8 月 10 日付記事（http://kyoko-np.net/2017081001.html）.

図 8-24 ザ・レイト・ショー・ウィズ・スティーヴン・コルベア

出所：2017 年 8 月 9 日放送（http://www.cbs.com/shows/the-late-show-with-stephen-colbert/video/4ldeWzmRjKwyRUXmZkDPxG1NRJ9u66io/the-fbi-raided-paul-manafort-with-a-no-knock-warrant/）.

日本のパロディ・メディアがあくまで中立性をうたうことが多いのに対して，アメリカでははっきりと政治的立場を表明する．

一方フランスでは，2015 年 1 月 7 日，イスラム過激派を揶揄する風刺画を掲載した風刺週刊誌『シャルリー・エブド』が武装集団に襲われ，12 人が射殺され，11 人が負傷した．この事件は，暴力に対する怒りと同時に，「言論の自由は権利であり，また義務でもあるが，他人を傷つけることなく表出されなければならない」というローマ法王の言葉[14]に表されたような反省も生んだ．

「フェイクニュース」が時代の問題化するということは，同時に「パロディ」が「フェイクニュース」の一種と見なされ，その社会的居場所を失うことでもある．その帰結について，われわれは多面的に考える必要がある．

7 おわりに——世界の何が変わったのか

7.1 post-truth 政治の進行

第 1 章にも述べたように，オックスフォード辞典[15]は，「世論形成の上で，感情や個人的信念に訴える方が，客観的な事実よりも大きな影響力を持つ」という現在の意味での「post-truth」の初出として，1992 年に書かれた劇作家スティーブ・テシヒ（Tesich）のイラン・コントラと湾岸戦争に関するエッセイ

8 章——ポスト・トゥルース時代のフェイクニュース　229

を挙げ，「自由人としてのわれわれは，post-truth な世界に生きることを望むという選択を自由意思によって行ったのだ」という彼の歓びを紹介している．

　同サイトは，さらに続けて，2004 年にラルフ・キーズ（Ralph Keyes）が書いた『post-truth の時代』と 2005 年にアメリカのコメディアンであるステファン・コルベアが流行らせた俗語「ほんとっぽさ（truthiness）」に言及している．オックスフォード辞典によれば，「ほんとっぽさ」とは，「必ずしも真実でなくても，真実であるかのように見えたり，感じられたりする性質」をいい，「post-truth は，『ほんとっぽさ』という性質を，特定の事柄に関する限定的な評価から，われわれの時代の一般的な特性へと変えた」と論じている．

7.2　リアリティを失う戦争あるいは現実

　オックスフォード辞典が指摘している 1992 年という年は，まさにビル・クリントンとアル・ゴアのコンビが，「情報スーパーハイウェイ構想」によってアメリカ大統領選に勝利した年である．インターネットの日常生活への浸透，あるいはデジタル技術のあらゆる局面への浸透が，功罪を問わず，世界のバーチャル化を一気に推し進めたことは事実である．

　すでに第 1 章第 3 節でも論じたように，デジタル化 − バーチャル化の影響は，1991 年に起こった湾岸戦争は，多くの人びとに「現実の変容」を意識させた．筆者自身，湾岸戦争の開始時点で次のようなエッセイを書いている．

　　1991 年 1 月 17 日朝，私は仕事の打ち合わせで小田急線経堂駅前の喫茶店にいた．そこへせかせかした足どりでやってきた待ち人 A さんは，顔を合わせるなり，興奮した面もちで「やあ，とうとう始まりましたよ．」といった．
　　1990 年 8 月のイランのクエート侵攻に端を発した湾岸危機は，1 月 15 日の撤退期限を過ぎたこの日，ついに多国籍軍によるイラン爆撃へと発展した．
　　……（中略）……
　　その日から奇妙な狂騒が始まった．
　　TV はリアルタイムで戦況を報道し続けた．画面に映し出される無人の戦場，標的，闇に炸裂する爆弾の炎．「湾岸戦争」は，メディア史上画期的な戦争だったといわれる．それは，多国籍軍の爆撃機に装備されたビデオの画

像が，そのまま TV 放映されたということだ．われわれは，発射ボタンを押す爆撃パイロットと同じ視線をもって，TV 画面＝攻撃目標を見つめていた．

「湾岸」情報のソースは公式報道ばかりではなかった．人々は寄るとさわると（個人的な）湾岸情報をやりとりしあった．「さっき，イラクの友人からパソコン通信が入ったんだが……」という人もいれば，「昨日までアメリカ支社で Gulf-War のシミュレーションをやっていて……」という人もいた．アメリカ在住の友人からの FAX には，市民生活への影響が縷々綴られていた．それは何だかファミコンゲームの裏技を披露し合う少年たちの熱中に似ていた．同時に我々は，全世界を覆う情報通信網が現実の距離空間に多様なワープ・トンネルを穿ちつつあることを，妙に実感した．

われわれはダイレクトに「湾岸戦争」と接続し，夢中になった．しかしそれは，「現実」の，血や呻きに満ちた「戦争」とではなかった．そこは位相の異なる，メディアの国の「湾岸」だった（遠藤，1991）．

この感覚を，極端な表現で記述したのが，ボードリヤールの『湾岸戦争は起こらなかった』（Baudrillard, 1991）だった．10 年後の 9.11 アメリカ同時多発テロもまた，その苛酷な悲惨さにもかかわらず，奇妙な既視感と劇場感がつきまとうことにわれわれの誰もが戸惑っていた．このときもボードリヤールは『タワー・インフェルノ』を書いてその違和感を論じた．しかし，ボードリヤールの筆をもっても，いま目の前にある〈現実〉の非現実感をすくい取ることはできないもどかしさがあった．

さらに 10 年後の 2011 年，前年末から始まった一連の「アラブの春」は，ソーシャルメディアを媒介に，世界中の人びとのまさに眼前で長期にわたって権力をふるった独裁政権があっという間に引き倒されたのだった．そして同じ年，圧倒的な自然の猛威が日本の半分にも及ぶ広範囲にわたって大地を揺るがし，巨大津波が 2 万を超える人びとを瞬時にのみ込み，原子力発電所の安全神話を突き崩した．それは，「バーチャル」の対極にある「リアル」な暴力そのものであったが，TV 画面を通して眼前に見る悲劇は，どこかハリウッドのパニック映画にもにていると感じていた．あるいはそう思いたかっただけかもしれないが．

8 章──ポスト・トゥルース時代のフェイクニュース　　231

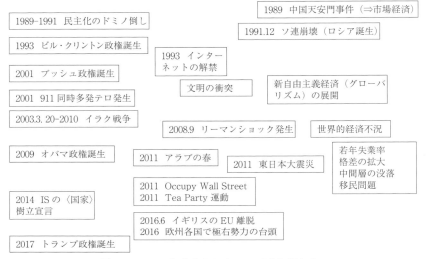

図 8-25　1980 年代末からトランプ政権誕生まで

　2010 年代半ばになると，国土をもたない〈国家〉としてのイスラミック・ステート (IS) が，インターネットを強力な媒介として，世界中に支援者を獲得し，現実の血の流れる大規模テロを実行している．

　世界至るところで勃発する対立・抗争は夥しい難民を生み出し，幼子を抱え，一筋の希望を求めて，他国へと流れ着く．初期には，人権上の配慮から難民を受け入れていた先進諸国では，自国の経済・雇用の悪化を理由に，次第に排他的政策を主張する政治家たちが支持を拡大してきた．そして登場したのが，トランプ政権であった．

7.3　〈公共圏〉は可能か——〈現実〉からの逃亡

　このような〈現実〉の動きのなかで，かつて新しい〈公共圏〉となることを期待されたソーシャルメディア空間には，現在，極端な意見や，差別的言辞があふれている．そしてそれらの多くは，フェイクニュースあるいは誤った，虚偽の事実報告にもとづいて発せられる．それらの虚偽は，しばしば「表現の自由」という理念によって弁護される．もしくは，虚偽情報を発したものが，虚偽を批判するものに対して，「そちらがフェイクだ！」との激しい批判を行う．

反対に，現実批判として，あえてデフォルメされた事実を記述する「パロディ」という行為は危機に瀕している．「パロディ」は，「フェイク」であると糾弾されるのである．

　このような混乱した状況のなかで，われわれは，〈公共圏〉どころか，われわれが長い歴史のなかで築きあげてきた文明そのものを失うのではないかとさえ危惧される．

　問題解決の分析として，コミュニケーション論的な分析——とくにソーシャルメディアに固有の特性に関する分析が中心的に行われている．それはもちろん重要な分析である．しかし同時に，現代の問題が，地球全体を内包する全体システムのダイナミズムから生じていることを忘れてはならない．

　現実は，メディアのなかで起きているのではない．現実はまさに現実としてわれわれを動かしているのである．高度メディア技術が重層的に発展した現代こそ，われわれは，現実から目を背けず，これと対峙しなければならないのである．

【註】

1)　http://www.nhk.or.jp/kokusaihoudou/archive/2016/09/0912.html.

2)　http://www.afpbb.com/articles/-/3097156.

3)　The Daily Dot, Nov 24 at 1:47:32, "How the alt-right's PizzaGate conspiracy hid real scandal in Turkey," (http://www.dailydot.com/layer8/pizzagate-alt-right-turkey-trolls-child-abuse/).

　　BBC トレンディング，2016 年 12 月 2 日，「米民主党の『ピザゲート』？　偽ニュースや陰謀論の生まれ方」(http://www.bbc.com/japanese/features-and-analysis-38179131).

　　New York Times, 2016.12.5, "Man Motivated by 'Pizzagate' Conspiracy Theory Arrested in Washington Gunfire," (http://www.nytimes.com/2016/12/05/us/pizzagate-comet-ping-pong-edgar-maddison-welch.html?_r=1).

　　Washington Post, 2016.12.6, "Pizzagate: From rumor, to hashtag, to gunfire in D.C.," (https://www.washingtonpost.com/local/pizzagate-from-rumor-to-hashtag-to-gunfire-in-dc/2016/12/06/4c7def50-bbd4-11e6-94ac-3d324840106c_story.html?utm_term=.21792259d7cc).

　　日経 BPnet，2016.12.7，「ライフル男侵入事件まで発生，米国発・世界を揺るがす『ピザゲート』事件とは？」(http://www.nikkeibp.co.jp/atcl/column/16/ronten/120700033/?P=3).

　　ニューズウィーク日本版ウェブ編集部，2016 年 12 月 8 日(木)06 時 10 分，「偽

ニュース，小児性愛，ヒラリー，銃撃……ピザゲートとは何か」（http://www.newsweekjapan.jp/stories/world/2016/12/post-6501.php）.

日経新聞電子版，2017/1/3 12:00,「偽ニュースで発砲 『ピザゲート事件』を歩く」（http://www.nikkei.com/article/DGXMZO11067380W6A221C1I10000/）.

4) 「マクロン氏陣営『サイバー攻撃受けた』大量の文書流出 仏大統領選」（AFPBB News/2017 年 5 月 6 日 9 時 49 分）.

5) 註 4）と同じ.

6) http://www.bbc.com/japanese/42561773.

7) https://www.nytimes.com/2018/01/03/us/politics/trump-statement-steve-bannon.html.

8) Pew Research Center, 2016.12, "Many Americans Believe Fake News Is Sowing Confusion," （http://assets.pewresearch.org/wp-content/uploads/sites/13/2016/12/14154753/PJ_2016.12.15_fake-news_FINAL.pdf）.

9) 日本経済新聞，2016/11/24,「NY タイムズなど米有力紙，大統領選後に購読者増」（http://www.nikkei.com/news/print-article/?R_FLG=0&bf=0&ng=DGXLASGM08H1D_U6A221C1NNE000&uah=DF_SOKUHO_0003）.

10) http://kyoko-np.net/annai.html 2017.8.10 閲覧.

11) http://kyoko-np.net/2012051401.html 2017.8.10 閲覧.

12) http://www.sankei.com/west/news/151209/wst1512090078-n1.html 2017.8.10 閲覧.

13) Colbert をコルベアと発音することから，Report をレポーと読ませる.

14) 2015 年 1 月 16 日付 AFP 記事（http://www.afpbb.com/articles/-/3036650?ctm_campaign=topstory）による.

15) https://en.oxforddictionaries.com/word-of-the-year/word-of-the-year-2016.

【文献】

Baudrillard, Jean, 1991, *La Guerre du Golfe n'a pas eu lieu*, Paris, Galilee（塚原史訳，1991,『湾岸戦争は起こらなかった』紀伊國屋書店）.

Baudrillard, Jean, 2002, "Power Inferno," Paris: Galilee（塚原史訳，2003,『パワー・インフェルノ——グローバル・パワーとテロリズム』NTT 出版）

遠藤薫，1991,「メディア・ネットワークの宇宙（『メディア曼荼羅 1』）」『企業診断』1991 年 6 月号：98-99.

遠藤薫，2000,『電子社会論——電子的想像力のリアリティと社会変容』実教出版.

遠藤薫，2007,『間メディア社会における〈世論〉形成—— TV・ネット・劇場社会』東京電機大学出版局.

遠藤薫，2010,『三層モラルコンフリクトとオルトエリート』勁草書房.

遠藤薫，2012,『メディアは大震災・原発事故をどう語ったか——報道・ネット・ドキュメンタリーを検証する』東京電機大学出版局.

遠藤薫，2013,「モダニティ・グローバリティ・メディアリティの交差」宮島喬・舩

橋晴俊・友枝敏雄・遠藤薫編『グローバリゼーションと社会学——モダニティ・グローバリティ・社会的公正』ミネルヴァ書房，pp. 230-248.

遠藤薫，2016，『ソーシャルメディアと〈世論〉形成』東京電機大学出版局.

遠藤薫編著，2004，『インターネットと〈世論〉形成』東京電機大学出版局.

遠藤薫編，2008，『ネットメディアと〈コミュニティ〉形成』東京電機大学出版局.

今岡梨衣子，2014，「The Daily Show with Jon Stewart と米国 TV ジャーナリズム」遠藤薫編著『間メディア社会の〈ジャーナリズム〉——ソーシャルメディアは公共性を変えるか』東京電機大学出版局，pp. 190-209.

Kapferer, J. N., 1987, *Rumeurs*（古田幸男訳，1988，『うわさ』法政大学出版局）.

Morin, Edgar, 1969, *La Rumeur d'Orleans*, Editions du Seuil, Paris（杉山光信訳，1973，『オルレアンのうわさ』みすず書房）.

大嶽秀雄，2003，『日本型ポピュリズム——政治への期待と幻滅』中央公論社.

Reich, Robert B., 2015, *SAVING CAPITALISM*, Curtis Brown Group Ltd.（雨宮寛・今井章子訳，2016，『最後の資本主義』東洋経済新報社）.

佐藤健二，1995，『流言蜚語——うわさ話を読みとく作法』有信堂高文社.

Sennett, Richard, 1974, 1976, *The Fall of Public Man*, London: Drborah Rogers Ltd.（北山克彦・高階悟訳，1991，『公共性の喪失』晶文社）.

清水幾太郎，1947，『流言蜚語』岩波書店.

9章

農村地域における学際的参加型研究プロジェクトの試み
「らくらく農法」の事例から

帯谷博明・水垣源太郎

1　はじめに

　近年，農山村集落の維持や再生は，政策的にも学問的にもますます重要な課題となっている（秋津編，2009など）．一口に農山村とは言っても，平場の都市近郊農村と「限界集落」が問題になる過疎山村では，具体的な社会状況や課題に大きな相違があり，対策やアプローチもそれに応じて異なる．たとえば，前者では農地の開発・転用や混住化に伴う地域組織の再編などが課題であるのに対し，後者については，集落そのものの「積極的な撤退（移転）」までもが提唱される事態になっている（林・齋藤編，2010）．本章が焦点を当てるのはこれらの課題が混在する「中山間地域」であり，そこにおける営農と集落の維持についてである．その際必要なのは，地域の現状と課題を把握し，住民が主体となって将来計画を立てることであろう．

　もっとも「住民主体で計画を立てる」と言うのはたやすいが，現実のコミュニティにはさまざまな困難や課題が待ち構えている．農作業の例をあげると，農地までの移動や収穫物の収容・運搬は，基本的に頑健な体力を前提に考えられており，使用される農作業の補助器具も，高齢者の肉体的制限を考慮していないものが多い．果樹園（畑）の場合には，主として「成人男性」の作業効率の観点から樹形のデザインなどが考えられており，担い手の多くが高齢者であるという農村の現状に合っていない，という現実がある．また，営農と集落を支える住民に関しても，従来の公的統計調査で把握できる家族は同居世帯の単位にとどまり，他出者（子）とその家族までを含めた現実の家族構成や農業の

潜在的な担い手については十分に把握ができない．

　そこで本章では，中山間地域（奈良県吉野郡下市町X地区）を舞台にした研究プロジェクト（高齢者の営農を支える「らくらく農法」の開発：以下，「らくらく農法」）を事例に，その方法と意義を検討する[1]．このプロジェクトの目的は，過疎化・高齢化という全国各地に共通する地域課題を受け止めつつ，そこで暮らす人びと，とくに高齢の農業者が少しでも長く生き生きと仕事ができるよう支援するため，肉体的・精神的負担の少ない農法を開発することである．そのためにプロジェクトでは，①自然科学および社会科学の多様な分野を巻き込んだ形で学際的に進めること，同時に，②その過程には研究者のみならず，住民や地域住民組織，地元自治体などさまざまな関係者が協働・参加をする「アクション・リサーチ」方式で開発すること，③実際の現場（コミュニティ）に成果を実装し他地域への普及可能性を高めること，の3点を大きな目標として掲げた．

　以下ではまず，参加型アクション・リサーチの特徴と研究動向を整理し，「学際性」と「参加」を柱とするこの複合的な研究プロジェクトを概観する．つぎに，プロジェクトにおいて，社会学の研究者が中心となって実施した「集落点検」に焦点を当て，その設計と実践過程を再構成する．その上で，学際的かつ参加型の本プロジェクトの実践と用いられた手法がどのような意義と課題をもつのか，社会関係資本および公共社会学の議論を踏まえながら検討する．

2　学際的参加型研究プロジェクトの構成と展開

2.1　参加型アクション・リサーチと社会学

　前述のとおり，コミュニティの課題解決のために，さまざまな学問分野が連携して取り組むという学際性[2]と，コミュニティを中心に地方自治体などさまざまな主体がプロジェクトの過程に参加する「参加型アクション・リサーチ（Community-Based Participatory Action Research, Community-Based Participatory Research：以下，CBPR）」方式で進めるという点がこの事例のポイントである．ではCBPRとは何か．まず研究が活発なアメリカの動向を概観してみよう．

　社会学者ストッカーは，アメリカでの自らの数多くのリサーチ経験を踏まえ

て，CBPR の意義を「人びと自身が気づくことによって行為につながり，それが社会変革の力になる」と指摘している（Stoecker, 2013）．コミュニティの人びとをエンパワーメントする1つの方法として，CBPR は注目されてきたのである[3]．とくに1980年代以降，主として劣悪な環境に直面するアフリカ系・ヒスパニック系のコミュニティの保健衛生改善の観点から，専門家と地域住民が協働する CBPR の実践とその方法に関する研究が，社会学者を含めて活発に展開されてきた経緯がある．たとえば，ブラウォイらが中心となって提起された「公共社会学（Public Sociology）」の構想（Burawoy, 2005）を受ける形で，2010年代に入ってアメリカで刊行された公共社会学のテキスト（Nyden *et al.* eds., 2012）でも，社会学者が CBPR に積極的に関わることの必要性と意義が強調されている．

　学問分野によって経緯や定義の違いはあるが[4]，CBPR の定義はおおむね次のようにまとめられよう．すなわち CBPR とは，「①コミュニティの人たちの問題や状況の改善を目的として，②コミュニティのメンバーと研究者との協働によって，③生み出された知識を社会変革のためのアクションや能力向上に活用していく研究」である（武田，2015，CBPR 研究会，2010，Stoecker, 2013）．また，CBPR は，個別具体的な手法のことではなく，リサーチに対するアプローチや指向，あるいはプロセスを指す点にも注意が必要である（武田，2015，矢守，2010）．

　日本においても，公衆衛生やコミュニティ心理学などの分野で CBPR が活用されつつある（CBPR 研究会，2010）ものの，社会学では「アクション・リサーチ」を積極的に活用した研究はまだそれほど多くない．他方で，「地元学」や「市民調査」が代表的な呼称であるが，住民や市民が主体となった草の根型の地域調査が独自に展開されており（宮内，2003），社会学では，とくに環境社会学の領域で人びとと環境との関わりを明らかにする参加型研究が一定の蓄積を持っている（水と文化研究会編，2000，丸山，2007 など）．また後述するように，農村社会学者の徳野貞雄らによって，研究者と住民や住民同士の「対話」「語り合い」を通じて，地域の諸資源を可視化・共有化して住民の参加を引き出す独自の地域社会調査法「Ｔ型集落点検」が考案され，九州地区の農山村を中心に積極的に展開されてきた（松本，2015）．

9章——農村地域における学際的参加型研究プロジェクトの試み　　239

もっとも，アメリカおよび日本では，相互交流や相互参照がほとんどないまま，現場のニーズや課題に応える形で参加型研究が独自に進展してきた．また日本においてはこれまで，とくに地域やコミュニティに研究者が意図的に介入するCBPRは，社会学（界）の中でやや例外的な位置づけにあったと言える．

2.2　プロジェクトの背景と地域の概要

　プロジェクトの構想にあたって前提とした課題はおもに次の4つの点に整理できる．

　第1に，従来の農業は主として「頑健な成人男性」を想定して構築されてきた．たとえば，中山間地域の果樹栽培は重労働であるにもかかわらず，樹形や農機具は高齢者や農作業経験の少ない定年帰農者といった多様な農業者を想定しないデザインとなっている．

　第2に，営農継続の意思決定には，農地の状況や後継者の有無および他出子を含む家族構成，集落のまとまりや体制にも左右される．だが，現状の公的統計調査で把握できる家族はあくまで同居世帯の単位にとどまり，他出子とその家族までを含めた現実の家族の構成や潜在的な農業の担い手については不明である．また，個別の農地の現況や今後の営農（放棄）の可能性についても把握ができていない．

　第3として，営農を支える高齢者の健康維持は，農作業のみならず日常生活全般にわたる把握と目配りが必要である．

　第4に，課題解決のためには，さまざまな分野からの継続的なアプローチとともに，集落の構成員が主体的に関わることが不可欠である．

　これらの課題は，プロジェクトのリーダー層がこれまでの研究や農家の人びととの日常的なつき合い・対話の中から，その解決や実現の必要性を認識してきたものである（寺岡，2014）．他方で，コミュニティのリーダーや町行政の中心を担う企画部門の職員も，過疎化・高齢化の対策を立てる必要性を個人レベルでは強く認識しつつ，そのための機会や手法を待望している状況にあった．

　プロジェクトの対象となった地域は，奈良県吉野郡下市町X地区である．下市町は高齢化・過疎化が進む奈良県南部および紀伊山地の北端に位置しており，京阪神大都市圏の周縁部にあたる[5]．2011年のプロジェクト開始当時，X地区

は，同町に21ある行政区の1つであり，人口281人（83戸），9つの集落（小字）から構成され，専業農家が全体の約4割を占めていた．X地区一帯は伝統的に柿・梅などの果樹栽培が盛んであり，なかでも柿は，近接する五條市西吉野地区を含め全国的な一大産地である．他方で，同地区では古くからある急斜面の農地が多いため，農地へのアクセスを含め農作業は重労働になりがちであり，とくに高齢者や女性にとっては負担が大きい．もっとも，そのような条件下にあっても農家や地元の民間企業が協力して農産物直売所を設置・運営するなど全般的に営農意欲が高く，また，農家の主婦層を中心に加工品やアクセサリー作品を作成する女性グループが複数あり，地域に根ざした多様な活動が展開されてきた．

　プロジェクトのパートナーとなったのはX地区自治会である[6]．CBPRを実施する際のポイントの1つに「コミュニティは協調的か対立的か」という観点がある（Stoecker, 2013）．このケースでは，町役場も含めて前者に該当し，地元のリーダー層を中心に，高齢化と過疎化への具体的対策の必要性が共有されていた．また，集落には8世紀前半に建立されたといわれる神社がある．住民ほぼ全員が氏子であり，氏子組織と自治会（集落）の範囲が地理的にもほぼ重なっている．10月には住民総出で秋祭りが挙行されるなど，伝統的に凝集性や一体感の強いコミュニティであることは，プロジェクトの実施・展開への活発な参加とその成果を生み出す大きな要因となった．

2.3　プロジェクトの構成と特徴

　コミュニティの諸課題に対応するために，「農業」「健康（身体）」「家族・地域」という3つの側面へのアプローチを行うことが提起され，その基本的な体制として，農学・機械工学・スポーツ科学・社会学を中心とする4つの研究グループが組織された（図9-1）．すなわち，新たな農法（栽培）と農機具（電動運搬車）の開発を主軸にしつつ，住民の体力測定や農作業時等の身体動作の把握と，そこから発展した「らくらく体操」の開発（PPK），農業と家族，コミュニティの現状を把握し「10年後」の展望を考える「集落点検」の設計・実施を組み合わせる学際的な研究である．それぞれのグループには，大学，高専，県などの研究機関に所属する異分野の研究者が複数名入るとともに，地元の自

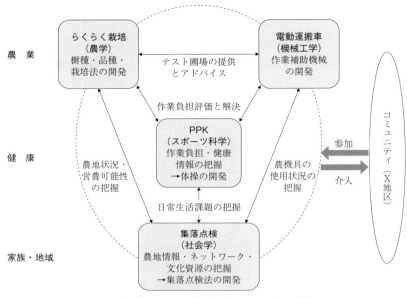

図 9-1 「らくらく農法」プロジェクトの構造
出典：帯谷ほか（2017）.

治会や住民グループのリーダー，民間企業もメンバーや協力者として参加している．さらにそれらを束ね相互連携を進めるために4つのグループのリーダーと事務局から成る総括グループが設置され，プロジェクトの進捗やニュースをブログで発信した．

同時に，「らくらく農法」は，大学・高専や県農業総合センターなどの研究機関以外に，コミュニティや地元行政など，多様なアクターが関わる参加型の研究（CBPR）でもある．CBPRは一般に，課題の把握（診断），計画や処方，実施，評価という4つの循環的なステップによって構成される．図 9-2 は「らくらく農法」プロジェクトの内容に即して，4つのステップ（①個別課題や状況の把握，②計画・実施，③成果・地元の変化，④評価）に組み直し，学際的かつ参加型で実施した複雑なプロジェクトの全体像を整理し，各グループの活動プロセスと成果を一覧できるよう図式化したものである．

この中で「集落点検」は，基本的にはCBPRの各ステップに従いながら，他

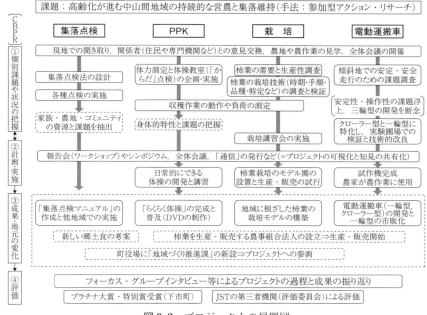

図 9-2　プロジェクトの展開図
出典：帯谷ほか (2017).

の3つの活動（グループ）のリサーチの基盤ともなる，「個別課題や状況の把握」（＝①）をとくに重点的に担った．次節では，この「集落点検」の方法と実践に焦点を当てる．

3　「集落点検」の設計と実施

3.1　集落点検の提唱と展開

　農村社会学者の徳野貞雄は，独自の生活構造論を核に，他出子を含めた家族状況の把握をコミュニティ単位で行う「T型集落点検」を提唱している（徳野，2008，徳野・柏尾，2014，松本，2015）．徳野は「過疎化・少子化・高齢化の人口論的な変動要因と，現在の農家所得のうち農外所得率が80％を超える経済状況……および生活様式の都市化……という複合的変化の中で，農山村の人々の

暮らしをどう維持するのか，集落という地域社会の維持・存続の可能性をどう探るのか……家族・世帯をベースとする住民の生活構造分析を通した集落分析が必要」（徳野，2008：111）とその意義を主張する．さらに，徳野は「修正拡大集落（構造）」（徳野・柏尾，2014：34）という独自の概念も用いて，他出子を含めた形でネットワーク的に今日の集落と家族を捉えようとする．そこで重視されるのが研究者と住民との対話や住民同士の「語り合い」であり，そこで生産された知識が住民による実践へと接続されることが期待されている（松本，2015）．

今日，「集落点検」と称する手法は，農水省の政策プログラムも含めて，さまざまな場面で取り入れられている[7]．共通するのは，①農山漁村を舞台にして参加型のワークショップ形式で行う方法と，②集落の将来を住民自ら診断する（できる）という2つの点である．集落点検は課題解決と住民の参加（対話）や協働が前提とされており，前述のCBPRの特徴とも符合する．また，データの収集や解釈，さらに将来像を住民が描く過程（社会的現実）に研究者が深く関与する「介入する社会調査」（遠藤，2007：98）でもある．

3.2　設計と基本構成

「集落点検」と一口に言っても，その目的や具体的な方法は多様であり，「らくらく農法」プロジェクト開始当時，その定式化もまだはじまったばかりであった．そこで，本プロジェクトでは，「T型集落点検」を中心にさまざまな先行事例を参照しつつ[8]，「中山間地域の高齢営農コミュニティの課題解決」という目的の下に，対象地域の課題に根ざした独自の方式を設計・実施すること，さらに，当該地域だけでなく他地域でも活用（応用）できるようなマニュアルを作成することに取り組んだ．

集落の現状と具体的な課題，さらに「10年後の展望」を探るため，従来の集落点検の主要項目や実施法を参考にしつつ，プロジェクトが採択された2011年秋から，翌年春の点検実施に向けて，自治会役員（リーダー層）などを対象にした聞き取りと意見交換を進めた．前述の通り，CBPRは対象となるコミュニティの状況や課題・ニーズの理解と共有から始める必要がある．彼／彼女らが最も知りたいと感じていること（例：どれぐらいの農家が営農継続の意志を持

っているのか？　近い将来，どの柿畑での営農が困難になりそうか？　等）を把握しつつ，他のグループの調査ニーズや活動内容も踏まえながら，集落点検の手順と具体的な項目を検討した[9]．どのような項目について，いかなる形で参加者と共同で点検（確認）をしていくべきなのか．おおよその手順と現場で使う「集落点検マニュアル」を設計するために，自治会役員との数度の話し合いを含めて数カ月の期間を必要とした[10]．

　最終的に，本プロジェクトの集落点検は「I 寄り合い点検」「II 戸別訪問」「III 集落展望」を主要な構成要素とした[11]．そのうち「寄り合い点検」は，さらに「農地」「家族」「コミュニティ資源」の3つの側面に対応した点検（調査）内容となった．また「集落展望」は，後述するように，地区での結果報告とそれを基にした住民による将来像の話し合いである．単なる学術的な社会調査ではなく，またワークショップだけでもない，その両方を含みこむ形で，住民と研究グループのメンバーが成果を共有するところまでの過程を「点検」としたところに，CBPR としての本プロジェクトの特徴が窺われる．

3.3　手順と実施

　集落点検の取っ掛かりが「寄り合い点検」である．自治会を通して点検の日時を事前調整した上で，小字（集落）ごとに集会所などに集まって（＝寄り合って）もらい，参加型で進めていくリサーチである．本プロジェクトでは，先述のように，「農地・営農」，「家族」，「コミュニティ（集落）資源」を把握するための3つの下位点検によって構成される．

　まず，家族ごとに，農地と営農の状況を確認していく（＝農地点検）．畑の場所や広さ，栽培品種，傾斜や作業負担などの状況などを畑ごとに聞きながら，事前に用意した白地図と用紙に共同で記入する．その際，「10 年後の営農見通し」について尋ね，畑ごとに「維持（青）」「放棄の可能性（赤）」「不明（黄）」に分けて3色に塗り分けていく．この作業によって，集落単位での耕作地の10年後の予測が可視化・共有できると同時に，放棄の可能性が高い畑については，何が障害や課題になっているのかなど当該の農家から農地や営農がどのように見えているのかという主観的側面が把握できる．

　つぎに，別の用紙には，聞き取りをしながら家族の構成図を描き，他出子の

状況（居住地，年齢，世帯状況，帰省の頻度，農業への従事状況など）を記入する（＝家族点検）．目的は，農業の担い手と他出子の状況を把握することによって，農業や家の後継者を知る基礎資料を作ることである．この点については「Ｔ型集落点検」を提唱している徳野氏の著作（徳野・柏尾，2014など）にくわしいが，集落単位で積算することで，現在の営農者の年齢構成が明らかになり10年後の様子がイメージしやすくなる．また，他出子については，年齢や居住地，帰省頻度などを個別に把握することにより，新規就農の可能性や高齢者（親世代）の生活サポート資源を見積もることもできるようになる．

　また，上記の農地点検および家族点検と並行する形で，別室において，点検を待っている／終えた参加者に集っていただき，地区や集落の年中行事・祭礼，かつての食文化や農作物，共有財産・施設の維持管理など身近な話題から，集落の歴史や文化を座談会方式で自由に語っていただく（＝ムラ資源点検）．ここでの研究者（含む学生・大学院生）の役割も，先の各点検と同様に，自らの疑問や経験談も交えつつ，聞き役と記録をしていくファシリテーターである．この点検には，過疎化・高齢化が進む中で，伝承されずに忘れられていくさまざまな生活の知恵や工夫を「資源」として掘り起こすことに加えて，集落の住民が想起し共有する場を設けることにより，むらづくりなど新たな行為を創発しやすくなるという2つの狙いがあった．

　上記の点検の内容とその手順はあくまで本プロジェクトに適応するよう生み出されたものである．コミュニティのニーズや状況，リサーチ課題などに応じて，各点検の優先順位や個別のリサーチ項目の選定，点検の実施方法は，状況に応じた調整と対応が求められよう．あわせて，加工品づくりなど中高齢層の女性グループの活動が活発であることから，当該グループのほか，若壮年層の女性たちを対象にしたグループインタビューを実施し，地域の課題や将来展望など，高齢者や男性が参加の中心となりがちな「寄り合い点検」では抜け落ちてしまう人びとの視点を積極的に把握することも必要である．状況や文脈に応じて多様な手法を使いながら，そこで暮らす多様な人びとの視点や意識，関係性を掬い取ることは，とくに本事例のような学際的プロジェクトにおいて，社会学的調査の強みであり利点である．

4 考察——プロジェクトの意義

4.1 地域資源および課題の可視化・共有と展開

「らくらく農法」の事例，とくに集落点検を通じて，どのような具体的な成果が生じたのだろうか．ここでは，地域資源および課題の可視化と共有を中心に，観察されたコミュニティの変化とあわせて検討したい．

T型集落点検では，その場でデータを集計し人口構成や他出子の状況を手書きのグラフにまとめ，即時的に集落の状況を診断する．ただし，本プロジェクトでは，点検の対象となる小字（集落）の数が比較的多いこと，何より農地点検で得られる膨大な情報を整理する必要があるため，結果を整理・集計し，可視化（表記）する作業は後日，大学関係者（教員，院生・学生）によって実施した．CBPRにおいては，各ステップにおける参加の程度や役割分担の方法を事前に関係者間で丁寧に協議しておくことが必要である．

たとえば，本プロジェクトでの農地点検の結果は，農地の傾斜（身体的負荷）や作目，将来予測が視覚的に把握できるような表記法を考案し，それに基づいてパソコンの描画ソフトを活用して地図上にプロットした「農地マップ」を作成した．この農地マップの作成によって，集落全体の農地および営農の状況，各住民が畑ごとに抱いている「10年後の展望」を一覧できるようになった．また家族点検および農地点検の一部は，集計してグラフ化しその大まかな傾向を分析した．その結果，次の4点の知見が得られた．

⑴ 同地区の農家は全般的に営農意欲が高いが，3割前後の農家が後継者不足や急傾斜・狭隘などの地形的理由で「10年後に耕作放棄の可能性が高い畑」を単数もしくは複数所有している．

⑵ 農作業の主要な担い手は60代が最も多く，50代，70代がそれに続いており，40代以下の担い手は極端に少ない．このままでは，10年後に農業の担い手の大半が60代以上になる可能性が高く，現段階から対策を検討していく必要がある．

⑶ 畑の「10年後の見通し」と「農作業のきつさ」にはある程度の相関がみら

9章——農村地域における学際的参加型研究プロジェクトの試み　247

れるものの，条件の良い農作業の楽な畑でも，後継者等の問題で耕作を断念する見通しの畑が複数見られた．このような場合，集落営農や畑の貸借の仕組みづくりなど，個々の農家だけでなく集落単位でも今後の農業の方向性を考えていく際の判断材料になりうる．

(4) 家族点検では，地元自治体にも情報がない他出子の居住地や年齢構成などが明らかになった．対象地区の場合，他出子のほとんど（約9割）は日帰りが可能な，奈良県内および京阪神大都市圏内に居住しており，高齢化した親世代の生活サポートや畑の維持管理に関して，少なくとも距離の面では有力な「人的資源」と捉えることができた．

　また，「ムラ資源点検」の結果は，集落ごとの「資源表」としてまとめポスターサイズで表記した．加えて，本プロジェクトでは，「寄り合い点検」で得られた現状や課題をさらに掘り下げて調べるために，農地・農業，家族，日常生活の現状と見通しについて質問紙を作成し，対象者を限定して戸別訪問を実施した[12]．

　点検で得られた情報や知見は，集落での各種報告会やプロジェクトで作成した住民向けの「通信」などを活用して，適宜住民にフィードバックをしていった．さらに，中間報告を兼ねて開催されたシンポジウムの時間を活用し，集落ごとの「資源表」を披露するとともに，出席していた住民同士で，個人，家族，地区（コミュニティ）の3つのレベルに関する将来像（展望）をワークショップ形式でグループに分かれて自由に議論し発表してもらった．

　以上の点検を遂行する過程で，プロジェクトに触発された新たな活動と成果が生まれた（**図9-2**参照）．ここでは2つの例を挙げておきたい．1つ目に，「ムラ資源点検」で発掘された過去の郷土食（地域文化）の中から，女性グループがレシピを再現し商品化を果たした「ごんた餅」のケースが挙げられる．もち米が貴重だった時代に，蒸かした里芋を加えることによって粘り気を生み出しさらに独特の食感を備えた「里芋のおはぎ」は，かつて集落の各世帯で普通に作られていたものであったが，今日においてはむしろ新しさや希少性を有している．女性グループはさらに本プロジェクトの一環として，大学生を交えた「食の交流会」を開催して商品化に向けた意見収集を行った．そこで出された

意見を踏まえ，地元の特産品である吉野杉の間伐材を使った割り箸に巻き付けて，地元産の醤油で焼き上げる方法に変更し，忘れられていた「里芋のおはぎ」を町のイメージキャラクター「ごんたくん」にちなんだ「ごんた餅」として商品化した．この商品はその後，県内の各種イベントでも販売されている（片上，2014）[13]．2つ目として，プロジェクトの過程で寄せられた住民の意見がきっかけとなり，農作業の特性と住民の身体状況に合わせた独自のストレッチ体操「らくらく体操」が開発され，その解説DVDが参加型で制作された例がある（成瀬ほか，2017）．この動画は地元のCATV（しもいちテレビ）での定期的な放送に加えて，YouTubeでも公開されている．

　本節で述べてきたような，他出子を含めた家族の把握やコミュニティ資源の発掘・可視化は，資源の構築的（認知的）側面であるが，他方で，よそ者である研究者が入ることによって，資源だけでなく，コミュニティの住民同士や家族間では避けられてきた／当然視されてきた話題（例：親の今後の世話や農地の維持管理など）を導き出し「課題」として構築する効果もある（松本，2015）．CBPRには伝統的に，①課題やニーズを探す「問題アプローチ（ニーズアセスメント）」と，②コミュニティの資源・資産（あるもの）を探す「機会アプローチ」の2種類の系譜が存在し，両者の融合が課題である（Stoecker, 2013）．その点で，本章で述べた集落点検は，たしかに，ニーズ（課題）と資源を統合的に把握・構築するCBPRの有効な手法として位置づけることができるし，農村部だけでなく，都市部のコミュニティでも応用可能であろう．

4.2　学際性と社会関係資本

　他方で，プロジェクト全体のもう1つの特徴である学際性はどのような意義を有するのであろうか．本事例ではおもに次の2点のメリットが見出された（水垣，2015）．

　第1に，コミュニティとの協働体制の構築を容易にすることである．農家や住民が参加して行われるアクション・リサーチに相当するものは，現場では，農業技術指導など個別の分野で以前から行われてきた．ただし，個別分野ごとのプロジェクト（例：新たな栽培方法）では，それに関心をもつ住民の協力は得やすいものの，それ以外の人びとへの訴求力や浸透が弱いという課題がある．

本プロジェクトの特徴は，機械工学や農学，スポーツ科学，社会学からなる学際的なアプローチを採っている点にあるが，このことにより，非農家を含むさまざまな住民の関心を得やすくなり（例：身体動作の不具合の把握，農作業の負担軽減），コミュニティの今後の計画の策定に対して幅広い住民の参加を得ることができる．

　第2は，広範な社会関係資本の供給源にもなりうることである．コミュニティには，農業や健康，地域活性化といった多様な関心が存在している一方で，住民とそれぞれの分野の専門家／研究者や行政関係者との結合には濃淡が生じやすい．このような状況では，関心ごとに社会ネットワークが形成されるものの，各々が完結しがちで，それらを相互に架橋することが難しい場合がある．本プロジェクトのような学際的な CBPR では，さまざまな分野が入口となって，コミュニティの住民と研究者や行政関係者が結びつくため，プロジェクト組織をプラットフォームにした，より広範な社会ネットワークを形成しうる．その結果，コミュニティの内部からソーシャル・イノベーションを誘発する社会関係資本の供給につながることが期待される．

　地元では，プロジェクトによって開発された新たな農法や農機具（電動運搬車）の活用が始まっているものの，営農者やコミュニティが自らの将来を具体化していくのはこれからの段階であり，もう少し時間をかけてその展開を注目していかなければならない．とはいえ，たとえば，前述したように，集落の文化資源の再発見と女性グループおよび大学との連携・交流による商品化の例や，町内の他地区でも集落点検が行われるなど，プロジェクトに触発されて新たな動きが生まれたり繋がったりと波及的に地区内外が動いていく様子がすでに見られている．

5　まとめ

　本章では，農村地域を舞台にした学際的参加型研究プロジェクトの事例を通して，その方法と意義を検討してきた．最後に，社会学および社会調査と CBPR について整理しておきたい．

　桜井（2002）の区分を援用すれば，従来の社会調査や地域研究は「実証主義」

や「解釈的客観主義」がその中心を占めていた．これは社会学のみならず，隣接する人文地理学でも同様である（たとえば，梶田ほか編（2007））．完全に調査者が「客観的であることはありえない」ことは認識しつつも，姿勢としては「客観性を重んじ，中立的な立場から意味把握をめざす」という，現場に対して非介入の立場に立つものがほとんどであった．

これに対して，遠藤（2007）は「介入する社会調査」の可能性を提起している．具体的には，①従来からあるデータに対する介入（対話的構築主義）と，②社会的現実に対する介入，の2種類があるとした上で，「介入する社会調査」は「調査対象たる社会的現実を積極的に変容させようとし，むしろそうした社会的現実に対する応答責任（responsibility）を強調する．また調査者は中立的・客観的に社会現象や社会的現実を観察するのではなく，調査対象者とのコミュニケーションを通じてデータにも介入していく」（遠藤，2007：100）ものである．その際，遠藤が両者を統合するものとして注目するのが，アクション・リサーチである．

周知のように，アメリカでブラウォイが中心となって提起された「公共社会学（Public Sociology）」の構想（Burawoy, 2004）は，盛山（2006）の批判に代表されるように，公共社会学を含む社会学の4分類や「公衆への発信・対話」に焦点が当たりがちで，少なくともその後の日本（の社会学界）では議論が活発になったとは言い難い[14]．もっとも，2010年代に入ってアメリカで刊行された公共社会学のテキスト（Nyden *et al.*, eds., 2012）などを見ると，サブタイトルが「Research, action, change」となっていることに象徴されているように，先行する公衆衛生分野や社会心理学などに続いて，大学とコミュニティとの協働型リサーチ（Collaborative Research）」（Nyden *et al.*, eds., 2012: 15）という形で，CBPRに社会学者が積極的に関わることの意義が焦点化されている．協働型リサーチとは，研究プロセスのあらゆる段階で，研究者と実践者，研究者と活動家，大学とコミュニティが協働で実施するリサーチのことであり，そこには参加型アクション・リサーチや参加型評価リサーチなど，これまでに展開されているものも当てはまる，という．本章で紹介したプロジェクトは，まさに協働型リサーチの一例である．

今後，日本でも「公共社会学」を柔軟に捉え，CBPRと社会学や社会調査と

の関係を現場の実践例から押し上げてこの議論を豊かにしていく必要があろう．そのためには，学際的な研究および参加型の研究をめぐって，社会学や社会調査がどのように関われるのか，そこにはいかなる条件や要因が必要なのか，CBPR の適用によって各アクターに生じる影響や課題は何か等を多様な実践例に即してさらに検討し，一般化を図っていくことが当面の課題である．

【註】

1)　本章は帯谷ほか（2017）および水垣（2015）を再構成したものである．「らくらく農法」プロジェクトの実施に当たっては，平成 23 年度採択 JST（科学技術振興機構）戦略的創造研究推進事業（社会技術研究開発）・社会技術研究開発事業「高齢者の営農を支える『らくらく農法』の開発」（代表：寺岡伸悟）の助成を受けた．なお，「社会技術」（social technology）とは，「自然科学と人文・社会科学の複数領域の知見を統合して新しい社会システムを構築していくための技術」（社会技術の研究開発の進め方に関する研究会，2000：2）を指す．

2)　プロジェクトの背景やその内容に関しては，寺岡（2014）や寺岡（2016）も参照されたい．

3)　研究者や専門職にとっても，現場への理解，ニーズに根ざした介入方法の学習，より実効的な支援方法の発見，スキル向上，学生教育や人材育成などのメリット（CBPR 研究会，2010）がある．さらに，Balazs and Morello-Frosch（2013）は，環境汚染を事例に，コミュニティの参加（CBPR のプロセス）が（自然）科学の 3R（Rigor, Relevance, Reach）を高めると指摘する．

4)　CBPR の系譜と定義は，武田（2015）第 1 章にくわしい．

5)　2010 年の国勢調査によれば，下市町は人口 7020 人，高齢化率 36.2％であった．2015 年段階（速報値）では人口 5662 人（▲ 19.3％）に減少している．

6)　JA 等の生産者団体やグループに依存するという選択肢も考えられる．ただ同町では，農家の多くが JA 系の生産者グループに加入している一方で，独立系の生産者グループも存在しており，CBPR の地元の実施母体としては自治会が適切であると判断された．この点は，このプロジェクトがその後，住民や世帯によって参加の濃淡はありつつも，大きな対立やコンフリクトを生まずに展開できた要因である．

7)　政策サイドでも，たとえば，総務省が設置した「過疎問題懇談会」の提言書において過疎対策の実施のために住民による集落点検の必要性が主張されている（過疎問題懇談会，2009）．また，各地の実践例については，『現代農業』（2008 年 11 月増刊号，農山漁村文化協会）にくわしい．さらに近年，農林水産省が推進する「人・農地プラン」（集落営農など）の策定に際しても，集落点検の要素が要件として入っている．これらの点と本稿で取り上げる集落点検との関係をどう考えるか，改めて議論と検討が必要である．

8) 徳野貞雄氏（現トクノスクール・農村研究所）および前述の松本貴文氏（現下関市立大学）をはじめとする熊本大学地域社会学研究室（当時）や三重県農業総合研究所の関係者からは，調査報告書等の各種資料に加えて，直接に教示を得ることができた．また，徳野氏自身による「T型集落点検」の農村社会学の研究史への位置づけは徳野（2016）を参照．

9) 当事者として悩ましかったのは，従来の「集落点検法」の主眼は，集落レベルで他出子を含めた家族状況と人口構成およびコミュニティ資源を把握することにありその点に関しては大いに参考になるものの，本プロジェクトに不可欠な「農地」の点検，とくにその地理的把握とその表現方法に関して先行事例が少なかったことである．その後，島根県中山間地域研究センターが農地の点検とマップ作成のためのソフト開発を先駆的かつ包括的に進めていることを把握し，さまざまなアドバイスを受けるとともに人的交流が始まることになるが，この段階では情報が入手できていなかった．

10) 「集落点検マニュアル」は「準備・実施編」「整理・分析編」「農地マップ作成編」の3分冊からなり，他地域での利用や応用・普及も可能なように，個人情報の取り扱いなど調査倫理的な事項だけでなく，コミュニティとの向き合い方やデータの共有方法も含めたものとなっている．最終版のマニュアルは，JST のサイト（http://www.ristex.jp/archives/fin/index.html 2017.5.15 アクセス）のほか，奈良女子大学学術情報リポジトリを介して Cinii でも公開されている．

11) 本プロジェクトでは，2012 年 3 月から 4 月にかけて，対象地区内の 8 つの小字集落のうち，新開集落を除く 7 集落を対象に実施した．点検に参加したのは 64 戸中 49 戸（参加率 77%）であった．

12) この調査は，先述の「寄り合い点検」から時間を置かずに実施するケースも想定されるが，本プロジェクトの場合は，「柿葉栽培への転作可能性」や「使用している農機具の作業負担」，「日常生活での疲労や痛みを感じる体の部位」など，プロジェクトの各グループの研究開発の進捗に合わせて，参考になる情報や意見を得て共有することがおもな目的であった．「何のためのリサーチか」によってその実施時期や内容が慎重に検討されるべきである．悉皆調査を実施し集落の全体像を描く調査もありえるが，日程や調査体制など各種の制約もあり，本プロジェクトではとくに「10 年後に放棄する可能性が高い畑」を有している農家（10 戸）を対象とした．実際に協力の了承が得られて訪問できたのは 5 戸であった．

13) 詳細は下市町観光協会による 2014 年 4 月 22 日付公式ブログ「新名物『ごんた餅』!!」（https://ameblo.jp/shimoichi-k/entry-11830125364.html 2017.5.16）で確認できる．

14) 土場（2008）が Burawoy への諸批判を含めた公共社会学の論点を手際よく整理している．

【文献】

秋津元輝編，2009，『集落再生——農山村・離島の実情と対策』（『年報村落社会研究』

45）農山漁村文化協会.

Balazs, Carolina L. and Rachel Morello-Frosch, 2013, "The Three R's: How Community Based Participatory Research Strengthens the Rigor, Relevance and Reach of Science," *Environmental Justice*, 6(1): 9-16.

Burawoy, Michael, 2005, "For Public Sociology," *American Sociological Review*, 70: 4-28.

CBPR 研究会，2010，『地域保健に活かす CBPR ——コミュニティ参加型の活動・実践・パートナーシップ』医歯薬出版.

土場学，2008，「公共性の社会学／社会学の公共性——ブラウォイの『公共社会学』の構想をめぐって」『法社会学』68: 51-64.

遠藤英樹，2007，「介入する社会調査」『奈良県立大学研究季報』17（3・4）: 95-110.

林直樹・齋藤晋編，2010，『撤退の農村計画——過疎地域からはじまる戦略的再編』学芸出版社.

梶田真・仁平尊明・加藤政洋編，2007，『地域調査ことはじめ——あるく・みる・かく』ナカニシヤ出版.

片上敏喜，2014，「地域の食文化の再現と展開に関する研究——高齢者の営農を支えるらくらく農法の開発プロジェクトを事例に」『奈良女子大学文学部研究教育年報』11: 55-61.

過疎問題懇談会，2009，『過疎地域等の集落対策についての提言——集落の価値を見つめ直す』（総務省）.

London, Jonathan, Mary Louise Frampton, Robin DeLugan and Isao Fujimoto, 2013, "Growing Community-University Research Partnership in the San Joaquin Valley," *Environmental Justice*, 6(2): 62-70.

丸山康司，2007，「市民参加型調査からの問いかけ」『環境社会学研究』13: 7-19.

松本貴文，2015，「新しい地域社会調査の可能性」牧野厚史・松本貴文編（徳野貞雄監修）『暮らしの視点からの地方再生——地域と生活の社会学』九州大学出版会，pp. 85-108.

宮内泰介，2003，「市民調査という可能性——調査の方法と主体を組み直す」『社会学評論』53(4): 566-578.

水垣源太郎，2015，「らくらく農法——持続的農業に向けた学際的参加型アクション・リサーチ」『政治社会論叢』3: 7-19.

水と文化研究会編，2000，『みんなでホタルダス——琵琶湖地域のホタルと身近な水環境調査』新曜社.

成瀬九美・高徳希・堀川真那・藤原素子，2017，「『下市らくらく体操』の制作過程を振り返って——高齢者の営農を支える『らくらく農法』の開発プロジェクトのPPK グループ活動報告 3」『奈良女子大学スポーツ科学研究年報』19: 49-54.

Nyden, Philip, Leslie Hossfeld and Gwendolyn Nyden, eds., 2012, *Public Sociology: Research, Action, and Change*, Thousand Oaks: Sage.

帯谷博明・水垣源太郎・寺岡伸悟，2017，「参加型アクション・リサーチとしての

『集落点検』――『らくらく農法』プロジェクトの事例から」『ソシオロジ』61(3): 59-74.

桜井厚, 2002, 『インタビューの社会学――ライフストーリーの聞き方』せりか書房.

盛山和夫, 2006, 「理論社会学としての公共社会学にむけて」『社会学評論』57(1): 92-108.

Stoecker, Randy, 2013, *Research Methods for Community Change: A Project-Based Approach*, 2nd ed., Los Angeles: Sage.

社会技術の研究開発の進め方に関する研究会, 2000, 『社会技術の研究開発の進め方について』.

武田丈, 2015, 『参加型アクションリサーチ（CBPR）の理論と実践――社会変革のための研究方法論』世界思想社.

寺岡伸悟, 2014, 「柿の里の地域づくりにかかわって」『ソシオロジ』59(1): 91-97.

寺岡伸悟, 2016, 「産官学民連携から生み出される繋がり――奈良県吉野郡下市町での事例」『農業と経済』82(5): 48-53.

徳野貞雄, 2008, 「コンピュータに頼らない『T型集落点検』のすすめ」『現代農業』（2008年11月増刊号）農山漁村文化協会：110-120.

徳野貞雄, 2016, 「九州・中四国地区における実践的農村社会学の系譜とその覚書」『村落社会研究ジャーナル』45: 40-51.

徳野貞雄・柏尾珠紀, 2014, 『T型集落点検とライフヒストリーでみえる家族・集落・女性の底力――限界集落論を超えて』農山漁村文化協会.

矢守克也, 2010, 『アクションリサーチ――実践する人間科学』新曜社.

あとがき

　2010 年頃を境として，われわれの世界はひどくめまぐるしくなった．大きな事件が次々と起こり，その意味を考える暇もなく，まるで反対の方向性を持つ事件が起こる．まるで，ジェットコースター・ポリティクスと呼びたいような，上へ下へと反転ループを繰り返している．

　たとえば，2008 年，無名の弁護士が，美しい理想を語り，ソーシャルメディアを駆使することで，一気に米国大統領の座に駆け上った．2011 年には，アラブ諸国で「アラブの春」と呼ばれる一連の民衆運動が起こり，強権を誇った独裁体制が津波に飲み込まれるように崩壊した．新たなパクス・デモクラティアの時代がやってきたと，そしてそれを媒介するのは無名の個人の声もグローバルな公共圏へと吸い上げるソーシャルメディアであるとの期待が膨らんだ．

　しかし，それ以前から危惧されていたことではあったが，その後ソーシャルメディアを介したコミュニケーションが，重大な社会的危険の源泉となる恐れが拡大した．差別意識と憎悪感情にまみれたヘイトスピーチが跋扈し，IS（イスラミック・ステート）によるテロへの勧誘はやすやすと国境を越えるソーシャルメディアを媒介として世界中から志願者を集めた．このような状況を鎮めるどころか，むしろ煽るようなツイートを繰り返して批判を浴びたドナルド・トランプは，きれいごとに終わらぬ「本音」の政治家として現状に不満を持つ人びとの支持を獲得し，本命候補のヒラリー・クリントンを破って 2016 年 11月の米大統領選に勝利した．が，この「勝利」が，「フェイクニュース」による情報攪乱によるものではないかという疑惑，さらにはそれがロシアによる情報操作ではないかとの疑惑が，トランプ大統領就任後も政権の足下を揺るがしている．

　日本でも，同様の激しい転変が観察される．2009 年，アメリカでのオバマ大統領誕生と期を一にして，民主党による政権交代が行われた．新しい政治の時

代がやって来るかと思われた矢先，あの恐ろしい東日本大震災が起こった．震災と原発事故への対応をめぐって，民主党はあっけなく国民の支持を失った．まるでオセロゲームのように政情は一変した．2012 年に第 2 次安倍政権が成立し，以後「安倍一強」と呼ばれる状況を背景にした強硬な政治姿勢が目立つようになっている．「安保法制」や「共謀罪」があっという間に成立し，民主主義は「数」の政治だからという諦めの空気も漂うなか，2016 年にスキャンダルで都知事の座を追われた舛添要一の後を継いだ小池百合子都知事は，その勢いのまま，2016 年都議会から自民党を駆逐するかの結果をもたらした．2017 年7 月の東京都議会選挙では，小池百合子知事の率いる都民ファーストの会が，擁立候補のほぼ全員が当選し，自民党は史上最低の獲得議席に留まった．

　この動きは，国政における政権の失点が地方選挙に大きな影響を及ぼしたものと評された．「森友・加計問題」で安倍内閣は急速に支持率を失い，その逆転を企図してか，安倍首相は 2017 年 10 月，突如として総選挙に打って出た．これに応ずるかのように，小池都知事は「希望の党」を立ち上げ，これに民進党が合流するという驚くべき展開があり，希望の党は大きなブームを巻き起こした．しかし，このブームは一瞬にして終わった．小池が「排除」という言葉を不用意に使ったことで風向きは一変し，直後に立党した「立憲民主党」が人気を集めたものの，結局は，「一強政治」がさらに補強される結果となった．

　しかしその背景となる世界情勢はアメリカ―北朝鮮の薄氷を踏むようなきわどいディール（取引）やトランプ大統領のエルサレム「首都」承認宣言など危ういまでに揺れ動いており，2017 年 10 月総選挙も，安倍政権の安定性を確認するというよりは，現代の政治の不安定状況や脆弱性を改めて印象づけた．

　2015 年に亡くなったウルリッヒ・ベックは，その遺稿に，次のような言葉を書き付けている．「世界の蝶番が外れてしまっている．多くの人々が考えるように，このことは，この言葉（unhinged）の持つ二つの意味で正しい．つまり，世界は "継ぎ目が外れ" ており，"狂ってしまった" のだ．私たちはあてどなくさまよい，混乱し，『これには賛成，あれには反対』と議論している．しかしながら，あらゆる対立を超えて，また国や地域を問わず，大方の人が合意できる意見が一つある．それは，『私はもはやこの世界を理解できない』というものだ」（Beck, 2016=2017: ix）．

思わず頷いてしまいそうな言葉だ.

　しかし, 私たちは「理解できない」わけではない. むしろ,「適切な解を見いだせない」あるいは「どの解が適切であるかについての合意形成ができない」という方が適当だろう. それはおそらく, 問題の構造が変わってしまっているためである. そのため, これまでとは異なるアプローチによって解を求める必要があるのに, その「新しいアプローチ」の採用にまだ人びとが戸惑っているからである.

　この点に関して, サスキア・サッセンは次のように述べている.「一九八〇年代に始まった現在のグローバルな時代は, 西洋においてそれに先行するケインズ時代の主な社会・経済・政治的意味の多くを揺さぶってきた. 私がとくに関心を寄せているのは, 私たちが社会科学で用いている経済, 政体, 社会, 公正, 不平等, 国家, グローバリゼーション, 移民などの主要カテゴリーについてである. これらはみな, それが表現している現実について多くを説明してくれる強力なカテゴリーである. しかし, その現実が変化しつつあるのだ」(Sassen, 2014=2017: 3). われわれは, これまでとは異なる視座によって,「新たな現実」を見極める必要がある.

　われわれが,「新たな現実」と向き合い, 新しいアプローチによって解を求め, またその解の妥当性について合意を得る必要に迫られているのは, われわれが世界を認知し, その認知を他者と共有するための情報環境が変化しているせいである. この点について, ルチアーノ・フロリディは次のように言う.「インフォスフィアとは, 最小限にとれば, すべての情報の実体とその属性, 相互作用, プロセス, およびそれらの相互関係によって構成された, 情報環境の全体を指す. インフォスフィアは, サイバースペース (cyberspace) と比較できるが, それとは異なる. サイバースペースは, これまでもそうであったように, インフォスフィアのサブ領域のひとつにすぎない. インフォスフィアは, オフラインの情報やアナログスペースの情報も含むからである. 最大限にとれば, インフォスフィアは, 我々が現実を情報的に解釈するならば, 現実と同義に使うことができる概念である. この場合, 現実とは情報的であり, 情報とは現実的であるということを示唆している. 技術に関する限り, 近い将来我々が経験するであろう最も大きな変化と困難な問題のいくつかの源泉は, この現実

と情報の等価性の中にある」(Floridi, 2014=2017: 53). 彼の言う「インフォスフィア(情報圏)」をより明解に概念化しているのが, 本書における「間メディア環境」である.

結局, 現在, 明らかにすることが求められているのは, まさに本書が考察してきた「間メディア社会の公共性」なのである. 本書が, どこまで問題を明らかにし, 解の所在を提示できたか, その評価は, 読んで下さった皆様にお任せするしかない. ただいずれにせよ, われわれの探求はまだ始まったばかりである.

最後に, 本書をまとめるにあたって, 編集を担当して下さった宗司光治氏にはたいへんお世話になった. あつく御礼申し上げる次第である.

なお, 本書は, 平成26年度『課題設定による先導的人文学・社会科学研究推進事業』(領域開拓プログラム)「リスク社会におけるメディアの発達と公共性の構造転換——ネットワーク・モデルの比較行動学に基づく理論・実証・シミュレーション分析」(平成26年10月1日~平成30年3月31日)の成果をまとめたものである.

【文献】

Beck, Ulrich, 2016, *The Metamorphosis of the World*, Polity Press (枝廣淳子・中小路佳代子訳, 2017, 『変態する世界』岩波書店).

Floridi, Luciano, 2014, *The Forth Revolution: How the Infosphere is Reshaping Human Reality*, Oxford University Press (春木良且・犬束敦史監訳, 2017, 『第四の革命——情報圏が現実をつくりかえる』新曜社).

Sassen, Saskia, 2014, *Expulsions: Brutality and Complexity in the Global Economy*, Harvard University Press (伊藤茂訳, 2017, 『グローバル資本主義と〈放逐〉の論理——不可視化されゆく人々と空間』明石書店).

遠藤　薫

執筆者一覧 （執筆順）

遠藤　薫 （えんどう・かおる）
編者．右頁参照．

佐藤　嘉倫 （さとう・よしみち）
東北大学大学院文学研究科副研究科長・教授
[主要著作] 『ソーシャル・キャピタルと格差社会——幸福の計量社会学』（共編，東京大学出版会，2014 年），『ソーシャル・キャピタルと社会』（編，ミネルヴァ書房，2018 年）．

瀧川　裕貴 （たきかわ・ひろき）
東北大学災害科学国際研究所助教
[主要著作] 『社会を数理で読み解く——不平等とジレンマの構造』（共著，有斐閣，2015 年），"The Condition for Generous Trust," （共著，PloS one, 11 (11), 2016）．

与謝野　有紀 （よさの・ありのり）
関西大学社会学部教授
[主要著作] 『社会の見方，測り方——計量社会学への招待』（共編，勁草書房，2006），「格差，信頼とライフチャンス——日本の自殺率をめぐって」（斎藤友里子・三隅一人編『現代の階層社会 3　流動化のなかの社会意識』東京大学出版会，2011 年）．

数土　直紀 （すど・なおき）
学習院大学法学部教授
[主要著作] "The Effects of Women's Labor Force Participation: An Explanation of Changes in Household Income Inequality," (*Social Forces*, 95 (4), 2017), "Social Networks of Trust Based on Social Values: An Explanation of Curvilinear Relationship between Generalized Trust and Democracy," (*Journal of Mathematical Sociology*, 41 (4), 2017).

帯谷　博明 （おびたに・ひろあき）
甲南大学文学部教授
[主要著作] 『ダム建設をめぐる環境運動と地域再生——対立と協働のダイナミズム』（昭和堂，2004 年），「津波被災漁村における住民主体の復興活動とソーシャル・キャピタル」（長谷川公一・保母武彦・尾崎寛道編『岐路に立つ震災復興——地域の再生か消滅か』東京大学出版会，2016 年）．

水垣　源太郎 （みずがき・げんたろう）
奈良女子大学文学部教授
[主要著作] 「らくらく農法——持続的農業に向けた学際的参加型アクション・リサーチ」（『政治社会論叢』3，2015 年），「育児期女性のソーシャル・サポート・ネットワークの地域差」（共著，『社会学論集』22，2015 年）．

編者紹介

神奈川生まれ

1977 年　東京大学教養学部基礎科学科卒業
1993 年　東京工業大学理工学研究科博士後期課程修了
　　　　　信州大学助教授，東京工業大学助教授などを経て
現　　在　学習院大学法学部教授
　　　　　博士（学術）

主要著作

『社会変動をどうとらえるか』（1-4）（勁草書房，2009-2010 年）
『メディアは大震災・原発事故をどう語ったか』（東京電機大学出版局，2012 年）
『ソーシャルメディアと〈世論〉形成』（編，東京電機大学出版局，2016 年）
『社会理論の再興』（共編，ミネルヴァ書房，2016 年）
Reconstruction of the Public Sphere in the Socially Mediated Age（ed., Springer, 2017）
『ロボットが家にやってきたら…』（岩波書店，2018 年）

ソーシャルメディアと公共性
リスク社会のソーシャル・キャピタル

2018 年 1 月 25 日　初　版
2018 年 9 月 18 日　2　刷

［検印廃止］

編　者　遠藤　薫

発行所　一般財団法人　東京大学出版会

代表者　吉見俊哉
153-0041　東京都目黒区駒場4-5-29
http://www.utp.or.jp/
電話 03-6407-1069　Fax 03-6407-1991
振替 00160-6-59964

組　版　有限会社プログレス
印刷所　株式会社ヒライ
製本所　誠製本株式会社

©2018 Kaoru Endo *et al.*
ISBN 978-4-13-056113-6　Printed in Japan

[JCOPY]〈(社)出版者著作権管理機構　委託出版物〉
本書の無断複写は著作権法上での例外を除き禁じられています．複写される
場合は，そのつど事前に，(社)出版者著作権管理機構（電話 03-3513-6969，
FAX 03-3513-6979，e-mail: info@jcopy.or.jp）の許諾を得てください．

社会学の方法的立場　盛山和夫　　　　　　　46・3200 円

シナジー社会論　今田高俊・舘岡康雄　編　　A5・3800 円

ソーシャル・キャピタルと格差社会　辻　竜平　編　A5・3800 円
　　　　　　　　　　　　　　　　　　佐藤嘉倫

後期近代と価値意識の変容　太郎丸　博　編　A5・3600 円

日本人の情報行動 2015　橋元良明　編　　A5・12000 円

クチコミとネットワークの社会心理　池田謙一　編　A5・3200 円

基礎情報学のヴァイアビリティ　西垣　通・河島茂生　編　A5・4400 円
　　　　　　　　　　　　　　西川アサキ・大井奈美

基礎情報学のフロンティア　西垣　通　編　　A5・4800 円

公共社会学［全 2 巻］　盛山和夫・上野千鶴子・武川正吾　編　A5 各 3400 円
　［1］　リスク・市民社会・公共性
　［2］　少子高齢社会の公共性

現代の階層社会［全 3 巻］　　　　　　　　A5 各 4800 円
　［1］　格差と多様性　佐藤嘉倫・尾嶋史章　編
　［2］　階層と移動の構造　石田　浩・近藤博之・中尾啓子　編
　［3］　流動化のなかの社会意識　斎藤友里子・三隅一人　編

ここに表示された価格は本体価格です．ご購入の
際には消費税が加算されますのでご了承下さい．

JN246372

Introduction to Developmental Psychology

ベーシック 発達心理学

開 一夫／齋藤慈子 ──［編］

東京大学出版会

編集委員
齋藤慈子
浅田晃佑
野嵜茉莉

Introduction to Developmental Psychology
Kazuo HIRAKI and Atsuko SAITO, Editors
University of Tokyo Press, 2018
ISBN 978-4-13-012113-2

はじめに

　発達心理学には二つの側面がある．一つは，人間の発達的変化において基盤となるメカニズムを明らかにする基礎科学としての側面である．人間の発達を，認知・行動レベルで精緻に記述し，基礎的理論を構築することは，ダイナミックに変化する脳機能をとらえるために必要不可欠である．発展著しい神経科学・脳科学の研究とも密接に関連し，世界中の研究者が人間の発達過程に関心を寄せている．

　発達心理学のもう一つの側面は，胎児から高齢者に至るまでの生活の質（QOL：Quality of Life）を高めるための実践的側面である．われわれは，家族形態の変化や，スマートフォン・IT機器・コンピュータネットワークといった技術の急速な発展に見られるように，激動の時代に生きている．旧来から信じられてきた保育・教育理論はこうした現状に対応できるのだろうか．新たな保育・教育法を考える時期にあるのではないか．

　われわれの生活をより豊かにし，安心で安全に暮らせる世界を維持していくためには，上述した発達心理学の科学的側面と実践的側面の両方について理解する研究者や保育者・教師を育成することが必須である．実践的側面を知らない基礎研究は浮き世離れした無意味な活動となり，しっかりとした科学的知見を基盤としない実践は無謀な活動となる危険がある．

　編者の1人である齋藤は，保育士・幼稚園教諭（保育者），小学校教諭をめざす大学1年生を対象に，発達心理学の授業を行ってきた．学生からは教科書があるとうれしいという声をもらっていたが，配布資料を作成して対応してきた．その理由は，以下に述べるように，適当と思えるテキストに出会えなかったからである．

　まず，発達心理学（発達科学）に関するテキストは，名著と呼ばれるものが多数出版されている．しかし，こういったテキストは，心理学の基礎を学んで

きた学生が，さらに発達心理学という分野を深めるために作られていることが多く，心理学を専門としない保育者あるいは教師志望の学生にとっては難しすぎると思われた．また，心理学専攻の学生向けに作られているテキストには，保育者や教師が必要とする情報（具体的な子どもの支援に関する内容など）が含まれていないことが多かった．

一方，保育者向けのテキストは，子どもの支援を重視した内容になっているが，実践的に確立された内容が中心で，発達心理学の最新の知見を含んだものが少ない．保育者や教師志望の学生にとって発達心理学は必修科目であるため，外発的動機づけ（第12章参照）によって学習しているような傾向がある．このような学生に発達心理学のおもしろさを伝えるには，しっかりと方法論を理解してもらった上で，最新の知見を盛り込む必要があると感じた．そういった点では既刊の保育者向けテキストでは物足りなかった．

そこで，発達心理学の基礎や保育者・教師が押さえるべき内容から，心理学の方法論の基礎，最新の知見までを網羅したわかりやすいテキストが作れないかと思い，東京大学出版会の小室まどかさんに相談したのが本書出版のきっかけである．その後，研究仲間でもあり，同じく保育士や教師の養成系の学部で教えている浅田晃佑さん・野嵜茉莉さんを編集委員に迎えて，どのような構成や内容にしたら学生に伝わりやすいか，ふさわしい執筆者はどなたかなどについて，いろいろと知恵を絞ってできたのが本書である．

本書は心理学を専門としない保育士・幼稚園教諭，小学校教諭をめざす学生をメインの対象とした教科書である．保育士養成課程，教職課程の要件を満たしつつ，発達心理学の基礎が学べるものとした．平成31年度からの教育職員免許法・同施行規則の改正により，教職課程のカリキュラムが変更された．それに合わせる形で，保育士養成課程の見直しも行われ，教科目の教授内容も変更される．教職課程カリキュラムでは，特別支援の重要性が増す中で，これまでは，各科目に含まれることが必要な事項として，「幼児，児童及び生徒の心身の発達及び学習の過程（障害のある幼児，児童及び生徒の心身の発達及び学習の過程を含む．）」というくくりであったものが，「幼児，児童及び生徒の心

身の発達及び学習の過程」と「特別の支援を必要とする幼児，児童及び生徒に対する理解」という二つの項目に分離して設定されるようになった．本書の第13章・第14章は「特別の支援を必要とする幼児，児童及び生徒に対する理解」に対応した内容に，他の章は「幼児，児童及び生徒の心身の発達及び学習の過程」に該当する内容となっている．発達障害（第13章）や心と行動の問題（第14章）は，発達心理学の内容と密接にかかわっているため，合わせて1冊とすることで，「幼児，児童及び生徒の心身の発達及び学習の過程」の理解の助けになると期待している．

　保育士養成課程では，これまで「保育の心理学Ⅰ」「保育の心理学Ⅱ」であった心理関連科目の内容が，「子どもの保健Ⅰ」の一部や「家庭支援論」の一部の内容と合わさって，新たに「保育の心理学」「子ども家庭支援の心理学」「子どもの理解と援助」という3科目に再編された．本書の主な内容は「保育の心理学」に該当するが，乳幼児期から老年期までの生涯発達や初期経験の重要性（第3〜16章），発達課題（第3章），心と行動の問題（第14章）は「子ども家庭支援の心理学」に，発達障害（第13章）は「子どもの理解と援助」に関連する．本書の内容は，隣接科目と結びつけて，学習促進に役立つことが期待される．ちなみに，本文中のキーワード（ゴシック体で表示）は保育士試験の頻出語句が中心であるため，試験対策にも活用していただけるようになっている．

　本書の執筆者の方々は，発達心理学の第一線で研究を行っている気鋭の若手研究者たちである．各章に併設した「コラム」では，執筆者自身の研究あるいは関連する最新の研究（方法）が紹介されている．「コラム」は，心理学への理解や関心をより深める助けとなるであろう．

　執筆者には，なるべく平易な表現で，かつ最新の知見を，という難題を依頼したが，本書のコンセプトを十分ご理解いただき，これまでにないテキストに仕上がったと喜んでいる．保育者や教師志望者だけでなく，教養として発達心理学を学ぶ学生や心理学を専攻する学生にとっても，読みごたえのある内容になった．子どもにかかわるすべての人に知っておいてもらいたい基礎知識から，

iii

最新の発達心理学の成果までを 1 冊にまとめた本書はまた，子育て中の親御さんたちや，保育者や教師としてすでに現場で活躍している方々にも，楽しんで読め，参考にしてもらえるものとなっている．

　第 1 章では，発達心理学への導入として，発達のとらえ方，発達に影響を与える環境のとらえ方，発達心理学の研究法について説明した．第 2 章，第 3 章では，発達にかかわる要因（遺伝と環境），生涯発達の視点についてより詳しく解説する．第 4 章では胎児期・周産期の発達について概観する．第 5 章から第 11 章までは主に乳幼児期の発達について，各心理学的領域における発達を見ていく．第 12 章では，学習の理論を，第 13 章，第 14 章では，前述のように支援が必要な，いわゆる「気になる子ども，行動」について発達障害と心の問題を扱う．第 15 章，第 16 章では，学童期以降の発達を概観する．発達心理学の基本的な内容を押さえている上，おおよそ 1 章を 1 回の授業で行えば，15回程度の授業で消化できる構成となっているため，講義のテキストとしても使いやすい．構成からわかるように，本書は乳幼児期を中心とした内容となっているが，生涯にわたる発達を見通す一助になると思われる．

　最後に，東京大学出版会の小室さんに感謝の意を表したい．相談から刊行まで 1 年という短期間で本書を出版できたのは，小室さんの力量の賜物である．ここに改めて敬意を表したい．

　　2017 年 12 月

　　　　　　　　　　　　　　　　　　　編者　開　一夫・齋藤慈子

目　次

はじめに　i

第 1 部

発達のとらえ方……1

第 1 章　発達心理学とは ……………………………………………3

　1　発達とは………3
　2　発達に影響を与える要因としての環境のとらえ方………7
　3　発達心理学の研究法………10

第 2 章　遺伝と環境 …………………………………………………19

　1　生まれも育ちも (Nature & Nurture) ………19
　2　環境優位説………20
　3　成熟優位説………23
　4　遺伝と環境の相互作用………25

第❸章　生涯発達の視点 …………………………………………………………35

　　1　初期経験の重要性………35

　　2　生涯発達のとらえ方………39

　　3　生涯にわたる発達段階理論………42

　　4　発達課題………45

　　5　発達段階や発達課題の時代による変化………45

第❷部

乳幼児期の発達をくわしく知る……53

第❹章　胎児期・周産期 ………………………………………………………55

　　1　出生前の発達………56

　　2　出生後の発達………59

　　3　意識のめばえ………63

　　4　胎児期の母体からの影響………67

　　5　産後の母親の心理的問題………68

第❺章　感覚・運動の発達 ………………………………………………………77

　　1　新生児や乳児の感覚を調べる方法………77

　　2　感覚の発達………79

　　3　身体感覚を伴う多様な経験と環境の相互作用………82

　　4　運動機能の発達………86

第❻章　愛着の発達 ………………………………………………………………99

　　1　愛着の重要性………99

　　2　愛着の発達段階………102

　　3　愛着の個人差………104

4 愛着の発達不全………107

5 愛着対象は母親のみか………110

第❼章 自己と感情の発達……117

1 感情の分化と発達………117

2 自己意識の発達………120

3 自己抑制………123

4 自律性・自主性・主体性………126

5 自尊心………129

第❽章 認知の発達……135

1 認知とは………135

2 ピアジェの認知発達理論………136

3 乳児期の認知………139

4 幼児期の認知………146

5 発達の領域固有性………151

第❾章 言語の発達……157

1 音声の発達………157

2 語彙の発達………159

3 文法の発達………164

4 言語と思考………166

第❿章 社会性・道徳性の発達……171

1 発達早期の社会性………171

2 社会性の発達………174

3 心の理論の発達………178

4 道徳性の発達………181

第**⓫**章　遊び・仲間関係･･189

　　1　遊びとは何か･････････189

　　2　乳幼児期の仲間関係･････････194

　　3　学童期以降の仲間関係･････････198

第 **3** 部

発達を支える･･････205

第**⓬**章　学習の理論･･207

　　1　学習とは･････････207

　　2　古典的条件づけ･････････208

　　3　オペラント条件づけ･････････212

　　4　認知的学習･････････216

　　5　動機づけ･････････219

第**⓭**章　障害と支援･･223

　　1　発達障害とは･････････223

　　2　アセスメント･････････229

　　3　支　援･････････233

第**⓮**章　心と行動の問題および児童虐待･･239

　　1　子どもの「気になる」行動･････････239

　　2　心と行動の問題──乳幼児期から学童期に見られる症状･････････240

　　3　心身症と登校に関連する問題･････････249

　　4　心と行動の問題──思春期・青年期以降に見られる症状･････････252

　　5　児童虐待の予防と対策･････････253

　　6　子どもの心と行動の問題への対応･････････258

学童期以降の発達を概観する……263

第❶⓯章　学童期〜青年期……265

1　学童期の認知発達………265
2　学童期の社会的かかわり………269
3　発達の連続性と就学の支援………272
4　青年期の身体的・認知的発達………274
5　親・友人との関係………275
6　アイデンティティ………278

第❶⓰章　成人期〜老年期……287

1　前成人期とは………287
2　中年期とは………291
3　老年期とは………294

●コラム●

コラム　1　女に育てたから女になるのか？………32
コラム　2　虐待の要因を探る　サルの里子実験………49
コラム　3　早産児の認知発達………72
コラム　4　妊娠中の母親の食事と胎児の味覚的嗜好………85
コラム　5　風船を持たせることによる乳幼児の歩行支援………93
コラム　6　各愛着タイプのその後………112
コラム　7　空想の友達………130
コラム　8　赤ちゃんも計算ができる？………153
コラム　9　統語的手がかりを用いた動詞学習………167

コラム10　ヒトの視線のパワー………177

コラム11　乳児期の道徳性の発達………184

コラム12　きょうだい関係の役割………201

コラム13　生活習慣の獲得………220

コラム14　神経多様性………235

コラム15　遊びに現れる子どもの心………259

コラム16　子どもの嘘への対応………273

コラム17　日本人の宗教性とアイデンティティ………282

コラム18　サルのサクセスフルエイジング？　おばあちゃんザルの知恵………301

人名索引　305

事項索引　306

本文イラスト：SUNNY. FORMMART／向井勝明

第 1 部

発達のとらえ方

第 **1** 章

発達心理学とは

本章では，発達心理学の導入として，まず発達や子どものとらえ方，発達要因のモデルの代表的なものを紹介する．後半では，発達を調べる方法，研究法について説明する．

1 発達とは

身体的・心理的な成長や発達は，乳幼児期に目覚ましく，成人に達するまでも目に見えやすい一方，成人に達して以降は，体力・能力は一見すると衰えるだけのように見える．そのため，かつては，人間の発達とは，成人に達するまでに生じる変化だけであるとの見方もあったが，近年では，実証的研究が蓄積されてきた結果，成人でも高齢者でも衰えるばかりではなく，よい変化も起こっていくことが明らかとなってきた．つまり，発達とは，人間が生まれて（受精して）から死ぬまでの心身の変化ととらえることができ，一生涯見られるものであると言える（**生涯発達**：第3章参照）．

●発達の変化のとらえ方（連続的／段階的発達観）

上記のように，発達は一生涯生じるものであるという考え方や，人間がなぜ，どのように発達していくのか，といったとらえ方を**発達観**と呼ぶ（第3章参照）．変化の過程のとらえ方については，単純化すると連続的か，非連続的かという

3

二つにわけられる．前者は連続的発達観，後者は段階的発達観と呼ばれる．**連続的発達観**では，横軸に年齢（時間）をとり，縦軸に発達の指標値（体重や記憶力，語彙数など）をとって発達の指標をグラフ化すると，発達は滑らかな曲線で描かれる連続的な変化と考え，量的な側面に注目する．

段階的発達観では，発達は急激な変化と安定した時期とが交互に訪れるような，段階的な変化をたどるものと考える．段階的発達観の特徴は，発達には単なる量的な変化の側面だけでなく，質的な変化の側面があると考えることである．発達を段階的なものととらえ，**発達段階**を設定して説明しようとした理論としては，**エリクソン**（Erikson, E. H.）の生涯発達の理論（第3章参照），**ピアジェ**（Piaget, J.）の認知発達の理論（第8章参照）が有名である．

●一般的な発達区分

発達心理学で用いられる一般的な**発達区分**を紹介する．受精してから生まれるまでを**胎児期**，生後28日未満を**新生児期**と呼ぶ．本書では，第4章で胎児期・周産期として詳しく取り上げる．新生児期を含め，生後1歳半までを**乳児期**と呼ぶ．母乳または育児用ミルクによる栄養供給が必要な時期と言える．人間の乳児は，運動能力が非常に未熟な状態で生まれてくるため（第3章参照），養育者からの多大な世話が必要である．しかし，乳児は無力に見えるようでも感覚器官は発達しており，生まれ持った原始反射（第4章参照）によって働きかけて環境を把握したり，言語を獲得したり，社会性・道徳性の萌芽を見せるなど，様々な能力を発揮，発達させる．

1歳半から小学校に就学するまでを**幼児期**と呼ぶ．この時期も運動機能や認知機能，言葉の発達が目覚ましい時期である．自我が芽生え，自己主張が激しくなる，いわゆる第一次反抗期（一般的にはイヤイヤ期とも呼ばれる）を迎える時期でもある（第7章参照）．自分の主張をするだけでなく，自分の欲求を抑制することを覚えたり，他者の心の状態を理解できたりするようにもなる（第10章参照）．両親が就労している場合等は早ければ0歳から，遅くともほとんどの子どもが3歳頃から，保育所や幼稚園での集団生活を始める．

小学校に通っている時期は，**学童期**（**児童期**）と呼ばれる．具体的な事物に

ついて論理的思考ができるようになってくる時期とも重なり，読み書き計算といった勉強に取り組むようになる．学校という集団生活の中で，社会に出るための経験を積んだり，仲間関係を築いたりする（第15章参照）．保育施設（保育所・幼稚園・認定こども園）では遊びを通しての学びが中心的であるが（第11章参照），小学校では一定時間机に座って勉強をするという必要性が出てきたり，学力が重視されたりすることから，学力不振や学習障害などの発達障害（第13章参照）が問題として顕在化する時期でもある．

性ホルモンの分泌量が上昇し，第二次性徴が始まる頃（12歳頃）から，学校生活を終える頃までを**青年期**と呼ぶ．青年期の最初の時期，性的成熟の時期を**思春期**と呼ぶ（第15章参照）．動物は，性的成熟を迎えれば大人と見なされるが，人間の場合，性的成熟を迎えたとしても，つまり身体的には大人となったとしても，精神的には未熟な部分が多く，実際に一人前として社会に出て生活していくことは難しいことが多い．大人になった身体と未熟な心のアンバランスのため，また進学先や就職先など重要な意思決定を迫られる時期でもあり，不安定になりやすい時期でもある．

20歳頃から65歳頃までを**成人期**と呼ぶ．多くの人が社会に出て生産活動に従事し，結婚をして生物学的な生産活動（子育て）を行う時期である．子育てと仕事のバランスをとって生活しなければならない時期でもある．しかし，現代の日本では生涯未婚率も高くなっており，結婚，子育てをしないという生活を送る成人も少なくない（第16章参照）．

仕事や子育てから退いて以降の時期を**老年期**と呼ぶ．老年期は65歳以上とするのが一般的であり，世界保健機構（WHO）の高齢者の定義と一致している．日本では，加齢による身体の変化が現れる年齢が以前に比べて高くなっていることから，高齢者の定義となる年齢を引き上げる議論も出てきている（日本老年学会など）．老年期後半になると，本格的な体力の衰え，心身の健康の低下に向き合い，最終的には自分の死に向かい合う必要が出てくる（第16章参照）．

●発達区分についての注意点

上記の発達区分は，発達心理学の分野で通例見られるものであるが，研究者

によって，あるいは法律によって区分の仕方が異なることがあるため，注意が必要である．具体的には，保育所における保育の内容，運営に関する事項を定めた「**保育所保育指針**」（厚生労働省，2017）では，乳幼児期を，乳児（1歳未満），1歳以上3歳未満児，3歳以上児と分けて，保育に関する「ねらい及び内容」が記載されている．子どもの健全な育成，福祉を保障するための「児童福祉法」では，乳児は満1歳に満たない者を，幼児は満1歳から就学の始期に達するまでの者を，少年は小学校就学から満18歳に達するまでの者をさし，これらすべてを含めて児童と呼ぶ．また，成人期を前期（40あるいは45歳まで），中期（65歳まで），後期（65歳以降）と分けたり，老年期を高齢期と呼び，さらに高齢期を前期（退職後から74歳まで），後期（75歳以降）と分けたりする区分の仕方も存在する．

発達段階の年齢は目安であり，万人にあてはまるというものではない．当然ながらある発達段階から次の段階への移行のタイミングには**個人差**があったり，時代の変遷とともに変化する可能性があったりすることを念頭に置いておく必要がある（第3章参照）．

●子ども観の変遷

一般的な発達区分を紹介したが，このような発達段階のとらえ方は，古くから普遍的に存在していたわけではない．フランスの歴史学者である**アリエス**（Ariès, P.）は，著書『**〈子供〉の誕生**』（アリエス，1980）で絵画や書簡等を調べ，中世では子ども期という観念が存在していなかったことを示している．彼によれば，中世までは子どもとは，自分で身のまわりのことができないか弱い時期のみを指し，それ以降は，突然大人と同じ服を着せられ，大人と同じように労働，遊戯に参加していたという．子どもは数のうちに入らないとされ，子どもの人格は重要視されていなかった．

アリエスは，子どもの人格が重要視されるようになってきた背景には，習俗のキリスト教化があると分析しているが，その後18世紀の思想家，**ルソー**（Rousseau, J.-J.）によって，子どもは子どもとして人間であることが主張され，西洋での子ども観が確立されていく．ルソーの子ども観は，後の教育家，**ペス**

タロッチ（Pestalozzi, J. H.）や，幼稚園を初めて作った**フレーベル**（Fröbel, F. W. A.）によって継承される．彼らの**子ども観**は，子どもは大人とは異なる独自の存在であり，子どもらしさが大切であること，生まれた時は無垢であるが，大人によって悪い影響を受けることがあるため，よい教育（環境）を与えて育てていくべき対象である，といったものであった．

現代における子ども観として国際連合で採択されている権利宣言，条約を見てみよう．1959 年に採択された「児童の権利に関する宣言」では，「児童は，身体的及び精神的に未熟であるため，その出生の前後において，適当な法的保護を含む特別な保護及び世話を必要とする」ものとされている（外務省ホームページ）．1989 年に国連総会で採択された「児童の権利に関する条約」（通称：子どもの権利条約）では，児童（子ども）は 18 歳未満のすべてのものと定義され，子どもは最善の利益を保障されるだけでなく，自由に自分の意見を表明したり，表現の自由の権利を持ったり，能動的な存在としてとらえられている（外務省ホームページ）．

② 発達に影響を与える要因としての環境のとらえ方

ヒトは他の動物，近縁の霊長類と比較しても，身体に比して脳が非常に大きい．一説には，ヒトを含めた霊長類の脳（特に新皮質）が大きくなった背景には，集団での生活があるとされる（社会脳仮説：Dunbar, 1998）．ヒトは社会的な生き物であり，物理的環境だけでなく，**社会的環境**から多くの影響を受ける．生後初めて接する社会的関係である養育者との関係が重要であることは言うまでもないが（第 6 章参照），発達には様々な他者とのやりとり，**社会的相互作用**が影響を及ぼす．もちろん第 2 章で見るように，発達には遺伝的要因と環境的要因，いずれもかかわるのであるが，保育・教育という観点からすると，環境，社会的相互作用がどのように発達に影響を与えるのか，という議論が重要となってくる．ここでは，発達における環境要因のとらえ方の代表的なものを紹介する．

●ヴィゴツキーの発達理論

　ロシアの発達心理学者である**ヴィゴツキー**（Vygotsky, L. S.）は，子どもの意図的な注意，論理的記憶，概念形成，言語を用いた思考といった高次精神機能は，まず人と人の間の「精神間機能」として現れ，その後，子ども内部の「精神内機能」として現れるとした．つまり，あらゆる認知機能は他者とのかかわりの中で発達し，その後，子ども自身の内部の機能として成立すると考えた（ヴィゴツキー，2005）．具体的な例としては，意志の発達があげられる．子どもは，はじめ集団的遊びの中で，自分の行動をルールに従わせる能力を発達させる．その後，子ども自身の内部機能として，意志をもって（意図的に）行動を調整する能力を発達させる，というものである（ヴィゴツキー，2003）．もう一つの代表的な例として挙げられる，言語による思考については，第9章を参照されたい．

　ヴィゴツキーはまた，発達における教授・学習の重要性を主張している（ヴィゴツキー，2001）．彼は，通常の試験等で測られる，子どもが自力で問題を解決できる水準を把握するだけでは不十分であり，大人や仲間との共同によって，あるいは教示や誘導質問，解答のヒントを与えられながら問題を解いた時にできる範囲，すなわち**発達の最近接領域**を把握する必要があるとした．なぜなら，2人の子どもの自力で問題を解決できる水準が同じであっても，発達の最近接領域は異なる可能性があるからである．たとえば，知能検査でAとBは，ともに7歳レベルの問題を解けたとする．しかし，大人がヒントを与えると，Aは12歳レベルの問題まで解けたが，Bは9歳レベルの問題までしか解けなかったということが起こりうるということである．ヴィゴツキーは，子どもが今日，人からの助けを得てできることは，明日には自力でできるようになる，したがって，子どもに対する教授・学習は，発達を先回りし，自分の後に発達を従えるような教授・学習のみが正しい，と主張したのである．

●ブロンフェンブレンナーの生態学的モデル

　ブロンフェンブレンナー（Bronfenbrenner, U.）は，従来の発達心理学が人間

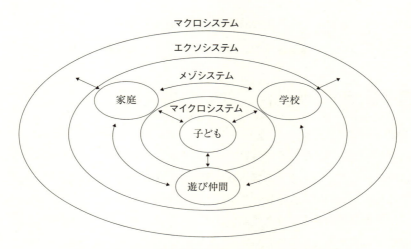

図1-1　発達しつつある人を取り巻くエコロジカルシステム
(ブロンフェンブレンナー, 1996)

が生きている環境, 文脈からはずれた発達の研究をしていると批判し, 発達しつつある人間を, 生活環境の中に入りこみ, 再構成をはかるよう成長しつつあるダイナミックな存在ととらえ, 発達研究モデルの中に文脈を組み込もうとした (ブロンフェンブレンナー, 1996). 彼は, 人間をとりまく環境を, 図1-1のような形 (エコロジカルシステム) でとらえる, 生態学的モデルを提唱した.

エコロジカルシステムは, それぞれが次々に組み込まれていくような, 同じ中心を持つ入れ子構造を持っていると考えられる. 最も内側のシステムは, 子どもが実際にかかわる具体的な行動場面であるマイクロシステムである. 具体的には, 子どもが経験する活動, 役割, 対人関係であり, 家庭や学校などを指す. その外側のシステムは, メゾシステムと呼ばれ, 子どもが実際に参加する行動場面の相互関係を指す. 具体的には, 子どもが直接かかわる家庭と学校などの間の関係である. その外側のシステムは, エクソシステムで, 子どもは直接参加していなくても, 環境の中の出来事に直接影響を与えるようなものであり, 両親の職場や兄姉が通う学級, 地域の教育委員会の活動などが含まれる. 最も外側をなすのが, マクロシステムであり, 下位システムの構造や内容に一貫性をもたらす信念体系やイデオロギーである. 文化, 価値観や社会的通念,

宗教などがこれにあたる．彼のモデルでは，発達を環境との相互作用で起こるものとしてとらえるだけでなく，環境間の相互作用までを考慮している．

③ 発達心理学の研究法

発達心理学は心理学の一分野であり，その方法は，一般的な心理学と基本的には共通している．心は直接観察することができないため，直観的に心を理解しようとすると，現実を正確にとらえられないことがある．たとえば，血液型による性格の違いは，性格検査を用いた研究では実証されていない．にもかかわらず，血液型占いを載せた雑誌は近年でも発行され，一般の人の中には，血液型による性格の違いを信じている人がいる．そういった人たちは，自分たちの直観に頼って，血液型による性格診断の真偽を判断しているのである．心理学は，ドイツの心理学者，**ヴント**（Wundt, W. M.）が1879年に世界初の心理学実験室を開設したのが出発点とされるが，その後の歴史の中で，現実を正確にとらえるための方法，実証的な**研究法**が蓄積されてきている．

●実験的研究

実証的な研究は，大きく実験的研究と観察的研究（相関的研究）に分けられる．**実験的研究**とは，原因と考えられる変数を操作するものである．この操作によって，ものごとの因果関係の推定が非常に確実になる．原因と考えられ，研究者が操作する変数を**独立変数**と呼び，結果と考えられ，研究者が測定する変数を**従属変数**と呼ぶ．独立変数以外で従属変数に影響を与えると考えられる変数のことを**剰余変数**といい（**交絡変数**ともいう），研究者はこの変数の影響を独立変数の影響と切り分けるような配慮をしなければならない．

架空の実験ではあるが，具体的な例をあげてみる．3歳の子どもが初対面の大人に自ら話しかけるようになるまでの時間は，その大人が子どもにアイコンタクトをたくさんとるほうが短くなるのではないか，という仮説を立てたとする．ここで実験者が操作する独立変数は，大人が子どもにアイコンタクトをどのくらいとるかであり（アイコンタクト多条件，少条件などを設定することがで

きる），従属変数は，大人と会ってから子どもが自ら大人に話しかけるまでの時間である．仮説が正しければ，アイコンタクト多条件で，アイコンタクト少条件よりも，子どもが話しかけるまでの時間が短くなるはずである．しかし，アイコンタクト以外に結果に影響を与えそうな変数がたくさんある．まずは大人の性別や風貌が結果に影響を与える可能性があるであろう．同じ人が実験者となって子どもと接するのが理想的ではあるが，不可能な場合は，同性の同年代の実験者で実施する必要があるであろう．他にも子どもの性別，集団保育の経験の有無，性格などが結果を左右すると考えられるので，両条件にそういった変数に偏りがないように（**カウンターバランス**をとって）参加児を割り振るか，無作為（ランダム）に参加者を条件に割り振る（**無作為化**）必要がある．考えうる剰余変数を統制しなければ，本当にアイコンタクトの多少が，子どもが自ら大人に話しかけるまでの時間を左右しているのか明らかにすることはできない．

●観察的（相関的）研究

　観察的研究（相関的研究）では，研究者が原因と思われる変数の操作を行わないため，厳密には，因果関係はわからない．観察的研究では，原因であると推定される変数は，**予測変数**と呼ばれ，結果であると推定される変数は，**基準変数**と呼ばれる．いずれも研究者が測定する変数で，研究者は操作を行わない．予測変数以外で基準変数に影響を与えると考えられる変数は，**共変数**と呼ばれ，研究者はこれらを測定し，その影響を取り除いた上で予測変数の影響を見る必要がある．

　たとえば，親の養育態度が子どもの問題行動に与える影響を調べたい場合，予測変数は養育態度質問紙で測定された親の養育態度，基準変数は問題行動質問紙で測定された子どもの問題行動ということになる．子どもの意志を尊重せず，親の意志を押しつけるような養育態度得点が高い親の子どもは問題行動が多い，という相関関係が見出されたとして，研究者は，子どもの問題行動は親の養育態度に左右されると考えるかもしれないが，相関関係は因果関係の証明にはならない．なぜなら，親の養育態度自体も，子どもの問題行動によって

11

（直接的，あるいは間接的に）影響を受けている可能性があるかもしれないからである．どちらが原因であるかということを明確にするためには，縦断的研究（詳細は後述）を行うか，共分散構造分析という統計手法を用いた検討を行う必要がある．

●実験法：実験室実験と質問紙実験

実験法の代表的なものとして，実験室実験と質問紙実験がある．**実験室実験**とは，大学や研究機関などの実験室に参加者に来てもらい，参加してもらう実験である．環境を各参加者間で統一できるという点，実験室さえあれば実施できるという点で，研究者にとっては利便性が高いが，発達心理学の研究で乳幼児を対象に実験を行う際には，乳幼児が環境に慣れるまでに十分な時間を要すること，また乳幼児と保護者にとって実験室がアクセスしにくい場所にある場合などは，参加者を集めるのが難しいことが欠点としてあげられる．

それ以外にも，一般的な実験室実験の限界として，日常生活とはかけ離れた環境で実施されるため現実性が乏しいこと，倫理的な問題で実施が困難な場合があること，参加者に偏りが生じる場合があること，があげられる．1点目の現実性の乏しさについて，乳児の見知らぬ大人への反応を調べたい場合，実験室環境は乳児にとって慣れない場所であるため，日常的な環境とは異なる反応を示すかもしれない．2点目の倫理的な点としては，そもそも乳幼児を不慣れな環境に長時間おくこと自体が問題になったり，操作を加えることでその後の日常生活に支障をきたすようなことがないとは言い切れないといったことが問題になる（各研究機関に設置された倫理委員会が研究内容について倫理的な問題がないか十分な審議を行い，承認が下りたものしか実施できない．これはヒトや動物を対象としたあらゆる研究について同様である）．3点目の参加者の偏りの問題であるが，先にも記載したように，乳幼児を連れての外出には負担がかかるため，心理的，時間的に余裕のある，あるいは研究などに高い関心を持った保護者の子ども（あるいは成人）に参加者が限られる可能性が高い．研究の内容によっては，そのような参加者の偏りが，結果に影響を与えることもあるであろう．また，実験室に来てもらった参加者（および保護者）への対応には時

間も労力もかかるため，短期間で多数の参加者からデータを取ることは難しい.

質問紙実験とは，複数の条件の質問紙（アンケート）を多数の人に配布して実験を行う方法である．実験室実験が，実験室に来られる人しか対象にできない反面，こちらの方法では，質問紙を郵送したり，ウェブによる質問紙を作成してインターネットを介して回答してもらったりという方法を用いれば，遠隔地の参加者，時間の融通が利きにくい参加者からもデータを取得することができる．質問紙実験では，参加者が特定の場面にいることを想定させて，そういった場面でどのような行動をとるのかをたずねる，場面想定法が用いられることがある．このような方法では，実験室実験でも問題となった，現実性の乏しさがますます問題となるという欠点がある．また，質問紙の内容は，多くの場合文章で記載されているため，文章が読めない乳幼児を直接対象者にすることは困難である．ただし，参加者へ与える制約は実験室実験より少ないと考えられるため，倫理的な問題は発生しにくいという利点がある.

●実験法以外の研究方法

観察法は，観察対象の行動や反応を観察・記録する方法である．このうち，観察対象に人為的な統制や操作を加えず，自然な状態での観察を行うのが，**自然的観察法**である．進化論でも有名な**ダーウィン**（Darwin, C.）が，わが子を対象に発達の様子を記録したのは，自然観察法に当たる．一方，実験的な状況を設定して，観察・記録を行って行動の特徴を明らかにするのは，**実験的観察法**と呼ばれる．ストレンジ・シチュエーション法は，**エインズワース**（Ainsworth, M. D. S.）が母子の分離再会場面で子どもの母親に対する愛着行動の個人差が現れやすいことに気づき，実験的に子どもを母親から分離，再会させる状況を作って，子どもの観察を行う方法で（詳細は第6章参照），実験的観察法と言える．

調査法（質問紙調査）は，人の行動，考え方，態度，意識等に関するデータを，回答者の自己報告によって収集する方法である．先に出てきた質問紙実験と同様に，質問紙の郵送，ウェブによる質問紙のインターネットを介しての回答といった方法で，様々な人から比較的容易に効率よくデータを大量に集めることができる．また同じく，質問紙の内容は文章で記載されているため，乳幼

児を直接対象者にすることは困難である．乳幼児の行動などを調べたい場合，保護者や先生を対象に調査を行うことが多々あるが，回答に偏りが生じる可能性があるなどの問題点も念頭に置いておく必要がある．また，一般成人を対象にした場合でも，意図的に質問に対する回答がゆがめられる可能性について考慮しなければならない．質問紙実験では，独立変数の効果を見るため，複数の条件の質問紙が用意され，場面想定法が用いられるが，調査法では，用意されるのは基本的に単一の質問紙であり，日常の行動，考え方などをたずねるものがほとんどである．

検査法とは，**心理検査**を用いて，個人の知能や性格などの心理学的特性や状態を測定する方法である．心理検査は，用具や実施手続き，採点方法がすでにマニュアル化されているだけでなく，基準集団における得点の分布がわかっており，検査を実施した対象の基準集団における位置を知ることができる．知能検査，発達検査については第13章で詳しく説明するが，検査結果を変数として，調査，実験に組み込むことが可能である．

面接法とは，調査者（面接者）と対象（被面接者）が直接顔を合わせ，会話を通して必要な情報をやり取りする方法で，インタビューとも呼ばれる．対象の生の声を聞くことができるという利点があるが，信頼性と妥当性の高い方法で面接を行うには，基礎的な知識と面接の技法について訓練が必要である．面接の方法としては，あらかじめ決められた内容と順番で質問を行う**構造化面接**，アドリブで質問を行う**非構造化面接**，それらの中間の**半構造化面接**がある．面接には，情報収集の目的で行われる調査面接（**インタビュー**）のほかに，被面接者側が心理的問題を解決するために相談や治療を求めて精神科医や臨床心理士などの専門家に面接を受けに来る，臨床面接（**カウンセリング**）も含まれる．子どもが対象のカウンセリングの場合，面接者とのコミュニケーションを促進するために，遊びを活用した**遊戯療法**（第14章コラム15参照）が行われることもある．

●発達心理学の研究法：横断的方法と縦断的方法

発達心理学特有の問題として，年齢に伴う発達的変化を追う，というものが

図 1-2　縦断的方法と横断的方法のイメージ

ある．発達的変化のとらえ方としては，ある一時点で，様々な年齢層の人々を対象とし，年齢による違いを見る**横断的方法**と，同一の対象者を長期間にわたってくり返し調査する**縦断的方法**がある（図 1-2）．

横断的方法には，短期間でデータが集められるというメリットがあるが，様々な年齢層の人の違いは，年齢の影響だけでなく，世代の影響も受けている可能性がある．たとえば，現代の日本人男性の身長のデータを横断的に様々な年代で測定し，横軸に年齢，縦軸に身長をとったグラフを書いてみると，10〜20 歳代にピークがあり，中高年の身長は低くなるであろう．このグラフが年齢の影響を正確に反映しているであろうか．そうとは言えないであろう．現在 20 歳の男性の身長は，70 歳になれば多少縮むかもしれないが，現在 70 歳の男性の身長ほどには低くならない．50 年後には今より背の高いおじいさんが多くなるはずである．なぜなら後に生まれた世代ほど，背が高くなる傾向が見られるからである．これが世代の影響である（鈴木，2008）．

縦断的研究は世代の違いが交絡しないため，横断データよりも実際の年齢の影響を反映したデータが得られる．縦断的研究の中でも，何らかの経験（原爆被爆など），人口統計学的な特性（特定の年に生まれたなど）を共有する人々の集団（コホート）を，長期間にわたって反復調査する場合を，**コホート研究**と呼ぶ．英国では，1946 年，58 年，70 年，2001 年に出生した人たちのコホート

調査が行われており，大規模かつ長期的な調査の価値は計り知れないが，対象者に長期間継続して調査に参加してもらうのは，容易なことではない（Pearson, 2011）．再調査に応じてくれない，連絡がつかなくなるなどの理由で，必ず脱落者が出てくる．そのため再調査に応じてくれる人とそうでない人でサンプルの偏りが生じる可能性がある（脱落効果）．また，同じ人に再度調査を依頼する場合，同じ調査を複数回受けることになり，参加者はテストなどの内容を学習してしまうという問題がある（再検査効果）．

●乳児のための実験手法

　発達は全生涯にわたるため，発達心理学の対象は，乳児から高齢者までが含まれるが，乳児は，言葉を話すことができないため，特殊な実験手法が必要である．ヒトの乳児は興味のあるものを注視するという特性を利用し，注視を指標とした実験方法として，**ファンツ**（Fantz, R. L.）が開発した**選好注視法**がある（第5章参照）．その他，注視や吸啜反射（乳首や指が唇に触れると吸う反射．第4章参照）を指標とした，**馴化―脱馴化法**，**期待背反法**（第5章参照）も乳児を用いた実験でよく用いられる．

　本章では，発達心理学への導入として，発達のとらえ方，発達に影響を与える環境のとらえ方の理論，発達心理学の研究法について紹介してきた．この後，第2章，第3章では，本章でもふれた発達にかかわる要因（遺伝と環境），生涯発達の視点についてより詳しく解説する．第4章では，胎児期・周産期の発達について概観する．第5章から第11章までは，主に乳幼児期の発達について，各心理学的領域における発達を見ていく．第12章では，学習の理論を，第13章，第14章では，いわゆる「気になる子ども，行動」について発達障害と心の問題を扱う．第15章，第16章では，学童期以降の発達を概観する．

[さらに学びたい人のために]

高野陽太郎・岡隆（編）（2017）．心理学研究法（補訂版）――心を見つめる科学のまなざし―― 有斐閣

大山正（監修）山口真美・金沢創（編）（2011）．心理学研究法4　発達　誠信書房

[引用文献]

アリエス，P.　杉山光信・杉山恵美子（訳）（1980）．〈子供〉の誕生――アンシァン・レジーム期の子供と家族生活――　みすず書房

ブロンフェンブレンナー，U.　磯貝芳郎・福富護（訳）（1996）．人間発達の生態学――発達心理学への挑戦――　川島書店

Dunbar, R. I. M. (1998). The social brain hypothesis. *Evolutionary Anthropology, 6,* 178-190.

外務省ホームページ　Retrieved from　http://www.mofa.go.jp/mofaj/gaiko/jido/zenbun.html（2017年8月17日閲覧）

Pearson, H. (2011). Study of a LIFETIME. *Nature, 471,* 20-24.

鈴木忠（2008）．生涯発達のダイナミクス――知の多様性　生きかたの可塑性――　東京大学出版会

ヴィゴツキー，L. S.　柴田義松（訳）（2001）．思考と言語（新訳版）　新読書社

ヴィゴツキー，L. S.　土井捷三・神谷栄司（訳）（2003）．「発達の最近接領域」の理論――教授・学習過程における子どもの発達――　三学出版

ヴィゴツキー，L. S.　柴田義松（監訳）（2005）．文化的―歴史的精神発達の理論　学文社

第 **2** 章

遺伝と環境

◐◑

❶ 生まれも育ちも（Nature & Nurture）

　心理学では一般に，経験による比較的永続的な行動の変化を**学習**という（第12章参照）が，特に発達心理学の文脈では，時間の経過とともに遺伝的なものが発現することを**成熟**というのに対して，環境によって経験することで生起したり変化したりすることを学習という言葉で表現する．そして現在では，**遺伝要因**と**環境要因**が相互作用することによって，成熟と学習がもたらされ，発達していくと考えられている．

　しかしかつては，人間発達を規定する要因をとらえる際，生まれか育ちか（Nature vs. Nurture）といった二項対立的な視点をもとに議論が展開されてきた．たとえば，性差に関する議論では，それが生得的なものなのか経験によって獲得されたものなのか，成熟なのか学習なのか，遺伝なのか環境なのかといった問いを立て，どちらか一方を強調する議論が続いていた．このような「どちらかの強調」が提供しうるのは単純明快さや雑な議論であり，より説明力のある人間発達解明からは遠ざかる．とはいえ，これまでの古典的な二項対立的枠組みを理解しなければ，現在解明が進んでいる非二項対立的視点を理解することはできない．そこで本章では，育ち（Nurture）を強調する**環境優位説**，生まれ（Nature）を強調する**成熟優位説**を紹介した上で，現在主流となりつつある生まれと育ちの相互作用に関する研究について述べていく．

19

2 環境優位説

●ロック「タブラ・ラサ」

　中世ラテン語の**タブラ・ラサ**（空白の石版）という言葉は，17世紀の哲学者である**ロック**（Locke, J.）によって，心が文字を全く欠いた白紙で，もともとどんな観念も持たないとするならば，どのように心が観念を装備するかというと「経験から」だと述べられたことで，広く知られるようになった．ロックは心理的機能や認識は経験によるものだとした．この経験説の対立軸とされたのは，理念，真実，神などの概念が生得的に備わっているとする生得観念説である．教会や王族はもともと神聖な特権を持つ存在であると見なされていたため，生得観念説は既得権益を支持し温存させる哲学基盤ともなっていた．一方，王族や貴族が生まれつき英知や美質を備えているわけではないとするロックの経験説は，奴隷制や，貴族や王族の世襲制に疑義を呈する思想である．このように宿命としての存在として人をとらえず，人は環境によって変化しうるという見解は，既得権益をゆるがすため，封建社会の為政者にとっては受け入れがたい．ロックの理論が心理学の世界で花開くには，その後200年を待たねばならなかった．環境優位説が受け入れられ展開していくには，そのための土壌が必要だったと言える．

　人間の認識に関する哲学的考察の中で，ロックなどの哲学者が提唱していたのが**連合主義**である．心は観念という要素から成り立つが，最初は何も書き込まれていないタブラ・ラサであり，経験によって観念が入り込む．経験も要素からなり，いくつかの経験が同時に並んだり，時間的に継続したりすることで，経験と観念に連合が生じるとした論である．つまり，「経験」の連続により観念，すなわち心が形成されていくとしたのである．

●行動主義

　ロックの経験説は，哲学者自身の思弁により理論化されたものであったが，その後アメリカでは，実験的検討により理論化された**行動主義**が発展した．人

はあらかじめ定められた存在ではなく，経験によって変容しうるという発想が広く受け入れられるようになったのには，開拓精神と改良主義の色濃い社会的土壌にその一因があったとも言われている．

行動主義の創始者である**ワトソン**（Watson, J. B.）は，省察や内観など，自分で自分の心の働きを観察した過程をもとにしたそれまでの心理学研究を批判し，客観的に観察可能なものを"心"として呈示した心理学者である．ワトソンの実験で著名なものとして，アルバート坊や実験と呼ばれる生後 11 カ月の乳児に対する**恐怖条件づけ**があげられる（第 12 章参照）．ワトソンは，実験を通して，行動は，基本的な反射と条件づけによって獲得されると考え，行動主義者として，経験こそが人の行動を形成すると論じた．ワトソン（1980）の文章で最も有名なものが以下である．

> 私に健康でよく習慣づけられた子どもたち 1 ダースと，私の望む育児環境を与えてほしい．どの子どもであろうが，その子の才能，好み，傾向，能力，適性，親の人種に関係なく．なんにでも，医者，弁護士，芸術家，大商人，そしてそう，乞食や泥棒にさえもしてみせよう．

条件づけをもとにした学習の理論は，その後バンデューラ（Bandura, A.）に代表される**社会的学習理論**へと発展し（第 12 章参照），**模倣**によっても行動変容をすることを実験によって明らかにしていった．このことは，直接経験しなくても観察でさえ一つの経験として機能し，学習されるということを示しており，いかに行動の規定要因に環境が大きな影響を及ぼしているのかを知らしめた研究群として名高い．その後も，心理学研究に進化，遺伝，脳，神経などの領域が積極的に取り入れられる前の時代までは，こうした環境優位の学説が心理学界において主流を占めていたと言える．

●野生児

環境によって，ヒトが人間らしくなることを議論する際の事例としてあげられるのが野生児の研究である．**野生児**とは，人間的な環境で育たなかった子どものことを言い，野生の動物に育てられた後に発見されたケース，保護者に遺棄された後に森などで自力で生き延びて発見されたケース，そして家の中に閉

じ込められるなど社会的に隔離された状態で育てられ発見されたケースなどの種別がある．そして，そうした子どもたちが「人間らしく」発達しなかったことが報告されている．

　遺棄された，フランス，アヴェロンの森で生き延びていた少年は特に著名である．発見された後，少年は，当時の高名な精神科医から，知的障害があるため治癒や教育は不可能だと診断されていた．ロックのタブラ・ラサの思想に影響を受けていた精神科医イタールはそれに異を唱え，「人間的に生きる経験や環境を持たなかったためにこのような状態にあるのだ」と考え，1801 年から 6 年にわたり少年の教育を熱心に行う．しかし，若干の書き言葉の使用はいくつか可能となったものの言葉を操るほどまでに発達することはなく，思春期に入った少年の発作的な凶暴性に手を焼き，不本意ながら教育を断念した．

　その他にも，狼に育てられた子どもといわれるカマラ（発見時推定 8 歳）とアマラ（発見時推定 1 歳半）も著名である．彼らは，1920 年，シング牧師らによって発見された．シング牧師は発見から 9 年にわたる記録を日記として残している．それによれば，発見当初は，まるでリスのように非常に速く四つ足で走り回り，人を避け，シング牧師らが近づくと形相を変え，歯をむき出しにし，威嚇したようである．地面に置かれた皿に口をつけて犬のように皿から飲み食いし，死んだ動物や鳥がいれば直行し，飛びつき，むさぼり食ったという．こうした報告が，狼に育てられれば狼のように育つという環境優位説のエビデンス（証拠）として使われるようになり，「狼との結びつきによって人間行動を抑制してしまうほど強力で効果的な，狼の条件づけ」（ジング，1978）がカマラとアマラに起こったとされた．さらに，シング夫妻は「人らしく」するための働きかけを日々することで，カマラは空腹の時に「ブーブー」という反復喃語がまず出るようになり，その後も二語文が言えるようになり，語彙も増え，死んだ鳥を食べることもなくなり，完全ではないにせよ二足歩行もするようになるが，言語能力も含め知的な能力は 9 年間で顕著な発達を遂げなかったという．これらにより，**敏感期／臨界期**（第 3 章参照）の重要性が指摘されるようにもなった．

　しかしその後，カマラとアマラの「狼の条件づけ」は，証拠となる写真や日

記の記述に作為や矛盾が散見され，真偽のほどが定かでないと批判を受けるようになった．また，アヴェロンの野生児も話し言葉の習得が困難だった背景に，少年が自閉症を持っていたのではないかという見解も挙げられるようになる．現代社会では，**ネグレクト**といった虐待ケース（第14章参照）で社会的隔離の状態での育ちが確認されることがあるが，その場合，保護された子どもがその後，多くの人たちとのかかわりの中で歩行や言語の習得をしていくことも指摘されるようになった．

　このように人間的な環境から隔離されて育った子どもたちの実例は，たとえ歩行や言語能力があったとしても，その能力を引き出す環境が整っていなければ発達しえないと，環境の甚大さを物語るものとして語り継がれてきたが，そのエビデンスとしては弱く，むしろ当時の環境優位説の強さを知るための一級の資料として用いることができるだろう．

③ 成熟優位説

　教育や学習が効果的に可能になるための発達的基礎を**レディネス**という．レディネスをめぐる議論では，レディネスが整わないまま，何事も教育や訓練をしても習得は難しいため，成熟を待たねばならないという主張がされていた．この「成熟待ち」の背景には，初期の研究が生理的成熟に規定されやすい行動について扱ってきたことにあると言われている．その初期の研究の代表として，**ゲゼル**（Gesell, A.）の階段のぼりの実験があげられる．

●ゲゼルの双生児研究

　一卵性双生児の子どもに対し，時期的に異なる歩行訓練を行い，その効果を見ることで，成熟の影響が大きいのか，学習の影響が大きいのかを実験したのがゲゼルである．彼は**双生児法**を用い，一卵性双生児であればきょうだい同士は遺伝的に同一であるため，環境的な条件差を設けた時に発達に差が生じれば，それは設けた条件差に由来すると考え，階段のぼりの実験を行った．

　具体的には，生後46週の一卵性双生児の一方に毎日階段をのぼる練習を生

後52週になるまで行わせた．訓練の結果，26秒でのぼることができるように
なっていた．もう一方の子は生後53週になって初めて階段のぼりの訓練を受
けることになったのだが，45秒もかかったため，先に訓練を受けていた子の
訓練効果があるかに見えた．しかしその後，遅くに訓練を始めた子どもの上達
が速く，2週間後の生後55週の時点では，10秒でのぼれるようになっていた．
一方，先に訓練を受けていた子はまだ26秒もかかっており，結果として，早
期から，日数にして3倍近くの訓練を受けていた子が，後から訓練を受け始め
たきょうだいに，追いつかれただけでなく追い越されたのであった．

　階段のぼりだけでなく，積み木，遊びの持続，物の記憶，そして言葉の習得
など，様々な行動に関する実験をした結果，ゲゼルは個体の神経組織が内在化
されたパターンに従い成長することを主張し，行動の一次的な形式はこうした
内在化されたパターンによってできあがるので，外界からの刺激によって決定
されることはないと考えたのである．つまり，個体発達の基本的形式や系列を
経験によって組み替えることはできないので，環境による影響が個体内の成熟
を超越することはないと，成熟の優位性を強調した．

　しかしながら，先に訓練していた子が訓練に飽きてしまっていたり，後から
訓練した子がきょうだいに追いつこうと**動機づけ**（第12章参照）が高まった
りした可能性など，環境要因で説明しうる余地が残されており，また一事例の
みで議論することの限界など，双生児法を使用した実験パラダイムとしては不
備な点も多く指摘されている．

●家系研究

　進化論の祖，**ダーウィン**（Darwin, C.）の従兄弟として知られる遺伝学者の
ゴールトン（Galton, F.）は，個人差の研究が進んでいなかった心理学にその礎
を築いた人物として評価されるが，個人差の大部分が遺伝によるものであると
し，遺伝的に優れた人同士が数世代にわたって子孫を残すことで，人類は高い
才能を作り出しうると考えたことから，**優生学**の祖と言われる．ゴールトンが
手がけた家系研究としては，たとえば優れた政治家，芸術家，科学者などの家
系を調査すると，彼らの家系から傑出した人物がより多く輩出されていること

を見出したことなどがあげられる．その他，ゴダード（Goddard, H.）やダグデイル（Dugdale, R.），エスタブルック（Estabrook, A.）らが，犯罪者の家系研究や精神疾患の患者の家系研究など，個人差の大きい様々な形質に関する家系研究を手がけた．しかし家系研究では，その形質が遺伝要因なのかそれとも家系が共有する環境要因なのかを分離することはできない．さらには，その当時の研究手法が恣意的であったという指摘もされている．なお，20世紀初頭，生物の遺伝構造を改良することで人類の進歩を促そうとする思想は強く支持をされていたものの，その後，ナチスドイツ政権による政治体制が優生学を基礎にしたことからこの学問自体も強く批判され，現在は優生学に基づいた研究は倫理的問題があると見なされている．

　家系研究では，遺伝的影響と非遺伝的影響の明確な分離はできないものの，単一遺伝子でひきおこされる遺伝疾患に関して検証する時には有効である．また，何らかの精神疾患が発症する前に現れるリスク特性を同定することにも役立つ．たとえば統合失調症のリスクの高い家庭の若者たちを未来に向かって追跡する**プロスペクティブ研究（前方視的研究）**によって，神経心理学的損傷や脳画像の知見をもとに，リスク特性を同定することが可能であることが示されている（Whalley *et al.*, 2004; Johnstone *et al.*, 2005）．リスク特性がわかることによって，どのような環境を整えれば発症を抑えられるのかに示唆が与えられるだろう．

④　遺伝と環境の相互作用

　以上，古典的な環境優位説と成熟優位説を紹介したが，現在の遺伝と環境の研究では，両者が二律背反の関係ではなく，相互にかかわり合い，複雑なダイナミズムで発達にかかわっているということを明らかにすることが主流となっている．そこで以下では遺伝も環境も重視する発達の理論と様々な研究について述べていく．

　遺伝と環境の**相互作用**という表現は，遺伝要因と環境要因の間で行われるやりとり現象のすべてを包括する一般的概念である．この項では遺伝と環境の**交**

互作用についてもふれるが，これは遺伝単独でも環境単独でも個人差の要因を説明しえない，遺伝と環境両者で説明するための統計学的概念である．遺伝環境相互作用は，遺伝環境交互作用も含む包括的な概念として理解されている．遺伝・環境交互作用については，後述する．

●ジェンセンの環境閾値説

ジェンセン（Jensen, A. R.）は，図2-1に示すように，素質が環境要因の影響を受ける感受性は，特性によって異なるものであると想定した．たとえば特性Aは，環境がきわめて不適でも素質がそのままに顕在化し，遺伝によってほぼ規定される，身長や言語のような特性だという．特性Bは，知能指数がその典型であり，最悪の条件下ではその発達は阻害されるとする．特性Cは，学業成績がその典型であり，環境要因の良悪に比例する形で素質が影響を受ける．特性Dは，絶対音感のように，きわめて良好な環境条件がないと発達しない特性とされる．このように，環境的刺激の豊富さがあるレベル以下にあれば，その可能性は十分に発現しないとし，このレベルを**環境閾値**とした．

●遺伝と環境の相加的関係

発達には，遺伝要因と環境要因が加算的に作用し，両者が輻輳（収斂・収束）して一つの形質に結実するものであるとした**輻輳説**を**シュテルン**（Stern, W.）が唱え，それを図式化したのが**ルクセンブルガー**（Luxenburger, H.）である（図2-2）．この説は，どのような機能も遺伝と環境と双方の影響を受けるとした上で，遺伝と環境が足し算的関係にあるととらえ，遺伝の影響を大きく受ける機能と，環境の影響を大きく受ける機能とがあり，相対的寄与率が異なるとした．たとえば，図2-2のように，ある機能に対する遺伝と環境の要因の寄与率は，長方形の対角線上の位置によって示される．もしXが左に移動して極Eに達すると，その機能は100％遺伝で説明される．右に移動して極Uに達すれば完全に環境要因によって説明される．このような100％遺伝，あるいは100％環境の極限的位置に達する機能はほとんど想定できないため，「遺伝か環境か」という問い自体が極端な問いであることがわかる．

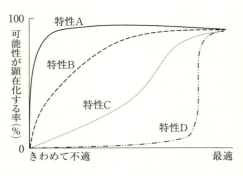

図2-1　ジェンセンの環境閾値説

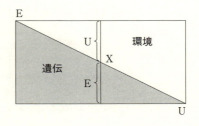

図2-2　ルクセンブルガーの図式

　遺伝と環境の寄与率算出に最も貢献しているのが**双生児研究**である．一卵性双生児と二卵性双生児の類似性を比較することで，これまで様々な形質についての検討が行われてきた．このように，遺伝的関係のある人々あるいは遺伝的関係はないが環境を共有する人々の，心理的・行動的形質が類似する遺伝的影響を統計学的な方法によって明らかにする学問を，**行動遺伝学**という．行動遺伝学では，血縁者内や，養子家族内で類似性を調べ，その量的形質（身長や体重，知能など）の分散（ばらつき）を遺伝の影響と環境の影響の和として説明する．特に，多数の遺伝子の効果の総和である「遺伝」分散，家族が共有し家族成員を類似させる「共有環境」分散，そして個人独自の環境であり家族成員を異ならせる「非共有環境」分散に分解し推定を行う．行動遺伝学で最も多用されているのが，双生児から協力を得る手法である．一卵性双生児は100％遺伝子を共有するのに対し，二卵性双生児は50％しか共有しない．さらに，同じ環境で育てられた一卵性双生児同士と二卵性双生児同士であれば，共有する環境の影響は一卵性も二卵性も等しい．この前提を利用して，一卵性双生児と二卵性双生児の類似度を比較すれば，一卵性同士のほうが二卵性同士よりもより類似していた場合，遺伝の影響を示唆することができ，類似度に差がなければその類似性は共有環境によるものであると見なせる（双生児による行動遺伝学の詳しい説明は，安藤，2014参照）．表2-1に示すのは，この手法を用いて導かれた様々な心理的形質の双生児相関係数と，遺伝，共有環境，非共有環境の相対的寄与率である．一卵性双生児と二卵性双生児の相関係数を見てもわかるよ

表 2-1　様々な心理的形質の双生児相関係数と相対的遺伝・環境寄与率（安藤，2014 を改変）

		一卵性	二卵性	遺伝	共有環境	非共有環境
認知能力	一般知能	0.77	0.49	0.77		0.23
	言語性知能	0.73	0.62	0.14	0.58	0.28
	空間性知能	0.69	0.28	0.70		0.29
	学業成績	0.71	0.48	0.55	0.17	0.29
パーソナリティ	神経質	0.46	0.18	0.46		0.54
（NEO-PI-R）	外向性	0.49	0.12	0.46		0.54
	開拓性	0.52	0.25	0.52		0.48
	同調性	0.38	0.13	0.36		0.64
	勤勉性	0.51	0.10	0.52		0.48
パーソナリティ	新奇性追求	0.34	0.12	0.34		0.66
（TCI）	損害回避	0.41	0.20	0.41		0.59
	報酬依存	0.41	0.24	0.44		0.56
	固執	0.36	0.01	0.37		0.63
	自己志向性	0.49	0.30	0.49		0.51
	協調性	0.44	0.30	0.47		0.53
	自己超越性	0.48	0.22	0.41		0.59
社会的態度	自尊心	0.30	0.22	0.31		0.69
	一般的信頼	0.36	0.09	0.36		0.64
	権威主義的伝統主義	0.33	0.16	0.33		0.67
性役割	男性性（男性）	0.42	0.09	0.39		0.61
	男性性（女性）	0.47	0.26	0.47		0.53
	女性性（男性）	0.24	0.24	0.31		0.69
	女性性（女性）	0.49	0.29	0.48		0.52

うに，基本的に一卵性双生児の相関のほうが二卵性双生児よりも高く，心理的形質に遺伝が必ず影響を及ぼしていることがわかる．表 2-1 にあげた形質の中でも，言語性知能以外に共有環境が寄与する形質はない．このことは**タークハイマー**（Turkheimer, E.）により，以下の「行動遺伝学の三原則」としてまとめられている．

　　第一原則　ヒトの行動特性はすべて遺伝的である

　　第二原則　同じ家族で育てられた影響は遺伝子の影響より小さい

　　第三原則　ヒトの複雑な行動特性のばらつきのかなりの部分が，遺伝子や
　　　　　　　家族の影響では説明できない

　第一原則は，遺伝の影響の普遍性について，第二原則は共有環境の希少性に

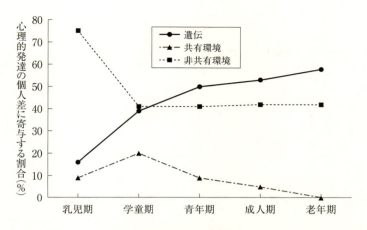

図 2-3　プロミンによる遺伝と環境相対率の生涯発達モデル（Plomin, 1986）

ついて，そして第三原則は非共有環境の優位性について述べたものである．

また，**プロミン**（Plomin, R.）はこうした遺伝，共有環境，非共有環境の相対的な割合が発達に伴って変化していくというモデルを打ち立てている（図 2-3）．プロミンは，知能の横断研究の実証データで示されたそれぞれの時期で寄与率を用いて生涯発達モデルを提案し，遺伝の寄与率が乳児期では小さく，学童期で増加し，その後も青年期・成人期・老年期を通じて大きくなることを示した（Plomin, 1986）．非共有環境は乳児期が最も大きく，学童期以降も比較的高い水準で推移しているが，共有環境は小さいとしている．

● **遺伝と環境の交互作用**

遺伝と環境の関係を考える際に，ある遺伝的傾向が高い人はある特定の環境にさらされやすいという **遺伝・環境間相関** を考える必要がある．たとえば，遺伝的に外向的なパーソナリティが高い人ほど，様々な活動に参加し外向性を高めるような環境にさらされやすくなることで，ますます外向性が高くなることや，遺伝的に知能が高い人ほど，周囲から知的な刺激を与えられやすくなることで，さらにその知能が高まるといった現象が考えられる．遺伝と環境の間に能動的な相関があると，その環境に置かれるということが，遺伝を反映してい

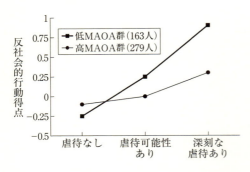

図2-4 MAOA遺伝子活性化レベルの高低と虐待歴との関連 (Caspi et al., 2002)

る (Rowe, 1981, 1983) と考えられるのである.

そこで,遺伝・環境相関がある形質について,遺伝単独,環境単独の主効果だけでは説明できない両者の組み合わせの効果である**遺伝・環境交互作用**について取り扱うことが試みられるようになった.主効果と交互作用とはいずれも統計学の用語であり,前者は,それぞれの要因がそれ単独で与える効果を指し,後者は,それぞれの要因を組み合わせた場合の複合効果をさす.すなわち,ある環境要因が働くことで遺伝要因の効果が変わってくるのか,環境要因が変われば遺伝要因が異なる効果を持つのかということを検討した研究が実施されるようになったのである.

このような効果を示した研究として,虐待経験のある人の反社会的行動と遺伝子型との遺伝・環境交互作用の研究 (Caspi et al., 2002) をあげることができる.反社会的行動の危険因子として子ども時代に受けた虐待があげられるが,虐待という環境にさらされた子どもすべてが反社会的行動をとるわけではない(第3章コラム2参照).ここに虐待という環境と遺伝的素因との相関があることが想定される.そこで,虐待のレベルという「環境」と,反社会的行動にかかわるであろう「遺伝子」を設定し,反社会的行動の影響を,遺伝,環境,そしてそれらの交互作用とで説明をする統計モデルを立てたのである.ターゲット遺伝子とされたのは,X染色体上に位置する神経伝達物質(ニューロン間の情報伝達を行う物質)の代謝酵素であるモノアミン・オキシターゼ(MAOA)遺伝子である.DNA配列の個体差である遺伝子多型の個人差を使用し,参加者をMAOA遺伝子活性化レベルが高い群と低い群とに分類した.MAOA遺伝子をターゲットとしたのは,すでに遺伝子組み換えマウスを用いた実験で,MAOA遺伝子と攻撃行動に関連があることが確かめられているからである.図2-4は,MAOA遺伝子活性化レベルと虐待歴を関数とした時の反社会的行

動得点の平均値である．MAOA 遺伝子の活性化レベルと虐待歴との関連を調べると，虐待経験がなければ，反社会的行動をとる可能性に活性レベルの高低による差はないが，深刻な虐待経験があれば，活性化が低い人は高い人よりも反社会的行動をとる可能性が高いという結果だったのである．

●エピジェネティクス

現在，「遺伝（ジェネティクス）」に対する用語として「環境」ではなく，「後成的遺伝（エピジェネティクス）」に注目が集まっている．これは一般的に，出生以後に生ずる DNA の化学的変性による遺伝情報発現の調整メカニズムのことをいう．DNA の配列変化によらず，遺伝子発現が制御されたり伝達されたりするシステムのことである．一人ひとりの DNA の塩基配列は原則として一生変わらず，60 兆個の細胞の核の中にある遺伝情報もすべて同じである．しかし，一卵性双生児がきょうだい間で類似しなくなっていく形質があるということは，エピジェネティクスが働いていることが示唆される．

この流れの端緒として知られるのが，3 歳の一卵性双生児と 50 歳の一卵性双生児の分子生物学的変化の程度を見た研究（Fraga *et al.*, 2005）である．エピジェネティックな変化は一卵性双生児間で類似性が高いが，3 歳よりも 50 歳の双生児同士のほうが，エピジェネティックな変化のきょうだい間の差異が大きいことが示された．つまり，同じ DNA 塩基配列を有していても，分子レベルでの変化が発達に伴い生じてくるということである．その後，こうした一卵性のエピジェネティックな変化の差異，すなわち遺伝子発現の差異が身体疾患だけでなく，特定の心理形質上の疾患（自閉スペクトラム症，統合失調症，うつや双極性障害など）の表現型の違いとなって現れてくるのかを明らかにしようとする研究に注目が向けられるようになっている．

このように現在の心理学研究では，「遺伝」と「環境」を個々にとらえていた視点から，両者が常に動的に作用し合うという視点へと展開しており，個体が生まれてから死ぬまでの，そして次世代に伝達される DNA の働き方の，「変化と安定性」に，ジェネティクスとエピジェネティクスがどのようにかかわり合っているのかを探究するフェーズへと，進展を遂げているのである．

コラム●1　女に育てたから女になるのか？

　シモーヌ・ド・ボーヴォワールの著書『第二の性』の冒頭，「人は女に生まれない．女になるのだ」（ボーヴォワール，1953）は，生まれながらにして女が女であるのではなく環境によって女となっていくことを“喝破した至言”として知られ，いかに女が女としての社会的性役割を習得し，女となっていくのかを明らかにしていくジェンダー研究に大きな影響を及ぼしたと言える．この“至言”に水を差し，議論を洗練させたのが双生児研究だと言えよう．

　先鞭をつけたのは，生後 8 カ月の時に割礼手術の失敗でペニスを焼け焦がしてしまったため，女児として育てられることとなった一卵性双生児のケースレポートである．心理学者のジョン・マネーは，その後，男の子として育てられたほうは，男の子の**性同一性**を発達させ，女の子として育てられたほうは女の子の性同一性を発達させていたと報告した．しかし女の子として育てられたほうは，幼少期に女児に典型的な**性役割**行動をとっていたものの，性同一性に関しては，ずっと自分が男なのではないかと感じており，思春期以降，男性に戻ることを決意していたことが判明した．なお，**性的指向**として対象とするのは女性であったという．この一連の顛末は，ジャーナリストであるコラピント（2005）や BBC 放送などが取り上げたため著名なものとなり，「女に育てても男は男だ」という論調を勢いづかせたが，実際は「男児であった赤ちゃんを女の子として育てたら，女としての性同一性を発達させていた」というケース報告もされており，結果は一様ではない．

　現在では，このようなケースレポートではなく，行動遺伝学の手法を用いた大規模双生児研究で性同一性や性的指向，そして性役割の遺伝と環境の影響が検討されるようになり，このようなセクシュアリティの各概念の遺伝で説明できる割合が，それぞれ異なるということ，さらには発達段階や性別によってもその割合が異なること（佐々木，2017）などが示唆されるようになってきている．

[さらに学びたい人のために]

安藤寿康（2011）．遺伝マインド――遺伝子が織り成す行動と文化――　有斐閣

安藤寿康（2014）．心理学の世界専門編 18　遺伝と環境の心理学――人間行動遺伝学入門――　培風館

プロミン，R.　安藤寿康・大木秀一（共訳）（1994）．遺伝と環境——人間行動遺伝学入門——　培風館

ピンカー，S.　山下篤子（訳）（2004）．人間の本性を考える——「心は空白の石版か」（全3巻）——　日本放送出版協会

ラター，M.　安藤寿康（訳）（2009）．遺伝子は行動をいかに語るか　培風館

［引用文献］

ボーヴォワール，S.　生島遼一（訳）（1953）．第二の性1　女はこうしてつくられる　新潮社（原著1949）

Caspi, A., McClay, J., Moffitt, T. E., Mill, J., Martin, J., Craig, I. W., Taylor, A., & Poulton, R. (2002). Role of genotype in the cycle of violence in maltreated children. *Science, 297,* 851-854.

コラピント，J.　村井智之（訳）（2005）．ブレンダと呼ばれた少年　扶桑社

Fraga, M. F., Ballestar, E., Paz, M.F., Ropero, S., Setien, F., Ballestar, M. L., ...Esteller, M. (2005). Epigenetic differences arise during the lifetime of monozygotic twins. *Proceedings of the National Academy of Sciences of the United States of America, 102,* 10604-10609.

Johnstone, E. C., Lawrie, S. M., & Cosway, R. (2002). What does the Edinburgh high-risk study tell us about schizophrenia? *American Journal of Medical Genetics, 114,* 906-912.

Plomin, R. (1986). *Development, genetics, and psychology.* Lawrence Erbaum Associates.

Rowe, D. C. (1981). Environmental and genetic influences on dimensions of perceived parenting: A twin study. *Developmental Psychology, 17,* 203-208.

Rowe, D. C. (1983). A biometrical analysis of perceptions of family environment: a study of twin and singleton sibling kinships. *Child Development, 54,* 416-423.

佐々木掌子（2017）．トランスジェンダーの心理学——多様な性同一性の発達メカニズムと形成——　晃洋書房

ワトソン，B. J.　安田一郎（訳）（1980）．行動主義の時代　河出書房新社

Whalley, H. C., Simonotto, E., Flett, S., Marshall, I., Ebmeier, K. P., Owens, D. G., ... Lawrie, S. M. (2004). fMRI correlates of state and trait effects in subjects at genetically enhanced risk of schizophrenia. *Brain, 127,* 478-490.

ジング，R. M.　中野善達（訳）（1978）．野生児の記録4　遺伝と環境　福村出版

第 3 章

生涯発達の視点

　第1章の冒頭で述べたように，人間は一生涯発達する．本章では，その中でも重要な位置を占めるとされる初期経験について説明をしたのち，一生涯の発達というものをどのようにとらえていくかという発達観と理論について紹介を行う．

1 初期経験の重要性

　人間は生まれてから死ぬまで一生涯発達し続けるが，その中でも生後初期の環境から受ける影響，**初期経験**は，その後の発達に大きな影響を与えるとされる．ここでは初期経験の重要性について説明する．

●敏感期・臨界期

　動物行動学者の**ローレンツ**（Lorenz, K.）は，ハイイロガンのヒナが孵化後最初に見た動くものを自分の母親と見なして後を追う，**刷り込み（インプリンティング）**という現象を報告した（Lorenz, 1935）．この刷り込み現象は，孵化後最初の数日間という一定期間内にしか起こらない．このように，特定の時期だけに有効な発達があり，その時期を逃すと発達が困難になるような時期を，**敏感期**と呼ぶ．特に，特定の神経回路や行動に対する経験の影響が根本的なものであり，かつ不可逆的な場合には，**臨界期**と呼ぶ（Knudsen, 2004）が，これま

で臨界期と思われていたものが，近年では敏感期ではないかと見直されつつある．

　刷り込み以外に，知覚の発達にも敏感期は見られる．たとえば，生後5カ月まで縦縞しか見せないで育てたネコは，行動的にも横線に反応せず，脳の視覚にかかわる部位の神経細胞も横線に応答しないという（Blakemore & Cooper, 1970）．発達初期に適当な環境が与えられなければ，知覚が正常に発達しないことを示す例と言える．

　何かの能力を獲得するのではなく，必要な情報に感受性を狭める現象（知覚的狭化）も，特定の時期に生じる．生後10カ月未満の乳児では，母語で使われない音の区別（日本語が母語の人にとっての /l/ と /r/ など）ができるが，その後その能力は衰え，1歳を過ぎる頃には区別ができなくなってしまう（Werker & Tees, 1984）．やはり同様の時期に，それまではサルの顔もヒトの顔も同じように区別できていた乳児が，ヒトの顔しか区別できなくなってしまう（Pascalis *et al.*, 2002）．これらの現象も，発達における敏感期の存在を示す例と言えよう．

●出生直後の発達状態の種による違い

　鳥類の出生直後の発達状態を表す表現として，就巣性と離巣性という言葉がある．**就巣性**とは，孵化直後のヒナが，感覚機能や運動機能が未発達のため巣にとどまる特徴をさし，**離巣性**とは，孵化直後のヒナが感覚機能や運動機能を十分に発達させており，すぐに巣を離れて活動するという特徴をさす．就巣性の鳥としてはツバメやハトが，離巣性の鳥としてはニワトリやカモがあげられる．前述のハイイロガンも離巣性であり，刷り込みは離巣性の鳥で見られる現象である．

　もともとは鳥類についての概念であった，このような就巣性と離巣性という考え方を，**ポルトマン**（Portmann, A.）は，哺乳類にも適用した（ポルトマン，1961）．彼は，出生直後の子の成熟度は，出産児数（一腹の子の数），妊娠期間とも関連があることを指摘した．子が未熟な状態で生まれてくる種では，出産児数が多くて妊娠期間が短く，子が成熟した状態で生まれてくる種では，出産児数が少なく妊娠期間が長いという傾向がある．たとえば，ハツカネズミは，

生まれたては毛が生えておらず目も開いておらず，妊娠期間は20日ほど，一度に6匹ほどの子が生まれる．一方，ウマは生まれて数時間で立ち上がり，妊娠期間は335日で，一度に1頭の子しか生まれない（一産一子）．

このような観点から見ると，ヒトが属する霊長類（サルの仲間）は，多くの種が離巣性の特徴を持つと考えられる．出生直後から目が開き，自らの力で母親にしがみつくことができ，妊娠期間は長く，まれに双子や三つ子を産む種もあるが，ほとんどの種で一産一子である．ヒトに最も近い生物種であるチンパンジーも，妊娠期間が230日ほどと長く，子どもは母親に身体を支えられつつも，自らしがみついて運ばれる．

●ヒトの発達初期の特徴

ヒトは霊長類であるから，離巣性の特徴を持っているのであろうか．たしかに妊娠期間は約9カ月と長く，基本的に一産一子であるが，生後直後の運動能力は未発達で自ら母親につかまることはできない．ポルトマンは，ヒトは本来離巣性であったが，進化の途上で就巣性の特徴を持った，つまり**二次的就巣性**であるとした．

二次的就巣性に至った背景には，ヒト固有のいくつかの特徴がある．一つめは脳の巨大化である．他の動物に比べ，ヒトは体の大きさに比して非常に大きな脳を持つ．チンパンジーの大人の体重はおよそ50kg，その脳容量は約400ccであるが，ヒトの場合，大人の体重およそ60kgに対して，脳は約1400ccという破格の大きさである．大人の脳が大きいということは，胎児や新生児の脳も大きくなるということである．

もう一つは，直立二足歩行である．チンパンジーとの共通祖先から分岐した人類は，直立二足歩行によって特徴づけられるが，それによって骨盤の形状が変化し，産道が狭くなったとされる．ただでさえ胎児の頭が大きくなっているのに，産道が狭くなってしまったことから，チンパンジーの新生児くらいの運動能力を持つまで発達させてから子を出産しようとすると，産道でつかえてしまう．そのため未熟な状態で出産せざるをえなくなり，二次的就巣性になったと考えられる．このように，誕生時の状態からすると，ヒトは早産が通常化し

てしまった，**生理的早産**であるとポルトマンは言う．

　離巣性の種は，出生直後から種特有の姿勢をとり，大人と同様のコミュニケーションの要素を持つが，ヒトの子どもが大人と同様の直立姿勢をとり，言語を話すようになるのは，およそ1歳である．このことから，ポルトマンはヒトの新生児が他の離巣性の哺乳類と同程度に発達するためには，妊娠期間が約21カ月必要だと指摘している．つまり，生後1年間は**子宮外胎児期**とも呼べるのである．

●社会的環境の重要性

　先述のように，哺乳類の中でも出生直後の発達状態は種によって様々であるが，哺乳類はその名の通り，乳を飲ませることが子の生存に必須である．つまり母親からの世話が，子が生きていくために必須であり，母子関係が最初の社会的関係性となる．母親が子どもに与える世話の量や質が，その後の発達に影響を与えることは，ヒトを含め様々な哺乳類で示されている．

　たとえば，ラットでは，母親から受ける，なめたり毛づくろいをしたりといった世話行動の量的な違いにより，成長後の子のストレス反応や新奇物への反応に違いが出ることが知られている（Liu *et al.*, 1997）．アカゲザルでは，発達の初期に母親から虐待されるという経験が，成長後自身が親になった時に虐待行動を発現する要因となる（コラム2参照）．ヒトでも，生後初期の母親や養育者との関係が，成長後の心理的健康面に大きな影響を与えることがわかっている（Repetti *et al.*, 2002）．乳幼児期に特定の母親的存在から十分な世話を受けない**母性はく奪**，**虐待**の影響は甚大である（第6章；第14章参照）．

　子にとって適当な世話行動を受けることは非常に重要であるため，子は，母親や養育者から世話行動を引き出すための様々な特徴を持っている．ローレンツは，ヒトを含む動物の赤ちゃんには，大きな頭，突き出たおでこ，大きくて顔の下の方にある目，膨らんだ頬など，共通した身体的特徴，**幼型図式**があり（図3-1），これらの特徴が世話を必要とする種の大人にかわいいと感じさせ，世話行動を引き出させると指摘した（Lorenz, 1943）．実際に乳児の写真を加工して，幼型図式の程度を弱めたり強めたりすると，大人，特に女性は幼型図式

の程度が強くなるほど乳児をかわいいと感じ、世話をしたいと思うという報告がある（Glocker et al., 2009）。その他にも、睡眠中に外的刺激とは関係なく生じる微笑、**新生児微笑**（第7章参照）や、人の顔を選好して見るという乳児の特徴（第5章参照）、人の声に対してリズミカルに体を動かしたり応答性を示したりする**エントレインメント**と呼ばれる活動も、乳児期における養育者と子どもの関係性の確立に重要である（第6章参照）。

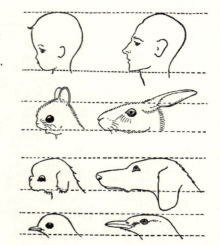

図 3-1 幼型図式（Lorenz, 1943）

2 生涯発達のとらえ方

本節では、生涯にわたる発達をどうとらえるかについて説明する。

●古典的な発達観

一生涯にわたる発達的変化として、多くの人が、成人に達するまで能力が伸び、その後は衰退する一方であるというようなものをイメージするかもしれない。ちょうど図3-2の点線（流動性知能）のようなグラフである。このグラフは、**知能**が**流動性知能**（知覚・情報処理スピードに関連するような非言語的なテストによって測定される領域の知能）と**結晶性知能**（「語彙力」「社会的知識・スキル」を測る言語的テストによって測定されるような、過去の学習経験によって得られた知識や判断力）に分けられ、流動性知能は若い頃にピークを迎える一方、結晶性知能は年をとっても維持される、あるいは伸び続けるという考え方（Horn & Cattell, 1967）を図示したものである。キャッテル（Cattell, R. B.）とホーン（Horn, J. I.）は、流動性知能は、生物学的な要因、つまり遺伝や神経系の損傷などの影響の結果として表出、測定される知能の側面であり、結晶性知能は、経験や教育の蓄積の表れであるとした（Horn & Cattell, 1966）。

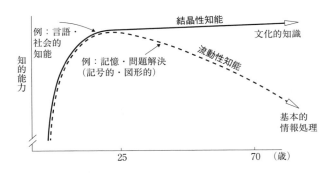

図 3-2 知能の生涯発達イメージ（Baltes, 1987 より改変）

　たしかに，様々な年齢層の人を横断的に調べて流動性知能をグラフ化すると，成人期からなだらかに低下するグラフが得られる．しかし，キャッテルとホーンの流動性知能の発達のとらえ方のように，能力の発達は経験や環境とかかわりなく加齢とともに一定の方向に変化するというモデルでは，正確に個々人の心理的発達はつかめないことがわかってきている．

　アメリカの心理学者**シャイエ**（Shaie, K. W.）は，20代から80代の人を7年おきに調査するというシアトル縦断研究（第1章参照）を行った．縦断データで見ると，流動性知能は，必ずしも青年期から低下の一途をたどらず，中高年の時期の低下は小さい（Shaie, 1994）．また，個々人の知能検査の結果を縦断的に調べてみると，必ずしも20代をピークとするようななだらかなカーブが得られるわけではなく，成人期以降一定だった成績が，ある年齢で低下するようなグラフが描けるという．知能が低下する年齢には個人差があり，単に生物学的な老化だけでは能力の発達は説明できず，環境や経験的要因が発達に重要な影響を与えると考えられるようになった．個人の能力は成人期まで伸び，その後徐々に低下するというような発達観は，古典的な発達観と言えるかもしれない（鈴木，2008）．

●バルテスの生涯発達の考え方

　生涯発達を学際的・実証的研究として進めた，ドイツの心理学者，**バルテス**（Baltes, P. B.）は，発達を生涯にわたる成長（獲得）と衰退（喪失）のダイナ

ミックな相互作用によるもの，多面的なものととらえた（図3-3：Baltes, 1987）．若い頃に能力などの獲得が行われ，年をとると喪失をするという古典的な発達のイメージとは異なり，生まれてから死ぬまで，いずれの時期でも獲得も喪失も両方が生じるものととらえたのである．

バルテスらは，様々なレベルから生涯発達の心理学的理論にアプローチしている（Baltes et al., 1998）．まずその理論的構造を提示するため，三つの図を示した（図3-4）．これらの図は，生物学的な側面と文化的側面の生涯におけるダイナミックな相互作用を説明する．図3-4aは，遺伝子を次世代以降に残す上での利益は年をとるごとに低下すること，結果遺伝的に規定された機能は年をとることで低下していくことを示している．図3-4bは，文化（遺伝的に獲得したものでない機能，文明，具体的には医療や技術など）を必要とする程度が年をとるごとに増加することを示している．図3-4cでは，心理的，社会的，物質的，文化的介入の効果は年をとるごとに低下することを示している．発達は，これらの組み合わせで説明できるとする．

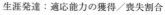
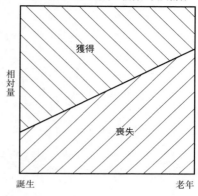

図3-3　生涯発達における獲得と喪失のイメージ（Baltes, 1987 より改変）

続いて，個々人が直面する課題として，有限な資源（時間，能力や体力など）を，一生の間に成長，**レジリエンス**（機能の維持や回復），喪失の制御，それぞれにどのようにわりあてるかという観点から，発達をとらえるレベルを紹介している．概して若い頃は成長に資源をわりあてているが，年を重ねるにつれ，低下していく機能を維持，回復したり，機能低下（喪失）を制御したりすることにエネルギーをわりあてるようになると考えられる．さらに，バルテスらは，獲得を最大化し，喪失を最小化することがよりよい加齢の仕方，**サクセスフルエイジング**であると定義し，それを実現させるために，「選択」「最適化」「補償」のプロセスが協応することが必要だとしている（第16章参照）．

また，生涯発達を考える上では，変化に柔軟に対応していく力である，**可塑**

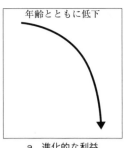 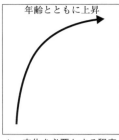 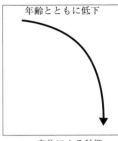

図 3-4　生涯にわたる生物学的側面と文化的側面のダイナミクス
（Baltes *et al*., 1998 より改変）

性という概念も重要である．たしかに年をとると新しい環境に慣れにくくなるが，可塑性が失われるわけではない．高齢者でも訓練によって記憶課題などの成績が伸びることは知られている（鈴木，2008）．バルテスいわく，可塑性には個人差が見られるが，その幅と加齢による変化を調べることが，生涯発達心理学のテーマである（Baltes *et al*., 1998）．

❸ 生涯にわたる発達段階理論

この節では，発達を段階的にとらえた代表的な理論を紹介する．最初に紹介するフロイト（Freud, S.）の理論は，老年期までではなく思春期までを扱ったものであるが，その後のエリクソン（Erikson, E. H.）の理論に影響を与えたものである．

●フロイトの心理性的発達理論

精神分析学の創始者であるオーストリアの精神医学者**フロイト**は，**リビドー**（性的な心的エネルギー，欲求）という概念を提唱し，その生産，量の増減，分配などによって，心理的現象を理解しようとした．発達についても，この概念を用い，その向かう対象，満たされ方が発達段階によって変化していくという発達のとらえ方をした（フロイト，2009）．

フロイトは，生後最初の段階である口唇期では，母親の乳房が性的満足をもたらすものであり，そのなごりがおしゃぶりであるとした．2番目の段階である肛門期では，排泄が性的満足をもたらすものとした．3番目の段階であるエディプス期は，対象が異性の親に向けられ，リビドーが開花する時期とした．その後リビドーは生産され続けるも，表面には現れず，性的なこと以外に利用される潜伏期となり，思春期に至って，性的対象を見出し，成人と同様の性生活に移行すると考えた．

●エリクソンの心理社会的発達段階論

フロイトとその娘，アンナ・フロイトに師事した**エリクソン**は，フロイトの発達理論を受け，青年期以降の発達も重視した，**心理社会的発達段階論**（漸成説）を提唱した（エリクソン，2001）．エリクソンは，青年期の**アイデンティティ（同一性）**（第15章参照）の研究で非常に有名であるが，生まれてから死ぬまでの生涯発達をとらえる理論を構築したことでも，発達心理学において大きな貢献をした．彼は，**ライフサイクル**を一個人の一生，つまり生まれてから死ぬまでという意味と，前の世代から次の世代へと引き継がれていく世代のサイクル，世代継承的サイクルの二重の意味で用いていたが，ここでは個人の一生涯のパーソナリティの発達における段階を示した，エピジェネティック図式（図3-5）を中心に解説する．

エリクソンは人間の成長を，生涯にわたりくり返し葛藤を乗り越えていくものである，という観点からとらえた．その葛藤を**心理社会的危機**と呼び，それを発達段階ごとに示したのが，エピジェネティック図式である．図3-5からわかるように，エリクソンは，ライフサイクルを八つの発達段階に分けている．この図式は，もともとすべてのパーソナリティを構成する要素（たとえば基本的信頼や自律）が存在していること，また各要素は他のすべてと関連していて，それらが発達する順序に決まりがあることを示しており，各要素が時間とともに分化していく様子を表している．つまり，対角線の記載のある欄のみでなく，その上下の空白にも意味がある．対角線の右下の空白は，時間的過去を示し，育ってきた過去が現在をどう決めるのかを表し，対角線の左上の空白は時間的

	1	2	3	4	5	6	7	8
老年期 Ⅷ								統合 対 絶望, 嫌悪 英知
成人期 Ⅶ							生殖性 対 停滞 世話	
前成人期 Ⅵ						親密 対 対立 愛		
青年期 Ⅴ					同一性 対 同一性混乱 忠誠			
学童期 Ⅳ				勤勉性 対 劣等感 適格				
遊戯期 Ⅲ			自主性 対 罪悪感 目的					
幼児期初期 Ⅱ		自律性 対 恥, 疑惑 意志						
乳児期 Ⅰ	基本的信頼 対 基本的不信 希望							

図 3-5 エリクソンのエピジェネティック図式 （エリクソン, 2001）

将来を表し，全生涯にわたる連続性を視覚化していると解釈できる（西平，1993）．

各発達段階における心理社会的危機について，乳児期を例にあげると，この時期は母親を通して世界を信頼できること（基本的信頼）を学ぶことが発達課題となっており，子どもは，母親や世界を信頼できる人間となるか，それとも信頼できない人間のままでいるかという二者択一的危機状態を経験するという．エリクソンは，子どもは，母親を含む周囲との相互作用の中で基本的信頼を学ぶが，不信を学ぶこともまた重要であるという．つまり，各心理社会的危機では葛藤の両側面を経験し，バランスのよい状態でその段階を終え，心理的活力（強さ：乳児期では「希望」）を獲得して次の発達段階に移行することが，健康なパーソナリティの発達にとって重要だということである．幼児期初期以降の発達段階については，この後の該当する各章を参考にされたい．

4　発達課題

　アメリカの教育学者である**ハヴィガースト**（Havighurst, R. J.）は，前述のエリクソンの心理社会的発達段階論の影響を受けて，**発達課題**の概念を取り入れた．彼は「生きることは学ぶこと，成長することは学ぶこと」とし，人間の行動のほとんどが学習によって形成されるものと考えて，人生の発達課題を学ぶことで，社会における健康で満足のいく成長がもたらされるとした．つまり，発達課題は，人生の一定の時期（**ライフステージ**）やその前後に生じる課題で，それをうまく達成できれば，幸福およびそれ以降の課題の達成が可能になるが，達成できなければ，社会からの非難や不幸を招いたり，それ以降の課題の達成が困難になったりすると考えたのである．

　彼は六つの発達段階につき，6 ～ 10 個の発達課題を想定した（ハヴィガースト，1997）．課題が生じる要因としては，①身体の成熟，②社会の文化の圧力，③個人の私的な価値観や志望（動機），人格，自己の一部，という三つをあげている．彼が提示した発達課題の詳細を表 3-1 にまとめるが，後述するように，すべての課題が現代の人間にもあてはまるかどうかは検討の余地がある．

5　発達段階や発達課題の時代による変化

●発達段階移行のタイミングの変化

　第 1 章の発達区分についての注意点の項でもふれた通り，また，エリクソンも指摘しているように（エリクソン，2001），発達段階の移行のタイミングには個人差があったり，文化や時代の変遷とともに変化したりする．たとえば，思春期は第二次性徴が始まることにより開始するが，初潮や精通などの成熟は，時代とともに低年齢化している（成熟前傾現象：第 15 章参照）．また，日本では，大学・短大，大学院への進学率が伸びてきたが（文部科学省，2016），その結果，多くの人が社会に出るタイミング，つまり成人期への移行が遅くなったとも言える．晩婚化，初産年齢の高齢化もよく知られた事実であるが（厚生労

表3-1　ハヴィガーストの発達課題 (ハヴィガースト，1997)

発達段階	発達課題
幼児期・早期児童期 （0〜6歳）	歩行の学習 固形食摂取の学習 しゃべることの学習 排泄の統制を学ぶ 性差および性的な慎みを学ぶ 社会や自然の現実を述べるために概念を形成し言語を学ぶ 読むことの用意をする 善悪の区別を学び，良心を発達させ始める
中期児童期 （6〜12歳）	通常の遊びに必要な身体的技能を学ぶ 成長しつつある生体としての自分に対する健全な態度を身につける 同年代の者とやっていくことを学ぶ 男女それぞれにふさわしい社会的役割を学ぶ 読み書きと計算の基礎的技能を発達させる 日常生活に必要な様々な概念を発達させる 良心，道徳心，価値尺度を発達させる 個人としての自立を達成する 社会集団や社会制度に対する態度を発達させる
青年期 （12〜18歳）	同年代の男女と新しい成熟した関係を結ぶ 男性あるいは女性の社会的役割を身につける 自分の体格を受け入れ，身体を効率的に使う 親や他の大人たちから情緒面で自立する←家庭の責任 結婚と家庭生活の準備をする 職業につく準備をする 行動の指針としての価値観や倫理体系を身につける――イデオロギーを発達させる 社会的に責任のある行動をとりたいと思い，またそれを実行する
早期成人期 （18〜30歳）	配偶者の選択 結婚相手と暮らすことの学習 家庭を作る 育児 家の管理 職業の開始 市民としての責任を引き受ける 気心の合う社交集団を見つける

中年期 （30 ～ 60 歳）	10 代の子どもが責任をはたせる幸せな大人になるように援助する 大人の社会的な責任，市民としての責任を果たす 職業生活で満足のいく地歩を築き，それを維持する 大人の余暇活動を作りあげる ひとりの人間として配偶者との関係を築く 中年期の生理学的変化の受容とそれへの適応 老いていく親への適応
老年期 （60 歳～）	体力と健康の衰退への適応 退職と収入の減少への適応 配偶者の死に対する適応 自分の年齢集団の人と率直な親しい関係を確立する 柔軟なやり方で社会的な役割を身につけ，それに適応する 満足の行く住宅の確保

働省，2015；第 16 章参照），こういった変化もまた，ライフサイクルの変化ととらえることができる．

　最も大きく変化しているものとして，寿命があげられるであろう．現在の日本の平均寿命は，男性 81.25 歳，女性 87.32 歳である（厚生労働省，2019）．厚生労働省（2019）によれば，1947 年の寿命は男性 50.06 歳，女性 53.96 歳であったという．人生が長くなり，また元気な高齢者も増え，最近では定年を 60 歳から 65 歳に引き上げる職業・企業や，年金制度の問題から高齢者の定義の年齢を引き上げようという議論も見られる．一方で，不景気の影響から早期退職制度を導入する会社もあり（政府統計，2012），退職を老年期への移行タイミングとすることはあてはまらなくなるかもしれない．このように発達段階は，時代の変遷や環境（社会文化的条件）によって，伸び縮みし（鈴木，2008），定義も変化していくものと考えられる．

●発達課題の変化

　柏木（2001）は，人生 50 年で多産多死であった時代には，女性の一生のうち子育て期間がほとんどを占めており，母親としての幸福が女性の幸福であったが，長寿化および少子化に伴い子どもが自立した後の人生が長くなり，女性

は子どもだけを生きがいにできなくなったと指摘する．結果，現代では，子どもや育児以外で心身のエネルギーを向ける対象を模索したり確保したりすることが，子育て中の母親の課題となっているという．

　昔の日本は皆婚社会だったというが，現在日本の生涯未婚率は男性で20%，女性で10%を超え（厚生労働省，2015），積極的あるいは消極的理由により結婚しないという選択をしている人が多数いる（第16章参照）．また，結婚しても子どもがいない人も多く，シングルマザーやシングルファザー，ステップファミリーなど，家族の多様性も大きくなってきている．そんな中で，工業化や高度成長期以降に主流となっていた「男は外で働き，女は家庭を守る」という性的役割分業の考え方も時代とともに変化してきている（内閣府，2016；第16章参照）．

　ハヴィガーストの発達課題は，1970年代のアメリカの普通の人生を前提としており，その内容は現代にはあてはまらないものも多い．たとえば，彼は，中期児童期（6〜12歳）の発達課題として「男女それぞれにふさわしい社会的役割を学ぶ」，青年期（12〜18歳）の発達課題として，「男性あるいは女性の社会的役割を身につける」というものをあげているが，当時に比べれば，現代では，社会的役割の性差は少なくなってきているであろう．また，青年期の発達課題「結婚と家庭生活の準備をする」では，主に女子にとって，家事や育児に必要な知識を得るという解説を加えているが，現代では家事や育児は女性だけの仕事ではない．早期成人期（18〜30歳）の課題として「育児」もあげられているが，子どもを持たない成人には該当しない．

　さらに，かつては性別と言えば，男性か女性のみで，出生時に与えられた性別の社会的役割を果たすことが期待されてきたと言えるが，現代では，性（性的アイデンティティ：自分はどちらの性別だと思うか．どちらでもないというケースもある／性的指向：どちらの性別を恋愛対象とするか）は多様化しており（佐々木，2017），男性，女性というくくりで様々なことを分けること自体不可能とも言える．このように，発達課題の内容は，時代とともに人々の生活が変化，多様化すれば，それに合わせて変化，多様化するものと考えられる．

48

コラム●2　虐待の要因を探る　サルの里子実験

　虐待の連鎖という言葉は，多くの人が聞いたことがあるのではないだろうか．親に虐待されて育った子どもは，自身が親になった時，子どもに虐待をしてしまう，という現象をさすが，かつては，児童虐待は世代間連鎖でほとんど説明されると誤解されていた（第14章参照）．実際は虐待の連鎖が，遺伝的な要因（虐待をしやすい気質）によるのか，環境的な要因（虐待をされた経験）によるのか，要因を切り分けることは難しい．どちらの要因が大きいのかを明らかにするために，アカゲザルを対象に，里子実験が行われた（Maestripieri, 2005）．実験では，まず母親の出産後の育児の様子を観察し，身体的虐待傾向のある母親とない母親というグループ分けを行った．次に，それらの母親がほぼ同じタイミング（数日以内）で出産をした時に，生まれてすぐのメスの子ザルを母親から引き離し，里子に出した（別の母親に育てさせた）．その後，それらの子ザルが親になって子育てをする時に，育児の様子を観察した．結果，生物学的な親の虐待傾向の有無にかかわらず，育ての親から虐待を受けなかった子ザルはすべて，自身が親になった際，虐待傾向を見せなかった．一方，育ての親から虐待を受けた子ザルの一部は，生物学的な親の虐待傾向の有無にかかわらず，虐待傾向を見せた．つまり，この実験では，虐待の連鎖には，遺伝の影響より環境の影響のほうが大きかった，ということである．ここで一つ強調しておきたいことがある．虐待を受けた個体がみな虐待をしたわけではないということである．虐待された子ザルのおよそ半数は，親になった時に虐待傾向を示さなかった，つまり，虐待されたら必ず自分が親になった時に子どもを虐待してしまうわけではないということである．

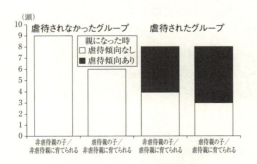

図　アカゲザルの虐待の要因を調べる里子実験の結果（Maestripieri, 2005）

［さらに学びたい人のために］

アーモット，S., ワン，S. 開一夫（監訳）（2012）. 最新脳科学で読み解く0歳からの子育て 東洋経済新報社

鈴木忠（2008）. 生涯発達のダイナミクス──知の多様性 生きかたの可塑性── 東京大学出版会

［引用文献］

Baltes, P. B.（1987）. Theoretical propositions of life-span developmental psychology: On the dynamics between growth and decline. *Developmental Psychology, 23*, 611-626.

Baltes, P. B., Lindenberg, U., & Staudinger, U. M.（1998）. Life-span theory in developmental psychology. In R. M. Lerner（Ed.）, *Handbook of child psychology*（5th ed.）. Vol. 1.（pp. 1029-1143）. Wiley.

Blakemore, C., & Cooper, G. F.（1970）. Development of the brain depends on the visual environment. *Nature, 228*, 477-478.

エリクソン，E. H., エリクソン，J. M. 村瀬孝雄・近藤邦夫（訳）（2001）. ライフサイクル, その完結 増補版 みすず書房

フロイト，S. 渡邉俊之・越智和弘・草野シュワルツ美穂子・道旗泰三（訳）（2009）. フロイト全集 1901-06 症例「ドーラ」 性理論三篇 岩波書店

Glocker, M. L., Langleben, D. D., Ruparel, K., Loughead, J. W., Gur, R. C., & Sachser, N.（2009）. Baby schema in infant faces induces cuteness perception and motivation for caretaking in adults. *Ethology, 115*, 257-263.

ハヴィガースト，R. J. 児玉憲典・飯塚裕子（訳）（1997）. ハヴィガーストの発達課題と教育──障害発達と人間形成── 川島書店

Horn, J. I., & Cattell, R. B.（1966）. Refinement and test of the theory of fluid and crystallized general intelligences. *Journal of Educational Psychology, 57*, 253-270.

Horn, J. I., & Cattell, R. B.（1967）. Age differences in fluid and crystallized intelligence. *Acta Psychologica, 26*, 107-129.

柏木惠子（2001）. 子どもという価値──少子化時代の女性の心理── 中央公論新社

Knudsen, E. I.（2004）. Sensitive periods in the development of the brain and behavior. *Journal of Cognitive Neuroscience, 16*, 1412-1425.

厚生労働省（編）（2015）．平成 27 年版　厚生労働白書——人口減少社会を考える：希望の実現と安心して暮らせる社会を目指して——

厚生労働省（2019）．厚生労働省平成 30 年簡易生命表の概況 Retrieved from　http://www.mhlw.go.jp/toukei/saikin/hw/life/life18/dl/life18-15.pdf

Liu, D., Diorio, J., Tannenbaum, B., Caldji, C., Francis, D., Freedman, A., ... Meaney, M. J. (1997). Maternal care, hippocampal glucocorticoid receptors, and hypothalamic-pituitary-adrenal responses to stress. *Science, 277*, 1659-1662.

Lorenz, K. (1935). Der Kumpain in der Umwelt des Vogels. *Journal für Ornithologie, 83*, 137-213.

Lorenz, K. (1943). Die angeborenen formen möglicher erfahrung. *Zeitschrift für Tierpsychologie, 5*, 235-409.

Maestripieri, D. (2005). Early experience affects the intergenerational transmission of infant abuse in rhesus monkeys. *Proceedings of the National Academy of Sciences of the United States of America, 102*, 9726-9729.

文部科学省（2016）．平成 28 年度学校基本調査　Retrieved from　http://www.mext.go.jp/component/b_menu/other/__icsFiles/afieldfile/2016/12/22/1375035_1.pdf

内閣府（2016）．共同参画　特集／「男女共同参画社会に関する世論調査」結果の概要 Retrieved from　http://www.gender.go.jp/public/kyodosankaku/2016/201612/pdf/201612.pdf

西平直（1993）．エリクソンの人間学　東京大学出版会

Pascalis, O., de Haan, M., & Nelson, C. A. (2002). Is face processing species-specific during the first year of life? *Science, 296*, 1321-1323.

ポルトマン，A.　高木正孝（訳）（1961）．人間はどこまで動物か——新しい人間像のために——　岩波書店

Repetti, R. L., Taylor, S. E., & Seeman, T. E. (2002). Risky families: Family social environments and the mental and physical health of offspring. *Psychological Bulletin, 128*, 330-366.

佐々木掌子（2017）．トランスジェンダーの心理学——多様な性同一性の発達メカニズムと形成——　晃洋書房

政府統計（2012）．平成 23 年民間企業の勤務条件制度等調査（民間企業退職給付調査）統計表 1　企業年金・退職一時金制度の状況　Retrieved from　https://www.e-stat.

go.jp/SG1/estat/GL08020103.do?_toGL08020103_&tclassID=000001038484&cycle
Code=0&requestSender=search

Shaie, K. W. (1994). The course of adult intellectual development. *American Psychologist, 49,* 304-313.

鈴木忠 (2008). 生涯発達のダイナミクス——知の多様性 生きかたの可塑性—— 東京大学出版会

Werker, J. F., & Tees, R. C. (1984). Cross-language speech perception: Evidence for perceptual reorganization during the first year of life. *Infant Behavior and Development, 7,* 49-63.

第2部 乳幼児期の発達をくわしく知る

第 4 章
胎児期・周産期

　私たちヒトは，母親の最終月経から約40週間，受精から約38週間という期間を経て，出生に至る．ヒトは生まれてきた時の状態が，他の動物に比べて未熟であることから**生理的早産**と呼ばれてきた（第3章参照）．しかし，本章で概説するように，ヒトの胎児や新生児は，従来考えられていた以上に，知覚や学習能力を備えた存在であることが，ここ30～40年の発達心理学研究から明らかになってきている．

　特に，超音波断層撮影装置（4Dエコー）を用いた胎児の観察によって，胎児期と新生児期以降の運動や感覚の発達との間には，大きな連続性が存在することがわかってきた．すなわち，胎児は出生後の環境に適応するために，母胎内で運動や感覚機能を発達させ，すでにある種の学習を始めている可能性がある．

　また，母親に関しても，子どもの出産前後の期間において，非常にダイナミックな生理的・心理的変化を経験する．近年の疫学調査や動物研究から，この時期の母体を含む環境要因は，子どもの生涯にわたる発達に対して永続的な影響を与える可能性が示されている．

　本章の前半では，子どもの出生前後（胎児期～新生児期）の行動や感覚，知覚能力の発達，および意識の発達について説明する．また，後半では，子どもの発達に影響を与える可能性がある母体側の要因についても紹介する．

1 出生前の発達

　出生前の期間，すなわち受精から胎児期を経て，出生へと至るまでに，骨格や筋肉，内臓を含む諸器官が形成されるとともに，行動や知覚に関する多くの側面が発達する．本節では，こうした出生前の発達過程について，特に運動と感覚機能の発達に焦点をあてて見ていくことにする．

●細胞期・胎芽期の発達

　ヒトの出生前の発達は，慣習的に三つの発達段階に分けられる．受精後2週目（妊娠4週目）までを**細胞期**，受精後8週目（妊娠10週目）までを**胎芽期**，その後，出生までの時期を**胎児期**と呼ぶ．細胞期は，受精卵が子宮に着床するまでの時期を指し，この着床をもって妊娠が成立したと見なされる．この期間に，受精卵は，2細胞期，4細胞期，8細胞期，桑実胚へと分裂をくり返しながら卵管内を移動し，最終的には，胞胚の状態で子宮の内膜に着床する．

　細胞期が終わり胎芽期になると，神経管が形成され，脳と脊髄からなる中枢神経系が形成され始める．さらに受精後5週目頃から，急速に細胞が分化し，ヒトの生物体としての基本的な構造が集中的に形作られていく．受精後8週目には，身体も約3cm程度の大きさになり，ヒト特有の四肢や指，目や耳，脳などの原型が完成する．第4節で詳しく説明するが，この胎芽期は，薬剤やウイルスなどの催奇形因子の影響を受けやすい**敏感期**とされる．

　胎児の動きとして最初に認められるのは，受精後3週目頃から現れ始める心臓の拍動である．受精後5週目に心臓の拍動が規則的なリズムを示すようになると，次第に胎児の全身がそのリズムによって駆動されるようになり，びくっとするような動きを示す驚愕（様）運動やしゃっくりなどを含む，様々な全身運動を示すようになる（de Vries & Fong, 2006）．胎芽期の終わり頃には，手足が体幹から完全に分離することで，徐々に手足の動きを含む細かな運動に移行し始める．一方で，この時期にはまだ感覚系の大半が機能しておらず，上記の運動については，外部からの刺激への反応かどうか明確ではない．

●胎児期の発達

　胎児期は，胎芽期の終わりから出生までの約 32 週間を指すが，特に，出産前後の期間である妊娠 22 週 0 日から出生後 7 日未満の期間のことを**周産期**と呼ぶ．この周産期以前に胎児が亡くなった場合には流産と呼ぶが，それ以降は死産と呼ばれ，人工妊娠中絶も母体保護法により認められていない．

　胎芽期の終わりには 3 cm ほどだった体長も，胎児期末期には平均 50 cm，体重は平均 3200 g に成長する．胎児はこの期間に，身体器官に加え，出生後の運動や感覚の基盤となる中枢神経系（脳・脊髄）を発達させる．妊娠 12 〜18 週に大脳の神経細胞の生成が活発に行われ，それ以降は脳回・脳溝（脳のしわにあたる部分）の形成や，妊娠中期以降は神経細胞の軸索において髄鞘（ミエリン）化（軸索を流れる電気信号の速度を上昇させるしくみ）が急速に進み，出生時には大脳の重さが 350 〜 400 g に達する．

　母親が子宮内の胎児の動きを胎動として感じられるようになるのは，一般的には妊娠 20 週前後とされているが，4D エコーによる胎児の観察から，母親がまだ胎動を感じていない妊娠 10 週頃から，胎児は自発的な運動や外界の刺激に対する反応を示し始めることがわかっている．

　自発的な動きについては，妊娠 10 週までには，独立した手足の動きが観察されるようになり，呼吸活動のような胸部や腹部の規則的な運動も示し始める．母親が胎動を感じられる妊娠 20 週までには，新生児期に見られる動きの大半が観察されるという（de Vries & Fong, 2006：図 4-1）．また，次に説明するように，口唇部や指に触覚が現れるようになると，手で口唇部周辺にふれる動きや，その後，身体の各部位にふれるような動きが増加する．このような胎児期の運動は，運動神経の発達を促すだけでなく，様々な感覚器官への刺激を生み出し，触覚を初めとする感覚能力の発達に貢献すると考えられる．

　胎児の外界に対する反応のうち，最も早く見られるのが**触覚**による反応である．中絶のために外界に出された胎児の観察から，胎芽期が終わる妊娠 10 週目頃には触覚反応を示すことが報告されている．たとえば，胎児の鼻や唇のあたりを軽くなでると，その刺激の反対側に首を曲げ，逃れるように頭を動かす

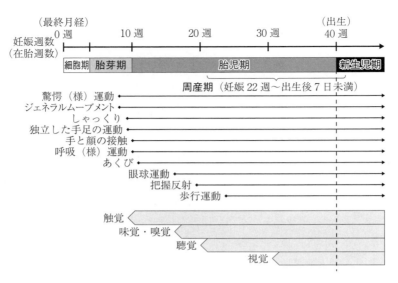

図 4-1 発生から出生までの主な運動・感覚の発達 (de Vries & Fong, 2006 を改変)

反応が生じることが知られている (Hooker, 1952). また, 妊娠 12 週以降には, 胎児の手のひらへの刺激に対して, 不完全だが握るような反応が少しずつ見られ始め, 16 週頃には, 全身の触覚反応が観察される. また, **嗅覚**と**味覚**にかかわる神経組織についても, 妊娠 16 週頃には機能し始めていることがわかっている. この頃から, 羊水の飲み込みや吸い込みが可能になり, 母親が摂取した栄養分に関する様々な匂いや味を, 胎児は羊水を通じて体験していると考えられる (Schaal et al., 1995).

聴覚については, 妊娠 20 週までに内耳や中耳などの基本的な構造が完成する. 20〜27 週の時点では, 500 Hz くらいまでの低い周波数の純音に反応することが報告されており, その後, より高い周波数の純音にも反応を示すようになるという (Hepper & Shahidullah, 1994). また, 胎児の心拍の変化を記録した研究から, 妊娠 32 週以降には, 胎児は母親の声と見知らぬ女性の声の区別や, 聴いた経験のある音声と新規な音声の区別を行っていることが示されており, 胎児はすでに聴覚を介した学習を行っている可能性がある (Kisilevsky et al., 2009). **視覚**に関しては, 感覚系の中でも発達が最も遅く, 視覚機能にかか

わる多くの器官が完成するのは妊娠25週頃である．胎内では外界の光の大半が遮断されるため非常に暗く，胎児期の視覚はほとんど機能していないと考えられてきた．一方で，妊娠終盤の36週以降には，母親の腹壁を透過する強い光に対して胎児が反応するという報告もあり（Kiuchi *et al.*, 2000），出生前から視覚系も徐々に機能し始めていることがわかる．

●**先天性疾患**

　先天性疾患とは，出生児の3〜5％に見られ，生まれつき形態，身体機能，精神機能などに異常を示すものである．先天性疾患には，ダウン症候群や先天性代謝異常などがある．

　ダウン症候群は，通常は2本である21番目の染色体が3本ある染色体異常による疾患であり，先天性心臓疾患，視力や聴力，知的な側面での問題を抱える場合が多い（第13章参照）．ダウン症候群は先天性疾患の4分の1に見られる染色体疾患に区分される．ヒトの体は約60兆個の細胞から構築され，各細胞の中にはそれぞれ46本の染色体があるが，染色体疾患は，染色体の数や形に変化が見られるものである．

　先天性代謝異常（先天性甲状腺機能低下症，先天性副腎過形成症，フェニルケトン尿症（第13章参照），メープルシロップ尿症，ホモシスチン尿症，ガラクトース血症など）は，遺伝子異常によってアミノ酸の代謝を行う酵素の機能低下が生じることに起因する．1977年以降，生後1週間前後の時期に，先天性代謝異常を早期に発見・治療するための血液検査（新生児マス・スクリーニング）が日本全国で実施されている．

2 出生後の発達

　胎児にとって，母親の子宮の外に出るということは，これまで経験することのなかった，光や音，重力などによる様々な感覚刺激にさらされることを意味する．生後28日未満の期間を**新生児期**と呼ぶが，生まれたばかりの新生児は，手足の動きは反射的な動きが中心で，一見まとまりがない．目の動きに関して

も，外界を体系的に見ているような印象は得られない．しかし，近年の発達心理学研究から，この無力に見える新生児期においても，従来想定されていた以上の運動能力や感覚能力を示すことが明らかにされてきている．

●原始反射と運動発達

新生児期に観察される運動の中で最も特徴的なものが，原始反射である．**原始反射**とは，胎児期から新生児期にかけて観察される反射（特定の感覚刺激に対する自動的で即座に生じる定型的な反応）のうち，生後数週間から数カ月間で消失するか，随意運動（自らの意思に基づく運動）などに置き換わっていくものをさす．原始反射は脳幹や脊髄などの大脳皮質下の神経機構（図4-2）により生成されると考えられるが，生後の**中枢神経系の発達**に伴い，皮質の制御が増加することで，反射が消失すると考えられている．

代表的な原始反射としては，大きな音に対して腕を曲げてつかもうとする**驚愕反射**や，乳児の頭を少し落とすと腕を伸ばしながら手をきつく握りしめる**モロー反射**，あおむけの姿勢の際に，頭部が向けられた側の手足が伸び，反対側の手足が曲がる**非対称性緊張性頸反射**（asymmetric tonic neck response: ATNR），口唇部周辺にふれるとそちらに向けて口を開ける**ルーティング反射**，さらに，口唇部にふれたものを吸う**吸啜反射**，足の裏をかかとからつま先に向けてこすると，親指がそり返り，他の指が扇状に開く**バビンスキー反射**などがある．これらは生後数カ月間のうちに消失するが，その後も残存する場合，何らかの神経障害などが疑われるケースがある．

原始反射のうち，随意運動に置き換わるものとしては，手のひらに刺激を与えられると，指を閉じて握ろうとする**把握反射**が挙げられる．把握運動に関しては，生後しばらくは動きが固定的だが，徐々に把握するものに応じてつかみ方を変えることができるようになり，四指と親指で効率的にものをつかむことができるようになる．別の例として，生後早期の乳児に，立った姿勢をさせた状態で足の裏を平らな床にふれさせると，一方の足を一歩前に踏み出すような反応を見せ，さらに身体を前に押し出すと，足を交互に動かしていく．この反応は**歩行反射**と呼ばれ，生後3〜4カ月頃までに一旦消失するが，1歳前後に

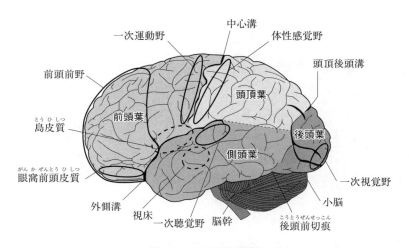

図 4-2 ヒトの脳の概観
ヒトの大脳は，四つの主要な脳溝によって前頭葉・側頭葉・頭頂葉・後頭葉に区分される．

現れる随意的な歩行運動の原型としても解釈することができる．

一方，自発的な動きの大半は，胎児期から引き続き，新生児期にも観察される．中でも全身性の手足のなめらかで複雑な動きのことを，**ジェネラルムーブメント**と呼び，原始反射と同じく，主に皮質下の機構により生成されると考えられている．新生児期以降，このような自発的な手足の動きは，皮質の発達に伴って流暢かつ多様になっていくが，随意運動が増加し始める生後 4 カ月頃には見られなくなる．また，妊娠 37 週未満で出生する早産児（コラム 3 参照）を対象にした研究では，このような自発運動に流暢性や多様性がとぼしい子は，その後の脳性麻痺や認知発達の遅れを示す場合があることが報告されている（Einspieler *et al.*, 2016）．

● **新生児期の感覚能力**

出生を迎え，母親の胎外に出ることで，急激に機能し始めるのが**視覚**である．出生後すぐの時点では網膜や水晶体が十分に機能しておらず，視力は 0.01 〜 0.02 ほどで，焦点距離も約 20 cm 程度で固定されている．しかしこの距離は，新生児が養育者に抱かれた時の両者の顔の平均距離と一致しており，新生児は

出生時から重要な社会的対象である養育者の「顔」を視ることが可能である（第5章参照）.

　触覚や聴覚に関しては，第1節で述べたように，出生以前からすでに大部分が機能していると考えられる．さらに，**聴覚**については，新生児は母語に含まれる母音や子音のみならず，非母語の音声でさえも区別することができる（Kuhl, 2004）．**味覚**に関しては，新生児期には液体の甘味とそれ以外の味を区別でき，大人と同じように，甘味に対して満足そうな表情を見せるが，酸味や苦味に対しては嫌悪の表情を示す．**嗅覚**についても同様に，新生児は快や不快な匂いを提示されると，満足そうな表情や嫌悪の表情を示すことがわかっている（Steiner, 1979；第5章参照）.

　また，新生児は個々の感覚機能を働かせるだけでなく，複数の感覚を協応させながら外界をとらえていることが明らかになっている（第5章参照）. メルツォフ（Meltzoff, A. N.）とムーア（Moore, M. K.）は，新生児が他者の顔の動き（舌出し，口を開ける，など）を再現することを報告し，これを「**新生児模倣**」と呼んだ（Meltzoff & Moore, 1977；第10章参照）. この現象が，実際に模倣と呼べるかどうかについては議論の余地があるが，新生児には，他者の動きに関する視覚情報を，自らの身体感覚に対応づける能力が備わっている可能性がある.

●脳の計測法

　近年，ヒトの脳活動を非侵襲的に計測する装置の普及が進んだために，新生児や乳児の脳が外界の刺激に対してどのような活動をしているかが明らかになってきた（大脳の概観を図4-2に示す）. 脳活動の計測法は，脳の神経活動に伴う微弱な電気的活動を測定する脳波計（electroencephalograph: EEG）や脳磁図（magnetoencephalography: MEG），脳血流量の変化を測定する機能的磁気共鳴画像法（functional magnetic resonance imaging: fMRI）や近赤外分光法（near-infrared spectroscopy: NIRS），の二つに大別できる.

　EEGは，頭表から神経細胞に流れる電流を数ミリ秒の精度で測定するものであり，てんかんの検査にも使用されてきた. しかし，脳の頭表に到達するまで

に，頭蓋骨や皮膚の影響を受けるために，電気信号の発生源を正確に特定しづらいという弱点がある．一方，MEG は，磁場を用いることで脳波計のおよそ1000 万分の 1 の電気信号を測定することができ，電気信号の発生源をある程度推測することができる．

fMRI は，磁場を用いてヒトの脳画像を取得すると同時に，神経活動に伴う血流動態反応を脳全体にわたって調べることができる．これに対して，NIRSでは，近赤外光が脳内の血中ヘモグロビンに吸収されることを利用して，大脳皮質（頭皮下 2 ～ 3 cm ほどの脳部位）の神経活動に伴う血流動態反応を調べることができる．NIRS は身体や頭部を拘束する必要がないため，覚醒状態にある新生児や乳児を対象とした研究に適しているが，脳深部の測定ができないという弱点がある．

NIRS を用いた研究では，生後数日以内の新生児において，視覚，聴覚，触覚といった感覚刺激が与えられた際に，それぞれに対応した大脳皮質の局在的な活動が生じることが報告されている（Shibata *et al.*, 2012）．ちなみに，脳の各部位が異なる機能を担うことを脳の機能局在といい，成人では様々な脳の機能が局在化していることが実証されている．また，6 カ月児は，自分の名前を呼ばれた際に，前頭葉の一部（成人と同様の脳部位）を強く活動させることがわかっており，生後半年の乳児が自分の名前を認識している可能性が明らかになっている（Imafuku *et al.*, 2014）．新生児や乳児の脳活動を測定することで，知覚や行動の背後にある神経基盤やその発達についての理解が今後より一層深まっていくだろう．

3 意識のめばえ

第 1 節と第 2 節では，ヒトは胎児期や新生児期からすでに，様々な感覚能力を発達させていることを見てきた．一方で，自分の身体や外界に対する気づき，つまり意識は，いつから私たちの心にめばえるのだろうか．こうした問いは，胎児の人工妊娠中絶がいつまで許されるべきか，あるいは，侵襲的な医療処置が必要な新生児に対してどのようにケアをするべきか，などの倫理的問題を考

える上でも重要な問いである．本節では，私たちの意識にかかわる重要なしく
みの一つである睡眠─覚醒リズムの形成や，意識の中核となる「自己」のめば
えを示唆する知見を紹介する．

●睡眠─覚醒リズムの発達

　私たちは毎日，眠ることで無意識を経験し，眠りから覚めることで意識を経
験する．こうした睡眠と覚醒のリズムは，意識が成立する上で欠かすことので
きない脳と身体のしくみと言えよう．

　成人の睡眠は，1日約8時間前後の主睡眠をまとめて取る単相性の睡眠であ
り，睡眠─覚醒のリズムが約24時間周期の**概日リズム**（サーカディアンリズム）
に従っている．また睡眠中には，**レム睡眠とノンレム睡眠**の規則的なサイクル
をくり返す．レム睡眠時には**急速眼球運動**（rapid eye movement: REM）を頻
繁に示し，心拍や呼吸なども不規則だが，ノンレム睡眠時には急速眼球運動は
観察されず，心拍や呼吸も規則的である．

　では，このような睡眠─覚醒リズムの特徴はいつから見られ始めるのだろう
か．第1節で紹介したように，胎児期には子宮内で様々な運動が観察される．
しかし胎児期には，母胎から供給される酸素濃度は非常に低く，胎盤で生成さ
れる鎮静作用のあるステロイドホルモンの影響を受けるため，1日の大半が睡
眠状態であり，覚醒の水準は非常に低いと考えられている（Mellor *et al.*, 2005）．
胎児期の睡眠については，妊娠7カ月以前は，特徴的な睡眠パターンは観察さ
れないが，妊娠28～30週頃には，眼球運動や体動，不規則な呼吸を伴う動睡
眠（レム睡眠の原型）が観察されるようになる．そして36週頃には，心拍や呼
吸が規則的で，眼球運動を伴わない静睡眠（ノンレム睡眠の原型）が徐々に現
れ始める．その後，出産が近づくにつれて，動睡眠の割合は徐々に減少し，安
定した40～90分程度の周期を持つ動睡眠と静睡眠のサイクル（ウルトラジア
ンリズム）を示すようになる．ただし，成人ではレム睡眠の割合が睡眠の約2
割程度を占めるが，妊娠32週頃の胎児では，動睡眠の割合が睡眠の約8割を
占めている．

　前述のように，胎児期にはその大半を睡眠の状態で過ごしていると考えられ

るが，出生を迎えることで覚醒度が急激に上昇する．胎外に出る際に産道から頭部にかかる圧力や，羊水の蒸発による冷却効果，へその緒（臍帯）の切断，胎盤の鎮静ホルモンの喪失などの様々なストレスが，新生児に高い覚醒状態を生じさせる．母胎から出た直後はこうした急激な覚醒度の上昇により，産声（第一啼泣）が生じ，肺呼吸が開始される（Lagercrantz, 2014）.

　新生児期には，睡眠時間が 1 日のうちの約 7 割以上を占め，睡眠と覚醒の時間帯が分散した**多相性睡眠**を示す．この時期の睡眠については，生体時計による概日リズムも形成されておらず，動睡眠と静睡眠のウルトラジアンリズムに従っている．また，睡眠の構造についても，胎児期と同様に動睡眠が大半を占めるが，新生児期以降は，動睡眠の減少とともに覚醒の時間が増え，生後 2 ～ 6 カ月頃には，昼間は覚醒が多く，夜間は安定した睡眠を示す概日リズムが見られるようになる（Sheldon, 2014）．こうした出生後の睡眠—覚醒リズムの発達は，脳や身体の生体時計の発達によるものだが，同時に，意識状態を維持，拡大していくための重要な基盤になっていくと考えられる．

●**自己意識のめばえ**

　私たちが感覚を主観的に経験するためには，皮膚や目，耳などの感覚器によって，脳が物理的世界の情報を受け取るだけでなく，感覚情報が大脳皮質において統合的に処理されることが必要条件だと考えられる（コッホ，2014）．近年の脳イメージング研究により，感覚情報の伝達経路である視床と大脳皮質をつなぐ「視床—皮質経路」が形成され，皮質上で感覚情報が処理され始めるのは，おおよそ妊娠 24 週頃であることがわかってきた．したがって，この時期以降の胎児には何らかの意識がめばえている可能性があり，その意味では多くの国で人工妊娠中絶が禁止されるのが 20 ～ 25 週であることは，理にかなっていると言える（Lagercrantz, 2014）.

　前述のように，子宮内の胎児は鎮静状態にあり，覚醒度が非常に低いことから，胎児は基本的に無意識の状態にあると考えられる．しかし，妊娠 37 週よりも早期に出生する早産児は，妊娠 24 週以降，様々な感覚を「意識」し始めている可能性がある．たとえば，早産児を対象に，注射などの侵襲刺激に対す

る大脳皮質の活動を近赤外分光法（NIRS）により調べると，身体感覚の処理を担う体性感覚野（図4-2）が活動していることが報告されている（Slater *et al.*, 2006）．さらに，こうした侵襲刺激に対する脳活動は，睡眠時にくらべ，覚醒時のほうが大きいという．したがって，この時期の早産児は，すでに「痛み」のようなものを少しずつ感じ始めているのかもしれない．

新生児期までには，外界の物理的刺激の弁別や学習能力を見せるようになり，視覚や聴覚，触覚といった感覚刺激が与えられた際，皮質における局在的な活動が生じる（Shibata *et al.*, 2012）．また，成人では意識との関連が示唆されている脳の機能的ネットワーク（デフォルトモードネットワーク）の原型にあたる脳活動が，新生児期にはすでに観察されている（Fransson *et al.*, 2009）．こうした知見は，必ずしも妊娠後期の胎児や新生児が，大人のような意識を持つことを示すものではないが，少なくとも意識がめばえる重要な発達過程を反映していると考えられる．

本節の最後に，私たちの意識の中核となる「自己」の意識がめばえる過程についてふれる．第1節で見てきたように，触覚は胎児期の前半からいち早く機能し始める．さらに，胎児は手で身体の各部位をさわるような運動を長い時間示すことが観察されており，出産までには，ほぼ全身に手でふれると考えられる．胎児は，このような触覚や運動経験を通して，自分の身体や外界との境界線について学び始めている可能性がある．このような可能性を支持する知見として，新生児のルーティング反射（第2節参照）は，他者の指で口唇部周辺をさわった時には生じるが，自身の指でふれさせた時には生じないことがわかっている（Rochat & Hespos, 1997）．このことから，新生児期にはすでに触覚による自己と外界との区別が獲得されつつあり，自己身体についての知識や気づきがある程度存在している可能性が高い．

以上をまとめると，少なくとも胎児期の後半には，意識が成立するための脳のしくみが発達しつつあり，特に早期に出生した早産児や新生児では，自分の身体や外界の感覚に気づき始めている可能性がある．また，胎児期初期からの触覚や運動経験を通じて，物理的環境の知覚によって成立する**生態学的自己**（エコロジカルセルフ：Neisser, 1988）が獲得されると考えられる．一方で，こ

の時期の意識状態は，大人が持つ意識の様相とは大きく異なると予想されるが，出生後の大脳皮質や睡眠─覚醒リズムの発達に伴い，意識もより成熟したものになっていくと考えられる．さらに，自己や他者についての高次な概念や自伝的記憶（自身が経験した出来事に関する記憶）の形成については，言語を含む認知能力や社会性の発達を待つ必要がある（第7章参照）．

4 胎児期の母体からの影響

　胎児は，母親が妊娠して以降の期間を母体内で過ごす．子宮内にある**胎盤**は，胎児の生命維持や成長に寄与しており，胎児と母体をつなぐへその緒を通じて，酸素や栄養素，老廃物などの様々な物質を運ぶ働きを担う．これは，母親が体内に取り入れたものは，胎児にも運ばれることを意味する．胎児にとって，母体が環境のすべてであるといっても過言ではない．

●母体から胎児へ

　胎児期は脳が加速度的に発達する重要な時期である．近年では，胎児期や生後早期の環境が，成長後の心疾患や高血圧，糖尿病，精神神経疾患などの疾病リスクに長期的に影響を及ぼすという考え方が提唱されており（developmental origins of health and disease: **DOHaD 仮説**），多くの疫学調査や動物実験で支持されている．したがって，胎児期における**母体からの影響**は見過ごすことのできない問題である．

　ここからは，母体からの影響についての実例を紹介する．母体は妊娠初期においては，悪阻という，吐き気，食べ物への嫌悪，心理的不安定，などの症状が見られる生理現象にみまわれる．1950 年代末から 60 年代初めに，つわりを緩和する**サリドマイド**を服用した母親の一部から，身体の形成不全を抱えた奇形児が出生する事例が起こり，大きな社会問題となった．ちなみに，サリドマイドのような催奇形性（妊娠中の女性が薬を服用した際に，胎児が奇形を伴う危険性）を持つ物質を**テラトゲン**という．妊娠中の女性に医師が薬を処方する場合には，薬剤師が妊婦に対して**服薬**指導を十分に行う必要がある．また，母体

67

が妊娠初期に風疹にかかると，ウイルスが胎児に感染して，先天性風疹症候群を引き起こすことがある．先天性風疹症候群では，難聴や白内障，先天性心疾患などの症状が乳児に見られる．とりわけ，胎芽期は，多くの器官が形成される時期であり，これらの外的な影響を受けやすいと考えられている．

●飲酒・喫煙の影響

　妊娠中の女性の飲酒や喫煙は，胎児に様々な悪影響を及ぼす．たとえば，母親の習慣的な飲酒は，**胎児性アルコール症候群**を引き起こす．胎児性アルコール症候群は，顔面を中心とする奇形や脳の異常，知的能力障害などを呈する，**先天性疾患**の一つである．**喫煙**の影響については，喫煙により母体に取り込まれる**ニコチン**や**一酸化炭素**が，末梢血管の収縮による血流の悪化や血液中の**酸素欠乏**をきたす．これが，母体から胎児への栄養供給を阻害すると考えられる．

　胎児期に母親の飲酒や喫煙にさらされた子どもは，注意欠如・多動症（ADHD）（第13章参照）の発症リスクや，攻撃，非行，犯罪などの外在化問題行動，認知機能の低下のリスクが増加することが実証されつつある（Huizink & Mulder, 2006）．また，このような子どもへの影響は，軽度の飲酒（1日にグラス1杯）の場合や，受動喫煙の場合についても報告されている．さらに，母親の飲酒や喫煙は胎盤の機能低下につながり，流産や**早産**（妊娠37週未満での出生），**低出生体重**（体重2500 g未満での出生）のリスク因子となる．

---

⑤ 産後の母親の心理的問題

　出産は，新しい家族の誕生という大変に喜ばしい出来事である．しかし，出産してしばらくの間は，母親の精神健康上の問題が起こりやすい時期でもある．本節では，産後の母親の心理的問題について論じる．

　母親が産後にかかる精神症状として，マタニティブルー，産後うつ，産褥期精神病がある．これらを総称して，産褥期精神障害と呼ぶ．ちなみに，産褥期は，分娩後に妊娠によって変化した身体が，妊娠していない時の状態に戻るまでの期間（およそ6〜8週間）を指す．

●産褥期精神障害（マタニティブルー，産後うつ，産褥期精神病）

マタニティブルーは，産後およそ 2 ～ 10 日頃に発症する一過性の精神障害であり，日本では約 20％の母親が経験する（Ishikawa *et al.*, 2011）．主な評価基準としては，①特別な状況と関連なく泣きたくなる，実際に（数分間）泣くなどの涙もろさ，②抑うつ感（物事をくよくよ考える，いらいらする，など），の二つの症状と，③不安（過度の心配），④緊張感，⑤落ち着きのなさ，⑥疲労感，⑦食欲不振，⑧集中困難，の症状のうち少なくとも 2 項目を満たすこととされている（山下，1994）．

産後うつは，産後およそ数週間～数カ月以内に発症し，大半が半年以内に改善する．約 10 ～ 15％の母親が経験し，精神症状（不安，緊張，抑うつ感，罪悪感など）と身体症状（疲労感，頭痛，食欲不振など）が見られる（O'Hara & Swain, 1996）．

産褥期精神病は，産後およそ 1 ～ 4 週間の間に妄想，幻覚，興奮，錯乱状態などの症状が見られ，約 0.1 ～ 0.2％の母親が経験する比較的まれなものである．この症状によって，母親や子どもの安全や幸福が危険にさらされることもある．そのため，産褥期精神病には迅速な診断が求められ，適切な治療を行うことで，母親，子どもや家族が安心して生活できるようにする必要がある（Sit, *et al.*, 2006）．

これらの**産褥期精神障害**の原因については，複合的な要因によると考えられている（Brunton & Russell, 2008）．まず，出産に伴う大きな環境変化があげられる．子育てを通じて，母親としての責任を感じることや，子どもの育児や母乳に関連した不安や悩みがストレス要因となり，母親の身体生理機能に大きな変化を及ぼすと考えられる．加えて，育児に伴う身体的な疲労，配偶者を含む周囲のサポート，遺伝，初産かどうかなどの要因もあげられる．さらに，母親の**ホルモンバランス**の急激な変化があげられる．たとえば，妊娠中には，女性ホルモンとして知られるエストロゲンとプロゲステロンが妊娠や出産のために多く分泌されるが，産後はこれらの値が大きく低下する．女性ホルモンは，脳内の情報伝達を担う神経伝達物質（セロトニン，ドーパミン，ノルアドレナリ

ン）の働きに影響を与えるため，産後はその活性が低下する可能性がある．神経伝達物質が不活性化すると，前頭葉の機能が低下することで意欲や思考が減退する．

ここまで，産褥期精神障害に寄与する要因について論じてきた．しかし，産褥期精神障害の原因の解明や治療法の確立については多くの研究が行われているものの，その統一的な見解は得られておらず，未だ十分とは言えない．今後の研究が待たれるところである．

●産後うつと子どもの発達

産後うつは，子どもに対する養育行動にどのような影響を及ぼすのだろうか．初産の5カ月児の母親を対象に，ストレスのかかる母子相互作用（母親が無表情のまま子どもと2分間対面する）後の期間における母親の子どもに対するかかわり方とうつ症状との関連を調べた研究がある（Musser *et al.*, 2012）．このような場面で，母親は自分のストレスではなく，子どもの不快な情動状態を軽減する行動をとる必要がある．しかし，うつ症状の強い母親は，子どもに対してそのような行動をとることが難しい傾向にあった．また，うつの母親は，対乳児発話（高いピッチ，遅いテンポ，誇張されたイントネーションなどの音響特徴を持つ乳児に向けた発声）を用いることが少なく，語りかけの頻度も少ない（Robb, 1999）．母子の健康にかかわる行動（授乳，寝かしつけなど）についても，うつの母親ではその頻度が低いことがわかった（Paulson *et al.*, 2006）．

次に，産後うつが，子どもの発達に及ぼす影響について見ていく．産後うつの母親の子どもは，乳幼児期以降に運動や認知，コミュニケーションの発達が遅れ，学業の成績が低い傾向にあることがわかっている（Feldman, 2015）．さらに，学童期において，うつの母親の子どもは他者の痛みを自分のことのように感じる情動的共感の能力が低く，ひきこもりや精神疾患のリスクが高い（Pratt *et al.*, 2017）．これらの知見は，産後うつが母親の養育行動を変化させて，子どもの発達によくない影響を及ぼすことを示している．

近年の脳画像研究から，産後うつの母親における脳活動の特徴が明らかになってきた．初産の15〜18カ月児を持つうつの母親と健康な母親を対象に，自

分の子どもと他人の子どもの表情を観察した際の脳活動が，機能的磁気共鳴画像法（fMRI）を用いて計測された（Laurent & Ablow, 2013）．その結果，うつの母親では，自分の子どもの喜びの表情を観察した時に，共感や情動認識にかかわる眼窩前頭皮質と島皮質（図4-2）の活動が低かった．このような，子どもの喜びに対する共感を表す脳活動の欠落は，養育に対する動機づけの低下や，快の情動を子どもと共有する機会を狭めることにつながる可能性がある．

　最後に，産後の母親と子どもへのケアについて紹介する．従来から，産後うつは心理療法や投薬療法などによる治療が一般的である．また，医療現場で注目を集めているものにカンガルーケアがある．**カンガルーケア**は，出産後に母親の胸もとで乳児と皮膚をふれ合わせるものであり，近年，母親のストレスの低減や産後うつの予防につながることが明らかになってきた（Badr & Zauszniewski, 2017）．これは，皮膚接触を伴う母子相互作用によって，**オキシトシン**と呼ばれるホルモンが放出されることで，母体のストレスが低下することによるものだと考えられている．オキシトシンは，分娩や授乳に関与することが知られており，ストレス反応を抑制する働きをする．オキシトシンは他に，養育に対する動機づけや情動認識を促進する働きがあることが知られている．したがって，カンガルーケアによる母体のオキシトシンの上昇が，子どもに対する母親の愛着や養育行動によい影響を及ぼす可能性も考えられる．さらに，産後に母子分離を経験する早産児では，カンガルーケアによる早期介入が，母子の愛着形成や子どもの発達予後を促進することが，長期縦断研究によって実証されている（Feldman, 2015）．ただし，カンガルーケア中の事故なども報告されているため，カンガルーケアは医療機関で医師の十分な説明，看護師・助産師の観察のもとに行われる必要がある．

　本節では，産後の母親が抱える心理的問題やそれが子どもの発達に及ぼす影響について述べてきた．DOHaD仮説で提唱されているように，生後早期の環境が成人期の疾患リスクと関連するとすれば，産後の母親における精神健康上の問題も，子どもの発達に長期的な影響を及ぼす可能性が考えられる．しかし，これらの問題の長期縦断的な検証が，日本ではまだ十分に行われていないため，当該分野のさらなる研究推進が期待される．同時に，日本社会で産後の母親の

心理的問題に対してどのような対策をする必要があるのかについて検討していく必要があるだろう．

> **コラム●3　早産児の認知発達**
>
> 　近年の日本では，通常よりも早期に出生する早産児や低出生体重児が，年々増加傾向にある（吉田他，2014）．これは医療技術の進歩や高齢出産の増加など，様々な要因が関与している．一方で，重篤な合併症を持たない早産児においても，認知機能や言語能力，学業成績が低下する傾向や，発達障害（第13章参照）のリスクが高いことが明らかになってきた．したがって，早産児の出生早期からの行動や生理，認知発達の過程を詳細に調べていくことは重要である．
>
> 　今福らは，乳児期の早産児と満期産児において，他者に対する注意機能に差異があるのかを，視線計測装置を用いて調べた（Imafuku *et al.*, 2017）．視線計測装置は，微弱な近赤外線を照射することで，観察者が画面のどこを，どのくらい
>
>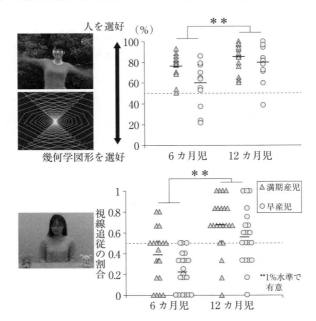
>
> 図　満期産児と早産児の他者に対する注意機能の違い
> （Imafuku *et al.*, 2017 を一部改変）

長く見ているのかを正確に計測することができる．その結果，早産児は満期産児に比べて「人に対する興味」や「人の視線を追う能力」の弱さを示した（図）．他者に対する注意機能は，他者の心的状態を推測する能力や言語能力の発達と関連すると考えられている．したがって，早産児の他者に対する注意機能が，発達予後とどのように関連するのかを慎重に検討する必要がある．

　こうした早産に伴うリスクの原因に関しては未だ十分に解明されていないが，新生児集中治療室（NICU）において，光やノイズ，痛みを伴う処置などのストレスにさらされることがその原因の一つだと考えられている．新屋らは，出産予定日付近の早産児の自律神経系活動の評価を行ったところ，満期産新生児にくらべて，興奮の鎮静にかかわる副交感神経の活動が低く，泣き声のピッチが高いことを明らかにした（Shinya *et al.*, 2016）．発達早期には，自律神経活動や睡眠─覚醒リズムを司る脳幹（図4-2）の異常が，その後の大脳皮質の発達や，認知発達にも影響を及ぼす可能性が示唆されており，ストレスの低減を目的とした早期環境の改善が求められる．

［さらに学びたい人のために］

明和政子（2009）．まねが育むヒトの心　岩波書店

［引用文献］

Badr, H. A., & Zauszniewski, J. A. (2017). Kangaroo care and postpartum depression: The role of oxytocin. *International Journal of Nursing Sciences, 4*, 179-183.

Brunton, P. J., & Russell, J. A. (2008). The expectant brain: adapting for motherhood. *Nature Reviews Neuroscience, 9*, 11-25.

Einspieler, C., Bos, A. F., Libertus, M. E., & Marschik, P. B. (2016). The General Movement Assessment Helps Us to Identify Preterm Infants at Risk for Cognitive Dysfunction. *Frontiers in Psychology, 7*, 541-548.

Feldman, R. (2015). Sensitive periods in human social development: New insights from research on oxytocin, synchrony, and high-risk parenting. *Development and Psychopathology, 27* (2), 369-395.

Fransson, P., Skiöld, B., Engström, M., Hallberg, B., Mosskin, M., Aden, U., ... Blennow, M. (2009). Spontaneous brain activity in the newborn brain during natural sleep: An fMRI study in infants born at full term. *Pediatric Research, 66 (3),* 301–305.

Hepper, P. G., & Shahidullah, B. S. (1994). Development of fetal hearing. *Archives of Disease in Childhood, 71 (2),* F81–87.

Hooker, D. (1952). *The prenatal origin of behavior.* Thesis. University of Knasas.

Huizink, A. C., & Mulder, E. J. H. (2006). Maternal smoking, drinking or cannabis use during pregnancy and neurobehavioral and cognitive functioning in human offspring. *Neuroscience and Biobehavioral Reviews, 30,* 24–41.

Imafuku, M., Hakuno, Y., Uchida-Ota, M., Yamamoto, J., & Minagawa, Y. (2014). "Mom called me!" Behavioral and prefrontal responses of infants to self-names spoken by their mothers. *NeuroImage, 103,* 476–484.

Imafuku, M., Kawai, M., Niwa, F., Shinya, Y., Inagawa, M., & Myowa-Yamakoshi, M. (2017). Preference for dynamic human images and gaze-following abilities in preterm infants at 6 and 12 months of age: An eye-tracking study. *Infancy, 22 (2),* 223–239.

Ishikawa, N., Goto, S., Murase, S., Kanai, A., Masuda, T., Aleksic, B. ... Ozaki, N. (2011). Prospective study of maternal depressive symptomatology among Japanese women. *Journal of Psychosomatic Research, 71,* 264–269.

Kisilevsky, B. S., Hains, S. M. J., Brown, C. A., Lee, C. T., Cowperthwaite, B., Stutzman, S. S. ... Wang, Z. (2009). Fetal sensitivity to properties of maternal speech and language. *Infant Behavior and Development, 32 (1),* 59–71.

Kiuchi, M., Nagata, N., Ikeno, S., & Terakawa, N. (2000). The relationship between the response to external light stimulation and behavioral states in the human fetus: How it differs from vibroacoustic stimulation. *Early Human Development, 58 (2),* 153–165.

コッホ，C.　土谷尚嗣・小畑史哉（訳）（2014）．意識をめぐる冒険　岩波書店

Kuhl, P. K. (2004). Early language acquisition: Cracking the speech code. *Nature Reviews Neuroscience, 5,* 831–843.

Lagercrantz, H. (2014). The emergence of consciousness: Science and ethics. *Seminars in Fetal and Neonatal Medicine, 19 (5),* 300–305.

Laurent, H. K., & Ablow, J. C. (2013). A face a mother could love: Depression-related maternal neural responses to infant emotion faces. *Social Neuroscience, 8 (3),* 228–239.

Mellor, D. J., Diesch, T. J., Gunn, A. J., & Bennet, L. (2005). The importance of "awareness" for understanding fetal pain. *Brain Research Reviews, 49 (3),* 455–471.

Meltzoff, A. N., & Moore, M. K. (1977). Imitation of facial and manual gestures by human neonates. *Science, 198,* 75–78.

Musser, E. D., Ablow, J. C., & Measelle, J. R. (2012). Predicting maternal sensitivity: The roles of postnatal depressive symptoms and parasympathetic dysregulation. *Infant Mental Health Journal, 33 (4),* 350–359.

Neisser, U. (1988) . Five kinds of self-knowledge. *Philosophical Psychology, 1 (1),* 35–59.

O'Hara, M. W., & Swain, A. M. (1996). Rates and risk of postpartum depression: A meta-analysis. *International Review of Psychiatry, 8,* 37–54.

Paulson, J. F., Dauber, S., & Leiferman, J. A. (2006). Individual and combined effects of postpartum depression in mothers and fathers on parenting behavior. *Pediatrics, 118 (2),* 659–668.

Pratt, M., Goldstein, A., Levy, J., & Feldman, R. (2017). Maternal depression across the first years of life impacts the neural basis of empathy in preadolescence. *Journal of the American Academy of Child and Adolescent Psychiatry, 56 (1),* 20.

Robb, L. (1999). Emotional musicality in mother-infant vocal affect, and an acoustic study of postnatal depression. *Musicae Scientiae, 3 (1),* 123–154.

Rochat, P., & Hespos, S. J. (1997). Differential rooting response by neonates: evidence for an early sense of self. *Early Development and Parenting, 6,* 105–112.

Schaal, B., Orgeur, P., & Rognon, C. (1995). Odor sensing in the human fetus: Anatomical, functional, and chemo-ecological bases. In J.-P. Lecanuet, W. P. Fifer, N. A. Krasnegor, & W. P. Smotherman (Eds.), *Fetal development: A psychobiological perspective.* Hillsdale, NJ: Lawrence Erlbaum.

Sheldon, S. H. (2014). Development of sleep in infants and children. In S. H. Sheldon, R. Ferber, M. H. Kryger, & D. Gozal (Eds.), *Principles and practice of pediatric sleep medicine* (2nd ed.). Philadelphia, PA: Elsevier Saunders.

Shibata, M., Fuchino, Y., Naoi, N., Kohno, S., Kawai, M., Okanoya, K., & Myowa-Yamakoshi, M. (2012). Broad cortical activation in response to tactile stimulation in newborns. *NeuroReport, 23 (6),* 373-377.

Shinya, Y., Kawai, M., Niwa, F., & Myowa-Yamakoshi, M. (2016). Associations between respiratory arrhythmia and fundamental frequency of spontaneous crying in preterm and term infants at term-equivalent age. *Developmental Psychobiology, 58 (6),* 724-733.

Sit, D., Rothschild, A. J., & Wisner, K. L. (2006). A review of postpartum psychosis. *Journal of Womens Health (Larchmt), 15,* 352-368.

Slater, R., Cantarella, A., Gallella, S., Worley, A., Boyd, S., Meek, J., & Fitzgerald, M. (2006). Cortical pain responses in human infants. *Journal of Neuroscience, 26 (14),* 3662-3666.

Steiner, J. E. (1979). Human facial expression in response to taste and smell stimulation. *Advances in Child Development and Behavior, 13,* 257-274.

de Vries, J. I. P., & Fong, B. F. (2006). Normal fetal motility: An overview. *Ultrasound in Obstetrics and Gynecology, 27,* 701-711.

山下幼 (1994). マタニティーブルーズの本邦における実態とその対策——診断基準とスクリーニングシステムの構築について—— 厚生省心身障害研究報告書 pp. 26-29.

吉田穂波・加藤則子・横山徹爾 (2014). 人口動態統計からみた長期的な出生時体重の変化と要因について 保健医療科学, *63 (1),* 2-16.

第 **5** 章

感覚・運動の発達

1 新生児や乳児の感覚を調べる方法

　新生児の感覚, 運動機能は, 非常に長い間未熟だと考えられてきた. しかしながら20世紀半ば以降数々の実験的手法が開発されるとともに, 新生児や乳児も, 視覚, 聴覚, 触覚, 嗅覚, 味覚などの感覚から環境を知覚していることが示されてきた. ここでは, 新生児期や乳児期の感覚や知覚を調べるために用いられる代表的な実験的手法について説明する.

●選好注視法

　生後まもない新生児や乳児も, 近距離にある対象や養育者の顔を見つめたり, 動いているものに視線を向けて追従したりする. このような乳児の自発的な注視反応を利用した実験的手法の一つに, **選好注視法**という手法がある. 20世紀半ば頃に発達心理学者, **ファンツ**（Fantz, R. L.）によって開発された.

　選好注視法では, 乳児に対して二つの視覚刺激を呈示する. 乳児が, 二つの視覚刺激のうち, いずれか一方をより長く注視すれば, 二つの刺激の違いを弁別している（見分けている）と見なす. つまり, 乳児がそれぞれの視覚刺激を注視した時間を計測し, 二つの刺激間の注視時間の間に統計的な偏り（自発的選好あるいは選好）があるかどうかを分析する.

　ファンツによれば, 乳児は特定の視覚的な特徴に対して自発的選好を示す傾

77

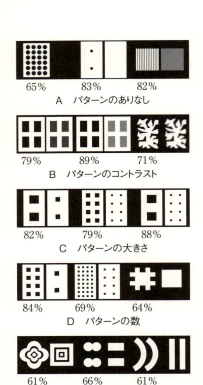

図 5-1 新生児の好みを調べたペア図形（Fantz & Yeh, 1979）
それぞれ左右で一つ（計15）のペア．すべて右側より左側の図形のほうを乳児は長く注視した．左側の図形の下にある数値は，長く注視した割合を表す．

向があるという．たとえば，顔のような図形，よりコントラストの強い図形，より大きい図形，より複雑な図形，より数の多い図形などを，そうでない図形よりも選好する（Fantz, 1961, 1963; Fantz & Yeh, 1979：図 5-1）．こうした性質を利用して，視力や立体視（第3節参照），顔認識（第2節参照）などの視覚機能が測定されてきた．選好注視法は，注視反応を利用するため，乳児はもちろん，生まれたばかりの新生児にも適用が可能である．一方で，もし，二つの刺激間に注視時間の偏りが見られない場合でも，必ずしも乳児がそれらの刺激を弁別できないことを示すものではないことから，乳児の弁別能力を過小評価する可能性がある．

● 馴化—脱馴化法・期待背反法

二つの刺激間に選好の偏りが見られない場合にも有効な手法として，**馴化—脱馴化法**（あるいは馴化法）という手法がある．乳児が，見慣れた対象よりも，新奇な対象のほうをより長く注視する性質を利用して弁別能力を調べる．

まず，乳児に対して，同一の視覚刺激を繰り返し呈示すると，注視時間が次第に減少する（馴化）．その後，新奇な視覚刺激を呈示することにより，注視時間の回復が見られるならば（脱馴化），二つの刺激の違いを弁別していると見なす（Fantz, 1964; Saayman *et al.*, 1964）．

また，馴化法の派生的な手法に，**期待背反法**がある（Baillargeon, 1985）．特定の事象に引き続いて，ある事象が生じることが予想される場合に，予想に反

する新奇で不自然な事象が生じると注視時間が増加する．この性質を利用して，乳児の物理法則に関する知識や数の概念などの認知能力について調べることができる．たとえば，目の前に存在する物が何かで隠されてしまい見えなくなったとしてもそこに存在し続けること（**対象の永続性**）を理解しているかどうか，足し算，引き算のような数の概念を持っているかどうかについても，期待背反法を用いて調べたものがある（第8章参照）．

② 感覚の発達

　前節で述べたような手法などにより，新生児期，乳幼児期の感覚の発達過程が明らかになってきた．新生児の**視覚**の機能は未成熟であるが，生後1年の間に急激に発達する．また，視覚に比べると，聴覚，触覚，味覚，嗅覚の機能は早期に発達する（コラム4参照）．ここでは，視力の発達，母親への選好，感覚間の協応（対応関係）を例に，新生児や乳児の知覚能力について説明する．

●視力の発達

　乳児の視覚的な能力を表す一つの指標として，視力があげられる．視力とは，細かいパターンの違いを識別する能力ということができる．視力が高ければ鮮明な像を見ており，小さな視覚的な変化にも気づくが，視力が低ければ像はぼんやりとしたものになり，大きな視覚的な変化でないと気づくことができない．

　現在の日本では，成人を対象とした視力測定にはランドルト環（「C」のような形状の図形）を用いて，図形の切れ目の方向を正確に報告できるかどうかを調べることが多い．一方，選好注視法によって乳幼児の視力を測定する場合，白と黒の縞模様のパターンを用いることが多い．乳幼児に対して，灰色の横長の板の左右いずれかに白と黒の縞模様のパターンを呈示して，縞模様のパターンのほうをより長く注視するかどうかを調べる（図5-2）．成人の視力測定では，ランドルト環が小さくなるほど，図形の切れ目の部分の幅は小さくなる．切れ目の方向を正しく判断できる最小の切れ目の幅を視力として記録する．それに対して，乳幼児の視力測定では，白と黒の縞の幅をより細かくすることによっ

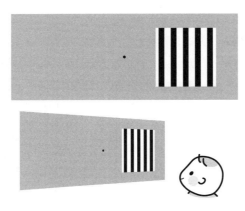

図 5-2 乳児の視力測定で用いられるパターンの例（上）と測定の様子（下）

て，縞模様のパターンに対する選好が生じるのに必要な最小の縞の幅を調べ，視力の単位に換算して記録する．

選好注視法を用いた視力測定では，生後1カ月の新生児の視力は，およそ0.01〜0.02程度で（第4章参照），生後半年までに0.1〜0.2程度になり，3歳から7歳頃までに成人に近づくと言われている（Atkinson, 2000; Braddick & Atkinson, 2011）．成人に比べると，乳幼児は近視と言える．また，視力は生後1年の間に急速に発達し，その後も幼児期にかけて徐々に発達する．

● **母親への選好**

乳児にとって母親を認識することは，社会的関係を築く上で大変重要な能力の一つである．また，母親にとっても，乳児への注意や関心，反応を促進する効果がある．乳児が母親や養育者などに対して愛着を形成する以前から，乳児は母親に対して選好を示すのではないかと考えられてきた．そして，発達初期から，視覚，聴覚，嗅覚など，様々な感覚を手がかりにして，母親に対する選好や母親を識別する能力の萌芽が見られることが示されてきた．

聴覚は，胎児期の後半にはすでに機能し始める（第4章参照）．胎児は，羊水を通して外界の環境の音を聞くため，胎内に届く音の大きさや高さの範囲は限られているものの，外界の音や話し声を聞くことができる．特に，母親の声や心音，身体から生み出される音は，外界からだけではなく体内からも振動として伝わるため，胎児が最も頻繁に経験する音の一つだと考えられる．また，生後3日の新生児は，自分の母親の声がより聞こえるように，哺乳行動を変化させることもわかっている（DeCasper & Fifer, 1980）．その他にも，新生児が，声を手がかりに母親と別の女性の違いを区別できることも確かめられている

(Mehler *et al.*, 1978).

　嗅覚についても，母親に対する選好が生じるという報告がある．たとえば，母乳哺育を受けている乳児に対して，母親の母乳を染みこませた布と授乳中の別の女性の母乳を染みこませた布を呈示すると，母親の母乳を染みこませた布のほうにより頻繁に顔を向けることがわかった．乳児は，母親の匂いに対して選好を示したと言える（Russell, 1976）．また，出産後まもない母親は，乳児が着ていた衣服がわが子のものかどうかを，匂いを手がかりに識別できるとの報告もある（Porter *et al.*, 1983）．このことから，発達初期には，嗅覚が母子間の関係を深める上で重要な役割を果たしていると考えられる．

　それに対して，**視覚**による母親への選好については議論が続いている．これまでの研究から，生後4日の新生児は，見知らぬ女性よりも母親の顔のほうを長く注視することが報告されている（Bushnell *et al.*, 1989）．しかし，新生児の顔の識別には，成人とは異なる視覚手がかりが用いられているという指摘もある．たとえば，母親と見知らぬ女性の頭部をスカーフで覆って，髪型や顔の輪郭のような外部の特徴が見えないようにすると，生後4日の新生児は母親の顔に対して選好を示さない（Pascalis *et al.*, 1995）．このことから，新生児は，成人とは異なり，外部の特徴を手がかりにして母親の顔を識別していると言える．成人のように，目，鼻，口の配置など，内部の特徴を手がかりに顔を識別するようになるのは，生後4カ月頃からと言われている（Bushnell, 1982）．

　以上をまとめると，聴覚や嗅覚による母親への選好は発達初期から観察されるのに対し，視覚ではそうした傾向は限定的にしか見られないと言える．

●感覚間の協応

　前項で見てきたように，感覚機能の発達は，視覚・聴覚・嗅覚などの感覚の種類（感覚モダリティ）によって異なる．新生児や乳児は，複数の感覚モダリティから得られた情報を，どのように統合して対象を認識するのだろうか．

　たとえば，触覚により探索した対象を視覚的に呈示した場合に，同じ対象として認識することができるのだろうか．この問題について，メルツォフ（Meltzoff, A. N.）とボートン（Borton, R. W.）は，生後26～33日齢の新生児32人を対

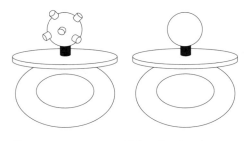

図 5-3 メルツォフらの研究で用いられたおしゃぶり（Meltzoff & Borton, 1979 より作成）
左の表面には凸凹がついているのに対し，右の表面はなめらかになっている．

象に検討した（Meltzoff & Borton, 1979）．まず，新生児は，表面がでこぼこしたおしゃぶりと，なめらかなおしゃぶりのいずれかを 90 秒間口にくわえ，唇や舌で探索した（図 5-3）．その後，発泡スチロールでできたおしゃぶりの大きなモデル（直径 6.4 cm）を左右に 20 秒間見せて，注視反応を記録した．その結果，新生児は，先にくわえていたおしゃぶりと一致するほうを，より長く注視した．この結果は，新生児は，触覚，視覚のそれぞれからおしゃぶりの形の違いを区別できただけでなく，触覚と視覚により得られた形の表象を関連づけられることを示している．このことから，新生児が，異なる感覚により得られた情報を等価なものとして見なしている可能性が示唆される．

3 身体感覚を伴う多様な経験と環境との相互作用

　新生児や乳幼児は，環境を知覚するだけでなく，身体を通して環境に働きかける．これまで，新生児や乳児が，どのように環境を知覚し，環境に働きかけるのかという知覚と行為の関連にも関心が寄せられてきた．

●ギブソンの理論とアフォーダンス

　知覚発達における知覚と行為の関連に影響を与えた理論に，**ギブソン**（Gibson, J. J.）による生態学的視覚論があげられる．ギブソンは，従来の表象主義的な知覚理論を否定し，**直接知覚**の考え方を提唱するとともに，**アフォーダンス**という概念を提唱し，環境が私たちの知覚や行為に相補的な影響を与えることを主張した．

　ギブソンは，知覚とは，外界の対象が網膜に投影され処理されることにより生じるものではなく，環境内の反射光の中から情報を検出することだと考えた．

ギブソンによれば，環境内の光の反射はランダムではなく，まとまりのあるパターン（包囲光配列）を持っている．包囲光配列の構造は，知覚者の身体や対象の動きに伴い変化するが，知覚者は，その中から不変的な情報（不変項）を探索することにより，対象を知覚すると考えている．

　環境から得られる情報には様々なものがあるが，その中でも空間的な構造は重要な意味を持つ．空間内の対象の距離などの3次元的な広がりを知覚することを**奥行き知覚**という．乳児の奥行き知覚の能力は，対象に対する手のばし（リーチング反応）や把握などの対象操作や，はいはいなどの移動行動などの探索行動（第4節参照）とも密接に関連しており，乳児が奥行きの情報に対してどのような探索行動を示すのかについて検討されてきた．次の項では，ギブソンの妻でもある，著名な発達心理学者のエレノア・ギブソン（Gibson, E. J.）らが行った，移動行動を指標とした視覚的断崖の実験と，リーチング反応を指標とした実験を例に，奥行き知覚に関する発達研究について説明する．

●視覚的断崖の実験

　乳児の移動行動を指標に奥行き知覚について調べた古典的な研究として，**視覚的断崖**の実験があげられる（Gibson & Walk, 1960：図5-4）．実験では，台の上に乳児を乗せて，移動行動を観察する．台は透明なガラスで覆われており，半分は台の上の模様が，もう半分は床面の模様が透けて見える．台の上から床面をのぞきこむと断崖のように見えるため，深さを知覚できる乳児は床面の見える部分には移動しないことが予想される．その結果，生後6〜14カ月の乳児は，27人中3人を除き，床面の見える部分を避けて台の上を移動した．また，床面の見えるガラスの上に乗せられると，泣くなどの恐怖反応を示した．このことから，生後6カ月までに奥行き知覚が可能であることが示された．しかし，視覚的断崖の実験では，自律的に移動が可能な乳児しか対象とすることができない．また，視覚的断崖によって呈示される視覚刺激には，両眼視差（左右の網膜像の差異）のような両眼性の奥行き手がかりや，きめの勾配（一様な格子模様なら遠いほどきめが細かく見える）のような単眼性の奥行き手がかりなど，複数の奥行き情報が含まれているため，乳児がどの奥行き情報を手がかりに奥

図 5-4　視覚的断崖実験の様子
台の左半分は透明なガラス面になっており，床面の市松模様が透けて見えるようになっている．

行きを知覚していたかについては明らかでない．そのため，リーチング反応や，選好注視法や馴化法などの注視反応を用いて，より低月齢の乳児を対象に，奥行き知覚の能力がのちの研究で再検討されている．

● **両眼立体視の発達**

　生後 4 カ月頃になると，乳児は，視野内の対象に手をのばし探索するようになる．ちょうどこの時期に，両眼視差と呼ばれる手がかりから，対象の相対的な距離や立体的な形状を知覚し始めるようになる（両眼立体視の成立）．

　生後 4 カ月の乳児に対して，二つの対象を呈示すると，距離の近いほうに手をのばすことが確かめられている．ヨナス（Yonas, A.）らは，リーチング反応を利用して，乳児が網膜上の大きさと両眼立体視のいずれを手がかりにして対象の距離を知覚しているかについて検討した．実験条件では，二つの対象のうち，遠距離の対象の網膜上の大きさが，近距離の対象と同じになるように拡大された．もし，乳児が網膜上の大きさを手がかりに距離を知覚しているのであれば，このような条件では，二つの対象は同じ距離にあるように知覚されるはずである．つまり，いずれの対象に対しても同じくらいの頻度で手のばしをするはずである．一方，もし乳児が両眼視差により対象の距離を知覚しているのであれば，網膜上の大きさにかかわらず，近距離の対象により頻繁に手のばし

をすることが予想される．その結果，生後6カ月以降になると，網膜上の大きさに関係なく，両眼視差を手がかりに対象の距離を知覚できるようになることが示された（Yonas & Granrud, 1985）．この他の，選好注視法による研究結果と合わせると，両眼視差による立体視は，新生児期には未成熟であり，生後4〜6カ月頃にかけて発達することが明らかになっている（Atkinson & Braddick, 1976; Fox *et al.*, 1980; Held *et al.*, 1980）．

コラム●4　妊娠中の母親の食事と胎児の味覚的嗜好

　乳児期の感覚の中でも，味覚は，嗅覚，触覚，聴覚とともに比較的早期から発達している．その証拠として，胎児や新生児は，異なる味に対して異なる吸啜反応や表情反応を示すことが知られている（Tatzer *et al.*, 1985; Steiner, 1977；第4章参照）．甘味に対しては吸啜反応が増加し，受容的な反応を示すのに対し，苦味や酸味に対しては吸啜反応が減少し，拒否的な反応が見られる．

　一方で，味覚に対する嗜好は，これまで生後の摂食経験により獲得されると考えられてきた．しかし，近年では，胎児や離乳する前の乳児でさえ，母親の羊水や母乳を通じて，母親の摂取した食物の香りや味を経験すること，そしてそれらの経験が，出生後の味覚の嗜好に影響することがわかってきた．

　メネラ（Mennella, J. A.）らは，妊娠中の母親を，①出産前の3カ月間は定期的に一定量のニンジンジュースを摂取し，出産後の2カ月間は同量の水を同じようなスケジュールで摂取するグループ，②出産前の3カ月間は水を，出産後の2カ月間はニンジンジュースを摂取するグループ，③出産前後の期間ともに水を摂取するグループ，の3グループに分けた．その後，生まれてきた子が生後5〜6カ月になった頃にニンジン味とプレーン味のシリアルを食べさせ，その反応を観察した．その結果，妊娠中，出産後を通じて母親がニンジンジュースを一切摂取しなかった③のグループの乳児は，ニンジン味のシリアルに嫌悪的な表情を示したのに対して，妊娠中，または出産後2カ月間に母親がニンジンジュースを摂取していた①②のグループの乳児は，ニンジン味のシリアルに対してそのような表情を生じにくかった．妊娠期間中，あるいは授乳期間中に母親が摂取した食物の味が，胎児では羊水を飲むことによって，乳児では母乳を摂取することで経験され，その結果としてこのような傾向が生じるものと考えられている（Mennella *et al.*, 2001）．

④ 運動機能の発達

●運動機能の発達の原則

　運動機能は，首がすわり，**座る**，**はう**，**立つ**，**歩く**，**走る**の順に発達するという一定の順序性があり，ある一つの機能が働くようになると，その機能を基盤として，次の機能が出現する（たとえば，首がすわった後にお座りが安定する：図5-5）．また，運動機能の発達は，頭部から足先方向へ（頭―尾方向），身体の中心から手足の先方向へ（中枢―末梢方向），そして，投げたり跳んだりするなどの**粗大運動**から小さなモノをつまんだりはさみを上手に使ったりするなどの**微細運動**へ，などの発達の方向性を持つ．さらに，運動機能の発達は，たえまなく変化する連続的な過程であり（連続性），運動が個別に発達するのではなく，運動を含む知能・言語・社会性などの各領域が相互に関連しあって発達する（相互関連性）．運動機能の発達の順序には個人差があり，また個人内の各領域の機能・能力にも差（たとえば，はいはいを経験することなく歩行を獲得し，その後はいはいをする）がある．特に乳幼児期は，身体の発育，神経系の成熟，人的・物的環境（感覚運動経験やその頻度など）に依存して発達の習熟速度が変わる．したがって，以下に紹介する発達時期を示す月齢はあくまで目安であり，多少前後することがある．

●あおむけ姿勢，うつぶせ姿勢の発達

　生後数カ月までの乳児は，刺激に対する定型的な運動反応（**原始反射**）に支配される傾向にある（第4章参照）．新生児期のあおむけ姿勢は手足が曲がった姿勢になり，生後2カ月頃から徐々に重力に抵抗した運動（手を口に運ぶ，手で顔をさわる，左右の足で同時に蹴るなどの動作）が増加してくる．さらに生後3カ月頃には頭部がまっすぐに保持されるようになり，両手を眺めること（ハンドリガード）が増え，手で顔にふれ，両手・両足を互いに接触させるなど，自分の手で自分の体にふれるダブルタッチを頻繁に行うようになる．意図的な頭部コントロールが可能になると，生後4～6カ月頃には両足を一緒に持ち上

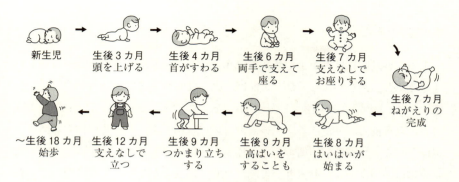

図 5-5 運動機能の発達の進み方

げるようになり，あおむけで腰を丸めて手でひざや足にふれるなどのボトムリフティングが，さらに頭部を床から持ち上げるようになると，手で足をつかみ，足指を口に運ぶ動作が見られるようになる．乳幼児期のこのようなダブルタッチ経験は運動機能の発達にとって非常に重要であり，**視覚**情報と体性感覚情報（**触覚**情報など）を利用して自身の身体部位の位置を知るようになる．

　一方，新生児期にうつぶせ姿勢をとらせると，手は腕を胸の下に敷き，足は両膝を腹の下に敷いた身体を丸めた姿勢をとる．身体を丸めた姿勢から徐々に解放されてくると，生後3カ月頃には45〜90度の頭部持ち上げが可能となり，ひじ立てによる体重支持と股関節をのばしたずりばい姿勢が可能となる．生後5カ月頃にはうつぶせ姿勢で頭のコントロールが完成し，片側のひじ立てでも体重支持が可能になると，ひじをのばした両腕立て姿勢も見られるようになる．そして，生後6カ月頃からうつぶせで飛行機のように身体を反った姿勢が増大し，手足の押す力を利用して腹を中心に方向転換（ピボットターン）を行い，ずりばい姿勢でおもちゃに手をのばし，遊ぶようになる．乳幼児期のピボットターンは運動機能の発達にとって非常に重要であり，興味深く遠くのものを眺める，あるいは近くにあるモノにふれるなど，視覚や体性感覚を利用した**探索行動**をし，環境と相互作用することによって，はいはいの発達につながる．

●お座りの発達

生後4カ月頃には首がすわり，生後5カ月頃に前方から両手を引っ張って引き起こすと，頭を起こし，ひじを曲げ，腹や股関節を曲げる筋肉が共同して収縮する．この時，頭が先行して起き上がるようになると，頭のコントロールはおおよそ可能と判断できる．生後6カ月頃には両手をついて短時間の**お座り**が可能となり，比較的短期間のうちに片手をついたお座りへ移行する．生後7カ月頃には手の支えなくお座りが可能となり，お座りができるようになったと判断できる．生後10カ月頃には，体幹のコントロールがさらに向上し，傾いた身体を手の支えなくまっすぐ戻せるようになる．お座りの獲得後は，**バランス感覚**の発達に伴い，お座りで行う運動のバリエーションが拡大する．

お座りで頻繁に行われる**リーチング**（手のばし）の機能は，目―頭―手の**協調運動**の発達，頭―体幹の安定性の向上などによって，生後4カ月頃に徐々に向上する．生後5カ月頃から視覚情報に基づいて手の軌道を修正する機能的なリーチングが可能となる．生後7カ月頃には体幹をねじってあらゆる方向にリーチングが可能となり，倒れそうになっても手で支える反応も発現することから，手のリーチ範囲の拡大につながる．

リーチングの範囲を超えたより遠くへの興味によって，生後8カ月頃にはお座りからうつぶせ姿勢へ，お座りの姿勢からよつばい姿勢へ，あるいはお座りからつかまり立ちへなどの姿勢変換が可能となる．

●床上移動の発達

生後5カ月頃には横向きまでの半ねがえりが頻繁に発現するようになる．生後6カ月頃には未完成ではあるもののうつぶせ・あおむけへの双方へのねがえりが可能となり，生後7カ月頃には自由な**ねがえり**が完成する．ねがえり動作は乳幼児の発達状況やねがえり経験によっていくつかのパターンに分かれることが報告されている（図5-6：Kobayashi *et al.*, 2016）．あおむけからねがえる方法は，ねがえり側とは反対側の手足を先導してねがえるパターンやボトムリフティングによってねがえるパターンがあり，ねがえり経験などによって効率的

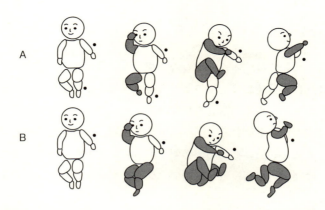

図 5-6　ねがえりパターンの一例（Kobayashi *et al*., 2016 を一部改変）
A：ねがえり側とは反対側の上下肢を先導してねがえるパターン．
B：両下肢を上げたボトムリフティングによってねがえるパターン．

な体幹のねじり運動が発現するようになる．ねがえりができるようになると，くり返してかなりの距離を移動することもあり，転落事故などに気をつける必要がある．

　生後7カ月頃から腕の力で体を引きつけ，足で床面を蹴ってはうようになる．また，生後8カ月頃には腕立て姿勢から股関節を曲げ，さらにひざを支点に腹を床面から離してよつばい姿勢になる．よつばい姿勢で体を揺らす**運動遊び**を十分経験した後に，片方の手を前方に出してよつばい移動（**はいはい**）が発現する．はいはいの初期には左右同時の運動パターンも見られるが，生後9カ月頃には右手―左足，左手―右足を交互に動かすよつばい移動パターンが発現する．はいはいのくり返しにより，手で支える力と骨盤のひねりが得られ，はいはいのスピードが増大する．よつばい姿勢からひざを伸展して高ばい姿勢，高ばいをすることもある．

　動機づけ（第12章参照）が高い乳児ほどお座り・床上移動・つかまり立ち・歩行の獲得時期が早いこと（Atun-Einy *et al*., 2013），また，生後13カ月時点ではいはいから歩行に移行した幼児は，すでにはいはい期に遠くにあるモノを扱う頻度が高かったこと（Karasik *et al*., 2011）が報告されている．このように，乳幼児期の動機づけが運動発達と関連していることも示唆されている．

●姿勢調節の発達

ヒトの姿勢調節には，体の外からの予想しない力に対して姿勢を保つ適応的姿勢調節と，自ら意図的に動くことによって生じる姿勢変化を推測し，動作に先行して姿勢を調節する予測的姿勢調節がある．適応的姿勢調節を行うためには，あらゆる方向から加わる予測不可能な力に対して適切に姿勢を修正する反応，つまり方向特異的姿勢調節が必要となる．未成熟ではあるものの適応的姿勢調節能力は発達の初期段階からすでに備わっている．また，乳幼児は予測的姿勢調節能力を，モノへのリーチングや立った姿勢（立位），歩行などの複雑な姿勢調節を必要とする動作の獲得過程を通して確立していく．

●立位，歩行の発達

新生児期でさえも，補助をすることによって立位（初期起立）と歩行（歩行反射）が認められる（第4章参照）．しかし，生後2カ月頃になると補助しても足に荷重しなくなる．生後5カ月頃から再び両足部で荷重が可能となり，生後6カ月頃にはほぼ全体重を支えることができるようになる．生後7カ月頃から，つかまり立ちをさせるとひざを屈伸した運動遊び（バウンディング運動）を行い，バランス練習を頻繁に行っているように見える．生後9カ月頃から，自らモノにつかまって立ち上がることができるようになり，その初期には両ひざ立ちから両手の力で身体を持ち上げると同時に，両ひざを対称的にのばして**つかまり立ち**をする．その後，足の比較的自由な動きが可能になると，片ひざ立ちから立ち上がりができるようになる．さらに，つかまり立ちの安定性が高まってくると，テーブル上のおもちゃに手をのばしたり，バウンディング運動や左右の足へ交互に体重移動を行うようになり，モノにつかまりながら歩く**伝い歩き**に移行していく．

生後10カ月頃から，立位からのしゃがみ込みが可能となり，生後11カ月頃には胸を接触させた伝い歩きから徐々に離すこともできるようになる．その後，コーナーを曲がる伝い歩き，離れたモノからモノへ前方向への伝い歩きが可能となる．さらに，姿勢変換を伴う床からの立ち上がり（あおむけ→うつぶせ→

よつばい→高ばい→立位）が発現するのもこの時期である．乳幼児期のこのような姿勢変換は**バランス感覚**の向上にとって非常に重要であり，姿勢調節は基本動作（粗大運動：走る・跳ぶ・蹴る・くぐるなど，詳細後述）の基盤となる．

　生後 12 カ月頃には支えなしの立位保持が可能となり，両足を広げ，両手をあげた特徴的な姿勢で，前に倒れ込むように数歩**歩く**ことができる（始歩）．初期歩行（5 歩以上の歩行）が発現すると，歩行と転倒を繰り返しながら歩行距離が延長し（Adolph & Franchak, 2017），バランス感覚の向上に伴い両足は閉じ，あげた両手は降ろされる．また，立ち止まりや方向転換を経験しながら 3 歳前後には歩行の基本原理が形成され，4 歳前後には平地歩行の転倒が減少してくる．そして，7 歳頃には成人の歩行パターンに近づく．

　ただし，歩行の獲得や習熟には個人差が非常に大きく，多くの場合は生後 18 カ月頃までに始歩が開始される．幼児が歩行を学習する時，母親への幼児の意図的な働きかけが増加することから，他者との能動的な共同注意行動（第 10 章参照），すなわち，他者と経験を共有しようとする動機づけが歩行の獲得を促す可能性も示唆されている（浅野，2012）．

●粗大運動の発達

　幼児期に見られる**粗大運動**（基本動作）には，走る・跳ぶ・蹴る・くぐる・のぼる・投げる・とる・つかむなど，発達の基盤となる多様な動作がある．走行・両足跳び・ボール蹴りは 1 歳 6 カ月〜 2 歳前後，ボールの片手投げは 2 歳前後，片足立ちや階段昇降は 2 〜 3 歳前後，けんけんは 3 〜 4 歳前後，スキップは 4 〜 5 歳前後にそれぞれ発現する．

　粗大運動能力が高い幼児の特徴は，自由な運動遊びの時に出現する動作の種類が多い傾向にあり，また，目的とする遊びに移る前に様々な非目的的な**探索行動**をとることが明らかにされている（佐々木・石沢，2016）．つまり，粗大運動能力の高い幼児は，動作に対して多くの運動戦略を持ち，また，適切な運動戦略を選択する能力を併せ持つ．

　一方，島谷ら（2011）は，発達障害児はバーをくぐり抜ける課題で腰背部をバーに接触させる頻度が高いことを明らかにした．対象とした発達障害児の 6

種目の粗大運動能力は全国平均に達していたにもかかわらず，目を閉じると立ってバランスをとることが難しく，また，実際にはかがみ込まなければ通り抜けることができないバーを，かがみ込まなくても通り抜けることができると判断するために，バーに接触してしまう可能性を報告している．したがって，粗大運動能力の獲得と習熟には，運動機能のみではなく，運動の結果を予測するために必要な感覚機能や認知機能も重要であることが示唆される．

　粗大運動の獲得と習熟に対して，保育実践の様々な場面で行われるリズム体操が有用であると考えられる．リズム体操は，規定されたリズムや音楽に自身の動作の速度を合わせる運動である．リズムに合わせて体操をするためには，視覚，体性感覚，聴覚，前庭感覚（三半規管）などの各種感覚情報を利用し，保育者の動きに合わせて自身の体を動かし，その動きが正確に行われているのかを判断する必要がある（佐々木，2002）．したがって，リズム体操は協調運動（運動の微調整）の発達，各種感覚機能の統合，保育者の動きをまねすることによって身体のイメージを更新するなど，乳幼児期の粗大運動の発達にとって非常に重要な運動遊びの一つである．

●微細運動の発達

　モノをとる・つかむなどの手の基本的機能は1歳前後，ハサミの使用やボタンをはめるなどの道具操作のための手の**微細運動**は3歳前後にそれぞれ発現する．一般的に5歳頃までは基本動作の発達にとって重要な時期であり，モノへの手のばしや手指を利用した把握，物品操作スキルの発達は，食事・洗顔・歯みがき・着替え・排泄・入浴などの身辺動作の自立に影響する．幼児期に身辺動作が自立することによって，集団への参加も容易になり，その後の学校生活や地域活動に自信を持って取り組むための基礎が形成される．

　正しい道具の持ち方には，練習が効果的な時期とそうではない時期があると報告されている．箸の使用は，3〜4歳児では練習させてもあまり効果的ではなく，また，小学校高学年では，いったん獲得されていた正しい箸の持ち方は，意識的な練習を継続しなければ効果を失うと報告されている．つまり，5歳頃から小学校低学年までが，手指の動作様式習得に最も重要な時期であると言え

る．服のボタン操作については，年長児群（5.5〜6.8歳）は「かける」動作は
15.0 ± 3.5秒，「はずす」動作は 10.4 ± 1.7秒で，年少児群（2.5〜4.1歳）と比
較して短く，「かける」動作と「はずす」動作の差も小さいことから，5歳前後
でボタン操作がおおむね完成するとの報告がある（岡田，1996）．書字について
は，年長児になるに伴い，ペンの操作様式が，親指と人さし指でつまみ，中指
で支える2指握り（正しい持ち方）や親指と人さし指と中指でつまむ3指握り
に変化し，机との接触状態は，ひじや腕の接触から5歳頃には手部のみの接触
へと変化する．つまり，年少児では肩やひじが動く粗大運動が多いが，年長に
なるにつれて手指を利用した微細運動が可能になる．ハサミの使用については，
開閉の操作スキルだけでなく，反対側の手で切るものを持ち，固定し，方向を
変えるために動かすことが必要で，そのためには視覚情報と肩・ひじなどを固
定し，手指などを微細に操作する協調運動が必要となる．すなわち，姿勢調節，
目と手の協調運動（**知覚運動協応**），両手の使用，手指の操作を含めた手部の
微細運動，道具の使用の熟達度がすべてかかわる高度な動作となるが，これら
の能力は5歳以降に熟達する．

コラム●5　風船を持たせることによる乳幼児の歩行支援

　ヒトの姿勢調節には視覚・体性感覚（足裏が床にふれる感覚や体の各関節の位
置感覚）・前庭感覚（三半規管）が重要である．体の揺れに対するヒトの視覚情報，
体性感覚情報，前庭感覚情報の最適処理速度は異なる．急速な体の揺れに対し
ては初期の姿勢応答には最も処理速度が速い体性感覚情報に依存し，遅れて視
覚情報と前庭感覚情報が姿勢応答に重要な役割をはたす．このように，その状況
に応じて利用される感覚の割合は異なる．これを「感覚の重みづけ」と呼ぶ．

　立っている時の感覚情報量をコントロールし，4〜10歳の幼児が視覚情報と体
性感覚情報のどちらの感覚情報をどの程度優先しているのかという，感覚の重み
づけ機能の発達を検証した研究がある（Bair *et al.*, 2007）．この研究では，4歳
児は同一感覚内で重みづけを変化させること（たとえば，体性感覚情報に依存す
る割合をさらに上げるような）には対応可能であったが，異なる感覚間で重みづけ
を変化させること（たとえば，視覚情報に依存する割合を減らして体性感覚情報に

依存する割合を増加させるような）には対応不可能であった．このことから，立っ
ている時の姿勢調節に必要な再重みづけは 10 歳頃に確立されると報告されている．

　幼児期に体性感覚情報を利用した歩行支援が試みられている．指先でモノに軽
くふれても体の揺れが減少する，ライトタッチコンタクト（Light touch contact:
LTC）という現象が知られている．乳幼児の場合も，手を少し持ってあげると歩
行時の姿勢調節が改善すること（岡本・岡本，2007）などが報告されている．
LTC 効果のメカニズムについては仮説段階ではあるものの，LTC によって体とモ
ノとの位置関係を知る手がかりとなり，まっすぐに立つための姿勢調節に寄与して
いる可能性が示唆されている（神崎，2011）．

　島谷らは，LTC にヒントを得て，初期歩行期の乳幼児にヘリウム入りガスを充填
した風船のひもを持たせ，歩行の発達支援が可能かどうかを検証している
（Shimatani *et al.*, 2015）．研究データとしては未だ不十分ではあるものの，初期
歩行期の乳幼児の歩行距離の延長とバランスの安定性が得られる傾向にある．初
期歩行期の乳幼児に風船を持たせる利点として，動機づけの向上に加えて，指先
からの体性感覚の入力によって体性感覚情報に依存する割合を増加するような再
重みづけに用いられていることが予想される．

[さらに学びたい人のために]

アトキンソン，J.　金沢創・山口真美（監訳）（2005）．視覚脳が生まれる――乳児の視
　　覚と脳科学――　北大路書房

出村慎一（監修）村瀬智彦（2005）．幼児の体力・運動能力の科学――その測定評価の
　　理論と実際――　ナップ

呉東進（2009）．赤ちゃんは何を聞いているの？――音楽と聴覚から見た乳幼児の発達
　　――　北大路書房

中村隆一・齋藤宏・長崎浩（2003）．基礎運動学　第 6 版補訂　医歯薬出版

岡本勉・岡本香代子（2009）．子どもの歩走跳――筋電図からみた「体つくりの基本運
　　動」：基本的な動作「歩く」「走る」「跳ぶ」で体力を向上させよう！――　歩行開発研
　　究所

上杉雅之（監修）（2015）．イラストでわかる人間発達学　医歯薬出版

［引用文献］

Adolph, K. E., & Franchak, J. M. (2017). The development of motor behavior. *Cognitive Science, 8*, 1-2.

浅野大喜 (2012). リハビリテーションのための発達科学入門――身体をもった心の発達――(pp. 43-76) 協同医書出版社

Atkinson, J. (2000). *The developing visual brain*. Oxford: Oxford University Press.

Atkinson, J., & Braddick, O. (1976). Stereoscopic discrimination in infants. *Perception, 5 (1)*, 29-38.

Atun-Einy, O., Berger, S. E., & Scher, A. (2013). Assessing motivation to move and its relationship to motor development in infancy. *Infant Behavior and Development, 36*, 457-469.

Baillargeon, R. Spelke, E., & Wasserman, S. (1985). Object permanence in 5-month-old infants. *Cognition, 20*, 191-208.

Bair, W.-N., Kiemel, T., Jeka, J. J., & Clark, J. E. (2007). Development of multisensory reweighting for posture control in children. *Experimental Brain Research, 183 (4)*, 435-446.

Braddick, O., & Atkinson, J. (2011). Development of human visual function. *Vision Research, 51 (13)*, 1588-1609.

Bushnell, I. W. R. (1982). Discrimination of faces by young infants. *Journal of Experimental Child Psychology, 33 (2)*, 298-308.

Bushnell, I. W. R., Sai, F., & Mullin, J. T. (1989). Neonatal recognition of the mother's face. *British Journal of Developmental Psychology, 7 (1)*, 3-15.

DeCasper, A. J., & Fifer, W. P. (1980). Of human bonding: Newborns prefer their mother's voices. *Science, 208*, 1174-1176.

Fantz, R. L. (1961). The origin of form perception. *Scientific American, 204 (5)*, 66-72

Fantz, R.L. (1963). Pattern vision in newborn infants. *Science, 140*, 296-297.

Fantz, R. L. (1964). Visual experience in infants: Decreased attention to familiar patterns relative to novel ones. *Science, 146*, 668-670.

Fantz, R. L., & Yeh, J. (1979). Configurational selectivities: Critical for development of visual perception and attention. *Canadian Journal of Psychology, 33*, 277-287.

Fox, R., Aslin, R. N., Shea, S. L., & Dumais, S. T. (1980). Stereopsis in human infants. *Science, 207*, 323-324.

Gibson, E. J., & Walk, R. D. (1960). The "visual cliff". *Scientific American, 202 (4)*, 64-71.

Held, R., Birch, E., & Gwiazda, J. (1980). Stereoacuity of human infants. *Proceedings of the National Academy of Sciences, 77 (9)*, 5572-5574.

Karasik, L. B., Tamis-leMonda, C. S., & Adolph, K. E. (2011). Transition from crawling to walking and infants'actions with objects and people. *Child Development, 82 (4)*, 1199-1209.

Kobayashi, Y., Watanabe, H., & Taga, G. (2016). Movement patterns of limb coordination in infant rolling. *Experimental Brain Research, 234*, 3433-3445.

神崎素樹 (2011). 姿勢の脳・神経科学――その基礎から臨床まで――(pp. 36-50) 市村出版

Mehler, J., Bertoncini, J., Barrière, M., & Jassik-Gerschenfeld, D. (1978). Infant recognition of mother's voice. *Perception, 7 (5)*, 491-497.

Meltzoff, A. N., & Borton, R. W. (1979). Intermodal matching by human neonates. *Nature, 282 (5737)*, 403-404.

Mennella, J. A., Jagnow, C. P., & Beauchamp, G. K. (2001). Prenatal and postnatal flavor learning by human infants. *Pediatrics, 107 (6)*, e88-e88.

岡田宣子 (1996). 子供のボタンのかけはずし行動からみたしつけ服の設計　日本家政学会誌, *47*, 701-710.

岡本勉・岡本香代子 (2007). 筋電図からみた歩行の発達――歩行分析・評価への応用――(pp. 69-105)　歩行開発研究所

Pascalis, O., de Schonen, S., Morton, J., Deruelle, C., & Fabre-Grenet, M. (1995). Mother's face recognition by neonates: A replication and an extension. *Infant Behavior and Development, 18 (1)*, 79-85.

Porter, R. H., Cernoch, J. M., & McLaughlin, F. J. (1983). Maternal recognition of neonates through olfactory cues. *Physiology & Behavior, 30 (1)*, 151-154.

Russell, M. J. (1976). Human olfactory communication. *Nature, 260 (5551)*, 520-522.

Saayman, G., Ames, E. W., & Moffett, A. (1964). Response to novelty as an indicator of visual discrimination in the human infant. *Journal of Experimental Child Psy-*

chology, 1, 189-198.

佐々木玲子 (2002). 子どものリズミカルな運動の調整能の発達について　慶應義塾大学体育研究所紀要, *41 (1),* 1-14.

佐々木玲子・石沢順子 (2016). 3軸加速度計を用いた幼児の自由遊びの中の活動水準評価　慶應義塾大学体育研究所紀要, *55 (1),* 7-15.

島谷康司・関矢寛史・田中美吏・長谷川正哉・沖貞明 (2011). 障害物回避の見積もり能力に関する発達障害児と健常児の比較　理学療法科学, *26 (1),* 105-109.

Shimatani, K., Shima, K., Giannoni, P., Moretti, P., & Morasso, P. (2015). The use of a floating balloon as a walking aid for children. *Physiotherapy, 101,* Supplement1, 1388-1389.

Steiner, J. E. (1977). Facial expressions of the neonate infant indicate the hedonics of food - related chemical stimuli. In J. M. Weiffenbach (Ed), *Taste and development: The genesis of sweet preference.* Washington, D.C., U.S. Government Printing Office.

Tatzer, E., Schubert, M.T., Timischl, W., & Simbrunner, S. (1985). Discrimination of taste and preference for sweet in premature babies. *Early Human Development, 12,* 23-30.

Yonas, A., & Granrud, C. A. (1985). Reaching as a measure of infants' spatial perception. In G. Gottlieb & N. A. Krasnegor (Eds.), *Measurement of audition and vision in the first year of postnatal life: A methodological overview* (pp. 301-322). Westport, CT: Ablex Publishing.

第 **6** 章

愛着の発達

　遊園地で迷子になり泣き叫んでいた子どもが，親と再会し抱っこしてもらうと安心して泣きやんでいく．またある時は，子どもが見知らぬ人を目の前にして動けなくなっていると，親が「大丈夫だよ」とよりそい，気持ちを落ち着かせてくれる．こういった光景を私たちは日常的によく目にするが，これは子どもの発達上どのような意味を持つのだろうか．

　冒頭の例に共通することが二つある．それは，子どもが自力では乗り切れそうにない危機に直面し，不安や恐れなどのネガティブな感情状態にあるということ，そして子どもが信頼できる養育者に助けてもらうことで自分のネガティブな感情を落ち着かせているということである．イギリスの児童精神科医**ボウルビィ**（Bowlby, J.）は，不安や恐れを感じた子どもが信頼できる大人にくっつくこと（attachment）で安心感を獲得するという経験の積み重ねが，のちの社会性の発達の土台になると考えた．この考え方は**愛着（アタッチメント）理論**として整理され（Bowlby, 1969, 1973, 1980），保育や子育て支援の現場で活かされている．

1 愛着の重要性

　愛着が重要とされるのは，これが幼い子どもの生き残りを可能にし，また信頼できる養育者との愛着関係が子どもの社会的能力をはぐくむと考えられるた

めである.

●子どもの生き残り戦略として

ヒトの子どもは未成熟な状態で生まれてくるがゆえに，その成長過程の中で養育者に依存する期間が比較的長いと言われている（第3章参照）．たとえば，生まれてまもない新生児は自力で動き回ることができず，当然のことながら自分で食べ物を探して栄養を補給することもできない．その上，体温を維持する能力も未成熟であるため，養育者からの積極的な保護がなければ容易にその命は危機にさらされてしまう．そこで，新生児は空腹になった際には声をふり絞って泣き，周辺にいる大人を引きよせて栄養を与えてもらい，満ち足りると泣くのをやめる．子どもは言葉を発する前の時期から，喃語（第9章参照）や情動表出を通じて身近な養育者を自身に引きよせ，また養育者はそれに呼応するかのように，自活のままならない子どもを世話することに自然と没頭するのである．長期にわたって保護を必要とする子どもにとって，身近な養育者とこのような親密な情緒的絆を構築し，何かしらの危機的状態に陥った際には養育者にくっつき助けてもらうということは，危険に満ちたこの世界で生き残るための有効な手段なのである．

●ハーロウのアカゲザル実験

初期の親子関係を子どもの生き残り戦略と見ることに関連して，かつて，親子間の親密な情緒的絆は栄養摂取経験の副産物にすぎないとする考え方があった．つまり，子どもは授乳される経験を積み重ねる中で，自身に栄養を与え，空腹を満たしてくれる人物を好んで選択するようになり，その結果として親密な親子関係が形成されるというのである．

しかしながらこの見方は，**ハーロウ**（Harlow, H. F.）によるアカゲザルを用いた一連の実験（Harlow, 1958）をきっかけに見直されることとなった．代表的な実験は，親ザルから隔離した子ザルに2種類の人工的な**代理母**を与えるというものであった．一つは，針金でできた骨組みがむき出しになっている「針金の母親」であり，もう一つは表面が柔らかな布で覆われた「布製の母親」で

あった．子ザルにはこの2種類の母親が同時に与えられたが，その際，どちらかの母親にのみ哺乳びんが取りつけられ，子ザルはそこから栄養を摂取することができた．もし親との情緒的絆が栄養摂取経験の副産物であるならば，子ザルは栄養を与えてくれる母親のほうによりなつくはずである．しかし実際には，哺乳びんがどちらの母親に取りつけられていても，子ザルは大半の時間を布製の母親にくっついて過ごしていた．また，動くクマのおもちゃに対面させることで子ザルに恐れの感情を引き起こしてみると，子ザルは布製の母親のほうにしがみついた．すなわち，子ザルは栄養を与えてくれる母親よりも，さわり心地がよく，くっつくことで安心感を得られる母親のほうになついたのである．ハーロウはさらに，子ザルが針金の母親とだけ過ごす条件と，布製の母親とだけ過ごす条件での比較も行った．その結果，子ザルのミルクの摂取量に条件間では違いがなかったにもかかわらず，針金の母親とだけ過ごした子ザルは，布製の母親とだけ過ごした子ザルよりも軟便が多く，よりストレスを感じていたことが示された．これらのことは，養育者にくっつくことで自分の気持ちを落ち着かせてもらうという過程が単なる副産物ではなく，それ自体に重要な意味があることを示唆している．

●**基本的信頼感の獲得の場として**

ボウルビィは，身近な養育者との愛着関係が，幼い子どもの生き残りを保障するのみならず，エリクソン（Erikson, E. H.）が言うところの**基本的信頼感**を獲得する場になると考えた（第3章参照）．すなわち，子どもが何かしらの危機にさらされ，不安や恐れといったネガティブな感情におそわれた際に，養育者によってその困った状況が解決されることで，子どもは徐々に他者に対する信頼感を得ていくという．この信頼感をもとに，子どもは養育者を**安全基地**として利用するようになる．子どもは安全基地を拠点として，好奇心のおもむくままに外の世界へ**探索行動**に出ることができる（例：母親のもとを離れてネコをさわりに行く）．そして探索しに行った先でトラブル（例：ネコに威嚇されて動揺する）が発生した場合には，自身に生じたネガティブな感情を安全基地に戻ってなだめてもらう（例：母親にくっつき，気持ちを落ち着かせてもらう）．そう

して子どもは，外の世界を探索するために必要なエネルギーを満たすと，再出発していく．

このように養育者に依存する経験を繰り返すと，その「甘やかされた」子どもは自分ひとりでは何もできなくなるように思われがちである．ところが，養育者に適度に依存し，ネガティブな感情をなだめる訓練を積み重ねることは，いわば社会的環境に出ていくための予防接種の役割を果たす．最初は自力でなだめることができなかったネガティブな感情も，子どもは信頼できる養育者に手助けされる中で，自分で制御できるようになっていく（Sroufe, 1996）．他者に頼る経験を通じて，むしろ子どもは**自律性**を獲得していき，これが様々な社会的能力の基盤となる．このように愛着は，子どもの生存を支えるのみならず，心理的側面の発達を促す場となるのである．

❷ 愛着の発達段階

子どもはどのような過程を経て養育者との間に愛着関係を築き，自律性を獲得していくのだろうか．ボウルビィによれば愛着は 2，3 年かけて形成され，それは以下の四つの段階に分けることができるという．

第一段階（出生から生後 3 カ月頃）では，他者に対して無差別的に愛着行動を起こす．たとえば，子どもが不安や恐れを感じている時に，父親や母親といった特定の人物でなくとも，対応さえしてもらえればその子どもは落ち着くことができる．この時期の子どもの行動的特徴として，周囲の人物の動きを目で追う**注視行動**や，空腹を知らせるために泣く，あるいは目の前の人物に対して喃語を発して注意を引くなどの**信号行動**があげられる．

第二段階（生後 3 カ月から 6 カ月頃）では，子どもは誰に対しても友好的にふるまう一方で，父親や母親といった身近な養育者に対して特別な反応を示すようになる．たとえば，この時期の子どもは身近な人物とそうでない人物とを区別し，前者によりほほえむようになる．

第三段階（生後 6 カ月から 2，3 歳頃）では，特定の人物を愛着対象として選び，それ以外の人物と明確に区別するようになる．たとえばこの時期の子ども

は，見知らぬ人に抱っこされた際に泣く，あるいは初めて会った人物に警戒心を示すといった**人見知り**（第10章参照）をすることが多くなる．またこの時期には認知，言語，運動の各能力の発達に伴って子どもができる行動も幅広くなり，いろいろな行動を効果的に組み合わせ，愛着対象への**接近行動**を積極的に行うようになる．　養育者を安全基地として探索行動をし始めるのもこの段階である．

　第四段階（3歳前後から）では，子どもは養育者の行動の背後にある目標や計画について**推測**し，それに応じて自身の行動を**調節**することができるようになるため，これまでよりも協調的な親子関係を築くことができる．また，この段階から子どもの愛着行動の強度は大幅に減少し始め，自律的に行動できるようになっていく．

●ワーキング・モデルの形成

　愛着関係の中で，子どもは様々な状況のもと養育者にくっつき安心感を得る体験を繰り返し，やがてそれを経験則として結実させる．ボウルビィはこれを**ワーキング・モデル**と呼んだ．愛着発達の第三段階までは，子どもは自身に生じたネガティブな感情を養育者に物理的にくっつくことによってなだめていたが，第四段階からは自身の内に形成したワーキング・モデルをよりどころにして対処することができるようになる．たとえば，スーパーで駆け回っていた子どもが，ふと近くに親の姿が見えないことに気づき，不安な気持ちになったとする．この時，それまでの愛着経験に基づいて，「いざとなれば自分は助けてもらえる」という確信があれば，子どもは不安な気持ちに圧倒されることなく，困難の解決に向けて自力で行動することができる（例：立ちすくんで泣き出すことなく，親を探しに行く）．このように，愛着発達の第四段階で子どもの愛着行動は一見減じるものの，愛着関係やその機能が消滅するわけではない．むしろボウルビィは，個人の内に形成されたワーキング・モデルが生涯にわたってその個人の行動やものの見方を方向づけると想定した．

　ただし，幼少期における養育者との愛着経験のみでその後の人生すべてが決まるわけではない．これに関して，養育者と子どもの関係を，あくまで複雑な

ソーシャル・ネットワークを構成している数多くの関係性の中の一つと見なす視点もある（Lewis & Feiring, 1998）．この視点に生涯発達の軸を取り入れた**コンボイ・モデル**（Kahn & Antonucci, 1980）では，乳幼児期の愛着関係を中核としつつ，子どもがより広い社会領域に入るにつれて，他の重要な関係を取り込んでいくと想定する（Levitt, 2007）．愛着の機能を生涯発達の視点から考える場合には，養育者以外との様々な関係性の中で，個人のワーキング・モデルの質が変容しうるということを念頭に置く必要があるだろう（コラム6参照）．

③ 愛着の個人差

これまで述べたように，愛着関係は他者とのやりとりの中で成り立つ．特に子どもの場合は，自分が困った状況に陥った際に，養育者にどのように応じてもらったのかという側面が重要である．当然のことながら養育者の対応の仕方は人それぞれであり，子どもの泣きに対して落ち着いて接する人もいれば，子どもの泣きに無関心な人もいる．子どもが得る経験の違いによって，子どもと養育者の間の愛着関係には質的な差異が生じる．

●ストレンジ・シチュエーション法

子どもの愛着の個人差を測定する方法はいくつかあるが，その中でも**エインズワース**（Ainsworth, M. D. S.）による**ストレンジ・シチュエーション法**（Ainsworth *et al.*, 1978）がよく知られている．愛着行動を引き起こすためには子どもにある程度**ストレス**を与える必要がある．そこでストレンジ・シチュエーション法では，子どもにとって新奇な場面となる実験室の中で，子どもを養育者から**分離**した上で見知らぬ人物と交流させる．その後，養育者と**再会**させ，一連の流れの中で子どもがどのような愛着行動をとるのか観察する（図6-1・表6-1）．この規定の場面進行には，身近な養育者と二人でいるところに見知らぬ人が登場する（場面3），見知らぬ人と二人きりにされる（場面4），部屋の中にひとりきりにされる（場面6），1回目の分離より2回目の分離の時間が長くなる，というように様々な形で子どもにストレスを与える意図がある．

図6-1　ストレンジ・シチュエーション法の模式図

表6-1　ストレンジ・シチュエーション法の進行

場面 (導入以外は各3分間)	各場面の開始時の状況	部屋にいる人物		
		子ども	養育者	見知らぬ人
1　導入(30秒間)	説明役の実験者が親子を部屋へ案内し，実験者は退室．	○	○	
2　自由遊び	養育者は椅子に座り，子どもはおもちゃで遊ぶ．	○	○	
3　見知らぬ人の登場	「見知らぬ人」役の実験者1名が入室し，椅子に座る．	○	○	○
4　親子分離①	養育者が退室し，見知らぬ人が子どもと交流する．	○		○
5　親子再会①	養育者が入室し，見知らぬ人は退室．	○	○	
6　親子分離②	子どものみ残して養育者が退室．	○		
7　見知らぬ人の入室	見知らぬ人が再入室し子どもと交流する．	○		○
8　親子再会②	養育者が入室し，見知らぬ人は退室．	○	○	

● **主要な愛着のタイプ**

　エインズワースは実験室における子どもの探索行動，見知らぬ人への子どもの反応，養育者との分離・再会場面での子どもの行動に着目し，愛着を三つのタイプに分類した．

　回避型（Aタイプ）とされる子どもは，養育者から分離しても苦痛や混乱を示さない上，再会場面でも養育者を無視し避けようとする．また，養育者を安

全基地として探索行動をすることがなく，養育者と見知らぬ人の両方に対して同等によそよそしい態度をとる．

安定型（Bタイプ）とされる子どもは，養育者から分離すると苦痛や混乱を示し，再会場面でも多少泣くものの，養育者との接触を求め容易に落ち着くことができる．また，養育者を安全基地とした探索行動を行うことができる．ストレス状態にある時には，なぐさめてもらう相手として見知らぬ人よりも養育者のほうを好む．

アンビバレント型（Cタイプ）とされる子どもは，養育者から分離すると強い苦痛と混乱を示し，再会場面では養育者に接触を求めつつ，養育者をたたくなどの怒りを示し，容易に落ち着くことができない（当然，見知らぬ人が子どもをなだめることもできない）．また安心して養育者から離れることができないため，探索行動を行うことができない．

これら3タイプのうち，回避型とアンビバレント型は，安定型と対比する形で「不安定型」とされる．

以上3タイプは子どもの愛着行動に一貫したパターンがある点で共通しているが，このいずれにもあてはまらない**無秩序・無方向型（Dタイプ）**も見出されている（Main & Solomon, 1990）．このタイプの子どもは，養育者にべったりとくっついていたと思うと突然離れていく，養育者にくっつこうとすると同時に養育者を避けようとする，養育者に接触しようとするもそれを達成する前にやめてしまう，呆然とした表情で数十秒間じっとしているといった行動を呈し，自身のストレスに対処するのに一貫した方略が用いられない．このことから，安定型，回避型，アンビバレント型は組織化された愛着と見なされる一方で，無秩序・無方向型は非組織化の愛着として位置づけられる．

●養育者の応答性

愛着のタイプは主に愛着対象との関係性の質を反映しているとされるが，具体的に，養育者の**応答性**にはどのような特徴があるのだろうか．

安定型の子どもの養育者は，子どもがネガティブな感情を表出した際に，スムーズかつ柔軟に対応し，子どもを平静状態へなだめることができる．また近

年では，養育者が子どもに対して心を見出す傾向としての**マインド・マインデッドネス**（mind-mindedness）——たとえば，子どもが泣いた時にそれを単なる生理的現象と見なすのではなく，子どもが「さみしがっている」などと解釈し接することが，安定型の愛着の形成を支えることが示唆されている（Meins *et al.*, 2001）．このような養育者のもとでは，子どもは自身のストレス状態を効果的になだめることができ，養育者を安全基地として利用することができる．

　回避型の子どもの養育者は，子どものネガティブな感情を受け流す傾向にあり，その感情をなだめることをしにくい．また，子どもが助けを求めくっつこうとするのを回避するような態度をとる．この場合，子どもはストレス状態に陥っていても，それを強固に主張するとさらに養育者を遠ざけてしまうため，自身に生じたネガティブな感情を表明しなくなる．

　アンビバレント型の子どもの養育者は，子どもがネガティブな感情を表出した際，ある時はそれを受容しつつ，またある時には受け流すといったように，まちまちな対応をする傾向にある．この場合，子どもは養育者にくっつこうとしても，その成否は養育者の気分次第となってしまう．そこで子どもは，ネガティブな感情状態に陥った際にそれを強固に表明することで，養育者を引きとめ，かまってもらえる確率を少しでも上げようとする．

　無秩序・無方向型の子どもの養育者は，本来ならば安全基地の役割を果たすべきところを，自分自身がおびえ，また子どもをおびえさせるような態度（うつろに立ちつくす，子どもに対して突如無反応になるなど）をとる傾向にある（Main & Hesse, 1990）．この場合，子どもはネガティブな感情をなだめてもらおうと養育者に近接を図っても，さらに恐れの感情を経験するという矛盾に陥り，ストレス状態が効果的に解消されることがない．安定型，回避型，アンビバレント型とは異なり，このタイプは養育者にくっついて安心感を得るという愛着の機能がそもそも不全状態にあると言える．

4　愛着の発達不全

　愛着の発達がさまたげられた場合にはいかなる影響が生じるのだろうか．そ

もそも，ボウルビィが愛着の重要性を実感するに至ったのは，児童精神科医として情緒に問題をかかえた子どもの援助に携わったこと，さらに，第二次世界大戦で生じた戦災孤児の調査に参加したことがきっかけであった．その中でボウルビィは，劣悪な養育環境下で育った子どもの心身発達の遅滞やゆがみに大きな関心を寄せていたのである（Holmes, 1993）．

　20世紀半ば，アメリカの精神分析家**スピッツ**（Spitz, R.）は，劣悪な施設的環境で育った子どもたちの特徴として，気力・覚醒状態の低さ，社会的反応性および感情表出の欠落などを見出し，これらをまとめて**ホスピタリズム（施設病）**と呼んだ．ボウルビィはこういった子どもたちの特徴が母性はく奪状況によって生じると考えた．**母性はく奪**とは，乳幼児期に特定の母親的な存在による世話や養育が十分に施されないことを指し，それによって子どもの心身発達に深刻な遅滞や歪曲が生じ，その影響が後々まで長期的に続くと想定されるものである．ボウルビィが母子関係を偏重したことには批判が寄せられてきたが（Holmes, 1993），幼少期に継続的かつ豊かな被養育経験を得ることの重要性は様々な研究によって支持されている．

●人的環境の重要性

　ここでいう劣悪な施設的環境とはどのようなものだろうか．愛着の形成に関して言えば，養育スタッフが子どもと情緒的なかかわりを持たないという点が特徴としてあげられる．たとえば，一日中子どもを四方に柵のついたベッドに放置し，食事の世話やオムツ替えをするといった機械的な目的でしか子どもに接しない，あるいは人員不足のため世話をするスタッフが頻繁に入れ替わるといった具合である（Provence & Lipton, 1962）．このような状況では，子どもが信頼できるスタッフを見出し，愛着関係を形成することは困難となる．

　幼少期において，通常であれば得られるはずの経験が欠落することは，その後の脳機能の発達に大きな影響を及ぼすとの指摘がある（Greenough *et al.*, 1987）．すなわち，ヒトの脳は，生まれたのちに養育者との豊かな相互作用経験が得られることを前提とした設計になっているが，幼少期を劣悪な施設的環境下で過ごした子どもは，その本来得られるはずの経験が欠落するため，社会

的行動を支える脳発達の素地が脆弱になるとの見方である．実際，子どもが施設を出て里親に引き取られた後も，その里親と親密な関係性を構築できない状態が長期的に続きうることが多くの研究で示されている（Nelson *et al.*, 2014）．

ところで，劣悪な施設的環境で育った子どもには無差別的な人なつっこさが見られることがある．たとえば，よく知っている身近な大人に対するのと同じように見知らぬ大人と交流し，また見知らぬ人が自分を置いてどこかへ行こうとすると抗議したりする（脱抑制型対人交流障害：第14章参照）．これは一見，高度な社交性を身につけているようであるが，安心感を得るために見境なく不特定の誰かの気を引こうとするという点で，その子どもの愛着は表面的なものと言える．このような傾向は対人的かかわりが希薄な環境においては適応的であり，劣悪な施設的環境の特徴に従って獲得されたものと考えられる．しかしながら，施設的環境下において無差別的な人なつっこさが強かった子どもは，数年後に精神病理的状態となるリスクが高いことが明らかとなっている（Gleason *et al.*, 2011）．

●虐待の影響

養育者による子どもへの**虐待**もまた，愛着の発達不全をもたらす要因である（第14章参照）．ボウルビィは，子どもが不安や恐れを感じ養育者にくっつこうとする時，そのネガティブな感情状態が沈静化することなく慢性的に続く，あるいは激しく活性化した場合には，愛着の機能は不全状態に陥ると考えた．このような事態は被虐待児に生じやすいものと言えよう．たとえば，子どもが転んで泣き始めた時，気が高ぶった養育者から「うるさい，泣くな」と怒鳴られ，ほほをたたかれた場合には，子どもは転んで痛い思いをしたストレスが緩和されない上に，暴行を受けることでさらに恐れや悲しみの感情を引き起こされることになる．第3節でも述べたように，安全基地であるはずの養育者からおびやかされるという矛盾を繰り返し経験した場合，子どもは養育者にくっつき安心感を得るための効果的な戦略を身につけることができない．実際，被虐待児のうち実に8割以上の子どもが非組織化の愛着である無秩序・無方向型に分類されたとする報告もある（Carlson *et al.*, 1989）．

愛着が無秩序・無方向型である場合，子どもは自身の感情制御に困難を抱えやすいため，その後の発達においても感情制御不全にかかわる種々の内在化問題や外在化問題のリスクが高くなりうる（Lyons-Ruth & Jacobvitz, 2008）．加えて，子どもは不安や恐れの感情が慢性的に高まっている状態では，探索行動や学習，遊びといった発達上重要な活動に取り組むことができないため，感情と認知能力がかかわる様々な社会的能力の発達に弊害が生じうる．これと符合するように，被虐待児が感情の理解に困難を抱え，他の子どもの苦痛に対し共感的な反応を示しにくいことや，心の理論（第10章参照）の獲得が遅れることなどが知られている（Fonagy *et al.,* 2007）．

虐待のどのような側面がどのような過程を経て後の子どもの発達に影響を及ぼすのか，その過程は複合的かつ複雑であり，慎重な検討が求められる．しかし，その一つの切り口として養育者と子どもの愛着関係に焦点をあて，それが十全に機能するように臨床的介入を行うことは有効であり，これまでに様々なプログラムが開発・検討されている．

⑤ 愛着対象は母親のみか

ボウルビィは，子どもがまず1人の特定人物に対して愛着を形成し，それを鋳型として他の人物との愛着関係を形成すると考えた．この特定人物には母親が想定されており，それはやがて，母親との愛着経験が最も影響力を持つとの見方につながった（Bretherton, 1985）．この発想の延長線上にあるものがいわゆる3歳児神話である（内田, 2010）．これは，子どもが3歳になるまでは母親が養育に専念する必要があり，それがさまたげられると子どものその後の発達がゆがむ，という信念である．もちろんこれまで述べてきたように，幼少期に信頼できる養育者と愛着関係を築くことは子どもの心理的発達に必要不可欠であるが，その対象は3歳児神話で信奉されるように母親でなければならないのだろうか．

主たる愛着対象を母親と見なすことは，子育てのすべてを専業主婦が担うという状況であればある程度納得できるものであろう．しかし，昨今は女性の社

会進出に伴って共働き世帯が増加傾向にあり，日中の子どもの世話を他の親族や保育所が担うなど，母親以外による養育の割合が増えている．そもそも，ヒトはその歴史のうち9割超を占める狩猟採集時代において，40人ほどのメンバーからなる集団生活を営み，複数の養育者が共同で育児をしていたとの指摘もある（Perry, 2002）．逆説的ではあるが，核家族化が進み1世帯あたりの人数が2，3人となっている現代のほうが人類的には異常なのかもしれない．以上のことは，これまで偏重されがちであった母親から視点を移し，他の複数の養育者と子どもとの愛着関係に焦点をあてる必要性を説くものと言えよう．

●アロペアレンティングへの着目

複数の養育者との愛着経験は個人のうちにどのように整理されるのだろうか．一つの考え方は，すべての愛着関係が統合されてワーキング・モデルになるというものである．この見方では母親との愛着は特別なものではなく，父親や保育者といった他の対象との愛着と対等に位置づけられ，それぞれの経験が一つに統合されて機能するようになるという．実際に，母子間の愛着の質だけよりも，母と子，父と子，保育者と子という3種類の愛着の質を合算した指標のほうが，その後の子どもの適応をよりよく予測できたことが報告されている（van IJzendoorn *et al.*, 1992）．

一方，複数対象との愛着関係がそれぞれ独自のワーキング・モデルになるという考え方もある．たとえば，父母に対する愛着と保育者に対する愛着の間には質的な優劣がなく，なおかつ互いに独立であったこと――すなわち，母親との愛着が安定型であれば保育者との愛着も安定型になりやすいというわけではなかったこと――が示されている（Goossens & van IJzendoorn, 1990）．また，子どもが9歳の時の教師との関係性の質は，乳幼児期における母親との愛着の質ではなく，乳児期における保育者との愛着の質と関連性を有していたことが報告されている（Howes *et al.*, 1998）．要するに，家庭場面で得られた愛着経験は家庭とは異質の学校場面では有効に働かず，一方で家庭よりは学校場面に近い保育所での愛着経験は有効に機能したのである．これは母親との愛着が鋳型になるという想定をくつがえすものと言えよう．

複数の愛着経験が統合されるのか，あるいは独立に機能するのかについては今後も検証を重ねる必要があるが，いずれにせよ1人の特定人物との愛着のみですべてが決まるわけではないということは，**アロペアレンティング**（親以外の人物による養育）の有効性を支持するものと言える．仮に子どもが父親や母親との間に安定した愛着関係を持てなくとも，子育てに慣れ，子どもの愛着の欲求にスムーズに対応できる他の人物が対応することで，子どもは親との間に築けなかった愛着経験を補完することができる．これは単なる代役にとどまるものではなく，場合によっては被虐待児のセーフティネットとして本来の養育者以上に安全基地としての役割を果たし，子どもの心理的発達を支えることになるのである．

　本節冒頭で述べた3歳児神話については，すでに1998年度の厚生白書によって「少なくとも合理的な根拠は認められない」ことが周知されている．一方で，これを未だ熱心に信奉する人々もいる．子育て方法が人それぞれであるならば，万人が納得する無欠の指針を呈示することは現実的ではないだろう．しかし少なくとも，私たち大人が幼い子どもとどのように接したらよいかを考える際には，愛着理論とその研究知見は有用な道標となる．

コラム●6　各愛着タイプのその後

　本章では幼少期における愛着の形成過程と各タイプの特徴について述べたが，愛着のタイプによってその後の社会性の発達にはどのような差異が生じるのだろうか．ここでは思いやりの発達と友人関係に焦点をあててみよう．

　1歳の時点で愛着が安定型であった子どもは，4歳の時点で他児の苦痛に対して情緒面でも行動面でも，回避型であった子どもよりも共感的にふるまっていたこと，またアンビバレント型であった子どもは他児の苦痛と自身の苦痛の区別が曖昧であったことが報告されている（Kestenbaum *et al.*, 1989）．2歳半から5歳の就学前の子どもを対象にした研究では，様々な状況に置かれた子どもの絵（例：海中でサメに追いかけられている子ども）を見せて，画中の子どもへの対象児の共感の度合いを得点化し，愛着安定型の子どものほうが不安定型の子どもよりも共感得点が高かったことを示している（Knight, 2010）．これらの知見と符合するように，

愛着安定型の子どものほうが不安定型に比べて友人とよりポジティブで円滑な交流ができることが示されている（McElwain *et al.*, 2011）.

　ところで，愛着のタイプは人生の中で変わることはないのだろうか．成人に対しては特殊な面接法（成人愛着面接：George *et al.*, 1996）を用いることで，幼少期のように愛着のタイプを測定することができる．この手法を用いてアメリカで 800 人あまりの子どもを幼少期から 20 歳前後まで追跡した調査（Booth-LaForce *et al.*, 2014）によれば，①一貫して安定型だった人は 40%，②一貫して不安定型だった人は 17%，③安定型から不安定型になった人は 23%，④不安定型から安定型になった人は 20%であった．このうち④のような変容については，青年期における特定パートナーとの良好な恋愛関係が影響していると指摘する研究もある（Roisman *et al.*, 2002）．幼少期は子どもが養育者を選ぶことはできないが，大人になってからは誰と恋愛するか，すなわち愛着対象を自ら選ぶことができる．その新たな関係での経験が愛着のタイプを変容させることもあるようだ.

第 6 章　愛着の発達

［さらに学びたい人のために］

数井みゆき・遠藤利彦（2005）. アタッチメント――生涯にわたる絆――　ミネルヴァ書房

数井みゆき・遠藤利彦（2007）. アタッチメントと臨床領域　ミネルヴァ書房

Cassidy, J. & Shaver, P. R. (2016). *Handbook of attachment: Theory, research, and clinical applications* (3rd ed.). New York: Guilford Press.

ルイス，M. & 高橋惠子（編）高橋惠子（監訳）（2007）. 愛着からソーシャル・ネットワークへ――発達心理学の新展開――　新曜社

［引用文献］

Ainsworth, M. D. S., Blehar, M., Waters, E., & Wall, S. (1978). *Patterns of attachment: A psychological study of the Strange Situation.* Hillsdale. NJ: Erlbaum.

Booth-LaForce, C., Groh, A. M., Burchinal, M. R., Roisman, G. I., Owen, M. T., & Cox, M. J. (2014). Caregiving and contextual sources of continuity and change in attachment security from infancy to late adolescence. *Monographs of the Society for Research in Child Development, 79,* 67-84.

Bowlby, J. (1969). *Attachment and loss: Vol.1. Attachment.* New York: Basic Books.

Bowlby, J. (1973). *Attachment and loss: Vol.2. Separation: Anxiety and anger.* New York: Basic Books.

Bowlby, J. (1980). *Attachment and loss: Vol.3. Loss: Sadness and depression.* New York: Basic Books.

Bretherton, I. (1985). Attachment theory: Retrospect and prospect. In I. Bretherton & E. Waters (Eds.), Growing points in attachment theory and research. *Monographs of the Society for Research in Child Development,* Vol. 50 (pp.3-35).

Carlson, E. A., Cicchetti, D., Barnett, D., & Braunwald, K. (1989). Disorganized / disoriented attachment relationships in maltreated infants. *Developmental Psychology, 25,* 525-531.

Fonagy, P., Gergely, G., & Target, M. (2007). The parent–infant dyad and the construction of the subjective self. *Journal of Child Psychology and Psychiatry, 48,* 288-328.

George, C., Kaplan, N., & Main, M. (1996). *Adult attachment interview protocol.* Unpeblished manuscript, University of California at Berkeley.

Gleason, M. M., Fox, N. A., Drury, S., Smyke, A. T., Egger, H. L., Nelson, C. A., Gregas, M. G., & Zeanah, C. H. (2011). Validity of evidence-derived criteria for reactive attachment disorder: Indiscriminately social/disinhibited and emotionally withdrawn/inhibited types. *Journal of the American Academy of Child & Adolescent Psychiatry, 50,* 216-231.

Goossens, F. A. & van IJzendoorn, M. H. (1990). Quality of infants' attachments to professional caregivers: Relation to infant-parent attachment and day-care characteristics. *Child Development, 61,* 832-837.

Greenough, W. T., Black, J. E., & Wallace, C. S. (1987). Experience and brain development. *Child Development, 58,* 539-559.

Harlow, H. F. (1958). The nature of love. *American Psychologist, 13,* 673-685.

Holmes, J. (1993). *John Bowlby and attachment theory.* London: Routledge.

Howes, C., Hamilton, C. E., & Philipsen, L. C. (1998). Stability and continuity of child-caregiver and child-peer relationships. *Child Development, 69,* 418-426.

Kahn, R. L. & Antonucci, T. C. (1980). Convoys over the life course: Attachment, roles, and social support. In P. B. Baltes & O. B. Brim (Eds.), *Life-span develop-*

ment and behavior, Vol. 3 (pp. 253-268). New York: Academic Press.

Kestenbaum, R., Farber, E. A., & Sroufe, L. A. (1989). Individual differences in empathy among preschoolers: Relation to attachment history. In N. Eisenberg (Ed.), Empathy and related emotional responses. *New directions for child development*, Vol. 44 (pp. 51-64), San Francisco: Jossey-Bass.

Knight, R. (2010). Attachment theory: In search of a relationship between attachment security and preschool children's level of empathy. *The Plymouth Student Scientist, 4*, 240-258.

Levitt, M. J. (2007). 児童・青年期の人間関係——コンボイ・モデルによる検討—— ルイス，M. & 高橋惠子（編）高橋惠子（監訳） 愛着からソーシャル・ネットワークへ——発達心理学の新展開——(pp. 39-71) 新曜社

Lewis, M., & Feiring, C. (Eds.) (1998). *Families, risk, and competence*. Mahwah, NJ: Erlbaum.

Lyons-Ruth, K., & Jacobvitz, D. (2008). Attachment disorganization: Genetic factors, parenting contexts, and developmental transformation from infancy to adulthood. In J. Cassidy & P. R. Shaver (Eds.), *Handbook of attachment: Theory, research, and clinical applications* (2nd ed.) (pp. 666-697). New York: Guilford Press.

Main, M., & Hesse, E. (1990). Parents' unresolved traumatic experiences are related to infant disorganized attachment status: Is frightened and/or frightening parental behavior the linking mechanism? In M. T. Greenberg, D. Cicchetti, & E. M. Cummings (Eds.), *Attachment in the preschool years* (pp. 161-182). Chicago: University of Chicago Press.

Main, M., & Solomon, J. (1990). Procedures for identifying infants as disorganized / disoriented during the Ainsworth Strange Situation. In M. T. Greenberg, D. Cicchetti & E. M. Cummings (Eds.), *Attachment in the preschool years* (pp. 121-160). Chicago: University of Chicago Press.

McElwain, N. L., Booth-LaForce, C., & Wu, X. (2011). Infant-mother attachment and children's friendship quality: Maternal mental-state talk as an intervening mechanism. *Developmental Psychology, 47*, 1295-1311.

Meins, E., Fernyhough, C., Fradley, E., & Tuckey, M. (2001). Rethinking maternal sensitivity: Mothers' comments on infants' mental processes predict security of attachment at 12 months. *Journal of Child Psychology and Psychiatry, 42*, 637–648.

Nelson, C. A., Fox, N. A., & Zeanah, C. H. (2014). *Romania's abandoned children: Deprivation, brain development, and the struggle for recovery.* Cambridge: Harvard University Press.

Perry, B. D. (2002). Childhood experience and the expression of genetic potential: What childhood neglect tells us about nature and nurture. *Brain and Mind, 3*, 79–100.

Provence, S. & Lipton, R. C. (1962). *Infants in institutions: A comparison of their development with family-reared infants during the first year of life.* New York: International Universities Press.

Roisman, G. I., Padrón, E., Sroufe, L. A., & Egeland, B. (2002). Earned-secure attachment status in retrospect and prospect. *Child Development, 73*, 1204–1219.

Sroufe, L. A. (1996). *Emotional development: The organization of emotional life in the early years.* Cambridge: Cambridge University Press.

内田伸子 (2010).「3歳児神話」は『真話』か?——働く親の仕組みを見直し,社会の育児機能を取り戻す——学術の動向,*15*, 76-86.

van IJzendoorn, M. H., Sagi, A., & Lambermon, M. W. E. (1992). The multiple caretaker paradox: Data from Holland and Israel. In R. C. Pianta (Ed.), Beyond the parent: The role of other adults in children's lives. *New Directions for Child and Adolescent Development, 57*, 5-24. San Francisco: Jossey-Bass.

第 7 章

自己と感情の発達

　本章では,自己と感情の発達について見ていく.自己に関する認識は,社会的な生活を送る上で欠かせない.自己に関する意識がなければ他者に配慮することもできないし,自分の行動を制御することもできないだろう.本章では,まず,自己に付随する感情の発達過程を紹介した後に,子どもがいつ自分という認識を持ち,自律性や自主性を獲得するかについて見ていく.

1 感情の分化と発達

　本節では,初期の情動の分化と発達について概観していく.心理学では,感情には,一次的感情と二次的感情があるとされる.**一次的感情**とは乳幼児期から持っているものである.具体的には,喜び,驚き,悲しみ,嫌悪,怒り,恐れの六つがあるとされる.一次的感情は基本的感情とも呼ばれる.一方,**二次的感情**は,比較的複雑な感情をさし,自己意識がかかわるものが多い.たとえば,恥や罪悪感,誇りなどの感情である.ここでは,主に一次的感情について紹介したい.

● ブリッジズの理論

　乳幼児を対象にした心理学研究が始まったのは 20 世紀初頭頃だが,初期の感情発達理論として,**ブリッジズ**(Bridges, K. M. B.)のものがある(Bridges,

117

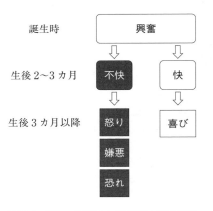

図7-1 ブリッジズによる感情の発達過程

1932). この理論は，生まれたばかりの乳児の感情はきわめて単純かつ未分化なものであり，それが発達とともに様々な感情に分化していくと説明する．**未分化**な状態とは，様々な感情が交じり合ったような状態のことである．ヒトの発達では，一般的に，未分化で混沌とした状態から，分化した状態に変化する．

ブリッジズは，乳児を観察することを通して，感情の発達を検討した．乳児が本当にどのように感じているかはわからないが，乳児の表情や身体の動きを通して，彼らの感情を推測したのである．そのような観察を通じて，ブリッジズは生まれたばかりの乳児では，**興奮状態**が中心であると論じた（図7-1）．そのような興奮状態が基礎となり，そこから様々な感情が生まれてくるのである．この理論によれば，生後2～3カ月頃になると，ポジティブな感情とネガティブな感情，すなわち快と不快が生まれてくるという．自分が好きなもの（例：甘いもの）に対しては快感情，嫌いなもの（例：苦いもの）に対しては不快感情を示すのである．

その後，不快感情はさらに様々な感情に**分化**していく．生後3カ月以降に怒り感情が生まれ，その後には嫌悪感情，さらに生後6カ月頃になると恐れが生まれる．前述の一次的感情がこのように生まれてくるのである．

ブリッジズの研究が報告されたのが1930年代であり，研究方法も乳児の行動を単純に観察するというものであった．その後，様々な研究が進展し，ブリッジズの考えにも異論が唱えられるようになった．たとえば，ルイス（Lewis, M.）は，生まれたばかりの乳児は，快・不快の二つの感情を示すと指摘する（Lewis, 2008）．事実，新生児に甘い液体を与えた際には快表情を示し，苦いあるいは酸っぱい液体を与えた際には不快表情を示す（第5章参照）．生後3カ月頃になると快の感情から分岐して喜びが発現するとされる．また，別の研究者は，生まれたばかりの乳児は，原初的な驚き，不快，嫌悪，の情動を持ち，

生後6カ月くらいまでに怒り，興味，悲しみ，より高次な驚きを示すようになるという．

また，生まれたばかりの乳児でも，笑うことがある．これは**新生児微笑**と呼ばれ，乳児の感情の表出というよりは，生まれつき持っている反射の一種だと考えられている（川上他，2012）．つまり，乳児は快を感じて笑っているわけではなく，何らかの生理的な変化の結果として笑ったように見えるだけである．他者に対して笑いかけるのは生後2〜3カ月くらいになる（第10章参照）．

全体的に，感情が未分化な状態から分化した状態へと変遷するという点や，生後6カ月頃までに一次的な感情が表出されるようになるという点については一致している．一方で，生まれたばかりの乳児がどのような感情を持ち，どの時期に感情が分化していくかについては研究者によって異なる．

●**感情の理解**

子ども自身が経験する感情は前述のような発達を遂げるが，子どもは，いつ頃，他者の感情を理解し始めるだろうか．

まず，他者の表情を区別すること自体は，生まれて数カ月以内に可能となることが示されている．たとえば，怒りや悲しみ，幸せなどを示す表情を新生児は区別することができる（Field et al., 1982）．しかし，それぞれの表情を区別するだけでは，他者の感情を理解することにはならない．たとえば，怒り表情に対しては回避，幸せなどの表情に対しては接近するように，表情に対して子どもが異なった反応を示せば，その表情の意味を理解していることになる．このような理解は，生後6カ月前後になされることが示されている（Montague & Walker-Andrews, 2001）．生後6カ月くらいの乳児は，幸福な表情に対しては幸福表情を見せ，怒り表情に対して泣き顔や回避反応を示す．

怒り，悲しみ，幸せなどの，感情の言語的な理解は，幼児期になされる．たとえば，それぞれの表情を示した図版を見せ，子どもに「怒っているのはどれ？」などとたずねると，3歳児は表情によっては困難を示すが，4，5歳児は正しく反応することができるようになる（Pons et al., 2004）．

また，状況から感情を推察する能力も，この時期に発達する．たとえば，ほ

しくないモノをもらうような話を聞かせ，子どもに登場人物がどのような表情をするかを問うと，3歳児や4歳児は登場人物がうれしそうな顔をしないと答えるが，5歳児は，外面的にはうれしそうな顔をするが，実際にはうれしくないと答えることができるようになる（Pons *et al.*, 2004）.

② 自己意識の発達

　次に，自己意識の発達について紹介する．ここでの自己とは，考える主体の自己ではなく，対象としての自己であり，**自己意識**とは自己についての認識である．自己についての認識がいつ生まれるかは，子どもの発達上，最も重要な問題の一つである．

　生まれたばかりの乳児に自己意識があるとは考えにくいが，非常に未熟な自己意識はある可能性が指摘されている（第4章参照）．たとえば，生まれたばかりの新生児であっても，自分自身の手でほほをさわる時と他者がほほをさわる時を区別することができる．これは，新生児が，少なくとも自分の身体と他者の身体を区別していることを示している（Rochat & Hespos, 1997）．また，生後2カ月頃には，自分の身体の動きと，他者の身体の動きを区別しているようである．しかしながら，乳児にこれらの能力があるとしても，大人が持つような自己意識があるとは言いがたい．現在では，大人と類似した自己意識が見られるようになるのは，2歳頃だと考えられている．それは，以下のルージュテストによって示されている．

●ルージュテスト

　自己意識の発達は，発達心理学において最も有名な実験の一つであるルージュテストで調べられる．私たちは通常他者の顔を見ることはできても，自分の顔を見ることはできない．鏡は，私たちが自分の姿形を認識できる数少ない手段の一つである．朝起きて，顔を洗って，ヒゲをそったり化粧をしたりして，自分の姿について確認する．このような鏡に映った像が自分であることを理解できるのはいつ頃だろうか．

この点を調べるために，**鏡**を用いた実験がなされた．このような手法は，最初はヒトではなく，チンパンジーを対象にした研究で用いられた（Gallup, 1970）．この研究では，鏡を見たことのないチンパンジーに鏡を見せて，その様子を観察した．鏡を見せると，鏡に映った像に対して威嚇するような行動をとるなど，その像が自分であるとは認識している様子はなかった．ところが，5 日もたつと威嚇行動はなくなり，むしろ，鏡を使って歯の隙間にはさまった食べ物をとるようになったのである．ヒトが鏡を前に身だしなみを整えるかのようである．

さらに，チンパンジーが麻酔をされている間に，まゆや耳のあたりに赤い染料をつけたら，麻酔からさめた後にチンパンジーがどのような行動をとるかが検討された．ヒトの場合，自分が寝ている間に 額にシールが貼ってあれば，変に思いそのシールをとろうとするであろう．これと同様に，鏡を見せる前には，チンパンジーは赤い染料部分がつけられた部分をほとんどふれないのに対して，鏡を見せた後には頻繁にその部分をふれることが観察された．

それでは，乳幼児はいつ頃から鏡に映った自己を意識することができるのだろうか．乳幼児を対象にした場合，口紅などをつけるので**ルージュテスト**と呼ばれる．**ルイス**と**ブルックス＝ガン**（Brooks-Gunn, J.）の研究によると，ルージュテストに通過できるようになるのは，2 歳前後であることが示されている．1 歳以下の乳児は鏡を見せられても，鏡の中の自己像に対してほほえみかけたりする．生後 18 カ月以降になると，鏡に映った自己像を見て，自分の顔についた染料にふれるようになり，2 歳を過ぎる頃には，多くの子どもがこのルージュテストに通過することができるようになる（Lewis & Brooks-Gunn, 1979）．

● 2 歳以降の自己意識の発達

ルージュテスト以外にも，2 歳前後になると，自己意識が発達することが報告されている．たとえば，自分が映った写真と他の子どもが映った写真を選択させると，2 歳半の子どもは，正しく自分の写真を選べる．さらに，この時期の子どもは，恥ずかしがったりするなど，自己と関連するような感情を示すようになり，自分の名前を呼ぶようになったりする．

ルージュテストを通過し，自分の写真を正しく選ぶことのできる2歳児も，過去の自分に対しての認識は十分ではないようである．ある研究では，実験者が，子どもが遊んでいる間に気づかれないように頭にステッカーを貼り，この様子をビデオに収録しておき，数分後に実験者と子どもが一緒に録画された映像を見た．つまり，映像の中で自分がステッカーを貼られた様子を見るのである．その結果，2歳児はステッカーをとることができず，3歳半を過ぎる頃にようやくステッカーをとることができるようになる（Povinelli *et al.*, 1996）．これらの結果は，2歳児は「今，ここ」の自分の姿は認識できても，過去や未来といった時間的側面を含んだ自己認識は不十分であることを示している．3歳から4歳にかけて，過去の自分や未来の自分というものを認識できるようになる．

4歳以降には，自己概念が形成されるようになる．**自己概念**は，学業や人間関係，身体能力や外見などについて問われる（Marsh *et al.*, 1998）．たとえば，友人関係では，「私には友達がたくさんいる」という質問に対して，子どもは自分にあてはまるかあてはまらないかを問われる．これらの質問をすると，幼児期から学童期に著しい変化が見られることが示されている．特に幼児の場合，自分のことを過大評価しがちで，教師や保護者による評価とは異なることが多いが，学童期頃から一致するようになる．自分を客観的に見ることができるようになるのである（第5節の自尊心も参照）．

●自己意識とかかわる感情

自己意識が発達する2歳頃に，怒りや悲しみ，喜びなどの基本的感情とは異なる感情が発達する．基本的感情を一次的感情と呼ぶのに対して，自己意識がかかわる感情は二次的感情と呼ばれる．二次的感情は，自己意識をもとにした感情と言える．

具体的な感情としては，照れや羨望などがあげられる．1歳半頃になると，他者から注目された際に，子どもは照れや恥じらいなどの行動を示す（Lewis, 2008）．これらの感情は，自己が見られているという意識が前提となっている．また，自分と他者の区別を前提とした共感や羨望も，2歳前後に発達すること

が示されている．前述のルージュテストに通過した子どもほど，照れや共感などの行動を示しやすいことが示されている．たとえば，ある研究ではルージュテストの成績のよい子どもと悪い子どもを対象に，共感能力に違いがあるかを検討した．この研究では，子どもの前で，実験者が自分のテディベアが壊れたためなげき悲しむ様子を見せ，その際の子どもの反応を検討した．その結果，ルージュテストの成績がよい子どもは実験者をなぐさめるような行動を示したのに対して，ルージュテストの成績が悪い子どもは実験者を無視しがちであった（Bischof-Köhler, 2012）．

　さらに，2歳半頃から，子どもの認知機能が高まり，あるふるまいが適切かどうかなどの規則を理解し始める．このような理解は，子どものさらなる感情発達を促し，自己評価にかかわる感情を生み出す．たとえば，2歳半から3歳に発現するとされる恥や罪悪感は，自身のふるまいが規則に反していると評価する際に表出される．

③ 自己制御

　2歳頃から子どもに自己意識が徐々にめばえてくると，子どもは強烈な自己主張をし始めるようになる．すなわち，子どもは**第一次反抗期**に入る．子どもは，養育者に依存していた状態から，自己の意志や主体性を主張するようになり，養育者の言うことを聞かなくなり，養育者の提案を拒否し，養育者へ抗議するなどの行動が現れるようになる．養育者にとっては，突如子どもが扱いにくい存在に映り，子どもをめぐる悩みが増える時期ではあるが，子どもの自己制御の発達にとっては重要な変化と言える．

●自己主張と自己抑制

　自己制御とは，自分の行動や感情，心身状態を自ら主体的に統制や調整することをさす．乳児期においては，養育者を含めたまわりの大人によって行動や感情は調整されるが，幼児期になると子どもは自ら行動や感情を調整できるようになる．

自己制御行動には大きく二つの側面があると考えられる．一つは，自己主張である．**自己主張**は，自らの欲求や意志を他人の前で表現し，実現することをさす（柏木，1988）．たとえば，おもちゃのとり合いになる場面において，自らの優先権を述べ，そのおもちゃを保有しようとするような行動が含まれる．もう一つは，**自己抑制**であり，自己主張とは反対に，自己の欲求や意志，行動を，状況に応じて，抑制することをさす．おもちゃの例でいうと，明らかに他者に優先権があるようなおもちゃで遊びたいような状況で，自分の遊びたい気持ちを調整するような行動をさす．

　伝統的に，自己制御においては，自己の欲求や行動を調整する自己抑制が重んじられてきた．しかしながら，自己の行動を抑制するだけではなく，状況に応じて，自己の欲求や意志を表現することによって，子どもは自らの目的を達成する必要がある．両者を備えて，状況に応じて使い分けることが望ましいと考えられる．

　自己主張と自己抑制の発達は，相対的に自己主張のほうが早く，3〜4歳頃に急激に発達した後はそれほど変化しないとされる．一方，自己抑制は，3歳から6歳までの間に，徐々に発達していくことが報告されている．つまり，まずは自己主張をし，その後に自己を抑制することを発達させるのである（柏木，1988）．

　このような自己制御は，養育者のかかわりによって育まれる．自己主張と自己抑制の双方が高い子どもは，バランスよく自己制御が可能だが，このような子どもの母親は，子どもが葛藤する場面において，説明的なしつけをしやすい（水野・本城，1998）．説明的しつけとは，たとえば子どもに食べ物の好き嫌いがある場合に，有無を言わさず食べさせようとするのではなく，好き嫌いなく食べなければ大きくなれないなど，説明を通じて子どもの行動を促そうとするものをさす．このような説明を通じて，子どもの中に規範や規則が内面化しやすいのではないかと考えられている．

●感情制御

　前述の自己抑制の中でも，特に感情を制御する能力のことを**感情制御**もしく

は**情動制御**と呼ぶ．前述のように乳児期においては，主に養育者によって，外的に感情は制御される．たとえば，愛着の形成などともかかわるが，子どもが不安な時に養育者が接触することなどによって，子どもの不安を低減させたりする（第6章参照）．

一方，幼児期には，子どもは自分自身で感情を制御するようになる．幼児期において特に重視されるのが，自分の欲求を制御する能力である．衝動性の制御とも呼ばれる．具体的には，ある種の報酬（食べ物など）が提示された時に，その報酬に対する欲求を制御する能力のことをさす．最も有名なマシュマロテストでは，子どもの前にマシュマロやクッキーなど，すぐに手に入れたくなるものを一つ置く（Mischel *et al.*, 1989）．そして，実験者は，子どもに対して，今から用事があるから部屋を出ていくことを告げた上で，二つの選択肢を与える．一つは，子どもは実験者が不在の間にマシュマロを食べてもよいという選択肢である．もう一つは，実験者が部屋に戻ってくるまで待てたら（約15分間），マシュマロを二つもらえるという選択肢である．この実験では，子どもは目の前の報酬を得るか，満足を遅延させて多くの報酬を得るかを選ばなければならない．この能力は，幼児期から学童期初期にかけて発達する．

●実行機能

前述のような自己制御や感情制御にかかわるような行動は，実行機能と呼ばれる能力の発達によって可能となる．**実行機能**とは，目標のために行動，思考，感情を制御する能力のことをさす．この能力は，脳の前方にある前頭前野（図4-2参照）という領域と深いかかわりがあり，この脳領域が発達することによって実行機能が発達する（森口，2012）．

実行機能には，行動を抑制する能力（抑制機能）や行動を切り替える能力（切り替え），保持している情報を更新する能力（更新）などが含まれる．**抑制機能**とは，たとえば日本人が英語を話す際に，日本語が出そうになるのを制御するように，その状況で出やすい行動を抑制する能力である．切り替えは，スマホを操作したり，テレビのドラマに集中したりと，やっている活動を柔軟に切り替える能力である．更新とは，たとえばラーメン屋の店員が注文を聞いて，

その内容を覚えているが，注文の品物を出し終えた後はその内容は忘れて，新しい注文の内容を覚えるように，情報を更新する能力である．これらの能力は，それぞれ幼児期に発達することが報告されている．

近年，世界中で，この実行機能や自己制御の発達が注目されている．米国や英国の研究から，幼児期における実行機能や自己制御が，その後の学力や社会性の発達を促すことが報告されている．事実，幼児期に実行機能が高い子どもは，幼児期や学童期に，算数や国語の成績がよく，友人関係も良好であり，問題行動をすることが少ないことが報告されている．逆に幼児期にこの能力に問題を抱えていると，後の発達のリスク要因になるため，経済協力開発機構（OECD）などの国際機関は，この能力を幼児期や学童期においてはぐくむ必要性を提唱している．

そのため，現在は保育や幼児教育を通じて，この能力を高めようとする研究がさかんである．音楽を通じた訓練，運動を通じた訓練，ヨガを用いた訓練の他，心理学者ヴィゴツキー（Vygotsky, L. S.：第1章参照）の考えに基づいて，ひとりごとやふり遊びを用いた保育プログラムも提案されている．

❹ 自律性・自主性・主体性

エリクソン（Erikson, E. H.）は，パーソナリティの心理社会的発達段階論を提唱し，八つの発達段階における発達課題を，それに関連する心理社会的危機という観点から議論した（第3章参照）．これによると，幼児期初期においては，発達課題は自律性を学ぶことであり，自律性を獲得するか恥や疑惑に満ちた人間になるかの危機を経験し，幼児期後期（遊戯期）においては，自主性か罪悪感かの危機を経験する．以下に詳しく見ていく．

●自律性と恥・疑惑

幼児期初期には，筋肉組織の発達により，モノをつかむだけでなく，モノを投げたり，広範な探索が可能になったりする．筋肉組織の発達により，ある程度自分の行動を制御することができるようになる．それが自律性の発達につな

がる（エリクソン，1980）．

自律性とは，自己の心身の状態の統制を，養育者などによって他者や外部によって行われていたものを，自己によって統制していく状態である（鑪，1995）．乳児期においては，他者に対する基本的信頼感が形成されるため，子どもは他者に依存した状態にあるが，このような他者に依存した状態から，徐々に自分自身で統制するように発達する必要がある．

具体的な行動としては，**トイレットトレーニング**の重要性があげられている．トイレットトレーニングが始まるのは 2 歳前後だが，それ以前の子どもはオムツなどによって，自らの排泄をあまり統制する必要がない．トイレットトレーニングにおいては，子どもは，自分の排泄物を，自分自身が排泄したいタイミングで排泄する必要があり，自分自身における統制が必要となってくる．たとえ養育者が子どもに対して排泄してほしくても，子どもは排泄しないという選択が可能だし，その逆もしかりである．このようなトイレットトレーニングを通じて排泄を統制することで，子どもの自律性が育まれると考えられる．

一方，このような自律性の学習に失敗すると，**恥**や**疑惑**に満ちた人間になるという．前述のように，幼児期初期は，自己意識が発達することにより，恥などの二次的な感情が生じてくる時期である．子どもがトイレットトレーニングなどでうまくいかない場合に，養育者が叱ったり援助しなかったりすると，子どもは恥を感じ，自分自身に疑いを向けるようになる．

いかなる行動でも，必ずしも思い通りにうまくいくとは限らず，その意味において，恥や疑惑はつきものである．ただ，自律性と恥や疑惑の割合が重要であり，自律性の割合が低いと，恥や疑惑に圧倒されてしまう．

●自主性と罪悪感

幼児期初期に自律性が発現すると，子どもに好奇心がめばえ，自ら様々な活動に取り組むようになる．この時期における子どもの課題は，自ら何らかの計画を立て，それに取り組み，目的を達成すること，**自主性**の学習にある（エリクソン，1980）．たとえば，木に登る，文字を書く，数を数えるなどの計画を立て，それを達成することで，目的志向的になる．

このような発達課題は，子どもの遊びの中で行われることが多い．遊びの中では，子どもは自分と他者，世界について学ぶことができる．誰にも邪魔されず，制約もなく，他の子どもと共同で，目的を達成することができる．子どもは親やきょうだい，教師などの役割を取得するなど，ごっこ遊びやファンタジーを楽しむことができる．このような遊びを通じて**自尊心**が高まり，好奇心がはぐくまれ，社会的スキルも獲得できる．

子どもはその好奇心から，時には，入ってはいけないところに入ったり，さわってはいけないものにさわったりなど，社会的規則に反するような行動も行うようになる．そのような場合には，子どもは罰せられ，**罪悪感**が生じ，自主性も摘みとられることになる．さらに，子どもは，想像力やファンタジー思考を発達させることにより，実際に行っていない行為にすら罪の感覚を覚えることがある．そのため，この時期における養育者やまわりの大人のかかわり方は重要である．養育者があまりに統制的で，子どもに罰や禁止ルールばかり与える場合，子どもは罪悪感によって支配され，子どもは自主性を十分発達させることができなくなる．

●主体性とその援助

以上のように，幼児期には自律性や自主性が発達する．このことをふまえた上で，保育所保育指針では，子どもの**主体性**を尊重し，それをはぐくむことを重視している．この主体性という言葉は十分に定義されていないが，自らが主体となって外部に働きかけるということを含意している．

自主性と同様に，この主体性は，養育者との関係性が基盤にある．養育者と良好な愛着関係（第6章参照）を形成できていれば，子どもは自ら積極的に周囲の環境を探索するようになる．一方で，養育者との関係が良好なものでない場合，積極的に探索することが難しい．

幼児期になると，子どもは受け身の存在ではなく自ら積極的に探索する存在になるため，養育者や保育者が過度にかかわりすぎることは，子どもの主体性の発達を阻害する可能性もある．まわりの大人は，子どもが自らできることと，助けを得てできることを見きわめた上で，後者について，先回りするのではな

く，子どもが援助を必要とする際に，適切な援助をすることが重要になってくる．

5 自尊心

これまで見てきたように，子どもは幼児期初期から自己意識を発達させ，それに基づいて自律的・主体的な行動をするようになる．時には自己主張をし，時には自己抑制をし，状況に適応しようと努める．このような中で，子どもは**成功体験**を積み重ね，肯定的な自己観を持つことによって，新しい活動へ挑戦したり，仲間とやりとりをしたりするようになる．このような肯定的な自己観である自尊心について以下で紹介する．

●自尊心

自尊心とは，肯定的な自己評価や自己観であり，自分自身を基本的に価値あるものとする感覚と定義される（Baumeister *et al.*, 2003）．大人を対象にした研究では，質問紙や心理学的な実験手法で調べられるが，これらの方法を幼児期の子どもに用いるのは困難であるため，主に子どもに対するインタビューを通じて測定される．

幼児は，自分の能力について，非現実的な，肯定的な自己感を持つ傾向がある．たとえば，ある子どもは，アルファベットを全部知っていると言って，「A, B, C, D, E, F, G, H, J, L……」と言うし，別の子どもは自分が最も勇敢で，運動能力が高く，賢い子どもだと自慢することもある．当然のことながら，子ども自身の評価と，養育者，保育者や教師などによる評価は一致しない．

幼児は，たとえある課題に自分が何度も何度も失敗してしまっても，次の機会にはその課題を達成できると信じる傾向にある．課題の難易度を低く見積もり，自分の能力を過大視することで，めげずに挑戦するのである．このきわめて楽観的な自己感によって，幼い子どもは適応的になることができる．失敗にめげずにがんばるための自信を持つことができ，新しいことに挑戦し続けるのである．

129

自尊心は，自分の周囲の環境に対して交渉し，変化を生じさせる能力である**有能さ（コンピタンス）**や，それに対する周囲の評価によって得られるが，子どもの自尊心の高さに影響を及ぼすものとして，彼らの認知能力の未成熟さと，子育てがあげられる（Boseovski, 2010）．認知能力の未熟さについては，幼児は自分のことを客観視することが難しく，自分のよい部分に注目し，肯定的な自己観が生まれやすい．また，幼児は，自分の能力と他者の能力の比較もしない．まわりの子どもと比べると，ある子どもの運動能力や知的能力がすべて高いということはあるはずはないが，幼児は他人との比較ではなく，過去の自分との比較によって，自分の能力の高さを信じるようになる．1週間前より身長が伸びたり，遠くにボールを投げることができたり，文字を覚えたりすることによって，自分の成長について肯定的になるのである．学童期になると，子どもは他者との比較を通じた自己観を形成するため，自尊心も少しずつ低下していく．

　子育てについては，養育者は子どもの能力については楽観的であり，子どもが何かを成し遂げると，子どもの能力やパーソナリティに帰属する傾向がある．つまり，本当は何らかの幸運や他者の助けのおかげで課題に成功したにもかかわらず，子ども自身によってその課題を達成したと見なすのである．この養育者の肯定的な反応が積み重なることで，子どもはきわめて肯定的な自己観を発達させるのである．逆に，養育者が子どもに対して無関心であったり，虐待したり，あまり肯定的な反応をしたりしない場合には，自尊心ははぐくまれにくい．そのような場合には，周囲の大人が子どもの自尊心に配慮する必要がある．

　ただ，子どもの自尊心には配慮するべきだが，いたずらに高めればよいというものではない．過去には自尊心が教育・発達上の様々な望ましい効果をもたらすと提唱されていたが，このことを支持するデータばかりではなく，むしろ高すぎる自尊心が持つ問題点も指摘されていることは留意するべきである．

コラム●7　空想の友達

　幼児期にはごっご遊びがさかんになるが，その中でも興味深い例が空想の友達

である．空想の友達とは，実在しない空想上の友達のことである．全く目に見えないタイプと，ぬいぐるみのような実体があるタイプがある．子どもは，目に見えない友達を想像し，その友達と一緒に絵を描いたり，ご飯を食べたり，追いかけっこをしたりする．子ども特有の想像力の表れとも言える．

特に，全く目に見えない友達と子どもが遊んでいる場合，まわりの大人から見ると奇異に映ることがある．そのため，以前は，空想の友達は，精神疾患の兆候だと考えられていた．しかし，研究が進み，普通の子どもが空想の友達を持つこと，空想の友達を持つことによって，社会性の発達が促進されることなどが明らかになってきた．そのため，空想の友達は，精神的な問題ではなく，子ども独自の遊びの形態であると考えられている．

森口らの研究から，空想の友達は，2歳頃から始まり，4歳頃にピークに達し，小学校に入るころには消失することが示されており（Moriguchi & Todo, in press），幼児期に特有と言える．また，空想の友達を持つ子どもの特徴として，女児が多いこと，比較的ひとりっ子や第一子が多いこと，ファンタジー映画や番組が好きな子どもに多いことなどが示されている．

保育者としては，このような子どもの行動を見た際に，子ども特有の行動として受け入れる必要がある．子どもの中には，空想の友達を他者と共有したい子どももいれば，そうではない子どももいるので，子どもに応じて対応する必要があるだろう．一部には，空想の友達が発達障害の兆候だとする医師や教育評論家もいるが，このことは明確な誤りであることは指摘しておきたい．たしかに，自閉スペクトラム症児（第13章参照）が空想の友達を持つことはあるが，すべての自閉スペクトラム症児が持つわけではない．また，定型発達児でも，年齢によっては半数の子どもが持つのである．

[さらに学びたい人のために]

藤田和生（編）（2007）．感情科学　京都大学学術出版会

森口佑介（2014）．おさなごころを科学する──進化する乳幼児観──　新曜社

[引用文献]

Baumeister, R. F., Campbell, J. D., Krueger, J. I., & Vohs, K. D. (2003). Does high self-esteem cause better performance, interpersonal success, happiness, or healthier lifestyles? *Psychological Science in the Public Interest, 4*, 1-44.

Bischof-Köhler, D.（2012）. Empathy and self-recognition in phylogenetic and ontogenetic perspective. *Emotion Review, 4*, 40-48.

Boseovski, J. J.（2010）. Evidence for "rose-colored glasses": An examination of the positivity bias in young children's personality judgments. *Child Development Perspectives, 4 (3)*, 212-218.

Bridges, K. M. B.（1932）. Emotional development in early infancy. *Child Development, 3*, 324-341.

エリクソン，E. H.　仁科弥生（訳）（1980）．幼児期と社会2　みすず書房

Field, T., Woodson, R., Greenberg, R., & Cohen, D.（1982）. Discrimination and imitation of facial expressions by neonates. *Science, 218*, 179-181.

Gallup, G. G.（1970）. Chimpanzees: Self-recognition. *Science, 167*, 86-87.

柏木惠子（1988）．幼児期における「自己」の発達——行動の自己制御機能を中心に—— 東京大学出版会

川上清文・高井清子・川上文人（2012）．ヒトはなぜほほえむのか——進化と発達にさぐる微笑の起源—— 新曜社

Lewis, M.（2008）. The emergence of human emotion. In M. Lewis, J. M. Havilland-Jones, & L. R. Barrett（Eds.）, *Handbook of emotions*（3rd ed.）（pp.304-319）. New York: Guilford Press.

Lewis, M., & Brooks-Gunn, J.（1979）. Toward a theory of social cognition: The development of self. *New directions for child and adolescent development, 4*, 1-20.

Marsh, H. W., Craven, R., & Debus, R.（1998）. Structure, stability, and development of young children's self-concepts: A multicohort-multioccasion study. *Child Development, 69 (4)*, 1030-1053.

Mischel, W., Shoda, Y., & Rodriguez, M. I.（1989）. Delay of gratification in children. *Science, 244*, 933-938.

水野里恵・本城秀次（1998）．幼児の自己制御機能——乳児期と幼児期の気質との関連—— 発達心理学研究，*9*，131-141.

Montague, D. P., & Walker-Andrews, A. S.（2001）. Peekaboo: A new look at infants' perception of emotional expressions. *Developmental Psychology, 37*, 826-838.

森口佑介（2012）．わたしを律するわたし——子どもの抑制機能の発達—— 京都大学

学術出版会

Moriguchi, Y., & Todo, N. (in press). Prevalence of imaginary companions in Japanese children. *International Journal of Psychology*.

Pons, F., Harris, P. L., & de Rosnay, M. (2004). Emotion comprehension between 3 and 11 years: Developmental periods and hierarchical organization. *European Journal of Developmental Psychology, 1*, 127-152.

Povinelli, D. J., Landau, K. R., & Perilloux, H. K. (1996). Self-recognition in young children using delayed versus live feedback: Evidence of a developmental asynchrony. *Child Development, 67 (4)*, 1540-1554.

Rochat, P., & Hespos, S. J. (1997). Differential rooting response by neonates: Evidence for an early sense of self. *Early Development and Parenting, 6*, 105-112.

鑪幹八郎 (1995). 自律 (性)　岡本夏木・清水御代明・村井潤一 (監修)　発達心理学辞典 (pp. 339-340)　ミネルヴァ書房

第**8**章

認知の発達

1 認知とは

　この章では，乳幼児期の認知発達について概説する．そのためにまずは認知とは何かということを確認しておこう．感覚，知覚，認知を比較して考えた場合，感覚は外界から受け取った刺激に直結して生じるものであり，知覚はその感覚をもとに知った外界の様子である．それをある部分はまとめ，ある部分は切り分けることで個々の事物とし，様々な特徴をわりあてるのが認知である．その意味で認知とは，自分のまわりの世界を作り上げる過程と言える．当然，認知の仕方によって作り出される世界は異なるだろう．よって，子どもと大人の認知が異なるということは，子どもと大人の世界が異なるということである．どのように子どもの世界が生まれ，どのように変化して大人の世界へとつながっていくのかを描き出し，そのメカニズムを検討することが認知発達研究の目的と言える．

　認知発達についての現在の知見を述べるにあたって，他の多くの文献と同様，まずは1人の研究者，ピアジェ（Piaget, J.）の話から始める．ヒトの知能の起源を解明するために彼が行った一連の発達研究は，子どもの認知の特徴をほぼ網羅しており，様々な領域の研究にかかわりを持っているからである．それに続いて，子どもの認知発達を，知覚能力の発達に伴って安定した認知世界が構築されるまでの乳児期と，構築された世界が大人のそれと様々な違いを持って

いる幼児期とに分け，その特徴的な性質を紹介していく．最後の節では，近年多くの研究者が認めている領域固有的な認知発達観を概説する．

❷ ピアジェの認知発達理論

　ピアジェは，主に20世紀後半に活躍したスイスの研究者であるが，彼の半世紀以上も前の著作はいまだに多くの研究者によって参照されている．その大きな理由は，彼の理論がきわめて一般性が高く，個人差や領域を超えてヒトの認知のあらゆる側面に適用可能なものであること，発達のしくみを緻密に記述しており，議論・検討の対象としやすいことにあるだろう．こうした特徴は，ピアジェが認知発達をヒトの知能の発生を探求するための手がかりとして考えていたというユニークな研究スタンスから来ていると思われる．

●ピアジェの理論の特徴

　ピアジェの発達理論は難解であるが，彼の興味がヒトの一般的な知的能力にあり，心理学というよりは生物学的な視点に立っていたことを念頭に置くと比較的理解しやすい．

　ヒトがどのように外界の事物を理解するかというしくみについても，彼は生物学の用語を利用して説明している．知覚された外界のモノや出来事を，ヒトは自分の中にあるたくさんの認知的な枠組み（**シェマ**）のいずれかにあてはめることで理解する．このあてはめが問題なくできる状態，すなわち知覚した事物が無理なく認知される状態を均衡状態と呼ぶ．知覚した情報とシェマの間に小さなずれがある場合，新しく入ってきた情報を今あるシェマに合うように変えることで均衡状態を保つ．これが**同化**である．一方で，このずれが顕著だったり何度も経験したりすると，シェマ自体を変化させることで新しい状況に適応する．これを**調節**と呼ぶ．同化と調節を示す例として，ピアジェによる次女ルシアンヌ（1歳4カ月）の観察を紹介しよう（ピアジェ，1978）．ここでは，ルシアンヌの前にマッチ箱が置かれる．マッチ箱は中箱が引き出されていて，中には懐中時計の鎖が入っているのが見える．ルシアンヌは鎖を取るために，

すでに持っているシェマ（箱をひっくり返す，隙間に指を差し込んで鎖を引っぱり出す）を用いてその状況に対応した（同化）．しかし，次にルシアンヌの前に置かれたマッチ箱は，中箱がほんの少ししか引き出されていなかった．そのため，先ほどと同じやり方で取り出そうとしたが失敗してしまった．ルシアンヌはしばらく考えた後，中箱を引き出し，今度は鎖を取り出すことに成功した（調節）．同化と調節によって均衡状態を保つ働きが**均衡化**であり，これによって矛盾なく外界を認知し続けることができる．ヒトの認知発達は均衡化のために生じる変化であり，環境への適応過程と言える．

このようなシェマとその変化による発達観は，ピアジェ理論の持ついくつかの特徴につながっている．彼の理論では，認知の発達は段階的であり，後の発達段階はそれ以前の段階に比べてより適応的なものとなる．子どもは，それぞれの段階において，その段階を特徴づける思考様式で物事を考えたり推論したりする．ある発達段階にいる子どもと他の発達段階にいる子どもとでは，思考様式が質的に異なるのである．また，その思考様式は，どのような内容に対しても一貫しており，領域一般的な性質を持つ．たとえば，後述する前操作期の幼児は，どのような問題に対しても（数でも量でも空間認知でも），基本的に自己中心的であり，見た目に強く影響されて本質を理解することが難しいとされる．

●ピアジェの唱えた発達段階

ピアジェが子どもの詳細な観察記録から洞察し考察した実際の発達段階の分け方は何種類かあるが，最も一般的なのは下に述べる4段階である．それぞれの段階は，表象の操作にかかわる能力に大きな違いがある．表象とは，頭の中で動かしたり変化させたりといった操作ができる対象のこと（もしくはそれを思い浮かべること）であり，ごく簡単に言うと「イメージ」に近いだろう．

感覚運動期（誕生〜2歳）：この時期の子どもは，生まれたばかりの刺激に対する反射的な活動から出発し，様々な動作をくり返すことを通じて感覚と運動の関係を構築し，目の前にあるものをだんだんとうまく操作できるようになる．知覚と動作が直結しており，認知的な過程がほとんど介在せず，認知的な表象

表 8-1　ピアジェ理論における感覚運動期の下位段階

段階	月齢（カ月）	認知の特徴	行動の特徴
第一段階	0～1	反射行動によって環境に適応する	反射（泣く，吸うなど）
第二段階	1～4	行動に経験の影響が含まれ始める 同化と調節が行動レベルで機能し始める	**第一次循環反応**（練習としての反復運動，指しゃぶりなど）
第三段階	4～8	外界の事象と自己を区別し始める 行動に意図がかかわり始める	**第二次循環反応**（うまくいった行動をくり返す） 動いているモノを目で追い，手をのばす
第四段階	8～12	事物の予期をし始める 因果関係を意識し，目標に向かって行動する 対象の永続性理解がめばえる	隠されたモノを探す ただし，最初に隠された位置を探し続ける（A-not-B エラー）
第五段階	12～18	認知レベルでの調節が機能し始める	**第三次循環反応**（目的に合わせて行動を修正しながら反復する） 最後に隠された位置を探す
第六段階	18～24	行動の前に頭で考え始める（表象を操作し始める） 思考に言語がかかわり始める 前操作期への過渡期	隠し場所の候補が複数ある時に，どこにあるか考えて探す順番を変える

はまだ不十分である．この段階はさらに六つの下位段階に分けられる（表 8-1）．

　前操作期（2～6, 7 歳）：表象を思い浮かべて頭の中で操作しながら考えることができるようになる．モノを表すシンボルを利用することや，言語を用いた思考も可能になる．しかし，そうした表象の操作はまだ知覚に強く縛られており，実際に見えているモノやその見え方によって思考の幅が限定される（目の前にないモノについて想像して「○○を△△したらどうなるだろう？」といった推論は難しい）．また，この時期をさらに二分し，概念（的表象）の獲得が不十分な前概念的思考段階（2～4 歳）と，知覚に縛られながらも概念を操作できる直観的思考段階（4～6, 7 歳）とに分けることもある．**直観的思考**段階では，**概念化**が進み，相互の事物を関連づけることができるようになってくるが，知覚情報に左右されて，論理的判断はうまくできない．

具体的操作期（6，7～11，12歳）：具体的に外界に存在するものについては表象に様々な操作を加えて論理的な思考が可能になる．後で述べる三つ山課題や保存課題も問題なく解決できるようになる．しかし，現実の規則から外れたような仮定を置いた思考は難しい．

形式的操作期（11，12歳～）：現実の事物から離れた表象を扱い，自由に仮説を置いた上での論理的思考が可能となる（第15章参照）．

③ 乳児期の認知

　ピアジェ理論において感覚運動期にあたるのが乳児期である．生後すぐの認知能力は非常に限られているが，この時期を通じて徐々に発達し，個別の事物で構成された世界を安定して認知できるようになる．ただし，乳児は，外界の情報を取り入れる感覚知覚能力も外界に働きかける運動能力も限られているため，彼らの認知能力の実体を把握することは困難である．それでも最近の多くの実験を通じて，乳児が外界の対象の基本的性質を理解し，そのふるまいを予測できるようになる過程が示されてきている．ただし，乳児研究では乳児の認知や理解を視線や心拍といった間接的な指標を介して推論することが多い．そのため，慎重な解釈が求められる．

●モノの基本的性質の理解

　乳児が母体から出て自分のまわりの環境に接した時，それを様々なモノが存在する世界として適切に認知するためには，まずモノが持っている基本的な性質を理解しなければならない．その第一歩が**対象の永続性**（モノの永続性）の理解である．対象の永続性とは，モノはたとえ視界から消えても存在し続けることであり，この理解がなければ外界を安定して認知することはできない．ピアジェによれば，対象の永続性の認知は，認知発達の基礎であるという．

　ピアジェは，乳児のモノの探索行動を研究し，対象の永続性概念の六つの発達段階（感覚運動期の六つの段階におおよそ対応している）を示した．第一段階では，対象を隠しても特別な反応はない．第二段階では，動いている対象を追

跡はするが，対象が新しい場所へ動いても前に見ていた場所を探す．第三段階になると，追跡のエラーは犯さず，対象の一部が布で覆われたものを見つけることができる．しかし，完全に覆われた対象は見つけられない．この段階では，対象はまだ知覚から独立していないのである．第四段階になると，対象が布で完全に覆われていても見つけることができる．しかし，目の前で対象が別の場所に移動されたとしても，以前に見つけたことのある場所を探してしまう（この誤りは A-not-B エラーと呼ばれる）．第五段階では，見える場所での移動には対処できるが，見えないところでの対象の置き換えに対処できない．第六段階（生後 18 カ月以降）になると表象の操作が可能になり，ようやく対象がどこにどのように隠されても見つけることができるようになる．

　しかし，ピアジェの得たこれらの知見は，手を使ってモノを探す探索課題によっているため，乳児の運動能力がある程度発達していることを前提としている．その他にも，対象を探している間，注意が持続するかどうかなどの様々な要因が絡んでくる．そのため，乳児が隠された対象を探さないからといって，必ずしも永続性の概念がないとは言えない．つまり，ピアジェは乳児の能力を方法論上の制約から過小評価している可能性が考えられる．

　この点を考慮した方法を使い，対象の永続性理解の時期について再検討したのが**バウアー**（Bower, T. G. R.）である．たとえば，バウアー（Bower, 1971）は，片側から動いてきたつい立ての後ろに対象が隠され，一定時間たった後つい立てが取り去られた時，対象が元の場所にある場合とない場合を乳児に見せたところ，生後 3 カ月で（隠されている時間が短ければ生後 20 日でも），なくなっている場合にのみ心拍数が変化し，「驚き」が生じたことを報告した．バウアーの一連の研究は後に方法論的な不備が指摘されたが，これを端緒として対象の永続性概念発達についての再考がさかんになった．

　特に，**ベイラージョン**（Baillargeon, R.）らのグループは，乳児が対象の永続性概念を有することを示す多くの実験を行っている．たとえば，ベイラージョン（Baillargeon, 1987）は，乳児に，まずつい立てが手前から奥へと 180 度回転する事象を正面から何度も見せた．すると乳児はこの事象に慣れてあまり見なくなった（馴化）．その後，テストとして，つい立ての後ろに箱を置き，可能

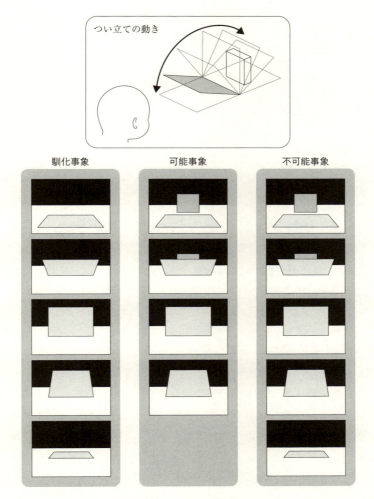

図 8-1 対象の永続性理解を調べる実験課題 (Baillargeon, 1987 より作成)

事象(つい立てが箱とぶつかるところまで回転して止まる)と不可能事象(つい立ては箱が消えたかのように 180 度回転する)を提示した(図 8-1).その結果,馴化が早い乳児であれば生後 3 カ月半の乳児においても,馴化で減った注視時間が,不可能事象を見た時に可能事象よりも大きく回復(脱馴化)した.これは,箱にぶつかってつい立てが止まると予期していた乳児が,それに反した結

馴化事象

背の低いニンジンの事象

背の高いニンジンの事象

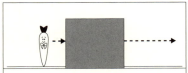

テスト事象
A 可能事象

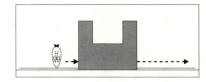

B 不可能事象

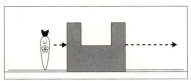

図 8-2 永続性理解を調べる実験課題 (Baillargeon & DeVos, 1991 より作成)

果を見て驚いたためだと考えられ，対象の永続性を理解していることの証だとした（このような測定法を馴化─脱馴化法，期待背反法と呼び（第5章参照），これらを組み合わせて実験することも多い）．

また，別の実験（Baillargeon & DeVos, 1991）では，背の高いニンジンか背の低いニンジンの人形が，つい立ての後ろを通って左から右へと移動する事象を何度も見せて，生後3カ月半の乳児に馴れさせる．その後のテスト事象では，つい立ての中央上部を切り取って同じ事象を見せる．この時，ニンジンの背が高くても低くても，切り取った部分からニンジンは見えない（図8-2）．つまり，背の低いニンジンの場合は可能事象となり，背の高いニンジンの場合には不可能事象となる（期待背反法）．乳児は不可能事象を長く見たことから，この月齢の乳児は永続性概念を有していると考えられる．これらを初めとする様々な実験から，ベイラージョンらは，対象の永続性についての理解は非常に早く，一般的に生後3カ月半〜5カ月半で確かめられると結論づけた．

対象の永続性概念だけでなく，乳児期初期には，**知覚の恒常性**（見る方向や距離などが異なっても大きさや形，色，明るさなどを一定のものとしてとらえること）も成立しているようだ．バウアー（Bower, 1966）やスレーター（Slater,

A.）ら（Slater & Morrison, 1985）は，3カ月児や新生児にすら大きさや形の恒常性が見られることを示している．また，**同一性の理解**（あるモノが以前にあったモノと同じものか違うものかがわかること）もモノの基本的な性質と言えるが，これについても乳児期に獲得されることが示されている（Xu & Carey, 1996）．

●モノの動きについての理解

乳児期には，基本的に持つ性質を理解するだけでなく，目の前のモノにこれからどんなことが起こるのかという，モノの動きの予測もできるようになっていく．

たとえば，ベイラージョンは二つの箱を用いて重力に関係した現象の理解について調べている．彼女らは，生後4カ月半の乳児に，上の箱を手放した時，下の箱の上に乗っている事象（可能事象）と，下の箱に乗っておらず宙に浮いている事象（不可能事象）を呈示した（図8-3）．すると，（予想に反した結果だったために）後者を長く注視した（期待背反法）．つまり，乳児はモノが支えなしで宙に浮かんでいることは起こりえないと理解していた（Needham & Baillargeon, 1993）．

また，スペルキ（Spelke, E. S.）らは，転がったボールが壁にぶつかって止まる事象（可能事象）とボールがあたかも壁を突き抜けるかのように見える事象（不可能事象）を，スクリーンを使って乳児に呈示した（Spelke *et al.*, 1992）．その結果，わずか生後2カ月半の乳児が後者の事象に注目したことから，モノが瞬間移動したりせず，連続した軌道を通って動くことを期待していたことを示している（期待背反法）．スペルキは，一連の実験から，乳児が人生の初期から凝集性の原理（モノは一つに結合して，境界を持ったものとして動く），連続性の原理（モノは連続した軌跡を通って，他のモノと同時に同じ空間を占めることなく動く），接触の原理（動いているモノは接触すると互いに影響を及ぼし，接触しなければ影響を与えない）を理解していると主張している（Spelke & Kinzler, 2007）．

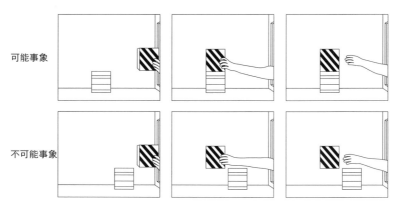

図 8-3　モノの支え関係の理解を調べる実験課題 (Needham & Baillargeon, 1993)

●モノと生物の区別

　乳児は単に外界のモノをすべて物理的な存在と見なしているわけではない．彼らは，生物・無生物の区別をし，生物は生物特有のふるまいをすることを理解しているようだ．たとえば，スペルキは，動いている対象 A が静止している対象 B にぶつかり，A が止まって B が動き出す接触事象と，ぶつかる手前で A が止まり B が動き出す非接触事象とを，7 カ月児に見せた (Spelke et al., 1995)．対象 A，B がモノであった場合には非接触事象に対する注視時間のほうが長かったが，対象 A，B が人の場合には注視時間に差はなかった．つまり，乳児はモノと人に対して，それぞれ別の動き方（人の場合は接触しなくても相手が動き出すことがある）を予測していたのである．

　さらに，乳児はモノに意図的な動きを期待することもある．一例をあげよう (Gergely et al., 1995)．この実験では，ディスプレイ画面上に表示された水平線の中央に黒い四角があり，その左に大きな丸，右に小さな丸がある（図 8-4）．乳児は次のような動画を繰り返し見せられる：①二つの丸が交互に 2 回ふくらんだり元に戻ったりする，②小さい丸が左に移動し，四角の手前で止まって元の位置に引き返す，③再び小さい丸が左に動き，四角の上をまたぐ弧を描いて右側に達し，大きな丸に接触する．乳児がこの動画を見慣れたら，テストに移

馴化事象

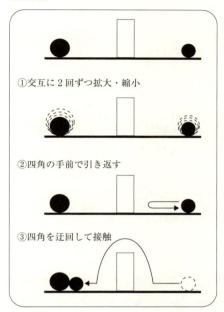

テスト事象

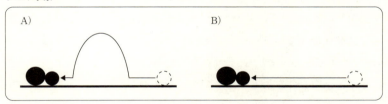

図 8-4　対象への意図性の付与を調べる実験状況（Gergely *et al.*, 1995 より作成）

る．そこでは中央の四角がなくなっており，2種類の動画が見せられる：A) 小さい丸が前と同じ弧を描く動きで大きな丸に接触する，B) 小さな丸が直線で移動して大きな丸に接触する．この課題において 12 カ月児は，動き自体は見慣れているにもかかわらず，A の動きに対してより注意を示した．これは，彼らが最初の動画を見て，「近づきたがっている」という意図性を丸に対して付与し，障害物（四角）がなければ最短距離でまっすぐ移動すると期待していたことを示している．

4 幼児期の認知

　乳児期を通じた発達によって，子どもは外界を，知覚と離れて安定した認知世界として持ち続けることができるようになる．しかし，ピアジェが述べた前操作期の特徴に見られるように，その世界はいまだに目に見える知覚情報に強く結びついている．目に見えるものに依存するということは，知覚の起点である自己が，世界の中心として特別な存在であるということを意味している．つまり，幼児の認知世界は，自分と自分以外の二者で成り立っているのである．こうした認知の仕方を示すものが自己中心性である．この節では幼児の認知の特徴を表すトピックをいくつかあげていくが，その多くは外界を自己中心的に認知していることに密接に関連している．

●自己中心性

　ピアジェは，幼児は自分自身の視点から離れられず，他の視点に立ってものごとを理解することが難しいことを見出し，これを**自己中心性**と呼んだ．この自己中心性とは性格特性としての利己主義ではなく，幼児期の思考様式であり，未熟な認知というより，一つの世界観と言うべきものである．当然それは大人のものとは違う世界であり，その世界独特の特色を持っている．ピアジェは，幼児の思考や概念，世界観，社会性などの特徴は自己中心性によって説明できるとした．自己中心性を最もわかりやすく示す例が，次項に述べる三つ山課題であろう．ただし，「他の視点に立てない」とは必ずしも視覚的なものに限らない．外界の事物をイメージ（表象）し考える（心的に操作する）際に，一度あるとらえ方をすると，それを変えて多面的に考えることが難しいということである．

●三つ山課題

　空間的視点取得を調べる課題としてよく用いられるのが，ピアジェが考案した**三つ山課題**である（Piaget & Inhelder, 1956）．この課題では，子どもの前に高さや色や形の異なる三つの山の模型（図8-5）を配置する．小さな人形が様々

な位置（図8-5のA，B，C，Dのいずれか）に置かれ，子どもは人形からの見えをたずねられる（①山の形をした3枚の厚紙で人形からの見えを再構成する課題，②様々な方向から見た山の重なり方を描いた10枚の絵カードから人形からの見えに一番近い絵カードを選ぶ課題，③絵カードを1枚選び，そのように見えるはずの位置に人形を置く課題，の三つの方法で行った）．たとえば，子どもがAの位置に座っている時，その子どもはBやCやDの位置にある人形からの見えを正しく想像することが

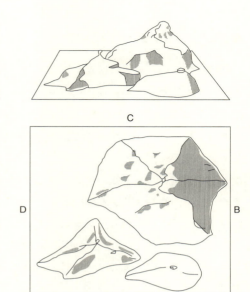

図8-5　三つ山課題（Piaget & Inhelder, 1956）

できるだろうか．もし人形の位置に応じて正しい見え方を選ぶことができれば，その子どもは他者視点取得（他者の視点に立った時にどうなるか正しく想像すること）が可能であると考えらえる．

　ピアジェによると，4～5歳の子どもは自分の視点と人形の視点を区別できず，自分の視点からしか判断できない．7歳以降では山の位置関係を把握できないが，見え方が変わることには気づくようになる．9歳以降になってようやく他者の視点に立てるようになる．

　自己中心的な世界では，自己の視点は変えようのない絶対的なものであり，容易に他者の視点に立って考えることは難しく，この課題に成功することができないのである．こうした空間的他者視点取得課題は，その後の研究により，課題提示の仕方によってはより年少の子どもでも成功することが示されているが，日常のやりとりでは大人と同じものを見ていると感じさせる年齢の子どもでも，実は独特の世界を持っていることを如実に示す例である．

●フェノメニズムと知的リアリズム

　幼児は見かけと実質を区別することが難しい. たとえば, お菓子の形をした
セッケンを見せ, 実際に使わせてセッケンであることを理解してもらう. その
後で,「これは何?」とたずねた時, 幼児は「お菓子」だと答えてしまうこと
がある. 見かけに影響されて実質をまちがって認識してしまうこうした現象を,
フェノメニズムと呼ぶ.

　一方, 実質について知っていることに影響されて, 見かけをまちがって描写
する現象を, **知的リアリズム**と呼ぶ. フラベル (Flavell, J. H.) らは, 岩のよう
に見えるスポンジを幼児に見せた. 子どもがそれを握りしめ, 本当はスポンジ
であると知った後で,「これは本当は岩かな? スポンジかな?」「今これを見
た時, 岩のように見える? スポンジのように見える?」とたずねると, 3歳
児は「本当はスポンジである」「スポンジのように見える」と答えた. 一方,
4歳児は「岩のように見えるけれど本当はスポンジである」と答えたという
(Flavell *et al.*, 1983).

　知的リアリズムは, 幼児の描画においても多く観察される. 5歳から9歳ま
での子どもに, 取っ手のついたコップをさわらせてよく見せた後, 取っ手が見
えない角度で呈示し, それを描くよう教示する. すると, 5歳から7歳までの
子どもの多くが, 見えないはずの取っ手をつけて描いた (Freeman & Janikoun,
1972). こうした知覚的リアリズムから, 大人のように自己視点から見える通
りに描く視覚的リアリズム (リュケ, 1979) へと移行するのは, およそ8〜9
歳だとされている.

　フェノメニズムや知的リアリズムが生じる理由は, 表象能力の不足によるエ
ラーという解釈もあるが, 自分が一度持ったとらえ方 (見かけ/実質) を状況
に応じて変えることができないのだと解釈すれば, 自己中心性の表れと見なす
こともできる.

●アニミズム, 実念論, 人工論

　無生物に対して, 生命あるいはその属性 (意識や意図など) を付与して認知

する傾向を，**アニミズム**と呼ぶ．たとえば，「［大人］太陽は生きている？」「［子ども］生きているよ」「［大人］なぜ？」「［子ども］だって太陽は光をくれるもん」といったやりとりである（Piaget, 1973）．ピアジェによると，そのような混同は，自分の中の心理的世界と外の物理的な世界との区別ができないことを意味しているので，自己中心的であるという．ピアジェは子どものアニミズムについて四つの発達段階を示している（Piaget, 1973）．

　　段階I（6歳頃まで）：すべてのものは生きていると判断する．

　　段階II（6〜8歳）：動くものはすべて生きていると判断する．

　　段階III（8〜11歳頃）：自力で動くものは生きていると判断する．

　　段階IV（11歳以降）：生きているものは植物や動物にのみ限定される．

　また，関連した特徴として，幼児は「太陽が笑っているね」「お花が喜んでいる」「（倒れたコップに対して）かわいそう，疲れちゃってるね」など，事物を記述する際に，主観的で感情的な言い方をする傾向がある．ウェルナー（Werner, H.）は，こうした自他未分化な知覚の特徴を**相貌的知覚**と呼んでいる（ウェルナー，2015）．

　一方で，物理世界の見方を心理的なものに適用し，頭の中に浮かんだものを客観的に存在するかのように扱う傾向を**実念論**と呼ぶ．たとえば，「考えるのは口でする」「夢は空からやってくる」のように，子どもは実体のない概念についても，○○でできている，△△から来るといった認知をする傾向がある．

　幼児が外界の事物に大人よりも豊富な説明を加える傾向は他にも見られる．モノがどうやってできたのか，出来事がどうやって起きたのかをたずねられた時，多くの幼児は自然発生的な説明ではなく，人間や神のような明確な作り手を置いて説明しようとする．たとえば，「太陽や月は人間によって作られている」「夜になるのは神様がそうしている」と答えたりするのである（Piaget, 1973）．こうした特徴は**人工論**と呼ばれ，幼児の独特の世界観を示している．

●保存の概念

　保存の概念を持つとは，見かけ上の形や配列が変化しても，モノの数量は変わらないことを理解することである．前操作期の子どもは，見かけが変わると

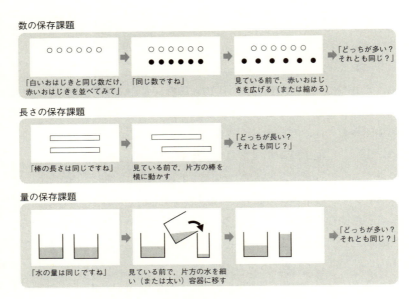

図 8-6　ピアジェの保存課題の例（ピアジェ，2007 より作成）

数量も変わると考える．ピアジェは数や長さ，量など，様々な保存課題（図 8-6）を行い，子どもの思考様式の特性を描き出した．

　量の保存課題では，同じ大きさ・形の容器 A，B に同じ量の水を入れると，子どもは水の量は同じだと答える．その後で子どもの目の前で B の水を形が異なる C の容器に入れる．すると，子どもは水面が高いほうが水が多く入っていると答えるのである．同様に，数の保存課題でも，子どもは見かけに惑わされる．白いおはじきと赤いおはじきをそれぞれ等間隔で並べ，同じ数であることを確認してもらった後，目の前で赤いおはじきの間隔を広げる．すると，子どもは赤いおはじきのほうが多いと答える．どちらも特定の視点（同じ量＝同じ高さ，同じ数＝同じ幅）から離れられないという点で，自己中心性を示すものと考えられる．

　それぞれの保存の概念の発達は異なり，たとえば数の保存は 6，7 歳頃，量や長さの保存は 9，10 歳頃，重さの保存は 9，10 歳頃に獲得される．保存の概念を完全に獲得した子どもが「なぜ量／数が同じなのか」を説明する際，3 種

類の理由づけを行う．それは同一性によるもの（「増えても減ってもいないから」），相補性によるもの（「高くなった分，細くなったから」），可逆性によるもの（「戻せば元に戻るから」）である．こうした説明ができるということは，頭の中で表象を操作する思考実験ができるということであり，前操作期から具体的操作期への移行を示す手がかりとなる．

⑤　発達の領域固有性

　ピアジェのように外界を理解するための一般的な認知的枠組みを想定する（**領域一般性**）と，その枠組みが変化するタイミングで様々な事象についての認知の仕方が一度に変わると予想される．しかし，この半世紀の知見から，認知の発達的変化は，知識の領域（たとえば，物理についての知識，生物についての知識など）ごとにそれぞれのタイミングで生じるという，**領域固有性**が強調されるようになってきた．ここではそうした特徴的な領域について概説する．ただし，実際の発達においては，領域間での知識の相互作用や領域内での発達のばらつき，さらには遺伝と環境の影響などが絡み合っており，発達の様相を単純に切り分けることは難しい．

●素朴理論

　領域固有の発達観に立った場合，個々の知識領域に応じた認知発達の様相を記述することができる．子どもは生まれてから外界との様々なやりとりを通じて知識を増やしていくが，それらは決して断片的なものではない．知識に一貫性があり，対象がはっきりしており，因果的説明の枠組みを持っているのである．こうした体制化された知識のまとまりを，**素朴理論**と呼ぶ（Wellman, 1990）．素朴理論の中でも多くの人々に共通して見られるものとして，素朴物理学，素朴心理学，素朴生物学があげられる．

●素朴物理学

　素朴物理学は物理現象に関する素朴理論である．人生初期の素朴物理学は，

先に乳児期の説明で述べた対象の永続性や重力の理解などがこれにあたる．これらの知識を土台にして幼児期においても子どもは物理的な世界について理解を深めていく．その多くは，日常の物理現象の説明に十分なレベルに達するが，一部の現象については大人になっても不十分な理解にとどまる．たとえば，重力の法則に関する動きの予測については，子どもも大人も「まっすぐ落下する」法則に縛られる傾向にある．幼児にボールが曲がったチューブの中を転がり落ちる事象を見せ，複数並んだ出口のどこからボールが出てくるかを予想させると，2，3歳児はチューブの入り口の真下にある出口から出てくるというまちがった予測をする（Hood, 1995）．大人でも，ある物体が歩いている人によって落とされると，実際は放射線状の弧を描いて落下するにもかかわらず，その物体はまっすぐ下方向に落下していくと予測する人が多い（Kaiser *et al.,* 1985）．これらの例は，素人物理学（大人の持つ素朴物理学）に見られる誤概念が非常に堅固なものであり，その起源が乳児の素朴物理学に根差すのではないかということを思わせる．

　大人の持つ素朴理論（素人理論）と乳児の持つ素朴理論の間に対応関係があることは広く認められているものの，もちろん両者は全く同じものではない．素朴理論は，乳児期の非常にシンプルな法則性の認知から始まり，幼児期特有の思考様式を経て，（教育によって学問的知識を取り込みながら）大人が一般的に持つ外界認知へとつながっていくのであろう．

●素朴心理学・素朴生物学

　人間の行動を説明したり予測したりすることに関係する知識体系は素朴心理学と呼ばれ，幼児期までには獲得されると考えられる．

　一方，生物に関する知識体系である素朴生物学については，以前は10歳頃まで存在しないとされていた（ケアリー，1994）が，その後少なくとも就学前の幼児が素朴生物学を持っているという研究結果が多く報告されている．稲垣と波多野は，5〜6歳児が生物の原理は生物にしか適用できないことを理解していること，また生物学的な現象についての予測をヒトとの類推に基づいて行っていることを示した（Inagaki & Hatano, 1987）．彼らは，5〜6歳児に，ヒ

ト，ウサギ，チューリップ，石について，生物学的な特性に関する質問をした．たとえば，「ウサギの赤ん坊をもらってきたが，小さくてとてもかわいいので，ずっとこのままの大きさにしておきたいと思った．そのようなことはできるか」（成長阻止に関する質問）といったものである．その結果，幼児がかなり頻繁に擬人化を行うこと，そしてその擬人化はウサギ，チューリップ，石に対して弁別的に適用されることを見出した．つまり，先の質問であればウサギに対しては「（ウサギを）ずっとこのままの大きさにしておけない．だって僕みたくさ，僕がウサギだったらさ，5歳になってだんだん大きくなっちゃう」といった擬人化をするが，石に対してはほとんど行わない．幼児にとってヒトは最もよく知っている生物であるが，その知識を他の種の生物学的な現象を理解するのに利用しているのである．

　この章では，様々なトピックをあげて子どもの認知の特徴と，それがどのような段階を経て発達していくのかを紹介した．そこからは，乳幼児が，大人が見ている世界とは異なるルールが存在する独特の認知世界に生きている様子がうかがい知れる．しかし，その世界を未熟で不完全なものだと考えることは，理解を歪めるだろう．私たちが世の中に矛盾を感じることなく暮らしているのと同様に，子どもたちも彼らなりに理屈の通った整った世界に生きているのである．その認識の上に立つことで，ヒトが環境に対して能動的に適応し発達していく様子がよりよく理解できるであろう．

コラム●8　赤ちゃんも計算ができる？

　　数の理解の発達が顕著なのは幼児期以降であるが，乳児期においても，たとえば，生後22週の乳児は二つのドットと三つのドットを区別する（Starkey & Cooper, 1980）．そういったごく基本的な数的認知のみならず，乳児は足し算や引き算といった計算能力を持っていることを示唆する研究も報告されている．ウィン（Wynn, K.）は，①まず人形を一つ置き，つい立てで隠す，②次に人形がもう一つ現れつい立ての背後に隠れる，③その後，つい立てを取り去り，人形が一つ現れる（つまり 1+1=1）か，二つ現れる（つまり 1+1=2）かのどちらかを呈示した（Wynn,

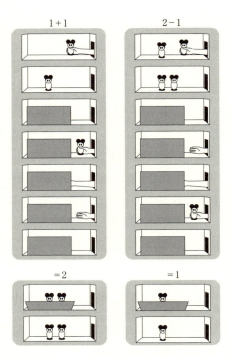

1992：図).その結果,5カ月児は 1+1=2 よりも 1+1=1 の事象を長く見た.つまり,乳児は 1+1=2, 1+1≠1 を理解しているかのような反応を示したのである.また,彼女は同様の方法で,乳児が 1+1≠3, 2-1=1, 2-1≠2 を理解していることも示した.

ウィンの実験結果については,数の概念を想定しなくても説明が可能であるという批判もあるが,幼児期や学童期を通じて発達する数的理解の萌芽は,すでに乳児期に見出せると言えるだろう.

図 ウィンの足し算 (1+1)・引き算 (2-1) の実験で用いられた刺激 (Wynn, 1992)

[さらに学びたい人のために]

バターワース, J. & ハリス, M. 村井潤一 (監訳) (1997). 発達心理学の基本を学ぶ——人間発達の生物学的・文化的基盤—— ミネルヴァ書房

ゴスワミ, U. 岩男卓実・上淵寿・古池若葉・富山尚子・中島伸子 (訳) (2003). 子どもの認知発達 新曜社

外山紀子・中島伸子 (2013). 乳幼児は世界をどう理解しているか——実験で読みとく赤ちゃんと幼児の心—— 新曜社

ヴォークレール, J. 明和政子 (監訳) 鈴木光太郎 (訳) (2012). 乳幼児の発達——運動・知覚・認知—— 新曜社

［引用文献］

Bower, T. G. R. (1966). The visual world of infants. *Scientific American*, *215*, 80-92.

Bower, T. G. R. (1971). The object in the world of infants. *Scientific American*, *215*, 80-92.

Baillargeon, R. (1987). Object permanence in 3.5- and 4.5-month-old infants. *Developmental Psychology*, *23*, 655-664.

Baillargeon, R., & DeVos, J. (1991). Object permanence in young infants: Further evidence. *Child Development*, *62*, 1227-1246.

ケアリー，S.　小島康次・小林好和（訳）(1994)．子どもは小さな科学者か──J. ピアジェ理論の再考──　ミネルヴァ書房（原著 1985）

Flavell, J. H., Flavell, E. R., & Green, F. L. (1983). Development of the appearance-Reality distinction. *Cognitive Psychology*, *15*, 95-120.

Freeman, N. H., & Janikoun, R. (1972). Intellectual realism in children's drawings of a familiar object with distinctive features. *Child Development*, *43*, 1116-1121.

Gergely, G., Nádasdy, Z., Csibra, G., & Bíró, S. (1995). Taking the intentional stance at 12 months of age. *Cognition*, *56*, 165-193.

Hood, B. M. (1995). Gravity rules for 2- to 4-Year olds? *Cognitive Development*, *10*, 577-598.

Inagaki, K., & Hatano, G. (1987). Young children's spontaneous personification as analogy. *Child Development*, *58*, 1013-1020.

Kaiser, M. K., Profitt, D. R., & McCloskey, M. (1985). The development of beliefs about falling objects. *Perception & Psychophysics*, *38*, 533-539.

リュケ，G. H.　須賀哲夫（監訳）(1979)．子どもの絵──児童画研究の源流──　金子書房（原著 1927）

Needham, A., & Baillargeon, R. (1993). Institution about support in 4.5-month-old infants. *Cognition*, *47*, 121-148.

ピアジェ，J.　谷村覚・浜田寿美男（訳）(1978)．知能の誕生　ミネルヴァ書房

Piaget, J. (1973). *The child's conception of the world*. London: Paladin Books (first published 1929. London: Routledge & Kagan Paul).

Piaget, J., & Inhelder, B. (1956). *The child's conception of space*. London: Routledge & Kagan Paul.

ピアジェ，J. 中垣啓（訳）（2007）．ピアジェに学ぶ認知発達の科学 北大路書房

Slater, A., & Morrison, V. (1985). Shape constancy and slant perception at birth. *Perception, 14*, 337-344.

Spelke, E. S., Breinlinger, K., Macomber, J., & Jacobson, K. (1992). Origins of knowledge. *Psychological Review, 99*, 605-632.

Spelke, E. S., & Kinzler, K. D. (2007). Core knowledge. *Developmental Scinence, 10*, 89-96.

Spelke, E. S., Phillips, A., & Woodward, A. L. (1995). Infants' knowledge of object motion and human action. In D. Sperber, D. Premack, & A. J. Premack (Eds.), *Causal cognition: A multidisciplinary debate* (pp. 44-78). Oxford University Press.

Starkey, P., & Cooper Jr., R. G. (1980). Perception of numbers by human infants. *Science, 210*, 1033-1035.

Wellman, H. M. (1990). *The child's theory of mind*. MIT Press.

ウェルナー，H. 鯨岡峻・浜田寿美男（訳）（2015）．発達心理学入門——精神発達の比較心理学—— ミネルヴァ書房（原著 1940）

Wynn, K. (1992). Addition and subtraction by human infants. *Nature, 358*, 749-750.

Xu, F., & Carey, S. (1996). Infants' metaphysics: The case of numerical identity. *Cognitive Psychology, 30*, 111-153.

第 **9** 章

言語の発達

◖◗

　ヒトという種のユニークな特徴の一つは，言語というツールを柔軟に操り，他者とコミュニケーションを図ることである．こうした言語を，子どもは生後わずか数年の間に習得し，あっという間に「おしゃべり」な子になっていく．以下では，音声・語彙・文法などの点から，乳幼児期における言語の発達について解説する．

1 　音声の発達

　オギャーと生まれた乳児が，意味を伴うことばを最初に発するまでには，1年ほどの時間が必要である．本節では，ことばを発するまでの生後1年間の**前言語期**に乳児がどのような道筋で音声を発達させていくのかを解説する．

●泣き，クーイング

　乳児は出生直後に**産声**をあげた後，最初の数週間は，喉頭などの発声器官の構造上，言語的音声をまだ発することができず，泣き（**叫喚音**）やげっぷ，くしゃみなどに伴う音を反射的に発するのみである．生後2カ月頃になると，乳児は，機嫌がよい時を中心に，「あー」「くー」のように聞こえる柔らかな声を発し始める．こうした発声を**クーイング**と呼ぶ．最初は，「あー」のように，単一の母音的音声を長めに発声することが多いが，しばらくすると，「うーあ

ー」のように，母音的音声を複数つなげて発声することもある．生後4カ月を超えると，発声に同期する手足の動きが増加し，「はっはっは」のような**笑い声**も出始める（正高，1997）．

●声遊び音声，過渡的喃語

生後4〜7カ月になると，乳児は，母音的音声に加え，子音的音声も徐々に発し始める．発声可能な音声レパートリーが増えてくると，異なる音を結びつけたり，以前よりも少し複雑な長い発声をしたりする．音の強さや高さを変えた様々な音声を出すことにチャレンジし，**声遊び音声**の時期と言われることもある（柳田他，2011）．この時期の後半になると，「あーあーあーあー」のような比較的長い発声が見られるようになり，**過渡的喃語**とも呼ばれる．これは，クーイングとその後に出現する規準喃語の中間型と考えられている．

●規準喃語，非反復喃語

生後6カ月を過ぎると乳児は，「ががが」「ななな」のように，子音と母音の構造からなる音を反復発声するようになる．これらを，**規準喃語**（反復喃語）と呼ぶ（Oller, 2000）．この段階では，規準喃語がまだ意味と結びついていない上に，他者からの返答を期待して規準喃語が発せられる証拠も少ないことから，コミュニケーションのための発話行動とは考えられていない（Stark, 1986）．規準喃語はまた，生後6〜9カ月のほとんどの乳児で見られ，音声発達における主要な通過点とされているが，聴覚障害児ではまれにしか見られず，音声発達における健聴児との最初の分岐点とも考えられている（Oller & Eilers, 1988）．

規準喃語の出現に続いて，乳児は，「ばま」「ががめー」のような子音と母音の構造からなる音を複数つなげて発話するようになる．こうした発話を**非反復喃語**と呼ぶ．この時期には，乳児が発話できる子音や母音は格段に増え，多様な非反復喃語が見られるようになる．次の段階では，非反復喃語にイントネーションも加わってきて，乳児があたかもことばを話しているかのような錯覚に陥る発話をし始める．しかし，意味はまだ伴っていない．こうした発話を**ジャーゴン**と呼ぶ．ジャーゴンの発話は個人差が大きく，長い期間それを発話し続

ける子（イントネーション・ベイビー）や，それをあまり発話せずに有意味語の発話にシフトしていく子（ワード・ベイビー）などがいる（Dore, 1975）．

② 語彙の発達

　乳児は，クーイングや喃語の時期を経て，意味を伴う語（**有意味語**）を発し始め，**語彙**を増やしていく．本節では，初期に獲得する語の特徴や性質について解説する．

●初　　語

　1歳の誕生日前後になると，乳児は特定の意味を伴った，母語に存在する語を発話し始める．その最初の語を**初語**と呼ぶ．それ以前は，個人特有の発声が特定の意味と結びついた語（原語）を発話することはあっても，既存の語ではないので，乳児の発話に大きな成長があったとは気づきにくい．しかし，母語に存在する語を特定の意味を伴って発話し始めると，周囲の大人は乳児の成長を強く感じ，「ことばを初めてしゃべった！」という印象を持つようになる．

　初語が出現する時期は乳児によってかなり異なる．日本語を母語とする0〜1歳児を対象とした調査によると，10カ月児の20％，11カ月児の51％，12カ月児の60％，13カ月児の81％で初語が出現している．しかし，生後18カ月の時点で初語がまだ見られない子も5％ほど存在し，個人差が非常に大きいことがわかる（図9-1：石川・小林，2017）．また英語圏の調査（Benedict, 1979; Fenson *et al.*, 1994）でも，日本語児とほぼ同じ時期の生後10〜15カ月頃に初語が出現し，日英の言語間で初語出現時期に差はほとんどない．

　初語の内容は子どもによって様々である．親の報告に基づく縦断調査（小林，2008）によると，「まんま（食べ物）」「あーあ」「いや」「どうぞ」「ママ」など，多様なものが初語として報告されている（表9-1）．また，1000人あまりを対象とした，語彙チェックリスト法に基づく横断調査（小林他，2016）から推定した，早期に発話できる語を見ると，「（いないいない）ばー」「まんま」「ママ」「わんわん（犬）」「はい」が上位を占め，全体的には社会的やりとりや人に関

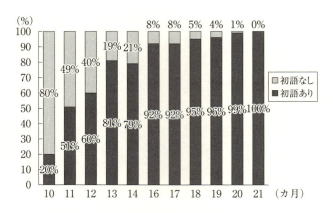

図 9-1　10 〜 21 カ月児の親（1454 人）を対象に行った調査から推定した，各月齢における初語の出現割合（石川・小林，2017）

する語が多い（表 9-2）．

　初語の出現は，初期の語彙発達を特徴づける大きな変化の一つではあるが，初語が出たからといって，この時期の子どもは，特定の文脈でのみ語を使用する場合も多く，すぐに大人と同じような正確な語の使用ができるようになるわけではない．有名な例としては，生後 9 カ月の英語獲得児が，家の窓から見える駐車中の車には「car」と言うが，絵本に描かれた車や走行中の車には全く「car」と言わなかったという報告がある（Bloom, 1976）．また，生後 12 カ月の英語獲得児が，バスタブの縁から黄色いアヒルのおもちゃをたたき落とす時には「duck」と言うが，他の状況で同じアヒルのおもちゃで遊ぶ場合や本物のアヒルを見た場合には「duck」と言わなかったという報告もある（Barrett, 1986）．

● **初語から 50 語まで**

　初語が出現したら発話できる語が急増するかというと，実際はその後，半年以上もの間，非常にゆっくりとしか発話できる語は増えていかない．日本語獲得児を対象とした縦断調査では，この時期，1 日に平均 0.18 語のペースでしか新しい語が発話されない．つまり，1 カ月に平均 5 〜 6 語程度のペースである．しかも，この時期には 1 週間以上も新しい語が出現しない時期（**プラトー**：第

表 9-1　ウェブ日誌法による縦断調査から得られた初語の例（小林，2008）

	初めてのことば	2番目のことば	3番目のことば
A くん	まんま（11 カ月）	ねんね（12 カ月）	はーい（12 カ月）
B ちゃん	あーあ（14 カ月）	ばー（14 カ月）	ママ（14 カ月）
C くん	いや（14 カ月）	いこ（行こう，14 カ月）	ねんね（14 カ月）
D ちゃん	どうぞ（12 カ月）	ないない（14 カ月）	ばんばーん（銃声，14 カ月）
E くん	あーちゃん（母，13 カ月）	どうじょ（どうぞ，13 カ月）	あんぱん（アンパンマン，13 カ月）
F ちゃん	ママ（12 カ月）	ばー（祖母，13 カ月）	いたいいたい（13 カ月）
G ちゃん	あーあ（13 カ月）	はしゅ（熱い，15 カ月）	ばいばい（15 カ月）
H ちゃん	だ（パパ，13 カ月）	よいしょ（13 カ月）	これこれ（15 カ月）
I くん	ぶーぶー（17 カ月）	ばいばい（17 カ月）	いやいや（17 カ月）
J ちゃん	ちょうだい（12 カ月）	どうぞ（12 カ月）	ねんね（12 カ月）
K くん	ばいきんまん（12 カ月）	ばーば（12 カ月）	あんあんまん（アンパンマン，12 カ月）
L くん	パパ（9 カ月）	ママ（10 カ月）	わんわん（11 カ月）

表 9-2　50% 獲得月齢値に基づく初期に習得する 50 語（小林他，2016）

	理解			発話	
順位	項目	月齢	順位	項目	月齢
1	自分の名前	6.95	1	いないいないばー	14.15
2	バイバイ	8.69	2	まんま	14.34
3	いないいないばー	9.20	3	ママ	15.38
4	おいで	9.42	4	わんわん（犬）	15.49
5	ママ	9.76	5	はい	16.34
6	まんま	9.94	6	パパ	16.54
7	ちょうだい	10.19	7	あっ	16.80
8	どうぞ	10.22	8	バイバイ	16.83
9	おっぱい	10.38	9	あーあ	16.93
10	あーん	10.42	10	アンパンマン	17.83
11	いただきます	10.51	11	イヤ	18.10
12	パパ	10.85	12	ねんね	18.17
13	抱っこ	11.17	13	ぶっぶー（車）	18.32

14	ごちそうさま	11.26		14	にゃんにゃん	18.46
15	ごはん（食事）	11.30		15	あーん	18.78
16	ねんね	11.38		16	ワンワン（NHK）	19.76
17	ありがとう	11.62		17	ないない（片付ける）	19.87
18	わんわん（犬）	11.75		18	くっく（靴）	19.95
19	はい	11.82		19	どうぞ	20.23
20	ぱちぱち（拍手）	11.84		20	パン	20.25
21	アンパンマン	12.34		21	ばーば（祖母）	20.41
22	だめ	12.38		22	ちゅっ	20.46
23	立っち	12.44		23	ありがとう	20.49
24	おはよう	12.52		24	うん	20.54
25	ボール	12.53		25	しー（静かにする）	20.60
26	お外	12.69		26	抱っこ	20.63
27	おっちん（座る）	12.83		27	お茶	21.03
28	お風呂	12.95		28	じーじ（祖父）	21.15
29	ばーば（祖母）	13.04		29	あっち	21.29
30	おむつ	13.05		30	ちょうだい	21.45
31	あっ	13.07		31	ボール	21.50
32	ないない（片付ける）	13.14		32	ふーふー（冷ます）	21.56
33	ワンワン（NHK）	13.16		33	手	21.57
34	おしまい	13.16		34	おはよう	21.76
35	ちゅっ	13.16		35	ぽい（捨てる）	21.84
36	イヤ	13.52		36	おいしい	21.85
37	もしもし	13.57		37	バナナ	22.03
38	お茶	13.68		38	目	22.05
39	おやつ	13.76		39	よいしょ	22.14
40	めっ	13.93		40	タッチ（touch）	22.15
41	ぶっぶー（車）	13.94		41	もしもし	22.25
42	こらっ	14.02		42	足	22.25
43	あーあ	14.03		43	やったー	22.28
44	じーじ（祖父）	14.17		44	耳	22.46
45	にゃんにゃん	14.19		45	いただきます	22.47
46	いってらっしゃい	14.21		46	ぶーぶー（豚）	22.57
47	タッチ（touch）	14.27		47	あつい	22.58
48	もぐもぐ	14.52		48	ごちそうさま	22.63
49	歯磨き	14.62		49	自分の名前	22.70
50	お母さん	14.63		50	がおー（ライオン）	22.79

12 章参照）も頻繁に存在するため，ことばの成長はよりいっそう緩やかに感じられる（小林他，2013）．

この時期に発話できるようになる語は，社会的やりとり（どうぞ，ありがとう）や人に関する語（ママ，パパ），そして育児語（ぶっぶー，くっく）のような**社会語**が最も多く，モノの名前（お茶，バナナ）などの**普通名詞**がそれに続く．動詞や形容詞などの**述語**はまだあまり見られない（表 9-2）．こうした傾向は，英語やイタリア語などとほぼ同じである（Caselli *et al.*, 1995）．また，この時期の発話のほとんどが単語のみで発話される**一語文**であり，語をつなげて文を話せるようになるのは，半年以上も先のことである．

この時期の他の特徴としては，語の過剰拡張や過剰縮小があげられる．**過剰拡張**とは，語をより大きなカテゴリに帰属させることをさし，「わんわん」を犬だけでなく四足動物全般に，「パパ」を父親だけでなく成人男性全般に拡張して使用する傾向のことである．一方，**過剰縮小**とは，語をきわめてせまいカテゴリに帰属させる傾向のことで，「わんわん」を柴犬だけに使用し，チワワやトイプードルには使わないことをさす．こうした誤用は新しい語が獲得されるにつれてその頻度が減少していき，語のさし示す範囲が徐々に確定していく（Rescorla, 1980）．

●**語彙爆発，ボキャブラリースパート**

1 歳半を過ぎて発話できる語が 50 語くらいに到達すると，それまでの時期よりも新しい語が頻繁に表出される．こうした語彙発達における急激な変化を，**語彙爆発（ボキャブラリースパート）**と呼ぶ（Benedict, 1979; Nelson, 1973）．日本語獲得児を対象とした最近の研究では，平均で生後 20.2 カ月（累積語彙数が平均 40.5 語）の時に語彙爆発が始まり，語彙爆発後は 1 日に平均 0.83 語のペースで新しい語が出現すると推定している．語彙爆発前は 1 日に平均 0.18 語だったことを考えると，速度が約 5 倍も上昇する（小林他，2013）．ただし，語彙爆発前後の速度変化量やその時期については個人差が大きく，語彙爆発が顕著に見られない子も存在する（Goldfield & Reznick, 1990）．

こうした語彙爆発の原因についてはいくつかの仮説がある．一つは，「世の

中のあらゆるものに名前がある」ということに気づく，**命名の洞察**が語彙爆発を引き起こすという説明である（McShane, 1980）．他には，物体のカテゴリ化にかかわる認知処理が精緻になることで語彙爆発が起こるという説明がある（Gopnik & Meltzoff, 1987）．これらはいずれも，新たな認知能力がこの時期に突如として獲得されることにより語彙爆発が生じると仮定している．一方で，語彙爆発が難易度の異なる語を並列的に学習する際に起こる副産物であり，新たな認知能力の獲得を必ずしも仮定する必要はないと主張する研究者もいる（McMurray, 2007）．これらのいずれの説明も，現時点では語彙爆発の原因に関する決定的証拠をつかんでおらず，さらなる研究の蓄積が必要である．

③ 文法の発達

　語彙が豊富になってくると，語と語を連結して文を発話するようになる．本節では，文を発話する際の文法的側面の発達について解説する．

●二語文，多語文

　語彙爆発が開始した時期あたりから，「わんわん 来た」「パパ あっち」のように，語と語を連結して**二語文**を発話する子どもが出始める．この時期の発話は，機能語や文法的形態素（日本語では「が」「を」など，英語では「a」「the」「-ing」，「-s」など）が省略され，電報を打つ際の言い回しによく似ていることから，**電文体発話**と呼ぶこともある（Brown & Fraser, 1963）．二語文で表現される内容は，「行為者＋行為」（パパ 座る）や「物体＋行為」（車 走る），「所有者＋所有されるもの」（ぼく おもちゃ）など，八つほどの関係性に限られ，その時期の認知発達レベルを反映すると言われている（Brown, 1973）．

　こうした二語文期は，何カ月も続く子もいれば，三語以上の語を連結して発話する**多語文**期にすぐ移行する子も存在する．ただし，多語文が言えるようになっても一語文や二語文を併用して発話する場合が多い（Hoff-Ginsberg, 1991）．また，この時期の特徴として，2歳前半までは要求にかかわる**命令文**の多さが際立っている．2歳後半になると**肯定の平叙文**（疑問や命令などの機能を持たず

表 9-3　格助詞の発話開始時期（50％獲得月齢値）（小林他，2016）

格助詞	格の名前	文例	月齢
が	主格	バスが来た．	29.03
を	対格	子どもがお菓子を食べた．	35.44
に	与格	父が息子にプレゼントを贈った．	30.74
の	属格	母のシャツはかわいい．	25.62

に物事を客観的に述べる文）が最も多くなり，**否定の平叙文**や**疑問文**はその後徐々に頻度が上昇する（Vasilyeva *et al.*, 2008）．

●格助詞，語順

　二語文や多語文が出てくると，「**が**」「**を**」「**に**」のような**格助詞**を使用するようになる．格助詞とは，名詞句について，述語との文法関係を示す助詞のことであり，主格「が」のついた名詞句を**主語**，対格「を」のついた名詞句を**直接目的語**と呼ぶ（鈴木，2015）．格助詞は，おおむね2歳前後に使用され始めるが（大久保，1967），この時期はまだ誤用も多く，「車が見た（正しくは車を見た）」のような，「が」の過剰使用が見られる（寺尾，2001）．また，親の報告による大規模調査（小林他，2016）によれば，50％の子が「が」を発話できるのは生後29.0カ月，「を」を発話できるのは生後35.4カ月であり，格助詞の間でも初出時期に差が見られる（表9-3）．

　文を話すには，格助詞の他に語順も重要である．**語順**とは，語や句などの構成素の出現順序のことである（鈴木，2015）．日本語は，①のようなSOV（主語―直接目的語―動詞）が基本語順と考えられているが，②のようなOSV語順も許容され，語順が比較的自由な言語と考えられている．

①　ゆうこが　ちなつを　ほめた

②　ちなつを　ゆうこが　ほめた

ただし，OSV語順の文を聞いた際，幼児がSOV語順で誤って解釈し，動作主と被動作主をとり違えてしまう場合もある（Hayashibe, 1975）．また，フランス語の研究では，19カ月児ですでに基本語順の文を理解しやすいという報告

があり，幼い時期から語順を習得している可能性がある（Franck *et al.*, 2013）.

④ 言語と思考

　多語文を話せるようになると，子どもは他者とのコミュニケーションを増や
し，世界を徐々に広げていく．その一方で，遊び場面などで他者への働きかけ
を意図しない**ひとりごと**が，2〜3歳頃から見られ（江口，1974），4〜6歳頃
になると最も頻繁に見られるようになる（Kohlberg *et al.*, 1968）.

　ピアジェ（Piaget, J.）は，こうしたひとりごとを，幼児が自己中心的に思考
する傾向の現れと考え（第8章参照），**自己中心的発話**と呼んだ．そして，こう
した自己中心的発話の段階から，他者へのコミュニケーションを意図した社会
的発話の段階へと移行すると考えた（Piaget, 1955）.

　これに対して，**ヴィゴツキー**（Vygotsky, L. S.）は，幼児はまだ思考のため
の言語活動（**内言**）を十分にできない段階にあるため，ひとりごとを外的な発
声が伴った結果だと考えた．たとえば，遭遇する課題が難しくなるほど幼児の
ひとりごとが上昇することから，ひとりごとを内言の現れとした．ヴィゴツキ
ーの理論によれば，ことばはまず他者とのコミュニケーションのツール（**外言**）
のために語彙や文法が発達していき，のちに思考のツール（内言）としての役
割が新たに追加される．ただし，内言が最初から十分に機能していないために，
不完全な内言がひとりごととして表出してしまう．ひとりごとはその後，構文
が簡略化していき，最終的にはキーワードのみが表出されるようになる．そし
て，6〜7歳頃には出現頻度が減少し，8歳頃になるとほとんど見られなくな
る．このように，ヴィゴツキーは数多くの観察データをもとに，「外言から内
言へ」と至る言語と思考の発達プロセスを理論化した（第1章参照）.

　本章では，乳幼児がクーイングや喃語を発する時期を経て，語彙爆発や二語
文発話などへと至る道筋について主に解説してきた．こうした道筋を子どもは
生後3年ほどでたどり，言語の側面において驚異の成長を遂げる．その一方で，
言語の発達は個人差が大きいことでも知られている．初語が出る時期や語彙を

獲得するスピードは個人間で大きく異なるため，本章で示された各月齢値（表9-2など）はあくまで平均的な値としてとらえるのがよい．こうした個人差は，子どもの認知能力を初め，養育者の発話スタイルや接触するメディア（絵本など）といった社会的環境によって影響を受けると言われており（Hoff, 2006），今後の研究でより詳細なメカニズムが明らかになっていくだろう．

コラム●9　統語的手がかりを用いた動詞学習

　新しい動詞を聞いた場合，それがどんな意味をさし示すかを特定するのは子どもにとって非常に難しい課題である．というのは，物体などをさし示す普通名詞と違って，動詞は絶えず変化する事象の中での行為や状態などの特定の側面をさし示す場合が多く，意味の絞り込みが難しいからである．したがって，文に含まれる統語的手がかり（名詞句の数や格助詞「が」「を」など）から動詞の意味をある程度限定できれば，子どもは動詞を効率的に学習できると考えられる．

　選好注視法を用いた最近の研究（Suzuki & Kobayashi, 2017）では，大人同士が対話する状況（図A）で，①のような名詞句が二つ含まれる他動詞文，もしくは②のような名詞句が一つのみ含まれる自動詞文を2歳3カ月児に聞かせた後に，使役事象（男子が女子を回転させる事象）と非使役事象（男子と女子が同期して手を回す事象）の動画を呈示した（図B）．

　　①ともくんが　ゆうちゃんを　ねまっているよ

　　②ともくんと　ゆうちゃんが　ねまっているよ

　　③ゆうちゃんを　ねまっているよ

　その結果，他動詞文を聞いた子どもは使役事象を，自動詞文を聞いた子どもは非使役事象をより長く注視した．これらの結果から，2歳児ですでに名詞句の数や格助詞などの統語的手がかりから新しい動詞の意味を正しく推測できることがわかった．また，③のような主語が脱落した他動詞文が呈示された場合でも，2歳3カ月児は使役事象をより長く注視し，格助詞「を」の手がかりを用いて動詞の意味を正しく推測できることがわかった．こうした統語的情報から語の意味を推定し理解していくことを**統語的ブートストラッピング**と呼んでおり，英語や韓国語などの複数の言語でも確認されている．

図A　大人どうしの対話　　図B　使役事象（左）と非使役事象（右）

[さらに学びたい人のために]

広瀬友紀（2017）．ちいさい言語学者の冒険――子どもに学ぶことばの秘密――　岩波書店

今井むつみ・針生悦子（2014）．言葉をおぼえるしくみ――母語から外国語まで――　筑摩書房

鈴木孝明・白畑知彦（2012）．ことばの習得――母語獲得と第二言語習得――　くろしお出版

[引用文献]

Barrett, M. D. (1986). Early semantic representations and early word usage. In S. A. Kuczaj & M. D. Barrett (Eds.), *The development of word meaning* (pp. 39-67). New York: Springer-Verlag.

Benedict, H. (1979). Early lexical development: Comprehension and production. *Journal of child language, 6* (2), 183-200.

Bloom, L. (1976). *One word at a time*. Hague, Netherlands: Mouton.

Brown, R. (1973). *A first language: The early stages*. Cambridge, MA: Harvard University Press.

Brown, R., & Fraser, C. (1963). The acquisition of syntax. In C. N. Cofer & B. S. Musgrave (Eds.), *Verbal behavior and learning* (pp. 158-196). New York: McGraw-Hill.

Caselli, M. C., Bates, E., Casadio, P., Fenson, J., Fenson, L., Sanderl, L., & Weir, J. (1995). A cross-linguistic study of early lexical development. *Cognitive Development, 10* (2), 159-199.

Dore, J. (1975). Holophrases, speech acts and language universals. *Journal of Child Language, 2 (1),* 21-40.

江口純代 (1974).　幼児のひとりごとに関する研究——自然的および課題的場面における ひとりごとの機能的分析——　日本教育心理学会総会発表論文集,　*16*,　46-47.

Fenson, L., Dale, P. S., Reznick, J. S., Bates, E., Thal, D. J., Pethick, S. J., & Stiles, J. (1994). Variability in early communicative development. *Monographs of the Society for Research in Child Development*, i-185.

Franck, J., Millotte, S., Posada, A., & Rizzi, L. (2013). Abstract knowledge of word order by 19 months: An eye-tracking study. *Applied Psycholinguistics, 34 (2),* 323-336.

Goldfield, B. A., & Reznick, J. S. (1990). Early lexical acquisition: Rate, content, and the vocabulary spurt. *Journal of Child Language, 17 (1),* 171-183.

Gopnik, A., & Meltzoff, A. (1987). The development of categorization in the second year and its relation to other cognitive and linguistic developments. *Child Development, 58*, 1523-1531.

Hayashibe, H. (1975). Word order and particles: A developmental study in Japanese. *Descriptive and Applied Linguistics, 8 (1),* 18.

Hoff, E. (2006). How social contexts support and shape language development. *Developmental Review, 26*, 55-88.

Hoff-Ginsberg, E. (1991). Mother-child conversation in different social classes and communicative settings. *Child Development, 62*, 782-796.

石川知夏・小林哲生 (2017).　定型発達児における初語開始時期　日本心理学会／幼児 言語発達研究会第５回セミナー

小林哲生 (2008).　０〜３さい　はじめてのことば——ことばの疑問あれこれ——　小学館

小林哲生・南泰浩・杉山弘晃 (2013).　語彙爆発の新しい視点——日本語学習児の初期 語彙発達に関する縦断データ解析——　ベビーサイエンス,　*12*,　34-49.

小林哲生・奥村優子・南泰浩 (2016).　語彙チェックリストアプリによる幼児語彙発達デ ータ収集の試み　電子情報通信学会技術研究報告,　*115 (418),*　HCS2015-59, 1-6.

Kohlberg, L., Yaeger, J., & Hjertholm, E. (1968). Private speech: Four studies and a review of theories. *Child Development, 39 (3),* 691-736.

正高信男 (1997).　０歳児がことばを獲得するとき——行動学からのアプローチ——　中

央公論新社

McMurray, B. (2007). Defusing the childhood vocabulary explosion. *Science, 317,* 631.

McShane, J. (1980). *Learning to talk.* Cambridge, UK: Cambridge University Press.

Nelson, K. (1973). Structure and strategy in learning to talk. *Monographs of the Society for Research in Child Development,* 1-135.

大久保愛 (1967). 幼児言語の発達　東京堂出版

Oller, D. K. (2000). *The emergence of the speech capacity.* Mahwah, NJ: Erlbaum.

Oller, D. K., & Eilers, R. E. (1988). The role of audition in infant babbling. *Child Development, 59 (2),* 441-449.

Piaget, J. (1955). *The language and thought of the child.* Translated by Marjorie Gabain. New York: World Publishing.

Rescorla, L. A. (1980). Overextension in early language development. *Journal of Child Language, 7 (2),* 321-335.

Stark, R. E. (1986). Prespeech segmental feature development. In P. Fletcher & M. Garman (Eds.), *Language acquisition* (2nd ed.) (pp. 149-173).

鈴木孝明 (2015). 日本語文法ファイル――日本語学と言語学からのアプローチ――　くろしお出版

Suzuki, T., & Kobayashi, T. (2017). Syntactic cues for inferences about causality in language acquisition: Evidence from an argument-drop language. *Language Learning and Development, 13 (1),* 24-37.

寺尾康 (2001). 幼児の言い誤りから何が言えるのか2　ダイヤリーデータに見る心理言語学の課題　ことばと文化, *5,* 69-99.

Vasilyeva, M., Waterfall, H., & Huttenlocher, J. (2008). Emergence of syntax: Commonalities and differences across children. *Developmental Science, 11 (1),* 84-97.

Vygotsky, L. S. (1986). *Thought and Language.* Revised translation by A. Kozulin, Ed. Cambridge, MA: MIT Press.

柳田早織・今井智子・榊原健一・西澤典子 (2011). 前言語期の音声発達　音声言語医学, *52 (1),* 1-8.

第 **10** 章

社会性・道徳性の発達

1 発達早期の社会性

社会性とは，集団を作って生活しようとする，人間の根本的な性質・傾向のことをさす．ヒトは社会的動物であるがゆえに，発達の早い時期から，様々な社会性を備えている．この発達早期の社会性は，他者を認識する能力と，他者とやりとりする能力とに分けられる．本節では，まず，生後半年以内に備わっている他者を認識することに関係する社会的認知能力について説明する．次に，他者とのやりとりに関係するコミュニケーション能力を取り上げる．

●社会的認知能力

社会的認知能力とは，個体が自身をとりまく社会的な環境から情報を取得するための認知能力をさす．発達早期の社会的認知能力としては，他者の顔，表情，視線，動きの認知などが主にあげられる．

他者とのコミュニケーションを図る際に，最も目立ち，他者の心の状態が反映されやすいのは顔である．したがって，発達初期の乳児において，顔認知に関する能力は不可欠であり，重要な役割を担っている．

生まれたばかりの乳児でさえ顔に注目することを最初に発見したのは，**ファンツ**（Fantz, R. L.）である．ファンツは様々な図形を生まれてまもない新生児に見せ，新生児が顔図形パターンを他の図形パターンよりも，より長い時間見

ることを発見した（Fantz, 1963）．同様に，新生児が表情の変化に注目することも示されており，発達の非常に早い時期から，他者の顔や表情に対する感受性があることがわかっている（第5章；第7章参照）．

他者の顔の情報の中でも，特に「目」，つまり，他者の視線の情報はコミュニケーションを図る上で重要な役割を担う．他者の視線は，他者の興味や注意が反映されており，他者が今どのような情報を処理しているかを知るための大きな手がかりとなる．実際，乳児は生後まもない頃から他者の視線に敏感であることがわかっている．新生児は，目を閉じた顔よりも目を開いた顔（Batki et al., 2000），自身に視線を向けない顔よりも視線を向ける顔を，より長く見る（Farroni et al., 2002）．

他者の顔，表情，視線といった顔情報の一部に対してだけでなく，身体そのものの動きの情報にも，発達早期から感受性があることが示されている．たとえば，4カ月児では，ヒトが歩行している際の身体の関節に装着した十数個の光点運動を，その光点が関節以外に配置された映像よりも長く注視し（Fox & McDaniel, 1982），生物らしい動き（**バイオロジカルモーション**）に対して感受性を示す．さらに，近年の研究では，生後2日の新生児でも，上下さかさまにされたバイオロジカルモーションよりも正立のバイオロジカルモーションをより長く見ることが明らかにされている（Simion et al., 2008）．これらのバイオロジカルモーションへの感受性は，ヒトの動きだけでなく，ニワトリのような他の動物の歩行運動に対しても見られることから，ヒトを含む生物一般にわたると考えられている．つまり，ヒトには発達の早い時期から，生物らしさを検出するメカニズムが備わっているのである．

●他者とのコミュニケーション能力

ヒトはきわめて長い養育時間を要する就巣性の動物であるがゆえに（第3章参照），乳児は養育者の保護なしには生きられず，養育者と常にかかわらなければならない．そこで，乳児には，養育者との関係性を維持・促進させるための様々なコミュニケーション能力が備わっている．

たとえば，他者に働きかけられた際に，乳児自身が示す反応がある．新生児

ですら，他者の舌を出す，口を開ける，唇を突き出すといった顔の動きを観察した時に，それらの顔の動きをまねすることが知られており，それは**新生児模倣**と呼ばれている（Meltzoff & Moore, 1977；第4章参照）．また，幸福，悲しみ，驚きといった表情においても，同様の模倣行動が確認されている．

さらに，この時期の乳児は，他者の働きかけに反応するだけでなく，他者に働きかけるような行動を見せる．たとえば，生後まもない時期において，レム睡眠中に見られるほほえみ行動は，**新生児微笑（生理的・自発的微笑）**と呼ばれる（Emde & Koenig, 1969）．しかし，この新生児微笑は，特定の外的な刺激によって誘発されるものではないため，他者に対して向けられたものではない（第7章参照）．その後，生後3カ月くらいになると，母親などまわりの人物に対してほほえむようになる．このような外的な刺激によって誘発され，他者へと向けられたほほえみを**社会的微笑**と呼ぶ．

また，生後2，3カ月の頃から，養育者と乳児との対面場面において，養育者が無表情になると，乳児はその養育者から視線を外したり，無表情になったり，泣き出したりする（スティルフェイス実験：たとえば，Tronick *et al.*, 1978）．これは，大人とのコミュニケーションがとれないことに対するストレス反応だと考えられる．そして，より年長児では，養育者が無表情になると，乳児のほうから養育者に対して，コミュニケーションへの参加を促すような働きかけが行われるようになる．

以上のように，乳児は非常に早い時期から，他者からの働きかけに反応し，他者とコミュニケーションを図ろうと試みる．しかし，一方で，生後8カ月頃になると，見知らぬ人に対してはほほえむのではなく，顔をこわばらせ，背を向けるなど**人見知り**の反応を示すようになる．この時期における記憶能力の発達（特定の人に関する記憶の蓄積）により，知り合いとそうでない人を区別するようになるからだと考えられている．

精神分析家の**スピッツ**（Spitz, R.）は，前述の社会的微笑を**3カ月微笑**，人見知りを**8カ月不安**と呼んでいる．

② 社会性の発達

　前節では，新生児期から生後6カ月頃にかけて見られる社会性に関する研究を紹介してきた．本節では，生後6カ月以降の社会性の発達を取り上げる．特に，生後9カ月頃は，他者とのかかわり方に大きな変化が訪れる時期であり，様々な社会的能力を獲得する．

●共同注意の発達

　乳児の社会性の発達過程において，生後9カ月より前の時期までは**二項関係**で世界とかかわっている．二項関係の二項とは，「自己―他者」，あるいは「自己―対象」である．たとえば，「自己―他者」では，いないいないばあ遊びを通して他者とのかかわりを楽しみ，「自己―対象」では，あるおもちゃに働きかけることでそのおもちゃの性質を知ることができる．二項関係の段階では，あくまで乳児と他者が何かを共有しているわけではない．そして，生後9カ月頃，「自己―他者―対象」の三項の関係の中で世界とかかわる**三項関係**が成立する．たとえば，電車が通った時に，母親と乳児は同時に電車に注意を向けることで，その対象について共有することができる．この三項関係の成立を可能にしているのが，共同注意である．**共同注意**とは，他者と同じ対象に注意を向けることで，他者と注意を共有する能力を指す．

　視線追従は，共同注意の代表的な行動例である．生後9カ月頃から，乳児は他者が見ている方向に自らの注意を向ける，**視線追従**を行うようになる（Butterworth & Jarrett, 1991）．そして，視線の方向と視線が向けられた物体との関連性（視線の参照的性質）を理解するようになる（Senju *et al.*, 2008）．また，他者が，乳児にアイコンタクトや乳児向け発話といった社会的シグナルを発した後で対象に視線を向けると，6カ月児でさえ他者の視線を追いかけるという結果も報告されている（Senju & Csibra, 2008）．この頃は，自身の視野内にある対象に限定された注意の共有にとどまるが，生後18カ月頃になると，自身の視野外にある対象物に向けられた他者の注意を理解し，後ろをふり返って見ることができるようになる．さらに，ヒトの視線の影響の強さを確かめる

ために，ヒトとロボットの視線に対する乳児の反応を調べた研究も行われている（コラム 10 参照）.

また，別の共同注意の行動例として指さしがある．**指さし**は，人さし指で対象をさし示すことで，他者の注意をその対象に向けさせる身ぶりのことである．ことばを獲得する以前の生後 12 カ月頃から，子どもは離れた対象に対して自発的に指さしを行うようになる．共同注意の指さしとして，「要求」の指さしと「叙述」の指さしが主にあげられる（Bates *et al.*, 1975）．要求の指さしは，乳児が自分の欲求を他者に伝えるための行動であり，たとえば，おもちゃを指さすことによって，他者に自分がほしいおもちゃを要求することができる．叙述の指さしは，乳児が他者の注意を自分の興味や関心のある対象に向けさせて共有しようとする行動であり，絵本の好きなシーンを指さすといったことで他者とそのシーンを共有することができる．

このように，乳児が他者と何かを共有するという三項関係に参入するようになる背景には，生後 9 カ月頃から，他者が意図を持った存在であると認識し始めることがある．この時期は，他者の意図や目標といった心的状態に注意を向けながら，他者との関係を築くことで社会的認知能力が飛躍的に向上することから「**9 カ月の奇跡（9 カ月革命）**」と呼ばれている（Tomasello, 1993）．乳児は三項関係に基づいた他者とのコミュニケーションを図るようになり，他者とのかかわり合いの中で世界を広げていき，養育者からの養育や，他者からの学習の機会を得ることができるのである．

●社会的参照

生後 12 カ月頃の三項関係の代表例として，社会的参照と呼ばれる行動がある．**社会的参照**とは，経験したことのない事物や状況に遭遇した際に，他者の表情や行動などを手がかりとして，その対象の意味を判断し，自身の行動を調整することである．たとえば，見知らぬ人と会った時，乳児はその人に対して母親がどのように接しているかを知るために，母親の顔を見ようとする．母親が肯定的な表情でにこやかに話しかけていれば乳児はその見知らぬ人に対してほほえみ，否定的な表情をしていたら母親のそばから離れようとしない．

乳児の社会的参照行動の有名な例として，**視覚的断崖**（第5章参照）を用い
た実験がある．奥行きを知覚する能力が備わる生後半年以降の乳児は，視覚的
断崖の深く落ち込んでいるほうに行くと落ちてしまうように見えるため，そこ
を渡ることができない．このような状況で，乳児の進行方向にあたる断崖装置
の先に母親が立ち，乳児に対して肯定的な表情（笑顔），あるいは否定的な表
情（恐怖や怒り顔）を向けた．その結果，12カ月児は母親が肯定的な表情を表
出した時には視覚的断崖のガラスの上を渡ったが，母親が否定的な表情の場合
には視覚的断崖を渡ろうとしなかった．これは，乳児が母親の表情を手がかり
として視覚的断崖の価値を決めることで，自身の行動を調整していることを意
味している（Sorce *et al.*, 1985）．

　このように，乳児は生後12カ月頃までに，他者，一般的には養育者の反応
を読み取ることで自分の行動を調整することができる．社会的参照は，自己の
直接的な経験を介さなくても他者に問い合わせることで，危険を回避し，効率
的に情報を得ることができるという非常に有効な役割を担っている．

●象徴機能の発達（ふり，ごっこ遊び）

　私たちは「今，ここ」といった目の前の知覚した世界を越えて，目の前にな
い物事を心の中で考えることができる．**象徴機能**とは，事物や出来事を別の事
物に置き換え（見立て）て，それが目の前に存在しない時にも認識する働きの
ことをさす．

　子どもは1歳半頃から，目の前に存在しないものを頭に思い浮かべ，置き換
えて表現するようになる．たとえば，バナナを電話に見立てて耳に当てるよう
な「**ふり**」などの活動が見られ始める．これは，意味するもの（バナナ）と意
味されるもの（電話）とを区別して認識しており，目の前に存在しているバナ
ナを電話の象徴（シンボル）として扱っていることを示している．そして，母
親になったつもりで料理作りをする，テレビで見たキャラクターのふりをして
遊ぶなど，ある状況を設定し，その人物になりきってそれにふさわしい動作を
思い描いて遊ぶ「**ごっこ遊び**」を展開するようになる（第11章参照）．これは，
子どもが目の前にある現実世界をそのまま認識するだけでなく，事物を心の中

で別のものに見立てる象徴能力を発達させていることを意味している．こうした活動は，ある人物になりきることで，他者がどのように考え，どのように感じているかという様々な心のあり方に気づく機会になると考えられており，他者の心の理解の発達にも関連すると指摘されている（Harris, 2000）．象徴機能がうまく働くようになると，頭の中にイメージを作り上げるといった思考が可能になる．そして，具体的な状況を離れた抽象的な概念についても学習を進めることができるようになるため（第8章；第15章参照），象徴機能の獲得は重要である．

コラム●10　ヒトの視線のパワー

　乳児は他者の視線に感受性を持ち，その視線方向を追従することが示されてきた．一方で，ヒトの視線が乳児にどれほど強い影響を持つのかは明らかにされていなかった．

　奥村らは，ヒトとヒト以外のエージェント（行為者）の視線を比較するために，ヒューマノイドロボット（ロボビー，ATR社製）を用いて実験を行った（Okumura et al., 2013a）．12カ月児に対して，ヒトあるいはロボットが，二つの物体のうちの一つに視線を向ける映像（図）を呈示し，その時の乳児の視線の動きを計測した．その後，二つの物体を並べて見せ，乳児の物体への注視時間と，どちらを好んで手にとるかといった行動から，物体への記憶および選好を調べた．その結果，乳児は，ヒトの視線を追従することによって，視線が向けられた物体をよく記憶し（つまり情報を効率よく学習する），またその物体を好んでさわった．一方，乳児はロボットの視線を追従することはできたが，視線が向けられた物体の学習や物体への選好を示さなかった．この結果は，学習という点では，ロボットからの影響力は少なく，ヒトからは強い影響を受けることを示唆している．また，乳児はヒトの視線に対しては，その視線方向に物体が出現することを期待するが，ロボットには期待しないという結果も得られた（Okumura et al., 2013b）．これにより，ヒトとロボットの視線からの学習の違いには，ヒトの視線だけ

図　ヒトとロボットの実験刺激

に，視線方向と視線が向けられる物体とを関連づけようとする期待が関係していると考えられる.

　続く研究では，どうすれば乳児がロボットから学習できるようになるかを検討するために，乳児に話しかけるといった動作をロボットに付け加えた．すると，12 カ月児はロボットの視線を追従するだけでなく，ロボットの視線が向けられた物体をよく記憶できるようになった (Okumura *et al.*, 2013c)．これは，乳児のロボットからの学習を高めるためには，音声発話といったロボットがコミュニカティブな存在であることを示す聴覚情報が重要な要因の一つであることを意味している.

③ 心の理論の発達

　幼児期になると，他者理解も深まっていく．特に大きく発達するのは，「**心の理論**」と言われる，他者の心の状態を類推し，理解する能力である.

●心の理論研究の始まり

　プレマック (Premack, D.) らによるチンパンジーの研究が，心の理論研究の端緒となる (Premack & Woodruff, 1978)．心の理論とは，直接には観察できない心の状態（目的，意図，知識，信念，思考，欲求など）を，他者の行動から推測することである．心の理論研究は大きな広がりを見せ，発達心理学では幼児がどのように他者の心を理解しているか，その発達過程に関する検討がさかんに行われてきた.

●誤信念課題

　子どもが心の理論を持つかどうかについては，主に誤信念課題を通過するか否かによって研究されてきた．**誤信念課題**は，他者が誤った信念を持つことを理解できるかどうかを評価する課題であり，有名なものに，**バロン゠コーエン** (Baron-Cohen, S.) によって考案された**サリー・アン課題**がある (Baron-Cohen *et al.*, 1985：図 10-1)．位置移動課題とも言われ，内容は，「サリーとアンがいます．サリーはビー玉をカゴの中に入れて部屋を出て行きました．サリーがい

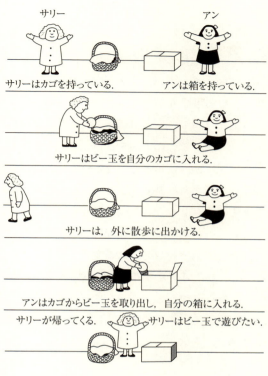

図 10-1　サリー・アン課題（Frith, 1989）

ない間に，アンはカゴからビー玉を取り出して，箱の中に入れ替えました．サリーが部屋に帰ってきました．サリーがビー玉を探すのは，どこでしょう？」というものである．この正解は，「サリーはカゴを探す」である．正解するためには，サリーはアンがビー玉を入れ替えたことを知らないので，ビー玉はカゴに入っていると信じている，というサリーの誤った知識や信念の状態を理解する必要がある．しかし，3歳頃の子どもは，自分の知っている事実（ビー玉は箱の中にあるという現実）に基づき，サリーは箱を探すと答えてしまい，課題に通過することができない．4歳後半から5歳にかけて，子どもは課題に通過でき，自分が持っている信念とは異なる誤信念を他者が持ちうることを理解

できるようになる.

サリー・アン課題と並んで有名なものに，パーナー（Perner, J.）らが考案した**スマーティ課題**がある（Perner *et al.*, 1987）. 内容変化課題とも言われるこの課題では，子どもにスマーティ（欧州で人気の糖衣チョコレート菓子）の箱を見せ，中に何が入っていると思うかたずねる. 子どもが「スマーティ」と答えると箱を開け，中からチョコレート以外のモノ（たとえば鉛筆）を出して見せ，そして箱を閉じる. その後，この箱の中をまだ見ていない第三者（友達）は，中に何が入っていると思うか，と子どもにたずねる. このような課題を行うと，3歳児は他者の誤信念を正しく推測できず，中に鉛筆が入っていることを知っているため「鉛筆」と答えてしまう. 4歳から5歳にかけて「スマーティ」と正しく答えるようになり，他者の誤信念の理解が次第に可能になることが示されている. また，子どもが自分自身の信念の変化を理解できるかどうかを調べるために，「最初に箱の中に何が入っていると思いましたか？」とたずねた場合には，3歳の子どもは「鉛筆」とまちがって答えてしまうこともわかっている. 他者の誤信念だけでなく，自分の誤信念について正しく理解できるようになるのも4歳から5歳頃だと考えられる（Gopnik & Astington, 1988）.

●心の理論研究の展開

心の理論研究は，自閉スペクトラム症児（詳しくは第13章参照）を対象にも行われている. バロン゠コーエンらは，定型発達児，自閉スペクトラム症児，ダウン症児を対象として誤信念課題を行った結果，自閉スペクトラム症児は定型発達児やダウン症児よりも課題の成績がきわめて低いことを見出し，自閉スペクトラム症児が心の理論に困難を持つことを指摘した（Baron-Cohen *et al.*, 1985）.

日本の子どもを対象とした心の理論研究も取り組まれている. 多くの文化では4歳半から5歳頃にかけて心の理論の発達が進むと言われているが，日本の子どもは誤信念理解の獲得時期が欧米諸国の子どもにくらべて遅れていることが指摘されている（Naito & Koyama, 2006）. しかし，一方では，言語的質問を行わない非言語的課題を用いた場合，日本の子どもの誤信念理解の獲得時期に

遅れは見られないという結果も得られている（Moriguchi *et al.*, 2010）．そのため，日本の子どもの誤信念課題の通過が遅い理由として，言語的に質問されるのが苦手であること，あるいは日本語と英語の構文の違いといったことがあげられる．

　さらに最近の研究では，乳児における誤信念理解も検討されている．登場人物が誤信念を持つ場面を乳児に見せ，その場面に対する乳児の注視時間や視線の動きを測定すると，生後15カ月の乳児が登場人物の誤信念を理解しているような反応をすることが報告されており（Onishi & Baillargeon, 2005），乳児期に心の理論の萌芽と言えるものがあると考えられている．しかし，従来の言語質問による誤信念課題（前述のサリー・アン課題やスマーティ課題）では「心の理論は4歳以降に発達する」とされてきたことから，乳児期にすでに心の理論を理解しているという研究結果は衝撃的であり，大きな議論を巻き起こしている．乳児期の心の理論と4歳以降に獲得される心の理論が同等のものなのか，連続しているのかどうかなどの問題があり，乳児期に心の理論があるかどうかについては，慎重に議論する必要がある．

④ 道徳性の発達

　心理学の領域において道徳性は，ある事柄や人の行為の善悪の判断といった認知的側面，善悪の基準に合わせて行動するといった行動的側面，罪悪感や後悔といった感情的側面，の3側面に分けられる．そして，道徳性の発達についての心理学的理論としては，認知的側面に重きを置く**ピアジェ**（Piaget, J.）や**コールバーグ**（Kohlberg, L.）の認知発達理論，行動的側面に重きを置く**バンデューラ**（Bandura, A.）の社会的学習理論，精神分析理論から感情的側面である情動発達に注目した**フロイト**（Freud, S.）の心理的発達段階があげられる．

　本節では，これまでの道徳教育と深く関係してきた認知発達理論的立場から学童期の道徳性の発達について説明し，その後に，幼児期の道徳性の発達について取り上げる．

表 10-1　ジレンマ物語

　1人の女性ががんのために死にかかっていた．この女性を救うことができる薬は1種類し
かなかった．その薬を作った人は同じ町に住む薬剤師で，原価は200ドルもかからないのに，
10倍の2000ドルの値をつけていた．その女性の夫のハインツは，薬を買うために何人もの
知人からお金を借りようとしたが，必要なお金を集めることができなかった．そこでハイン
ツは，薬の製造者に，薬を月賦で売ってくれるように頼んだが，その願いは聞き入れられな
かった．ハインツはやけになり，店に押し入り，薬を盗んだ．
　ハインツはそうすべきだったのか？　彼がしたことは正しいのか？　なぜそう思うか？

●道徳性の発達段階

　道徳性の認知的側面を重視し，道徳判断を生み出す認知構造とその発達段階
を提案したのが認知発達理論である．

　ピアジェは子どもに，動機はよいがその結果の損害が大きい話（たとえば，
子どもがモノを運ぶのを手伝ったが，誤ってコップを15個割る話）と動機は悪
いがその結果の損害が小さい話（たとえば，子どもが遊んではいけない場所で
遊んでいて，コップを1個割る話）を聞かせ，どちらが悪いか，またその理由
をたずねた．すると，4，5歳の就学前の幼児は，動機のよしあしにかかわらず，
損害の大きさによって判断した．しかし，より年長の9，10歳の児童は，損害
の大きさにかかわらず，動機のよしあしによって判断した．これは，この時期
に，子どもの道徳判断は結果によって善悪が判断される**結果論的判断**から，行
為者の動機を重視して善悪が判断される**動機論的判断**へと移行することを意味
する（Piaget, 1932）．

　ピアジェの研究は，学童期までの子どもを対象にしていたが，コールバーグ
は青年期・成人期までに対象を拡張し，より包括的な理論を発展させた．コー
ルバーグは，**モラルジレンマ**（病気の妻のために，やむなく高価な薬を盗むこと
を認めるか認めないかというジレンマ状況：表10-1）を子どもに呈示し，その行
為のよしあしの判断やその理由をたずね，子どもの判断の仕方から，**道徳判断
の発達段階**があることを明らかにした（Kohlberg, 1982）．この発達段階は3水
準6段階で構成され（表10-2），権威による罰を避け，個人的な損得から判断
する**前慣習的段階**，他者から承認されるかどうかを気にし始め，社会的な慣習

表 10-2　道徳判断の発達段階

水準 1	前慣習的段階	個人的に何を得て，何を失うかに基づく道徳判断
	段階 1	正しさの基準は自分の外にあり，権威による罰を避けようとする
	段階 2	報酬，利益を求め，利己主義的にふるまう
水準 2	慣習的段階	社会的慣習に従う道徳判断
	段階 3	承認を求め，非難を避けようとする
	段階 4	社会的秩序を保ち，義務をはたそうとする
水準 3	脱慣習的段階	倫理的原理に基づく道徳判断
	段階 5	道徳的な価値の基準が自律化し，個人の権利や社会的公平を志向
	段階 6	普遍的な倫理的原理を信奉する

に従い，義務を果たそうとする**慣習的段階**，道徳的価値の基準が自律化し，経験を超越した道徳原理に基づく善悪判断を行う**脱慣習的段階**に分けられる．この発達段階の進み具合には個人差があるが，進む順序は不変であり，ある段階を飛び越えたり，順序が入れ替わったりすることはないと考えられている．

コールバーグの研究により，その理論に基づいた道徳性の認知発達研究や道徳教育がさかんに行われるようになった．しかし，その一方で，その理論についての多くの議論も巻き起こった．たとえば，**ギリガン** (Gilligan, C.) は，コールバーグの理論は公正や正義の原理が中心になっているが，すべての子どもがその理論どおりの反応をするわけではないことを指摘した．彼女は，特に女性の場合，正義の原理よりも配慮や思いやりといった側面が発達すると主張し，その重要性を強調している (Gilligan, 1982)．

●幼児期の道徳性の発達

学童期の道徳性を調べた研究は，ジレンマ状況を言葉で説明し，子どもにことばで反応させる方法を用いていたため，ことばが発達していないより幼い子どもには適用することができない．そのため，コールバーグが用いたような道徳判断を答えさせるような方法によって，幼児期の道徳性を調べることは不可能である．しかし，日常では，幼児期においても道徳的な行動をとることが明らかにされている．

たとえば，2歳前後の幼児は，見知らぬ他者が痛がったり悲しんだりする状況を目撃すると，その他者を心配そうに見たりなぐさめたりする（Zahn-Waxler et al., 1992）．また，3歳以降では，人形どうしの道徳違反の状況（ある人形が他の人形の作った絵を破る）を目撃すると，人形の悪い行為を子ども自身が直接止めようとしたり，まわりにいる大人に訴えかけることによって止めようとしたりする（Vaish et al., 2011）．加えて，同時期には，人形の悪い行動（人形が別の人形からモノを奪う）を目撃した後，その人形からモノを取り上げるといった罰行動も見られるようになる（Riedl et al., 2015）．

以上のように，ジレンマ状況をことばで質問し，答えさせるといった方法をとらなければ，幼児期においても，道徳違反が起こるような状況を目撃すると，道徳的な行動をとることがわかっている．さらに近年では，より幼い（生後12カ月以下の）前言語期の乳児を対象にした道徳研究も行われるようになっている（コラム11参照）．

コラム●11　乳児期の道徳性の発達

　近年，乳児期の道徳性は乳児研究の中でホットトピックとなりつつある．ここでは，ここ10年の間に知見が積み上げられている乳児期の道徳性を明らかにした研究を紹介する．

　ピアジェやコールバーグといった発達心理学者は，道徳の発達を様々な発達過程をとおして獲得されるものと見なし，未熟さゆえに乳児には道徳観が備わっていない，あるいは不道徳的であると考えていた．しかし，近年の乳児研究のめざましい進展により，前言語期（生後12カ月以下）の乳児においても，道徳的判断ができることが明らかにされている．

　たとえば，ハムリン（Hamlin, J. K.）らは，6カ月児と10カ月児を対象に，幾何学図形のキャラクターが，他のキャラクターの行動（坂を登る行動）を助けたり，邪魔したりする場面を提示し，乳児が邪魔するキャラクターよりも助けるキャラクターを好むことを示した．これは，乳児期にも，他者の行為の善悪を判断する能力があることを意味する（Hamlin et al., 2007）．この研究以外にも，同時期の乳児を対象に，同情心や正義感を調べた研究がある．鹿子木らは，幾何学図形のキャラクターが他方のキャラクターを攻撃する場面を見せ，乳児がいじめられたキャラ

クターに対して原初的な同情的態度を示すことを発見した (Kanakogi *et al.*, 2013). また，鹿子木らは，同月齢の乳児が，幾何学図形のキャラクター間の攻撃行動を止めるキャラクター，言い換えれば，いじめられているキャラクターを助けるキャラクター（いわゆる正義の味方）を好むことも明らかにしている (Kanakogi *et al.*, 2017).

　乳児期に見られる道徳性が，生得的な特質によるものか，あるいは経験によってつちかわれるものなのか，その後に発達する道徳性と連続しているのかなど，多くの解決するべき問題はあるが，道徳性の萌芽は乳児期にすでに認められると言ってよいであろう.

［さらに学びたい人のために］

開一夫・長谷川寿一（編）(2009). ソーシャルブレインズ──自己と他者を認知する脳──　東京大学出版会

板倉昭二 (2007). 心を発見する心の発達　京都大学学術出版会

千住淳 (2010). 社会脳の発達　東京大学出版会

［引用文献］

Baron-Cohen, S., Leslie, A., & Frith, U. (1985). Does the autistic child have a "theory of mind"? *Cognition, 21,* 37-46.

Bates, E., Camaioni, L., & Volterra, V. (1975). The acquisition of performatives prior to speech. *Merrill-Palmer Quart, 21,* 205-226.

Batki, A., Baron-Cohen, S., Wheelwright, S., Connellan, J., & Ahluwalia, J. (2000). Is there an innate gaze module?: Evidence from human neonates. *Infant Behavior and Development, 23,* 223-229.

Butterworth, G., & Jarrett, N. (1991). What minds have in common is space: Spatial mechanisms serving joint visual attention in infancy. *British Journal of Developmental Psychology, 9,* 55-72.

Emde, R. N., & Koenig, K. L. (1969). Neonatal smiling and rapid eye movement states. *Journal of the American Academy of Child Psychiatry, 8,* 57-67.

Fantz, R. L. (1963). Pattern vision in newborn infants. *Science, 140,* 296-297.

Farroni, T., Csibra, G., Simion, F., & Johnson, M. H. (2002). Eye contact detection in humans from birth. *Proceedings of the National Academy of Sciences of the United States of America, 99*, 9602–9605.

Fox, R., & McDaniel, C. (1982). The perception of biological motion by human infants. *Science, 218*, 486–487.

Frith, U. (1989). *Autism: Explaining the Enigma*. Oxford, UK: Blackwell.

Gilligan, C. (1982). *In a different voice*. Cambridge: Harvard University Press.

Gopnik, A., & Astington, J. W. (1988). Children's understanding of representational change and its relation to the understanding of false belief and the appearance-reality distinction. *Child Development, 59*, 26–37.

Harris, P. L. (2000). *The work of the imagination*. Oxford, England: Blackwell.

Hamlin, J. K., Wynn, K., & Bloom, P. (2007). Social evaluation by preverbal infants. *Nature, 450*, 557–559.

Kanakogi, Y., Inoue, Y., Matsuda, G., Butler, D., Hiraki, K., & Myowa-Yamakoshi, M. (2017). Preverbal infants affirm third-party interventions that protect victims from aggressors. *Nature Human Behaviour, 1*, 0037. doi: 10.1038/s41562-016-0037

Kanakogi, Y., Okumura, Y., Inoue, Y., Kitazaki, M., & Itakura, S. (2013). Rudimentary sympathy in preverbal infants: preference for others in distress. *PloS One, 8*, e65292. doi: 10.1371/journal.pone.0065292

Kohlberg, L. (1982). Moral development. In J.M. Broughton & D.J. Freeman-Moir (Eds.), *The cognitive developmental psychology of James Mark Baldwin*. Norwood, NJ: Ablex.

Meltzoff, A. N., & Moore, M. K. (1977). Imitation of facial and manual gestures by human neonates. *Science, 198*, 75–78.

Moriguchi, Y., Okumura, Y., Kanakogi, Y., & Itakura, S. (2010). Japanese children's difficulty with false belief understanding: Is it real or apparent? *Psychologia, 53*, 36–43.

Naito, M., & Koyama, K. (2006). The development of false belief understanding in Japanese children: Delay and difference? *International Journal of Behavioral Development, 30*, 290–304.

Okumura, Y., Kanakogi, Y., Kanda, T., Ishiguro, H., & Itakura, S. (2013a). The power of human gaze on infant learning. *Cognition, 128*, 127–133.

Okumura, Y., Kanakogi, Y., Kanda, T., Ishiguro, H., & Itakura, S. (2013b). Infants understand the referential nature of human gaze but not robot gaze. *Journal of Experimental Child Psychology, 116*, 86–95.

Okumura, Y., Kanakogi, Y., Kanda, T., Ishiguro, H., & Itakura, S. (2013c). Can infants use robot gaze for object learning? The effect of verbalization. *Interaction Studies, 14*, 351–365.

Onishi, K.H., & Baillargeon, R. (2005). Do 15-month-old infants understand false beliefs? *Science, 308*, 255–258.

Perner, J., Leekam, S.R., & Wimmer, H. (1987). Three-year-old's difficulty with false belief: The case for a conceptual deficit. *British Journal of Developmental Psychology, 5*, 125–137.

Piaget, J. (1932). *The moral judgment of the child.* New York: Harcourt Brace.

Premack, D., & Woodruff, G. (1978). Does the chimpanzee have a theory of mind? *Behavioral and Brain Sciences, 1*, 515–526.

Riedl, K., Jensen, K., Call, J., & Tomasello, M. (2015). Restorative justice in children. *Current Biology, 25*, 1731–1735.

Senju, A., & Csibra, G. (2008). Gaze following in human infants depends on communicative signals. *Current Biology, 18*, 668–671.

Senju, A., Csibra, G., & Johnson, M. H. (2008). Understanding the referential nature of looking: Infants' preference for object-directed gaze. *Cognition, 108*, 303–319.

Simion, F., Regolin, L., & Bulf, H. (2008). A predisposition for biological motion in the newborn baby. *Proceedings of the National Academy of Sciences of the United States of America, 105*, 809–813.

Sorce, J.F., Emde, R.N., Campos, J., & Klinnert, M.D. (1985). Maternal emotional signaling: Its effect on the visual cliff behavior of 1-year-olds. *Developmental Psychology, 21*, 195–200.

Tomasello, M. (1993). On the interpersonal origins of self-concept. In U. Neisser (Ed.), *The perceived self: Ecological and interpersonal sources of self-knowledge* (pp. 174–184). Cambridge: Cambridge University Press.

Tronick, E., Als, H., Adamson, L., Wise, S., & Brazelton, T. B. (1978). The infant's response to entrapment between contradictory messages in face-to-face interaction. *Journal of the American Academy of Child Psychiatry, 17*, 1-13.

Vaish, A., Missana, M., & Tomasello, M. (2011). Three-year-old children intervene in third-party moral transgressions. *British Journal of Developmental Psychology, 29*, 124-130.

Zahn-Waxler, C., Radke-Yarrow, M., Wagner, E., & Chapman, M. (1992). Development of concern for others. *Developmental Psychology, 28*, 126-136.

第 **11** 章

遊び・仲間関係

1 遊びとは何か

　ヒト，とりわけ乳幼児期の子どもはよく遊ぶ．幼稚園教育要領や保育所保育指針には，遊びについての言及がたびたび見られる．「幼児の自発的な活動としての遊びは，心身の調和のとれた発達の基礎を培う重要な学習である」（幼稚園教育要領），「仲間と遊び，仲間の中の一人という自覚が生じ，集団的な遊びや協同的な活動も見られるようになる」（保育所保育指針）といった記述から，乳幼児の集団生活において，遊びが重視されていることがうかがえる．

●遊びの定義

　乳幼児の日々の活動の様子を見ていると，どこまでが遊びでどこからが遊びでないのかの線引きは難しい．まずは，遊びとは何なのか，その定義について考えてみよう．

　オランダの歴史家であるホイジンガ（Huizinga, J.）は，ヒトを「ホモ・ルーデンス（遊ぶ人）」と呼び，著書の中で遊びの定義について以下のように述べている．「遊びとは，あるはっきり定められた時間，空間の範囲内で行われる自発的な行為もしくは活動である．それは自発的に受け入れた規則に従っている．その規則はいったん受け入れられた以上は絶対的拘束力を持っている．遊びの目的は行為そのものの中にある．それは緊張と歓びの感情を伴い，またこ

れは『日常生活』とは『別のもの』という意識に裏づけられている」(ホイジンガ, 1973, p. 73).

小川 (2005) は,上記のホイジンガの定義の要点を,乳幼児の遊びに見られる特徴に基づいて,①自発性,②自己完結性,③自己報酬性,④自己活動性の4点にまとめている.①遊びの自発性とは,子どもが自ら選んで取り組む活動こそ遊びだということである.保育の中で,クラス全体や小グループに対して保育士がねらいを持って計画を立てて行う一斉活動において,「○○遊びをしましょう」といった表現が使われることがある.しかし,これは遊びの自発性という観点で考えると,真の遊びにはあてはまらない.子ども自身が主体的に活動を選べることが遊びの重要な要素だと言える.②遊びの自己完結性とは,遊ぶことそれ自体が活動の目的となっているということである.この点で,遊びは外発的動機づけ(何らかの目的のための手段)により行われている活動ではなく,内発的動機づけ(遊び自体を目的とする)により行われている活動である(動機づけの詳細は第12章参照).③遊びの自己報酬性とは,活動が喜びの感情に結びつくものであることをさす.新しいことに取り組むという活動の途中に緊張があったり,仲間とのやりとりの最中にいざこざがあったりしたとしても,最終的には楽しいものとなる活動が遊びである.④遊びの自己活動性とは,自ら行動を起こしてその活動に参加することで活動が展開していくということである.子ども自身の判断や意思が遊びの流れを方向づける重要な要素となる.

●遊びの分類

乳幼児期の子どもが,誰と・何で・どのように遊ぶかを考えると,遊びの内容は非常に多様である.遊びの内容の変化は,子どもの発達段階と密接にかかわっている.遊びの分類には,いくつかの考え方がある.ここでは,古典的で代表的な分類を三つ紹介する.

ビューラー (Bühler, C.) は,心的機能によって遊びを分類した.ビューラーによる分類は,感覚や運動の機能それ自体を喜ぶ遊びである「機能的遊び」,現実を離れた想像による遊びやごっこ遊びをさす「虚構遊び」,絵本を見る・

音楽を聴くなどをさす「受容遊び」，積み木などで何かを作る・絵を描くなどをさす「構成遊び」の4種類からなる．

　ピアジェ（Piaget, J.）は，認知の発達段階についての理論を構築したが（第8章参照），認知の発達段階に伴って遊びの内容も変化すると考えた（ピアジェ，1967）．誕生〜2歳頃の感覚運動期には，感覚や運動の機能を働かせること自体を楽しむ「**機能的遊び**」が見られる．身近にあるモノを口に入れてなめる行動は，この時期に頻繁に見られる代表的な機能的遊びである．乳児がティッシュの箱からティッシュを何枚もくり返し引っぱり出して楽しむことがあるが，これも，モノを通じて感覚を刺激する機能的遊びと言える．2〜7歳頃の前操作期には，見立てや想像を伴う「**象徴的遊び**」が見られるようになる．象徴的遊びが出現する背景には，目の前にないものを頭の中でイメージする**表象**能力や，ある対象を異なるものに置き換えて表現する象徴機能の発達がある．幼児期には，身近な人物（お父さん・お母さん）やヒーローになりきって，ストーリーを展開させる**ごっこ遊び**がさかんに見られるようになるが，ごっこ遊びは象徴的遊びの代表である．さらに，7〜11歳頃の具体的操作期には，複数の仲間との間で多様なやりとりが見られるような「**ルール遊び**」が多く出現する．ピアジェによる認知の発達段階理論は，その後の研究から，出現順序については正しいものの，実際にはもう少し早い年齢でそれぞれの発達段階に到達していると考えられている．幼児期後半には，子どもは簡単なルールであれば理解することができ，鬼ごっこやイスとりゲームなどの遊びを楽しむことができる．学童期になると，カードゲームなど，さらに複雑なルールを理解し，勝ち負けのある遊びを楽しむようになる．

　パーテン（Parten, M. B.）は，保育所での行動観察を行い，乳幼児の他者とのかかわり方と遊びの発達的変化について分析を行った（Parten, 1932）．他者とのかかわり方には，表11-1に示す6種類のカテゴリーを設け，遊びに専念していない行動は3歳以降では見られなくなること，**ひとり遊び・平行遊び**は2歳から4歳にかけて徐々に減少するのに対し，**連合遊び**は3歳以降で増加すること，**協同遊び**は2歳ではまれにしか見られないが3歳以降で増加することを明らかにした（図11-1）．パーテンがこの報告をした当時は，ひとり遊びが

表 11-1　パーテンによる他者とのかかわり方と遊びの分類（Parten, 1932）

名称	内容
遊びに専念していない行動	自分の体を動かす・座って周囲を見わたすなどしている状態．子どもはその時々で興味を持ったことを観察している．
ひとり遊び	話ができる距離に子どもがいてもその子とは違う遊びにひとりで没頭している状態．他の子どもが何をしているのか気にとめていない．
傍観者的行動	ある特定の子どもの集団の遊びをじっと観察している状態．その子どもたちに話しかけることはあるが遊びに参加しようとはしない．
平行遊び	近くにいる他の子どもと同じ遊びをしているが，その子どもとのやりとりは見られず，自分の遊びに没頭している状態．
連合遊び	他の子どもとかかわり合いながら遊んでいる状態．物の貸し借りや会話は見られるが，はっきりした役割分担は見られない．
協同遊び	他の子どもとかかわり合いながら遊んでいる状態．役割分担やルールの共有が見られる．

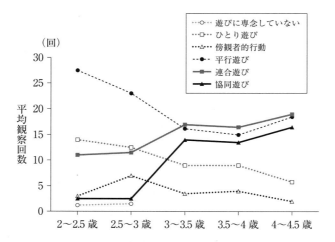

図 11-1　他者とのかかわり方の発達的変化（Parten, 1932 より作成）
平均観察回数は，各年齢段階で6人の子どもを60分観察した時，各カテゴリーの遊びが観察された回数の平均

連合遊び・協同遊びにくらべて，発達水準が低いものだと考えられていた．しかし，その後の研究から，ひとり遊びの中でも積木を構成するような遊びは幼児期を通じて減少しないことが明らかになった（Rubin *et al.*, 1978）．幼児期の子どもは，ひとり遊びと連合遊び・協同遊びのいずれも行っている，と考えるのが妥当である．

●遊びを通じた発達

エリクソン（Erikson, E. H.）は，心理社会的発達段階論（第3章参照）を提唱した．発達段階の一つとして分類されている幼児期後期は，**遊戯期**とも呼ばれる．この時期の活動の中心は遊びであり，遊びを通じて子どもの心理社会的発達が進む，と古くから考えられていたことがわかる．遊びは，乳幼児期の子どもの心身の発達に大きな影響を及ぼす活動である．

遊びは，子どもの運動発達を促す．子どもが遊ぶ場の環境は多様であり，部屋の中で走り，やわらかい土の上でジャンプし，斜面を登り，ボールを投げる，といったように，多様な運動が自発的に生まれる．幼稚園における専門家による運動指導の頻度と運動能力全国調査との関連を検討した結果，専門的な運動指導を受けていない園の子どもの運動能力が，運動指導の頻度の高い園の子どもの運動能力より高いことが明らかになった（杉原他，2010）．このことから，遊びの中で自発的に生まれる多様な運動を経験することが，幼児期の子どもの運動能力の発達に重要な役割をはたすと言える．

また，集団で目的を共有して遊ぶようになったり，ままごとのような役割分担のある遊びをしたりする中で，子どもの社会性が育まれる．エリクソンは，遊戯期の発達課題・心理社会的危機を**自主性・罪悪感**とした．幼児期の子どもは，自発的な遊びを続ける中で，社会的によいとされることと悪いとされることについて学び，自分の中で行動の規範を形成する．その規範に従って，自分の行動は自分で責任を持って決める自主性を身につける．時には，規範から外れた行動をとってしまうこともあり，罪悪感を経験する．

身体を動かす，絵を描く，ままごとをする，など自分が好きなことを選んで，やりたいようにやる遊びを通じて，子どもの心は解放される．遊びを通じて，

子どもは，緊張をほぐし，自己充実感を味わうことができる．このような遊びの機能は，遊戯療法として，情緒的問題を抱える子どもなどへの療育に応用されている（第14章コラム15参照）．遊びは，子どもの心の安定に欠かせない活動である．

② 乳幼児期の仲間関係

前節で述べたように，乳幼児期を通じて他者とのかかわり方は変化する．ここでは，遠藤（1990）にしたがって，**仲間関係**を同年齢，あるいは比較的年齢の近い者どうしの関係と定義する．本節では，乳幼児期の子どもに見られる仲間関係について見ていく．

●仲間関係を調べる方法

現在，日本では，多くの子どもが就学前に保育所や幼稚園で同年齢あるいは年齢の近い子どもたちとの集団生活を経験する．子どもたちは集団の中で，様々な仲間関係を築いている．集団の中での仲間関係の様子を調べるために，仲間による評価，教師による評価，観察法などの方法が用いられる．

仲間による評価は，**ソシオメトリック指名法**と呼ばれ，集団内の子ども一人ひとりに，ある基準に従って仲間を指名させる．「あなたが好きなお友達を3人あげてください」といった肯定的基準と，「あなたが好きでないお友達を3人あげてください」といった否定的基準がある．肯定的基準・否定的基準の両方の指名結果に基づいて，ある仲間集団における子どもの社会的地位を，人気児（肯定的指名数が多く，否定的指名数が少ない），拒否児（肯定的指名数が少なく，否定的指名数が多い），無視児（どちらの指名数も少ない），両端児（どちらの指名数も多い）に分類することができる．ソシオメトリック指名法を用いて分類された社会的地位は，子どもの社会的スキルや社会的適応と関連していることがわかっている．たとえば，人気児は社会的スキルが高い一方，拒否児は攻撃性が高いことがわかっている（Newcomb *et al.*, 1993）．ただし，子どもの社会的地位を決定づける行動を特定すること，社会的地位の違いと具体的な

行動特徴の違いとの関連について言及することは難しい．また，子どもに肯定的基準・否定的基準で具体的な名前をあげさせることへの倫理的問題もある．

　教師による評価とは，集団生活を通じて長い時間を子どもとともに過ごす教師が，一人ひとりの子どもの対人行動や社会的スキルを評価し，それに基づいて仲間関係の中で問題を抱えやすい子どもを抽出する方法である．この方法は，仲間関係で生じる問題について検討する上では，比較的簡便である．ただし，子どもどうしの見方と教師の判断は必ずしも一致しないため，教師による仲間関係の評価の妥当性については，考慮が必要である．

　観察法は，自然な状況において，子どもがいつ・誰と・どのようにかかわったかを詳細に観察し，仲間関係を評価する方法である（第1章参照）．観察法を用いて幼児の仲間関係を緻密に調べることで，それぞれの社会的地位の役割について明らかにすることができる．たとえば，攻撃的な子どもが必ずしも集団内で孤立しているわけではなく，集団内のメンバーの結びつきを強くするという点ではむしろ中心的な役割をはたしていることが明らかになっている（Fujisawa *et al.*, 2008）．行動観察は，客観性が高く，言語的コミュニケーション能力が低い乳幼児を対象とした研究では有用な方法である．その一方で，データを集め，分析するためには時間がかかり，コストが大きいという点が問題となる．

●仲間関係の機能

　大人と子どもの関係が，教える—教えられるという方向性のある関係を主とするタテの関係であるのに対し，仲間関係は，互いの同等な関係を主とするヨコの関係である．1，2歳から3，4歳の間に，子どもの遊び相手は，大人よりも子どもが占める割合が高くなる（Ellis *et al.*, 1981）．

　仲間とのやりとりの積み重ねにより，子どもの社会的な力が育まれる．斉藤（1986）は，子どもの発達における仲間関係の機能について，①他者理解・共感の力，②自己統制能力，③社会的カテゴリーの理解，④社会的規則の理解，⑤コミュニケーション能力，の五つをあげている．以下で，それぞれについて詳しく考えてみよう．

　乳幼児期の仲間とのやりとりにおいては，しばしば，いざこざ・**けんか**が起

きる．いざこざ・けんかがなぜ起きるのかを考えると，仲間関係の機能とのつながりが見えてくる．3歳頃の子どもにとって，他者がどんな気持ちでいるのか，何を考えているのかを想像し，理解することは難しい（第10章参照）．自分がやりたいことと，相手がやりたいことが違っていることを理解できないことで，意図する行動にずれが生じてしまう．また，3歳頃の子どもは，**自己抑制**の力も未発達であり，集団の中で，**自己主張**と自己抑制の力をバランスよく発揮することが難しい（第7章参照）．自分がやりたいという気持ちを抑えたり，遊びたいおもちゃをがまんして相手に譲ったりすることがスムーズにできない．乳児期から幼児期にかけて，仲間との様々ないざこざ・けんかとその解決を経験することで，①他者理解・共感の力，②自己統制能力が育まれる．

仲間関係の構築の上で重要な要素の一つが性別である．3歳頃には，すでに，異性よりも同性の仲間とのやりとりが多く見られるようになる（Serbin *et al.*, 1994）．子どもは，仲間関係を通じて，男女の社会的カテゴリーを理解し，男女それぞれに特徴的な行動や態度である**性役割**について学んでいく．また，仲間とのやりとりが増えると，集団内での役割分担が生じる．その中で，一人ひとりのパーソナリティが違っていることを経験して，パーソナリティというカテゴリーを理解したり，リーダーシップをとる人と従う人という立場の違いを知って，社会的地位というカテゴリーを理解したりする．これが，仲間関係を通じた③社会的カテゴリーの理解である．

他者とのやりとりを円滑に行うためには，集団の中で，よいとされること，許されないこと，約束事など**決まり**を共有する必要がある．特に，仲間関係は，互いの同等な関係が基礎となっているため，集団の決まりはあらかじめ与えられるものではない．仲間関係をよりよいものとするために必要な決まりを仲間どうしで考えて作り上げ，維持していくことになる．この過程を通じて，子どもは，④社会的規則の重要性や役割を理解することができる．

ここまで述べてきた様々なやりとりすべてを通して，いかに正確に互いのイメージを共有できるかが，仲間関係を円滑にする大きなポイントであり，仲間関係全体を通じて，伝える力・聞く力，両方の⑤コミュニケーション能力が育まれる．

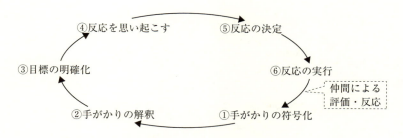

図 11-2 社会的情報処理理論のモデル（Crick & Dodge, 1994 より作成）
このモデルは，行動の実行後，仲間からの評価や反応を受けて，次の情報処理が開始されるという循環型として考えられている．

●仲間関係の問題と社会情報処理理論

　乳幼児期の子どもどうしのやりとりを観察していると，すぐに手が出てしまい，仲間関係におけるいざこざ・けんかの引き金になりやすい子どもの存在に気づくことがある．すでに述べたように，攻撃性の高い子どもは，仲間集団の中で拒否児となる傾向がある（Newcomb et al., 1993）．乳幼児期に仲間関係に問題を抱える子どもの支援は，その後の社会的に適応した発達を促す上で重要である．

　仲間関係の問題を引き起こす攻撃行動がどのようなメカニズムで生じるのかについて説明するのが，**社会情報処理理論**のモデル（図 11-2）である．クリック（Crick, N. R.）とダッジ（Dodge, K. A.）は，ある社会的なトラブルが生じ，トラブルを解決するための行動までには以下のような六つのステップがあると考えた（Crick & Dodge, 1994）．①トラブルが生じた状況の中にある手がかりを知覚し（どんな状況だったか），②手がかりについて解釈し（相手はわざとしたのか），③目標を明確にし（○○と仲よく遊びたい），④自分が持っている行動のレパートリーを思い起こし，⑤その中で有効で実行可能と思われる反応を決定し，⑥実行に移す．

　この外から情報を受けとって内容を認識するという一連の情報処理のステップは，通常は無意識的に行われているが，新しいあるいは複雑なトラブルに直面すると意識される．六つの中のどのステップにおいても，情報処理がうまくいかなかったり，偏って処理されたりすることで攻撃行動が生じうる．たとえ

ば，②で相手の行動に敵意を見出す傾向が強い場合，④で非攻撃的な行動が思い起こされない場合，⑤で行動がもたらす結果を適切に予測することができず不適切な行動を選択してしまう場合，といった例があげられる．仲間関係に問題を抱えている子どもが，どのステップにより重大な問題があるのかには個人差がある．仲間関係に問題を抱える子どもの行動を注意深く見守り，一人ひとりに適切な支援を考えることが求められる．

③ 学童期以降の仲間関係

　学校に通うようになると，子どもは，親の目を離れ，仲間とともに過ごす時間がますます長くなる．そのため，どのような仲間関係を持つのかは，心理的発達における重要な要素となる．本節では，学童期以降の仲間関係について見ていくが，自身の経験を思い浮かべながら，考えてみてほしい．

●仲間はどのように選択されるか

　誰しも気の合う仲間がいるだろうが，子どもは，何を基準に仲間を選択しているのだろうか．

　エプスタイン（Epstein, J. L.）は，仲間の選択には，①近接性（家が近いなど物理的に近接していること），②同年齢，③類似性（性格，態度，興味など内面的に類似していること），の3要因がかかわっているとし，乳児期から青年期にかけて，これらの重要度がどのように変化するかについて論じた（Epstein, 1989）．近接性は，乳幼児期には最も重要な仲間の選択の要因となる．「近くにいたから仲よくする」という仲間関係を形成するきっかけは，乳幼児期の子どもによく見られ，仲間はその時々によって変化しやすいという特徴がある．しかし，近接性は学童期から青年期にかけて，徐々に重要性が低くなる．同年齢であることは，学童期に重要度が高まる．学校に通うようになると，子どもは，学級という同年齢の集団で行動することが多くなる．同じ集団に属していることは，仲間の選択において意味のあることとなる．学童期後半から青年期になると，仲間の選択の範囲は広がり，同年齢であることの重要性は低くなる．し

たがって，同年齢の重要性は，学童期前半がピークだと言える．学童期から青年期にかけて徐々に重要性を増すのが，類似性である．学童期後期以降は，類似性が仲間の選択において最も重要な要因となる．「自分と性格が似ている」「同じ趣味を持っている」といったことがきっかけとなり，仲間関係が形成される．類似性をきっかけに選択された仲間は，固定的で安定したものである．

小学4年生から中学3年生を対象に内閣府が行った調査では，困ったことや悩みがあった時の相談相手として，小学生では母親が最も多く選ばれたのに対して，中学生では同性の友達が最も多く選ばれた（内閣府，2007）．この結果からも，発達とともに仲間に求める役割は変化し，青年期には，仲間が自分の心を開くことができる心理的に重要な存在になっていることがわかる．

●仲間集団の発達的変化

仲間の選択の要因の変化と呼応するように，学童期から青年期にかけて，子どもが形成する仲間集団の質は変化する．

学童期中期から後期に見られるのが，**ギャンググループ**（徒党集団）である．ギャンググループは，同性の3～9人のメンバーからなることが多い（Chen et al., 2003）．また，役割の分化や階層化が見られるという特徴がある．ギャンググループのメンバーは外見的に似たような行動をとることで一体感を得ていて，排他性・閉鎖性が強い．集団内の決まりは明確であり，それに従うことで，仲間集団に所属し続けることができる．子どもは，仲間から受け入れられるために，自己抑制を働かせ，**集団内の規範**（決まり）を守る必要があり，ギャンググループでのやりとりを通じて，社会的スキルを身につけることができる．ギャンググループは，この時期の子どもの多くが形成する仲間集団の一つの発達段階である．しかし，時に，「徒党を組む」という言葉が示すように，ギャンググループの特徴は，暴力的な行動など行き過ぎた結果につながる場合もある．なお，近年では，子どもの数の減少，安心して遊べる広場の減少，塾や習い事をする子どもの増加など，学童期の子どもをとりまく環境の変化から，ギャンググループは減少していると言われている．

学童期後期から青年期前期に見られるのが，**チャムグループ**である．サリヴ

ァン（Sullivan, H. S.）は，青年期初期の頃の同性の仲間との親密な関係性をチャムシップと呼び，青年期に親密な仲間を持てるか否かが子どもの孤独感や自尊感情に影響すると考えた（サリヴァン，1990）．チャムグループは男子よりも女子でよく見られ，メンバーは，行動だけではなく，好きなものごとが同じであるといった内面的に似ていることで一体感を得る．チャムグループに所属し，親密な仲間を作ることを通じて，子どもは自己の内面をふり返り，自分らしさとは何かについて深く考える．チャムグループには，同じであることを強く求め，異質な他者を排除する傾向がある．この傾向が，異質な他者について悪口を言う，仲間外れにするといった仲間関係を乱す行動のきっかけとなることがある．このような，仲間関係を操作することによって相手に危害を加える攻撃は，**関係性攻撃**と呼ばれる．

　青年期中期頃から見られるのが，**ピアグループ**である．ピアグループのメンバーは，外面的にも内面的にも違いがあることを受け入れ，自立した個人として互いに認め合っている．この時期には，同じ集団に所属しているある仲間が，別な集団にも同時に所属していたとしても，それが問題にはならない．また，同じ集団だからといって同じ行動をすることは求められず，集団としても個としても行動することができる．それでも，必要な時には協力し合うことのできる，成熟した集団の形と言える．

　このようにして，仲間集団は，同一性を重視する段階から，個別性を受け入れ尊重する段階へと変化していく．

●仲間関係と社会的適応

　個人が所属する集団において，その集団に適合した行動様式を身につける過程は**社会化**と呼ばれる．学童期以降，未成年での飲酒・喫煙や非行といった反社会的行動が，仲間関係を通じて社会化しうる．飲酒をしている仲間からの影響により，集団に所属する中学生が飲酒するようになる（Sieving *et al.*, 2000）という研究結果からもわかるように，仲間の圧力は大きい．また，そもそも攻撃行動を多く示す子どもは，自分と同じような行動傾向を持つ反社会的な仲間集団にひかれやすく，そのような集団の中で，攻撃行動を含む反社会的行動が

ますます多くなる傾向にある（Dodge *et al.*, 2006）.

　関係性攻撃は，男児よりも女児で頻繁に見られる仲間関係の問題である．関係性攻撃を行う傾向が強い子どもは，仲間の意図を敵対的に解釈しやすい傾向があることが実験的に示されている（Crick, 1995）．さらに，仲間から拒否されることは，子どもの不適応のきっかけになる．関係性攻撃を行う傾向が強い女児は，孤独感・疎外感を強く感じており，抑うつ傾向が高いという（Crick & Glotpeter, 1995）.

　子どもは，仲間関係を通じて，社会的スキルを身につけ，親密な仲間を持つことで，自尊心を高めることができる．この点で，仲間関係は，子どもの社会的適応にポジティブな効果を持つ．しかし，その一方で，学童期以降の仲間関係における問題は社会的不適応につながるというネガティブな側面もある．仲間関係の問題を抱える子どもに対しては，社会的スキルのトレーニングを行うなど，社会的・心理的不適応を改善するための支援が必要である.

コラム●12　きょうだい関係の役割

　本章では，子どもにおける仲間関係の発達について取り上げた．仲間関係以外に子どもどうしが築く社会関係として「きょうだい関係」がある（"きょうだい"とひらがなで記すのは性別の組み合わせを限定しないためである．英語では，brother, sister 以外に sibling という単語が存在する）.

　きょうだい関係と仲間関係にはどのような違いがあるだろうか．依田（1990）は，きょうだい関係が，親子関係に見られる「タテ」の関係と，仲間関係に見られる「ヨコ」の関係の両方の役割を持っていて，「ナナメ」の関係にあると表現した．幼少期のきょうだい関係の特色として，一緒に過ごす時間は親よりも長く結びつきが強いこと，親や仲間に対しての場合とくらべてポジティブな情動もネガティブな情動も強く表出されること，きょうだいの行動の模倣やごっこ遊びの経験を共有することで社会性の発達が促されることがあげられる.

　きょうだいの存在は幼児の心の理論（第 10 章参照）の発達にどのような影響を及ぼすかについて，ピーターソン（Peterson, C. C.）は 3 〜 5 歳の幼児を対象にした研究を行った（Peterson, 2000）．その結果，年長者（兄・姉）であれ年少者

（弟・妹）であれ，きょうだいが存在することで幼児の心の理論の能力は高まる．ただし，12 歳以下の年長のきょうだい，あるいは，1 歳以上の年少のきょうだいの場合に限られるということが明らかになった．つまり，大人でもない，乳児でもない，子どもらしい心を持ったきょうだいの存在が，幼児の心の理論の発達に重要な影響を与えると言える．

日本では，夫婦が最終的に持つ子どもの数（完結出生児数）の減少が続いており，2015 年の第 15 回出生動向基本調査では，1.94 人と 2 人を下回った（国立社会保障・人口問題研究所，2017）．今のところ，完結出生児数の減少が幼児の心の理論の発達に何らかの影響を及ぼすという知見は得られていない．それでも，このような状況の中で，子どもの心の発達におけるきょうだい関係の役割を知るのは大切なことであろう．

［さらに学びたい人のために］

クーパーシュミット，J. B.，& ダッジ，K. A.（編）　中澤潤（監訳）（2013）．子どもの仲間関係──発達から援助へ──　北大路書房

無藤隆・古賀松香（編）（2016）．実践事例から学ぶ保育内容　社会情動的スキルを育む「保育内容　人間関係」──乳幼児期から小学校へつなぐ非認知能力とは──　北大路書房

杉原隆・河邉貴子（2014）．幼児期における運動発達と運動遊びの指導──遊びの中で子どもは育つ──　ミネルヴァ書房

田中浩司（2014）．集団遊びの発達心理学　北大路書房

［引用文献］

Chen, X., Chang, L., & He, Y.（2003）. The peer group as a context: Mediating and moderating effects on relations between academic achievement and social functioning in Chinese children. *Child Development, 74*, 710-727.

Crick, N. R.（1995）. Relational aggression: The role of intent attributions, feelings of distress, and provocation type. *Development and Psychopathology, 7*, 313-322.

Crick, N. R., & Dodge, K. A.（1994）. A review and reformulation of social information-processing mechanisms in children's social adjustment. *Psychological Bulletin,*

115, 74-101.

Crick, N. R., & Grotpeter, J. K.（1995）. Relational aggression, gender, and social-psychological adjustment. *Child Development, 66*, 710-722.

Dodge, K. A., Coie, J. D., & Lynam, D.（2006）. Aggression and antisocial behavior in youth. In N. Eisenberg, W. Damon, & R. M. Lerner（Eds.）, *Handbook of child psychology, Vol. 3. Social, emotional, and personality development*（6th ed.）（pp. 646-718）. New York: Wiley.

Ellis, S., Rogoff, B., & Cromer, C. C.（1981）. Age segregation in children's social interactions. *Developmental Psychology, 4*, 399-407.

遠藤純代（1990）. 友だち関係　無藤隆・高橋惠子・田島信元（編）　発達心理学入門 I 乳児・幼児・児童（pp. 161-176）　東京大学出版会

Epstein, J. L.（1989）. The selection of friends: Changes across the grades and in different school environments. In T. J. Berndt & G. W. Ladd（Eds.）, *Peer relationships in child development*. New York: Wiley.

Fujisawa, K. K., Kutsukake, N., & Hasegawa, T.（2008）. The stabilizing role of aggressive children in affiliative social networks among preschoolers. *Behaviour, 11*, 1577-1600.

ホイジンガ, J.　高橋英夫（訳）（1973）. ホモ・ルーデンス　中央公論社

国立社会保障・人口問題研究所（2017）. 現代日本の結婚と出産——第 15 回出生動向基本調査（独身者調査ならびに夫婦調査）報告書—— Retrieved from http://www.ipss.go.jp/ps-doukou/j/doukou15/NFS15_reportALL.pdf

内閣府（2007）. 低年齢少年の生活と意識に関する調査　Retrieved from http://www8.cao.go.jp/youth/kenkyu/teinenrei2/zenbun/index.html

Newcomb, F. A., Bukowski, M. W., & Pattee, L.（1993）. Children's peer relations: A meta-analytic review of popular, rejected, neglected, controversial, and average sociometric status. *Psychological Bulletin, 1*, 99-128.

小川博久（2005）. 21 世紀の保育原理　同文書院

Parten, M. B.（1932）. Social participation among pre-school children. *The Journal of Abnormal and Social Psychology, 27（3）*, 243-269.

Peterson, C. C.（2000）. Kindred spirits: Influences of siblings' perspectives on theory of mind. *Cognitive Development, 15*, 435-455.

ピアジェ, J.　大伴茂（訳）（1967）．遊びの心理学　黎明書房

Rubin, K. H., Watson, K. S., & Jambor, T. W. (1978). Free-play behaviors in preschool and kindergarten children. *Child Development, 2*, 534-536.

斉藤こずゑ（1986）．仲間関係　無藤隆・内田伸子・斉藤こずゑ（編）子ども時代を豊かに――新しい保育心理学――（pp. 59-111）　学文社

Serbin, L. A., Moller, L. C., Gulko, J., Powlishta, K. K., & Colburne, K. A. (1994). The emergence of gender segregation in toddler playgroups. *New Directions for Child and Adolescent Development, 65*, 7-17.

Sieving, R. E., Perry, C. L., & Williams, C. L. (2000). Do friendships change behaviors, or do behaviors change friendships? Examining paths of influence in young adolescents' alcohol use. *Journal of Adolescent Health, 26*, 27-35.

杉原隆・吉田伊津美・森司朗・筒井清次郎・鈴木康弘・中本浩揮・近藤充夫（2010）．幼児の運動能力と運動指導ならびに性格との関係　体育の科学, *60*, 341-347.

サリヴァン, H. S.　中井久夫・宮崎隆吉・高木敬三・鑪幹八郎（訳）（1990）．精神医学は対人関係論である　みすず書房

依田明（1990）．きょうだいの研究　大日本図書

第3部

発達を支える

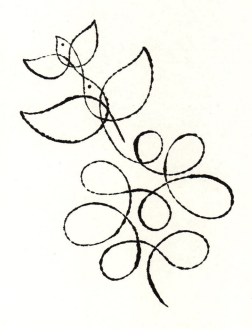

第 **12** 章

学習の理論

1 学習とは

　学習というと，多くの人は国語や英語，数学など，学校での勉強のことをイメージするかもしれない．しかし，心理学における**学習**は，もっと広い意味で使われており，「経験による比較的永続的な行動の変化」と定義されている．私たちは普段意識することは少ないかもしれないが，日常場面のいたるところに学習があふれている．たとえば，ことばを話せるようになることも学習であるし，箸を使えるようになったり，自転車に乗れるようになったりするなどの技能の獲得も学習である．学習は望ましいものばかりではない．稲妻を怖がるのも学習であるし，毎日会っていた友人と仲たがいしたことがきっかけで，疎遠になってしまうことも学習である．また，ついついお菓子を食べすぎてしまったり，テレビを見てしまったりと，自分ではよくないとわかっていてもやめられない行動が習慣になってしまうのも学習である．

　一方，行動の変化ではあるが，身体の発達，薬物の効果，疲労の効果として生じるものは学習には含まない．たとえば，酒を飲んでおしゃべりになったりよく笑うようになったりするという行動の変化は，アルコール摂取による薬理効果である．また，長い距離を歩いていると，だんだんと歩く速度が遅くなっていくという行動の変化は疲労による一時的なものである．

　学習の代表的な研究に，パブロフ（Pavlov, I. P.）による古典的条件づけとソ

ーンダイク（Thorndike, E. L.）の研究に端を発するオペラント条件づけがある．古典的条件づけは，行動を引き起こす刺激と刺激の関係性の学習，オペラント条件づけは環境とヒトを含む動物（以下，単に動物とする）の行動の関係についての学習である．スキナー（Skinner, B. F.）による行動分析学は，これら2種類の条件づけを体系化したものであり，行動の変化を環境の変化との関係から理解する．本章では，条件づけを中心に学習について解説する．

② 古典的条件づけ

●パブロフの条件反射

古典的条件づけは，ロシアの生理学者である**パブロフ**が，イヌを研究対象とした消化腺に関する研究の中で発見した（Pavlov, 1927）．イヌの口の中に食べ物が入ると唾液が分泌される．ある日，パブロフは，いつも給餌をする人がエサの入った器を持ってくるだけで，イヌの口の中にエサが入らなくても唾液が分泌されることに気がついた．パブロフはイヌの予期的な唾液分泌を精神分泌と名づけ，この現象を調べるために体系的な研究に取り組んだ（図12-1）．

まずメトロノームの音を鳴らすと，「おや，何だ」というようにイヌがメトロノームのほうを向く定位反応が観察された．しかし，メトロノームの音をくり返し聞かせるとその反応は観察されなくなった．このように特定の刺激に対する反応が弱まることを**馴化**という（第5章参照）．メトロノームの音を鳴らしても唾液が分泌されないということは，この段階ではメトロノームの音は唾液分泌とは無関係である．このため，メトロノームの音を**中性刺激**という．その後，メトロノームの音を鳴らしながらエサを器に入れて呈示すると，イヌは食べ物に対する生得的な反応として唾液分泌を示した．メトロノームの音とエサの対呈示をくり返すと，次第にメトロノームの音のみで唾液分泌が示されるようになり，最終的にはメトロノームの音のみで，エサが口に入った時と同じくらいの唾液が分泌された．

エサは，動物が何も経験しなくても，生得的に唾液分泌を引き起こす．この

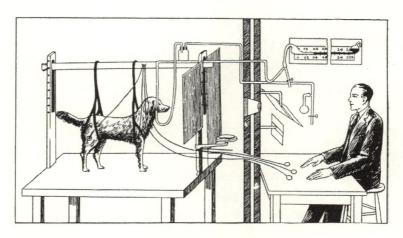

図 12-1　パブロフの実験 （鹿取他，2015, p.69）

ように，生まれながらに動物の反応を引き起こす食べ物のような刺激を**無条件刺激**といい，その刺激によって引き起こされる唾液分泌のような反応を**無条件反応**という．これに対して，メトロノームの音は，生得的には一時的な定位反応を引き起こすだけの中性刺激であるが，食べ物との対呈示によって，唾液分泌を引き起こす刺激となる．このように無条件刺激の到来を予測させる手がかりとなる刺激を**条件刺激**といい，条件刺激によって引き起こされる反応を**条件反応**という．同じ唾液分泌という反応であっても，その反応が引き起こす原因となる刺激の種類により，無条件反応と条件反応が区別される．

●**古典的条件づけの般化と弁別**

　条件反応は，条件づけに用いられた刺激とは異なる新奇刺激によっても引き起こされることがある．これを**般化**という．新奇刺激による条件反応の大きさは，条件づけに用いられた訓練刺激と新奇刺激との類似度が大きくなるほど大きくなる．たとえば，1分間あたり100拍のメトロノームを用いて条件づけを行った後，80拍のメトロノームを呈示すると，100拍のメトロノームとくらべて量は少なくなるものの，唾液分泌が引き起こされる．

　学習された条件反応は，無条件刺激の対呈示をやめ，条件刺激のみを単独に

呈示することで，次第に弱まっていく．このように条件反応が生じなくなることを**消去**という．たとえば，メトロノームの音が鳴っているのにエサが呈示されないという経験をくり返すと，唾液の分泌量は少なくなっていく．これは，条件刺激が無条件刺激の到来を予測する手がかりとして機能しなくなったことを再学習するためである．

　複数の刺激を用いて条件づけを行う場合，異なる刺激に対して，異なる反応が観察されるようになることを**弁別**という．たとえば，1分間あたり100拍のメトロノームの音に対してエサを対呈示し，80拍の音に対してエサを対呈示しないように設定することを**分化条件づけ**という．この場合，前者の刺激に対しては唾液が分泌されるが，後者の刺激に対しては唾液が分泌されない．

●情動反応の条件づけ

　ワトソン（Watson, J. B.）と**レイナー**（Rayner, R.）は，ある対象に対する恐怖などの情動反応は生まれつきのものではなく，古典的条件づけのしくみによって学習されたものであることを示す実験を行った（Watson & Rayner, 1920）．実験の対象となったのは**アルバート坊や**という名で知られている乳児1人だった．アルバートは生後9カ月頃に，大きな音を怖がることが観察されており，つるした鉄の棒をハンマーでたたき，突然大きな音を出すと，怖がって泣き出した．また，アルバートはシロネズミなどの動物を目の前に置かれると，それらに関心を示して，手でさわったりする反応が観察された．つまり，アルバートにとって，鉄の棒をたたく音が無条件刺激となり恐怖反応という無条件反応を引き起こすこと，シロネズミなどの動物は中性刺激であることが実験前に確認された．

　アルバートが生後11カ月になる頃，シロネズミに対する恐怖条件づけが行われた．アルバートの目の前にシロネズミを置き，アルバートがシロネズミをさわろうとした時に，鉄の棒をハンマーでたたき，大きな音を出した．シロネズミと鉄の棒をたたく音の対呈示をくり返すと，アルバートは，シロネズミを怖がり逃げるようになった．つまり，アルバートはシロネズミが恐怖反応を引き起こす条件刺激であることを学習したと考えられる．条件づけの効果を調べ

るテストでは，アルバートは積み木を目の前に置かれるとそれで遊んだが，シロネズミやウサギ，毛皮のコートを置いた場合には，泣いて逃げようとし，毛があってふさふさしたものに対して般化が生じた．

ただし，この実験での条件づけの効果はそれほど大きなものではなかったようである．1回目のテストから5日後に2回目のテストが行われたが，シロネズミやウサギに対する条件反応は弱まっていた．その後，周囲の環境の変化に対する影響を調べるため，実験室で再度シロネズミに対する条件づけを行い，さらにウサギとイヌに対しても同様の条件づけを行った後，実験室とは異なる部屋でテストが行われた．このテストでは，これらの条件刺激に対して嫌悪や恐怖反応は観察されたものの，それほど強いものではなかった．1カ月後に行われたテストでは，条件刺激に対して恐怖反応が観察されたものの，当初観察されたような，泣いて逃げるという反応は観察されなかった．

ワトソンによるアルバートに対する情動反応の条件づけ研究の意義は，あるものに対する恐怖などの情動反応が生まれつきのものではなく，条件づけにより獲得されることを示したことである．あるものに対する恐怖が学習されたものであるのならば，その恐怖反応は古典的条件づけの利用により，とり除くこともできるはずである．ジョーンズ（Jones, M. C.）はワトソンの指導のもと，恐怖反応の除去に関する実験を行い，その効果を報告している（Jones, 1924）．ジョーンズの研究の対象になったのはシロネズミを怖がる2歳10カ月のピーターだった．ピーターは，ウサギ，毛皮のコート，脱脂綿なども怖がった．

ジョーンズはピーターを高イスに座らせ，好きなキャンディを食べ始めたら，それをさまたげないような距離に，ケージに入ったウサギを置いた．毎日，同じ手続きでウサギを近づけていくと，他人がウサギを抱きかかえているうちにウサギにさわることができるようになり，次第に，部屋に放し飼いになっているウサギにもさわることができるようになった．ピーターの事例は，恐怖症治療のさきがけであり，のちに古典的条件づけの研究をもとに，ウォルピ（Wolpe, J.）が不安・恐怖の治療法として，系統的脱感作法を考案した（Wolpe, 1961）．系統的脱感作法では，まず患者にリラックスすることを訓練しておいて，リラックスした状態と不安・恐怖の対象を拮抗させることで，不安・恐怖を弱めて

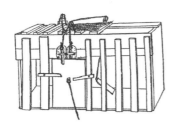

図12-2 ソーンダイクの問題箱
（鹿取他，2015, p.166）

いく．

3 オペラント条件づけ

●オペラント条件づけの基礎

古典的条件づけで扱ったのは，刺激によって引き起こされる反応の学習であった．しかし，私たちの日常場面では，自らが環境に働きかけ，その結果としての環境変化に応じて，将来の行動を変化させることが多い．このように，行動の結果として生じる環境変化に対して行動を変化させていく学習のしくみが，**オペラント条件づけ**である．

オペラント条件づけは，**ソーンダイク**の動物の知性に関する研究（Thorndike, 1898）が基礎となっている．ソーンダイクは，空腹なネコを問題箱という実験装置に入れ，箱の外にエサを置いて，箱から脱出するまでの間の行動観察を行った（図12-2）．問題箱は15種類あり，箱内の輪を引っぱったり，ペダルを踏んだりすると，とめ金が外れ，扉が開くようになっていた．最初，ネコは箱の柵を引っかいたり，問題箱の中から前脚をのばしたりしてエサをとろうとしたが，それではエサをとることはできなかった．問題箱の中ででたらめな行動をするうちに，偶然に箱の中の輪に手がかかると，扉のしかけが外れ，問題箱から脱出できた．このように，問題解決のために有効な行動（正反応）とそうでない行動（誤反応）をでたらめにくり返すうちに，正反応を獲得していく学習を**試行錯誤学習**という．

また，この実験の結果から，ソーンダイクは，効果の法則を提唱した．**効果の法則**とは，同じ場面で生じる複数の行動の中で，動物にとって満足な結果をもたらす行動はその場面との結びつきを強め，逆に，動物にとって不快な結果をもたらす行動はその場面との結びつきを弱める，というものである．したがって，特定の場面で満足な結果をもたらす特定の行動は生じやすくなる．効果の法則は，その後，スキナーにより強化の概念として確立された．

●オペラント条件づけによる行動形成

スキナーは，パブロフの研究から見出された刺激によって引き起こされる行動（**レスポンデント行動**）に関する学習と，ソーンダイクの研究から見出された動物が環境に自発的に働きかける行動（**オペラント行動**）に関する学習を整理し，あらゆる行動変化を環境変化との関係から説明しようとする行動分析学として体系化した．

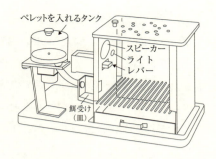

図12-3　げっ歯類用オペラント箱（金城，2016, p. 111）

スキナーはオペラント行動を重視し，オペラント条件づけの研究を行ったが，その研究でよく用いられるのが**オペラント箱**（もしくは**スキナー箱**）と呼ばれる実験装置である（図12-3）．一般的なオペラント箱には，音刺激や光刺激を呈示するためのスピーカーやライト，動物が反応するためのレバーやボタン，報酬としてエサを呈示するための装置が設置されている．

オペラント箱のレバーを押すとエサが呈示されるように設定しておいたとしても，空腹なマウスを箱に入れただけですぐにレバーを押すようになるわけではない．マウスがオペラント箱で自発的にレバーを押す頻度はきわめて少ないため，レバーを押す行動が安定して観察されるようになるためには**反応形成（シェイピング）**を行わなければならない．反応形成は，最初，比較的自発されやすい行動（たとえばマウスが「レバーに頭を向ける」など）が生じた直後にエサを呈示し，「レバーに近づく」「レバーの近くで頭を上げる」「レバーに前足をのせる」など，エサを呈示する行動の基準を，少しずつ目標とするレバー押し行動に近づくように厳しくしていく（**スモール・ステップの原理**）．このように，少しずつ目標の行動に向かって反応形成を進めていくことを**逐次接近法**という．反応形成の考えは，動物の訓練だけではなく，日常場面での行動形成にも利用できるため，技能学習やプログラム学習にもとり入れられている．新しい技能を獲得する場合，訓練開始直後は上達が進むが，しばらくすると上達が停滞してしまい，その後，再び上達が進むことがある．このように一時的に上

達が停滞する期間を高原（**プラトー**）という.

プログラム学習は，個人の知識や技能などに応じて，学習者の進度に合わせて学習を進めることができ，個人差を考慮した学習方法である．スキナーが提唱したプログラム学習には，以下の特徴がある．ある教科を効率的に学習させる場合，スモール・ステップの原理に従い，その内容を段階的に区切り，簡単なものから徐々に複雑なものへと体系的に配置することで，誤反応が起きにくくする．また，反応の正誤をすぐに学習者にフィードバックすることで，学習するという行動を維持することができる.

●オペラント行動の原因

動物が自発的に環境に働きかけるオペラント行動は，行動とその直後の状況変化との関係から理解できる．行動の直後に生じる状況の変化のことを**強化子**という．このうち，エサやお金，賞賛などの報酬のように，呈示により，将来の同じ場面での行動の回数を増やすものを**正の強化子**（あるいは単に強化子）という．逆に，電気ショック，罰金，叱責などの嫌悪刺激のように，行動の回数を減らすものを**負の強化子**（あるいは罰子）という．行動の結果として生じる状況の変化としては，強化子が呈示される場合以外に，強化子が消失する場合が考えられる．正の強化子の消失は，将来の同じ場面での行動の回数を減らし，負の強化子の消失は，将来の同じ場面での行動の回数を増やす．行動の回数を増やす手続きを**強化**といい，減らす手続きを**弱化**（あるいは**罰**）という．これらの四つは**基本随伴性**と言われ，表 12-1 のようにまとめられる.

正の強化は，ある行動の後，正の強化子が呈示されることで，行動の回数が増加する手続きである．たとえば，スマートフォンでコミュニケーション用のアプリを開くという行動は，友人からの新着メッセージが正の強化子となって維持されている．逆に，正の弱化は，ある行動の後，負の強化子が呈示されることで，行動の回数が減少する手続きである．たとえば，授業中の私語をするという行動は，教師の叱責という負の強化子の呈示によって生じにくくなる．これに対して，負の強化は，ある行動の後，それまで環境内にあった負の強化子が消失することで，行動が増加する手続きである．たとえば，目覚まし時計

表 12-1　強化子の種類と操作の組み合わせによる基本随伴性

呈示する強化子	強化子の操作	
	呈示	消失
正の強化子（報酬）	正の強化 （行動は増加）	負の弱化 （行動は減少）
負の強化子（嫌悪刺激）	正の弱化 （行動は減少）	負の強化 （行動は増加）

のアラームを止めるという行動は，耳ざわりなアラームという負の強化子が消失することで維持される．逆に，負の弱化とは，ある行動の後，それまで環境内にあった正の強化子が消失することで，行動が減少する手続きである．たとえば，スポーツの試合中に危険なプレイをするという行動は，出場機会という正の強化子を失うことで，減ることが期待される．

　強化，弱化について，教育的立場から用いられる語として**賞罰**がある．賞は，もともとは望ましい標的行動を増加させるために，行動の直後に呈示するお菓子やシール，賞賛などをさし，報酬に相当するものをさすと考えられる．これに対し，罰は問題となる標的行動を減少させるために，行動の直後に呈示する体罰や叱責など嫌悪的なものをさすと考えられる．学習の理論で賞罰を解釈すると，賞は正の強化子，罰は負の強化子に相当する．しかし，本来，学習の理論では，強化と弱化は，行動の増減によって記述的に定義されるものである上，罰は，賞罰という文脈と学習の理論で用法が異なるので注意が必要である．

● **オペラント条件づけの般化と弁別**

　オペラント条件づけにも，古典的条件づけ同様，般化と弁別がある．般化は，ある弁別刺激のもとで生じる行動が獲得されていれば，その弁別刺激に類似した別の刺激のもとでも同じ行動が観察されることをいう．これに対して，弁別は，ある状況と別の状況で異なる行動が生じることをいう．弁別では，環境内にある手がかりが，状況に応じた行動の起きやすさを設定したり，その行動が生じるきっかけを作ったりする．たとえば，交通信号という弁別刺激の場合，

青信号では道路を渡るという行動が生じるが，赤信号では道路を渡るという行動は生じにくくなる．いつも冗談を言うような教師に対しては親しげに接するが，しかめ面の教師に対してはそっけなく接するというのも弁別刺激のもとで異なる行動が生じる例であろう．ただし，オペラント条件づけの弁別刺激は，古典的条件づけの条件刺激とは違い，行動を引き起こすものではないことに注意が必要である．

　オペラント条件づけの消去は，行動を強化するのをやめることで，行動を減らす手続きをいう．たとえば，友人に話しかけるという行動は，友人のあいづちなどの反応という正の強化子が出現することで維持されている．もし友人に話しかけても，友人が無反応であれば（すなわち正の強化子が出現しなければ），その友人に話しかけるという行動は減っていくだろう．このように，オペラント行動が生じるのは，その行動が何らかの強化の随伴性によって維持されているからである．

④ 認知的学習

●洞察学習

　古典的条件づけでは条件刺激と無条件刺激の対呈示が，オペラント条件づけでは目標とする行動に対して強化子が呈示されることが，学習の成立に重要である．これに対して，私たちは同じ場面を経験しなくても，問題の構造を見通すことで突然，その問題の解決に至ることもある．これを**洞察学習**という．

　ゲシュタルト心理学者であった**ケーラー**（Köhler, W.）は，チンパンジーの問題解決場面における観察研究を行い，『類人猿の知恵試験』という本にまとめた（ケーラー，1962）．ケーラーが観察したチンパンジーの問題解決場面の一つは，オリの外にある食べ物をとるために，チンパンジーが短い棒で長い棒を引きよせ，今度はその長い棒を使って食べ物を引きよせることに成功したというものだった．また，別の場面では，バナナが宙づりにされた場面で，2頭のチンパンジーが箱を積み重ねて，バナナをとることに成功したというものだっ

た．この場面では，チンパンジーは最初，走り回ったり飛び回ったりと試行錯誤による問題解決を試みた．しかし，この試験の間に何もしない期間があり，突然，全体を見通したように，箱を積み重ね，その上によじ登りバナナをとるという行動を示した．

　ケーラーの観察したチンパンジーの問題解決行動には，オペラント条件づけの考え方では説明することが難しい点がある．先に述べたソーンダイクの試行錯誤学習では，学習者は自分が置かれた状況の中で偶然に正反応を見つけ，それが満足の行く結果によって強められていくと考える．これに対し，洞察学習では，学習者は，自分が置かれた状況を構成する要素だけに注目するのではなく，全体を見通して，その要素間の関係性を理解することで問題解決に至ると考える．たとえば，短い棒や長い棒を別の道具として認識するのではなく，それらを相互に関係づけ，オリの外に置かれた食べ物を引きよせる道具として認識することで，これまで経験していない新しい問題解決行動を行えるようになると考えられる．

●観察学習

　この章で扱ってきた学習の理論は，学習者が経験に基づき，どのように行動を変化させるかというものであった．これに対して，学習者自身が直接経験していなくても，他者が行動した結果を観察して，新たな行動を習得することも考えられる．これを**社会的学習**という．

　バンデューラ（Bandura, A.）は**社会的学習理論**において，学習者自身が行動をせず，したがってその行動が強化されない場面であっても，他者の行動とその結果を手本として**観察**することにより，観察者がモデルの行動を**模倣**する学習（**モデリング**）が成立するという**観察学習**を提案した（Bandura, 1965）．バンデューラは，4歳児に5分間，大人のモデルが子どもと等身大の空気人形に対して攻撃行動を行っている映像を見せた．映像の終わりに3種類のシナリオが用意されていた．これらは，モデルとは別の大人によってモデルの攻撃行動を賞賛するもの，モデルとは別の大人がモデルの攻撃行動を厳しく罰するもの，モデルの攻撃行動が評価されないものだった．この映像を視聴した後，実験参

217

加児はモデルが攻撃行動を加えていた人形のある部屋に連れて行かれ，10 分間でどのような行動が起きるか調べられた．

参加児は，単にモデルの攻撃行動を見ただけでも，モデルの攻撃行動を模倣し，この割合は，モデルの攻撃行動が賞賛された場合と同じくらい高かった．一方，モデルの攻撃行動が厳しく罰せられた場合には，攻撃行動の模倣は抑制された．この実験の結果，学習者は，自分が見ていたモデルが行動した結果受けた強化を観察することで，自分がモデルと同じ行動をするとどのような結果を受けるかを学習する，という**代理強化**の考えが提唱された．

●発見学習

学校などでは，学習者が，「○○は△△である」という形式で，歴史的に発見された事実としての知識を効率よく学ぶことができる教授型の学習方法がある．これに対して，問題解決を通じて，学習者自身が過去に経験したことと関連づけ，新しい知識を発見する方法が**発見学習**である．

ブルーナー（Bruner, J. S.）は，学習の過程として，**直観**と**検証**を重視した．様々な知識を論理的に理解することを求めるのではなく，学習者が自分の体験したことから学ぶことを直観的学習という．学習者が体験しながら学んだことは，可能な限り多くの検証作業によって確認される必要がある．発見学習では，学習者が仮説を立て，その仮説を実験によって検証する経験を通して，科学者のように自ら問題を発見して解決しようとする態度を育てることを目的とする．

発見学習は，学習者の発見の喜びや問題解決を通じての自信を与え，内発的動機づけ（次節参照）を高めることで学習活動が活発になるという長所が考えられる反面，学習に時間と労力がかかるという短所がある．加えて，発見学習の効果に対する批判も多い．純粋な発見学習では，学習者は教育者の手助けなしに自分で実験を行い，新しい知識を獲得していくことが求められる．しかし，何を発見するかは学習者に任されるために，学習者がまちがった知識を身につけてしまう恐れがある．ブルーナーも，少なくともある程度の知識がなければ，発見学習はできないと注意を促している．また，複数の研究から，初学者にとっては，純粋な発見学習は教授型の学習よりも効果が低いことが示されており，

様々な教材を体系化して，その教材・教育内容を教育者が吟味することが必要とされている．

⑤ 動機づけ

●動機づけの基礎

動機づけとは，動物の行動を方向づけ，持続させるものである．マクドゥーガル（McDougall, W.）は，本能論を提唱し，社会的行動を含む人間の行動は，本能と言われる生得的な動機づけによって引き起こされると考えた．しかし，動物の攻撃行動の原因として攻撃本能があるからというのでは，攻撃行動が起きるしくみを説明したことにはならず，循環論に陥ってしまっているため，本能を行動の原因とする研究は衰退した．

本能に代わり，動機づけの説明に用いられてきた考え方に動因と誘因がある．**動因**とは，空腹など動物の内的要因のことである．動物が生命維持のために必要な均衡状態のことを**ホメオスタシス**といい，私たちの行動はこれを維持するために存在すると考えることができる．たとえば，血糖量は環境変化や時間経過に伴い低下し，体内環境の均衡状態が失われる．この時，私たちは空腹を感じ，食べ物を摂取することで体内の不均衡状態を解消しようとする．**生理的動機づけ**は，このようなホメオスタティックな不均衡を解消するために動因が生じ，動物は空腹などの動因を低減するように行動すると考えることができる**（動因低減説）**．これに対して，**誘因**とは，食べ物などの行動を引き起こす外的な目標物のことである．動因低減に基づく考え方では，体内環境に不均衡な状態が生じない限り行動は生じないことになるが，満腹の状態でも，好物の食べ物が目の前にあると，それが誘因として働いて，つまみ食いをしてしまうことがある．動機づけの種類には，生理的動機づけ以外に，他人と友好的な関係を維持したいという**親和動機づけ**や，高く困難な目標を設定し，それを成し遂げたいという**達成動機づけ**などがある．

動因低減説では，動物を本来なまけ者であると考え，動物にとって不都合な

状態が生じない限り，行動が生じないと考えられていた．このように，賞罰などを受けたり避けたりするという外的な要因によって行動が生じることを**外発的動機づけ**という．たとえば，勉強するという行動は，テストでよい点数がとれるとか，親に「勉強しなさい！」という小言を言われないことが原因となって生じていると考えることができる．これに対して，同じ行動であっても，行動に自然と何らかの結果が伴うことで，その行動が生じることを**内発的動機づけ**という．勉強した結果として得られる新しい知識が誘因となるならば，別の誘因がなくても行動は維持される．もう一つ例をあげると，散らかっている部屋を片づけるという行動は，片づけた結果，新しい洋服を買ってもらえるという誘因によって生じる場合もあれば，部屋の居心地を悪くしていたものがなくなることによって生じる場合もある．家での子どものしつけや学生の教育では，外発的動機づけよりも，内発的動機づけによって行動が生じるようにしていくのが理想的である．

コラム●13　生活習慣の獲得

　本章では，条件づけを初めとした学習の理論について取り上げた．これらは，動物を対象にした実験的研究により発見されたものだが，人間の行動のコントロールに使えなければ意味がない．応用行動分析学は，学習の理論を用いて日常場面での人間の行動の問題解決を試みる分野である．応用行動分析学は，発達障害のある子どもの療育に効果的であることから，その認知度が高まってきたが，定型発達の子どもや大人の望ましい行動を増やし，望ましくない行動を減らすことにも有用である．

　筆者も，自分の子どもに食事や睡眠，衣服の着脱や排泄などの生活習慣を身につけてもらう時に，条件づけを活用している．子どもが3歳を過ぎた頃，保育士とも相談の上，トイレでの排泄を習慣づけたいということになり，自宅でもトイレットトレーニング（第7章参照）を開始した．トイレで排泄するように説得を試みたものの，子どもは全く聞き入れず，トイレに入ることを拒否していた．そこで，当時子どもがお気に入りだった動物のシールを用意し，そのシールを貼るための台紙をトイレの扉に貼っておいた．トイレで排泄できた時のみ，シールを貼れるという正の強化を導入したところ，子どもはその日のうちに，朝晩必ずトイレに入ってく

れるようになった．トレーニング開始直後はトイレでの排泄がうまく行かない時も
あったが，導入後2〜3週間ほどで安定して排泄ができるようになった．

　学習の原理は，他人の行動を変化させるのに有用なだけでなく，自分自身の望
ましい行動を増やし，望ましくない行動を減らすことにも有用である（島宗，2014）．
筆者自身も，読書や執筆の習慣づけを行ったり，職場での健康診断の時期が近づ
くと目標体重を設定して間食の回数を減らしたりという，「じぶん実験」を通じて，
学習の理論の効用を痛感している．読者も「じぶん実験」を実践して，これまで
変えられないと思い込んでいた自分の行動をコントロールし，理想の自分に近づい
てみてはいかがだろうか．

[さらに学びたい人のために]

小野浩一（2016）．行動の基礎——豊かな人間理解のために——改訂版　培風館

今田寛（1996）．学習の心理学　培風館

実森正子・中島定彦（2000）．学習の心理——行動のメカニズムを探る——　サイエンス
　社

メイザー，J. E.　磯博行・坂上貴之・川合伸幸（訳）（2008）．メイザーの学習と行動
　第3版　二瓶社

[引用文献]

Bandura, A. (1965). Influence of models' reinforcement contingencies on the acquisition of imitative responses. *Journal of Personality and Social Psychology, 1 (6)*, 589-595. doi:10.1037/h0022070

Jones, M. C. (1924). A laboratory study of fear: The case of Peter. *Pedagogical Seminary, 31*, 308-315.

鹿取廣人・杉本敏夫・鳥居修晃（編）（2015）．心理学　第5版　東京大学出版会

金城辰夫（監修）（2016）．図説現代心理学入門　4訂版　培風館

ケーラー，W.　宮考一（訳）（1962）．類人猿の知恵試験　岩波書店（原著1917）

Pavlov, I. P. (1927). Conditioned reflexes: An investigation of the physiological activity of the cerebral cortex (translated by G. V. Anrep). Retrieved from http://psychclassics.yorku.ca/Pavlov/

島宗理（2014）．使える行動分析学――じぶん実験のすすめ――　筑摩書房

Thorndike, E. L.（1898）. *Animal intelligence: An experimental study of the associatve processes in animals*. New York: Macmillan.

Watson, J. B., & Rayner, R.（1920）. Conditioned emotional reactions. *Journal of Experimental Psychology, 3*, 1-14.

Wolpe, J.（1961）. The systematic desensitization treatment of neuroses. *Journal of Nervous & Mental Disease, 132*, 189-203.

第 **13** 章

障害と支援

本章では，障害と支援について学ぶ．子どもの発達に何か心配がある時，どのように対応すればよいだろうか．そのためには，障害に関する知識，アセスメント（検査や観察など）により子どもの特性を正しく把握すること，子どもの特性に合った支援をすることが大切である．障害に関する知識を第1節，アセスメントを第2節，支援を第3節で学ぶ．

1 発達障害とは

発達障害の定義は様々ある．心理学辞典には，たとえば，発達早期から見られ，その後も継続する認知・言語・社会性・運動機能の発達の遅れまたは偏り，そして，それにより生活上の困難が続くことという定義（松永，2014; ファンデンボス，2013）がある．日本では，自閉スペクトラム症（ASD：自閉症スペクトラム障害ともいう），注意欠如・多動症（ADHD：注意欠如・多動性障害ともいう），限局性学習症（LD：限局性学習障害・学習障害ともいう）をさすことが多いが，知的障害（知的能力障害）も発達障害に含まれる場合がある（表13-1）．以下では，日本でも広く使用されている米国精神医学会（APA）の診断基準（DSM-5）に基づき（米国精神医学会，2014），ASD，ADHD，LD，知的障害について解説する．

表 13-1　主な発達障害の特徴

自閉スペクトラム症（ASD）	対人コミュニケーションの困難 こだわりと常同・反復行動
注意欠如・多動症（ADHD）	不注意 多動性・衝動性
限局性学習症（LD）	読みの困難（読字障害） 書きの困難（書字表出障害） 算数の困難（算数障害）
知的障害	知的能力の発達の遅れ 適応能力における困難

●自閉スペクトラム症（ASD）

自閉スペクトラム症（ASD） の子どもには，会話の際にアイコンタクトをうまく利用することが難しい，他者と感情を共有することにそれほど興味を示さない，特定の音に対して耳ふさぎなどをして過敏に反応する（逆に，感覚刺激に対しての反応が鈍い子もいる），などの特徴がある．以前は，自閉性障害（自閉症），アスペルガー障害，広汎性発達障害などと呼ばれていた．特に，知的障害のない ASD のタイプを，アスペルガー障害と呼んでいた．

ASD の診断基準は，大きく分けて**対人コミュニケーション**（社会的コミュニケーション）に関するもの，**こだわりと反復・常同行動**（限局された反復的な行動）に関するものがある．たとえば，対人コミュニケーションに関するものでは，興味や感情を他者と共有しようとすることが少ない，指さし・アイコンタクトなどコミュニケーションに使用する身ぶりやジェスチャーが少ない，同年代の子に興味をあまり示さない，ごっこ遊びを他者と一緒にすることがない，などがある．こだわりと反復・常同行動に関するものでは，常同的・反復的な体の動き・モノの使用・会話が見られる（例：おもちゃを一列に並べたりする，**エコラリア**という会話の文脈から離れた特定のフレーズのくり返しがある），同一性への固執がある（例：毎日同じ道順をたどって学校に行く必要がある，同じ食べ物を食べる必要がある），感覚刺激に対する敏感さまたは鈍感さがある（例：痛みなどに無関心のように見える），などである．これらの特徴が発達早期から見られる．

●注意欠如・多動症（ADHD）

　注意欠如・多動症（ADHD）の子どもには，席に座っていることが難しく，授業中に教室から飛び出してしまう，教科書を持って来る，また持って帰ることを頻繁に忘れる，などの特徴がある．以前は，注意欠陥／多動性障害と呼ばれていた．

　ADHDの診断基準は，大きく分けて不注意に関するもの，多動性・衝動性に関するものがある．たとえば，不注意に関するものでは，学業や仕事中に不注意なまちがいをする（例：作業が不正確），学業や仕事の義務をやり遂げることができない（例：課題を始めるがすぐに集中できなくなる），必要なもの（例：本・サイフ・カギ）を頻繁になくしてしまう，などがある．多動性・衝動性に関するものでは，席に着くことが必要な場面（例：教室，職場）で頻繁に席を離れる，しゃべりすぎる，自分の順番を待つことが難しい（例：列に並ぶ時），などがある．

　このような状態は誰しもが経験する可能性があるが，少なくとも6カ月は継続していること，また，いくつかの項目が12歳より前から見られることにより診断基準を満たすことになる．ADHDの中でも，不注意と多動性・衝動性の診断基準をともに満たすものを**混合型**と呼ぶ．また，不注意の診断基準のみ満たすものを**不注意優勢型**，多動性・衝動性の診断基準のみ満たすものを**多動・衝動優勢型**と呼ぶ．

●限局性学習症（LD）

　限局性学習症（LD）の子どもは，知的発達に大きな問題が見られるわけではないのに，特に，文字を読むこと，書くこと，計算することに苦手さがある．限局性学習障害，また，単に学習障害とも呼ばれる．

　以下の六つのうち少なくとも一つの特徴が見られ，それが少なくとも6カ月は継続していることでLDの診断基準を満たすことになる．①文字を読むことが不正確でゆっくりである，②読んでいるものの意味を理解することが難しい，③字を綴ることが難しい，④文章の中で複数の文法・句読点のまちがいをする

など文を構成することが難しい，⑤数字の概念を理解することや計算すること
が難しい，⑥数学的な推論をすることが難しい．

LD は，三つのタイプに分けられる．**読字障害**は，文字を読むことに困難が
あるタイプで，文字の読み誤りが多く，時間がかかり，たどたどしいという特
徴がある．特に，促音（つまる音「っ」）・拗音（かな 2 文字で表される「きゃ」
「きゅ」「きょ」など）・長音（伸ばす音「おかあさん」の「かあ」）・助詞（「は」
を「わ」，「へ」を「え」と発音することなど）の読み誤りがある．また，漢字の
読みにも困難がある．**書字表出障害**は，文字を書くことに困難があるタイプで，
文字の書き誤りが多く，時間がかかるという特徴がある．促音・拗音・長音・
助詞の書き誤り，ひらがなの多用，漢字の書き誤りがある．**算数障害**は，計算
や数学的推論（文章問題を読んで計算式を導き出すことなど）に困難があるタイ
プで，くり上がり（8+5 など）とくり下がり（13−5 など）の計算が苦手，式
のみが表示されている計算問題はできるが文章問題は解けない，などがある．

●関連する心理学の理論

これまで，自閉スペクトラム症（ASD），注意欠如・多動症（ADHD），限局
性学習症（LD）の特徴を見てきた．現在のところ，これらの発達障害の原因は
解明されていない．しかし，どのようにしてこれらの特徴が現れるのかについ
ては心理学の理論が提示されている．ここでは，主に ASD を例にとり，紹介
する．

ASD に関する心理学の理論として，これまで主に三つの説が提示されてきた．
一つ目は，心の理論説である．**心の理論**は，他者の状態を類推し，理解する能
力である（第 10 章参照）．ASD の人は心の理論に障害を持つという説が唱えら
れてきた（Baron-Cohen *et al.*, 1985）．たとえば，誤信念課題（サリー・アン課
題：第 10 章参照）の正答率が，定型発達の子どもやダウン症候群の子どもに比
べて低いことが示されている．つまり，状況から他者の心の状態を推測するこ
とが苦手であると考えられている．

また，ASD の人の初期発達として，共同注意という行動が少ないというこ
とが挙げられる．**共同注意**とは，他者と同じ対象に注意を向けることで，他者

と注意を共有する能力をさす（第10章参照）．定型発達では，生後9カ月頃から開始され，大人の視線や指さす方向を見たり，自ら指さしをしたり，おもちゃなどを大人に見せたりする行動があてはまる．注意を通して，他者と興味や関心を共有する行動であることから，他者の心の状態の理解と関係すると考えられている（バロン＝コーエン，1997）．共同注意行動の現れと後のことばの獲得には関係があることが知られており（Tomasello & Farrar, 1986 など），ASD児では，共同注意行動の頻度が少ないことが報告されている（Baron-Cohen, 1989 など）．たとえば，乳幼児の指さしは主に二つの目的で行われるとされる（第10章参照）が，そのうち，自分の欲求を他者に伝える要求の指さしではなく，他者の注意を自分の興味や関心のある対象に向けさせて共有しようとする叙述の指さしをすることが，ASD児では少ない．このような説は，ASDの人が遭遇するコミュニケーションの困難をうまく説明する．

　二つ目は，実行機能説である．**実行機能**とは，目標のために行動，思考，感情を制御する能力のことをさし，そこには，行動を抑制する能力（抑制機能），行動を切り替える能力（切り替え），保持している情報を更新する能力（更新）などが含まれる（第7章参照）．たとえば，行動を切り替える能力を測定する検査の一つであるウィスコンシンカード分類課題を用いた研究がある（Ozonoff & Jensen, 1999）．この課題では，三つの属性を持つたくさんのカードを（黄色い三角が四つあるカードであれば，黄色という「色」，三角という「形」，四つという「数」，の三つの属性を持つ），いくつかのルールに基づいて分類することを求められる．たとえば，最初は「色」という属性で分類することを求められるが（黄色い三角が四つあるカードは，同じ黄色で描かれたカードと一緒に分類する），次に，新たに「形」という属性で分類することを求められた時に（黄色い三角が四つあるカードは，同じ三角が描かれたカードと一緒に分類する），最初のルールに固執することなく，新しいルールに切り替えて課題を実行できるかどうかが問われる．ASD児は定型発達児と比べてこのような課題が苦手で，つまり，以前のルールに固執して分類し続けることが多いことがわかっている．このような説は，ASDの人が見せるこだわり行動をうまく説明する．

　三つ目は，中枢性統合説である．大多数の人は，物事を見る時に部分よりも

全体を見る傾向や，文脈を重視した理解をする傾向を持つ．このような部分よりも全体や文脈を優先する傾向のことを**中枢性統合**といい，ASD の人では，中枢性統合の傾向が弱いと考えられている．たとえば，埋め込み図形課題という，ある絵の中に含まれる小さな図形を探す課題がある．ASD の人は，定型発達の人よりもこのような課題を早く解くと言われている（Jolliffe & Baron-Cohen, 1997）．一方で，文章に含まれる特定の単語を解釈するのに文脈を加味する必要のある課題では，ASD の人は，定型発達の人よりも正しく解釈することが難しいという結果が報告されている（Happé, 1997）．このような説は，ASD の人が細部へのこだわりを見せることや，コミュニケーションに困難を示すことがあることをうまく説明する．

　しかし，どれか一つの理論のみで ASD の全体像を説明することは不可能である（Happé *et al.*, 2006）．遺伝子研究や脳研究の進展によっても，様々なことが明らかになっている．他の発達障害，たとえば ADHD でも，実行機能の障害が（Sonuga-Barke *et al.*, 2010），LD では，ことばを聞いた時の音の処理に関する音韻処理の障害などが示されている（Shaywitz & Shaywitz, 2005），個々の発達障害を説明する理論については，今後もさらなる研究が必要である．

●知的障害（知的能力障害）

　知的障害（知的能力障害）は，「知的発達において全般的な遅れがあること」と「日常への適応能力に困難があること」と「それらは発達期（幼少期から青年期）に生じていること」で診断される．以前は，精神遅滞と呼ばれていた．

　知能においては，診断基準には含まれていないが，標準的な知能検査で，知能指数（IQ）（第2節参照）がおよそ70以下であるという目安がある．知的発達の遅れにより，様々な困難が生じる．たとえば，ことばの理解，物事の記憶，計算などの抽象的思考，などに関してである．また，適応能力とは，日常生活に必要な個人の自立や社会的な責任をはたすための能力で，食事の摂取，身辺の整理や清潔を保つこと，金銭管理，などであり，これに関しても困難が生じる．

　染色体異常などの**遺伝子疾患**が原因で知的障害が起こる場合は多い．原因が

わかっている知的障害の中で，最も発症頻度が高いのはダウン症候群である．**ダウン症候群**は，二つ存在している 21 番染色体が三つ存在することにより主に起こり（第 4 章参照：染色体が三つ存在していることをトリソミーといい，ダウン症候群は 21 トリソミーとも呼ばれる），発症頻度は約 1000 人に 1 人とされている（平野，2008）．筋緊張の低下や先天性の心疾患などを伴うことが多い．

ついで発症頻度が高いのは，脆弱 X 症候群である．**脆弱 X 症候群**は，X 染色体上の遺伝子の異常により起こり，発症頻度は，男性で約 4000 人に 1 人，女性で約 1 万人に 1 人である（笛木，2008）．脆弱 X 症候群がある人は ASD の症状を示しやすいと言われている．他に，ASD の症状を示しやすいものとして，**レット症候群**がある．X 染色体上の遺伝子の異常が見られ，発症頻度は約 2 万人に 1 人で，ほとんどが女性である．ASD の症状，知的障害の他に，運動機能障害を伴うことが多い（鈴木，2008）．

知的障害は現在のところ治療法は確立されていないが，その発症を予防することができる疾患も存在する．**フェニルケトン尿症**は，遺伝子の異常により約 8 万人に 1 人の割合で発症する先天性代謝異常（第 4 章参照）で，生存のため食物から摂取する必要のある必須アミノ酸のフェニルアラニンが分解できなくなる．フェニルアラニンが体内に蓄積すると発達に悪影響を及ぼすが，食事療法を行い，フェニルアラニンの摂取量を制限することで，知的障害の発症を予防することができる（遠山，2008）．

ただし，知的障害は，これまで見てきたような原因がわかっているものの他に，原因がわかっていないものも多い．

② アセスメント

●アセスメントとは

子どもの特性を把握するために，個人間差と個人内差を知る必要がある．**個人間差**とは，対象の子どもが平均的な発達の度合いとくらべてどの程度発達が進んでいるか・遅れているかをさす．**個人内差**とは，対象の子どもの様々な能

力の間の得意・不得意の差をさす．たとえば，ある子が同年齢の子どもとくらべて1年程度発達に遅れが見られるのであれば（個人間差），その子に合った程度の活動や学習を配慮する必要があるだろう．また，ある子が，計算が得意で文章読解が苦手であるならば（個人内差），文章読解に対する何らかのサポートがあったほうがよいであろう．**アセスメント**は，このような子どもの特性を知るための手段である．

　アセスメントには，フォーマルなアセスメントとインフォーマルなアセスメントがある（黒田，2015）．フォーマルなアセスメントには，知能検査や発達検査などのように，場面設定や手順が厳密に定められているものが含まれ，実施のために検査の習熟や経験が求められる．一方，インフォーマルなアセスメントには，子どもの様子を普段どおりの状況で観察することや保護者との面接があげられる．フォーマルなアセスメントには，結果が数量化でき客観的に評価しやすい，多くの人を一定の同じものさしで測定できるなどのメリットがある．インフォーマルなアセスメントには，自然な場面で子どもの情報を得られる，検査で測定できない家庭での様子や過去のことを聴取することができるなどのメリットがある．どちらか一方のアセスメントが重要ということではなく，子どもの理解のためには，様々な方法により情報を集める必要がある．

　また，知能検査や発達検査を実施しても，**定型発達**（発達障害のない典型的な発達）・**非定型発達**（発達障害があるなど典型的な発達とは異なる発達）両方に関する十分な知識がないと，結果を適切に解釈することができない．以下では，知能検査・発達検査の種類について述べる．知能検査は，年齢にかかわらず知能を測定するための検査である．発達検査は，主に，発達期の子どもの発達の程度を測定する検査である．まず，知能検査・発達検査を知る上で重要な概念である知能指数（IQ）と発達指数（DQ）について学ぶ．また，次に，検査は，その方法によりいくつかに分かれるが，その中でも，個別式検査と質問紙検査（アンケート）について学ぶ．

●知能指数（IQ）と発達指数（DQ）

　知能指数（**IQ**: Intelligence Quotient）と**発達指数**（**DQ**: Developmental Quotient）は，平均的な発達をしている人とくらべて，対象となる子どもの能力や発達レベルがどの程度にあるかを知る指標という点で，それぞれ基本的な意義は同じである．知能検査で測定されるものを IQ といい，発達検査で測定されるものを DQ という．

　知能検査や発達検査には，出題される多くの問題があり，検査作成の際に多くの人々から事前にデータを収集していることから，何歳くらいの人であれば何問正答できるということがわかっている．仮の点数を用いて簡単に説明すると，ある検査で，平均的な発達をしている 3 歳 0 カ月の子であれば 45 点，4 歳 0 カ月の子であれば 60 点のスコアを出すということがわかっている．以上のデータをもとに，子どもがある検査で出したスコアから，その子が現在どれくらいの年齢相当のことが可能かがわかる．この検査のスコアから導き出した子どもの現在の発達レベルに相当する年齢を**精神年齢**（主に知能検査の場合）または**発達年齢**（主に発達検査の場合）という．

　伝統的には，IQ や DQ は，精神年齢・発達年齢と，これまで生きてきた実際の年齢である暦年齢（生活年齢・実年齢ともいう）を用いて，以下のように計算される．

　　IQ（DQ）＝精神年齢（発達年齢）÷暦年齢×100

　これにより，平均的な発達をしている人の IQ（DQ）を 100 とした時に（3 歳の暦年齢の人が 3 歳の精神年齢であれば，IQ は 100 になる），その人がどの程度の発達レベルに現在あるかがわかるのである．このような計算式で算出された IQ を**比率 IQ** と呼ぶ．

　このような IQ の計算式は，計算も簡単で直感的にもわかりやすく，現在でも使用されている．しかし，このような計算式には問題があることもわかっている．この計算式では，たとえば，10 歳の人が 5 歳の人よりも計算ができるというように，年齢が高い人のほうが様々な課題をより正確により早く実施できることを前提としている．しかし，80 歳の人が 20 歳の人よりも計算が正確に早くできるとは限らないことから，ある一定の年齢以上では，この計算式にはあてはまらないことがわかっている．そのため，成人を対象とした検査をはじめ，新たに**偏差 IQ** を採用する検査が多い．これは，精神年齢・発達年齢を算

出するのではなく，同年代の人の検査スコアの中で対象となる人の検査スコアはどの程度のところに位置しているかということから求めるもので，大学受験などで用いられている偏差値に近い考え方である．

●個別式検査

個別式検査は，検査者が子どもと一対一で行う．検査実施に時間がかかり（検査・子どもの年齢にもよるが1時間前後），また，検査者も検査手続きに十分習熟しておく必要がある．個別式検査のメリットとして，長時間専門家が一対一で評価するため，詳細で正確な情報が得られることがある．デメリットとして，検査時間や専門家の必要性などの検査実施のコストがある．

ウェクスラー式知能検査は，最もよく使用される知能検査の一つである．対象者の年齢に応じて，検査の種類が異なる．幼児向けの**WPPSI-III**（ウィプシィ・スリー：2歳6カ月〜7歳3カ月），児童向けの**WISC-IV**（ウィスク・フォー：5歳0カ月〜16歳11カ月），青年・成人向けの**WAIS-III**（ウェイス・スリー：16〜89歳）がある．WISC-IVを例にとると，検査全体のIQ（全検査IQ）と各能力別のIQに類するもの（指標得点）を算出することができる．指標得点には，ことばの概念形成や理解力にかかわる言語理解指標，視覚空間認識の能力や視覚・運動の統合にかかわる知覚推理指標，聴覚記憶やそれを用いた情報処理にかかわるワーキングメモリー指標，視覚情報の正確ですばやい処理にかかわる処理速度指標があり，それらの得点を比較することで，対象となる子どもの得意・不得意がわかる．他の知能検査として，2歳〜成人対象の**田中ビネー知能検査Ⅴ**，2歳6カ月〜18歳11カ月対象の**ＫＡＢＣ-Ⅱ**などがある．

新版Ｋ式発達検査2001は，0歳〜成人までを対象とできる発達検査である．総合的な発達を表す全領域と，姿勢・運動領域，認知・適応領域，言語・社会領域の各領域で，発達年齢とDQを算出することができる．姿勢・運動領域では子どもの体の姿勢や運動の発達，認知・適応領域では視覚と運動の統合や図形の処理能力，言語・社会領域ではコミュニケーションやことばの概念形成，社会的なルールの理解を測定する．他の発達検査として，0〜4歳7カ月対象の**遠城寺式乳幼児分析的発達検査法**，0〜6歳対象の**デンバー発達判定法**

（DENVER II）がある.

●質問紙検査（アンケート）

質問紙検査のメリットとしては，実施が簡単（数十分で記入可能），専門家が一対一で行う必要がない，検査室で見られない行動について測定できる（日常生活や過去をふり返った聴取）というものがある．一方で，記入者の主観が入りやすい，詳細な情報が得られないというデメリットがある．以上のような特徴から，**スクリーニング検査**（詳細な検査を実施する必要があるかどうかを判断するために，大まかに傾向を把握すること）として利用されることが多く，その後，個別式検査などの詳細な検査を実施することがある．

質問紙の中には，発達障害の傾向を測定するものもあり，たとえば，自閉スペクトラム症（ASD）であれば，AQ（自閉症スペクトラム指数）やSCQ（対人コミュニケーション質問紙）といった質問紙がある．AQ は ASD が想定される本人，SCQ は保護者が記入者となり，質問項目に対して，はい・いいえ，もしくは，どの程度あてはまるかを回答することで実施される．

③ 支 援

これまで，発達障害の種類とアセスメントについて学んだ．アセスメントにより子どもの特性を把握し，もしその子に合った特別な対応が必要であると判断された場合，個別の支援または集団の中での特別な支援を行う（例：対象となる子がわかることばで説明しなおす，サポートの大人を増やす）．たとえば，幼稚園で集団の中で一斉に指示された時に，他の子はその指示を理解し活動を十分楽しむことができても，発達障害のある子はことばの理解が不十分であったり注意が向いていなかったりするためにその活動を十分に経験できていない可能性がある．個別や数人の小集団で，その子に合ったわかりやすい説明やペースで活動を経験しなおすことで，その子が本来できたはずの経験をすることができる．発達障害のために，発達に必要な経験を積むことが難しい場合，それを経験できるようにするということが支援の第一歩であろう．個々の子ども

のニーズに応じた適切な指導や必要な支援を行うことを，**特別支援教育**という．

それに加えて，具体的な支援方法を学ぶことも重要である．以下では，いくつかの方法を紹介する．個々の方法には対象となる発達障害が想定されるものもあるが，基本的には，それぞれの子どものニーズに応じて選択・使用されるべきである．

1点目は，**環境設定**である．子どものいる環境設定を工夫し構造化することで，子どもがより生活しやすい状況を作るというものである．たとえば，集中が困難な子どもについ立てがあるなどの落ち着ける環境を用意する方法がある．他にも，小学校で集中が困難な子どもの席を一番前にする，注意が散りそうな教室の掲示物を減らすということで集中が上がる場合がある．特に，主に自閉スペクトラム症（ASD）の人を対象に開発され，**構造化**という考え方が支援の中心にあるものを **TEACCH プログラム**と呼ぶ．

2点目は，**視覚支援**である．見通しが立たないと不安になりパニックになる子どもに対して，時間割を前に掲示し，終了したことがわかるようにする（黒板に書いておいて消す，各時間の札を作っておいて終了した時間の札を裏返す）ことで，これまで終了したことと，これからすることが一目でわかり，見通しをつけることができる．他には，活動の残り時間が気になる子ども，切り替えが難しい子どもに対して，活動の終了時刻がわかりやすいように，時計の終了時刻のところに印をつける（40分に終了であれば「8」のところにビニールテープを貼る），セットすることで残り時間が色で明示されわかりやすくなるタイマーを使用する，などの方法がある．

他には，主に，ASD や注意欠如・多動症（ADHD）の子を対象にした，人を傷つけることばは使わないこと，ケンカの時のふるまいなど，社会的なルールや特定の場面での対処法をロールプレイなどで学ぶ，**ソーシャルスキルトレーニング（SST）**という方法がある．また，限局性学習症（LD）の子を対象にした，読みや書きの支援の方法がある．たとえば，行間が広く取られたプリントを用意することや，今読んでいる行に集中しやすいように1行分が切り抜かれた紙を利用する（隙間からその行のみを読めるようにする）ことなどがある．また，文字を書くことが苦手な LD の子は，パソコンを利用して作文をするなど，

ICT機器を用いた教育から恩恵を受けやすい．ここで紹介したものは支援の一例であり，さらに多様な方法については，他の文献を参考されたい．

●よりよい支援に向けて

いくつかの発達障害が1人の子どもに併存する可能性があることも考慮に入れる必要がある．たとえば，ADHDのある子の中には，知的障害もある子もいる．加えて，同じ診断があっても，その症状の度合いは様々であり，また，異なるタイプもある．たとえば，ASDのある子の中には，人に積極的に話す子もいれば，ほとんど人とかかわろうとしない子もいる．

診断・評価およびアセスメントの情報を総合的に判断し，何より，支援者が直接かかわり理解した子どもの特徴をふまえて，適切な支援を行っていく必要がある．

コラム●14　神経多様性

皆さんは神経多様性（脳の多様性とも言われる）ということばを聞いたことがあるだろうか．このことばは，シンガー（Singer, J.）という自閉スペクトラム症（ASD）がある人が考案したとされ，ジャーナリストのブルーム（Blume, H.）が「アトランティック」誌に書き，初めて印刷物で使用されたとされる（アームストロング，2013;シルバーマン，2017）．このことばは，ASDなどの発達障害を何か問題のある「障害」という状態としてとらえるのではなく，単なる定型発達からの「相違」ととらえようという考え方に基づいている．これまで用いられてきた健常ということばが，そうあるべきという価値判断を含んだ意味合いを持つのに対して，定型発達ということばは，単純に人口の比率の中で多数を占めるという意味合いしか持たないということで，頻繁に使用されるようになってきている．診断基準をはじめとした発達障害に対する見方が，常に人口の多数派である定型発達者の視点でとらえられてきたのに対して，発達障害のある状態もない状態も，絶対的にどちらかの立場であるべきということではなく，それぞれの立場から相対的にとらえるべきだと考える見方であると言える．このような見方は，それぞれの脳・神経の個性を尊重するもので，定型発達の方向に近づけようとする治療に対して懐疑的な見方を投げかける．定義や名称も含め，発達障害のようなある特定の状態をどうとらえるかと

いうことは，それぞれの時代の科学的知見や社会の要請により変わりうる．今後，このような神経多様性という比較的新しい見方が，既存の医学・教育とどのように融合していくのか，展開を見守りたい．

[さらに学びたい人のために]

米国精神医学会（編）　髙橋三郎・大野裕（監訳）（2014）．DSM-5 精神疾患の診断・統計マニュアル　医学書院

黒田美保（編著）（2015）．これからの発達障害のアセスメント——支援の一歩となるために——　金子書房

千住淳（2014）．自閉症スペクトラムとは何か——ひとの「関わり」の謎に挑む——　筑摩書房

東京都日野市公立小中学校全教師・教育委員会・小貫悟（2010）．通常学級での特別支援教育のスタンダード——自己チェックとユニバーサルデザイン環境の作り方——　東京書籍

[引用文献]

アームストロング，T.　中尾ゆかり（訳）（2013）．脳の個性を才能にかえる——子どもの発達障害との向き合い方——　NHK 出版

Baron-Cohen, S. (1989). Perceptual role taking and protodeclarative pointing in autism. *British Journal of Developmental Psychology, 7,* 113-127.

バロン＝コーエン，S.　長野敬・長畑正道・今野義孝（訳）（1997）．自閉症とマインド・ブラインドネス　青土社

Baron-Cohen, S., Leslie, A. M., & Frith, U. (1985). Does the autistic child have a "theory of mind"? *Cognition, 21,* 37-46.

米国精神医学会（編）　髙橋三郎・大野裕（監訳）（2014）．DSM-5 精神疾患の診断・統計マニュアル　医学書院

笛木昇（2008）．その他の染色体異常症候群　有馬正高（監修）加我牧子・稲垣真澄（編）小児神経学（pp. 16-22）　診断と治療社

Happé, F. G. E. (1997). Central coherence and theory of mind in autism: Reading homographs in context. *British Journal of Developmental Psychology, 15,* 1-12.

Happé, F., Ronald, A., & Plomin, R. (2006). Time to give up on a single explanation for autism. *Nature Neuroscience, 9*, 1218-1220.

平野悟（2008）．Down 症候群　有馬正高（監修）加我牧子・稲垣真澄（編）小児神経学（pp. 10-15）　診断と治療社

Jolliffe, T., & Baron-Cohen, S. (1997). Are people with autism and Asperger syndrome faster than normal on the Embedded Figures Test? *Journal of Child Psychology and Psychiatry, 38*, 527-534.

黒田美保（2015）．支援につながる包括的アセスメント　黒田美保（編著）これからの発達障害のアセスメント――支援の一歩となるために――（pp. 2-10）　金子書房

松永しのぶ（2014）．発達障害　下山晴彦・大塚雄作・遠藤利彦・齋木潤・中村知靖（編）誠信心理学辞典　新版（pp. 428-430）　誠信書房

Ozonoff, S., & Jensen, J. (1999). Brief report: specific executive function profiles in three neurodevelopmental disorders. *Journal of Autism and Developmental Disorders, 29*, 171-177.

Shaywitz, S. E., & Shaywitz, B. A. (2005). Dyslexia (specific reading disability). *Biological Psychiatry, 57*, 1301-1309.

シルバーマン，S.　正高信男・入口真夕子（訳）（2017）．自閉症の世界――多様性に満ちた内面の真実　講談社

Sonuga-Barke, E., Bitsakou, P., & Thompson, M. (2010). Beyond the dual pathway model: Evidence for the dissociation of timing, inhibitory, and delay-related impairments in attention-deficit/hyperactivity disorder. *Journal of the American Academy of Child and Adolescent Psychiatry, 49*, 345-355.

鈴木文晴（2008）．Rett 症候群　有馬正高（監修）加我牧子・稲垣真澄（編）小児神経学（pp. 131-134）　診断と治療社

Tomasello, M., & Farrar, M. J. (1986). Joint attention and early language. *Child Development, 57*, 1454-1463.

遠山潤（2008）．アミノ酸代謝異常症　有馬正高（監修）加我牧子・稲垣真澄（編）小児神経学（pp. 56-62）　診断と治療社

ファンデンボス，G. R.（監修）繁桝算男・四本裕子（監訳）（2013）．APA 心理学大辞典　培風館

第14章 心と行動の問題および児童虐待

1 子どもの「気になる」行動

　日々子どもとかかわっていると,「普段と違う」「同じ年齢の他の子と違う」といった,気になる症状や行動が見えてくることがある.そのような症状や行動は,子どもの心に何らかの負荷がかかり,変調をきたしているサインであり,いじめや虐待被害を経験している場合も考えられる.保育者や教師は,そのサインを受け取り,子どものケアを考えていく上で,非常に重要な役割を担っている.

●子どもの呈する問題の背景と対応

　子どもの心と行動の問題は,様々な原因(病因)が絡み合って生じることが多い.疾患によっては,脳の疾患・心理的ストレスなど,おおむね一つの原因によると考えられるものもあるが,多くの疾患は,身体的要因,心理的要因,社会的要因など多くの要因が大なり小なり関連している.従来,子どもの心と行動の問題は,症状の原因から疾患を分類しようとする病因論の視点から扱われ,一時点の精神症状や行動のみに焦点をあてることが一般的であった.1980年代まで精神医学分野で主流であった病因論によると,疾患は以下の三つに分類される.

　① **内因性**:器質性の疾患(遺伝子の発現や神経伝達物質が関連)

② **外因性**：脳の疾患（外傷，脳炎，腫瘍など）やホルモン異常などの全身疾患からくる二次的精神疾患

③ **心因性**：神経症（強いストレスによって引き起こされる心身の不調の総称，現在の不安症群・身体症状症・解離症群・双極性障害・抑うつ障害群が含まれていた）および心因反応

　現在では，子どもの心と行動の問題を考えるにあたって，ストレッサーや環境の変化に加え，発達段階，既往歴と症状の変遷，家族関係や社会的サポートの変遷など，様々な角度から問題を検討していこうとする，発達精神病理学の考え方が重視されている．

　本章では，精神疾患を含む心と行動の問題，学校場面で生起する心身症と登校に関連する問題，および児童虐待の影響と対策について概観する．

② 心と行動の問題——乳幼児期から学童期に見られる症状

●習癖異常

　習癖異常とは，くり返し体の一部をさわる行動のことで，指吸い（指しゃぶり），爪かみ，性器いじり，抜毛症，皮膚むしり症がある．さわる身体の部位，発症に影響する心理的要因の度合いに差異はあるものの，共通して，環境の変化のため，もしくは，何らかの不安やストレスを緩和しようとするために発症し，症状が持続すると言えよう．身体という，子どもにとって最も確かなもの，安心できるものをさわることによって，またそのさわる感覚によって，緊張や不安な気持ちをやわらげていると考えられている．そのため，不安を解消せずにさわる行動自体をやめさせるだけでは，その不安を別の形でやわらげようと，別の症状や問題が発現することにつながることになる．習癖異常においては，さわる行動自体が問題視され注目されがちであるが，その行動が現れた心理的背景を個別に検討することが必要である．

　指吸い（指しゃぶり）は，親指を吸うことが多いが，手全体を吸うこともある．新生児が 吸 啜反射（口の近くにあるものを吸おうとする原始反射：第4章

参照）を持って生まれてくることからもわかるように，乳児にとって，口は栄養をとり入れるだけでなく，安心や満足を与えてくれるもの，世界とかかわるためのものでもある．成長とともに，手指の操作もうまくなり，移動できる範囲も広がり，外遊びもさかんになってくると，指吸いよりも夢中になれるものを見つけ，3〜4歳頃には減ってくるのが一般的である．

爪かみは，手または足の爪をかむことで，3〜4歳から始まることが多く，指先から血が出るほどかみ続ける子どもも見られる．指吸いよりも心理的葛藤が大きくかかわっているとされ，緊張，不安，イライラ，退屈などが原因として考えられる．爪かみ自体をやめさせたとしても，背景となる心理的葛藤が解決されていなければ，不安を解消するために別の症状が現れることがあるため，爪かみの出た心理的要因を検討，理解して対応を考えることが必要になる．

性器いじりは，指吸いや爪かみと同様，習慣的にさわることであり，性欲と関係する自慰行為とは異なる．幼児期から児童期の子どものおよそ1割に見られ，女児に多いと言われる．他の習癖異常に比して，さわる部位が性に直結するため，親や保育者，教師にとって，とまどいやショックを引き起こしやすく，叱ったり無視したりと対応についても動揺，困惑することがある．対応としては，性器が不潔になっていないか，炎症からかゆみなどが引き起こされていないかをまず確認し，身体的なケアを行う．さわること自体を注意したり罰したりするのではなく，性器いじりの起こった心理的背景を検討し，ストレッサーを取り除いたり，自然に遊びや夢中になれることに誘ったりと，肯定的なかかわりを増やすことが大切である．

抜毛症とは，子ども自身が知らない間に，もしくは意識していてもやめられないで，髪や眉毛などの体毛をくり返し抜くことをいう．自傷行為の一つともとらえられ，一般的には，怒りや攻撃性の表現など，何らかの心理的要因が背景となっていることが考えられる．中には，統合失調症やてんかんなどの一症状として抜毛が行われている場合もあるため，注意が必要である．抜毛によって周囲の注意を引きつけることができるなど，子どもにとって何らかの報酬があったために行動が持続している場合もあり，どのような時に抜毛が見られなかったのか，ストレスフルな状況の変化はなかったかなどの検討が必要である．

241

皮膚むしり症とは，かゆみなどはないにもかかわらず，くり返し皮膚を引っかいたりはがしたりすることである（成瀬・金生，2016）．ニキビやかさぶたをはがすことから始まる場合が多い．緊張，不安，退屈，疲労感，いらだちといった否定的な感情が引き金となりうる．学業などに支障が出，本人にとって苦痛を伴うものである．治療としては薬物療法や認知行動療法（感情や出来事に対する感じ方や考え方，および行動そのものを変化させるための多数の技法を含む心理療法）の有効性が期待されている．

●摂食の問題

異食症は，土や石などの栄養のない，食べ物ではないモノを食べることであり，1歳半頃からこのような行動が現れることがあり，自閉スペクトラム症や知的障害を持つ子どもに多いようである．生後4～9カ月頃の乳児は，手にとったものは何でも口に入れてなめたりしゃぶったりするが，これは発達上自然なことであり，この時期の行動は異食とは呼ばない．異食の原因は，一概には言えないものの，まずビタミンやミネラルの不足によって起こっていないか，栄養状態を見直し，子どもに不安や欲求不満の強い状況がないかどうか検討することが必要になろう．

摂食障害は，大きく分けて，食べることやカロリーを回避・制限する拒食と，明らかに多い量を食べる過食がある．また，自分の体重または体型の体験の仕方に障害がある場合（たとえば，正常な体重，あるいはひどいやせであるにもかかわらず，「太っている」と過剰に注意を向けるなど）とない場合に分けられるが，ここでは前者について述べることにする．また摂食障害は，思春期女性における発症の多いことが知られているが，思春期以前の発症例，男性発症例の増加が指摘されており，摂食の問題として本項で述べる．

神経性やせ症：体重や体型が過度に自己評価に影響している拒食のことである．多くは女性に見られるが，男性においても見られる症状である．モデルのように細い体型が現代社会の理想とするような風潮によって，やせ願望が広まっている文化的背景も考えられる．一般的には，主体性の欠如からくる根深い自己不信感が根底にあり，それまでの心の葛藤，両親からの心理的分離に対す

る葛藤の表現として考えられている．鏡や写真などでやせている姿を見せられてもそれを認められず，食欲や満腹感を正確に把握できないことが特徴としてあげられる．過食症に移行しやすいとも言われる．体重の極度の減少によって命の危険が考えられる場合には，第一に医療介入が必要であり，心理療法を併用しつつ，家族関係や学校との関係など環境調整を行うことになる．

　神経性過食症：体重や体型が過度に自己評価に影響しており，嘔吐や下剤などの乱用，絶食などの代償行動が過食に続いて見られ，くり返される状態をいう．悲しさ，悔しさからくるやけ食いとは異なり，衝動的に食べ始め，もう入らないところまで食べ続け，その後，胃の中の食べ物をすべて排出しようとして，意図的に嘔吐などの代償行動に走る．代償行動の後には，抑うつ気分，自責，罪悪感，絶望，無力感が見られる．拒食同様，心理療法を併用しつつ，家族関係や学校との関係など環境調整を行うことになる．

●排泄の問題

　排泄の問題は，遺尿症（夜尿症・昼間遺尿症）と遺糞症があげられ，一次性の問題（乳幼児期から継続）と二次性の問題（排泄自立して1年ほど経過した後に出現）に分けられる．一次性の問題はほとんどの場合，身体的問題，あるいはトイレットトレーニング（第7章参照）の失敗から排泄の自立がうまく達成されていない可能性が考えられる．二次性の問題は心理的問題から来る場合が多く，子どもに一時的に心的負荷のかかっている状況がある可能性があるため，環境調整や心理的治療を要する．発症に関連する心理的要因としては，弟妹の誕生，入園・入学・転校などの環境の変化，園や学校生活上での心的負担やいじめといった適応上のストレス，肉体的な疲労などがあげられる．

　遺尿症は，ベッドまたは衣服の中に排尿することをいい，夜間に見られるものを夜尿症，昼間活動している間に見られるものを昼間遺尿症という．週2回以上の頻度で，少なくとも3カ月以上継続している場合，かつ5歳あるいは同等の発達水準以降に診断される．二次性の問題だから心因性と決めてかからず，まずは尿路感染症，ぼうこう炎などの身体的疾患がないかどうか検査を行い，環境の変化，親子関係のあり方とその変化を検討することが大切である．**夜尿**

については，多くの子どもが，5～6歳頃までは年に数回のおねしょをすることはごく普通であり，そのような状態は含まない．二次性の問題の場合にはすでに心的負荷がかかった状態と考えられ，夜尿の際におしおきや罰を与えるのは逆効果である．比較的長くかかると覚悟を決め，自然に必ず治ると，焦らずにのんびり構えることが大切である．周囲が支援的であり，生活が子どもにとって楽しいものになっていけば，夜尿は自然と減っていくとされる．

遺糞症は，一度排泄が自立した後，ベッドまたは衣服の中へ大便を出すことをいう．月1回以上の頻度で，少なくとも3カ月以上継続している場合，かつ4歳あるいは同等の発達水準以降に，下剤などの薬の影響によるもの，身体的疾患によるものではない場合に診断される．便秘を伴うものと伴わないものがあり，便秘を伴う場合，多くは便秘が解消されれば遺糞が見られなくなるが，心因によって便秘が起こっている場合もあり，注意が必要である．便秘を伴わない場合，遺糞によって怒りや抗議，敵意を表現していたり，抱えている不安やストレスを表現していたりすると考えられる．遺尿症と同様に，環境の変化，ストレスなどを検討すると同時に，トイレットトレーニングが厳しすぎたり，逆に指導に一貫性がなかったりする可能性がないかどうか検討する．

●吃音（小児期発症流暢障害）

吃音は，年齢や言語発達相応の，流暢な会話が難しいことに特徴づけられる，いわゆる「どもる」状態のことである．ことばの出始めがつまったり，くり返したり，引きのばしたりなどが見られる．一つの特定の原因で生じるのではなく，子どもの生来の特徴と環境要因が複雑に絡み合って生じると考えられている．多くは幼児期に始まり，症状に波がある（よくなってもまたひどくなる）ことが多く，再発することもある．吃音の見られ始めた頃は，自覚もなく，吃音があっても平気で話すことができるが，次第に周囲からの指摘などが増えてくると，話すことに不安が強くなったり，自尊心が過度に低下したり，社会参加や学業を行うことが難しくなったりする．子どもの発達段階に応じて，吃音の程度や二次的情緒障害など生じる問題に違いが生じるので，それに合わせた対応が必要である．

●チック症

チック症とは，本人の意思とは関係なく，小刻みの連続した身体的動作が突発的にくり返し起きる状態（運動性チック）や，発声がくり返し起きる状態（音声チック）のことである．運動性チックは，まばたき，首を急に激しくふる，肩をすくめる，顔をしかめる，咳が出るなどの動作で，複雑なものになると，顔の表情を作る，身なりを正す動作，飛び上がるなどが含まれる．音声チックは，咳払い，鼻をクンクンさせる，ほえるなどで，複雑なものになると，社会的に受け入れられない言葉を使う，最後に聞いた音や言葉をくり返すなどが含まれる．チック症の多くは一過性であり，6〜7歳頃に始まり，1〜2種類のみで1年以内に消失する．1年以上症状が継続する場合を慢性チック症と呼び，中でも，複数の多彩な運動性チックと音声チックの両方が（同時ではなくとも）存在したことがあるものを**トゥレット症**という．環境の変化が引き金となることがあるが，それは直接の原因ではなく，ストレスがかかった時にその反応としてチック症が現れやすい体質・素因を持っている可能性と，何らかの欲求・怒り・性衝動などを抑圧していることから来る心理的なものである可能性が考えられている．トゥレット症の場合，薬物療法と心理療法が並行して行われる．

●睡眠時の問題

睡眠が子どもの健全な行動と発達において重要であることはよく知られており，適切な睡眠時間の確保と規則正しい生活習慣が行われないと，肥満，記憶力低下，抑うつやイライラといった精神症状，頭痛などの身体症状が引き起こされるとされる（亀井・岩垂，2012）．睡眠は，身体を休めるための浅いレム睡眠と，脳を休めるための深いノンレム睡眠が周期的に入れ替わっているとされ，レム睡眠時に夢を見ていると言われている．睡眠の周期は新生児では短く入れ替わることが知られており，4〜5歳には成人のリズムに近づくも，その周期は未熟で不安定であるために，睡眠時の問題が現れやすいと考えられている（第4章参照）．

睡眠時の問題には，過眠や不眠などの他に，睡眠時驚愕症，睡眠時遊行症，

悪夢障害があげられる．脳の休んでいるノンレム睡眠時に，不完全に覚醒した状態で起こるのが，睡眠時驚愕症と睡眠時遊行症である．**睡眠時驚愕症（夜驚）**は，寝ている時に恐怖の叫び声をあげるというもので，その際に落ち着かせようとしても反応が悪く，覚醒させるのが難しい．**睡眠時遊行症**は，寝ている時にベッドから起き上がり歩き回るというものである．その間，その人はうつろな表情で視線を動かさず，他の人が話しかけようとしてもあまり反応せず，覚醒させるのが難しい．**悪夢障害**は，嫌な怖い，長い夢を反復して見ることであり，覚醒は悪くなく，すぐに起きることができる．心的外傷となる出来事を体験した後にくり返し悪夢を見ることがあるため，その場合は，精神医学，心理学的観点からの治療が必要となる．

●てんかん

てんかんは慢性の脳の疾患で，大脳の神経細胞が過剰に興奮するために，発作が2回以上反復して起こるものである（日本神経学会，2010）．発作は突然に起こり，通常とは異なる身体症状や意識，運動および感覚の変化が生じるもので，けいれんが一般的であるが，ボーッとする，体がビクッとする，意識を失ったまま動き回ったりするなど多彩な症状を示す．小児期に始まり，多くの症状で薬物療法が有効であり，予後（その後の病状についての医学的な見通し）は一般に良好である（山下，1996）．

●抑うつに関連する問題

抑うつは，悲しみ，空虚感（心に穴が開いた感じ），絶望などの抑うつ気分，興味や喜びの減退（何をしても楽しくない，興味が持てない，表情が乏しいなど），不眠・過眠・食欲不振・体重減少・頭痛や腹痛などの身体症状，疲労感・集中力の減退などが現れる状態をいう．子どもの場合，成人のような体重減少ではなく，期待される体重増加が見られないことや，イライラしやすい，怒りっぽい気分に現れることもある．子どものうつには，反抗挑発症，素行症（後述），注意欠如・多動症（第13章参照），不安症などと併存することが多いこと，10歳以下の発症頻度は少なく，現れる場合も腹痛・頭痛・だるさといった身体症

状に現れることが多いこと，10歳から思春期に発症したうつの場合，不眠よりも過眠に現れることが多いこと，といった特徴がある（花田，2014）．抑うつ状態の原因となるストレッサーや葛藤を見きわめ，対応することと同時に，ゆっくり休養させることが大切である．抑うつ状態が長引く場合，反復する場合には，薬物療法の利用も視野に入れ，児童精神科・精神科や心理相談機関の利用が望まれる．

重篤気分調節症とは，言葉や行動に現れる，激しいかんしゃく発作が繰り返されることで，状況やきっかけにそぐわない強さや持続時間があり，7～17歳の間に初めて診断される．重篤気分調節症は反抗挑発症，抑うつとの併存が見られ，2疾患との関係は深いとされる（Copeland *et al.*, 2013）．原因として，虐待被害といった心的外傷の存在も考えられている（鈴木・尾崎，2016）．

●不安に関連する問題

分離不安症とは，3歳未満の子どもが一般的に見せる，「親や祖父母など愛着を持っている人物からの分離についての恐怖あるいは不安」が，発達的に不適当な時期（幼児期以降）に過剰に現れる状態をいう．具体的には，その人物を失うかもしれないと過剰に心配したり，その人物から離れることに抵抗したり，学校などに出かけることを拒否したりする．また分離の際に，胃痛や頭痛などの身体症状が出たり，分離に関する悪夢をくり返し見たりすることもある．

選択性緘黙（場面緘黙）とは，コミュニケーションの問題はなく，家庭などでは話すことができるのに，学校や幼稚園など特定の場所で話さない，あるいは話そうと思っても話せない現象をいう．あらゆる場面で全く話さないことを完全緘黙という．性格，家庭環境，ストレスなどが原因として考えられる．子どもにとって，その状況が脅威であると感じられる時に話さない状態になるので，叱る，会話を無理強いするなどの負荷をかけずに，子どもが安心感を持って，社会的な活動ができるようにすることが必要である．

●破壊的衝動コントロールと素行症

子どもの暴力的問題として反抗挑発症と素行症があげられる．**反抗挑発症**は，

怒りっぽい，かんしゃく，口論，挑発的な行動，規則に反抗するなどの行動の頻度が多く，過度であり，社会的・学業的に問題が起こっている状況をいう．**素行症**は，従来，行為障害と呼ばれていたものであり，人および動物に対する攻撃性，所有物の破壊，虚偽性（住居などへの侵入や嘘をつくこと）や窃盗，重大な規則違反といった犯罪に結びつく行動である．

　一般的に，ひどく厳しいしつけ，保護者からの拒否，放任，虐待などが原因として考えられており，子どもは空虚感，さみしさ，欲求不満，怒り，無力感などを抱え，衝動性や攻撃性のコントロール能力の低さを呈することが多い．大人との信頼関係を築き，自分の行動を律していける主体性をつちかうことが重要である．問題が深刻化・長期化するほど，信頼関係を築くことが難しくなるため，根気強くかかわることが求められる．

●ストレスフルな出来事の後に見られる症状

　心因性難聴は，自分の意志とは無関係に，機能的には問題ないにもかかわらず，強い葛藤や心理的問題が身体的症状に置き換えられる変換症の一つであり，聴覚の低下として現れる状態をいう．必要なことは聞こえるなど，症状の変動が大きい場合もある（山下，1996）．他の変換症としては，両上下肢の麻痺，声を失う，けいれんなどの運動障害，触覚・痛覚・視覚の鈍化や変化があげられる．一般的には身体症状は，不安を減少させたり葛藤を意識から排除したりするという役割を担っていると考えられている（若林，2002）．そのため，学童期までは母子関係や家族関係，きょうだいや友人との葛藤に，思春期においては第二次性徴による身体的・心理的変化への反応に注意を払う（西村，2001）．各種の神経疾患の有無について鑑別を行い，症状発現の事情や経過を含めた詳しい診断を行い，具体的な対応がなされると，症状は比較的早く消失する場合が多い（山下，1996；西村，2001）．

　心的外傷後ストレス障害（**PTSD**: Posttraumatic Stress Disorder）とは，死の危険，重傷，性的暴力といった被害的な出来事にさらされることによって，出現する症状をいう．出来事にさらされるのは，実際にその出来事を体験することの他に，他者に起こった出来事を目撃する，近親者や友人に起こった偶発的

な出来事を（テレビや写真などではなく）実際に耳にすることを含む．以下の四つが主症状である．

① **再体験**：あたかも外傷的出来事が実際に起こっているかのように繰り返し記憶が蘇る（フラッシュバック），出来事に関する悪夢を見る，出来事そのものや体験時の感情が自分の意志に反して浮かび上がってくる（侵入的記憶）状態

② **回避**：外傷的出来事についての記憶や，記憶を呼び起こす人・場所・会話・行動・物などを回避する状態

③ **過覚醒**：激しい怒り，自己破壊的行動，過度の警戒心，集中困難，睡眠障害など

④ **認知の変化**：出来事に関して，根拠のない自責・他責の念や孤立感，意欲減退

　6歳未満の子どもの場合，再体験の侵入的記憶は，必ずしも苦痛として現れるわけではなく，再演する遊びとして表現されることがある．また悪夢は，漠然とした恐怖の対象（巨大な怖い怪獣やおばけなど）として現れることもあり，外傷的出来事との直接の関連が確認できないこともある．治療としては，薬物療法，認知行動療法，子どもには遊戯療法（第1章；コラム15参照）などの心理療法を適用する．

③ 心身症と登校に関連する問題

　子どもにおいては，心と身体の関係は未分化であり，心の不調が身体症状として現れやすい．反対に，身体疾患が成長発達の過程に影響を与えて，二次的に心身症状化を生じやすいとも言われる（村上，2009）．そのため，学校でのストレスが心身症状へと現れる，あるいは心身症状から登校が難しくなり不登校となるというように，心身症と不登校は密接に関連しているとされる．単なる怠学，気持ちの問題と誤解してしまうと，身体へのケアが十分に行われず，不登校も改善しないという悪循環に陥る．心身症状が現れている場合，症状や疾病を的確に理解し，まず身体へのケアを行うことが重要である（村上，2009）．

●起立性調節障害

起立性調節障害では，朝なかなか起きられない，食欲不振，全身倦怠感，頭痛，立っていると気分が悪くなる，立ちくらみ（急に立ち上がった時に目の前が暗くなる）といった症状が見られる．自律神経の失調が関係している．不定愁訴（頭痛，疲れ，腹痛，下痢，発熱など，理由・原因の明確でない身体症状）も多く見られる．村上（2009）によると，不登校の3～4割に起立性調節障害が見られるとされ，不登校と関連の深い疾患である．症状の程度は，日によって，天候によって異なる場合もある．身体的症状が強い場合は薬物療法も併用し，学校と医療機関の連携，学校での友人関係など環境調整，心理療法などが行われる（村上，2009）．

●過敏性腸症候群

過敏性腸症候群は，腹痛と下痢の両方，もしくはどちらかが主症状であり，腹痛や腹部が張る感じ，ガスがたまる感じなど，腹部の不快感を伴う．腸には異常がないのに，少しの腸の動きにも意識が向きやすく過敏になって，痛みや便意を感じてしまう状態である．小学校高学年から思春期の子どもに多く見られ，動悸，頻尿，立ちくらみなどの他の身体症状，ふさぎこみ，イライラなどの心理的症状を伴うこともある（村上，2009）．時間に追われ，速くきちんと物事をこなさなければならないような状況に置かれ，失敗する経験の少ない子ども，神経質，完璧主義で周囲の期待に応えなければという意欲の強い子どもに起こりやすいと言われる．症状の改善に焦点化，固執するのではなく，身体的なケアを十分に行いつつ，それが自然と心理的ケアにつながるようなかかわりや，家庭と学校との連携を行い，ストレスや緊張を減らすように心がけることが求められよう．

●不登校

不登校は，何らかの心理的，情緒的，身体的，あるいは社会的要因・背景（病気や経済的理由以外）により，児童生徒が登校しないあるいはしたくともで

きない状況にあることをさす．不定愁訴を訴えて，学校へ行くのをしぶり始めることから始まることが多い．

　従来，現代社会・教育制度の問題（塾や稽古事など，学校以外に個人に合わせたスキルを習得できる場所ができ，学校の求心力が低下したことや，学力学歴偏重主義などの社会通念の圧力への反抗）を反映しているとする説があったが，個々のケースを見ると原因は様々であり，複数の要因が交絡していることが多い．いじめや友人関係の変化を契機として生じる場合，あるいは家庭での児童虐待を背景として生じる場合もある．低年齢で始まる場合，年齢相応の社会性やストレス耐性の低さが考えられる．現代型不登校として，「行きたいけど行けない」というジレンマがなく，引きこもりや抑うつを特徴とせず，登校回避感情のみを持つタイプもある．現代型不登校は，悩みを言語化して直面化するまでに成熟していないとも言え，自分の悩みやストレスに無自覚な場合もある（伊藤，2001）．

　引きこもり現象は，「子自身が自分の生き方を模索し，内的な強さを獲得するために必要な『さなぎ』の時期である」とされる（伊藤，2001）．不登校の状態にある子どもは，不登校であることに不安や緊張が強いことが多く，学校関係者の面会に敏感に反応する場合／時期もあり，慎重な判断が必要となる．まずは，子どもの気質・社会性などの個人的要因，親子関係や環境の変化などの要因，学校での学業や友人関係などの要因など，包括的に子どもの状態をアセスメントすることが重要である．うつや統合失調症が隠れている場合もあるため，児童精神科，精神科の鑑別診断が必要になることがある．必要に応じて，保護者，担任教諭をはじめとして子どもにかかわる学校職員，スクールカウンセラー，自治体の教育相談機関などが円滑な連携を行い，子どもを見守り，積極的なかかわりを行う（伊藤，2001）．

4 心と行動の問題——思春期・青年期以降に見られる症状

●強迫症

強迫症とは，特定の強迫観念，強迫行為に，それが理不尽だとは実感しながらも（病識——自分が病的な状態にあることの認識——がない場合もある），1日何時間もとらわれて，社会的・学業的・職業的に支障が出ている状況をいう．強迫観念の例としては，他者を傷つけること，汚れること，性的逸脱行為などについて，過度に恐れたり心配したりすることがあげられる．強迫行為の例としては，手を洗う，順番に並べる，確認する，祈る，数えるなどである．強迫観念（公共のものにふれるとバイ菌がつくなど）をふり払うために，強迫行為（何度も手を洗う，手袋をするなど）を行うこともある．いじめなどのストレスフルな出来事をきっかけにして発症することもある．治療としては，薬物療法と認知行動療法の組み合わせが効果的であるとされている（杉浦，2002）．

●解離症群

解離症群は意識，記憶，自己の同一性あるいは環境の知覚といった機能が破綻しているために起こり（若林，2002），解離性健忘，解離性同一症，離人感・現実感消失症があげられる．

解離性健忘は，外傷性の出来事や強いストレスのかかった出来事を部分的に，あるいは完全に忘れることで，解離症群全般に見られる基本症状である．ある特定の期間の記憶をすべてなくすのではなく，とぎれとぎれに記憶が残ることも多く，発症当初は，自分では買った記憶がない持ち物が増えていることに気づくというような気づき方をすることが多い（若林，2002）．突然，自宅や職場といった生活の場から離れて放浪する**解離性とん走**を含むこともある．とん走は，重大なストレス下で起こりやすく，とん走中，自分が誰かわからないもの，別人を名乗るもの，一定期間の生活史（生活のありさま）を忘れるものなどがある．

解離性同一症は，いわゆる多重人格と呼ばれるもので，本来の人格の他に，

一つ以上の別の人格が現れ，少なくとも二つの同一性・人格状態が反復して行動を制御するというものである．幼児期の性的・身体的虐待，あるいは強いストレス状態から自己を守るために，過去の記憶を断片的に分離あるいは孤立させて，自我の統合ができなくなった病態である（若林，2002）．

離人感・現実感消失症は，自分の精神過程や身体から遊離し，あたかも自分が外部の傍観者であるような感情の体験，あるいは夢の中にいるような感情の体験とされる．具体的には，自分が存在する実感がしない，自分が見知らぬ人間であるように感じる，自分の体がロボットのように感じる，よく知っている場所を知らない場所のように感じる，家人や友人を知らない人のように感じるなどである．宗教的瞑想のように非病理的現象として起こることもある．

●統合失調症

統合失調症は，妄想，幻覚（実際にはないものが見える，聞こえる），まとまりのない話（頻繁な脱線，支離滅裂な内容），陰性症状（意欲欠如，情動表出の減少）に特徴づけられる．妄想，幻覚の内容は個別性が強く，多岐にわたる．妄想としては，たとえば，自分が卓越した才能を持っている，他者が自分の悪口を言ったりおとしめようとしたりしている，あるテレビ局が自分のことを中傷する電波を流している，配偶者の不貞，などがあげられる．妄想や幻覚が見られず，陰性症状，身体の緊張状態（カタレプシー）が強い場合もあり，その症状は多様である．病態や環境により予後は様々であるが，精神科医の診察と投薬が不可欠であり，家族の理解やサポートも非常に重要である．

⑤ 児童虐待の予防と対策

保育や教育の現場は，児童虐待の予防と対策において，非常に重要な役割を担っている．保育・教育機関は，子どもに日々密接にかかわり，家庭とも直接連絡を取る必要があり，家庭に最も近い公的機関であるためであろう．児童虐待への対応としては「虐待の有無，発見」が最優先ではなく，子どもと家族全体を継続的にサポートする，予防と対策の視点が非常に重要である．

●児童虐待とは

　児童虐待とは，親または親に代わる保護者により，18歳未満の子どもに対し，以下の4種類の行為をすること（「児童虐待の防止等に関する法律」（児童虐待防止法）第二条）とされている．4種類が単独で現れる場合に加え，複合的に現れる場合もある．ネグレクト，心理的虐待は，他種の虐待が行われているにもかかわらず，放置することも含む．

① **身体的虐待**：外傷，暴行を加えること．

② **性的虐待**：子どもにわいせつな行為をすること，もしくはさせること．

③ **ネグレクト**：衣食住の世話や情緒的なかかわりをひどく怠ること．医療機関への受診を怠る，年齢相応の（義務）教育を受けさせないなども含む．

④ **心理的虐待**：①②③以外で，極端な心理的外傷を与える言動を行うこと．家庭内暴力やきょうだいへの虐待を目撃させることを含む．

　認知度の低い特殊な虐待として，親が，子どもの病気や症状をねつ造して医療機関を受診させ，周囲の注目や関心を集めることで満足するという「代理によるミュンヒハウゼン症候群」を患っていることによるものがある（日本弁護士連合会子どもの権利委員会，2012）．

●児童虐待の実態と背景

　児童虐待はただ一つの原因で起こることはまれで，親の器質的・精神的問題，子どもの先天的問題や気質，親子関係の不全，夫婦・家族関係，ストレスフルなライフイベントや環境，社会的孤立などが複合的に絡み合って引き起こされると言われている．複合的に絡み合う要因の中でも，「社会的孤立」は児童虐待において大きなキーワードになる．虐待の加害者になってしまう養育者は，自身の幼少期のネガティブな養育環境や対人環境による心の傷つき，自尊感情の低さ，対人関係の困難さを抱えていることが非常に多い．もともと人に頼らない，頼れない，頼りたくないというように，対人的結びつきを重視しない，もしくはうまく結ぶことができない人が，そのような特徴を持ったまま養育者

となり，子どもの成長に伴って拡大する情緒的・社会的要請に対して負担が大きくなり，虐待に至る事例が多い．

　一方で，現代社会特有の環境の影響と思われる社会的孤立も存在する．厚生労働省の最近10年の統計値では，全体の相談件数に比して，虐待を受けた子どもの年齢は0歳から小学生までが約7割，実母からの虐待が半数を占めている．子どもにとって家庭生活の比重が大きい就学前，小学生までの時期に，主に養育を担っている実母からの虐待が起こりやすいことが読み取れる．核家族が当たり前になった日本の現代社会で，頼れる人が身近におらず，日々の育児負担や不安から，養育者が追い詰められて虐待に至ってしまうこともある．児童相談所に「このままでは子どもを虐待してしまう」と訴えて，憔悴した母親が相談に訪れることも少なくない．

　1970年代には，児童虐待の背景として**世代間連鎖**がある（幼少期に親から虐待を受けた子どもは「ほとんど必ず」その子どもに虐待を行う：世代間連鎖の率90%）という誤解が広がっていた．しかし，当時の研究には，被虐待経験者だが虐待をしない者が省かれており，その後の研究で世代間連鎖の率は30±5%と考えられている（平木・中釜，2006）．また実証的研究によって，世代間連鎖を断ち切るためには，過去の体験を自分なりに消化していることが重要であることが認められている．幼少期の養育環境は，子どもの育ちに非常に重要な役割を担っているが，家庭外で安心して過ごせる対人関係を経験することは，ネガティブな家庭環境の影響を和らげると言われている（玉井，2007）．

●虐待を受けた子どものサイン

　被虐待体験は，子どもにとって絶対のよりどころである養育者から，長期的にくり返し支配を受ける体験であり，対人関係における心的外傷である．そのため，子どもの健全な成長や発達がさまたげられ，子どもは重篤で広範囲にわたる心理的問題を抱えることにつながる（出野，2015）．以下に，虐待を受けた子どもに見られる反応（虐待のサイン）をあげる．なお，いじめも児童虐待と同様，対人関係における心的外傷であるため，同様の反応が現れる．

　①　愛着の問題：不安定な対人関係のとり方全般の問題，愛着の問題など．

虐待に伴う愛着の問題は，反応性アタッチメント障害（反応性愛着障害）と脱抑制型対人交流障害に大別されている．**反応性アタッチメント障害**は，親や祖父母などの養育者や保育者に対して，かかわりを求めなかったり，楽しさ・嬉しさなどの感情表出を抑制したり，年齢不相応で不自然な行動をいう．**脱抑制型対人交流障害**は，見知らぬ大人に対して，近づいて交流することにためらいがほとんどなかったり，過度に馴れなれしくベタベタしたりする行動をいう（第6章参照）．

② 情動調節能力のつたなさ：情動認識・表現の困難さ，自分の内的状態についての認識の困難さ，希望や要望を伝えることの困難さなど．

③ 解離症状：現実感のなさ，意識状態の変容（あたかも自分が自分から遊離して外部の傍観者であるような体験など），健忘（外傷的体験と関係のあることの想起困難）など．

④ 行動調節能力の歪み：衝動抑制の困難，攻撃性の強さ，時には虐待経験の再現につながる性的・暴力的行動など．

⑤ 自己概念の歪み：非常に低い自尊感情，恥や罪悪感，連続一貫した自己イメージのなさなど．

⑥ 脳機能・認知機能の発達の歪み：ストレスに関するホルモン調節機能不全，フラッシュバックなどの記憶機能不全，注意力の欠如や多動性の強さなど．

虐待が重篤である場合は，外見から把捉できる可能性が高い一方で，程度の比較的軽い虐待の場合，対人関係の不調，抑うつや不安などの内へ向かう心理的症状，自尊感情の極端な低下といった，外からは見つけにくい心理的特徴として現れる．中には，過剰適応していて，学業やそれ以外の活動で優れている場合がある（岡本他，2009; 出野，2015）．そのため，少し変わった気質の子，個性の範囲で偏りのある子ととらえられ，本人の日常の対人関係や社会へ適応しようという努力によっても隠されてしまい，適切なケアが受けられないまま大人になることも多く見受けられる．また，同じ年齢の子どもたちにおける平均からの偏りをとらえる視点も重要である．たとえば，「Aはいつも暗い様子だから，そのような性格なのだろう」ととらえてしまうことは危険である．

「最近おかしい，急に変わった」といった突発的・一時的な変化でなくとも，同じ発達段階にある子どもが一般的・平均的に呈する症状や行動から極端に偏っている場合は，「気質，性格，個性」ととらえるのではなく，何らかのサインととらえることが必要である（出野，2015）．このような場合，親の自覚が乏しく，養育行動自体への介入は難しいが，保育所や学校での親以外の大人や他児との温かい情緒的交流が子どものその後の適応を大きく左右するため（具体的なかかわりは玉井，2007 に詳述），周囲の大人の適切な見立てや対応が非常に重要になる．

●児童虐待の予防と対策

　先述したように，児童虐待は発見することが重要なのではなく，どのように子どもの傷つきを止めるか，どのように子どもの育ちを支え，家族を支えるかということが重要である．子どもにかかわる大人たち（援助者：保育士，教諭，医師，看護師など）にとって，日頃から子どもの様子を観察し，「なんだか変だな」「いつもの様子と違う」と気づくことのできるアンテナを張っておくこと，心の余裕を持つことは，どんな子どもとかかわる際にも重要であるが，特に虐待の発見に関して重視される態度・視点と言える．周囲の大人は，「温かく話を聞いてくれる大人がいること，子どもが望めばいつでも聞いてもらえること」を子どもに信じてもらえるような関係作り，雰囲気作りをすることが望まれる．このような関係作りは，虐待の未然防止においても重要になる．

　子どもに対しては，身体面，心理面，対人関係など様々な次元で，安全を保障することが必要である．大切なのは，子ども自身が安全を実感できることであり，利用されたり裏切られたりすることのない援助者との信頼関係を築くことが課題となる．子どもの問題行動は日常生活では逸脱行動と見なされるが，子どもが不適切な養育環境に適応しようと身につけてきた対人スキルであり，これらは子どもの発信している「僕／私は苦しい」というサインである．早期に受け止め，適切に対応することが非常に重要である．

　見過ごされがちな視点であるが，養育者へのケアも重要な課題になる．前項でもふれたが，不適切な養育環境を作ってしまう養育者には，その養育環境で

しか児童にかかわれない，養育者なりの心理的問題や育児負担が存在することが多い．友人関係や地域との関係（近所づき合いや育児資源）などの**ソーシャルサポート**を築けない，うまく利用できていないことも多い．援助者には，養育者を「虐待をした加害者」と責めたり追いつめたりすることなく，温かな持続的関心と関与をもって見守ること，養育者が子どもの行動や自分の行動を理解するのを助け，具体的な支援・解決策をともに考えていくことなどが求められる．養育者が「力を入れすぎない自然体の養育でよい」と思えるような，支持的な関係を築くことが重要である．

　児童虐待の対応においては，日々子どもにかかわる大人たちや児童相談所などの関係各機関が援助者としてチームを組んで，児童や家庭の状況について共通した理解を深めて，連携を深め，広げてかかわっていくことが非常に重要である．トラウマを受け続けた子どものケアをする大人は，子どもの内面に深く関与するうちに，子どもの抱えてきた恐怖，不安，絶望などを自分のことのように感じてしまうことがしばしば見られる．子どもと家庭を支え，援助者の二次被害を避けるために，チームでかかわること，援助者の感じている感情を率直に話せる場があることが重要になる．

❻ 子どもの心と行動の問題への対応

　心理的な症状や問題とされる行動は，それ自体は歓迎されるものではないが，子どもの心の一つの表現であり，子どものSOSである．周囲の大人が敏感に感じとり，その症状や行動が何を表現していて，子どもがどのようなかかわりや環境を必要としているのか，細やかに考えて対応することが必要になる．

　子どもに気になる行動が見られた場合，原因や背景のアセスメントは必要であるが，その目的は常に子どもと家庭のサポートに焦点づけるべきである．特に子どもにとって家庭は，身体的・心理的・社会的といったあらゆる側面で，成長発達に重要な場であり，症状や行動への影響も大きいと考えられている．そのため，心と行動の問題は原因を探し始めると，特に心因性と考えられる場合，親の育て方が悪いなど悪者探しに終始してしまう可能性もあり，教育・保

育機関と家庭の関係を悪化させることにもつながりかねない（東山，2002）．
症状や行動のアセスメントとケアは，子どものその後の健全な発達を支える資
源は何か，どのようなスキルを子どもが身につけられるように援助するのが望
ましいのか，周囲はどのように対応していくのかというように，包括的かつ長
期的なケアに役立つことを主目的に行うことが重要である．

コラム●15　遊びに現れる子どもの心

　子どもは，遊びの中で普段経験したことを表現しようとする．日常的に見られる
のは，ごっこ遊びの中での，お父さん，お母さんになりきった子どもどうしの会話
などだろう．その中には，すべての表現がそうであるとは言えないが，子どもの出
来事を経験した時に感じた気持ちが強く反映される．

　ずいぶん前のことだが，ある朝，通勤通学で混み合う時間帯に電車の脱線事故
が起きた．その朝のテレビでは惨状が放映され，私たち大人でもひどいショックを
受けるような画像であった．その日，5歳の男の子と遊戯療法（第1章参照）のセ
ッションを通常通り行ったのだが，その子は，セッションの中で電車セットを用いて，
そのひどい脱線事故の様子を何度も再現し，テレビを見て怖かったことを話してく
れた．その子はことばの発達が少しゆっくりで，年齢相応の言語表現を行うのは
難しかったのだが，その子なりの表現で自分の気持ちを表してくれた．セラピスト
である私も，「電車の事故，怖かったね」とことばで彼の気持ちを返しながら，彼
の表現を見守った．

　遊びに現れる子どもの気持ちが，怖い，悲しいなどのネガティブなものだった場
合，その遊びを見ている大人のほうがつらくなって，その遊びをしないように制し
てしまうことがあるが，これは逆効果である．心のメカニズムとして，子どもは，表
現することによって恐怖や不安を解消しようとしているため，表現が制限されてしま
うと，恐怖や不安は解消されないまま，違った形で，たとえば症状や問題行動と
して現れる可能性がある．できる範囲で，子どもの表現を見守り，遊びに現れる
子どもの気持ちや，体験時に感じていたであろう気持ちを推測し，ことばで反映さ
せることが望ましい．あまりにひどい表現は，保育場面では制さなければならない
こともあるが，その場合は，他の保育者や保護者，臨床心理学の専門家へ相談し，
安全に気持ちを表現できる心理相談室などの場所を確保することが必要である．

第14章　心と行動の周題および児童虐待

[さらに学びたい人のために]

米国精神医学会（編）　高橋三郎・大野裕（監訳）（2014）．DSM-5　精神疾患の分類と
　　診断の手引　医学書院

東山紘久（編）（2002）．子どものこころ百科　創元社

平木典子（2013）．図解 相手の気持ちをきちんと〈聞く〉技術——会話が続く，上手な
　　コミュニケーションができる！——　PHP研究所

玉井邦夫（2007）．学校現場で役立つ子ども虐待対応の手引き——子どもと親への対応
　　から専門機関との連携まで——　明石書店

[引用文献]

Copeland, W. E., Angold, A., Costello, E. J., & Egger, H. (2013). Prevalence,
　　comorbidity, and correlates of DSM-5 proposed disruptive mood dysregulation
　　disorder. *American Journal of Psychiatry, 170 (2),* 173-179.

出野美那子（2015）．教育相談の現場5　児童虐待の理解　卯月研次・後藤智子（編）
　　心とふれあう教育相談（pp. 110-127）　北樹出版

花田一志（2014）．特集精神障害の長期予後 うつ病——小児・思春期——　臨床精神
　　医学，*43 (10),* 1427-1431.

東山紘久（編）（2002）．子どものこころ百科　創元社

平木典子・中釜洋子（2006）．ライブラリ実践のための心理学3　家族の心理　サイエン
　　ス社

伊藤美奈子（2001）．学童期・思春期：不登校　下山晴彦・丹野義彦（編）講座臨床心
　　理学5　発達臨床心理学（p. 113-131）　東京大学出版会

亀井雄一・岩垂喜貴（2012）．総説 子どもの睡眠　保健医療科学，*61 (1),* 11-17.

村上佳津美（2009）．不登校に伴う心身症状——考え方と対応——　心身医学，*49 (12),*
　　1271-1276.

成瀬栄一・金生由紀子（2016）．身体集中反復行動症（BFRBD）としての皮膚むしり症
　　（SPD）　臨床精神医学，*45 (2),* 193-199.

日本弁護士連合会子どもの権利委員会（編）（2012）．子どもの虐待防止・法的実務マニ
　　ュアル第5版　明石書店

日本神経学会（2010）．てんかん治療ガイドライン2010　第1章てんかんの診断・分類，
　　鑑別 Retrieved from　http://www.neurology-jp.org/guidelinem/tenkan.html（2017

年6月19日閲覧)

西村良二 (2001).　小児期・思春期の転換性障害の治療　精神科治療学, *16* (増刊号),
331-334.

岡本正子・森実・二井仁美 (2009).　教員のための子ども虐待理解と対応──学校は日々
のケアと予防の力を持っている──　生活書院

杉浦義典 (2002).　強迫性障害　下山晴彦・丹野義彦 (編) 講座臨床心理学3　異常心
理学Ⅰ(pp. 81-98)　東京大学出版会

鈴木太・尾崎紀夫 (2016).　DSM-5の新機軸と課題①　新たに登場した病名──重篤気
分調節症──　臨床精神医学, *45 (2),* 161-170.

玉井邦夫 (2007).　学校現場で役立つ子ども虐待対応の手引き──子どもと親への対応
から専門機関との連携まで──　明石書店

若林明雄 (2002).　解離性障害　下山晴彦・丹野義彦 (編) 講座臨床心理学3　異常心
理学Ⅰ(pp. 139-159)　東京大学出版会

山下格 (1996).　精神医学ハンドブック──医学・保健・福祉の基礎知識──　日本評
論社

第4部

学童期以降の発達を概観する

第15章
学童期〜青年期

1 学童期の認知発達

 学童期（児童期）は，小学校に通う時期で（6〜12歳頃），ピアジェ（Piaget, J.）の発達段階（第8章参照）にあてはめると，**具体的操作期**が大半を占める時期である．学習指導要領による本格的な学校教育が始まる時期でもある．

● **具体的操作期と脱中心化**

 具体的操作期とは，具体物に限り，論理的思考が可能になる時期とされる．具体的操作期の**認知発達**の様子を，その前の前操作期との比較で考えてみよう．前操作期は，論理的思考が発達しつつあるものの，まだ不十分な時期で，特定の視点から離れるのが難しく，**自己中心性**が見られる（第8章参照）．ピアジェは，前操作期のこの傾向を保存課題によって明らかにした．
 保存の概念とは，対象の見かけが変わっても対象の性質は変化しないという概念のことである．たとえば，量の保存課題では，形と大きさが同じ二つの容器に同じ量の液体を入れた後，一方の液体を細長い容器に移すと，前操作期の子どもは，液面が高くなったという一番目立つ特徴に注意が向き，細長い容器のほうが多いと答えてしまう．これに対して，具体的操作期になると，**脱中心化**によって，複数の視点で物事をとらえられるようになる．このため，「元に戻せば最初の状態に戻る（可逆性の論理）」，「途中で液体を足しても捨ててもい

ない（同一性の論理）」，「液面は上がったが幅は狭くなった（相補性の論理）」といった論理規則によって，保存課題に正答できるようになる（第8章参照）．

ただし，具体的操作期の論理的思考は具体物に限るとされるため，関連要因の発見（振り子の振動数を決める要因を調べる）や組み合わせ（複数の液体から色が変わる組み合わせを系統的に調べる）といった仮説的・抽象的な場面で論理的思考が柔軟になるのは，次の発達段階の形式的操作期である．これは主として青年期の初め頃となる．

学童期はこのような制約のある時期のため，学習を促進する上で，何が鍵になるだろうか．動機づけ・記憶・メタ認知の3点に注目してみよう．

●動機づけ

第一は，学習に対する「やる気」を適切に高めることである．心理学では，やる気を生み出して行動を生じさせることを**動機づけ**と呼ぶ（第12章参照）．動機づけには，**内発的動機づけ**と**外発的動機づけ**の2種類の分け方が知られている．英語の学習場面にあてはめると，内発的動機づけとは，「英語で話せるようになると楽しいから」というように，それ自体を満たすことを目的とされた欲求によって行動が誘発されるものである．これに対して，外発的動機づけとは，「英語のテストでよい点を取ったらおこづかいがもらえる」というように，他の欲求を満たすための手段として行動が誘発されるものである．

一般に学習場面では，内発的動機づけによって学習が進むことが重要である．その理由は，外発的動機づけでは，報酬（先の例では，おこづかい）がなくなると学習しなくなるが，内発的動機づけによる学習では，関心や向上心によって行動が生まれ，学習行動が長続きするからである．また，学習者が内発的動機づけによって課題に取り組んでいる時に，報酬を与えるような外発的動機づけを行うと，報酬のためにやっているかのように感じてしまい，それまで高かった内発的動機づけが阻害されることがある．これを**アンダーマイニング効果**（現象）と呼ぶ．この効果は，子どもを対象にした次の研究から知られている（Lepper *et al.*, 1973）．この研究では，自由時間に自発的に絵を描いている（内発的に動機づけられている）子どもたちに，今後は「絵を描いたらごほうびを

与える」ことを約束した．すると，1週間後にはその子どもたちが絵を描く時間が減少した．これは，内発的な行動が阻害されてしまったためと考えられる．

ただし，報酬が内発的動機づけを必ず阻害するわけではない．たとえば，「ほめる」という言葉による報酬は，学習行動の促進に有益である．しかし，子どもが「ほめられるのを目標に勉強する」という意識が強くなると，外発的動機づけによる学習に向かい，前述した問題が生じやすくなる．大切なことは，自分で行動の価値を認識したり関心を深めたりするように，子どもの自律性を高めることである．

●記憶のしくみとワーキングメモリ

第二は，学んだ情報を蓄える記憶のしくみを知ることである．記憶は，情報を一時的に保持する**短期記憶**と，半永久的に保持する**長期記憶**の二つに分けられる．ただし，短期記憶では情報の保持のみに焦点があたっており，現在では，情報の処理を含めて考えるのが一般的である．たとえば，暗算をする時，数字を頭の中に「保持」しながら，同時に計算という「処理」を行っている．このように，情報の保持と処理を同時に行うシステムを，**ワーキングメモリ**と呼ぶ．

ワーキングメモリが十分に機能しないと，学校での学びに様々な面で困難をきたす（ギャザコール&アロウェイ，2009）．たとえば，自分の作業や学びの進行状況を把握できなくなる，教師から次々に出される指示に対応できなくなる，ということが考えられる．その結果，単純なミスを何度もくり返したりして，学習へのやる気も失われることになりかねない．したがって，ワーキングメモリは学びの土台となるものである．ところが，ワーキングメモリの容量の個人差は驚くほど大きい．小学1〜2年生頃の7歳児で言えば，上位10%の子どもの容量は10歳児の平均に相当するが，下位10%の子どもの容量は幼児期の4歳児の平均を下回ることが明らかになっている．言い換えれば，公立小学校のように様々な子どもが学ぶ7歳児の学級では，ワーキングメモリ容量に6歳分にもわたる大きな年齢幅の個人差が生じるのである（ギャザコール&アロウェイ，2009）．

このような研究成果から，近年はワーキングメモリの発達を考慮した学習支

援が注目を浴びている．ワーキングメモリの容量を考えれば，それが小さいために，教師の指示や発問を覚えながら考えたり問題を解いたりすることができず，授業中に落ち着きがなくなる子どももいることが明らかである．そこで，算数や国語といった教科のみならず，特別支援（第13章参照）など多くの教育実践の場で，情報の保持や処理の負担を減らし，音をイメージ化したりするなど，様々な工夫に富んだ学習支援の方法が編み出され，効果を上げている（湯澤・湯澤，2014）．

●メタ認知

第三は，メタ認知の力を高めることである．**メタ認知**とは，「認知（記憶，思考など）に関して認知する」ことをさし，大きく二つに分けて考えることができる（三宮，2008）．一つ目は，自分の認知状態に気づき（**モニタリング**），目標を設定・修正する（**コントロール**）ことで，**メタ認知的活動**と呼ばれる．二つ目は，日常経験や人から教えられることで気づき習得していく，**メタ認知的知識**である．メタ認知的知識には，「私は人の顔を覚えるのが苦手だ」といった自分自身の認知についての知識だけでなく，「復習しないとすぐに忘れてしまう」といった人間の認知の一般的傾向についての知識，「相手の知っている内容にたとえると難しい話を伝えやすくなる」といった方略や，課題についての知識が存在する（三宮，2008）．

メタ認知は，幼児期にはまだあまり発達していない．たとえば，4歳児に10個の事物を覚えさせる研究（Yussen & Levy, 1975）では，半数の子どもがすぐに「覚えたよ」と答えたが，記憶のテストでは，実際に覚えていたのは3個程度にすぎなかった．さらに，もう一度行っても，3個程度しか思い出せなかったことから，幼児は自分の記憶を正確に把握したり，別の方略（記憶方法）を考えてみたりするのが困難であることが知られている．しかし，学童期に入ると，メタ認知が次第に発達する．小学3～4年頃には，多くの子どもが「聞いた情報を覚えておくには書きとめるべきである」「二つの語を対にして覚える時，無関係な語の対より反対語の対のほうが覚えやすい」といったように，効果的な記憶の方法にも注意を向けるようになる（Kreutzer *et al.*, 1975）．

子どものメタ認知の力を高めていくには，ふり返り（リフレクション）の機会を与えたり，グループでの議論（ディスカッション）の機会を設けたりするのが効果的である．算数の授業で計算問題をくり返し解かせる場合を例にすると，子どもが問題を見て，計算をして，答え合わせをするだけでは，認知的な処理をしているにすぎない．問題を解く過程で，「何が問題なのか」「目標は何か」といったことを考えさせたり，解き終わった後に，「どうしてまちがえたのか」「どう工夫すればよかったのか」などをふり返る機会を与えたりすることで，メタ認知が促される．具体的には，モニタリングやコントロール（メタ認知的活動）を行う癖が身につくと同時に，「くり上がりの数字を忘れやすい」といった自分がミスしやすい認知の傾向（メタ認知的知識）に初めて気づくことができる．また，グループでの議論における他者の指摘によって，自分ひとりでは気づくことができなかった自分自身や人間一般の認知の傾向（メタ認知的知識）を知ることもできるだろう．こうしたふり返りと議論のくり返しが，子どものメタ認知の力を高め，学習場面はもちろん，日常生活をも豊かなものにしていくことになる（林，2012）．

② 学童期の社会的かかわり

●仲間関係と社会性の発達

　学童期には，子どもの生活の中心が家庭から学校へと移る．学校での学びが本格化するだけでなく，対人関係における仲間（友達）の比重が高まり，**社会的かかわり**が発展する時期でもある．小学校中学年から高学年にかけては，**ギャングエイジ**と言われる年齢で，この頃の同年代や同性での**仲間集団**をギャンググループと呼ぶ（第11章参照）．ギャンググループでは，リーダーとフォロワー（リーダーに従う者）の役割分担がはっきりしていて，メンバー間の結合性が強く，秘密性に満ち，外部に対しては対立的，閉鎖的にふるまうことが特徴である．このような特殊な仲間関係は，子どもなりの社会の一つでもあり，その中で自分の立場や役割，仲間から受け入れられる対人的スキルを身につけ

ていく場ともなっている．これには，他者の思考や感情や視点を理解する**社会的視点取得**の発達が関連する．

　セルマン（Selman, R. L.）の社会的視点取得と協調の発達段階では，次の水準に整理されている．水準0（3〜7歳）は，未分化・自己中心的な視点とされ，自他の視点の区別があいまいである．水準1（4〜9歳頃）は，主観的・分化した視点とされ，自他の視点が同じか違うかを理解する．水準2（6〜12歳頃）は，自己内省的・互恵的視点とされ，他者の視点に立って，自分の思考や感情を内省したり，他者の思考や行動を評価したりできる．水準3（9〜15歳頃）は，三人称的・相互作用的視点とされ，個人間の外側に立ち，関係の相互性に気づくようになる．水準4（12歳〜）は，社会的・深い視点とされ，様々な視点を比較し，多元的に理解し，法的・道徳的な視点を導き出すと考えられている．ここで学童期は主として水準2〜3に相当し，他者の視点に立って自分の思考や感情を内省したり，個人間の外側の視点に立ったりすることで，客観的に思考できるようになる．

　他者の視点に立ったり，客観的に思考したりできるということは，裏を返せば，他者と比較した自分の存在を意識するということにもつながる．そこで，学童期以降は，**自己意識の高まり**が見られ，必要以上にその**長所や欠点の認識**がされる時期でもある．その高まりによって，学童期の仲間関係の発達の上では，気に入らない子を無視する，仲間外れにする，悪いうわさ話を流すなどといった行為も生まれやすい．こうした行為は，**関係性攻撃**と呼ばれ，仲間関係を操作することで相手を傷つける攻撃を意味する（磯部，2011：第11章参照）．関係性攻撃は，小学校高学年の特に女子の間で見られる行為とされる．

●心の理論の深まりと自己評価

　心の理論（第10章参照）の枠組みでは，学童期は「**二次の心の理論**」が発達する時期である．幼児期に「Aさんは……と思っている」といったように他者（Aさん）の心の状態を理解できるようになるが，これは一次の心の理論を持つレベルである．二次の心の理論のレベルは，「Aさんは，『Bさんが……と思っている』と思っている」といった入れ子になった心の状態を理解できること

をさす（Perner & Wimmer, 1985）.

　二次の心の理論の発達は学童期の社会的かかわりを考える上で重要である（Miller, 2012）. この理解によって，仲間集団を支える複数の人間の気持ちに気づけるようになる. さらに，入れ子の心の状態に自分が入った場合を考えると，「A さんは，『私が……と思っている』と思っている」ことが理解できることを意味する. これによって，他者（A さん）から見た自分を意識することになる. 一般に，幼児期から学童期前期の子どもは，自分を肯定的に見る傾向が強く，自己評価や自尊心（第 7 章参照）が高いが，10 歳頃から「他者から自分がどのように見えるのか」という他者のまなざしの意識が発達し，他者との社会的比較を通して自己評価や自尊心が低くなっていく（外山・外山，2010）. この他者のまなざしの意識の発達が，二次の心の理論の発達に関連する. これは，前述の社会的視点取得の水準 2 ～ 3 と重なる部分もあるだろう. さらに，他者のまなざしの意識の発達は，向社会的行動（他者を思いやる，他者のためになる行動）も促すことになる. たとえば，嬉しくないプレゼントをもらっても，相手を傷つけないように，落胆した感情を抑えて，「ありがとう」と言えるようにもなる. これは嘘であるが，向社会的な嘘であり，二次の心の理論の発達と関連することが知られている（Broomfield *et al.*, 2002）.

●学童期の心理社会的危機

　エリクソン（Erikson, E. H.）は，アイデンティティを軸とした発達理論を提唱した. この理論では，八つの発達段階に分けられる（第 3 章参照）. 各段階で，発達を方向づける**心理社会的危機**がある. これを乗り越えることで，発達の次の段階に進むとされる. 学童期の心理社会的危機として，「**勤勉性 対 劣等感**」が設定されている.

　ここまでまとめられたように，学童期は，学校教育が始まり，知識や技能の習得が求められると同時に，社会的な役割を身につける時期でもある. たとえば，勉強やスポーツなどに一生懸命に取り組むことが勤勉性である. それによって，自尊心や自己効力感（自分にはできそうだという感覚）が高まっていくとともに，自己の能力や役割を他者から評価されるようにもなる. ところが，

これらがうまく成し遂げられなかったり，他者に認められなかったりすると，劣等感や社会的な不適格感を抱くようになる．したがって，学童期に勤勉性を獲得することは，発達にとって重要なことと言える．

　勤勉性を高めることは，衝動を抑制し，誘惑にうち勝つことでもある．これには，目標に向けて注意や行動をコントロールすることが欠かせないことから，幼児期から続く**実行機能**（第7章参照）のさらなる発達が不可欠である．

③　発達の連続性と就学の支援

　前述のように，学童期は学校での学びが本格化する時期であるため，学校や学習に関する様々な問題が表面化する時期でもある．

　小学校低学年では，小1プロブレムという問題がよく知られている．**小1プロブレム**とは，「小学校に入学したばかりの小学1年生が，集団行動がとれない，授業中に座っていられない，先生の話を聞かないなどの状態が数カ月継続する状態」のことで，その原因の一つとして幼児教育と初等教育のカリキュラムの非連続性（段差）が指摘されている（森，2013）．このような背景から，**幼保小連携（幼小接続）** の重要性が高まっている．たとえば，文部科学省の「幼児期の教育と小学校教育の円滑な接続の在り方に関する調査研究協力者会議」（文部科学省，2010）では，子どもの**発達の連続性**を保障し，**就学への支援**をするため，幼児期の教育（幼稚園，保育所，認定こども園における教育）と学童期の教育（小学校における教育）が円滑に接続し，体系的な教育が組織的に行われることの重要性が説かれている．

　中学年の小学3〜4年生では，**「9歳の壁」**（あるいは「10歳の壁」）といった言葉が知られている．この頃には，割り算や小数，分数などの学習が始まり，頭の中で具体的に考えにくいケースも増えてくる．そのため，学習に苦労し，つまずく場面も目立つようになることから，このような言葉が生まれている．しかし，この時期はピアジェの発達段階で言えば，具体的操作期に相当する．すなわち，多くの子どもが形式的操作期に到達していないと言え，仮説的・抽象的な状況において論理的思考を行いにくいのは自然なこととも言える．この

ように考えると,「9歳の壁」(あるいは「10歳の壁」) といった言葉は,苦労や
つまずきといったネガティブな意味合いだけではなく,むしろ質的に飛躍する
素晴らしさも見える興味深い時期とポジティブにとらえることもできる (秋葉,
1989; 渡辺,2011).

　以上のように,学童期は様々な問題や壁に直面しやすい時期である.それゆ
え,養育者や教師は,学童期の子どもの認知面や社会性の発達の知識を持つこ
とが大事になる.その知識を子育てや指導に生かしていくことで,子どもは学
童期の問題を乗り越え,青年期へと育っていくのである.

コラム●16　子どもの嘘への対応

　学童期には,心の理論の深まりとともに社会性が育ち,他者を気づかう向社会
的な嘘もつけるようになる.その一方で,他者を困らせる嘘をくり返す子どもに,
教師が対応を苦慮することが多いのも事実である.

　嶋田 (2009) は,嘘をつくことを固定的な「性格」ではなく,特定の状況で生じ
た可変的な「行動」としてとらえることを勧めている.他者を困らせるような嘘をつ
く子どもは,過去の経験によって「嘘をつく」という行動を学習したと考えるわけ
である.ここでは,学習の理論であるオペラント条件づけ (第12章参照) の知識
が活用できる.このような子どもが,自分のことに関心を持ってほしいと感じた時
に,「嘘をつく (相手が驚く非現実的な話をする)」ことで周囲の気持ちを引きつけ
ることに成功すると,正の強化が働いてしまう.その結果,次に嘘をつく確率が
上がる (嶋田,2009).これは,たとえば家庭に問題があり,自分を認めてほしい
という思いが家族では満たされず,その思いを周囲の人に向けてしまうような場合
に起こりがちで,「嘘をつく」という行動がエスカレートする.

　このような場合,嘘をうまく受け流して,問題のない状況で意識的にその子ども
との接触を多く持つのがよいとされる.その子が自発的に「よい行動」をした時
に積極的に声をかけるなど,別の場面でかまうことで,「関心を持ってほしい,認
めてほしい」という思いが嘘以外で満たされれば,わざわざ嘘をつく必要性がなく
なるからである.

　その一方,嘘をついたことが明確になった場合は,信頼関係を形成した上で,
その状況の善悪の判断を考えさせる指導が必要になる (嶋田,2009).その際,

「嘘をついたことで他者がどう感じているか」を推測させることもあるだろう．これ
は，子どもの心の理論を適切に働かせていくきっかけにもなるはずである．

4　青年期の身体的・認知的発達

　青年期は，子どもから大人への移行期であり，この時期は急激な身体的変化
や性的な成熟，ピアジェの発達段階でいう具体的操作期から**形式的操作期**に移
行するといった認知的な変化が生じる（第8章参照）．ここでは青年期の身体
的・認知的発達について説明する．

●「思春期」という変化の時期

　発達心理学の領域では，"puberty"を「**思春期**」，"adolescence"を「**青年期**」
と訳し分けて，初潮や精通などの**第二次性徴**に代表される身体的成熟とそれに
伴う心理的変化を強調する場合に「思春期」という用語を用いることが多いと
される（池田，2013）．また，思春期は，おおよそ学童期後期（10～11歳頃）
～青年期中期（17～18歳頃）までをいう．

　人間の性は，誕生時点の生殖器の形態に基づいて決定され，これを第一次性
徴という．思春期に入り，生殖能力などを獲得し，生殖器の形態以外の性差が
大きくなり，これを第二次性徴という．男性における精通，変声，ひげ・わき
毛・恥毛などの体毛の発毛，肩幅の広がり，筋肉の増大，女性における初潮，
乳房の発達，わき毛・恥毛などの体毛の発毛，骨盤，臀部の発達，皮下脂肪の
増大といったことがこれにあたる．

　第二次性徴を考える際には，発達加速現象に留意する必要がある．**発達加速
現象**とは，近代の高度産業社会の成立とともに，世代が新たになるにつれて，
人間の様々な発達速度が促進されているという事実であり，特に青少年の発達
に与える影響が大きいと考えられている（日野林，2013）．発達加速現象にはい
くつかの側面があり，それらを分類したのが図15-1である．

　発達加速現象の例としては，平均身長について（文部科学省，2007），1900年

274

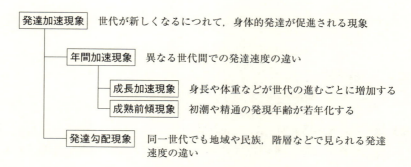

図 15-1　発達加速現象の分類（池田, 2013）

の 15 歳男子は 152.1 cm であったが, 2000 年の 15 歳男子は 168.6 cm となっており, 100 年間で約 17 cm も高くなっていた. また, 1900 年の 15 歳男子の平均身長は, 2000 年の 12 歳男子の平均身長（152.9 cm）と同程度となっていて, 同程度の身長への成長が約 3 年間も早くなっており, 身体の成長が時代とともに促進され, 身体の成長の絶対量が増大していたのである（中道, 2009）.

●青年期の認知的発達

　青年期の認知的発達は, 具体的操作期から形式的操作期への移行がその特徴としてあげられる（第 8 章参照）. 形式的操作期においては, 物事を具体的な形で考えるだけではなく, 抽象的な形で論理的に考えることができるようになる. その一つとして, 仮説演繹的思考がある. **仮説演繹的思考**とは, 事実と矛盾するような仮説であっても, その仮説から論理的に推論して, 結論を導き出すことができることをさす. また, 形式的操作を行うことができるようになることによって, 自己を客観的に, そして抽象的に見たり理解したりすることができるようになると考えられ（溝上, 2013）, 学童期にくらべて, より自己中心点的な視点から脱却し, **脱中心化**が進む.

5　親・友人との関係

　青年期は, 周囲の重要な他者との関係も大きく変化する時期である. その一

つが親子関係であり，もう一つが友人関係と言える．ここでは青年期における
親子関係，友人関係について説明する．

●青年期の親子関係

　青年期の親子関係の特徴としてあげられるのが，第二次反抗期である．**第二
次反抗期**とは，青年期前期（12〜15歳頃）に入って，親や年長者（主として教
師）に対して葛藤を起こしやすい時期をいう．ちなみに第一次反抗期は，2〜
4歳頃に，自分で歩き，言葉もあやつれるようになり，親に自己主張を始める
時の反抗をいう（第7章参照）．青年は，第二次反抗期（自己主張や反発）を通
して，親に対する依存，葛藤を抱えながらも次第に自立していく．

　そして，この青年の自立を表す言葉として，心理的離乳がある．**心理的離乳**
とは，**ホリングワース**（Hollingworth, L. S.）が青年期の家族からの自立を示す
語として用いた（Hollingworth, 1928）．青年は，依存と自立の葛藤の中で，家
族から離れ，ひとりの独立した人間となろうとするのである．心理的離乳につ
いて，西平（1990）は三つの段階を示している．第一次心理的離乳（思春期〜
青年期中期）では，親からの離脱，依存性の払拭に重点を置き，第二次心理的
離乳（青年期中期〜後期）では，離乳後に育つべき自律性に重心を置き，第三
次心理的離乳では，両親から与えられ内面化されたモラル・政治意識・価値
観・職業や結婚生活の考え方・宗教的情操など，イデオロギーを超越して，本
来の自分らしい生き方を確立する課題に向き合うことをいう．なお，第三次心
理的離乳の時期について，西平（1990）は図中に「前成人期〜老熟期」と示し
てはいるが，意識的・自覚的にこの第三次心理的離乳と対決する人は多くはな
い．

　ここで，現代日本における親子関係を語る際によく耳にする「**パラサイト・
シングル**」についてふれてみたい．パラサイト・シングルとは，「学卒後もなお，
親と同居し，基礎的生活条件を親に依存している未婚者」（山田，1999）のこ
とであり，家族社会学者である山田昌弘が日本経済新聞（1997年2月8日夕刊）
上にてネーミングしたものである．

　早く結婚したい，ひとり暮らしをしたいのに，条件が整わないので親と同居

する．親に依存しながら楽に生活する状態を一度味わうと，そこから抜け出すのが容易ではなくなる．これが大方のパラサイト・シングルの状況だとされている．未婚化・少子化の問題，日本経済への影響を含め，パラサイト・シングルは日本社会行き詰まりの象徴であるという（山田，1999）．

しかし2000年代以降は，フリーターの割合が増え，収入の不安定化が著しく，リッチな生活を楽しめる余裕もなくすといったように，パラサイト・シングルが変容していることが指摘されている（山田，2004）．その理由は，1998年の大不況をきっかけに，日本社会が「未来（将来の生活）の不確実化」に直面したことによるという．

●青年期の友人関係

青年期は，先述した通り，親からの自立の時期である．親からの自立は青年にとって心理的な不安定さを伴うことになるが，その不安定さを補い，新たな安定を生むことになるのが友人の存在となる．青年期の友人関係の特徴の一つとしてあげられるのが，**ピアグループ**である．ピアグループとは，思春期後半の頃から見られる仲間集団である（保坂，2013）．ピアグループは，ギャンググループやチャムグループとしての関係（第11章参照）に加えて，お互いの価値観や理想の生き方などを語り合う関係を構築する．また，ピアグループの主たる特徴は「異質性を認める」ことであり，その特徴ゆえに，男女混合であったり，年齢に幅があったりすることもある．

ピアグループでは，お互いの異質性をぶつけ合うことによって，他者との違いを明らかにしつつ，自分の中のものを築き上げ，確認していくプロセスが見られる．それらのやりとりを通して，異質性を認め合い，違いを乗り越えたところで，自立した個人としてお互いを尊重し合ってともにいることができる状態が生まれてくる．

保坂（2013）は，同一性を特徴とするギャンググループ，チャムグループから異質性を特徴とするピアグループまでの発達過程においては，同一であることを強要するといったような対人関係のトラブルが生じやすいことや，ピアグループの長期化といった問題があることを指摘している．

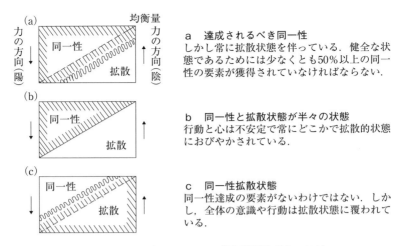

図 15-2　アイデンティティの力動的関係（鑪，1988）

6 アイデンティティ

　これまで身体的・認知的発達，親子関係，友人関係について説明してきたが，このような様々な変化，経験を通して，人間は自らの人生を自らが主人公になって生きていくことになる．この「自らの人生を自らが主人公になって生きていく」感覚こそ「アイデンティティ」の感覚である．ここではエリクソンが提唱したアイデンティティについて説明する．

●アイデンティティが意味するもの

　エリクソンは，フロイトの発達理論を発展させ，心理社会的発達段階論（ライフサイクル理論：第3章参照）を提唱した．アイデンティティは，この心理社会的発達段階論の中心的な概念として使用されている（宮下，2008）．**アイデンティティ**とは，「自分自身の内部で斉一性（私は誰とも違う私である）と連続性（過去・現在・未来と私は私であり続ける）が感じられることと，他者がその斉一性と連続性を認めてくれることの，両方の自覚」である（杉村，2013）．これは，アイデンティティを確立する際には，「自分が思っている私」と「他者

表15-1 アイデンティティ拡散の概要 (宮下, 2004)

時間的展望の拡散	「時間」に対して信頼が持てず,希望を失っている状態
アイデンティティ意識(自意識過剰)	自分に対して自信が持てず,他者の目を非常に気にする心理状態
否定的アイデンティティ	社会的に忌み嫌われている価値に積極的にコミットし,その中に自己を見出そうとする心理状態
労働麻痺	勉強や仕事,生活に対する意欲が失われ,無力感にとらわれている状態
両性的拡散	自分が「男であること」「女であること」に対する自信や確信に欠け,親密な対人関係が持てなくなっている状態
権威の拡散	対人関係において,適切な主従の役割が取れなくなっている状態
理想の拡散	自分の人生の拠り所となる理想や信念,人生観などが失われている状態

が思っている私」とが合致している必要があることを意味しており,両者が合致することによって生じる自信こそがアイデンティティの感覚なのである(高坂,2013).

　エリクソンは,心理社会的発達段階論における青年期の心理社会的危機として「アイデンティティ 対 **アイデンティティ拡散**(同一性 対 **同一性混乱**)」を示した(エリクソン,1973).青年期は,「アイデンティティ(肯定的要素)」と「アイデンティティ拡散(否定的要素)」とが常にせめぎ合っている状態であり,この状態は切り離すことができないという内容の心理的概念である.図15-2は,アイデンティティの力動的関係を示したものであり,aはアイデンティティが達成されている状態であり,cはアイデンティティが拡散している状態である(鑢,1988).エリクソンは精神分析家であり,臨床的にアイデンティティの主題を「アイデンティティ拡散」の方向から記述していった(鑢,1988)ことから,表15-1に,エリクソンの理論をもとに宮下(2004)によってまとめられた「アイデンティティ拡散」の概要を紹介する.

●モラトリアム

　モラトリアムとは,本来は経済用語で支払猶予や猶予期間と呼ばれるものである.戦争,天災,恐慌などの非常事態において金融恐慌によって信用機構が

表 15-2　3 種類のモラトリアム（高坂，2013）

（古典的）モラトリアム	モラトリアム人間	第三のモラトリアム
半人前意識と自立への渇望	半人前意識から全能感へ 自立への渇望から無意欲・しらけへ	自己確立よりも資格取得 無意欲・しらけよりもまじめ・従順
真剣かつ深刻な自己探求	自己直視から自我分裂へ	理想・野心よりも安定・安心
局外者意識と歴史的・時間的展望	同一化（継承者）から隔たり（局外者）へ	隔たりよりもつながり
禁欲主義とフラストレーション	禁欲から解放へ 修業意識から遊び感覚へ	解放よりも堅実・節約 快楽志向の遊びよりも関係志向の遊び

崩壊するのを防ぐために，債券，債務などの決済を一定期間停止し猶予することをいう．エリクソンは，この用語を転用し，青年期はアイデンティティを形成するために，しばらくアイデンティティを未定にしておき，青年に様々な試みをさせるために心理・社会的な責任を猶予する期間という意味に用いた（返田，1986）．

　このエリクソンが用いたモラトリアムは，その後，日本の中で異なった意味で用いられるようになった．それらをまとめたのが，表 15-2 である．高坂（2013）は，エリクソン（1973）が示した「（古典的）モラトリアム」，小此木（1978）が示した「モラトリアム人間」，伊藤（1999），溝上（2009, 2010）が近年の大学生の姿から描き出した「第三のモラトリアム」と，3 種類のモラトリアムに分類し，「（古典的）モラトリアム＝真剣で深刻な自己探求を特徴とする青年」「モラトリアム人間＝主体的な選択・決定を先延ばしにし，幼児的な万能感を持ち，禁欲から解放されて快楽本位を楽しむ遊び感覚に支配された青年」「第三のモラトリアム＝何にでも参加し，まじめで資格志向が強く，既存の友人とのつながりを重視する青年」と，それぞれの違いを説明した．さらに，第三のモラトリアムについて，一見，立派な青年に見えるが，その背景には，まわりから遅れをとることへの不安があり，リスクを避けるために，実際の活動は受動的であり，安定・安心を求めようとする傾向があると指摘している．

表 15-3　アイデンティティ・ステイタス（無藤，1979）

	危機	積極的関与	概　　略
アイデンティティ達成	経験した	している	幼児期からの在り方について確信がなくなりいくつかの可能性について本気で考えた末，自分自身の解決に達して，それに基づいて行動している．
モラトリアム	その最中	しようとしている	いくつかの選択肢について迷っているところで，その不確かさを克服しようと一生懸命努力している．
早期完了	経験していない	している	自分の目標と親の目標の間に不協和がない．どんな体験も，幼児期以来の信念を補強するだけになっている．硬さ（融通のきかなさ）が特徴的．
アイデンティティ拡散	経験していない	していない	危機前：今まで本当に何者かであった経験がないので，何者かである自分を想像することが不可能．
	経験した	していない	危機後：全てのことが可能だし可能なままにしておかなければならない．

「自我同一性地位」を「アイデンティティ・ステイタス」，「同一性達成」を「アイデンティティ達成」，「同一性拡散」を「アイデンティティ拡散」，「傾倒」を「積極的関与」に修正した．

●アイデンティティ・ステイタス

　マーシャ（Marcia, J. E.）は，エリクソンのアイデンティティ理論を発展させ，青年期におけるアイデンティティ形成に着目した**アイデンティティ・ステイタス論**を提唱した（Marcia, 1966）．アイデンティティ・ステイタスは，15 ～ 30 分の半構造化面接によって測定される．マーシャは，職業，宗教，政治の 3 領域（宗教と政治の 2 領域はイデオロギーとして総括される）における「危機」と「積極的関与」という二つの基準のそれぞれの有無によって，四つのステイタス（**アイデンティティ達成**型，**モラトリアム**型，**早期完了**（フォアクロージャー，予定アイデンティティ）型，**アイデンティティ拡散**型）に分類した（表 15-3）．ここでいう「危機」とは，個々人が自分にとって意義ある選択事項を積極的に試み，意思決定を行う期間をさし，「積極的関与」とは，意思決定後に続いて起こる，人生の重要な領域への心理的関与をさす（宮下，2000）．日本でも，アイデンティティ・ステイタス論をもとにした研究が行われている（コラム 17 参照）．

第4節冒頭に記した通り，青年期は，子どもから大人への移行期である．本章後半でその様相を概観したが，青年期は，身体的・認知的な側面から見ても，親・友人との関係から見ても，アイデンティティの側面から見ても，急激で，かつ大きな変化が伴う時期である．そのような時期だからこそ，個人差はあったとしても，困難な事柄に遭遇することも少なくない．しかし，それらの困難を乗り越えていく中で，一人ひとりがそれぞれの人生の主役となり，自分自身の人生を作っていく（子どもから大人に移行していく）のが，まさに青年期なのである．

コラム●17　日本人の宗教性とアイデンティティ

　日本では，宗教性とアイデンティティに関する研究はほとんどなされていない．その理由の一つとして「日本人（全般）の宗教性のとらえにくさ」があげられる．日本の宗教的風土は複雑であり，信仰の表明の仕方も異なっているため，「日本人（全般）」の宗教を特定するのは困難である．このことは，一般化・普遍化へと向かう方向性を有する心理学的研究にとっては大きな障害になりうる．すなわち，日本人の宗教性を追求しようとすると，「日本人（全般）の宗教性のとらえにくさ」という壁にぶつかり，思うように研究が進まないといったことがあるように思われる．そして，無藤（1979）による「自我同一性地位面接」（Marcia, 1966）の日本への導入の研究も，この壁にぶつかった研究の一つではないだろうか．無藤（1979）では，予備調査の結果，日本青年のアイデンティティの確立にあたって，宗教領域はさほど重要でないと考え，宗教に代わる領域として価値観を領域の一つに加えたのである．

　しかし，なぜ価値観領域の創出ではなく，日本人に適用できる宗教領域の検討する方向に進んでいかなかったのか．実証的宗教心理学的研究の永きにわたる沈滞を鑑みると，それらを検討するだけの研究資源がこの当時に存在していたとも思えず，その作業は現実的に困難であったと考えられる（松島，2014）．

　松島（2014）は，これらの問題を打破するために「研究対象の明確化」を提案した．研究対象の明確化とは，自分が調査したい研究対象をできる限り明確にして研究を構築することである．松島（2017）は，研究対象の明確化をもとに，日本人の宗教性とアイデンティティに関する質問紙調査（調査対象を神道群，仏教群，

キリスト教群，信仰なし群に分類）を行った．その結果，日本人の宗教性もアイデンティティに関連すること，さらに同じ日本人であっても宗教の違いによってアイデンティティのあり方も変わってくることが示された．すなわち，「宗教教団ごとの宗教性の特徴（違い）」を考慮することにより，アイデンティティとの関連が浮き彫りになることが示唆された．「研究対象の明確化」を行うことにより，日本人の宗教性とアイデンティティに関する研究の新たな展開が期待される．

［さらに学びたい人のために］

林　創（2016）．子どもの社会的な心の発達──コミュニケーションのめばえと深まり── 　金子書房

宮下一博（監修）松島公望・橋本広信（編）（2009）．ようこそ！　青年心理学──若者たちは何処から来て何処へ行くのか── 　ナカニシヤ出版

西平直喜（1990）．シリーズ人間の発達4　成人（おとな）になること──生育史心理学から──　東京大学出版会

白井利明（編）（2005）．シリーズこころとからだの処方箋4　迷走する若者のアイデンティティ──フリーター，パラサイト・シングル，ニート，ひきこもり── 　ゆまに書房

谷冬彦・宮下一博（編）（2004）．シリーズ荒れる青少年の心　さまよえる青少年の心──アイデンティティの病理　発達臨床心理学的考察── 　北大路書房

渡辺弥生（2011）．子どもの「10歳の壁」とは何か？──乗り越えるための発達心理学── 　光文社

［引用文献］

秋葉英則（1989）．思春期へのステップ──「9，10歳」を飛躍の節に── 　清風堂書店出版部

Broomfield, K. A., Robinson, E. J., & Robinson, W. P.（2002）. Children's understanding about white lies. *British Journal of Developmental Psychology, 20*, 47-65.

エリクソン，E. H.　小此木啓吾（訳編）（1973）．自我同一性──アイデンティティとライフ・サイクル── 　誠信書房

ギャザコール，S. E., アロウェイ，T. P.　湯澤正通・湯澤美紀（訳）（2009）．ワーキングメモリと学習指導──教師のための実践ガイド── 　北大路書房

林　創 (2012). 「メタ認知」から考える「教える」ということ——子どもにも教員自身にも必要なこと——　発達, *130*, 18-26.

日野林俊彦 (2013). 発達加速現象　日本発達心理学会（編）発達心理学事典（pp. 426-427）　丸善

Hollingworth, L. S. (1928). *The psychology of the adolescent.* New York: Appleton.

保坂亨 (2013). 仲間関係　日本発達心理学会（編）発達心理学事典（pp. 250-251）　丸善

池田幸恭 (2013). 思春期の発達　櫻井茂男・佐藤有耕（編）ライブラリスタンダード7　スタンダード発達心理学（pp. 139-164）　サイエンス社

磯部美良 (2011). 子どもたちの「関係性攻撃」を向社会的行動に変えていく　発達, *127*, 26-33.

伊藤茂樹 (1999). 大学生は「生徒」なのか——大衆教育社会における高等教育の対象——　駒澤大學教育学研究論集, *15*, 85-111.

高坂康雅 (2013). 青年期の発達　櫻井茂男・佐藤有耕（編）ライブラリスタンダード7　スタンダード発達心理学（pp. 165-190）　サイエンス社

Kreutzer, M. A., Leonard, C., & Flavell, J. H. (1975). An interview study of children's knowledge about memory. *Monographs of the Society for Research in Child Development, 40,* 1-60.

Lepper, M. R., Greene, D. & Nisbett, R. E. (1973). Undermining children's intrinsic interest with extrinsic reward: A test of the "overjustification" hypothesis. *Journal of Personality and Social Psychology, 28,* 129-137.

Marcia, J. E. (1966). Development and validation of ego-identity status. *Journal of Personality and Social Psychology, 3,* 551-558.

松島公望 (2014). 宗教とアイデンティティの問題　鑪幹八郎（監修）アイデンティティ研究ハンドブック（pp. 178-189）　ナカニシヤ出版

松島公望 (2017). 日本人の宗教性はアイデンティティ発達とどのように関わるのか　日本発達心理学会第28回大会大会委員会企画シンポジウム　日本人青年のアイデンティティ発達はどこまで明らかになったか

Miller, S. (2012). *Theory of mind: Beyond the preschool years.* New York: Psychology Press.

宮下一博 (2000). アイデンティティ・ステイタス　久世敏雄・齋藤耕二（監修）青年心理

学事典（p. 157）　福村出版

宮下一博（2004）．アイデンティティのレベル　谷冬彦・宮下一博（編）シリーズ荒れる青少年の心　さまよえる青少年の心——アイデンティティの病理　発達臨床心理学的考察——（pp. 28-33）　北大路書房

宮下一博（2008）．エリクソンのアイデンティティ理論とは何か——アイデンティティの真の意味すること——　宮下一博・杉村和美　大学生の自己分析——いまだ見えぬアイデンティティに突然気づくために——（pp. 1-19）　ナカニシヤ出版

溝上慎一（2009）．「大学生活の過ごし方」から見た学生の学びと成長の検討——正課・正課外のバランスのとれた活動が高い成長を示す——　京都大学高等研究研究，15，107-118.

溝上慎一（2010）．現代青年期の心理学——適応から自己形成の時代へ——　有斐閣

溝上慎一（2013）．青年期　日本発達心理学会（編）発達心理学事典（pp. 418-419）丸善

文部科学省（2007）．平成 18 年度学校保健統計調査報告書

文部科学省（2010）．幼児期の教育と小学校教育の円滑な接続の在り方に関する調査研究協力者会議　幼児期の教育と小学校教育の円滑な接続の在り方について（報告）Retrieved from http://www.mext.go.jp/component/b_menu/shingi/toushin/__icsFiles/afieldfile/2011/11/22/1298955_1_1.pdf

森敏昭（2013）．生活科　清水益治・森敏昭（編著）0 歳〜12 歳児の発達と学び——保幼小の連携と接続に向けて——（pp. 110-120）　北大路書房

無藤清子（1979）．「自我同一性地位面接」の検討と大学生の自我同一性　教育心理学研究，27，178-187.

中道圭人（2009）．身体の発達——からだとこころ——　宮下一博（監修）松島公望・橋本広信（編）ようこそ！　青年心理学——若者たちは何処から来て何処へ行くのか——（pp. 27-36）　ナカニシヤ出版

西平直喜（1990）．シリーズ人間の発達 4　成人になること——生育史心理学から——東京大学出版会

小此木啓吾（1978）．モラトリアム人間の時代　中央公論新社

Perner, J., & Wimmer, H. (1985). "John thinks that Mary thinks that...": Attribution of second-order beliefs by 5- to 10-year-old children. *Journal of Experimental Child Psychology, 39*, 437-471.

三宮真智子（編著）（2008）．メタ認知——学習力を支える高次認知機能——　北大路書房

嶋田洋徳（2009）．「うそ」をつく子　阿部利彦（編著）クラスで気になる子の支援ズバッと解決ファイル——達人と学ぶ！　特別支援教育・教育相談のコツ——（pp. 32-46）金子書房

返田健（1986）．シリーズやさしい心理学　青年期の心理　教育出版

杉村和美（2013）．アイデンティティ　日本発達心理学会（編）発達心理学事典（pp. 430-431）丸善

鑪幹八郎（1988）．青年の同一性（アイデンティティ）　西平直喜・久世敏雄（編）青年心理学ハンドブック（pp. 257-279）　福村出版

外山紀子・外山美樹（2010）．やさしい発達と学習　有斐閣

渡辺弥生（2011）．子どもの「10歳の壁」とは何か？——乗り越えるための発達心理学——　光文社

山田昌弘（1999）．パラサイト・シングルの時代　筑摩書房

山田昌弘（2004）．パラサイト・シングル社会のゆくえ——データで読み解く日本の家族——　筑摩書房

Yussen, S. R., & Levy, V. M.（1975）. Development changes in predicting one's own span of short-term memory. *Journal of Experimental Child Psychology, 19*, 502-508.

湯澤正通・湯澤美紀（編著）（2014）．ワーキングメモリと教育　北大路書房

第**16**章

成人期〜老年期

1 前成人期とは

エリクソン（Erikson, E. H.）の心理社会的発達段階論（第3章参照）の中で，「**前成人期**」は6番目にあたる．心理社会的危機としては「**親密 対 孤立**」とされている．年齢は20代後半から30代であり，多くの人が就職したり結婚したりする時期にあたる．

子どもや学生として親や社会から庇護されてきた立場から，社会の一員として責任を持ち，生産活動に参加することを求められる．青年期では，自分の存在意義や役割といった自己アイデンティティの確立が課題であった．次の段階である成人期では，その自己を基盤として，自分以外の他者やパートナーと親密な関係を発展させていくことが課題となる．具体的には，様々な社会活動を通して協力や競争を経験し，特定のパートナーとの間に深く永い関係性を築いていくことがそれにあたる．他者と親密になると，他者との関係の中で新たな自己を見出すこともある．成人期には，友人や家族，子どもなどとのかかわりを通して自己アイデンティティの再構築がされることになる．一方で，このような親密な人間関係を持つことができないと，孤独や孤立に陥ることになる．

●ワーク・ライフ・バランス

成人期は，仕事における働き方や，結婚して家庭を持つなどの生活に，自分

なりの**ライフスタイル**を確立していく時期でもある．近年，働き方を見直して，仕事と生活の調和（**ワーク・ライフ・バランス**）を図る，という動きが国際的にも高まっている．仕事と生活の調和とは，単に仕事と家庭の両立をめざすというだけではなく，仕事への過度な偏重や性役割などで分割された生活の領域を統合して，個人のライフコースをバランスよく構築していこうという試みである．これは女性の社会進出だけでなく，個人がどのような働き方をして生きていくのかを考える上でも，これからの社会にとって重要な枠組みだろう．

働き方が適切でないと，心身に深刻なダメージを与えることもある．**燃え尽き症候群**（バーンアウト）とは，ある事物や関心に対して献身的に努力した人が，期待した結果を得られなかった時に激しい徒労感や欲求不満を抱えることを言う．一般的には，ストレスの高い職種や，一定の期間に過度の緊張とストレスのもとに置かれた場合に発生することが多いと言われ，心因性のうつ病の一種とされる．症状としては，職務の態度が怠慢になるだけでなく，様々な意欲が低下したり，対人関係が希薄になったり，悲観的な言動の増加が見られたりする．時には，自殺や**過労死**といった事態につながることもあり，軽視できない問題である．

●未婚・晩婚化と少子化

現在の日本では，若い世代の未婚・晩婚化の進行とともに，結婚した夫婦が持つ子どもの数も減少している．厚生労働省・人口動態調査によれば，1980年代から日本の初婚年齢は急激に上昇しており，2010年では20代後半男性の70％，20代後半女性の60％が未婚である．また，国立社会保障・人口問題研究所の調査によると，1980年から2010年までの30年間で男女ともに生涯未婚率は5倍となり，2010年で男性の5人に1人，女性の10人に1人が，50歳時点で未婚である．

出産についても，1973年の第二次ベビーブームを最後のピークとして出生率が低下し始めた．2003年には少子化社会対策基本法が制定され，少子化は現代の重要な問題として考えられている．**少子化**とは，出生率の低下に伴って総人口に占める子どもの数が少なくなることである．平成28（2016）年度版少子

化社会対策白書によると，合計特殊出生率（女性が一生の間に産む子どもの数）
は 1975 年に 2.0 を下回ってから下降しており，2014 年は 1.42 で，1 組の夫婦
から産まれる子どもが 1 人か 2 人というのが現状である．

　現在の日本において急速に進行している少子高齢化は，生産人口の減少と高
齢者人口の増加による人口構成のゆがみをもたらす．それによって起こる様々
な問題が予想されている．まず，労働力人口の減少は経済成長の低下へとつな
がる．また若者の減少は，社会の活力の低下となるだろう．多くの高齢者を支
える生産世代が減ることで，社会保障の負担が増大することになる．そして，
地域の過疎化や都市部への人口集中から，地域社会の変貌や住民サービスの低
下などが懸念される．

　未婚・晩婚化と少子化の社会的・心理的な原因として，個人の価値観，結婚
観の変化，そして育児に対する負担感があると考えられる．1985 年に制定され
た男女雇用機会均等法により，仕事における雇用と待遇の性差はなくなったか
に見えたが，家庭における固定的な性別役割意識は根強くあり，職場での長時
間労働も減らないのが現状である．まずは「男は仕事，女は家庭」という男女
の役割分業意識や実態を見直し，個人の生活よりも仕事を優先することを求め
るような雇用の慣行を改めていく必要がある．若い世代が結婚や育児に希望が
持て，子育ての楽しみや喜びを夫婦ともに実感できるような社会を作ることが，
未来の社会を支えることになるだろう．

●変わる家族の形

　日本ではかつて，封建的な親子関係が重視された「家」制度があったが，第
二次世界大戦後にこの制度が廃止されて以降は，夫婦と未婚の子どもを中心と
した**核家族化**が進んだ．近年ではひとり暮らしの増加なども顕著で，家族の実
態はこの数十年間で大きく変容している．

　2010 年の総務省・国勢調査によれば，一般世帯数は 5184 万世帯，総人口は
1 億 2554 万人で，1 世帯あたりの人員は 2.42 人と過去最低を記録した．1985
年には 3.14 人だったので，25 年間で世帯の規模は 0.7 人分小さくなったことに
なる．世帯類型別の構成割合を見ると，「三世代世帯」の割合は，1980 年の

12.2％をピークに低下傾向にあり，2010年は7.1％となっている．また，「核家族世帯」の割合も，1980年の60.3％をピークにやや低下傾向にあり，2010年は56.4％となっている．一方で「単独世帯」の増加は顕著であり，1975年の19.5％から2010年には32.4％に上昇している．このことは，未婚化・晩婚化の進行を背景に単身者が増加し，さらに，彼らが家族と同居しないケースが増加していることや，高齢化の進行に伴い高齢者の単身者が増加していることを反映している．

　三世代世帯では家事などを多くの人数で分担することが可能となるが，核家族世帯や単独世帯では少ない人数で担うこととなるため，男女ともに家事や育児への参加が求められることになる．核家族化や都市部への人口集中は，これまで様々な人々がかかわっていた子育てについても，家庭の養育力や地域における相互助け合いの低下という形で影響している．育児に関する精神的・身体的な負担に対して，かつては家族や近隣から得られていた知恵や支援が得られにくい実態は，育児の孤立として問題視されている．

●社会的な支援

　私たちは生活する上で社会から様々な支援を受けている．中でも，**ソーシャルサポート**とは，物質的な援助でなく，親族や地域，友人・知人などといった人間関係によりもたらされる援助のことをさす．

　ソーシャルサポートには，共感，励まし，好意，尊敬などを示す情緒的な支援を初め，実質的な援助を提供する道具的支援や環境についての情報支援などがある（野口，1991）．直接的に心理的なストレスを低減したり，間接的にストレスフルな状況に対する考え方や対応方法へ働きかけたりして，心身の健康を促進する効果がある．職場における組織内の人間関係や，子育てにおける家族や地域の支援など，対人関係が希薄化した現代社会だからこそ，ソーシャルサポートは個人にとって重要な資源であると考えられる．

　2015年に施行された「子ども・子育て支援新制度」は，幼児期の学校教育・保育，地域の**子育て支援**を総合的に推進し，量的拡充や質の向上を図ることで，すべての子どもがすこやかに成長できる社会の実現をめざすものである．

保育所への入所を希望しながらも人数の超過によって入ることができない，いわゆる待機児童の解消をめざし，2013年度から2017年度末までに40万人分の保育の受け皿を確保する目標で「待機児童解消加速化プラン」が進められていたが，今後，女性の就業率がさらに上昇することを見込んで50万人分を整備するなど，女性の就業と子どもの保育は密接に関係した問題となっている．

現在では，夜間や休日勤務のほか短時間勤務の非正規社員など，男女ともに働き方は多様化している．また，ひとり親の世帯も1988年から2011年の25年で約1.5倍に増加している．このような社会においては従来の子ども・子育て支援だけでなく，様々な働き方や家族形態に対応した支援が求められている．

② 中年期とは

エリクソンの心理社会的発達段階論において，前成人期の次は7番目の段階の「**成人期**」である．この時期は，一般的には「**中年期**」と呼ばれる．心理社会的危機としては「**生殖性 対 停滞**」とされている．年齢は40代から60代前半であり，多くの人が職場では部下を指導したり，家庭では子育てをしたりする時期にあたる．

前成人期に他者との親密な関係を築くことができたら，そこから新しい存在やもの，概念などを生み出すことにより，次の世代へ引き継いでいくことが課題となる．具体的には，子どもの世話や教育，後進の若者の指導，文化や伝統の継承などがそれにあたる．時には自分を犠牲にしても何かにかかわることで，自分だけでは得られないものを獲得することにもなる．一方で，このように後の世代をも考えてつないでいくという意識を持つことができないと，利己的な状態や停滞に陥ることになる．

●「中年の危機」と「人生の午後」

かつては中年期は，心身の健康も充実し，生活も安定した人生の最盛期と考えられてきた．しかし，1970年半ばくらいからは，実は不安定な要素の多い人生の転換期としてとらえられている．職場や雇用のストレスや不適応，家庭内

でのトラブル，老親の介護など，中年期に直面する問題は多様かつ深刻である．

厚生労働省・患者調査によれば，2014年のうつ病（躁うつ病含む）の患者数は，男女ともに40代が最も多く，ついで男性は50代，女性は60代となっている．また，警察庁の発表による2015年の自殺者数も同様に，男女ともに40代が最も多く，ついで男性は50代，女性は60代である．

ライフサイクルにおける中年期を重要視した**レヴィンソン**（Levinson, D. J.）は，40歳頃を「**中年の危機**」と呼び，この時点でなすべき課題を三つあげている（レビンソン，1980）．①これまでの人生をふり返り，再評価すること．②これまでの人生で不満が残る部分を修正し，新しい可能性を試してみること．③人生の後半に向けて，生じてきた問題を見つめること．そして，危機を迎える時，多くの人が「自分の人生はこれでよかったのだろうか」という激しい混乱を経験するとしている．レヴィンソンはこのような葛藤を，若さと老い，男性性と女性性，破壊と創造，愛着と分離という四つの両極性として示しており，危機とは，これらの対立する事項に自分で折り合いをつけながら統合していく過程であると言えるだろう．

また，**ユング**（Jung, C. G.）も，中年期以降を「**人生の午後**」と位置づけて，自分とそれをとりまく世界が決定的に変化することが起こる時期としている（Jung, 1960）．一日のうちの午前中は，陽が上昇し，いろいろなことがこれから始まるという希望に満ちている時間であると言える．できなかったことができるようになる成長の積み重ねがあり，自分とその世界がどんどん広がっていく時期である．一方で，陽は正午を境に日没へとゆっくり暮れていく．できていたことができなくなったり，これまであったものがなくなっていったりといった，衰退や喪失の時期と言える．

しかし，後世に残るユングの創造的な仕事の多くは，彼自身の30代後半から40代にかけて起こった決別や確執，内的な混乱といった壮絶な危機体験の後になされていることから考えると，中年期とは人間のさらなる深化や成熟にとって重要な時期であると言えるだろう．

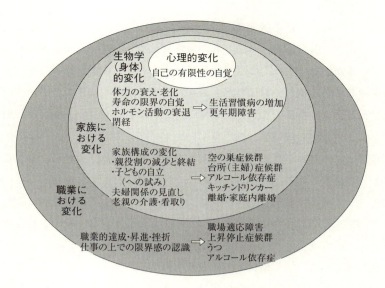

図 16-1　中年期危機の構造 (岡本, 2002)

●これからの人生を考える

　中年期というのは，これまでの自分という存在そのものが，様々な要因によって思いがけずゆさぶられる時期としてとらえることができる（図16-1）．身体的には体力の衰えや老いの自覚があり，仕事では中間管理職のようなはざまの立場としての葛藤や職業上の限界感の認識，また家庭では子どもの自立に伴う夫婦関係の見直しや老いた親の介護など，これまでにない大きな変化を体験することになる．その中核には，**自己の有限性**の自覚がある（岡本, 2006）．

　このような自己内外の変化によって，自分の生き方やあり方を問い直すことは，今までの自分のままでは生きていけないという，アイデンティティそのものの問い直しである．変化やゆらぎを否定したり逃げたりせずに主体的にとらえ，これからの生き方を主体的に模索する過程を，中年期の**アイデンティティの再体制化**という（岡本, 1997）．

　中年期の女性に多く見られる問題には，子どもの自立に伴うものがある．子どもが成長して親の手を離れるようになる時期に，特に専業主婦であった母親

が体験する心身の不適応状態を「**空の巣症候群**」という．自分の関心と活力を子育てに注いできた母親は，子どもが親離れを始めると，母親役割の喪失に伴って，生きがいまで失ったように感じてしまう．まだ仕事に従事していてやりがいを感じている夫との対比などもあり，後悔や空虚感，無力感，抑うつ感などを抱えるようになる．また，更年期障害などによる心身の不安定な状態にも見舞われ，中年期の危機を体験しやすい．

　中年期は，若さから老いへのゆるやかな転換期である．それは，様々な喪失感として現れてくることが多い．このような問題に対して，母親としての役割を回復させようと外面的な解決を図ることが望ましいとは限らない．これまで母親として果たしてきた役割を評価して半生をとらえ直し，新たな自分を模索していくという内面的な作業が必要になる．

　女性だけでなく，中年期に生じる危機への心理臨床援助では，これまでの生き方を見つめ直して，これからの自分の人生をじっくりと考えていくアイデンティティの再体制化が重要となる．心身の変化へ対応していけるだけの強さや柔軟性が求められることも，中年期の特徴と言えるだろう．

❸ 老年期とは

　エリクソンの心理社会的発達段階論において，人生の最後となる8番目の段階が「**老年期**」である．心理社会的危機としては「**統合 対 絶望，嫌悪**」とされている．年齢は60代後半からであり，多くの人が定年で退職したり子育てを終えたりした後，死に至るまでの時期をさす．

　中年期に世代を意識した生殖性を持つことを経て，老年期は，自分の人生をふり返り，人生を意味づけ，これまで未解決だった問題を処理して，統合していくことが課題となる．具体的には，今までの人生全体を総括したり，自分の存在や人間の価値などについて理解を得たりすることが目的となる．統合性を獲得できたら，「もっと別の人生ならばよかった」と後悔することなく，失敗や失望などの現実を含めて，自分のこれまでの人生をあるがままに受け入れることが可能となる．また，私欲という自我の執着から離れて，家族や社会，国

や世界といった幅広い視野を獲得することで，成熟した知恵の発揮が期待されるようになる．一方で，このような統合性を持つことができないと，人生に大きな悔いを残し，衰えるままに死を迎えるという絶望に陥ることになる．

●高齢者の喪失体験

人は老年期になると，「四つの喪失」を経験すると言われている（長谷川・賀集，1975）．喪失するのは，以下の四つである．

① 心身の健康：加齢に伴って**身体機能の低下**が起こるのは必然である．一般的に，体力の低下は老いの自覚として認知されやすい．身体機能の低下によって日常生活の自立が困難になると，精神的健康が悪化することもある．このように，身体機能は高齢者の心理に強く影響する要因だと考えられている．

② 経済的基盤：定年によって**退職**し，年金で生活するようになると，現役時代と同程度の経済力を維持することは難しい．定年制度のない自営業などであっても，いつまでも若い時と同じペースで仕事ができるとは限らず，縮小した仕事量では収入も減ることになる．

③ 社会的つながり：退職に伴って職場でのつながりがなくなれば，これまで仕事を通して維持されていた人間関係は断ち切られることになる．また，子育てが終了すれば，子どもを通してつながりのあった親同士の人間関係も希薄になる．さらに，高齢になって活動範囲が限定されてくれば，様々な社会活動や近所づき合いの頻度も減る．そして，高齢になるとともに近しい人の死は身近なこととなり，親や配偶者，友人や知人と**死別**する機会も増えていく．

④ 生きる目的：成人期や中年期には，生きるための目的は自分が強く意識するまでもなく，すぐ目の前に存在していた．仕事で成果をあげて出世すること，子どもが一人前になるまで世話をすること，マイホームを持ってローンを返済することなど，目標が明確なコースを懸命に走っていくことが生きがいとなっていた．しかし，それらの目標が達成された以降の老年期には，これまでの自分の生きる目的はすでに失われていることになる．

仕事や社会的な役割から引退し，子育てからも解放された立場では，それまでのように自然と生きる目的が現れるようなことはない．

●挑戦期としての老年期

しかし，老年期とは本当に喪失ばかりの時期だろうか．老年期はむしろ，挑戦期と呼んでもよい時期だ，とする見方がある（井上，1993）．**喪失体験に立ち向かう**という視点から，先に述べた四つの喪失について考えてみたい．

① 健康への関心が高くなる：年をとれば肉体的に衰えるのは仕方がないことである．しかし，高齢者ほど自分の健康に気をつけている．若い時には気にもしなかった身体の不調にも敏感になり，健康を維持するための食品や運動の情報を集め，日常的に努力をしている．身体的なことだけでなく，認知症予防にもなるからと，新たな勉学に励む人も多い．身体機能の低下を自覚するからこそ，このように挑戦する気持ちがめばえると言える．

② 資産を守り運用する：これまでの蓄えや年金での暮らしになると，限りある収入でいかに生活していくのかという経済観念が発達して，無駄な支出や衝動買いなどが減ることになる．また，資産を守るだけでなく，運用することに興味を持つ高齢者も少なくない．企業も高齢者向けに資産運用の講座などを開き，彼らの挑戦する姿勢を後押ししている．今や4人に1人が高齢者という（2016年時点）世界一の高齢社会である日本において，高齢者をターゲットにした市場は大きい．様々な経済活動において，高齢者の動向は高い注目を集めている．

③ 新しいつながりを持てる：仕事や子ども，近所などの人間関係は，居心地が悪かったりストレスが多かったりしても，断ち切るわけにはいかないしがらみがある．しかし，高齢者の新たな社会的つながりは，それらとは無縁のところで，自分から作っていくというよさがある．高齢者は新しいつながり作りに挑戦するために，趣味を楽しみながら仲間を作ったり，学習会などで人間関係を作り出したりしている．そのような新しい出会いの中で，多くの人と様々なやりとりをしていくことは，心身ともに活性化する大きな要因となる．

④　本当にやりたかったことができる：これまでの仕事や子育てなどの生きがいは，目的を達成し，あるいは終了して，なくなった．しかし，そうなって初めて，これまでやりたいと思っていたけれど，仕事や子育てなどに追われてできなかったことができるようになったと言える．若い頃にはなかった時間や資金，知恵や情報などを活用すれば，思った以上に可能性は広がっていると考えられる．成人期や中年期に，その役割として担ってきた生きがいとは異なり，自分が本当にやりたかったことを見つけて，それに挑戦するという生きがいを見出せるのが老年期であると言える．それを裏づけるように，平成27（2015）年度版高齢社会白書によれば，高齢者の実に7割が「生きがいを感じている」のが，今の実態なのである．

　このように見てみると，老年期や高齢者は決して，何かを失うばかりではない．喪失することで失ったものの重要さを実感し，状況へ適応することを模索しながら，新たなものを得ようとまた挑戦していく過程にあると言える．重要なことは，高齢者自身の気持ちの問題もさることながら，まわりの人々もそのような見方で高齢者をとらえ，支えていくことであろう．

●幸福な老いとは

　誰でも人生の最後を幸福に過ごしたいと思う．では，幸福な老年期とはどのようなものだろうか．仕事や子育てから解放されて，自分が本当にやりたいと思っていたことをやりながら第二の人生を楽しんでいる人や，あたたかい家族や友人に囲まれながら不自由のない生活を送っている人が，幸福な高齢者としてイメージされるかもしれない．前節で述べたように，様々な喪失を経験しながらも，それにうまく適応しながら年齢を重ねていく過程を，老年心理学では**サクセスフルエイジング**という．

　病気や障害がないといった客観的健康はサクセスフルエイジングの一つの条件であると考えられており（Depp & Jeste, 2006），これには認知機能や身体機能が維持されていることも含まれる．しかし，健康でない高齢者は幸福ではないのだろうか．サクセスフルエイジングを構成する要素には，様々な側面がある（図16-2）．心理面で注目されるのが，高齢者本人の主観的な評価や感情，

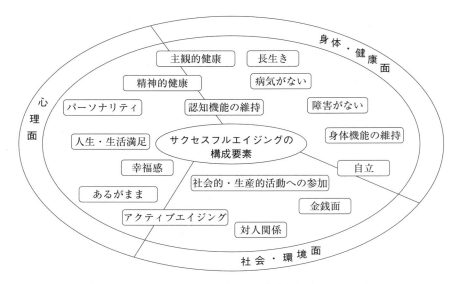

図16-2　サクセスフルエイジングの構成要素（田中，2011）

つまり主観的幸福感によって，幸福の程度を測ることである．

　主観的幸福感が単純に生物学的側面や社会学的側面の加齢の影響を受けないのは，その間に補償のプロセスが働くためだと考えられる．老年期に経験するような様々な喪失に対して，人は目標を変更するなどの新たな方略をとることで適応しており，その過程は「選択」「最適化」「補償」の三つの要素に分けられる（Baltes, 1997；第3章参照）．

　これまで掲げていた目標の達成が難しくなった時に，目標を切り替えたり，目標の水準を下げたりする「選択」を行うことは，いろいろな機能を喪失しやすい高齢者にあてはまりやすい方略と言える．次に，新たな目標達成のために自分が持っている資源（やる気や能力，時間や資金など）を利用しなければならないが，加齢に伴って様々な資源が小さくなっている高齢者は，限られた資源を効率よく分配する工夫が必要になる．この工夫を「最適化」という．しかし，資源の喪失には工夫をしても元に戻すことが難しいものもある．そのような時に外部からの援助を得て喪失を補うことを「補償」という．日常的な例ならば，歩行に杖を使用したり，カレンダーに先の予定を書き込んだりすること

がこれにあたる.

　老年期の様々な喪失体験に対して，自分なりの適応の仕方を見出していく人，これらの方略をうまく使用する人ほど，主観的幸福感は高いと考えられる.

●自分らしく最期を迎える

　余命わずかとなった人へ行う治療や看護を，**ターミナルケア**という. 延命のための治療は行わず，身体的にも精神的にも苦痛をやわらげることを重視した治療や看護あるいは介護をし，その人らしい人生の最期を生きることが目的となる. ターミナルケアとは，現代の医療において可能な治療の効果が期待できず，積極的な治療がむしろ患者にとって不適切であると考えられる状態で，余命が6カ月以内と考えられる状態におけるケアと定義されている（柏木・恒藤，2007）.

　近年では，終末期の患者だけでなく，すべての病期にある患者の苦痛に対応していこうという概念に基づいた「緩和ケア」にも関心が高く，緩和ケア病棟と呼ばれる施設として整備されているところも多い（日本では2015年で356施設）. 緩和ケアとは，生命をおびやかす疾患による問題に直面する患者とその家族に対して，痛みやその他の身体的，心理的，社会的な問題，精神的な（宗教や哲学的なものも含む）問題を早期に発見し，的確な評価と処置を行うことによって，苦痛を予防したり和らげたりすることで，生活の質（Quality of life: **QOL**）を改善する行為であるとされている（平井，2016）. また，患者本人と家族のそれぞれが何を大切にしたいかは異なる，という前提に立って，それぞれに個別の目標を立ててアプローチをしていくなど，様々な姿勢を支援する選択肢も広がっている.

　人生の最期をどのように過ごしたいのかを考えることは，自分を見つめて人生を統合する段階において，最も重視したいことの一つである. 死が近く感じられた人やその家族にとって，いろいろな希望とともに選択できる可能性があるということは，また生きる力となるだろう.

●死に臨む心理

　死を意識した終末期に，人間はどのような心理になるのだろうか．死について語ることがまだタブーとされていた1960年代，アメリカの医師**キューブラー＝ロス**（Kübler-Ross, E.）は，シカゴのビリングス病院で「死とその過程」というワークショップを開始する．そこで末期の患者約200人との面談内容を録音し，死にゆく人々の心理を分析した．それをまとめた著書『死ぬ瞬間』は1969年に発表され，大きな話題となった（キューブラー＝ロス，1971）．キューブラー＝ロスは，死期が近い患者との対話から，**死の受容**には，以下の五つの段階からなるプロセスがあることを発見した．

　第1段階「否認」：人々ががんの告知を受けた時の最初の反応は，大きな衝撃とともに自分が死ぬということはないはずだと否認する段階．仮にそうだとしても，自分は助かるのではないか，といった部分的否認の形をとる場合もある．

　第2段階「怒り」：なぜ自分がこんな目にあうのか，なぜ死ななければならないのか，これは理不尽だ，という怒りの段階．

　第3段階「取り引き」：もし病気が治ったら悪いところはすべて改めるのでどうか治してほしい，あるいはもう数カ月生かしてくれればどんなことでもする，などと死なずにすむように取り引きを試みる段階．神などの絶対的なものにすがろうとする状態でもある．

　第4段階「抑うつ」：取り引きがかなわないと自覚し，運命に対する自分の無力さを感じて失望し，ひどい抑うつに襲われる段階．この段階はさらに二つに分かれ，病状が悪化することに伴う様々な喪失への「反応性抑うつ状態」と，現世との別れを覚悟し死を迎える準備をするための「準備性抑うつ状態」の2種類の抑うつが体験される．

　第5段階「受容」：これまでの段階を経て，死を受容する最終段階を迎える．周囲の対象への執着もなくなり，安らかに死を受け入れる．死を迎える準備が整ったということである．

　ただし，すべての患者が同様の経過をたどるわけではない，ということは重

要である（キューブラー＝ロス＆ケスラー，2007）．人それぞれの死へのプロセスには，その人の文化的背景や経済状態，パーソナリティ，ソーシャルサポート，社会適応能力，死生観・宗教観など，様々な要素が複雑に影響している．

コラム●18　サルのサクセスフルエイジング？　おばあちゃんザルの知恵

　年をとったら学習能力や記憶能力はどのように変化するのか？　筆者の研究テーマはそのような高齢者の認知に関するものだが，実は，人間の高齢者よりもずっと長い時間，サルが研究のパートナーだった．心理学の研究なのにサル？　と疑問に思うかもしれないが，ヒトの加齢認知のモデル動物としてサルはとても適しているのだ．

　学習や記憶といった能力は個人差が大きく，特にそれまでの教育経験やふだんの生活における要因が強く影響する．ヒトを対象に実験しようとすると，それらの背景を完全に統制することは困難である．しかし，施設で飼育されてきたサルならば，生まれてから全く実験に参加したことがない高齢個体をそろえることができる．また，老年期の経年変化を観察しようとすると，ヒトでは少なくとも十数年の時間が必要だが，サルはヒトの約3倍の速さで成長・加齢するので，数年間の変化をつぶさに記録することで，ヒトでは得られない詳細なデータを分析することが可能である．加齢モデルの動物としてはラットなどもよく使われるが，サルは進化的な近縁性や手指の操作性などでヒトと共通するところが多く，ヒトの実験で用いられる手続きが汎用しやすいという利点がある．

　そんなサルたちに，あるところに隠したモノを数十秒間覚えておく記憶課題をやらせてみた（久保，2006）．すると，高齢のサルの中に，若いサルと同じくらい成績のよい個体が何頭かいた．いったい彼らは覚えておくためにどんな行動をとっているのだろう？　ビデオを撮って観察してみると，なんと成績のよい高齢のサルたちは，モノが隠されている間ずっと，その位置の近くへ自分の手や足を置いてマークしていた．つまり，自分の身体を記憶の手がかりにするという方略を考え出し，それが成功していたわけである．年をとったら自分なりの適応の仕方を見出すということがサクセスフルエイジングであるならば，それはサルにも見られると言えるのかもしれない．

第16章　成人期〜老年期

［さらに学びたい人のために］

権藤恭之（編）（2008）．朝倉心理学講座15　高齢者心理学　朝倉書店

内藤哲夫・玉井寛（編）（2015）．現代社会と応用心理学6　クローズアップ高齢社会　福村出版

岡本祐子（1997）．中年からのアイデンティティ発達の心理学――成人期・老人期の心の発達と共に生きることの意味――　ナカニシヤ出版

大川一郎・土田宣明・宇都宮博・日下菜穂子・奥村由美子（編著）（2011）．シリーズ生涯発達心理学5　エピソードでつかむ老年心理学　ミネルヴァ書房

宇都宮博・神谷哲司（編著）（2016）．夫と妻の生涯発達心理学――関係性の危機と成熟――　福村出版

［引用文献］

Baltes, P. B. (1997). On the incomplete architecture of human ontogeny: Selection, optimization, and compensation as foundation of developmental theory. *The American Psychologist, 52 (4),* 366-380.

Depp, C. A., & Jeste, D. V. (2006). Definitions and predictors of successful aging: A comprehensive review of larger quantitative studies. *The American Journal of Geriatric Psychiatry, 14,* 6-20.

長谷川和夫・賀集竹子（1975）．老人心理へのアプローチ　医学書院

平井啓（2016）．エンドオブライフ・ケアと緩和ケア　佐藤眞一・権藤恭之（編著）よくわかる高齢者心理学（pp. 164-165）　ミネルヴァ書房

井上勝也（1993）．老年期と生きがい　井上勝也・木村周（編）老年心理学　新版（pp. 146-160）　朝倉書店

Jung, C. G. (1960). The stages of life. In *The collected works of Carl G. Jung,* Vol. 8 (pp. 387-403). New Jersey: Princeton University Press. (Original work published 1933)

柏木哲夫・恒藤暁（監修）淀川キリスト教病院ホスピス（編）（2007）．緩和ケアマニュアル　第5版　最新医学社

キューブラー＝ロス，E.　川口正吉（訳）（1971）．死ぬ瞬間――死にゆく人々との対話――　読売新聞社（原著1969）

キューブラー＝ロス，E., ケスラー，D.　上野圭一（訳）（2007）．永遠の別れ――悲しみ

を癒す智恵の書──　日本教文社（原著 2005）

久保（川合）南海子（2006）．老化によって失うものと現れてくること──老齢ザルの認知研究から──　日本女子大学 Cognitive Gerontology 研究会（編）老年認知心理学への招待（pp.161-182）　風間書房

レビンソン，D. J.　南博（訳）（1980）．人生の四季──中年をいかに生きるか──　講談社（原著 1978）

野口裕二（1991）．高齢者のソーシャルサポート──その概念と測定──　社会老年学，*34*，37-48.

岡本祐子（1997）．中年からのアイデンティティ発達の心理学──成人期・老人期の心の発達と共に生きることの意味──　ナカニシヤ出版

岡本祐子（2002）．アイデンティティの生涯発達と心理臨床　岡本祐子（編著）アイデンティティ生涯発達論の射程（pp. 151-181）　ミネルヴァ書房

岡本祐子（2006）．発達臨床心理学から見た「親になれない親」の理解と援助　母性衛生，*46*，480-483.

田中真理（2011）．サクセスフル・エイジングとは　大川一郎・土田宣明・宇都宮博・日下菜穂子・奥村由美子（編著）シリーズ生涯発達心理学 5　エピソードでつかむ老年心理学（pp. 183-185）　ミネルヴァ書房

人名索引

あ行

アリエス（Ariès, P.）　6
ヴィゴツキー（Vygotsky, L. S.）　8, 166
ヴント（Wundt, W. M.）　10
エインズワース（Ainsworth, M. D. S.）
　13, 104
エリクソン（Erikson, E. H.）　4, 43, 278

か行

ギブソン（Gibson, J. J.）　82
キューブラー＝ロス（Kübler-Ross, E.）
　300
ギリガン（Gilligan, C.）　183
ケーラー（Köhler, W.）　216
ゲゼル（Gesell, A.）　23
ゴールトン（Galton, F.）　24

さ行

ジェンセン（Jensen, A. R.）　26
シャイエ（Schaie, K. W.）　40
シュテルン（Stern, W.）　26
スキナー（Skinner, B. F.）　213
スピッツ（Spitz, R.）　108, 173
ソーンダイク（Thorndike, E. L.）　212

た行

ダーウィン（Darwin, C.）　13, 24
タークハイマー（Turkheimer, E.）　28

は行

パーテン（Parten, M. B.）　191
ハーロウ（Harlow, H. F.）　100
バウアー（Bower, T. G. R.）　140
ハヴィガースト（Havighurst, R. J.）　45
パブロフ（Pavlov, I. P.）　208

バルテス（Baltes, P. B.）　40

バロン＝コーエン（Baron-Cohen, S.）
　178
バンデューラ（Bandura, A.）　217
ピアジェ（Piaget, J.）　4, 136, 166, 191
ビューラー（Bühler, C.）　190
ファンツ（Fantz, R. L.）　16, 77, 171
ブリッジス（Bridges, K. M. B.）　117
ブルーナー（Bruner, J. S.）　218
ブルックス＝ガン（Brooks-Gunn, J.）
　121
フレーベル（Fröbel, F. W. A.）　7
プレマック（Premack, D.）　178
フロイト（Freud, S.）　42
プロミン（Plomin, R.）　29
ブロンフェンブレンナー（Bronfenbrenner,
　U.）　8
ベイラージョン（Baillargeon, R.）　140
ペスタロッチ（Pestalozzi, J. H.）　6
ボウルビィ（Bowlby, J.）　99
ホリングワース（Hollingworth, L. S.）
　276
ポルトマン（Portmann, A.）　36

ま行

マーシャ（Marcia, J. E.）　281

や・ら・わ行

ユング（Jung, C. G.）　292
ルイス（Lewis, M.）　121
ルクセンブルガー（Luxenburger, H.）
　26
ルソー（Rousseau, J.-J.）　6
レヴィンソン（Levinson, D. J.）　292
ロック（Locke, J.）　20
ワトソン（Watson, J. B.）　21, 210

事項索引

あ行

IQ　　→知能指数
　比率――　231
　偏差――　231
愛着
　――のタイプ　105
　――の発達段階　102
　――理論　99
アイデンティティ　43, 278
　――拡散　279, 281
　――・ステイタス　281
　――達成　281
　――の再体制化　293
悪夢障害　246
アセスメント　230
遊びの分類　190
アタッチメント　　→愛着
アニミズム　149
アフォーダンス　82
歩く　86, 91
アルバート坊や　210
アロペアレンティング　112
安全基地　101
アンダーマイニング効果　266
安定型（Bタイプ）　106
アンビバレント型（Cタイプ）　106
異食症　242
一語文　163
一次的感情　117
一酸化炭素　68
遺伝・環境間相関　29
遺伝・環境交互作用　30
遺伝子疾患　228
遺伝要因　19
遺尿症　243

遺糞症　244
インタビュー　14
インプリンティング　　→刷り込み
WISC-IV（ウィスク・フォー）　232
WPPSI-III（ウィプシー・スリー）　232
WAIS-III（ウェイス・スリー）　232
ウェクスラー式知能検査　232
産声　157
運動遊び　89
運動機能の発達　86
エコラリア　224
エコロジカルシステム　9
遠城寺式乳幼児分析的発達検査法　232
エントレインメント　39
横断的方法　15
応答性　106
オキシトシン　71
奥行き知覚　83
お座り　88
オペラント行動　213
オペラント条件づけ　212
オペラント箱（スキナー箱）　213
音声の発達　157

か行

外因性　240
外言　166
概日リズム　64
概念化　138
外発的動機づけ　220, 266
回避　249
回避型（Aタイプ）　105
解離症群　252
解離性健忘　252
解離性同一症　252
解離性とん走　252

カウンセリング　14
カウンターバランス　11
過覚醒　249
鏡　121
核家族化　289
学習　19, 207
格助詞　165
学童期　4, 265
過剰拡張　163
過剰縮小　163
仮説演繹的思考　275
可塑性　41
過敏性腸症候群　250
空の巣症候群　294
感覚運動期　137
カンガルーケア　71
環境閾値　26
環境設定　234
環境優位説　19
環境要因　19
関係性攻撃　200, 270
観察　217
観察学習　217
観察的研究　11
観察法　13
　　自然的——　13
　　実験的——　13
慣習的段階　183
感情制御（情動制御）　124
感情の分化と発達　117
基準変数　11
期待背反法　16, 78
喫煙　68
吃音　244
機能的遊び　191
基本随伴性　214
基本的信頼感　101
決まり　196
疑問文　165
虐待　38, 109
ギャングエイジ　269
ギャンググループ　199

QOL　299
嗅覚　58, 62, 81
9カ月の奇跡（9カ月革命）　175
9歳の壁　272
急速眼球運動　64
吸啜反射　60
強化　214
驚愕反射　60
強化子　214
　　正の——　214
　　負の——　214
叫喚音　157
協調運動　88
協同遊び　191
共同注意　174, 226
強迫症　252
恐怖条件づけ　21
共変数　11
起立性調節障害　250
疑惑　127
均衡化　137
勤勉性 対 劣等感　271
クーイング　157
具体的操作期　139, 265
形式的操作期　139, 274
KABC-II　232
結果論的判断　182
けんか　195
研究法　10
限局性学習症（LD）　225
検査法　14
原始反射　60, 86
検証　218
語彙　159
　　——の発達　159
語彙爆発（ボキャブラリースパート）
　　163
効果の法則　212
交互作用　25
構造化　234
構造化面接　14
行動遺伝学　27

事項索引

307

行動主義　20
興奮状態　118
声遊び音声　158
心の理論　178, 226
　　二次の──　270
語順　165
個人間差　229
個人差　6
個人内差　229
誤信念課題　178
子育て支援　290
こだわりと反復・常同行動　224
ごっこ遊び　176, 191
古典的条件づけ　208
子ども観　7
〈子供〉の誕生　6
コホート研究　15
混合型　225
コントロール　268
コンボイ・モデル　104

さ行

罪悪感　128, 193
再会　104
再体験　249
細胞期　56
サクセスフルエイジング　41, 297
サリー・アン課題　178
サリドマイド　67
3カ月微笑　173
三項関係　174
産後うつ　69
産褥期精神障害　69
産褥期精神病　69
算数障害　226
酸素欠乏　68
ジェネラルムーブメント　61
シェマ　136
視覚　58, 61, 79, 81, 87
視覚支援　234
視覚的断崖　83, 176
子宮外胎児期　38

刺激
　条件──　209
　中性──　208
　無条件──　209
自己意識　120
　　──の高まり　270
試行錯誤学習　212
自己概念　122
自己主張　124, 196
自己制御　123
自己中心性　146, 265
自己中心的発話　166
自己の有限性　293
自己抑制　124, 196
自主性　127, 193
思春期　5, 274
視線追従　174
自尊心　128, 129
実験室実験　12
実験的研究　10
実験法　12
実行機能　125, 227, 272
実念論　149
質問紙検査　233
質問紙実験　13
児童期　→学童期
児童虐待　254
死の受容　300
自閉スペクトラム症（ASD）　224
死別　295
ジャーゴン　158
社会化　200
社会語　163
社会情報処理理論　197
社会性　171
社会的かかわり　269
社会的学習　217
　　──理論　21, 217
社会的環境　7
社会的参照　175
社会的視点取得　270
社会的相互作用　7

社会的認知能力 171	身体的虐待 254
社会的微笑 173	心的外傷後ストレス障害（PTSD） 248
弱化（罰） 214	新版K式発達検査2001 232
就学への支援 272	親密 対 孤立 287
周産期 57	心理検査 14
就巣性 36	心理社会的危機 43, 271
二次的―― 37	心理社会的発達段階論 43
従属変数 10	心理的虐待 254
縦断的方法 15	心理的離乳 276
集団内の規範 199	推測 103
集団の発達 199	睡眠時驚愕症（夜驚） 246
重篤気分調節症 247	睡眠時遊行症 246
習癖異常 240	スクリーニング検査 233
主語 165	ストレス 104
主体性 128	ストレンジ・シチュエーション法 104
述語 163	スマーティ課題 180
馴化 208	スモール・ステップの原理 213
馴化―脱馴化法 16, 78	刷り込み 35
小1プロブレム 272	座る 86
生涯発達 3, 40	生活習慣の獲得 220
消去 210	性器いじり 241
少子化 288	成功体験 129
象徴機能 176	脆弱X症候群 229
象徴的遊び 191	成熟 19
賞罰 215	成熟優位説 19
剰余変数（交絡変数） 10	生殖性 対 停滞 291
初期経験 35	成人期 5, 291
初語 159	精神年齢 231
書字表出障害 226	生態学的自己 66
触覚 57, 62, 87	性的虐待 254
自律性 102, 127	性的指向 32
心因性 240	性同一性 32
心因性難聴 248	青年期 5, 274
神経性過食症 243	性役割 32, 196
神経性やせ症 242	生理的・自発的微笑 →新生児微笑
信号行動 102	生理の早産 38, 55
人工論 149	世代間連鎖 255
新生児期 4, 59	接近行動 103
新生児微笑 39, 119, 173	摂食障害 242
新生児模倣 62, 173	前慣習的段階 182
人生の午後 292	前言語期 157
身体機能の低下 295	選好注視法 16, 77

309

染色体異常　228
前成人期　287
前操作期　138
選択性緘黙（場面緘黙）　247
先天性疾患　59, 68
早期完了　281
相互作用　25
早産　68
喪失体験に立ち向かう　296
双生児研究　27
双生児法　23
相貌的知覚　149
ソーシャルサポート　258, 290
ソーシャルスキルトレーニング（SST）
　234
素行症　248
ソシオメトリック指名法　194
粗大運動　86, 91
素朴理論　151

た行

ターミナルケア　299
第一次反抗期　123
胎芽期　56
胎児期　4, 56, 57
胎児性アルコール症候群　68
対象の永続性　79, 139
退職　295
対人コミュニケーション　224
第二次性徴　274
第二次反抗期　276
胎盤　67
代理強化　218
代理母　100
ダウン症候群　59, 229
多語文　164
多相性睡眠　65
立つ　86
脱慣習的段階　183
脱中心化　265, 275
脱抑制型対人交流障害　256
多動・衝動優勢型　225

田中ビネー知能検査V　232
タブラ・ラサ　20
短期記憶　267
探索行動　88, 91, 101
知覚運動協応　93
知覚の恒常性　142
逐次接近法　213
チック症　245
知的障害（知的能力障害）　228
知的リアリズム　148
知能　39
　結晶性——　39
　流動性——　39
知能指数（IQ）　230
チャムグループ　199
注意欠如・多動症（ADHD）　225
注視行動　102
中枢神経系の発達　60
中枢性統合　228
中年期　291
中年の危機　292
聴覚　58, 62, 80
長期記憶　267
調査法（質問紙調査）　13
長所や欠点の認識　270
調節　103, 136
直接知覚　82
直接目的語　165
直観　218
直観的思考　138
つかまり立ち　90
伝い歩き　90
爪かみ　241
TEACCHプログラム　234
定型発達　230
低出生体重　68
テラトゲン　67
てんかん　246
デンバー発達判定法　232
電文体発話　164
トイレットトレーニング　127
同一性　　→アイデンティティ

――混乱　279
同一性の理解　143
動因　219
　――低減説　219
同化　136
動機づけ　24, 219, 266
　親和――　219
　生理的――　219
　達成――　219
動機論的判断　182
統合 対 絶望，嫌悪　294
統合失調症　253
統語的ブートストラッピング　168
洞察学習　216
道徳性の発達　181
道徳判断の発達段階　182
トゥレット症　245
DOHaD 仮説　67
読字障害　226
特別支援教育　234
独立変数　10

な行

内因性　239
内言　166
内発的動機づけ　220, 266
仲間関係　194
仲間集団　269
喃語
　過渡的――　158
　規準――　158
　非反復――　158
二項関係　174
ニコチン　68
二語文　164
二次的感情　117
乳児期　4
認知の変化　249
認知発達　265
ねがえり　88
ネグレクト　23, 254
ノンレム睡眠　64

は行

把握反射　60
バイオロジカルモーション　172
はいはい　89
はう　86
恥　127
走る　86
8カ月不安　173
発見学習　218
発達加速現象　274
発達課題　45
発達観　3
　連続的――　4
　段階的――　4
発達区分　4
発達指数（DQ）　230
発達障害　223
発達段階　4
発達年齢　231
発達の最近接領域　8
発達の連続性　272
抜毛症　241
母親への選好　80
バビンスキー反射　60
パラサイト・シングル　276
バランス感覚　88, 91
般化　209
半構造化面接　14
反抗挑発症　247
反応
　――形成（シェイピング）　213
　条件――　209
　無条件――　209
反応性アタッチメント障害　256
ピアグループ　200, 277
非構造化面接　14
微細運動　86, 92
非対称性緊張性頸反射　60
非定型発達　230
人見知り　103, 173
ひとり遊び　191

事項索引

311

ひとりごと　166
皮膚むしり症　242
敏感期　22, 35, 56
フェニルケトン尿症　229
フェノメニズム　148
輻輳説　26
服薬　67
不注意優勢型　225
普通名詞　163
不登校　250
プラトー　160, 214
ふり　176
プログラム学習　214
プロスペクティブ研究（前方視的研究）
　25
分化　118
分化条件づけ　210
文法の発達　164
分離　104
分離不安症　247
平行遊び　191
平叙文
　肯定の――　164
　否定の――　165
弁別　210
保育所保育指針　6
歩行反射　60
ホスピタリズム（施設病）　108
母性はく奪　38, 108
保存の概念　149, 265
母体からの影響　67
ホメオスタシス　219
ホルモンバランス　69

ま行

マインド・マインデッドネス　107
マタニティブルー　69
味覚　58, 62
三つ山課題　146
未分化　118
無作為化　11
無秩序・無方向型（Dタイプ）　106

命名の洞察　164
命令文　164
メタ認知　268
　――的活動　268
　――的知識　268
面接法　14
燃え尽き症候群　288
モデリング　217
モニタリング　268
模倣　21, 217
モラトリアム　279, 281
モラルジレンマ　182
モロー反射　60

や・ら・わ行

野生児　21
夜尿　243
有意味語　159
誘因　219
遊戯期　193
遊戯療法　14
優生学　24
有能さ（コンピタンス）　130
指さし　175
指吸い（指しゃぶり）　240
幼児期　4
幼型図式　38
幼保小連携（幼小接続）　272
抑うつ　246
抑制機能　125
予測変数　11
ライフサイクル　43
ライフスタイル　288
ライフステージ　45
リーチング　88
離人感・現実感消失症　253
離巣性　36
リビドー　42
領域一般性　151
領域固有性　151
臨界期　22, 35
ルージュテスト　121

ルーティング反射　60
ルール遊び　191
レジリエンス　41
レスポンデント行動　213
レット症候群　229
レディネス　23
レム睡眠　64

連合遊び　191
連合主義　20
老年期　5, 294
ワーキング・モデル　103
ワーキングメモリ　267
ワーク・ライフ・バランス　288
笑い声　158

● 事項索引

執筆者紹介（執筆順・＊は編者・†は編集委員）

開　一夫* （ひらき　かずお）	東京大学大学院総合文化研究科・情報学環教授（はじめに）
齋藤慈子*† （さいとう　あつこ）	上智大学総合人間科学部准教授（はじめに，第1章，第3章，コラム2）
佐々木掌子 （ささき　しょうこ）	明治大学文学部准教授（第2章，コラム1）
新屋裕太 （しんや　ゆうた）	東京大学大学院教育学研究科附属発達保育実践政策学センター特任助教（第4章，コラム3）
今福理博 （いまふく　まさひろ）	武蔵野大学教育学部准教授（第4章，コラム3）
伊村知子 （い　むら　ともこ）	日本女子大学人間社会学部准教授（第5章1〜3，コラム4）
白井　述 （しらい　のぶ）	立教大学現代心理学部教授（第5章1〜3，コラム4）
島谷康司 （しまたに　こうじ）	県立広島大学大学院総合学術研究科／同大学助産学専攻科教授（第5章4，コラム5）
蒲谷槙介 （かばや　しんすけ）	愛知淑徳大学心理学部准教授（第6章，コラム6）
森口佑介 （もりぐち　ゆうすけ）	京都大学大学院文学研究科准教授（第7章，コラム7）
旦　直子 （だん　なおこ）	帝京科学大学教育人間科学部教授（第8章，コラム8）
小林哲生 （こばやし　てつせい）	NTTコミュニケーション科学基礎研究所上席特別研究員／名古屋大学大学院情報学研究科客員教授（第9章，コラム9）
奥村優子 （おくむら　ゆうこ）	NTTコミュニケーション科学基礎研究所主任研究員（第10章，コラム10）
鹿子木康弘 （かなこぎ　やすひろ）	大阪大学大学院人間科学研究科教授（第10章，コラム11）
野嵜茉莉† （のざき　まり）	昭和女子大学人間社会学部専任講師（第11章，コラム12）
後藤和宏 （ごとう　かずひろ）	相模女子大学人間社会学部教授（第12章，コラム13）
浅田晃佑† （あさだ　こうすけ）	東洋大学社会学部准教授（第13章，コラム14）
出野美那子 （での　みなこ）	武蔵野大学人間科学部准教授（第14章，コラム15）
林　創 （はやし　はじむ）	神戸大学大学院人間発達環境学研究科教授（第15章1〜3，コラム16）
松島公望 （まつしま　こうぼう）	東京大学大学院総合文化研究科助教（第15章4〜6，コラム17）
久保南海子 （くぼ　なみこ）	愛知淑徳大学心理学部教授（第16章，コラム18）

ベーシック発達心理学

| 2018 年 1 月 25 日　初　版 |
| 2025 年 2 月 25 日　第 7 刷 |

［検印廃止］

編　者　　開　一夫・齋藤慈子

発行所　　一般財団法人　東京大学出版会

代表者　中島隆博

153-0041 東京都目黒区駒場4-5-29

https://www.utp.or.jp/

電話 03-6407-1069　Fax 03-6407-1991

振替 00160-6-59964

組　版　　有限会社プログレス
印刷所　　株式会社ヒライ
製本所　　牧製本印刷株式会社

©2018 Kazuo Hiraki and Atsuko Saito, Editors
ISBN 978-4-13-012113-2　Printed in Japan

JCOPY〈出版者著作権管理機構 委託出版物〉

本書の無断複写は著作権法上での例外を除き禁じられています．複写される
場合は，そのつど事前に，出版者著作権管理機構（電話 03-5244-5088，
FAX 03-5244-5089, e-mail: info@jcopy.or.jp）の許諾を得てください．

心理学　第5版補訂版

鹿取廣人・杉本敏夫・鳥居修晃・河内十郎 [編]

A5判・392頁・2400円

心理学の全体を見通し，体系立てて学べる定番テキスト．新たに編者を迎え，4章（記憶関連部分）を全面的にアップデート．その他，認知神経科学関連の情報を中心に内容を補充．概要をつかみたい初学者から，ポイントを押さえて復習したい大学院受験者まで，幅広いニーズに対応．

あらゆる学問は保育につながる──発達保育実践政策学の挑戦

秋田喜代美 [監修]／山邉昭則・多賀厳太郎 [編]

四六判・408頁・3800円

少子化や保育者不足，教育格差の拡大等，保育にまつわる現在進行形の課題に対処するため，教育行政学，発達心理学，脳科学などの専門家が最新の学術的知見を結集して，学際的に立ち上げる，東大発，発達保育実践政策学の展望と挑戦．

保育学講座（全5巻）

日本保育学会 [編]　A5判・平均320頁・各2800円
保育学の発展を示す羅針盤
①保育学とは──問いと成り立ち
②保育を支えるしくみ──制度と行政
③保育のいとなみ──子ども理解と内容・方法
④保育者を生きる──専門性と養成
⑤保育を支えるネットワーク──支援と連携

ソーシャルブレインズ──自己と他者を認知する脳

開　一夫・長谷川寿一 [編]　A5判・312頁・3200円

自己を認識し，他者と出会い，その心を読んでかかわりあう──社会的なコミュニケーションの基盤となる能力は，いつ，どのように形成され，発達していくのか．その進化の道すじとは．社会脳の謎に挑む最先端の研究の魅力をわかりやすく紹介．

ここに表示された価格は本体価格です．ご購入の
際には消費税が加算されますのでご了承ください．